中华国学文库

国语集解

〔三国吴〕韦　昭 注

徐元诰 集解

王树民 沈长云 点校

中华书局

图书在版编目（CIP）数据

国语集解/（三国吴）韦昭注；徐元诰集解；王树民，沈长云点校. —北京：中华书局，2019.7（2024.10 重印）
（中华国学文库）
ISBN 978-7-101-13901-3

Ⅰ.国⋯　Ⅱ.①韦⋯②徐⋯③王⋯④沈⋯　Ⅲ.①中国历史-春秋时代-史籍②《国语》-注释　Ⅳ.K225.04

中国版本图书馆 CIP 数据核字（2019）第 097688 号

书　　　名	国语集解
注　　者	〔三国吴〕韦　昭
集　　解	徐元诰
点 校 者	王树民　沈长云
丛 书 名	中华国学文库
责任编辑	蔡鹃名
责任印制	管　斌
出版发行	中华书局
	（北京市丰台区太平桥西里 38 号　100073）
	http://www.zhbc.com.cn
	E-mail:zhbc@zhbc.com.cn
印　　刷	河北新华第一印刷有限责任公司
版　　次	2019 年 7 月第 1 版
	2024 年 10 月第 2 次印刷
规　　格	开本/880×1230 毫米　1/32
	印张 22　插页 2　字数 500 千字
印　　数	6001-7000 册
国际书号	ISBN 978-7-101-13901-3
定　　价	88.00 元

中华国学文库出版缘起

《中华国学文库》的出版缘起，要从九十年前说起。

1920 年，中华书局在创办人陆费伯鸿先生的主持下，开始编纂《四部备要》。这套汇集三百三十六种典籍的大型丛书，精选经史子集的"最要之书"，校订成"通行善本"，以精雅的仿宋体铅字排印。一经推出，《四部备要》即以其选目实用、文字准确、品相精美、价格低廉的鲜明特点，最大限度地满足了国人研治学问、阅读典籍的需要，广受欢迎。丛书中的许多品种，至今仍为常用之书。

中华人民共和国成立之后，党和国家倡导系统整理中国传统文献典籍。六十馀年来，在新的学术理念和新的整理方法的指导下，数千种古籍得到了系统整理，并涌现出许多精校精注整理本，已成为超越前代的新善本，为学界所必备。

同时，随着中华民族以前所未有的自信快速发展，全社会对中国固有的学术文化——国学，也表现出前所未有的关注和重视。让中华文化的优秀成果得到继承和创新，并在世界范围内进行传播和弘扬，普惠全人类，已经成为中华民族的历史使命。当此之时，推出符合当代国民阅读需要的权威的国学经典读本，实为当务之急。于是，《中华国学文库》应运而生。

《中华国学文库》是我们追慕前贤、服务当代的产物，因此，它自当具备以下三个基本特点：

一、《文库》所选均为中国学术文化的"最要之书"。举凡哲学、历史、文学、宗教、科学、艺术等各类基本典籍，只要是公认的国学经典，皆在此列。

二、《文库》所选均为代表当代学术水平的"最善之本"，即经过精校精注的整理本。其中既有传统旧注本的点校整理本，如朱熹《四书章句集注》，也有获得学界定评的新校新注本，如余嘉锡《世说新语笺疏》。总之，不以新旧为别，惟以善本是求。

三、《文库》所选均以新式标点、简体横排刊印。中国古籍向以繁体竖排为标准样式。时至当代，繁体竖排的标准古籍整理方式仍通行于学术界，但绝大多数国人早已习惯于现代通行的简体横排的图书样式。《文库》作为服务当代公众的国学读本，标准简体字横排本自当是恰当的选择。

中华书局自 1912 年成立，至今已近百岁。我们将《中华国学文库》当作向中华书局百年诞辰敬献的一份贺礼，更是向致力于中华民族和平崛起、实现复兴大业的全国人民敬献的一份厚礼。我们自当努力，让《中华国学文库》当得起这份重任，这份荣誉。

中华书局编辑部
2010 年 12 月

目　录

周语中第二

周语下第三

齐语第六

晋语三第九

晋语四第十

晋语五第十一

晋语六第十二

晋语九第十五

郑语第十六

楚语上第十七

越语上第二十

越语下第二十一

附 录

《国语》人名索引

前　言

　　国语是一部重要的先秦古籍，所记内容以春秋史事为主，不少记叙与左传相表里，汉书艺文志将其与左传并列入"春秋家"，故自汉人以下，或径称之为"春秋外传"，而称左传为"春秋内传"。唐刘知几作史通，始别左传与国语为两种不同的体裁，而以国语作为"六家"，亦即诸种史学著述中的一家，即今所称"国别史"之首。清四库全书总目于史部下无"国别"一项，而将其列入"杂史类"。无论何说，国语长期以来被视为一部基本的史学著作，是没有异义的。

　　不过，从严格意义上讲，国语实际并不是一部史，它的目的并不在于纪事；以国分类，亦不是它的主要特色。国语的特点在于它是一部"语"，"语"的本义是议论。说文云："语，论也。"其解"言"字曰："直言曰言，论难曰语。"是国语本为一部议论总集。古人从事教育的一个手段，即是收集前贤有关政治、礼仪、道德等方面的精辟议论，把它作为教材教给后人。国语楚语上记楚大夫申叔时建议庄王太子学习的内容中，有一项就叫做"语"。叔时对楚太子傅说："教之语，使明其德，而知先王之务，用明德于民也。"国语的名称，即是讲该书乃集合各国之语编辑而成。

然而"语"这种体裁包含的内容也很广泛。论语是一种语，它的性质，如汉书艺文志所言，是"孔子应答弟子，时人及弟子相与言而接闻于夫子之语也"。秦汉之际，又有陆贾的新语。据司马迁说，这是陆贾专门探讨古今政治兴亡成败道理，用以奏对汉高祖的一种政论文章。此外，刘向校书时所见与号为国策、国事、短长等书目并存的事语也是一种语。这种语，就其名号看来，是既有故事，又有议论，事、语结合，以语为主的一种体裁。一九七三年长沙马王堆三号汉墓出土帛书中有一种材料，其写定时间皆在汉代以前，分为十六章，每章记一事而各不关联，皆属春秋范围，所记之事十分简略，并每章记事之后必有一些当时政治家或后世贤人君子的议论，这些议论文字的字数往往超出记事之文，"使人一望而知本书的重点不在讲事实而在记言论"（张政烺春秋事语题解，文物一九七七年第一期），帛书整理小组根据这些特点，给该书起名为春秋事语。这部春秋事语的许多内容同于左传、国语，所涉及的国度比国语要少，篇幅亦少，应即战国时期广泛流传的各种事语中的一种。我们今天所看到的国语，想必便是在战国时期流传的各种事语的基础上，加以整齐选择，以春秋主要国别为顺序，以春秋为时限（于周室则稍稍涉及其春秋以前事），编辑而成的。

国语的作者，旧题<u>左丘明</u>，根据是<u>司马迁</u>的<u>史记</u>。<u>司马迁</u>在<u>史记</u>十二诸侯年表序中说："<u>鲁</u>君子<u>左丘明</u>……因<u>孔子</u>史记具论其语……成<u>左氏春秋</u>。"又在<u>太史公自序</u>中说："<u>左丘</u>失明，厥有<u>国语</u>。"这位失明的<u>左丘</u>，被认为与<u>左丘明</u>是一人，<u>汉书艺文志</u>即称："<u>国语</u>二十一篇，<u>左丘明</u>著。"实际上，这是成问题的。<u>左传</u>是否成于<u>左丘明</u>，这里且不具论，<u>国语</u>之不出于<u>左丘明</u>，则早有前贤揭之于前。按<u>司马迁</u>言<u>左丘</u>著<u>国语</u>一节原文如下："昔<u>西伯</u>拘<u>羑里</u>，演<u>周易</u>；<u>孔子</u>厄<u>陈</u><u>蔡</u>，作<u>春秋</u>；<u>屈原</u>放逐，著<u>离骚</u>；<u>左丘</u>失明，厥有<u>国语</u>；<u>孙子</u>膑脚，而论<u>兵法</u>；<u>不韦</u>迁<u>蜀</u>，世传<u>吕览</u>；<u>韩非</u>囚<u>秦</u>，<u>说难</u>、<u>孤愤</u>；<u>诗三百</u>篇，大抵圣贤发愤之所为也。"<u>崔东壁洙泗考信余录</u>卷三对之考辨曰："按<u>史记</u>自叙自<u>文王</u>、<u>孔子</u>以下凡七事，<u>文王</u><u>羑里</u>之诬，余固已辨之矣；<u>孔子</u>之作<u>春秋</u>，亦不在<u>陈</u><u>蔡</u>；<u>离骚</u>、<u>兵法</u>、<u>吕览</u>、<u>说难</u>之作，皆与本传之说互异，然则此言（即"<u>左丘</u>失明，厥有<u>国语</u>"一语）亦未可尽信也。"其在<u>丰镐考信录</u>中亦曾对之加以辨析："<u>孔子</u>作<u>春秋</u>在归<u>鲁</u>之后，非厄<u>陈</u><u>蔡</u>之时；<u>吕览</u>之成，悬诸国门，是时<u>不韦</u>方为<u>秦</u>相，亦未迁<u>蜀</u>；<u>屈原</u>传作<u>离骚</u>在<u>怀王</u>之时，至<u>顷襄王</u>乃迁之<u>江南</u>，非放逐而赋<u>离骚</u>也；<u>韩非</u>传作<u>说难</u>、<u>孤愤</u>皆在居<u>韩</u>时，<u>秦王</u>见其书而好之，<u>韩</u>乃遣<u>非</u>使<u>秦</u>，亦非囚<u>秦</u>而作<u>说难</u>、<u>孤愤</u>也……至<u>国语</u>与<u>左传</u>事多抵牾，文亦不类，必非一人所作。"

以上，<u>崔述</u>用举一反三的道理推论<u>国语</u>不必作于<u>左丘明</u>，实在是很有见地。今人<u>杨伯峻</u>亦引<u>崔述</u>这段话辨<u>司马迁</u>以<u>国语</u>归于<u>左丘明</u>之非，并认为，<u>司马迁</u>在<u>自叙</u>中的这段话是属于写文章，而不是在作史。作史需要严肃核对史实，写文章引古事做议论根据时，可随手拈来而不必求其全（左传成书年代，载文史第六辑）。所以，我们对"左丘失明，厥有国语"这句话，自应像对"西伯拘羑里，演周易"诸说一样，不必信其真。

从国语叙述的历史事件看，有许多确实是与孔子同时的左丘明无法看到的，所叙典章制度也有许多不是左丘明那个时代所具备的。如晋语谈到智伯之亡，谈到赵襄子的谥号，就不是左丘明所能了解的。国语中也有一些预言或占卜之类，如晋语四中的姜氏之语："商之飨国三十一王，瞽史之纪曰：'唐叔之世，将如商数。'今未半也。"表明国语之作必在晋亡以后。晋亡于韩赵魏三家分晋之年（前三七六年），这当然不是左丘明所能看到的。在典章制度方面，如鲁语下提到的"三公九卿"，晋语二提到的郡县之制，晋语四提到的岁星纪年，齐语提到的轨、里、连、乡之制，诸如此类，都不应存在于春秋时代。因此，把国语归于左丘明所著，对于国语本身就是无法说通的。

国语为编辑成书，其各篇的写作时代都在左丘明之后，属战国时代之人取春秋之事（包括少数春秋以前事）而拟成文字者。这各个篇章的作成时代亦很不一致，大致周、晋、郑、楚四国之语及鲁语上风格比较一致，写作时代亦较早；鲁语下多记琐事，甚或撇开史实而专事说教，殆七十子后学所为；齐语一篇全同于管子小匡，盖出于稷下先生之手；吴语、越语专记二国争霸事而多兵权谋之语，尤其越语下只记范蠡，语言讲求对仗押韵，作成时代当最晚。不过，马王堆汉墓出土帛书黄帝书中有不少同于越语下

国语集解

的句子，其抄写的时间约在秦汉之际，则国语各篇的成书年代最迟不得晚于战国末叶。以上各篇，大概也就是在这个时候由人纂集起来，编成我们今天所见到的国语的样子。也有可能早期的国语仅有周、晋、郑、楚四国之语及鲁语上等部分，其余部分则为后人补作。至于国语的编者，从其二十一篇而晋语独占九篇，并且在晋国三卿中，又独多记赵氏之事，推断其应为赵国之人，或与赵国接近之人。

国语作为先秦时期重要的史籍，其史料价值及在学术史上的地位是不言而喻的。以此，它受到历来学者的重视，并有多人为之作注，重要者有东汉时的郑众、贾逵，魏晋时的王肃、唐固、虞翻、韦昭、孔晁等。唐宋以来，各家之注多失传，惟韦昭国语解独存于世。北宋时，宋庠字公序，曾对国语及韦解加以整理，并作国语补音三卷，成为主要的传世之本。又有仁宗明道年间所刊之本，清黄丕烈重刊之，并作了校勘札记。于是自清代中期以后，明道本与公序本同为国语通行之本。

清代学者校注国语者甚多，大致可分为二类：一为全刊国语本文及韦解更加附注者，为补注性质；另一种则仅摘列国语及韦解有关文句加以校勘诠释，而以后者为多。最重要者为汪远孙之国语校注本三种，即三君注辑存四卷（"三君"谓贾逵、唐固、虞翻）、国语发正二十一卷、国语考异四卷。此外如刘台拱国语校补、汪中国语校文、陈瑑国语翼解等，又王引之经义述闻、俞樾群经平议，也都有重要的校释成果。取补注性质者，较早有董增龄之国语正义，正文依公序本，韦注加"解"字，正义则加"疏"

字以别之。清末民国间有吴曾祺的国语韦解补正，因其晚出，采掇各家之说较多。其后有沈镕撰国语详注，惟存国语正文，摘列重要词句，略加诠释，其性质为重注而非补注。徐元诰之国语集解行世最晚，而能网罗各家之说，取补注形式，较其前各书为详，从而更有利于读者对国语的阅读。

徐元诰，字鹤仙，别号寒松，江西吉水人。一八七七年（清光绪三年）生。早岁赴日本留学，入东京中央大学，加入中国同盟会。回国后，供职于中华书局字典部。又涉足政坛，历任江西省司法司司长、江苏沪海道尹、江西省省长、国民政府最高法院院长、立法院立法委员等职。政馀从事著述，除作有国语集解外，还策划主编了中华大字典及旧辞海等。一九四九年后曾为上海文史馆馆员。一九五六年逝世，终年七十九岁。

徐元诰的国语集解初版于一九三〇年，由中华书局印行。其在全刊国语本文、韦解全文的基础上，选择各家有关校勘及注释文字，参以己见，使历来国语研究成果备于一炉，颇便读者阅览。在校勘方面，为求国语原貌，其兼采公序与明道两个本子，择其是者而从之，而列其异文于集解之中。或据诸家之说，明其所采与不当采之理由。如鲁语下"齐闾丘来盟"章有"（闵马父）对曰：'笑吾子之大也。'"句，韦解："谓骄满也。"此皆采明道本文。集解于其下记曰："宋庠本'大'下有'满'字，云'大，它盖反'。"同时引汪远孙之说，解释其弃公序本而采明道本之理由。若公序、明道本皆误，则径依它说订正之，仍列原文于集解之中，并举它说以证其所改。如周语上"襄王使邵公过及内史过赐晋惠公命”章有“拜不稽首，轻其王也”句，各本“轻”作“诬”，韦解亦曰：“诬，罔也。”集解据俞樾之说径行改正之，并列俞说于后，以明其所改之理由。又齐语“葵丘之会”章有“天子使宰孔致胙于桓公，曰：‘余一人有事于文、武’”句，各本“一人”下原有“之命”二字，集解引王引之说径改之，并摘引王说，证明此二字乃涉下文“天子之命”而衍。凡此，皆见国语集解在广泛利用各家校勘成果方面所做出的努力，经过这样校勘的国语正文及韦解文字，当较过去更为可靠。

同样，由于采纳了各家不少注释，集解也提供给了读者更多准确理解国语文字的方便。这些注释，有为韦解未采而为汪远孙辑存所收辑的贾逵、唐固、虞翻三君的注，但更多的是清人的各种注释。他们有的以文字音韵考释见长，有的以对某种文物制度的通晓见长，有的则以古地今释见长。集解援引诸说，或于某些缺注之处补注之，或对韦解某些错误的训释进行纠正，或对其尚嫌粗略的注释进一步解释之。如鲁语下“仲尼在陈”章，陈地缺注，集解即为补注之。又越语下“四年，王召范蠡而问焉”章：“蠡闻之：‘上帝不考，时反是守。’”韦注：“考，成也。言天未成越，当守天时，天时反，乃可以动。”集解引王念孙曰：“韦注文义不明。考，当读为巧。反，犹变也。言上帝不尚机巧，惟当守时变也。”王氏据诸书证明此“考”字当读为“巧”，其说确不可易，今马王堆出土帛书黄帝书引此句，正作“圣人不巧，时反是守”。此为对韦解进行纠正的例子。至于对韦解的补充注释，集解更多采用之。尤其是一些人名、地名及典章制度，韦解不详，或仅有简单注释，集解辄引专家之说，加以补充说明。如周语下"王将铸无射"章所述武王伐纣时之天象，集解屡引项名达之说对之加以诠释，即是适例。此皆收到了集思广益之作用。

集解重在收罗各家之说，间或有徐氏本人的意见，则通过按语的方式表达出来，这些按语时亦表现了作者的见地。如齐语"桓公自莒反于齐"章记鲍叔之语有"执枹鼓立于军门"句，集解中的"元诰按"云："枹为击鼓槌，'枹'下不当有'鼓'字，管子小匡篇正作'执枹立于军门'。"又晋语四"文公在狄十三年"章"公子赋河水"句下，韦昭注曰："河，当为'沔'，字相似误也。其诗曰：'沔彼流水，朝宗于海。'言己反国，当朝事秦。""元诰按"云："内传注云：'河水，逸诗。义取河水朝宗于海，海喻秦。'与韦注以河水即沔水不合。"应当说，徐氏这两则意见都是可信的。

尽管徐氏国语集解的编撰方式有上述优点，其具体工作却不免有粗糙之处。除文字上的失误外，更时有重衍之文，或字句脱落、画蛇添足，乃至无的放矢者。如叙例首称："太史公称：'左丘失明，厥有国语。'又谓左氏欲传春秋，先作国语。"按所谓"左氏欲传春秋，先作国语"乃司马光之说，竟强加于司马迁，直为常识性的错误。其文字重衍者，如周语上"宣王即位，不籍千亩'章，韦解"一耦之墢也"下，自注文"祭其神为农祈也"，正文"太史赞王"，注文"赞，导也"，正文"王敬从之，王耕一墢"，皆为衍文。其作无的放矢之考证者，如齐语"桓公曰，吾欲从事于诸侯，其可乎"章"多其资币"一句，各本皆无异文，本书则"资"误作"质"，其下集解云："元诰按：管子小匡篇作'多其资粮，财币足之'，

疑此文'质'为'资'误，资币即资粮财币之省。"本书以"资"为
"质"，或为一时笔误，检查原文，即可改正，而为此竟写成一条考
证，实徒费笔墨。其字句脱落者，如周语下"柯陵之会"章，脱去
正文"诸侯会于柯陵"六字，又韦解"庆克通于灵公之母声孟子，
国佐召庆克而谓之"十九字全脱。其画蛇添足者，如鲁语下"襄
公如楚，及汉，闻康王卒，欲还"章有"诸夏"一词，集解引论语包
注："诸夏，中国也。"于意已足，乃下文引邢疏详释"华夏"亦谓
中国，可谓画蛇添足。而所引邢疏之文，以左传"诸华必叛"误作
"诸夷必叛华夏"，实为误上加误。

　　其书在浪费笔墨之外，有时则过于简涩。或引用前贤多不著
本名，又或妄作删改，致失原义。又王念孙、引之父子之说，皆见
于经义述闻，而每条则标明"家大人曰"或"引之谨案"，极为明
晰，集解二名多错举，亦是其疏舛之一证。

　　国语集解之疵误虽多，但能容纳清代以来各家校释国语之成
果，两相权衡，仍是瑕不掩瑜。如能正其疵误，则可嘉惠读者，收
事半功倍之效。爰加董理，标点全文之外，更着重校勘，共计写成
校记一千一百馀条，每条按序编号，而总附于每卷之末。原书所
载旧序，则改为附录，刊于全书之后。全书由沈长云标点初稿并
校出有关问题，而由王树民最后定稿，写成校记。时间既迫，又杂
事纷纭，未能从容校勘，罅漏必然多有，幸祈读者不吝教正为感！

　　　　　王树民　沈长云　二〇〇五年岁杪
　　此书初版前言为王树民先生一九八六年撰写，现据以增补重
撰。沈长云补记。

附点校则例

前言为应北京师范大学古籍整理研究所之邀,点校本书后仓卒写成者,而该所因经费困难,未能付印,搁置达十馀年之久。今幸由中华书局刊行,爰就旧稿重为校订,并略陈则例于次。

一、以尽量保持国语及韦解之本来面目为原则,集解所涉及之书,皆取以对勘,集解有误者,即据以订正,并在校记中举出其书名或人名。于公序与明道二本,其一致者称之为各本;相歧异时,取其义长者;或可两存者,则别存其一于校记中。

二、集解或有无的放矢之言及偏失之词,皆为删去,而在校记中说明之。

三、书中间有同文异体之字,如"邰"与"郃",皆改用同一字体,而不另出校。

四、原书目录仅以卷为次第,过于简略。今重为排定,同卷之内,按所记之事,划分段落,取其首句为题,并为之编号,以便检阅,而收原目录于附录中,以存其原式。

五、校记编排以原书卷次为单位,在同卷之内,按所纪之事划分段落,取其首句为题,以问题出现前后为次,标明序号于其下,按序号写成校记,附于每卷之后。既便于检阅,且免隔断原文之弊。

六、标点符号为一般古籍整理所使用者。须略说明者,初引号用" ",复引号用' ',专名号用＿＿,书名号用﹏﹏,而删节号与波折号等一律不用。

王树民

二〇〇〇年三月二十四日于北京

国语集解叙例

　　太史公称"左丘失明，厥有国语"，又谓左氏欲传春秋，先作国语〔一〕。故国语在汉时有春秋外传之名，与左传称内传者相表里也。自叶少蕴谓春秋传作于左氏，国语为左丘氏，不得为一家，文体不同，亦非一家书；刘炫谓鄢陵之败，苗贲皇之所为，楚语云"雍子之所为"，与传不同，国语非丘明作；柳宗元谓越语之下篇非出于左氏，异议嚣腾而莫可究诘。窃尝论之，国语之文异于左传之大者，莫如越灭吴一事。左传以伐吴后三年围吴，又三年而灭之；越语则自反国后四年伐吴，遂居军三年，待其自溃而灭。左传自伐吴至灭吴凡六年；越语自伐吴至灭吴凡三年。左传自吴及越平至灭吴凡二十二年，越语自越及吴平至灭吴凡十年。其重要抵牾如此，诚令人不能无疑于作者，不得徒诿曰"传闻异词"也。顾考其书，于三代之遗文坠典，春秋之嘉言善行，粲然在目，经国行事所取资，博物君子亦所不废，即与左传出入，正可藉供参校，初不因作者为谁略掩其洪美也。是书注有郑、贾、虞、唐、孔、韦诸氏，今多散佚，唯韦解备。本有贾、许、明道、公序诸刻，公序本精，唯补音传。且云，本精亦时有讹漏，注备仍难免附会。后之学者有董氏正义，汪氏考异、发正，黄氏札记，陈氏翼解，王氏述闻，俞氏平议、吴氏补注。用力勤矣，所得为多〔二〕，然详此略彼，入主出奴，时可考见，盖未荟集而折衷之，则无由剂其平而究其用也。间尝采识诸说于简端，阙者补之，疑者存之。念治斯学而未能专者，或疲于翻检，昧于是非之辨也，乃纂理以请教于世，不复自揣其愚，假曰有一得焉，则更知所以淬厉矣。纂例如次：

<blockquote>
传文以明道、补音二本为据，择其是者从之。其疑异脱衍，胥注句下。有依他说订正者，仍列原文于集解，证以他说。

注文以韦解为准，字句讹者，胥依考异、札记改正，有依他说改正者，于注中注明。韦解未采之三君注，间据辑存补入于集解。

韦解训诂，有说可易者易之，仍列韦解于集解，复引他说解之。

地名今释，几经考定，即用他说亦然，为便于行文计，或不详载书名。但非尽历其境，倘有讹误，诸待教正。
</blockquote>

国语集解

2

传文阙注，无说可采者，搜集他书补之。韦解训诂，无说可易者，则附存鄙疑，聊资商榷。

各篇分章，或同补音本，或同明道本，要视文义分合为断。

注上有围者为集解，否则为韦解。

中华民国十四年十二月徐元诰识于海上。

【校记】

〔一〕太史公称"左丘失明，厥有国语"，又谓左氏欲传春秋，先作国语　按所谓"左氏欲传春秋，先作国语"，乃司马光之说，见朱彝尊经义考卷二〇九，此文以司马迁当之，甚误。

〔二〕后之学者有董氏正义，汪氏考异、发正，黄氏札记，陈氏翼解，王氏述闻，俞氏平议，吴氏补注。用力勤矣，所得为多　按所列诸家皆为集解所采取者，尚有沈镕国语详注，书中所采亦多，而独遗之。又吴氏之书为国语韦解补正，此作补注，亦为小失。

国语集解

吉水徐元诰学

周语上第一〇旧音曰：“杜预世族谱云：‘黄帝之苗裔，姬姓，后稷之后，封于邰。及衰，稷子不窋失职，窜于西戎。至十二代孙曰大王，为狄逼迁岐。至孙文王，受命。武王克殷而有天下。至幽王，为犬戎所杀，平王东迁，乃居王城。’”元诰按：周传世三十七，起民国纪元前三千零三十三年，讫二千一百六十七年。至平王四十九年而入春秋。

1 **穆王将征犬戎，**穆王，周康王之孙、昭王之子穆王满也。征，正也，上讨下之称。犬戎，西戎之别名也，在荒服之中。〇汉书匈奴传颜注引山海经大荒北经曰：“黄帝生苗龙，苗龙生融吾，融吾生弄明，弄明生白犬。白犬有二牝牡，是为犬戎。”吴曾祺曰：“犬戎即畎夷，史记‘周西伯昌伐畎夷’是也。又作‘昆夷’。”元诰按：在今陕西凤翔县西北。**祭公谋父谏曰：“不可。**祭，畿内之国，周公之后也，为王

1

卿士。谋父，字也。传曰："凡、蒋、邢、茅、胙、祭，周公之胤矣。"〇汪远孙曰："逸周书祭公解孔晁注：'谋父，祭公名。'案：韦以为字，非也。"元诰按：祭，在今河南开封县东北十五里，有祭伯城。穆天子传作"郑"。郭注："郑，正字；祭，假借字。"宋庠曰："父音甫，男子之美称。"

先王耀德不观兵。耀，明也。观，示也。明德，尚道化也。不示兵者，有大罪恶然后致诛，不以小小示威武也。**夫兵戢而时动，动则威，**戢，聚也。威，畏也。时动，谓三时务农，一时讲武，守则有财，征则有威。〇文选叹逝赋李注引贾逵曰："戢，藏也。"吴曾祺曰："戢，敛也，训'聚'非。"**观则玩，玩则无震。**玩，黩也。震，惧也。〇王念孙曰："震，亦威也。上言'威'，下言'无震'，互文耳。文六年左传'其子何震之有'。贾逵注亦曰：'震，威也。'（见史记晋世家集解。）"汪远孙曰："说苑指武篇：'兵不可玩，玩则无威。'正用外传。"**是故周文公之颂曰：**文公，周公旦之谥也。颂，时迈之诗也。武王既伐纣，周公为作此诗。巡守告祭之乐歌也。**'载戢干戈，载櫜弓矢。**载，则也。干，楯也。戈，戟也。櫜，韬也。言天下已定，聚敛其干戈，韬藏其弓矢，示不复用也。〇宋庠曰："櫜，古刀反。"**我求懿德，肆于时夏，允王保之。'**懿，美也。肆，陈也。于，於也。时，是也。夏，大也。言武王常求美德，故陈其功，于是夏而歌之。乐章之大者曰夏。允，信也。信哉武王能保此时夏之美。〇陈奂曰："下文传云：'故能保世以滋大。''保世'释'允王保之'句，'滋大'释'肆于时夏'句。内传宣十二年引此诗释之云：'夫武，禁暴、戢兵、保大。'又云：'暴而不戢，安能保大。'训夏为大，内、外传皆同。韦解既本毛传，而又从郑笺，以夏为九夏之'夏'，失之。"吴曾祺曰："夏，中国也。谓武王能以功德施于中国，而远人自至。训乐名，非。”**先王之于民也，懋正其德而厚其性**，懋，勉也。性，情性也。○汪中曰：“性与生通。”王念孙曰：“性之言生也。（乐记：‘方以类聚，物以群分，则性命不同矣。’郑注：‘性之言生也，命，生之长短也。’昭八年左传：‘今宫室崇侈，民力雕尽，怨讟并作，莫保其性。’谓莫保其生也。十九年传：‘吾闻抚民者，节用于内而树德于外，民乐其性而无寇雠〔一〕，’谓乐其生也。荀子礼论篇：‘天地者，生之本也。’大戴礼礼三本篇〔二〕‘生’作‘性’。秦策‘生命寿长’、史记范雎传‘生’作‘性’。）文七年左传：‘正德、利用、厚生，谓之三事〔三〕。’杜解‘厚生’曰‘厚生民之命’。此云‘懋正其德’，即‘正德’也，云‘厚其性’，即‘厚生’也。下云‘阜其财求而利其器用’，即‘利用’也。成十六年传曰：‘民生厚而德正，用利而事节。’襄二十八年传曰：‘夫民生厚而用利，于是正德以幅之。’文六年传曰：‘时以作事，事以厚生。’皆其证也。”**阜其财求而利其器用**，阜，大也。大其财求，不障壅也。器，兵甲也。用，耒耜之属也。○汪远孙曰：“求，古赇字。赇亦财也。马融本吕刑‘惟求’云：‘有求，请赇也。’此古求、赇相通之证。汉书薛宣传：‘赇客杨明。’萧该音义引韦昭注云：‘行货财以有求于人曰赇〔四〕。’是赇有用财之义。‘财赇’与下‘器用’对文，韦不解‘求’字，器为兵甲，用为耒耜之属，皆失之。”**明利害之乡**，示之以好恶也。乡，方也。○宋庠曰：“乡，许亮反。”**以文修之**，文，礼法也。**使务时而避害，怀德而畏威，故能保世以滋大。**保，守也。滋，益也。**昔我先王世后稷**，后，君也。稷，官也。父子相继曰世。谓弃与不窋也。○汪远孙曰：“不窋非弃之子。谯周史记索隐、孔颖达诗疏已规其谬。”元诰按：史记周本纪索隐引谯周云：“言世稷官，是失其代数也。”**以服事虞、夏。**谓

弃为舜后稷，不窋继之于夏启也。**及夏之衰也，弃稷弗务，**弃，废
也。衰，谓启子**大康**废稷之官，不复务农也。夏书序曰："**大康**失邦，昆
弟五人须于**洛汭**。"○汪远孙曰："**弃**与**不窋**，远孙既断其非父子矣[五]，
夏之衰亦不当是**大康**，盖谓孔甲时也。史记夏本纪：'帝孔甲立，夏后氏
德衰，诸侯叛之。'国语亦言：'孔甲乱夏，四世而陨。'刘敬言：'公刘
避桀。'公刘是**不窋**之孙，桀是**孔甲**曾孙，时代正合。"元诰按：戴说同。
我先王不窋用失其官，失稷官也。**不窋，**弃之子也。周之禘祫文、
武，不先**不窋**，故通谓之王。商颂亦以契为玄王也。○路史周世考："稷
生台玺，台玺生叔均，叔均为田祖。"后稷封台，故后有台玺，有叔均。既
有台玺、叔均，则知**稷**之后世多矣，**不窋**不得为稷子明矣[六]。**而自窜
于戎狄之间，**窜，匿也。尧封弃于邰，至**不窋**失官，去夏而迁于邠，西
接戎，北近狄也。○陈奂曰："韦说误也。传言失官，非迁国。官，王官也。
夏政衰，不务稷，故**不窋**失王官而归处于邰。邰在今陕西乾州武功县南，
古戎狄地，故云'窜于戎狄之间'。诗公刘传：'公刘居于邰，遭夏人乱，
迫逐公刘，公刘乃避中国之难，遂平西戎而迁其民，邑于豳[七]。'白虎
通义京师篇：'后稷封于邰，公刘去邰之豳。'是自邰迁豳者乃公刘，非
不窋也。公刘六章[八]，章章可考矣。"戴震曰："周自公刘始居豳，书
传阙佚，莫能详其时世。考国语、史记所录祭公谋父谏穆王曰：'昔我先
王世后稷，以服事虞、夏。及夏之衰也，弃稷弗务，我先王不窋用失其官，
而自窜于戎狄之间。'盖**不窋**以上，世为后稷之官，不知凡几，传至**不窋**，
然后失其官也。夏之衰，疑值孔甲时。史记称**孔甲**淫乱，夏后氏德衰，诸
侯叛之[九]。殆后稷之官及有邰之封，乃相因而失。诸侯侵夺，天子不
正之，是以远窜。禹至**孔甲**三百余年，史记十一世十四君，则有邰始封至

不窋亦且十余世。周本纪曰：'封弃于邰，号曰后稷，别姓姬氏。后稷之兴，在陶唐、虞、夏之际，皆有令德。后稷卒，子不窋立。不窋末季，夏后氏政衰，去稷不务，不窋以失其官而奔戎狄之间。不窋卒，子鞠立。鞠卒，子公刘立。'史记不曰'弃卒'而曰'后稷卒'，且上承'后稷之兴，在陶唐、虞、夏之际，皆有令德。'此书法也。世次中阙，莫知其名，继弃而为后稷，谨修其官守，以至于不窋，是不一人，故曰'皆有令德'。及最后为后稷者卒，其子不窋立，末季而失其世世守官。微窅之际，殆不绝如缕，典文牒记，一切荡然，虽公刘复立国于豳后，已无旧人能追先世之代系。故国语称十五王，不数其皆有令德而世后稷者。汉刘敬对高帝曰：'周之先自后稷，尧封之邰，积德累善十有余世。公刘避桀居豳。'所谓'积德累善十有余世'及本纪'皆有令德'之文，是汉初相传，咸知不窋以上代系中隔矣。国语曰：'孔甲乱夏，四世而殒〔一〇〕。'则周人言夏之衰，指孔甲不指大康甚明。以地考之，豳在邰北百余里，邰今西安府武功县，豳今邠州，不窋所窜，又在豳北二百余里。今庆阳府安化县有不窋城。"

元诰按：不窋非弃之子，以上汪、吴说已言之，得戴说益详矣。**不敢怠业，时序其德，纂修其绪**，纂，继也。绪，事也。**修其训典**，训，教也。典，法也。**朝夕恪勤**，〇曝书亭钞本北堂书钞政术部十引贾逵曰："恪，敬也。勤，劳也。"**守以敦笃，奉以忠信，亦世载德**，〇各本"亦"作"弈"。吴曾祺曰："弈世，犹累世也。"汪远孙曰："'弈'当作'亦'。汉碑中常侍樊安碑、绥民校尉熊君碑、执金吾丞武荣碑'亦世载德'，正用国语之文。"元诰按：汪说是，今据改。**不忝前人**。亦，亦前人也。载，成也。忝，辱也。〇注"亦、亦"二字，明道本作"弈、弈"，宋庠本又作"弈、亦"。汪远孙曰："当作'亦、亦'。诗有客'亦白其马'，传:'亦,亦周也。'书大诰'矧亦惟卜用',传:'亦,亦文王。'注例正同。"元诰按:汪说是,今据改。**至于文王、武王,**○各本作"至于武王"。汪远孙曰:"疑本作'文武',涉下'武王'而误。"王念孙曰:"'至于'下当有'文王'二字。周人叙述祖德,未有称武王而不及文王者。此文自'莫弗欣喜'以上,皆兼文、武言之,自'商王帝辛'以下,乃专言武王耳。史记周本纪载此文,正作'至于文王、武王'。文选齐景皇后哀策文注引'至于文、武,事神保民,莫不欣喜',所引从略,而亦兼文、武。则原有'文王'二字可知。"元诰按:王说是,今据补。**昭前之光明,而加之以慈和,事神保民,莫弗欣喜。**保,养也。**商王帝辛大恶于民,**商,殷之本号也。辛,纣名。大恶,大为民所恶也。○俞樾曰:"下句'庶民弗忍',始以民言,若此句已言'大为民所恶',则不必更言'庶民弗忍'矣。大恶于民,犹云'大虐于民'也。广雅释诂曰:'虐,恶也。'是恶与虐同义。"**庶民不忍,欣戴武王,以致戎于商牧。**戴,奉也。戎,兵也。牧,商郊牧野。○汪远孙曰:"续汉书郡国志:'朝歌南有牧野,去县十七里。'疑'十七'当作'七十'。纣都朝歌,牧,南郊地名也,郊外曰野。说文:'坶,朝歌南七十里。'牧、坶古通用。"元诰按:牧,今河南汲县。**是先王非务武也,勤恤民隐而除其害也。**恤,忧也。隐,痛也。**夫先王之制:邦内甸服,**邦内,谓天子畿内千里之地。商颂曰:"邦畿千里,维民所止。"王制曰:"千里之内曰甸。"京邑在其中央,故夏书曰:"五百里甸服。"则古今同矣。甸,王田也。服,服其职业也。自商以前,并畿内为五服。武王克殷,周公致太平,因禹所弼除畿内,更制天下为九服。千里之内谓之王畿,王畿之外曰侯服,侯服之外曰甸服。今谋父谏穆王,称先王之制,犹以王畿为甸服者，甸，古名，世俗所习也。故周襄王谓晋文公曰"昔我先王之有天下也，规方千里，以为甸服"是也。周礼亦以蛮服为要服，足以相况也。○吴曾祺曰："礼职方氏'方千里曰王畿'，而史记夏本纪有'五百里甸服'之说，是夏之甸服即周之王畿。祭公盖引夏制为言。"**邦外侯服。** 邦外，邦畿之外也。方五百里之地谓之侯服。侯服，侯圻也。言诸侯之近者岁一来见也。○书禹贡某氏传曰："侯，候也，斥候而服事圻。"**侯、卫宾服，** 此总言之也。侯，侯圻也。卫，卫圻也。言自侯圻至卫圻，其间凡五圻，圻五百里，五五二千五百里，中国之界也。谓之宾服，常以服贡宾见于王也。五圻者，侯圻之外曰甸圻，甸圻之外曰男圻，男圻之外曰采圻，采圻之外曰卫圻。周书康诰曰"侯、甸、男、采、卫"也。凡此服数，诸家之说皆纷错不同，唯贾君近之。○汪远孙曰："宾服，禹贡作'绥服'。孔疏云：'绥者，据诸侯安王为名；宾者，据王敬诸侯为名。'又引韦昭云：'以文武教卫为安，王宾之，因以名服。'与今本国语不同。"吴曾祺曰："内举侯，外举卫，以见包五圻在内。"宋庠曰："注'圻'通作'畿'。"**蛮夷要服，** 蛮，蛮圻也。夷，夷圻也。周礼，卫圻之外曰蛮圻，去王城三千五百里，九州之界也。夷圻去王城四千里。周礼行人职，卫圻之外谓之要服。此言蛮夷要服，则夷圻朝贡或与蛮圻同也。要者，要结好信而服从之也。○元诰按：蛮夷，依宋庠本。**戎狄荒服。** 戎狄，去王城四千五百里至五千里也。四千五百里为镇圻，五千里为蕃圻，在九州之外荒裔之地，与戎狄同俗，故谓之荒，荒忽无常之言也。○史记夏本纪集解引马融云："政教荒忽，因其故俗而治之。"**甸服者祭，** 供日祭也。此采地之君，其见无数。**侯服者祀，** 供月祀也。尧舜及周，侯服皆岁见也。**宾服者享，** 供时享也。享，献也。周礼，甸圻二岁而见，男圻三岁而见，采圻四岁而见，卫圻五岁而见。其见也，必以所贡助祭于庙，孝经所谓"四海之内，各以其职来祭"者也。**要服者贡，**供岁贡也。要服六岁一见也。**荒服者王。**王，王事天子也。周礼，九州之外谓之蕃国，世一见，各以其所贵宝为贽，诗云："自彼氐羌，莫敢不来王。"**日祭，**日祭，祭于祖、考，谓上食也。近汉亦然。**月祀，**月祀于曾、高也。**时享，**时享于二祧也。**岁贡，**岁贡于坛、墠也。○礼记祭法："王立七庙、一坛、一墠。"**终王。**终，谓世终也。朝嗣王及即位而来见。○汪远孙曰："汉书韦玄成传，刘歆引外传而释之云：'祖、祢则日祭，曾、高则月祀，二祧则时享，坛、墠则岁贡，大禘则终王。'韦不言大禘，稍失之疏。"又："许慎称旧说云：'终者，谓孝子三年丧终，则禘于太庙，以致其新死者也。'"**先王之训也，有不祭则修意，**意，志意也。谓邦甸之内有违阙不供日祭者〔一一〕，先修志意以自责也。圻内近，知王意。**有不祀则修言，**言，号令也。**有不享则修文，**文，典法也。**有不贡则修名，**名，谓尊卑职贡之名号也。晋语曰："信于名则上下不干也。"**有不王则修德。**远人不服，则修文德以来之。**序成而有不至则修刑，**序成，谓上五者次序已成，而有不至，则有刑诛。○俞樾曰："序，次也。成，亦次也。谓依此次第有不至也。"**于是乎有刑不祭，伐不祀，征不享，让不贡，**让，谴责也。**告不王。**谓以文辞告晓之。地远者罪轻。**于是乎有刑罚之辟，**刑不祭也。**有攻伐之兵，**伐不祀也。**有征讨之备，**征不享也。**有威让之令，**让不贡也。**有文告之辞。**告不王也。**布令陈辞而又不至，则增修于德，而无勤民于远。**勤，劳也。**是以近无不听，远无不服。今自大毕、伯士之终也，**大毕、伯士，犬戎氏之二君也。终，卒也。**犬戎氏以其**

职来王，以其职，谓其嗣子以其贵宝来见王。○史记周本纪正义引贾逵曰："白狼白鹿，犬戎之职贡也。"天子曰：'予必以不享征之，且观之兵。'享，宾服之礼。以责犬戎而示之兵法也。其无乃废先王之训，而王几顿乎！几，危也。顿，败也。○俞樾曰："几乃语词。易小畜上九：'月几望。'虞注曰：'几，其也。'王几顿乎，犹言'王其顿乎'。顿者，劳罢之意。战国策秦策：'吾甲兵顿。'高诱注曰：'顿，罢也。'穆王废先王之典，而勤兵以远，故言'王其顿乎'。下云'得四白狼、四白鹿以归'，是穆王此行，未尝危败，若从韦解，则祭公所言为已甚矣。"吴曾祺曰："内传'甲兵不顿'，注：'顿，坏也。'此谓王之师不将顿坏乎。"元诰按：俞说为长。吾闻夫犬戎树，○韦以"树惇"绝句，注曰："树，立也。言犬戎立性惇朴。"旧音曰："鄯州界外羌中见有树惇，盖是犬戎主名。"宋庠曰："旧音辄建此说，虽似有理，然传疑失实，未足以诮先儒。且蛮夷姓名，随世变易，殊音诡韵，未始有极，矧千岁之外尚袭旧名者邪？或戎人姓名偶与旧文相会，安可执而为据！"汪远孙曰："韦氏训树为'立'，'立惇'二字，文不成义，复增'性'字以解之。旧音之说是矣，而亦不了，故宋公序诋为臆说。北史史宁传[一二]，宁谓突厥木汗曰：'树惇、贺真二城是吐谷浑巢穴。'新唐书王难得传：'从哥舒翰击吐蕃，拔树惇城。'树惇城，吐谷浑旧都，盖周时犬戎树惇所居，因以为名。今在甘肃西宁府西曼头山北。"王引之曰："上文'大毕、伯士'，注以为犬戎君，盖犬戎之先君也，其曰'自大毕、伯士之终也'[一三]，辞意显然。此句盖指犬戎今君而言，则旧音之说是矣，而未尽也，'树'者其主名，'惇'字当属下读。'犬戎树'者，先国而后名，犹曰'邾娄颜'耳。'惇帅旧德'者[一四]，惇，史记周本纪作'敦'。尔雅：'敦，勉也。'言勉循旧德也。

9

晋语曰'知籍偃之惇帅旧职而共给也',是其证。下文单襄公曰:'懋帅其德。'韦注:'言勉循其德。'文义亦与此同。"吴曾祺曰:"旧音'树惇,犬戎主名'是也,如韦注,下已言纯固,此又言惇朴,近复。"元诰按:王说于上下文较合,今从之。史虽有树惇城,殆如宋氏所谓"戎人姓名偶与旧文相会"者耳。**惇帅旧德,而守终纯固,**帅,循也。纯,专也。固,一也。言犬戎循先王之旧德,奉其常职,天性专一,终身不移,不听穆王责其不享也。○元诰按:宋庠本'帅'上有'能'字,盖因"惇"属上读,加以足句。**其有以御我矣。"**御,犹应也,距也。**王不听,遂征之,得四白狼四白鹿以归。**白狼白鹿,犬戎所贡。**自是荒服者不至。**穆王责犬戎以非礼,暴兵露师,伤威毁信〔一五〕,故荒服者不至。

2 恭王游于泾上,恭王,穆王之子恭王伊扈也。泾,水名。○元诰按:泾水出甘肃化平县大关山。(地理志作汧头山)东流经平凉入陕西邠县,至高陵县与渭水合。史记"恭"作"共",同。一本作"昭"者,非是。**密康公从,**康公,密国之君,姬姓也。○汪远孙曰:"密有二:姬姓者在河南,汉书地理志河南郡:'密,故国〔一六〕,臣瓒注:'密姓之国,见世本。'今在河南开封府密县东七十里〔一七〕。姞姓者在安定,地理志:'安定郡阴密,诗密人国。'亦称密须,内传昭十五年:'密须之鼓。'杜注:'密须,姞姓国,在安定阴密县。'通志氏族略:'密须氏〔一八〕,世本,商时姞姓之国,泾州灵台有密康公墓。'今在甘肃平凉府灵台县西五十里。据此则安定之密,姞姓,非姬姓也。"吴曾祺曰:"密本姞姓,周灭之以封姬姓,而仍其旧名不改。"元诰按:今陕西泾川县南有密故城。**有三女奔之。**奔,不由媒氏也。三女同姓也。○汪远孙曰:"姓之言生也，同姓犹言同产矣。"元诰按：曲礼曰："奔则为妾。"其母曰：
"必致之于王。康公之母欲使进于王。○列女传，密康公之母姓魏
氏。夫兽三为群，自三以上为群。人三为众，女三为粲。粲，美
貌也。○元诰按：粲，说文作"奻"。"奻"正字，"粲"假借字。王田
不取群，不尽群也。易曰："王用三驱，失前禽也。"公行下众，公，
诸侯也。下众，不敢诬众也。礼，国君下卿位，遇众则式礼也。○吴曾
祺曰："史记'公行'下有'不'字。不下众，谓不敢后于众人也。玉篇：
'下，后也。'"王御不参一族。御，妇官也。参，三也。一族，父子也。
故取异姓以备三，不参一族也。○元诰按：注，宋庠本"父子"上有"一"
字，"异姓"作"侄娣"，"一族"下有"之女"二字。史记集解同。疑非
是。夫粲，美之物也。众以美物归女，而何德以堪之。堪，
任也。○宋庠曰："经典'汝'字多借'女'为之。"王犹不堪，况尔
小丑乎！丑，类也。王者至尊，犹且不堪，况尔小人之类乎。小丑备
物，终必亡。"言德小而物备，终取之，必以亡。○吴曾祺曰："注'取
之'二字不合。"康公不献，一年，王灭密。密，今安定阴密县是
也，近泾。

3　厉王虐，国人谤王。厉王，恭王之曾孙，夷王之子厉王胡也。谤，
诽也。邵公告王曰："民不堪命矣！"邵公，邵康公之孙穆公虎
也。为王卿士，言民不堪暴虐之政令。○元诰按："告"下"王"字，依
宋庠本。王怒，得卫巫，使监谤者，卫巫，卫国之巫也。监，察也。
以巫有神灵，有谤必知之。以告，则杀之。巫言谤王，王则杀之。国
人莫敢言，道路以目。不敢发言，以目相眄而已。王喜，告邵公

曰："吾能弭谤矣，乃不敢言。"弭，止也。邵公曰："是障之也。障，防也。**防民之口，甚于防川。**流者曰川。言川不可防，而口又甚也。**川壅而溃，伤人必多。**川之溃决，害于人也。**民亦如之。**民之败乱，害于上也。**是故为川者决之使导，**为，治也。导，通也。**为民者宣之使言。**宣，犹放也。观民所言，以知得失。**故天子听政，使公卿至于列士献诗，**献诗以风也。列士，上士也。〇汪远孙曰："列士，统上士、中士、下士言之，位有三等，故曰列。韦专属上士，非也。又见鲁语。内传襄十四年疏引韦昭曰：'公以下至上士各献讽谏之诗。'与今本文异。"**瞽献曲，**无目曰瞽。瞽，乐师。曲，乐曲也。〇元诰按：襄十四年左传疏引国语"瞽陈曲"，并引韦昭云"瞽陈乐曲，献之于王"，与今传、注文异。又今本"曲"作"典"，盖因二字形似而误。诗园有桃毛传曰："曲合乐曰歌。"是乐必有曲也。**史献书，**史，外史也。周礼，外史掌三皇、五帝之书。**师箴，**师，小师也。箴，刺王阙，以正得失也。〇元诰按：瞽，乐师，则谓大师也。**瞍赋，**无眸子曰瞍。赋，公卿列士所献诗也。〇汉书艺文志："不歌而诵谓之赋。"**蒙诵，**有眸子而无见曰蒙。周礼，蒙主弦歌讽诵。诵，谓箴谏之语也〔一九〕。〇周礼郑注"讽诵诗"，谓"暗读之不依咏也"。**百工谏，**百工，执技以事上者也。谏者，执艺事以谏，谓若匠师庆谏鲁庄公丹楹刻桷也。〇元诰按：左传"工诵，箴谏"，杜注曰："工，乐人也。"与韦解异。**庶人传语，**庶人卑贱，见时得失不得达，传以语王也。**近臣尽规，**近臣谓骖仆之属。尽规，尽其规计以告王也。〇俞樾曰："韦解'尽'字未得其义，尽者，进也。尔雅释诂：'荩，进也。'荩、尽义通。汉书高帝纪'主进'，师古注曰：'"进"字本作"赆"，又作"赆"，音皆同耳，古字假借，故转而为"进"。'然则'进规'之为'尽规',犹'主赆'之为'主进'也。韦氏以本字读之,失其义矣。"吴曾祺曰:"'规'训规谏,较顺。"**亲戚补察**,补,补过。察,察政也。传曰:"自王以下,各有父兄子弟,以补察其过也。"○董增龄曰:"亲戚为王同宗诸臣。"**瞽史教诲**,瞽,乐大师。史,太史也。掌阴阳、天时、礼法之书,以相教诲者。单襄公曰:"吾非瞽史,焉知天道。"**耆艾修之**,耆艾,师傅也。师傅修理瞽史之教,以闻于王也。○王念孙曰:"师傅职当匡君,非徒修瞽史之教以闻而已也。修之谓修饬之也,'之'字指王而言,非指瞽史之教而言。鲁语,公父文伯之母谓文伯曰:'吾冀而朝夕修我曰,必无废先人。'韦彼注云:'修,儆也。'楚语,白公子张引武丁之言曰,'必交修余,无余弃也',并与此'修'字同义。"吴曾祺曰:"修,儆也,谓儆戒王也,不训修理。"元诰按:礼记曲礼篇:"五十曰艾,六十曰耆者。"荀子致士篇:"耆艾而信,可以为师。"**而后王斟酌焉**,斟,取也。酌,行也。○俞樾曰:"韦以'斟酌'为取而行之,此非古义也。白虎通礼乐篇:'周公曰酌。'言周公辅成王能斟酌文武之道而成之也。说文女部:'妁,酌也。斟酌二姓者也。'然则'斟酌'乃古时常语。盖斟、酌本双声字,广雅释诂曰:'斟,酌也。'是二字同义。凡酌酒不可太过,亦不可不及,贵适其中。孔明出师表曰:'斟酌损益。'以斟酌、损益并言,最得古人语意。此传所谓斟酌者,盖合公卿以下诸人之言,而可否之,去取之也。"元诰按:一切经音义十四引贾逵曰:"斟,犹取也。酌,行也。"是韦解本贾注。然观下句"事行而不悖",则俞说得之。**是以事行而不悖。**悖,逆也。**民之有口也,犹土之有山川也,财用于是乎出**。犹,若也。山川所以宣地气而出财用,口亦宣人心而言善败也。○元诰按:上"也"字依宋庠本。**犹其有原隰衍沃也，衣食于是乎生。**广平曰原，下湿曰隰。下平曰衍，有溉曰沃。○明道本作"犹其原隰之有衍沃也"。汪远孙曰："韦注'原隰衍沃'四字平列。玩文义，上句'土'字贯此句言之，'原隰衍沃'与'山川'对文。史记亦云'犹其有原隰衍沃也'，与公序本同，可证。"元诰按：宋庠本是，今从之。**口之宣言也，善败于是乎兴。行善而备败，**民所善者行之，民所败者备之。**其所以阜财用衣食者也。**阜，厚也。**夫民虑之于心而宣之于口，成而行之，胡可壅也！若壅其口，其与能几何？"**与，辞也。能几何，言不久也。○元诰按：僖二十三年左传："其人能靖者与有几。"顾氏补正曰："邵氏云：'此倒语也，若曰其有几人能靖者与？'"此句法相同。"与"乃咏叹之辞也。**王不听。于是国莫敢出言，三年乃流王于彘。**流，放也。彘，晋地，汉为县，属河东，今曰永安。○元诰按：在今山西霍县。

4　厉王说荣夷公，说，好也。荣，国名。夷，谥也。○汪远孙曰："荣为周同姓之国，夷公名终，见墨子所染篇、吕氏春秋当染篇。"黄丕烈曰："终、公声相近。"宋庠曰："说，古'悦'字。"**芮良夫曰：**芮良夫，周大夫芮伯也。○书旅巢命序[二〇]疏引世本云："芮，姬姓。"宋庠曰："芮，人姓，又国名。"元诰按：良夫食采于芮，故曰芮良夫。芮，今山西芮城。**"王室其将卑乎！**卑，微也。**夫荣夷公好专利而不知大难。**专，擅也。**夫利，百物之所生也，**利，生于物也。专利，是专百物也。**天地之所载也，**载，成也。地受天气以成百物也。**而或专之，其害多矣。**害，谓恶害荣公者多也[二一]。孔子曰："放于利而行[二二]，多怨。"○吴曾祺曰："害，谓害于国家。"**天地百物，**

皆将取焉，胡可专也。天地成百物，民皆将取用之，何可专其利也。所怨甚多，而不备大难，以是教王，王能久乎？夫王人者，将导利而布之上下者也，导，开也。布，赋也。上谓天神，下谓人物也。〇俞樾曰："导与道同，法言问道篇曰：'道也者，通也。'故导亦为通。上文'是故为川者，决之使导'，注曰：'导，通也。'下云'川气之导也'，注曰：'导，达也。'达亦通也。然则'导利而布之'者，通利而布之也。韦训为'开'，于义稍迂。"使神人百物无不得其极，极，中也。犹日怵惕，惧怨之来也。怵惕，恐惧也。〇元诰按：日，宋库本作"曰"，史记同。考正云："当作日月之'日'。"今从之。故颂曰：'思文后稷，克配彼天，立我蒸民，莫匪尔极。'颂，周颂思文也，谓郊祀后稷以配天之乐歌也。经纬天地曰文。克，能也。蒸，众也。莫，无也。匪，不也。尔，女也。极，中也。言周公思有文德者后稷，其功乃能配于天。谓尧时洪水，稷播百谷，立我众民之道，无不于女时得其中者，功至大也。〇吴曾祺曰："立与粒通，谓粒食也。"大雅曰：'陈锡载周。'大雅文王之二章也。陈，布也。锡，赐也。言文王布赐施利，以载成周道也。是不布利而惧难乎，言后稷、文王既布利，又惧难也。〇元诰按：是不，犹是非也。庄子让王篇："先生不受，岂不命邪。"刘淇曰："岂不，犹岂非也。"此句意相同。故能载周以至于今。今王学专利，其可乎？言不可也。匹夫专利，犹谓之盗，王而行之，其归鲜矣。鲜，寡也。归附周者鲜矣。〇王引之曰："归，终也。其归鲜矣，言厉王之必不能终也。上文'能久乎'是其证。僖七年左传，齐管仲谏桓公曰：'君以礼与信属诸侯，而以奸终之，毋乃不可乎。'宣十一年传，楚申叔时谏庄王曰：'以讨召诸侯，而以贪归之，无乃不可乎。'归与终本同义。"**荣公若用，周必败！**"既，荣公为卿士，既，已也。卿士，卿之有事者。**诸侯不享，王流于彘。**享，献也。

5 彘之乱，宣王在邵公之宫，宣王，厉王之子宣王靖也。在邵公之宫者，避难奔邵公也。〔二三〕**国人围之。邵公曰："昔吾骤谏王，王不从，是以及此难。**及，至也。**今杀王子，王其以我为怼而怒乎。**杀王子，命国人得杀之也。○旧音："怼音坠。"**夫事君者，险而不怼，**君，诸侯也。在危险之中不当怼。怼，谓若晋庆郑怨惠公愎谏违卜〔二四〕，弃而不载。○俞樾曰："如韦义，则与下句'怨而不怒'不一律矣。险而不怼，疑当作'慊而不怼'。淮南子齐俗篇：'衣若悬衰而意不慊。'高注曰：'慊，恨也。'慊而不怼，言虽恨而不怼，与下句'怨而不怒'同义。古字险与嶮通，尔雅释山篇，释文引字林曰：'嶮，山形，似重甗。'集韵引字林曰：'险，山形，如重甗。'是其证也。险与嶮通，故亦与慊通矣。"王引之曰："险，谓中心忧危之也。此与下句'怨而不怒'皆以心言，非以境言。下文单襄公〔二五〕曰：'君子将险哀之不暇，而何易乐之有焉。'荀子荣辱篇曰：'安利者常乐易，危害者常忧险。'是其证。"吴曾祺曰："君是对臣言，不必指诸侯，下'况事王'句，谓凡臣事君皆然，何况事王。语意自不相碍。"元诰按：王、吴说是。**怨而不怒，况事王乎！**"怨，心望也。怒，作气也。**乃以其子代宣王，宣王长而立之。**彘之乱，公卿相与共和而修政事，号曰"共和"。凡十四年而宣王立。

6 宣王即位，不籍千亩。籍，借也，借民力以为之。天子田千亩，

诸侯百亩，自厉王之流，籍田礼废，宣王即位，不复遵古也。○北堂书钞礼仪部十二引贾逵曰："天子躬耕籍田，助民力也。籍田，千亩也。"汪远孙曰："籍，补音作'藉'。籍、藉错出，说文作'耤'，当以'耤'为正字。"**虢文公谏曰**：贾侍中云："文公，文王母弟虢仲之后，为王卿士。昭谓：虢叔之后，西虢也。及宣王都镐，在畿内也。"○吴曾祺曰："西虢，在今河南陕县东南。""**不可。夫民之大事在农**，谷，民之命，故农为大事也。**上帝之粢盛于是乎出**，出于农也。器实曰粢，在器曰盛。○宋庠曰："盛，尚征反。粢，后又有作'齍'者，音同字异，义则一。"汪远孙曰："经典多作'齍盛'，或作'粢盛'，'粢'字误。"**民之蕃庶于是乎生**，蕃，息也。庶，众也。**事之供给于是乎在**，供，具也。给，足也。**和协辑睦于是乎兴**，协，合也。辑，聚也。睦，亲也。**财用蕃殖于是乎始**，殖，长也。**敦庞纯固于是乎成**，敦，厚也。庞，大也。**是故稷为天官**。○各本作'大官'。韦解曰："民之大事在农，故稷之职为大官也。"汪远孙曰："'大官'当为'天官'，涉注文'大事'而误。贾公彦周礼疏序：'天官，稷也。'又引尧典郑注：'稷，弃也。初尧天官为稷。'太平御览百谷部四引郑氏婚礼谒文赞曰：'稷为天官。'书舜典疏引国语作'稷为天官'，北堂书钞礼仪部十二引惟一处作'天官'。"元诰按：汪说是，今据改。非涉注"大事"而误，韦所见本已误也。**古者，太史顺时覛土**，○旧音："覛音脉。"**阳瘅愤盈，土气震发**，覛，视也。瘅，厚也。愤，积也。盈，满也。震，动也。发，起也。○旧音："瘅，丁佐反。"方言："楚谓怒为瘅。"孔晁云："瘅，起。愤，盛也。盈，满。震，动也。言阳气起而盛满，则震动发也。"宋庠曰："瘅，又音得案反。"吴曾祺曰："愤与偾通，动也。"元诰按：孔说是。**农祥晨正**，农祥，**房星**也。晨正，谓立春之日，晨中于午也。农事之候，故曰农祥也。〇汪远孙曰："周语下注云：'祥，犹象也。房星晨正而农事起，故谓之农祥。'义同。汉书郊祀志：'高祖诏天下立灵星祠。'张晏注云：'龙星左角曰天田，则农祥也，晨见而祭之。'与此农祥异。"**日月底于天庙**，厎，至也。天庙，营室也。孟春之月，日月皆在营室也。〇史记天官书〔二六〕："营室为清庙。"索隐引玄命苞云："营室十星。"淮南天文训篇："正月建寅，日月俱入营室五度。"占经五引许注云："日月如连璧，五星若贯珠，皆右行。"**土乃脉发**。脉，理也。农书曰："孟春土冒橛，陈根可拔，耕者急发。"**先时九日**，先，先立春日也。**太史告稷曰：'自今至于初吉**，初吉，二月朔日也。诗云："二月初吉。"〇王引之曰："今，谓先立春之九日，初吉则谓立春之日，多在正月上旬，故谓之初吉。韦解非是。下文'距今九日，土其俱动'，正谓九日后土乃脉发耳，何待至二月乎？"**阳气俱蒸，土膏其动**。蒸，升也。膏，润也。其动，润泽欲行也。**弗震弗渝，脉其满眚，谷乃不殖**。'震，动也。渝，变也。眚，灾也。言阳气俱升，土膏欲动，当即发动变写其气。不然〔二七〕，则脉满气结，更为灾病，谷乃不殖也。〇王引之曰："渝读为输。输，写也，谓输写其气，使达于外也。左氏春秋隐六年：'郑人来渝平。'公羊、穀梁并作'输平'，是渝、输古字通。此言当土脉盛发之时，不即震动之，输写之，则其气郁而不出，必满塞而为灾也。韦训渝为变，于上下文义稍远矣。"**稷以告王曰：**以太史之言告王。**'史帅阳官以命我司事曰：**史，太史。阳官，春官。司事，主农事官也。**"距今九日，土其俱动**，距，去也。**王其祗祓，监农不易。"'**祗，敬也。祓，斋戒祓除也。不易，不易物土之宜也。〇王引之曰："读'易'为变易之'易'，而增'物土之宜'以足之，非本义也。'易'当读慢易之'易'，易者轻也。乐记：'外貌斯须不庄不敬，而易慢之心入之矣。'郑注曰：'易，轻易也。''不易'犹言勿易。史记礼书曰：'能虑勿易，谓之能固。'张守节正义训易为轻，是也。'监农不易'者，民之大事在农，监之不敢轻慢也。"**王乃使司徒咸戒公卿、百吏、庶民**，百吏，百官。庶民，甸师氏所掌之民也，主耕耨王之籍田者。**司空除坛于籍**，司空，掌地也。**命农大夫咸戒农用**。农大夫，田畯也。农用，田器也。〇诗疏引孙炎云："畯是官名，大夫是爵号。周人尤重农事，故特爵为大夫也。"**先时五日**，先耕时也。**瞽告有协风至**。瞽，乐大师，知风声者也〔二八〕。协，和也。风气和，时候至也。立春日融风也〔二九〕。〇惠栋曰："许叔重云：'劦，同力也。'引山海经：'惟号之山，其风若劦。'郭本山海经作'飍'，即此。和风为劦，同力为和。"陈瑑曰："协风即条风也。条之言调也，调即融，融即和，和即协。"**王即斋宫**，所斋之宫也。**百官御事各即其斋三日**，御，治也。**王乃淳濯飨醴**。淳，沃也。濯，溉也。飨，饮也。谓王沐浴饮醴酒也。〇旧音："淳，之纯反。"**及期**，期，耕日也。**郁人荐鬯**，郁，郁金香，宜以和鬯酒也。周礼："郁人掌裸器，凡祭祀、宾客，和郁鬯以实彝而陈之。"共王之斋鬯也。〇陈奂曰："鬯为和郁之酒，故江汉毛传及鬯人先郑注皆以鬯为香草。康成泥周人鬯、郁分官，和香草者为郁鬯，不和者为秬鬯，非是。"**牺人荐醴**，牺人司尊，掌共酒醴。〇汪远孙曰："牺音素荷反，补音'许宜反'，非也。"**王裸鬯，飨醴乃行**，裸，灌也。灌鬯，饮醴，皆所以自香洁也。**百吏、庶民毕从**〔三〇〕。**及籍，后稷监之**，监，察也。**膳夫、农正陈籍礼**，膳夫，上士也。掌王之饮食膳羞之馈。农正,田大夫也。主敷陈籍礼而祭其神,为农祈也。**太史赞王**,赞,导也。**王敬从之。王耕一墢**,一墢,一耜之墢也〔三一〕。○宋庠本注云:"一墢,一耜之墢也。王无耦,以一耜耕。"明道本注入"班三之"句下,有"王耕一墢,一耦之发也。耜广五寸,二耜为耦,一耦之发,广尺深尺"二十五字。补音载贾逵云:"耜广五寸,二耜为耦,一墢深尺。"汪远孙曰:"公序本是。(按公序即宋庠字。)旧音及北堂书钞引贾逵云:'一发,一耜之发也。耜广五寸,二耜为耦,一发深尺。'贾意一耜所发之土谓之发,广五寸深尺,'二耜为耦'四字连文引之,非谓一发为一耦之发也。说文'耦'下云:'耒广五寸为伐。''坺'下云:'一臿土谓之坺。'臿即耜也。'坺'正字,'发'、'伐'假借字,'墢'俗字,字异而义同。此本后人取贾注羼入韦注,复据考工记改注文,又以文义抵牾,改'一耜'为'一耦',删去'王无耦以一耜耕'七字耳。"黄丕烈曰:"此'一墢'者,对下'三之'而言也,非言耜数。月令'天子三推',高诱注吕览云:'谓一发也。'引此'王耕一发',是以王耕为广尺深尺耳。补音载贾注亦然,正韦所本。'无耦'、'一耜'之说,于'公三发,卿九发,大夫二十七发'不可通矣。"元诰按:两本注疑均非。韦解原文就高注吕览云:"天子三推,谓一发也。"转可得此文之义。即"三推"谓"一发",斯"一发"乃谓"三推"也。发、墢同字。"一墢"对下"三之"而言,"一墢"谓三墢,三墢即所谓"卿大夫九推"矣。**班三之**,班,次也。三之,下各三其上也。王一墢,公三,卿九,大夫二十七也。○元诰按:高注吕览曰:"礼以三为文,故天子三推。"又引此文注云:"班,班次也。谓公、卿、大夫各三其上:公三发,卿九发,大夫二十七发也。"据此,可证明道本国语注"班,次也"下有"王耕一墢"至"深尺"二十五字为后人所加。

庶人终于千亩。终，尽耕之也。○周礼甸师郑注："庶人，谓徒三百人。"元诰按：韦解上文"庶民"为甸师氏所掌之民，主耕耨王之籍田者。此"庶人"与上"庶民"同。"人"字依宋庠本。**其后稷省功，**○旧音："省，小井反。"下同。**太史监之。司徒省民，大师监之。**○北堂书钞礼仪部十二引贾逵曰："大师，三公官也。"**毕，宰夫陈飧，膳宰监之。**宰夫，下大夫。膳宰，膳夫也。**膳夫赞王，王歆太牢，**歆，飨也。**班尝之，**公、卿、大夫也。**庶人终食。**终，毕也。**是日也，瞽师音官以省风土，**音官，乐官。风土，以音律省土风，风气和则土气养也。○宋庠本如此，明道本无"省"字。王引之曰："明道本是也，今本'省'字盖因注而衍。韦注曰'风土，以音律省土风'，则正文无'省'字明矣。晋语：'风德以广之，风山川以远之，风物以听之。'文义与'风土'相似，无烦加'省'字也。钞本北堂书钞礼仪部十二引贾逵本正作'瞽帅音官以风土'，无'省'字。（陈禹谟增'省'字。）旧音于上文'省功'音'小井反'，且云下'省民'、'省风'同。则唐本已有衍'省'者矣。"吴曾祺曰："'风'字作动字用。"元诰按：王、吴说均不必然，韦注亦有误，疑当作"音官，乐官也。谓以音律省风土"云云。此文"省风土"与上文"省官"、"省民"对文，补音所据本不误也。今存"省"字。师，段玉裁曰："师，俗'帅'字，见干禄字书。"**稷则遍诫百姓，**○元诰按：各本此句上有"廪于籍东南，钟而藏之，而时布之于农"十五字，今依俞说移下。**纪农协功，**纪，谓综理也。协，同也。○文选潘安仁悼亡诗李注、陆士衡吴趋行李注引贾逵曰："纪，犹录也〔三二〕。"元诰按：纪，理也。诗械朴郑笺云："理之为纪。"是纪、理义通之证。理，治也。此文谓同功而治农事也。**曰：'阴阳分布，震雷出滞。'**阴阳分布，日夜同也。滞，蛰虫也。<u>明堂月令</u>曰："日夜分，雷乃发声。始震雷，蛰虫咸动，启户而出也。"**土不备垦，辟在司寇**。垦，发也。辟，罪也。在司寇，司寇行其罪也。**乃命其旅曰：'徇。'**旅，众也。徇，行也。〇<u>广雅释言</u>："徇，巡也。"<u>说文</u>："巡，视行貌。"**农师一之**，一之，先往也。农师，上士也。**农正再之**，农正，后稷之佐〔三三〕，田畯也，故次农师。**后稷三之**，后稷，农官之君也，故次农正。**司空四之**〔三四〕，司空主道路沟洫，故次后稷也。〇<u>元诰</u>按：司空，本作司工，故主道路诸事。**司徒五之**，司徒省民，故次司空也。**太保六之，大师七之**，太保、大师，天子三公，佐王论道，泛监众官，不特掌事，故次司徒也。**太史八之**，太史，掌达官府之治，故次大师也。**宗伯九之**，宗伯，卿官，掌相王之大礼，若王不与祭则摄位，故次太史也。**王则大徇**。大徇，帅公、卿、大夫亲行农也。**耨获亦如之**。如之，如耕时也。**廪于籍东南，钟而藏之，而时布之**。廪，御廪也，一名神仓。东南，生长之处。钟，聚也。谓为廪以藏王所籍田，以奉盛盛也。布，赋也。〇各本以上三句在上文"是日也，瞽帅音官以省风土〔三五〕"（<u>明道</u>本无"省"字）下，"稷则遍诫百姓"上。又"而时布之"下有"于农"二字。<u>俞樾</u>曰："上文'是日也，瞽帅音官以省风土'，'是日'即耕耤之日也，此承上文而言，则亦与同日，可知是时甫耕，未及收也。何遽及此？且王所籍田，以奉盛盛，何以布之于农乎？窃疑'廪于籍东南，钟而藏之，而时布之〔三六〕'十三字为错简，当在'耨获亦如之'之下。'于农'二字为衍文，涉下句'民用莫不震动，恪恭于农'而衍也。当云'耨获亦如之〔三七〕。廪于籍东南，钟而藏之，而时布之。民用莫不震动，恪恭于农'。如此，则文义自顺矣。简策错乱，误入上文，幸衍'于农'二字，转可因以订正耳。"元诰按：俞说极确，今据以移删。然犹疑"廪于籍东南"当作"廪籍于东南"，籍、于二字互倒。注云"谓为廪以藏王所籍田"，语意从略，然可知盖云"谓为廪以藏王所籍田于东南"也，则"于籍"二字当乙正可知矣。**民用莫不震动，恪恭于农，**用，谓田器也。○汪中曰："用，犹用是也。注非。"**修其疆畔，日服其镈，不解于时，**疆，境也。畔，界也。镈，锄属。○元诰按：解，古"懈"字。**财用不乏，民用和同。是时也，王事惟农是务，无有求利于其官，以干农功。**求利，谓变易役使，干乱农功。**三时务农，而一时讲武，**三时，春、夏、秋。一时，冬也。讲，习也。○汪远孙曰："疑'而'字衍。"**故征则有威，守则有财。若是，乃能媚于神。**媚，说也。**而和于民矣，则享祀时至而布施优裕也。**优，饶也。裕，缓也。**今天子欲修先王之绪**〔三八〕**，而弃其大功，匮神之祀而困民之财，**匮神之祀，不耕籍也。困民之财，取于民也。○明道本"之祀"作"乏祀"。补音出"之祀"，云"读者以'之'为'乏'，然匮是乏义，无宜重也"，是宋庠本作"之"矣。汪远孙曰："内传襄十四年：'困民之主，匮神乏祀。'本或作'之祀'，句正与此同〔三九〕。"元诰按：作"之祀"是，上句与下句相对为文也。黄丕烈驳补音以"乏"为"之"，并引鲁语"大惧乏周公之命祀"，楚语"乏臣之祀也"为证，不知此二句与本文"匮神之祀"句法正同，驳之适以从之也。**将何以求福用民？"王不听。三十九年，战于千亩，**○汪远孙曰："史记正义引括地志：'千亩原在晋州岳阳县北九十里。'王自伐戎而远战于晋地，必不然矣。诗祈父疏引孔晁云：'宣王不耕籍田，神怒民困，为戎所伐，战于近郊。'其说近是。"**王师败绩**

于姜氏之戎。姜氏之戎，西戎之别种，四岳之后也。传曰："我诸戎〔四〇〕，四岳之裔胄。"言宣王不纳谏务农，无以事神使民，以致弱败之咎也。○庄十一年左传曰："京师败曰王师败绩于某。"

7　鲁武公以括与戏见王，武公，伯禽之玄孙、献公之子武公敖也。括，武公长子伯御也。戏，括弟懿公也。○宋庠曰："史记鲁世家：'宣王立戏为鲁太子。戏立，是为懿公。九年，懿公兄括之子伯御与鲁人攻杀懿公而自立。'据史记，则伯御乃括之子明矣。班固人物表：'伯御，鲁懿公兄子。'与史记合。疑韦注失之。"汪远孙曰："宋说是也。列女传亦云括之子伯御。"王立戏，以为太子。樊仲山父谏曰："不可立也！仲山父，王卿士，食采于樊。○太平御览人事部九十七引此注曰："樊，宣王卿士山父之所封也。仲山父，樊穆仲也。"汪远孙曰："樊，今河南济源县地，在周东都畿内，仲山父所封之地在此。此封邑，非采地，韦云'食采于樊'，恐未是。"吴曾祺曰："仲山父，大王子虞仲支孙。"不顺必犯，不顺，立少也。犯，鲁必犯王命而不从也。犯王命必诛，故出令不可不顺也。令之不行，政之不立，令不行，即政不立也。行而不顺，民将弃上。使长事少，故民必弃上也。夫下事上，少事长，所以为顺也。今天子立诸侯而建其少，是教逆也。若鲁从之，而诸侯效之，王命将有所壅。言先王立长之命将壅隔不行也。若不从而诛之，是自诛王命也。诛王命者，先王之命立长，今鲁亦立长，若诛之，是自诛王命也。是事也，诛亦失，不诛亦失。诛之则诛王命，不诛则王命废也。天子其图之。"王卒立之。鲁侯归而卒。及鲁人杀懿公懿公，戏也。

国语集解

24

而立伯御。伯御，括也。〇元诰按：伯御乃括之子，非括也。见上宋说。三十二年春，宣王伐鲁，立孝公。孝公，懿公之弟称也。诸侯从是而不睦。从是而不相亲睦于王也。〇元诰按：宋庠本无"春"字。

8 宣王欲得国子之能训导诸侯者，

贾侍中云："国子，诸侯之嗣子。"或云："国子，诸侯之子，欲使训导诸侯之子。"唐尚书云："国子，谓诸侯能治国、治养百姓者。"昭谓：国子，同姓诸姬也。凡王子弟谓之国子〔四一〕。导训诸侯，谓为州伯者也。〇元诰按：别行依宋庠本。"训导"，各本作"导训"，今依北堂书钞设官二十四引国语乙正。下文云"能训治其民矣"，即承此而言，可知不作"导训"也。**樊穆仲曰："鲁侯孝。"**穆仲，仲山父之谥，犹鲁叔孙穆子谓之穆叔。〇汪远孙曰："孝者，善德之通称。"**王曰："何以知之？"对曰："肃恭明神而敬事耇老，**耇，冻梨也。〇说文："耇，老年面冻黎若垢。"段注："冻黎，谓冻而黑色。"尔雅释诂："耇，寿也。"孙炎曰："耇，面如冻黎〔四二〕，色如浮垢，老人寿征也。"舍人曰："耇，觏也，血气精华觏竭，言色赤黑如狗矣。"元诰按："黎"即"黎"之假借字，释名以为如冻梨色，非也。**赋事行刑，必问于遗训，**遗训，先王之教也。〇元诰按：赋事，谓施布政事也。诗烝民篇："明命使赋。"郑笺："使群臣施布之也。"是其义。**而咨于故实。**咨，谋也。故实，故事之是者。〇段玉裁曰："实，当作'寔'。寔，是也。故韦云'故事之是者'。"**不干所问，不犯所咨。"王曰**〔四三〕**："然则能训治其民矣。"乃命鲁孝公于夷宫。**命为侯伯也。夷宫者，宣王祖父夷王之庙。古者爵命必于祖庙。〇元诰按：如此者，示不敢专也。

9 宣王既丧南国之师，丧，亡也。败于姜戎氏时所亡也。南国，

江汉之间也，故诗云："滔滔江汉，南国之纪。"〇史记周本纪集解引唐
固曰："南国，南阳也。"汪远孙曰："南国之师，决非姜氏之戎。括地
志以千亩为近太原，误本于此。而韦解亦以此致误。"吴曾祺曰："据内
传曰：'我诸戎，四岳之胄裔。'又：'允姓之奸，居于瓜州。'则姜戎即
西戎也，与江汉无涉。"乃料民于太原。料，数也。太原，地名也。
〇诗六月"薄伐猃狁，至于太原"，戴震毛郑诗考正曰："太原，汉安
定郡高平，今平凉府固原州。"汪远孙曰："采薇序：'文王之时，北
有猃狁之难。'猃狁北狄，追奔逐北，自应向北而去，太原当在周之北
境。宣王料民，亦以其地近边而为之备，此与诗之'太原'自是一处。"
〇元诰按：此"太原"与山西之太原无涉，在今甘肃固原县。仲山父
谏曰："民不可料也。夫古者不料民而知其多少，司民协
孤终，司民，掌登万民之数，自生齿以上皆书于版。协，合也。无父曰孤。
终，死也。合其名籍于王也。〇元诰按：犹近世户口登记。司商协民
姓，司商，掌赐族受姓之官。商，金声，清。谓人始生吹律合之，定其姓
也。〇俞樾曰："声有五，不当独举商之一声以名官也。商当读为'章'，
古音相近。尚书枭誓'我商赉女'，释文曰：'商，徐邈音"章"。'又水
经漯水注：'商、漳声近。'并其证也。汉书律历志曰：'商之言"章"也。'
是二字声近义通。吕氏春秋勿躬篇：'臣不如弦章。'韩子外储说篇作'弦
商'。僖二十五年左传杜注曰：'商密，今南阳丹水县。'续汉书郡国
志南阳郡丹水有章密乡。并古字通用之证。说文音部：'章，乐竟为一章，
从音、十。十，数之终也。'然则司乐者，谓之司章，正取乐竟为一章之义，

因假'商'为之，学者遂不得其解矣。"元诰按：吹律定姓，乃司乐之事。俞说正合。**司徒协旅**，司徒，掌合师旅之众。**司寇协奸**，司寇，刑官，掌合奸民，以知死刑之数也。**牧协职**，周礼，牧人掌牧养牺牲，合其物色之数也。〇周礼地官郑注："职读为'樴'，'樴'谓之'杙'，可以系牛。"汪远孙曰："协职者，合其樴杙之数也。"王引之曰："大夫有称'牧'者。牧协职，谓牧大夫任民以职事者。韦注以为'牧人'，非也。"元诰按：王说可从。**工协革**，工，百工之官。革，更也，更制度者合其数。**场协入**，场人掌场圃，委积珍物，敛而藏之也。**廪协出**，廪人掌九谷出用之数也。**是则少多、死生、出入、往来者，皆可知也。于是乎又审之以事**，事，谓因籍田与蒐狩以简知其数也。**王治农于籍**，籍，谓籍于千亩田也。**蒐于农隙**，春田曰蒐。蒐，择也。禽兽怀妊未著，搜而取之也。农隙，仲春既耕之后。隙，间也。〇吴曾祺曰："内传'春蒐、夏苗'注：'择取不孕者〔四四〕。'经义竟与此相反。"元诰按：韦解"蒐，择也"，"择"疑"搜"字之讹，下句"搜而取之也"，即承此而言。说苑修文篇："蒐者，搜索之。"亦其证也。**狝于既烝**，秋田曰狝。狝，杀也。顺时始杀也。烝，升也。月令："孟秋，农乃升谷，天子尝新。"既升，谓仲秋也。〇旧音："狝，小浅反。"**狩于毕时**，冬田曰狩。狩，围守而取之。毕时，时务毕也。〇桓四年公羊传："春曰苗，秋曰蒐，冬曰狩。"何注："不以夏田者，春秋制也。"汪远孙曰："其三时之名与礼不合〔四五〕，盖传闻之异。夏不田，西周当有此制，故仲山父亦只言三时也。"元诰按：毕时，疑犹云"卒岁"也，注似不明。**耨获亦于籍**，言王亦至于籍考课之。〇元诰按：此句各本次于"蒐于农隙"下，致述三时田猎文意间隔，今据国语发正所列条次移正。**是皆习民数者也**，又何料焉？习，简习也。**不谓其少而大料之，是示少而恶事也。**言王不谓其众少而大料数之，是示以寡少，又厌恶政事不能修之意也。**临政示少，诸侯避之。**示天下以寡弱，诸侯将避远王室，不亲附也。**治民恶事，无以赋令。**言厌恶政事，无以赋令也。○元诰按：赋，施布也。**且无故而料民，天之所恶也，**故，事也。天道清净也。**害于政而妨于后嗣。"**害政，贼为政之道也。妨后嗣，谓将有祸乱也。**王卒料之，及幽王乃废灭**幽王，宣王之子幽王宫涅也。灭，谓灭西周也。○元诰按：太平御览人事部九十七引无"废"字。

10　**幽王二年，西周三川皆震。**西周，谓镐京也，幽王在焉，邠、岐之所近也。三川，泾、渭、洛，出于岐山也。震，动也。地震动，故三川亦动而竭也。○元诰按：西周在今陕西鄠县东三十里。**伯阳父曰：**伯阳父，周大夫也。○北堂书钞设官部二十四引唐固曰："伯阳甫，周柱下史老子也。"**"周将亡矣。夫天地之气，不失其序，**序，次也。**若过其序，民乱之也。**过，失也。言民者不敢斥王也。**阳伏而不能出，阴迫而不能烝，**烝，升也。阳气在下，阴气迫之，使不能升也。○左氏文九年经正义引孔晁曰："阳气伏于阴下，见迫于阴，故不能升，以致于地动。"**于是有地震。**阴阳相迫，气动于下，故地震也。**今三川实震，是阳失其所而镇阴也。**镇，为阴所震笮也。○说文："镇，压也。"**阳失而在阴，**在阴，在阴下也。○俞樾曰："在阴下而但曰'在阴'，文义未了。'在'当读为'载'，载从戈声，在从才声，亦或从戈声。州辅碑：'戋贵不濡。'在作'戋'，是其证也，故在、载古得通用。阳失而载阴，谓阳在阴下，以阳载阴也。"**川源必塞，**地动则泉源塞。**源塞，**

国必亡。国依山川，今源塞，故国将亡也。夫水，○元诰按：经义述闻句。土演而民用也。水土气通为演，演犹润也。演则生物，民得用之。○文选长笛赋李注引贾逵曰："演，引也。"土无所演，民乏财用，不亡何待！水气不润，土枯不养，故乏财用。○明道本作"水土无所演"，宋庠本脱"所"字。王念孙曰："水土无所演，衍'水'字。演，润也。土得水则润，润则生物，而民得用之。若水竭，则土无所演，不能生物，而民失其用矣。故曰：'土无所演，民乏财用，不亡何待。'韦注云云，正释'土无所演'四字，而正文内本无'水'字也。今本作'水土无所演'，则文义不明，盖涉上句'水土演'三字而误。左传昭二十三年正义引此，正作'土无所演'，无'水'字。（宋十二行本如是，明监本作'水土无演'，增'水'字，删'所'字，皆惑于俗本国语而误。）史记周本纪、汉书五行志、说苑辨物篇皆同。"元诰按：王说是，今从之。昔伊、洛竭而夏亡，伊出熊耳，洛出冢岭。禹都阳城，伊、洛所近。○汪远孙曰："夏桀所都在今河南府洛阳县〔四六〕。水经，伊水过伊阙中，东北至洛阳县南，北入于洛。洛水过洛阳县南，伊水从西来注之，东北过巩县东，又北入于河。盖桀时正都其地，故云'伊、洛竭而夏亡'。"吴曾祺曰："伊水出河南卢氏县东峦山，洛水出陕西洛南县冢岭山。"河竭而商亡。商人都卫，河水所经。○元诰按：商，殷都。河，黄河。今周德若二代之季矣，二代之季，谓桀、纣也〔四七〕。其川源又塞，塞必竭。夫国必依山川，依其精气利泽也。山崩川竭，亡之征也，川竭山必崩。水泉不通，枯朽而崩。若国亡，不过十年，数之纪也。数起于一，终于十，十则更，故曰纪也。夫天之所弃，不过其纪。"是岁也，三川竭，岐山崩。十一年，幽王乃灭，周乃东迁。

东迁,谓平王迁于洛邑也。

11 惠王二年,惠王,周庄王之孙,釐王之子惠王凉也。二年,鲁庄公十九年也。○各本误作"三年",注同。王引之曰:"下文始云三年,此'三'当作'二'。史记周本纪,惠王二年,边伯等五人作乱,立釐王弟颓为王,十二诸侯年表,惠王二年,燕、卫伐王,立子颓是也。注内'三'字亦当作'二'。年表周惠王二年正当鲁庄公十九年,故注曰:'二年,鲁庄公十九年也。'若作'三年',则为庄公之二十年,不得云十九年矣。"元诰按:王说是,今从之。惠王凉,史记周本纪作惠王阆。索隐引世本名毋凉。**边伯、石速、蔿国出王而立子颓。**三子,周大夫。子颓,庄王之少子,王姚之子也。王姚嬖于庄王,生子颓。子颓有宠,蔿国为之师。及惠王即位,取蔿国之圃及边伯之宫,又收石速之秩,故三子出王而立子颓。○元诰按:史记周本纪"边伯等五人作乱",集解骃案:"左传五人者,为蔿国〔四八〕、边伯、詹父、子庆、祝跪也。"内、外传相岐如此。**王处于郑。**○史记周本纪:"惠王奔温,已居于郑之栎。"正义引杜预云:"栎,今河南阳翟县也〔四九〕。"**三年,王子颓饮三大夫酒,子国为客,**子国,蔿国也。客,上客也。○吴曾祺曰:"古之飨礼必尊一人为客,如内传所云'臧纥为客〔五〇〕'、'赵孟为客'是也。"**乐及遍舞。**遍舞,六代之乐,谓黄帝曰云门,尧曰咸池,舜曰箫韶,禹曰大夏,殷曰大护,周曰大武也。一曰:"诸侯、大夫遍舞。"**郑厉公见虢叔,**厉公,郑庄公之子厉公突也。虢叔,王卿士,虢公林父也。**曰:"吾闻之,司寇行戮,君为之不举,**不举乐也。○王引之曰:"不举为去盛馔也。"汪远孙曰:"上云'乐及遍舞',下云'乐祸',此句当指不举乐言，韦解未必非也。"而况敢乐祸乎。今吾闻子颓歌舞不思忧。〇元诰按：明道本作"今吾闻子颓歌舞不息，乐祸也"。今从宋庠本。下云"临祸忘忧，是谓乐祸"，即蒙"歌舞不思忧"句而申说乐祸之义，不应于此言乐祸明矣。明道本误依内传庄二十年"歌舞不倦，乐祸也"之文而改国语，不顾文义重复不贯。汪氏校讹亦云然。夫出王而代其位，祸孰大焉！临祸忘忧，是谓乐祸，祸必及之。盍纳王乎？"虢叔许诺。郑伯将王自圉门入，虢叔自北门入，圉门，南门也。二门，王城门也。杀子颓及三大夫，王乃入也。

12 十五年，有神降于莘。惠王十五年，鲁庄公三十二年也。降，谓下也，言自上而下，有声象以接人也。莘，虢地也。〇元诰按：在今河南陕县硖石镇西。王问于内史过内史，周大夫。过，其名也。掌爵禄废置及策命诸侯、孤、卿、大夫也〔五一〕。曰："是何故？固有之乎？"故，事也。固，犹尝也。对曰："有之。国之将兴，其君齐明衷正，齐，一也。衷，中也。精洁惠和，其德足以昭其馨香，惠，爱也。馨香，芳馨之升闻者也。其惠足以同其民人。同，犹一也。神飨而民听，民神无怨，故明神降之，观其政德，而均布福焉。国之将亡，其君贪冒辟邪，冒，抵冒也。淫泆荒怠，麤秽暴虐，其政腥臊，馨香不登，腥，殠恶也。登，上也。芳馨不上闻于神，神不飨也。传曰："黍稷非馨，明德惟馨。"其刑矫诬，以诈用法曰矫，加诛无罪曰诬。百姓携贰。携，离也。贰，二心也。明神不蠲，蠲，洁也。而民有远志，欲叛也。民神怨痛，无所依怀，怀，归也。故神亦往焉，观其苛慝，而降之祸。苛，烦也。慝，恶也。

是以或旲神以兴，亦或以亡。○各本"旲"作"见"。王念孙曰：
"见，当为'旲'。旲，古'得'字，形与'见'相近，因讹为'见'，下文曰：
'道而得神，是谓逢福，淫而得神，是谓贪祸。'即其证也。庄三十二年左
传作：'故有得神以兴，亦有以亡。'尤其明证矣。"元诰按：王说是，今
从之。**昔夏之兴也，融降于崇山；**融，祝融也。崇，崇高山也。夏
居阳城，崇高所近。○段玉裁曰："太平御览引此解云：'崇、嵩古通用。
夏都阳城，嵩山在焉。'徐铉说文引此解云：'嵩，古通用崇字。'黄丕烈
曰："嵩、崇古今字。今各本国语皆为后人删去嵩、崇通用之语。"汪远
孙曰："嵩山在今河南登封县北十里。"**其亡也，回禄信于聆隧。**
回禄，火神。再宿为信。聆隧，地名也。○旧音曰："聆音琴。"吴曾祺
曰："回禄本名吴回，即祝融，故曰火神。"元诰按：墨子非攻下篇"天命
融隆火于夏之城间西北之隅"，当即聆隧地所在。后汉书杨赐传注引作
"黔遂"，同音通用也。**商之兴也，梼杌次于丕山；**梼杌，鲧也。过
信曰次。丕，大邳，在河东。○吴曾祺曰："尚书郑注，丕山在修武、武
德之界〔五二〕。又作伾。"沈镕曰："在今河南浚县。"**其亡也，夷羊
在牧。**夷羊，神兽。牧，商郊牧野也。**周之兴也，鸑鷟鸣于岐山；**
三君曰："鸑鷟，凤之别名也。诗云：'凤凰鸣矣，于彼高冈。'其在岐
山之脊乎。"○旧音："鸑，五角反。鷟，士角反。"**其亡也，杜伯射
王于鄗。**鄗，鄗京也。杜国，伯爵，陶唐氏之后也。周春秋曰："宣王
杀杜伯而不辜，后三年，宣王会诸侯田于圃，日中，杜伯起于道左，衣朱
衣，冠朱冠，操朱弓朱矢射宣王，中心折脊而死也。"○胡承珙曰："鄗即
敎鄗，韦以鄗为鄗京，误矣。"元诰按：襄二十四年左传疏引此文〔五三〕，
鄗作"镐"，说苑作"镐"。宋庠曰："宜从镐。"是皆以鄗为镐京之镐

矣。是皆明神之志者也。”志，记也。见记录在史籍者也〔五四〕。
王曰：“今是何神也？”对曰：“昔昭王娶于房，曰房后，房，
国名。○昭十三年左传，楚灵王迁房于荆，杜注：“故诸侯。汝南有吴防
县，即防国。”防、房古字通。吴曾祺曰：“今河南汝宁府遂平县西有吴
房城〔五五〕，即古房国。”实有爽德，协于丹朱，爽，贰也。协，合也。
丹朱，尧子也。丹朱凭身以仪之，生穆王焉。凭，依也。仪，匹也。
诗云：“实维我仪。”言房后之行有似丹朱凭依其身而匹耦焉，生穆王也。
○柳宗元非国语曰：“妄取时日，莽浪无状，而寓之丹朱，则又以房后之
恶德与丹朱协而凭以生穆王。其为书也，不待片言而迂诞彰矣。”是实
临照周之子孙而祸福之。夫神壹，不远徙迁。言神壹心依
凭于人，不远迁也。若由是观之，其丹朱之神乎？”王曰：“其
谁受之？”对曰：“在虢土。”言神在虢，虢其受之也。○元诰按：
虢国于上阳，今河南陕县东南有上阳城。王曰：“然则何为？”何为
在虢？对曰〔五六〕：“臣闻之，道而得神，是谓逢福。逢，迎也。
淫而得神，是谓贪祸。以贪取祸也。○汪远孙曰：“释名：‘贪，探
也。’探，取也。是贪有取义，韦注非是。”俞樾说同。今虢少荒，其
亡乎？”王曰：“吾其若之何？”对曰：“使太宰以祝、史帅
狸姓，奉牺牲、粢盛、玉帛往献焉。太宰，王卿也，掌祭祀之式，
玉币之事。祝，太祝也，掌祈福祥。史，太史也，掌次主位。狸姓，丹朱
之后也。神不歆非类，故帅以往焉。纯色曰牺。○汪远孙曰：“‘狸姓，
丹朱之后’云云，古籍无征，不知起自何时。”无有祈也。”祈，求也。
勿有求请，礼之而已。王曰：“虢其几何？”对曰：“昔尧临民
以五，五，五年一巡守也。○王肃序家语曰：“孔子曰：‘尧以土德王

天下，而色尚黄。'"黄，土德。五，土之数。故曰"临民以五"。经曰："五载一巡狩。"此乃说舜非说尧。今其胄见，胄，后也。谓丹朱之神也。神之见也，不过其物。物，数也。若由是观之，不过五年。"王使太宰忌父 周公忌父。帅傅氏及祝、史，傅氏，狸姓也。在周为傅氏。○潜夫论志氏姓，帝尧之后有狸氏、傅氏。奉牺牲、玉鬯往献焉。玉鬯，鬯酒之圭，长尺一寸〔五七〕，有瓒，所以灌地降神之器也。内史过从至虢，从，从太宰而往也。太史不掌祭祀，王以其贤，使以听之也。虢公亦使祝、史请土焉。祝、史，虢之祝、史祝应、史嚚。内史过归，以告王曰："虢必亡矣，不禋于神而求福焉，神必祸之。洁祀曰禋。不亲于民而求用焉，人必违之。用，用其财力也。精意以享，禋也。享，献也。○文选颜延年五君咏李注引贾逵曰："精，明也。"慈保庶民，亲也。慈，爱也。保，养也。今虢公动匮百姓以逞其违，逞，快也。违，邪也。离民怒神而求利焉，不亦难乎！"求利，谓请土也。十九年，晋灭虢。惠王十九年，鲁僖之五年也。

13 襄王使邵公过及内史过赐晋惠公命。襄王，周僖王之孙，惠王之子襄王郑也。邵公过，邵穆公之后邵武公也〔五八〕。惠公，晋献公之庶子惠公夷吾也。命，瑞命也。诸侯即位，天子赐之命圭以为瑞节也。吕甥、郤芮相晋侯不敬，吕甥，瑕吕饴甥也。郤芮，冀芮。皆晋大夫。相，诏相礼仪也。不敬，慢惰也。晋侯执玉卑，拜不稽首。玉，信圭，侯所执，长七寸。卑，下也。礼，执天子器则尚衡。稽首，首至地也〔五九〕。内史过归，以告王曰："晋不亡，其君必无后。

后，后嗣也。且吕、郤将不免。"王曰："何故？"对曰："夏书有之曰：'众非元后，何戴？夏书，逸书也。元，善也。后，君也。戴，奉也。○元诰按：其文今见伪古文大禹谟篇。后非众，无与守邦。'邦，国也。在汤誓曰：'余一人有罪，无以万夫。汤誓，商书伐桀之誓也。今汤誓无此言，则散亡矣。天子自称曰"余一人"。余一人有罪，无罪万夫。○元诰按：其文今见伪古文汤诰篇。万夫有罪，在余一人。'在余一人，乃我教导之过也。在盘庚曰：'国之臧，则惟女众。盘庚，殷王祖乙之子，今商书盘庚是也。臧，善也。国俗之善，则惟女众，归功于下也。国之不臧，则惟余一人是有逸罚。'逸，过也。罚，犹罪也。国俗之不善，则惟余一人是有过也。言其罪当在我也。○今书两"国"字作"邦"，"逸"作"佚"。孙星衍曰："'国'疑后人为汉人避讳字改之。"汪远孙曰："逸、佚二字古通。"如是则长众使民，不可不慎也。民之所急在大事，大事，戎事也。先王知大事之必以众济也，○元诰按："众济"，依宋庠本。是故被除其心，以和惠民。被，犹拂也。○吴曾祺曰："当言'犹弗也'。诗'以弗无子'，即'被'字。"考中度衷以莅之，莅，临也。考中，省己之中心以度人之衷心，恕以临之也。昭明物则以训之，物，事也。则，法也。制义庶孚以行之。义，宜也。庶，众也。孚，信也。当制立事宜，为众所信而行之也。被除其心，精也。精，洁也。考中度衷，忠也。忠，恕也。昭明物则，礼也。制义庶孚，信也。然则长众使民之道，非精不和，非忠不立，非礼不顺，非信不行。今晋侯即位而背外内之赂。背外，不与秦地。背内，不与里、丕之田。虐其处者，弃其信也。虐其处者，杀里、丕之党也。**不敬王命，弃其礼也。施其所恶，弃其忠也。**己所不欲，勿施于人。所恶于下，故不以事上。今晋侯皆施之于人，故曰弃其忠也。**以恶实心，弃其精也。**实，满也。**四者皆弃，则远不至而近不和矣，**四者，精、忠、礼、信也。**将何以守国？古者，先王既有天下，又崇立上帝、明神而敬事之，**崇，尊也。立，立其祀。上帝，天也。明神，日月也。〇元诰按：明道本"立"下有"于"字。**于是乎有朝日、夕月，**以春分朝日，以秋分夕月。〇汪远孙曰："古者帝王朝日、夕月不定在春分、秋分。"**以教民事君。**礼，天子搢大圭，执镇圭，缫藉五采五就，以春分朝日，秋分夕月，拜日于东门之外。然则夕月在西门之外也。**诸侯春秋受职于王，以临其民。**言不敢专也。**大夫、士日恪位著，以儆其官。**中廷之左右曰位，门屏之间曰著也。〇王念孙曰："凡朝内君臣所立之处曰位，或曰宁，宁字亦作'著'。周语曰：'大夫、士日恪位著，以儆其官。'此谓臣之位著也。位者，曲礼'下卿位'是也。著者，昭十一年左传：'朝有著定。'杜注：'著定，朝内列位常处。'十二年传曰：'不废君命，则固有著矣。'十六年传曰：'其祭在庙，已有著位。'并与周语'著'字同义。韦注周语曰：'中廷之左右曰位'是也，其曰'门屏之间曰著'则非也。（尔雅：'门屏之间谓之宁。'孙炎注：'人君视朝所立处也。'）元诰按：可参阅楚语"位宁有官司之典"注。**庶人、工、商各守其业，以共其上。**〇宋庠曰："共，供假借。"**犹恐其有坠失也，故为车服旗章以旌之，**旌，表也。车服、旗章上下有等，所以章别贵贱，为之表识也。**为贽币瑞节以镇之，**镇，重也。贽，六贽也，谓孤执皮帛，卿执羔，大夫执雁，士执雉，庶人执鹜，工商执鸡。币，六币也：圭以马，璋以皮，璧以帛，琮以锦，琥以绣，璜以黼也。瑞，六瑞：王执镇圭，尺二寸；公执桓圭，九寸；侯执信圭，七寸；伯执躬圭，七寸；子执谷璧，男执蒲璧，皆五寸。节，六节：山国用虎节，土国用人节，泽国用龙节，皆以金为之；道路以旌节，门关用符节，都尉用管节，皆以竹为之。**为班爵贵贱以列之，**班，次也。**为令闻嘉誉以声之。**谓有功德者，则以策命述其功美，进爵加锡以声之也。**犹有散迁懈慢，而著在刑辟，流在裔土。**言为之法制，备悉如此，尚有放散、转移、懈慢于事不奉职业者也，故加之刑辟，流之荒裔也。**于是乎有蛮夷之国，**遂为夷蛮之国民也。**有斧钺、刀墨之民，**斧钺，大刑也。刀墨，谓以刀刻其额而墨涅之。**而况可以淫纵其身乎！夫晋侯非嗣也，而得其位，**嗣，嫡嗣也。**亹亹怵惕。保任戒惧，犹曰未也。**亹亹，勉勉也。保，守也。任，职也。居非其位，虽守职戒惧，犹未足也。〇宋庠曰："说文无'亹'字，徐铉深以为讹，云非字也，当作'娓'。"王念孙曰："韦以保任为守职，非也。任亦保也。'保任戒惧'四字平列，说文：'任，保也。'襄二十一年左传曰：'昔陪臣书能输力于王室〔六〇〕，其子牴不能保任其父之劳。'是其证。"**若将广其心，**广其心，放情欲也。**而远其邻，**背秦赂也。**陵其民，**虐其处也。**而卑其上，**不敬王命也。**将何以固守？**守其位也。**夫执玉卑，替其贽也。**替，废也，废执贽之礼也。**拜不稽首〔六一〕，轻其王也。**〇各本"轻"作"诬"。韦解曰："诬，罔也。"俞樾曰："拜不稽首，乃不敬，非诬罔也。'诬'盖'轻'字之误，古书从巫、从至之字，往往相溷。颜氏家训书证篇所谓'巫混至旁'是也。大戴记曾子立事篇：'喜之，而观其不诬也。'周书文王官人篇作：'喜之，以物以观其不轻。'战国策韩策：'轻强秦之祸。'韩子十过篇作：'轻诬强秦之祸。'盖'诬'即'轻'字之误而衍者。并其证也。拜不稽首，故为轻其王，下文云'诬王无民'，又云'故晋侯诬王，人亦将诬之'，诸'诬'字皆当作'轻'。韦据误本作注，失其义矣。"元诰按：俞说是，今据以订正。**替贽无镇**，镇，重也，无以自重也。**轻王无民**。轻民，民亦将轻之。〇元诰按：此注文旧误窜在上注"诬，困也"下，今依汪远孙说移正。轻，各本皆作"诬"，注同。悉依上例改，下同。**夫天事恒象**，恒，常也。事善象吉，事恶象凶也。**任重享大者必速及。**速及于祸也。**故晋侯轻王，人亦将轻之，欲替其镇，人亦将替之。大臣享其禄，弗谏而阿之，亦必及焉。**"大臣，吕、郤也。享之言食也。阿，随也。**襄王三年而立晋侯**，襄王三年，鲁僖之十年也。赐瑞命在十一年也。**八年而陨于韩**。八年，鲁僖之十五年也。秦怨惠公背施忘德，举兵伐之，战于韩原，获晋侯以归，陨其师徒，三月而复之也。**十七年而晋人杀怀公，怀公无胄**。胄，后也。襄王十七年，鲁僖二十四年也。怀公，惠公之子子圉也。惠公卒，子圉嗣立，秦穆公纳公子重耳，晋人刺怀公于高梁也。〇各本作"十六年"，注同。王引之曰："正文及注'十六年'皆当为'十七年'，盖襄王以鲁僖八年正月定位，即为元年。（定位见僖八年左传。史记十二诸侯年表以鲁僖九年为襄王元年，非也。惠王已于僖七年闰月崩，明年则僖之八年而襄王之元年矣，不得迟至僖九年始称襄王元年。）至鲁僖十年为襄王三年，上文'襄王三年而立晋侯'，注曰'襄王三年，鲁僖之十年'是也。至鲁僖十五年为襄王八年，上文'八年而陨于韩'，注曰'八年，鲁僖之十五年'是也。则鲁僖二十四年当为襄王十七年明甚。今本作十六年者，盖后人依史记十二诸侯年表改之，不知年表误以鲁僖之九年为襄王之元年，则自元年以后次序皆讹，不足据矣。"元诰按：王

说是，今据以订正。**秦人杀子金、子公。**子金，吕甥。子公，郤芮之
字也。二子悔纳重耳，欲焚公宫而杀公〔六二〕。寺人披以告，公潜会秦伯
于王城。二子焚公宫，求公不获，遂如河上，秦伯诱而杀之。

14　襄王使太宰文公及内史兴赐晋文公命。太宰文公，卿士
王子虎也。内史兴，周内史叔兴父也。晋文公，献公之子、惠公异母兄
重耳也。命，命服也。诸侯七命，冕服七章。**上卿逆于境，**逆，迎也。
晋侯郊劳，郊迎，用辞劳也。**馆诸宗庙，**馆，舍也。舍于宗庙，尊王
命也。**馈九牢，**牛羊豕为一牢，上公饔饩九牢。**设庭燎。**设大烛于
庭，谓之庭燎也。**及期，命于武宫，**期，将行事之日也。武宫，文公
之祖武公庙也。命，受王命也。**设桑主，布几筵，**主，献公之主也。练
主用栗，虞主用桑〔六三〕。礼，既葬而虞，虞而作主，天子于是爵命世子，
世子即位，受命服也。献公死已久，于此设之者，文公不欲继惠、怀也。
故立献公之主，自以子继父之位，行不踰年之礼也。筵，席也。**太宰莅
之，晋侯端委以入。**说云："衣玄端，冠委貌，诸侯祭服也。"昭谓：
此士服也。诸侯之子未受爵命，服士服也。〇陈琭曰："端委即玄冠、
玄端，为诸侯祭服之下者。"**太宰以王命命冕服，**冕，大冠。服，鷩
衣。**内史赞之，三命而后即冕服。**三以王命命文公，文公三让而
后就也。**既毕，宾、飨、赠、饯，如公命侯伯之礼，而加之以
宴好。**宾者，主人所以接宾，致餐饔之属也。飨，飨食之礼也。赠，致
赠贿之礼也〔六四〕。饯，谓郊送饮酒之礼也。如公命侯伯之礼者，如公受
王命，以侯伯待之之礼，而又加之以宴好也。太宰，上卿也，而言公者，
兼之也。**内史兴归，以告王曰："晋不可不善也，其君必霸。**

逆王命敬，谓上卿逆于境，晋侯郊劳也。奉礼义成，谓三让、宾、飨之属皆如礼也。○王引之曰："义，读为仪，谓奉行礼仪而有成也。古书多以义为仪。"敬王命，顺之道也。成礼义，德之则也。则德以导诸侯，诸侯必归之。导，训也。且礼所以观忠、信、仁、义也。言能行礼，则有此四者也。忠所以分也，心忠则不偏也。仁所以行也，仁行则有恩也。信所以守也，信守则不贰也。义所以节也。制义之节也。忠分则均，仁行则报，信守则固，义节则度。得其度也。分均无怨，行报无匮，守固不偷，偷，苟且也。节度不携。携，离也。若民不怨而财不匮，令不偷而动不携，其何事不济！中能应外，忠也。施三服义，仁也。贾侍中云："三，谓忠、信、仁也。"昭谓：施三，谓三让也。服义，义，宜也，服得其宜，谓端委也。守节不淫，信也。○宋庠本作"守礼"，太平御览封建部五作"守法"。行礼不疚，义也。疚，病也。臣入晋境，四者不失，四者，忠、信、仁、义也。臣故曰：晋侯其能礼矣，王其善之。树于有礼，艾人必丰。"树，种也。艾，报也。丰，厚也。○洪颐煊曰："艾，当作'刈'，离骚：'愿俟时乎吾将刈。'王逸注云：'刈，获也。'言树于有礼，其获人必多也。"俞樾曰："艾之训报，其义未闻。诗鸳鸯篇：'福禄艾之。'南山有台篇：'保艾尔后。'毛传并曰：'艾，养也。'此'艾'字亦当训养，盖从上句'树'字生义，凡树艺五谷及蔬果之类，皆所以养人，故曰：'树于有礼，艾人必丰。'又晋语曰：'树于有礼必有艾。'义亦同，言必得其养也。韦训为报，虽于语意未失，恐非古训。"宋庠曰："艾，鱼废反。"王从之，使于晋者，道相逮也。逮，及也。及惠后之难，王出在郑，惠后，周惠王之后，襄王继母陈妫。

陈妫有宠，生子带，将立之，未及而卒。子带奔齐，王复之，又通于襄王之后隗氏。王废隗氏，周大夫颓叔、桃子奉子带以狄师伐周，王出适郑，处于汜。事在鲁僖二十四年。**晋侯纳之。**纳王于周而杀子带，在鲁僖二十五年。**襄王十七年，立晋文公。**襄王十七年，鲁僖二十四年也。○各本作"十六年"，注同。王引之曰："'十六年'亦当为'十七年'。襄王自鲁僖八年定位为元年，至鲁僖二十四年为十七年，是年秦伯纳晋文公，（见僖二十四年左传。）故曰：'襄王十七年，立晋文公。'而注云：'襄王十七年，鲁僖二十四年也。'（俗本'四'误'三'，今从宋本。）若襄王十六年，则在鲁僖二十三年，时晋文公尚未得国，不得云'立晋文公'矣。下文'二十一年，以诸侯朝于衡雍'，注曰：'襄王二十一年，鲁僖二十八年'，上推至鲁僖二十四年，立晋文公之年亦当为襄王十七年，不当为十六年也。盖后人误改上文之'十七年而晋人杀怀公'为十六年，遂并此而改之，而不知与前后不合也。"元诰按：王说是，今据以订正。

二十一年，以诸侯朝王于衡雍，且献楚捷，遂为践土之盟，襄王二十一年，鲁僖二十八年也。衡雍、践土皆郑地，在今河内温也。捷，胜也，胜楚所获兵众也。文公以僖二十八年夏四月败楚于城濮。城濮，卫地也〔六五〕。旋至衡雍，天子临之。晋侯以诸侯朝王，且献所得楚兵驷介百乘，徒兵千也。王命尹氏及王子虎、内史叔兴父策命晋侯为伯，赐晋侯大辂、戎辂之服，彤弓一，彤矢百，玈弓一，玈矢百，秬鬯一卣，虎贲三百人也。○沈镕曰："今河南河阴县西北十五里有垣雍城，即古衡州。又汤阴县十五里有王宫城，城东有践土台，即晋文公朝王地也。"**于是乎始霸。**○元诰按：霸字亦作"伯"。一切经音义二引贾逵曰："霸，犹把也。言把持诸侯之权也。"

【校记】

〔一〕民乐其性而无寇雠 "雠"误作"离",据经义述闻改。

〔二〕大戴礼礼三本篇 下"礼"字误作"记",据经义述闻改。

〔三〕谓之三事 "三事"误作"厚生",据经义述闻改。

〔四〕行货财以有求于人曰赇 "行"字脱,据汉书薛宣传注引萧该音义改。

〔五〕弃与不窋,远孙既断其非父子矣 "远孙"二字脱,据国语发正补。

〔六〕"路史周世考"至"不窋不得为稷子明矣" 按,吴曾祺国语韦解补正云:"弃,路史:'稷生台玺,台玺生叔均。'是不窋非后稷弃子,注有误。"集解此文本于吴说而失注吴氏之名,致下文"不窋非弃之子,以上汪、吴说已言之"一句无所著落,此处应标明为吴曾祺之说。

〔七〕邑于豳 "邑"字脱,据国语发正补。

〔八〕诗公刘六章 "诗"字脱,据国语发正补。

〔九〕诸侯叛之 "诸侯"误作"孔甲",据毛郑诗考正改。

〔一〇〕四世而殒 "世"误作"时",据毛郑诗考正改。

〔一一〕有违阙不供日祭者 "者"字脱,据各本补。

〔一二〕北史史宁传 "宁"误作"国",据国语发正及北史卷六一本传改。

〔一三〕上文"大毕、伯士"……其曰"自大毕、伯士之终也" 二处"毕伯"二字皆误倒,据经义述闻改。

〔一四〕"惇帅旧德"者 "者"字脱,据经义述闻补。

〔一五〕伤威毁信 "威"误作"感",据各本改。

〔一六〕河南郡："密，故国。" "郡密"二字误倒，据国语发正改。

〔一七〕今在河南 开封府 密县东七十里 "南开"二字脱，据国语发正补。

〔一八〕密须氏 "密"字脱，据国语发正补。

〔一九〕诵，谓箴谏之语也 "诵谓"二字误倒，据公序本改。明道本无"诵"字。

〔二〇〕书旅巢命序 "巢"字脱，据国语发正及书序补。

〔二一〕害，谓恶害荣夷公者多也 "者"字脱，据各本补。

〔二二〕放于利而行 "而行"二字脱，据各本补。

〔二三〕避难奔邵公也 "奔"字重衍，据各本删。

〔二四〕若晋 庆郑怨惠公愎谏违卜 "卜"字脱，据各本补。

〔二五〕下文单襄公曰 "公"字脱，据经义述闻补。

〔二六〕○史记天官书 圈号脱，依文例补。

〔二七〕不然 二字脱，据各本补。

〔二八〕瞽，乐大师，知风声者也 "乐"字脱，"声"误作"瞽"，据各本补改。

〔二九〕立春曰融风也 "曰"误从明道本作"日"，据公序本改。

〔三〇〕百吏、庶民毕从 "吏"误作"史"，据各本改。

〔三一〕一耦之墢也 此下有注文"祭其神为农祈也"，正文"太史赞王"，注文"赞，导也"，正文"王敬从之，王耕一墢"，皆为衍文，故从删。

〔三二〕纪，犹录也 "犹"字脱，据国语三君注辑存补。

〔三三〕农正，后稷之佐 "佐"误作"正"，据各本改。

〔三四〕司空四之 "四"误作"五"，据各本改。

〔三五〕瞽帥音官以省风土 "官"误作"乐"，据上文改。

〔三六〕 而时布之　"之"字脱，据群经平议补。

〔三七〕 耨获亦如之　"耨"误作"耕"，据群经平议改。

〔三八〕 今天子欲修先王之绪　"天子"误作"先王"，据各本改。

〔三九〕 句正与此同　"正"误作"法"，据国语考异改。

〔四○〕 我诸戎　原误作"戎诸侯"，据各本改。

〔四一〕 凡王子弟谓之国子　"弟"字脱，据各本补。

〔四二〕 面如冻黎　"如"字脱，据尔雅正义补。

〔四三〕 王曰　此二字脱，据各本补。

〔四四〕 择取不孕者　"孕"误作"妊"，据国语韦解补正改。

〔四五〕 其三时之名与礼不合　"与礼"二字脱，据国语发正补。

〔四六〕 夏桀所都在今河南府洛阳县　"府"字脱，据国语发正补。

〔四七〕 谓桀、纣也　"谓"误作"周"，据各本改。

〔四八〕 为蔿国　"蔿国"二字误倒，据史记集解改。

〔四九〕 今河南阳翟县也　"阳"字脱，据史记正义补。

〔五○〕 臧纥为客　"纥"误作"讫"，据国语韦解补正改。

〔五一〕 掌爵禄废置及策命诸侯、孤、卿、大夫也　"孤"误作"公"，
　　　　"大夫"二字脱，据各本改补。

〔五二〕 尚书郑注，丕山在修武、武德之界　"尚书"误作"后汉书"，
　　　　"修"误作"阴"，据国语韦解补正改。

〔五三〕 襄二十四年左传疏引此文　"四"字脱，据左传正义补。

〔五四〕 见记录在史籍者也　"见"从公序本，明道本作"是"。"者"
　　　　误作"在"，据各本改。

〔五五〕 今河南汝宁府遂平县西有吴房城　"府遂平"三字脱，据
　　　　国语韦解补正补。

〔五六〕 对曰　此二字及下一"对曰"二字脱，据各本补。

〔五七〕 长尺一寸　此从公序本,明道本作"长尺二寸"。

〔五八〕 邵穆公之后邵武公也　"武"误作"后",据各本改。

〔五九〕 稽首,首至地也　脱一"首"字,据各本补。

〔六〇〕 昔陪臣书能输力于王室　"昔"误作"晋",据经义述闻改。

〔六一〕 拜不稽首　"首"误作"守",据各本改。

〔六二〕 欲焚公宫而杀公　下"公"字误作"宫",据各本改。

〔六三〕 练主用栗,虞主用桑　"主用栗虞"四字脱,据各本补。

〔六四〕 赠,致赠贿之礼也　此七字脱,据各本补。明道本无"贿"字。

〔六五〕 卫地也　"地"字脱,据公序本补。

国语集解

吉水徐元诰学

周语中第二

1　**襄王十七年，**〇各本作'十三年'。韦解曰："襄王十三年，鲁僖之二十年也。下事见二十四年。"汪远孙曰："内传，郑伐滑一在僖二十年，一在僖二十四年。此是二十四年事，襄王之十七年也。外传盖合二事为一。史记周本纪亦沿外传之误。"元诰按：韦解不误，正文混也。今据汪说订正。史记考证云，春秋经伐滑在鲁僖二十年，于襄王为十二年。又与韦解不合。**郑人伐滑。**滑，姬姓小国也。先是，郑伐滑，滑人听命。郑师还，又叛即卫，故郑公子士、堵俞弥帅师伐滑也。（堵俞弥，韦作泄堵寇。诸嘉乐曰："鲁僖二十年入滑者为郑公子士、泄堵寇，二十四年伐滑者为郑公子士、堵俞弥。韦引二十四年传而误涉二十年传也。"）〇沈镕曰："今河南偃师县南二十里有缑氏故城，即古滑国。"**使游孙伯请滑，**游孙伯，周大夫。**郑人执之。**郑人，文公捷也。郑怨惠王之入而不与厉公爵，又怨襄王之与卫、滑，故不听王命而执王使也。王怒，将以狄伐郑。狄，隗姓之国也。○元诰按：狄，史记周本纪作"翟"，通。富辰谏曰："不可。富辰，周大夫也。古人有言曰：'兄弟谗阋，侮人百里。'阋，很也。兄弟虽以谗言相违很，犹禁御他人侵侮己者。百里，谕远也。周文公之诗曰：'兄弟阋于墙，外御其侮。'文公之诗者，周公旦之所作棠棣之诗是也，所以闵管、蔡而亲兄弟。此二句，其四章也。御，禁也，言虽相与很于墙室之内，犹能外御异族侮害己者。其后周衰，厉王无道，骨肉恩阙，亲亲礼废，宴兄弟之乐绝，故邵穆公思周德之不类，而合其宗族于成周，故复修棠棣之歌以亲之。郑、唐二君以为棠棣穆公所作，失之，唯贾君得之。穆公，邵康公之后穆公虎也，去周公历九王矣。若是则阋乃内侮，而虽阋不败亲也。虽内相很，外御他人，故不败亲也。郑在天子，兄弟也。言与襄王有兄弟之亲也。郑武、庄有大勋力于平、桓，武，郑桓公之子武公滑突也。庄，武公之子庄公寤生也。王功曰勋。平，幽王之子平王宜臼。桓，平王之孙，太子泄父之子桓王林也。幽王既灭，郑武公以卿士夹辅周室。平王东迁洛邑，桓王即位〔一〕，郑庄公为之卿士，以王命讨不庭，伐宋，入郕〔二〕，在鲁隐十年。唐尚书云："王夺郑伯政，郑伯不朝，王伐郑，郑祝聃射王中肩，岂得为功？'桓'当为'惠'。传曰：'郑有平、惠之勋。'"昭谓：郑世有功而桓王不赏，又夺其政，聃虽射王，非庄公意。又诗叙云："桓王失信，诸侯背叛。"明桓王之非也。下富辰又曰〔三〕："平、桓、庄、惠皆受郑劳。"明各异人，不为误也。我周之东迁，晋、郑是依。东迁，谓平王也。晋语曰"郑先君武公与晋文侯勠力同心，股肱周室，夹辅平王"是也。子颓之乱，又郑之缘定。子颓，周庄王之子、惠王之叔父也，篡惠王而立。惠王出居郑，郑厉公杀子颓而纳之。事在周语上也。今以小忿弃之，是以小怨置大德也，无乃不可乎。置，犹废也。诗云，"忘我大德，思我小怨〔四〕"也。且夫兄弟之怨，不征于他，征，召也。他，谓狄人。○俞樾曰："征，犹证也。礼记中庸篇：'虽善无征。'又曰：'征诸庶民。'郑注曰：'征，或为证。'是征、证义通。不征于他，言兄弟虽有怨，不就他人而证验其是非也。韦注失之。"征于他，利乃外矣。外，利在狄也。章怨外利，不义。章，明也。弃亲即狄，不祥。祥，善也。弃亲，出狄师以伐郑也。以怨报德，不仁。言郑有德于王，王怨而伐之，是为不仁也。夫义所以生利也，祥所以事神也，仁所以保民也。保，养也。不义则利不阜，阜，厚也。不祥则福不降，不仁则民不至。古之明王不失此三德者，三德，仁、义、祥。故能光有天下，光，大也。而和宁百姓，令闻不忘。不忘，言德及后代也。王其不可以弃之。"王不听。十七年，○元诰按：史记周本纪作"十五年"，误。史记考正云"于襄王为十六年"，亦非。王降狄师以伐郑。降，下也。王德狄人，将以其女为后，富辰谏曰："不可。夫婚姻，祸福之阶也。阶，梯也。利内则福由之，利内，娶得耦而有福也。○元诰按：明道本"由之"二字在"利内"上。利外则取祸。今王外利矣，树利于狄也。其无乃祸阶乎？为祸阶也。昔挚、畴之国也由大任，挚、畴二国，任姓，奚仲、仲虺之后，大任之家也。大任，王季之妃，文王之母也。诗云："挚仲氏任。"又曰："思齐大任，文王之母。"○汪远孙曰："诗大明笺：'挚国中女曰大任，从殷商之畿内嫁于周。'是以挚为商畿内国。说文：'汝南平舆有挚亭。'刘昭注续汉志引作

'挚',盖古挚国地。挚、鸷古通用。郑语'依、髳、历、华',诗谱'髳'作'畴',然则畴亦济、洛、河、颍四水间国,去挚不远。"元诰按:"国"疑当为"兴",涉注"二国"而讹。下言"隖之亡"此言"挚、畴之兴",盖对文也。**杞、缯由大姒**,杞、缯二国姒姓,夏禹之后,大姒之家也。大姒,文王之妃,武王之母也。○通志氏族略二:"'鄫'亦作'缯',姒姓,子爵,夏少康封其少子曲烈于鄫。"元诰按:杞即今河南杞县。缯,今山东峄县东有鄫城。**齐、许、申、吕由大姜**,四国皆姜姓也,四岳之后,大姜之家也。大姜,大王之妃,王季之母也。○沈镕曰:"齐,今山东东北部及直隶南境。许,今河南许昌县。又河南南阳县北有申城,西有吕城,故申、吕国也。"**陈由大姬**,陈,妫姓,舜后。大姬,周武王之元女,成王之姊。传曰"以元女大姬配虞胡公而封之于陈"也。○元诰按:陈,今河南开封县以东。**是皆能内利亲亲者也。**内利,内行七德。亲亲,以申固其家也。**昔隖之亡也由仲任**,隖,妘姓之国。任氏之女为隖夫人。唐尚书曰:"隖为郑武公所灭,非取任氏而亡也。"昭谓:幽王为西戎所杀,而诗言"褒姒灭之",明祸有所由也。○宋庠本"隖"作"鄢"。潜夫论志氏姓:"鄢娶仲任为妻,贪冒爱悋,蔑贤简能,是用亡邦。"元诰按:日知录言妘姓之国有鄢无隖。唐以隖为郑所灭,即指"郑伯克段于鄢"之鄢,亦名鄢陵,地在今河南鄢陵县,其西南四十里尚有鄢陵城。然考路史国名纪,楚亦有鄢都,在今湖北宜城县,与郑之鄢陵有别。此文"隖"不知孰指。**密须由伯姞**,伯姞,密须之女也。传曰,"密须之鼓","阙巩之甲",此则文王所获鼓甲也。大雅云:"密人不恭,敢距大邦。"不由嫁女而亡。世本云:"密须,姞姓。"○吴曾祺曰:"此句谓密娶同姓女伯姞而亡,与下郐、聃一例。注谓不由嫁女而亡,大谬。又密亡于共王时，不亡于文王时，注亦未考。"郐由叔妘，郐，妘姓之国。叔妘，同姓之女为郐夫人。唐尚书云："亦郑武公灭之，不由女亡也。"昭谓：公羊传曰："先郑伯有善乎郐公者，通于夫人，以取其国。"此之谓也。〇吴曾祺曰："郐在今河南密县东北。"郐，古外反。聃由郑姬，聃，姬姓，文王之子聃季之国。郑姬，郑女，为聃夫人。同姓相娶，犹鲁昭公娶于吴，亦其黩姓，所以亡也。〇元诰按：僖二十四年左传，"鲁、卫、毛、聃"，杜注不言聃，孔疏亦曰"地阙"。"聃"作"聃"者，俗。息由陈妫，息，姬姓之国。陈妫，陈女，为息侯夫人。蔡哀侯亦娶于陈〔五〕，息妫将归，过蔡，蔡侯止而见之，弗宾。妫以告息侯，导楚伐蔡。蔡侯怨，因称息妫之美于楚子，楚子遂灭息，以息妫归。〇元诰按：今河南息县，古息国，郡国志作新息县。邓由楚曼，曼，邓女，为楚武王夫人，生文王。文王过邓而利其国，遂灭邓而兼之也。〇吴曾祺曰："邓在今河北偃城县东南。旧音曰：'曼，音万。'"元诰按：楚曼，内传称邓曼。罗由季姬，罗，熊姓之国。季姬，姬氏女，为罗夫人而亡其国也。〇吴曾祺曰："罗在今湖北平江县南三十里〔六〕，有罗城。"卢由荆妫，卢，妫姓之国。荆妫，卢女为荆夫人。荆，楚也。〇汪远孙曰："卢，金本作'庐'。汉书地理志'庐江郡'，应劭云'故庐子国'。"吴曾祺曰："在今湖北南漳县东五十里，有中庐故城。"是皆外利离亲者也。"外利，行淫僻，求利于外，不能亲亲，以亡其国也。王曰："利何如而内，何如而外？"对曰："尊贵，明贤，庸勋，长老，明，显也。庸，用也。勋，功也。长老，尚齿也。爱亲，六亲也。礼新，新来过宾也。亲旧。君之故旧也。然则民莫不审固其心力以役上令，役，为也。官不易方，方，道也。而财不匮竭，贡赋有品，财用有节，不乏尽也。求无不至，动无不济，百姓兆民，百姓，百官也，官有世功受氏姓也。十亿曰兆。夫人奉利而归诸上，是利之内也。夫人，犹人人也。若七德离判，民乃携贰，判，分也。携，离也。七德，谓尊贵至亲旧也。各以利退，以利，利其身而去也。上求不暨，是其外利也。暨，至也。夫狄无列于王室。列，位次也。郑，伯南也，○昭十三年左传疏引国语，"南"作"男"。正义引王肃云："郑，伯爵，而连'男'言之，犹言曰'公侯'，足句辞也。"王而卑之，是不尊贵也。贾侍中云："南者，在南服之侯伯也。"或云："南，南面君。"郑司农云："南为子男，郑，今新郑。新郑之于王城在畿内，畿内之诸侯虽爵有侯伯，周之旧法〔七〕皆食子男之地。"昭案：内传，子产争贡，曰："爵卑而贡重者，甸服也。郑，伯男也，而使从公侯之贡，惧弗给也。"以此言之，郑在南服明矣。周公虽制土中设九服，至康王而西都鄗京，其后衰微，土地损减，服制改易，故郑在南服。礼，畿外之侯伯世位，其见待重于采地之君，故曰"是不尊贵也"。狄，豺狼之德也，郑未失周典，王而蔑之，是不明贤也。蔑，小也。○俞樾曰："诗桑柔篇：'国步蔑资。'郑笺曰：'蔑，犹轻也。'周易剥六二〔八〕：'蔑，贞凶'，释文引郑注曰：'蔑，轻慢。'然则'蔑之'犹'轻之'也。说文心部：'懱，轻伤也。'蔑即懱之假字。韦训小，失其旨矣。下文'单襄公聘于宋'章曰：'是蔑先王之官也。'韦训为欺，亦非是。"平、桓、庄、惠，皆受郑劳，王而弃之，是不庸勋也。平王东迁，依郑武公。桓王即位，郑庄公佐之。庄，桓王之子庄王他也。惠，庄王之孙、僖王之子惠王凉也，为子颓所篡，出居于郑，郑厉公纳之。自平王以来〔九〕，郑世有功，故曰"皆受郑劳"。劳，功也。郑伯捷之齿长矣，王而弱之，是不长老也。捷，郑文公之名也。

国语集解

弱,犹稚也。○元诰按:公羊春秋"捷"作"接",汉书人表作"桵",古字通用。狄,隗姓也。隗姓赤狄也。○元诰按:赤狄与北狄不同,赤狄乃错居中国之一种,北狄乃与貉皆在北者。北狄亦称白狄。郑出自宣王,王而虐之,是不爱亲也。郑桓公友,宣王之母弟。出者,谓郑国之封出于宣王之世也〔一○〕。夫礼,新不间旧,间,代也。王以狄女间姜、任,非礼,且弃旧也。姜氏、任氏之女世为妃嫔也,今以狄女代之,为弃旧也。王一举而弃七德,臣故曰利外矣。书有之曰:'必有忍也,若能有济也。'书,逸书也。若,犹乃也。济,成也。言能有所忍乃能有成功也。王不忍小忿而弃郑,又登叔隗以阶狄。阶,阶狄祸也。○元诰按:叔隗犹云隗姓次女也,内传浑称隗氏。狄,封豕豺狼,不可厌也。"封,大。厌,足也。王不听。

2　十七年,王黜狄后。十七年,鲁僖公二十四年。黜,废也。狄后既立,而通王子带,故王废之也。○各本作"十八年",注同。王引之曰:"正文及注'十八年'皆当为'十七年'。上文'十七年,王降狄师以伐郑',韦氏发注于'襄王十三年〔一一〕郑人伐滑曰:'襄王十三年,鲁僖之二十年也。下事见二十四年。''下事'谓下文〔一二〕'王降狄师以伐郑'也。襄王十七年以狄伐郑,正当鲁僖之二十四年,故曰'下事见二十四年'。左传僖二十四年:'夏,狄伐郑。王德狄人〔一三〕,以其女为后。甘昭公通于隗氏。(甘昭公,王子带。隗氏即狄后。)王替隗氏。秋,颓叔、桃子以狄师伐周。'是王黜狄后即在以狄伐郑之年,则亦当为襄王十七年。是年为鲁僖二十四年,故注曰:'十七年,鲁僖二十四年'也。(襄王自鲁僖八年定位,至鲁僖二十四年,则十七年矣。)若襄王十八年,则为鲁僖之二十五年，注不得云'鲁僖二十四年'矣。以注校传，'八'字之讹无疑。上文已云'十七年，王降狄师以伐郑'，此又云'十七年'者，黜狄后别为一事，与上降狄师以伐郑各自为章，故更端而称十七年也。（宋本提行〔一四〕。）后人不知，而改'七'为'八'，大误。襄王十八年，曷尝有黜狄后之事乎！"元诰按：王说是，今据以订正。史记作"十六年"，盖误以鲁僖之九年为襄王之元年，不知鲁僖八年襄王已定位，即为元年也。史记考正亦误云，"鲁僖二十四年于襄王为十六年"，唯其谓王降狄师伐郑与绌狄后似一年事，史记分载两年，则可反证王降狄师伐郑在十七年，（详上王说。）黜狄后亦在十七年也。"黜"，史记作"绌"，通。**狄人来诛，杀谭伯。**诛，责也。狄人奉子带攻王而杀谭伯。谭伯，周大夫原伯也。○明道本注作"周大夫原伯毛伯也"，宋庠本注作"周大夫"，史记集解引唐固曰："周大夫原伯、毛伯也。"汪远孙曰："明道本注衍'毛'字。宋本无'原伯也'三字，后人不解其义而妄删之。唐说衍'毛伯'二字。"元诰按：汪说是，今从之。内传，大叔之难，获周公忌父、原伯、毛伯、富辰。林注："四子皆襄王党。"是原伯、毛伯自为两人，足证明道本注衍一"毛"字，唐说衍"毛伯"二字矣。惟此文作"谭"，内传作"原"。或谭姓而食采于原，（内传杜注："原、毛皆采邑。"）故称"谭伯"可，称"原伯"亦可。如范会、随会之类，非必读"谭"为"原"也。**富辰曰："昔吾骤谏王，**○元诰按：骤，数也。**王弗从，以及此难。若我不出，王其以我为怼乎！"乃以其属死之。**帅其徒属以死狄师。**初，惠后欲立王子带，故以其党启狄人，**言初者，惠后已死。以其党者，谓颓叔、桃子缘惠后欲立子带，故以子带党开狄人伐周也。**狄人遂入周，王乃出居于郑，晋文公纳之。**王出适郑，居于氾也。文公

54

纳之，杀子带。在鲁僖二十五年。○僖二十四年公羊传："王者无外，此言出者何？不能乎母也。"

3 晋文公既定襄王于郏，

郏，洛邑王城之地也。○沈镕曰："今河南洛阳县附近有郏鄏陌，或谓郏山，武王定鼎于此。"**王劳之以地，**王以其勤劳赏之以地，谓阳樊、温、原、攒茅之田也。○元诰按：劳读去声。**辞，**辞不受也。**请隧焉。**贾侍中云："隧，王之葬礼，开地通路曰隧。"昭谓：隧，六隧也。周礼，天子远郊之地有六乡，则六军之士也，外有六隧，掌供王之贡赋。唯天子有隧，诸侯则无也。○吴曾祺曰："玩一篇语气，似贾说为长。如韦注，当作'遂'，不作'隧'。且韦云诸侯无隧，考尚书棐誓云'鲁人三郊三遂'，则成王时诸侯已有之矣，韦亦失之不考。"元诰按：内传注："阙地通路曰隧，王之葬礼也。诸侯皆悬柩而下。"释文云："隧音遂，今之延道。"下文又云"死生之服物采章"，正指葬礼而言。**王不许，曰："昔我先王之有天下也，规方千里以为甸服，**规，规画而有之也。○礼记王制篇："千里之内曰甸。"周语上："先王之制，邦内甸服。"**以供上帝山川百神之祀，**以其职贡供王祭也。上帝，天神五帝也。山川，五岳河海也。百神，丘陵坟衍之神也。**以备百姓兆民之用，以待不庭不虞之患。**百姓，百官有世功者。用，财用也。庭，直也。虞，度也。不直，犹不道也。不度，不意度而至之患也。**其余以均分公侯伯子男，**其余，甸服之外地。均，平也〔一五〕。周礼，公之地方五百里，侯四百里，伯三百里，子二百里，男一百里。**使各有宁宇，**宁，安也。宇，居也。**以顺及天地，无逢其灾害。**顺，顺天地尊卑之义也。若相侵害，则有灾害也。**先王岂有赖焉，**赖，利也，言无所利，皆均分诸侯也。**内官不过九御，**九御，九嫔也。**外官不过九品，**九品，九卿。周礼："内有九室，九嫔居之〔一六〕。外有九室，九卿朝焉。"**足以供给神祇而已，**言嫔与卿主祭祀，鲁语"日入监九御，使洁奉禘郊之粢盛"也。**岂敢厌纵其耳目心腹以乱百度？**厌，足也。耳目，声色。心腹，嗜欲也。**亦惟是死生之服物采章，**采章，采色之文章也。死之服，谓六隧之民引王柩辂也。**以临长百姓而轻重布之，王何异之有？**轻重布之，贵贱各有等也。王何异之有，帝王皆然也。○汪中曰："言王本无异于人，特此服物采章以为等威耳，注非。"**今天降祸灾于周室，余一人仅亦守府，**仅，犹劣也。府，先王之府藏。○文选叹逝赋李注引贾逵曰："仅，犹言才能也。"**又不佞以勤叔父，**勤，劳也。天子称九州之长同姓曰叔父也。**而班先王之大物以赏私德，**班，分也。大物，谓隧也。**其叔父实应且憎，以非余一人，余一人岂敢有爱？**应，犹受憎恶也。言晋文虽当私赏，犹非我一人也。○宋庠本下有"也"字。**先民有言曰：**○书伊训篇正义引贾逵曰："先民，古贤人也。"**'改玉改行。'**玉，佩玉，所以节行步也。君臣尊卑，迟速有节，言服其服则行其礼，以言晋侯尚在臣位，不宜有隧也。**叔父若能光裕大德，更姓改物，以创制天下，自显庸也。**光，广也。裕，宽也。更姓，易姓也。改物，改正朔，易服色也〔一七〕。创，造也。庸，用也。谓为天子创制度，自显用于天下。○俞樾曰："韦解'创制'、'显庸'并未得其旨。创、制二字同义。创，造也。孟子梁惠王篇：'可使制梃。'赵注曰：'制，作也。'作，亦造也。故论语宪问篇：'裨谌草创之。'释文：'创，制也。'然则创、制一也。创制天下，犹言创造天下耳。显、庸二字亦同义。显，明也。庸读为融，郑语：

'命之曰祝融。'韦解：'融，明也。'下文'谷、洛斗'章，'显融昭明'，
彼作'融'者正字，此作'庸'者假字。然则显、庸一也。自显庸，犹言自
显明耳。韦氏解显融曰：'融，长也。'亦失其旨。显融与昭明止是一义。"

而缩取备物，以镇抚百姓，缩，引也〔一八〕。备物，隧之属也。
〇陈瑑曰："尔雅释诂：'纵、缩，乱也。'此文盖谓晋文乱法以取备物，
故曰缩取。"**余一人其流辟于裔土，何辞之与有！**流，放也。言
将放辟于荒裔，何陈辞之有也。〇元诰按：明道本"流辟"下有"旅"字，
又"与有"作"有与"，今俱依宋库本。**若由是姬姓也，**谓文公未更姓
而王也。〇元诰按：由与犹通用。**尚将列为公侯，以复先王之职，
大物其未可改也。**言文公尚在公侯之位，将成霸业以兴王室，复先
王之职，则六隧未可改也。〇元诰按：隧为王之葬礼，详上吴说，注云六
隧，误。**叔父其懋昭明德，物将自至，**懋，勉也。言有天下则隧自
至也。**余何敢以私劳变前之大章，以忝天下，**章，表也，所以表
明天子与诸侯异物。〇俞樾曰："广雅释器曰：'章，程也。'下文'随
会聘于周'章曰，'将以讲事成章'，韦注亦曰：'章，章程也。'是章与
程同义。诗小旻篇：'匪先民是程。'毛传曰：'程，法也。'然则大章犹
大法也，谓以私劳变前人之大法也。韦注非是。"元诰按：宋库本无"何"
字。**其若先王与百姓何？**言无以奉先王镇抚百姓也。**何政令之
为也。**何以复临百姓而为政令乎？〇王引之曰："为，有也。韦注失之。"
若不然，叔父有地而隧焉，自制以为隧也。**余安能知之？"**所
不敢禁也。**文公遂不敢请，受地而还。**

57

周语中第二

4　王至自郑，襄王从郑至王城，鲁僖二十五年也。**以阳樊赐晋文**

公。阳樊，二邑，在畿内也。○元诰按：史记晋世家集解引服虔曰："阳樊，周地。阳，邑名也，樊仲山之所居，故曰阳樊。"隐十一年左传杜注："樊，一名阳樊，野王县西南有阳城。"是皆以阳樊为一邑。又僖二十五年传："与之阳樊、温、原、攒茅之田。"林注云："四邑在晋山南河北。"夫温、原为二邑无疑，则阳樊为一邑，攒茅为一邑，方合为四邑，亦明矣。韦解云"阳樊，二邑"，当衍"二"字也。今河南济源县西南十五里尚有曲阳城，亦曰阳城，即古阳樊也。阳人不服，不肯属晋。晋侯围之。仓葛呼曰：仓葛，阳人也。"王以晋君为德，为能布德行。○明道、宋庠各本"为"下有"能"字，今依董本。故劳之以阳樊。阳樊怀我王德，是以未从于晋。怀，思也。谓君其何德之布以怀柔之，怀，来也。柔，安也。使无有远志。远志，离叛也。今将大泯其宗祊，泯，灭也。庙门谓之祊。宗祊，犹宗庙也。而蔑杀其民人，蔑，犹灭也。宜吾不敢服也！夫三军之所寻，寻，讨也。○文选五等论李注引贾逵曰："寻，用也。"将蛮夷戎狄之骄逸不虔，于是乎致武。谓诸侯之国为蛮夷之行，王于是致武以伐之。○汪中曰："内传：'蛮夷戎狄不式王命〔一九〕，王命伐之，则有献捷。'仓葛语意犹此。"此赢者阳也，未狎君政，赢，弱也。狎，习也。故未承命。君若惠及之，唯官是征，其敢逆命，官，晋有司也。征，召也。何足以辱师！君之武震，无乃玩而顿乎？震，威也。玩，黩也。言举非义兵，诛罚失当，故君之武威将见慢黩顿弊也。臣闻之曰：'武不可觌，文不可匿。觌，见也。匿，隐也。言不当尚武隐文也。觌武无烈，烈，威也。匿文不昭。'阳不获承甸，○元诰按：各本"获承"二字误倒，今依王念孙说乙正。而祗以觌武，臣是以惧。

不然，岂敢自爱也。祇，适也。言阳人既不得承王室为甸服，又惧晋不惠恤其民，适以震威耀武而见残破，不然，岂敢自爱而不服乎？○元诰按：也与耶通。且夫阳，岂有裔民哉？裔民，谓凶恶之民放在荒裔者也。○汪远孙曰："方言：'裔，夷狄之总名。'蛮夷戎狄，即所谓裔民也，对下'父兄甥舅'言。韦解非。"夫亦皆天子之父兄甥舅也，谓吾舅者，吾谓之甥。若之何其虐之也！"晋侯闻之，曰："是君子之言也。"乃出阳民。放令去也。○僖二十五年左传林注曰："出阳樊之民，取其土而已。"

5 温之会，晋人执卫成公，归之于周。温，晋之河阳。成公，卫文公之子成公郑也。晋文公讨不服，卫成公恃楚而不从，闻楚师败于城濮，惧，出奔楚，使元咺奉弟叔武以受盟于践土。或愬元咺曰："立叔武矣。"卫侯杀其子角，咺不废命，奉叔武以守国。晋人复卫侯，卫侯先期入。叔武将沐，闻君至，喜，捉发走出，前驱射而杀之，元咺出奔晋。会于温，讨不服。卫侯与元咺讼，不胜，故晋侯执之，归之于京师。在鲁僖公二十八年也。○元诰按：温在河南温县西南三十里。晋侯请杀之，王曰："不可。夫政，自上下者也。当从王出也。○吴曾祺曰："玩下文，'上'字当是泛言，不必指王。"元诰按：下，对上言。政自上下，犹言政自上而及下也。韦训下为"出"，似亦未允。上作政，而下行之不逆，故上下无怨。言君臣不相怨。今叔父作政而不行，无乃不可乎？不行，谓不顺也。言晋侯不行德政而听元咺之愬，欲杀卫侯也。夫君臣无狱，狱，讼也。无是非曲直狱讼之义也。今元咺虽直，不可听也〔二〇〕。君臣皆狱，父子将狱，是无上下也。

而叔父听之，一逆矣。又为臣杀其君，其安庸刑？ 庸，用也。刑，法也。布刑而不庸，再逆矣。一合诸侯而有再逆政，余惧其无后。 无后，无以合诸侯也。不然，余何私于卫侯。晋人乃归卫侯〔一一〕。"在鲁僖三十年也。晋侯使医衍酖卫侯不死，鲁僖为请于王及晋侯，皆纳玉十瑴，于是归之也。

6

二十六年，秦师将袭郑，过周北门。襄王二十六年，鲁僖之三十三年也。秦师，秦大夫孟明视之师也。轻曰袭。周北门，王城北门也。○明道本作"二十四年"，注同。汪远孙曰："传、注'四'字皆当为'六'。襄王以鲁僖八年正月定位，即为元年，至僖三十三年为襄王二十六年。史记十二诸侯年表以鲁僖九年为襄王元年，非也。周语上'赐晋惠公命'章：'襄王三年而立晋侯。'韦注：'襄王三年，鲁僖之十年也。''八年而陨于韩。'韦注：'八年，鲁僖之十五年也。''赐晋文公命'章：'二十一年以诸侯朝王于衡雍。'韦注：'襄王二十一年，鲁僖二十八年也。'上文'襄王十三年'，韦注：'十三年，鲁僖之二十年也。'以此推之，其为二十六年无疑。古文'四'字作𦅙，与篆文𦅍字形近易讹。公序本注作'三十二年'，因传文讹作二十四年，遂据史记以合之。袭郑在鲁僖三十三年，明载内传，且与上韦注均不合矣。"元诰按：汪说是，今据以订正。左右免胄而下，兵车参乘，御在中央，故左右下也。胄，兜鍪也。免，脱也。脱胄而下，敬天王也。○宋庠本传、注如是。明道本传曰〔二二〕："左右皆免胄而下拜。"注于后"三百乘"下曰："左，车左也。右，车右也。言免胄，则不解甲而拜矣。"汪远孙曰："'拜'字，公序依内传删之。"钱曾读书敏求记曰："介胄之士不拜，秦师反是，有'拜'字是也。"黄丕烈说同。董增龄曰："宜从内传，'下'之下无'拜'字。"元诰按：无"拜"字是也。拜则敬矣，何谓秦师轻而无礼？介胄之士不拜，谓可不拜耳，非谓不可拜也，则拜又安可谓无礼？惟其免胄而下，超乘而上，故如此云云，理甚明也。宋本注末云"敬天王也"，亦觉未允。**超乘者三百乘。**超乘，跳跃上车，无威仪，所以败也。○僖三十三年左传林注曰："左右免胄而下，超乘而上，欲其速也。"**王孙满观之，言于王曰："秦师必有谪。"**满，周大夫王孙之名也。谪，犹咎也。○元诰按：内传云："王孙满尚幼。"岂遽为大夫耶？韦解俟考。**王曰："何故？"对曰："师轻而骄。**轻，谓超乘也。骄，谓士卒不肃也。**轻则寡谋，骄则无礼，无礼则脱，**脱，简脱也，谓不敢旅整师也。**寡谋自陷。入险而脱，能无败乎？**险，谓崤也。○元诰按：险，谓战阵之地也，不必专指崤而言。**秦师无谪，是道废也。"**是古道废。**是行也，秦师还，**郑商觉之，矫以郑伯之命犒之，故还也。○元诰按：内传："灭滑而还。"**晋人败诸崤，**○元诰按：崤，山名，或谓之崤渑，或谓之崤塞，水经注因崤有盘崤、石崤、千崤，谓之"三崤"，读史方舆纪要因崤有二陵，谓之"二崤"。今河南渑池县亦以崤渑名，山在今河南永宁县北六十里。**获其三帅丙、术、视。**崤，晋地名，今弘农。三帅，秦三将，谓白乙丙、西乞术、孟明视也。

61

7　晋侯使随会聘于周，晋侯，晋文公之孙、成公之子景公獳也。随会，晋正卿，士蔿之孙、成伯之子士季武子也。**定王享之，肴烝，**定王，襄王之孙、顷王之子定王瑜也。烝，升也，升俎豆之肴也。○汪远孙曰："周礼内饔注：'实鼎曰肴，实俎曰载。'析言之，肴、载各别。统

言之，实俎亦谓之脀。脀、烝，古今字。"**原公相礼。**原公，周卿士原
襄公。相，佐也。**范子私于原公**范子，随会也。食采于随、范，故或
曰随会，或曰范会也。曰："**吾闻王室之礼无毁折，今此何礼
也？"王见其语，召原公而问之，原公以告。**以士季之言告王
也。**王召士季，**季，范子字也。**曰："子弗闻乎，禘郊之事，则
有全烝。**全烝，全其牲体而升之。凡禘、郊皆血腥。〇汪远孙曰："此
禘谓圜丘之禘，内传疏引国语旧注云'禘，祭宗庙'者，非也。礼记礼器、
郊特牲：'郊血，大飨腥。'大飨即禘也。"**王公立饫，则有房烝。**王，
天子。公，诸侯。诸侯礼之立成者为饫。房，大俎也。诗云："笾豆大
房。"谓半解其体，升之房也。〇宣十六年左传正义曰："王公立饫，即
享礼也。"汪远孙曰："享，行于庙，庙中礼皆立成，故曰立饫。"陈奂曰：
"房之言旁也，旁有偏义，全体曰全烝，半体曰房烝，所以别牲体之用，并
升于俎，不应房烝独以俎名也。"**亲戚宴飨，则有殽烝。**殽烝，升体
解节折之俎也。〇文选南都赋李注、一切经音义一引贾逵曰："脱屦升
堂曰宴。"元诰按：引贾说上有"不"字，今删。**今女非他也，**〇元诰
按：女与汝同。**而叔父使士季实来，修旧德以奖王室，**奖，成
也。**是先王之宴礼，欲以贻女。**贻，遗也。**余一人敢设饫禘
焉，**饫，半体也。禘，全体也。〇元诰按：焉，犹乎也，见经传释词。**忠
非亲礼，而干旧职，以乱前好？**忠，厚也。亲礼，亲戚宴飨之礼。
旧职，故事。前好，先王之好也。〇吴曾祺曰："谓不用亲礼，是干旧职，
乱前好也。"**且唯戎狄则有荐体。**体，委与之也。**夫戎狄冒没轻
儳，贪而不让，**冒，抵触也。没，入也。儳，进退上下无列也。〇一切
经音义九又十引贾逵曰："冒没，犹抵触也。"冒，各本作"冒"。汪远孙

曰："当作'觊'，说文：'觊，突前也，从见、冂。'臣铉等曰：'冂，重复也，犯冂而见，是突前也。'与抵触之义合。盖国语本作'觊没'，后人多见冒，少见觊，遂改觊为冒耳。"陈瑑曰："轻儳，犹轻贱也。觊没，犹蒙昧，并声相近。"**其血气不治，**〇元诰按：治，犹化也。素问五常政大论："治而善之。"**若禽兽焉。其适来班贡，不俟馨香嘉味，**适，往也。班，赋也。**故坐诸门外，而使舌人体委与之。**舌人，能通异方之志，象胥之官。**女，今我王室之一二兄弟，以时相见，**兄弟，晋也。〇周礼大宗伯："时见曰会。"郑注："时见者，无常期。"**将和协典礼，以示民训则，**协，合也。典，常也。**无亦择其柔嘉，**无亦，不亦也。柔，脆也。嘉，美也。〇王引之曰："无，发语词也，无亦，亦也。"元诰按：柔嘉，说文作"脜嘉"，云"善肉"。**选其馨香，洁其酒醴，品其百笾，**笾，竹器，容四升，其实枣栗糗饵之属也。**修其簠簋，**修，备也。簠簋，黍稷之器也。〇说文：簠，盛黍稷员器也。簋，盛稷方器也。**奉其牺象，**牺樽，饰以牺牛。象樽，以象骨为饰也。〇宋庠曰："牺，许宜反，郑康成音息何反。饰以翡翠。"汪远孙曰："韦因牺字从牛，遂谓饰尊以牛，误。"**出其樽彝，**樽、彝皆受酒之器。〇元诰按：宋庠本"樽"作"尊"，樽俗字。**陈其鼎俎，**俎设于左，牛豕为一列，鱼腊肠胃为一列，肤特于东。**净其巾幂，**净，洁也。巾幂，所以覆樽彝也。〇宋庠曰："幂，莫历反。"汪远孙曰："幂字俗，周礼作'幎'，说文作'幭'。"**敬其祓除，**犹扫除也。**体解节折而共饮食之。于是乎有折俎加豆，**加豆，谓既食之后所加之豆也。其实芹菹兔醢之属。**酬币宴货，**酬，报也。聘有酬宾束帛之礼。其宴，束帛为好，谓之宴货也。**以示容合好，**示容仪，合和好也。**胡有孑然其效戎狄也？**孑然，全体之貌也。○吴曾祺曰："孑然，无亲之貌，言疏之如戎狄也。与上'亲礼'相应。"**夫王公诸侯之有饫也，将以讲事成章，**讲，讲军旅，议大事。章，章程也。**建大德，昭大物也，**大德，大功也。大物，大器也。**故立成礼烝而已。**立成，不坐也。烝，升也，升其备物而已也。**饫以显物，宴以合好，**显物，示物备也。**故岁饫不倦，**岁行饫礼，不至于懈倦也。○宋庠本无"故"字〔二三〕。**时宴不淫，**一时之间必有宴礼，不至于淫湎也。**月会、**会，计也，计一月之经用也。**旬修、**旬，十日也，修十日之内所成为也。○元诰按：原注作"旬，十日之内所成为也"，宋庠本注作"修十日之中所成为也"，今依段玉裁说订正。**日完不忘。**日完，一日之所为。不忘，不忘其礼也。**服物昭庸，采饰显明，**庸，功也。冕服、旗章所以昭其功，五采之饰所以显明德也。**文章比象，**黼黻，绘绣之文章也。比象，比文以象山、龙、华虫之属也。**周旋序顺，**周旋，容止也。序，次也。各以次比顺于礼也。○王引之曰："昭庸、显明、比象、序顺，皆两字平列。庸与融通，释名曰：'融，明也。'昭庸即昭融，大雅既醉篇：'昭明有融。'昭五年左传曰：'明而未融。'皆是也。比象，犹次序也。比，读如'比次'之比，郑注周官世妇曰：'比，次也。'象之言序也。比象，犹言比序，周官序师曰'比叙其事'是也。（叙与序同。）系词传：'君子所居而安者，易之序也。'陆绩曰：'序，象也。'京房曰：'次也。'虞翻本作'象'，是象与序同义。文章比象，言文章相次序也〔二四〕。考工记曰：'画缋之事，杂五色，青与白相次也，赤与黑相次也，玄与黄相次也。青与赤谓之文，赤与白谓之章，白与黑谓之黼，黑与青谓之黻，五采备谓之绣。'乐记所谓'五色成文而不乱'也。桓二年左传：'五色比象，昭其物也。'义与此同，杜注以为'比象天地四方'，非也。周旋序顺者，序亦顺也，<u>尔雅</u>曰：'顺，叙也。'<u>大戴礼保傅</u>篇曰：

'言语不序。'<u>周语上</u>篇曰：'时序其德。'<u>楚语</u>曰：'奔走承序。'序皆谓

顺也。昭庸显明，皆明也。此篇之'昭庸显明'即下篇之'显融昭明'，（下

篇云："故高朗令终，显庸昭明"。）作'庸'者，假借字。比象序顺，皆

顺也。文章之有次，犹周旋之有序也。<u>韦注</u>皆失之。"**容貌有崇**，崇，

饰也。容止可观也。〇<u>元诰</u>按：注"饰"疑与饬通。容貌整饬，故曰可观

也。**威仪有则**，则，法也。其威可畏，其仪可度也。**五味实气**，味

以实气，气以行志。**五色精心**，五色之章，所以异贤、不肖，精其心也。

〇<u>俞樾</u>曰："精读为旌。精从青声，青从生声，（<u>元诰</u>按：青本作"甾"。）

旌亦从生声，故声近而义通。<u>释名释兵</u>曰：'旌，精也，有精光也。'<u>列</u>

<u>子说符</u>篇：'东方有人焉，曰爰旌目。'<u>后汉书张衡传</u>注引作'爰精目'，

是二字相通之证。五色旌心，与下句'五声昭德'一律，言五色所以旌表

其心，五声所以昭明其德也。上文'赐<u>晋惠公</u>命'章曰：'故为车服旗章

以旌之。'<u>韦注</u>曰：'旌，表也。'正得其义。此文作'精'者，假字耳。"

五声昭德，昭德，谓政平者其和乐也，亦谓见其乐知其德也。**五义纪**

宜，五义，谓父义、母慈、兄友、弟恭、子孝也。**饮食可飨，和同可**

观，肴烝，故可飨。以可去否曰和，一心不二曰同，和同之道行，则德义

可观也。**财用可嘉**，酬币宴货〔二五〕，以将厚意，故可嘉也。**则顺而**

德建。则，法也。建，立也。**古之善礼者，将焉用全烝？"武子**

遂不敢对而退。<u>武子</u>，<u>随会</u>也。**归乃讲聚三代之典礼**，三代，<u>夏</u>、

<u>殷</u>、<u>周</u>也。〇讲聚，内传作"讲求"。**于是乎修执秩以为晋法**。秩，

常也。可奉执以为常也。<u>晋文公</u>蒐于<u>被庐</u>，作执秩之法。自<u>灵公</u>以来，

阙而不用，故<u>武子</u>修之，以为<u>晋国</u>之法也。〇<u>吴曾祺</u>曰："执秩是主爵秩

之官。"元诰按：韦解、吴说均非也。修，备也。执，主也。秩，官也。谓晋于是始备主三代典礼之官也。修执秩，所以实行讲聚也。

8 定王使单襄公聘于宋，单襄公，王卿士单朝也。聘，问也。问者，王之所以抚万国，存省之也。○宋庠曰："单，常衍反。"遂假道于陈以聘于楚。假道，自宋适楚，经陈也。是时天子微弱，故以诸侯相聘之礼假道也。聘礼，若过邦至于境，使次介假道，束帛将命于庙也。火朝觌矣，火，心星也。觌，见也。朝见，谓夏正十月，晨见于辰也。○项名达曰："日后十八度之星恒朝见东方，日前十八度之星恒夕见西方。依大衍术考岁差，周定王时，冬至，日在牛一度；立冬后八日，日在箕初度〔二六〕。则心星朝见，夏正十月也。"道茀不可行，草秽塞路为茀。候不在疆，候，候人，掌送迎宾客者。疆，境也。司空不视涂，司空，掌道路者。泽不陂，陂，障也。古不窦泽，故障之也。川不梁，流曰川。梁，渠梁也。古不防川，故渠之也。野有庾积，唐尚书云："十六斗曰庾。"昭谓：此庾露积谷也。诗云，"曾孙之庾，如坻如京"是也。场功未毕，治场未毕。诗曰："九月筑场圃。"道无列树，古者列树以表道，且为城守之用也。垦田若蓺，○各本蓺作"萩"。韦解曰："发田曰垦。萩犹茦，言其稀少犹若萩物也〔二七〕。"王引之曰："萩当为'蓺'。（姊入反）说文：'蓺，草木生也。（俗本'生'上衍'不'字，今依玉篇删。）从艸，执声。'广韵云：'蓺，草生多貌〔二八〕。'垦田若蓺者，若，乃也，（见小尔雅）言已垦之田，宜不芜秽，而乃蓺然多草，盖由君夺农时，使不得耕耨也。下文曰'今陈田在草间'，是其明证。蓺与树萩之萩相似，学者多闻萩，少闻蓺〔二九〕，'蓺'字遂讹而为萩。韦氏不察，而训萩为茦，误矣，稀少犹若蓺物〔三〇〕，虽曲为之说，而终不可通也。"元诰按：王说是，今据以订正。**膳宰不致饩**，膳宰，膳夫也，掌宾客之牢。礼，生日饩。**司里不授馆**，司里，里宰也，掌授客馆。〇汪远孙曰："周礼：'里宰，每里下士一人。'下文'司里授馆'注：'司里授客所当馆，次于卿。'则司里以大夫为之，非里宰明矣，韦此注误。"**国无寄寓**，寓，亦寄也。无寄寓，不为庐舍以寄羁旅之客也。**县无施舍**，四甸为县，县方十六里。施舍，宾客负任之处也。〇王引之曰："古声舍、予相近，施舍，谓赐予。若遗人'郊里之委积以待宾客'，及'庐有饮食'、'路室有委'〔三一〕、'候馆有积'是也。韦解误。又'圣人之施舍也议之'、'布宪施舍于百姓'皆同，韦解并失之。"宋庠曰："施，当为弛，传写之误也。弛，废也。舍，居止也。弛舍，犹言停止也。县六十里，中当有休息居止之处，以庇宾客负担之劳。内传云：'弛于负担。'施字若从平声，不独与本注相违，兼亦意义难了。"元诰按：王说似较长。**民将筑台于夏氏**。民，陈国之人也。台，观台也。夏氏，陈大夫夏征舒家也。〇元诰按：因有此事，所以陈国政务废弛如上云云也。**及陈，陈灵公与孔宁、仪行父南冠如夏氏，留宾不见**。及，至也。陈灵公，舜后，恭公之子灵公平国也。孔宁、仪行父，陈之二卿。南冠，楚冠也。如，往也，往征舒之家淫夏姬也。宾，单襄公也。〇吕氏春秋圜道篇高注〔三二〕："留，滞也。"**单子归，告王曰："陈侯不有大咎，国必亡。"**单子，襄公也。卿大夫称子，于其私士称公也。**王曰："何故？"对曰："夫辰，角见而雨毕，**〇韦读"辰"不绝句，解曰："辰角，大辰苍龙之角。角，星名也。见者，朝见东方，建戌之初，寒露节也。雨毕者，杀气日至，而雨气尽也。"太平御览居处部二十三引贾逵曰："辰角，大辰苍龙也。龙角，星名也。"王引之曰："大辰，房、心、尾也。寿星，角、亢也。角非大辰，不得谓之辰角。当以'夫辰'二字绝句，辰者星也。桓二年左传：'三辰旗旗。'杜注曰：'三辰，日、月、星也。'是星亦得谓之辰。下文之'角'、'天根'、'本'、'驷'、'火'，皆辰也〔三三〕，'夫辰'统下之词。"项名达曰："下文'夏令'，解以为夏后氏之令，周人因之。如是，则星见度当准夏初岁差推之，今推周定王时，距夏初千四百余年，岁差约十八度。夏初秋分后五日，日至氐十度，角星全见。若定王时，角见当在寒露后八日，解云'寒露节'，似亦相合。不知传文合于夏，不合于周。解中各星见日先后参差，未足为据。"元诰按：王、项说是。**天根见而水涸**，天根，亢、氐之间。涸，竭也。谓寒露雨毕之后五日，天根朝见，水潦尽竭也。月令："仲秋，水始涸。"天根见，乃尽竭也。○王引之曰："尔雅云'天根，氐也'，无以天根为亢、氐之间者。"项名达曰："夏初寒露前三日，日在房三度，亢末氐初均见，所谓天根也。若定王时，天根见当在霜降节。而后文'陨霜'，须俟驷见。固知天根见尚在前，宜准夏初推算也。涸，始涸也。月令：'仲秋，水始涸。'涸不遽尽，历季秋至冬初而后竭尽。解以竭尽属之天根见时，亦未是。"元诰按：王说再合下观之。**本见而草木节解**，本，氐也。谓寒露之后十日，阳气尽，草木之枝节皆理解也。○王引之曰："氐之为本，遍考书传皆无之，窃疑本当作'亢'。亢见在天根见之前，隶书'亢'作'亢'，又作'戌'，并与'本'字相似而讹为'本'，又与天根上下互易耳。依星之前后弟之，当云：'亢见而水涸，天根见而草木节解。'盖寒露之后五日亢星朝见，又五日天根见也。"项名达曰："夏初寒露后十日，日在尾六度〔三四〕，氐星朝见十三度，氐即本也，解所志合。若定王时，本见当在立冬前二日，已交初冬〔三五〕，草

68

木乃始节解，未免过迟。"元诰按：王说乃星名之争，谓隶书充与本相似，亦不尽然。当以项说为允。**驷见而陨霜**，驷，天驷，房星也。陨，落也。谓建戌之中，霜始降也。○项名达曰："夏初霜降日在尾十二度，房星朝见四度，即天驷也，解所志合。若定王时，驷见当在立冬后三日，霜降节已过，岂得才称陨霜？"**火见而清风戒寒**。谓霜降之后，清风先至，所以戒人为寒备也。○北堂书钞岁时部四引郑注曰："火，心星。清风，寒风也。"项名达曰："夏初霜降后六日，日在箕初度，心星全见。若定王时，火见在立冬后八日。解于前文'火朝觌'，谓'夏正十月'，此文火见〔三六〕，疑其后驷见不应迟至半月有余，故浑之曰'霜降之后'。不知前文就周定王时所见而言〔三七〕，此文宜遵夏令，以岁差故，见日自有迟早也。又解中各星见日，大约隔五日递见一星。夫星度相距有远近，日行，一日一度，星见，亦当一日一度。相距既有远近，岂得匀派五日耶？"

故先王之教曰：'雨毕而除道，水涸而成梁，教，谓月令之属。九月雨毕，十月水涸也。○项名达曰："雨毕、水涸俱非一时事。辰角见，雨始毕，既毕后则已九月，非辰角见于九月。天根见，水始涸，迫涸尽则已十月，非天根见于十月也。"元诰按：辰角，辰为星统称，角为星之一，见上王说辨正。项亦误而为一。下同。**草木节解而备藏**，备，收藏也。月令："季秋，农事毕收。"○项名达曰："本见时，草木节始解，即应备藏。驷见时，霜始陨，即应具裘。此是一时事。"**陨霜而冬裘具**，孟冬，天子始裘，故九月可以具。**清风至而修城郭。'**谓火见之后，建亥之初也。○项名达曰："火见之后九日入亥月。"**故夏令曰：'九月除道，十月成梁。'**夏令，夏后氏之令，周所因也。除道，所以便行旅。成梁，所以便民，使不涉也。○汪远孙曰："夏书之存者，有小正、大正。

69

小正皆夏记时之书，夏令即夏正。此数语，盖大正之仅存者。"项名达曰："此九月、十月之文，与辰角、天根见日不合，故解若后其期以就之。然考夏初两星皆见于八月，即定王时，辰角虽迟至九月，天根终不能迟至十月，固知两星之见自在八月，除道、成梁自在九月、十月，而雨之毕，水之涸非一时事也。"元诰按：梁即桥也。孟子云："十二月舆梁成。"周之十二月即夏之十月也。**其时儆曰：**○宋庠曰："儆，戒也。"**'收而场功，待而畚梮，**时儆，时以儆告其民也。收而场功，使人修囷仓也。待，具也。畚，器名，土笼也。梮，舁土之器。具尔畚梮，将以筑作也。○元诰按：两"而"字与汝同。鲁语上"将易而次为宽利"，韦注曰："而，女也。"**营室之中，土功其始。**定，谓之营室也。建亥小雪中，定星昏正于午，土功可以始也。诗云："定之方中，作于楚宫"是也。○项名达曰："夏初，营室昏中在霜降后六日，与火见同时，非小雪中。若定王时，亦当在立冬后八日，未至小雪。"元诰按：诗疏引孙炎云："定，正也。天下作宫室者，皆以营室中为正。"**火之初见，期于司里。'**期，会也。致其筑作之具，会于司里之官也。○项名达曰："星当朝见，昏中时日应在地平下十八度〔三八〕，则昏中星与朝见星必应相距一百二十六度。今营室距大火只一百十度，何以一昏中一朝见同在一时？盖所言十八度者，举大略言。其实春分后秋分前，昏迟晨早，十八度应有加差；春分前秋分后，晨迟昏早，十八度应有减差。火见及营室中已近初冬，各应减八度，合计之，应减十六度，故只一百十度也。"**此先王所以不用财贿而广施德于天下者也。**施德，谓因时警戒，谋盖藏，成筑功。**今陈国，火朝觌矣，而道路若塞，野场若弃，泽不陂障，川无舟梁，**舟梁，以舟为梁也。○王引之曰："韦注非也。上文'川不梁'，单言无梁。此‘川无舟梁’，则兼言无舟。舟、梁是二事，非谓以舟为梁也。上文曰‘十月成梁’，则川自有梁，不须以舟为之。且造舟为梁，天子之礼，他人所不敢用，不得以此责陈也。”**是废先王之教也。周制有之曰：‘列树以表道，立鄙食以守路。**制，法也。表，识也。鄙，四鄙也。十里有庐，庐有饮食也。**国有郊牧，**国外曰郊。牧，放牧之地也。○李治曰：“制字之义，与邑交曰‘郊’。”**疆有寓望，**疆，境也。境界之上，有寄寓之舍，候望之人也。○宋庠本疆作“壃”。太平御览居处部二十二引风俗通义曰：“春秋国语：‘壃有寓望。’谓今亭也，民所安定也。”**薮有圃草，**泽无水曰薮。圃，大也。必有茂大之草以备财用也。○吴曾祺曰：“圃与甫通，圃草即诗之‘甫草’，仍训园圃〔三九〕，不得从甫训大。”**囿有林池，**囿，苑也。林，积木也。池，积水也。**所以御灾也。**御，备也。灾，饥、兵也。**其余无非谷土。民无悬耜，**言常用也。入土曰耜，耜柄曰耒。○吴曾祺曰：“谷土，宜谷之土也。”**野无奥草。**皆垦辟也。奥，深也。○旧音：“奥音郁。”贾本作“冥”。汪远孙曰：“说文：‘冥，幽也。’诗何草不黄篇：‘率彼幽草。’冥草即幽草也。”**不夺民时，不蔑民功，**蔑，弃也。**有优无匮，有逸无罢。**○宋庠曰：“罢音皮。下‘民罢’同。”**国有班事，**国，城邑也。班，次也。执事者有次也。**县有序民。’**县鄙之民，从事有序也。**今陈国，道路不可知，田在草间，**不垦者多。**功成而不收，**野场若弃也。**民罢于逸乐，**罢于为国君作逸乐之事也。**是弃先王之法制也。周之秩官有之曰：**秩官，周常官，篇名。**‘敌国宾至，关尹以告，**敌国，位敌也。关尹，司关，掌四方之宾客，叩关则为之告。聘礼曰：“及境，谒关人，关人问从者几人。”遂以入告也。○元诰按：敌国谓相等之国，对下"贵国"言。**行理以节逆之**，理，吏也。逆，迎也。执瑞节为信而迎之。行理，小行人也。○元诰按：周礼司关疏引此注云："理，吏也。行理，小行人，掌国宾客礼以待四方，使逆宾客。""行理"，孔晁本作"行李"，注曰："行李，行人之官也。"**候人为导**，导宾至于朝，出送之于境也。**卿出郊劳**，聘礼曰："宾至于近郊[四○]，使卿朝服，用束帛劳之。"**门尹除门**，门尹，司门也。除门，扫除门庭也。**宗祝执禮**，○各本禮作"祀"。韦注曰："宗，宗伯。祝，大祝也。执祀，宾将有事于庙，则宗祝执祭祀之禮也。"俞樾曰："宾虽有事于庙，然非祭祀也，何以执祭祀之禮乎？执祀疑当作'执禮'。礼记文王世子篇：'秋学禮，执禮者诏之。'杂记篇：'女虽未许嫁，年二十而笄，禮如妇人执其禮。'论语述而篇：'子所雅言：诗、书、执禮，皆雅言也。'并'执禮'二字之证。宗祝执禮，言宾至则宗祝执其禮也。古文'禮'字作'礼'，与'祀'字相似，因误为'执祀'矣。"元诰按：俞说是[四一]，今据以订正。汪远孙曰："宗，宗人也，非宗伯。辨见鲁语。"**司里授馆**，司里授客所当馆，次于卿也。聘礼："卿致馆。"**司徒具徒**，具徒役，修道路之委积也。**司空视涂**，视涂险易也。○元诰按：视，犹察也。**司寇诘奸**，禁诘奸盗。**虞人入材**，虞人，掌山泽之官。祭祀、宾客，供其材也。**甸人积薪**，甸人，掌薪蒸之事也。**火师监燎**，火师司火。燎，庭燎也。○胡匡衷曰："先儒云，火师即司爟。周礼司爟，下士二人。"**水师监濯**，水师，掌水，监涤濯之事也。**膳宰致饔**，孰食曰饔。○宋庠本饔作"餐"。补音云："音孙。"按此字亦有凄音，但注云"熟食曰飧"，则当音孙矣。汪远孙曰："音孙者，其字当作'飧'。诗魏风传：'孰食曰飧。'小雅传：'孰食曰饔。'浑言饔、飧，皆谓孰食。今考周礼掌客：'上公飧五牢，饔饩九牢；侯伯飧四

国语集解

牢，饔饩七牢；子男飧三牢，饔饩五牢。'司仪注云：'小礼曰飧，大礼曰
饔饩。'传下文'献饩'，此'致饔'，则其字作'饔'矣。饔误作'餐'，
作音者又误读餐为'飧'，陆德明释文餐、飧不分，宋公序亦仍其误矣。"
廪人献饩，生曰饩，禾米也。**司马陈刍，**司马掌帅圉人养马，故陈刍。
圉人职属司马也。**工人展车，**展省客车，补伤败也。**百官以物至，**
物，事也。○宋庠本重"官"字。**宾入如归，是故小大莫不怀爱。**
小大，谓宾介也。**其贵国之宾至，则以班加一等，益虔。**贵国，
大国也。班，次也。**至于王吏，则皆官正莅事，**正，长也。莅，临也。
上卿监之。监，视也。**若王巡守，则君亲监之。'**周礼，王十二
岁一巡守也。**今虽朝也不才，有分族于周，**朝，单子之名也。有
分族，王之亲族也。**承王命以为过宾于陈，**假道为过宾也。**而司
事莫至，是蔑先王之官也。**蔑，欺也。**先王之令有之，**文武之
教也。**曰：'天道赏善而罚淫，故凡我造国，无从非彝，**造，
为也。彝，常也。○吴曾祺曰："彝，法也。谓非法也。"**无即慆淫，**即，
就也。慆，慢也。**各守尔典，以承天休。'**典，常也。休，庆也。**今
陈侯不念胤续之常，弃其伉俪妃嫔，**伉，对也。俪，偶也。○华
严经音义下引贾逵曰："妾御曰嫔。"**而帅其卿佐以淫于夏氏，不
亦嬻姓矣乎？**卿佐，孔、仪也。贾、唐二君云〔四二〕："姓，命也。"一曰：
"夏氏，姬姓，郑女亦姬姓，故谓之嬻姓。"昭谓：夏征舒之父御叔〔四三〕，
即陈公子夏之子、灵公之从祖父，妠姓也，而灵公淫其妻，是为蝶嬻其姓
也。**陈，我大姬之后也。**大姬，周武王之女，虞胡公之妃，陈之祖妣
也。**弃衮冕而南冠以出，不亦简彝乎？**衮，衮龙之衣也。冕，大
冠也。公之盛服也。简，略也。彝，常也。言弃其礼，简略常服。○俞樾曰：

"注以简彝为简略常服,文义未安。尔雅释诂曰:'夷,易也。'彝与夷古通用,简彝即简易,弃衮冕而南冠以出〔四四〕,是简易也,故日'不亦简彝乎?'"是又犯先王之令也。先王之令,无从非彝。昔先王之教,懋帅其德也,犹恐陨越。言勉帅其德,犹恐落坠也。若废其教而弃其制,蔑其官而犯其令,将何以守国? 无礼则危也。居大国之间,而无此四者,其能久乎?"四者,谓教、制、官、令也。六年,单子如楚。定王六年,鲁宣之八年也。八年,陈侯杀于夏氏。八年,鲁宣之十年也。陈灵公与孔宁、仪行父饮酒于夏氏,公谓行父曰:"征舒似女。"对曰:"亦似君。"征舒病之,公出,自其厩射而杀之。九年,楚子入陈。楚子,楚庄王也。入陈,讨夏氏杀君之罪也。既灭陈而复封之,故日入也。唐尚书云"遂取陈以为县",误也。

9 定王八年,使刘康公聘于鲁,刘,畿内之国。康公,王卿士王季子也。○吴曾祺曰:"刘康公采邑在今河南偃师县缑氏故城西北。"发币于大夫,发其礼币于鲁大夫。○吕氏春秋报更篇高注曰:"发,犹致也。"季文子、孟献子皆俭,二子,鲁卿。季文子,季友之孙、齐仲无佚之子季孙行父。孟献子,仲庆父之曾孙、公孙敖之孙、孟文伯谷之子仲孙蔑。俭,居处节俭也。叔孙宣子、东门子家皆侈〔四五〕。二子,鲁大夫。叔孙宣子,叔牙之曾孙、庄叔得臣之子叔孙侨如也。东门子家,庄子之孙、东门襄仲之子公孙归父也。归,王问鲁大夫孰贤? 对曰:"季、孟其长处鲁乎! 言俭也。叔孙、东门其亡乎! 言其侈也。若家不亡,身必不免。"王曰:"何故?"对曰:"臣闻之,为臣必臣,为君必君。臣尚敬,君尚惠也。宽肃宣惠,君也。肃，整也。宣，遍也。惠，爱也。○俞樾曰："说文心部：'愃，宽闲心腹貌，从心宣声。诗曰："赫兮愃兮。"'今毛诗作'喧'，释文引韩诗作'宣'，盖愃、喧、宣三字声近而义通，是宣有宽义也。又长发篇：'玄王桓拨〔四六〕。'毛传曰：'桓，大也。'宣与桓亦声近而义通。易林：需之萃曰：'大口宣舌。'大有之蛊曰：'大口宣唇。'皆其证也。文十八年左传曰：'宣慈惠和。'宣惠与宣慈义正相近。盖宣有宽大之义，故配慈惠言之。韦训'宣'为遍，虽本尔雅，然下文曰'教施而宣则遍'，若从韦解，是'教施而遍则遍'矣，岂可通乎？"敬恪恭俭，臣也。宽所以保本也，本，谓宽则得众，故可以守也。肃所以济时也，济，成也。宣所以施教也，施遍则人不怨。○元诰按：各本作'教施'，今依王引之说乙正。惠所以和民也。本有保则必固，时动而济，则无败功，不干时而动，则无败功也。教施而宣则遍，惠以和民则阜。阜，厚也。若本固而功成，施遍而民阜，乃可以长保民矣，其何事不彻？彻，达也。○华严经引贾逵曰："彻，明也。"敬所以承命也，恪所以守业也，恭所以给事也，俭所以足用也。俭则有余，故所以足用也。以敬承命则不违，以恪守业则不懈，以恭给事则宽于死，宽，犹远也。以俭足用则远于忧。无乏绝之忧，且远骄僭之罪也。若承命不违，守业不懈，宽于死而远于忧，则可以上下无隙矣，上下，君臣也。隙，瑕衅也。其何任不堪？上任事而彻，○明道本任作"作"。汪远孙曰："依上下文义，宋本作'任'是也。"下能堪其任，其所以为令闻长世也。长世，多历年也。今夫二子者俭，其能足用矣，二子，季、孟。言二人其能以俭足用也。用足则族可以庇。庇，覆也。恭俭节用，无取于民，国人说之，故其宗族可以覆荫也。二子者侈，侈则不恤匮，匮而不恤，忧必及之，志在奢侈，不恤人之穷匮，故忧患必及之也。若是，则必广其身。广，大也。务自大，不顾其上也。且夫人臣而侈，国家弗堪，亡之道也。"王曰："几何？"对曰："东门之位不若叔孙，而泰侈焉，不可以事二君。东门，大夫。叔孙，卿也。位在人下而侈其上，重而无基，故不可以事二君也。叔孙之位不若季、孟，而亦泰侈焉，不可以事三君。叔孙，下卿。季、孟，上卿。若皆早世犹可，早世，早即亡也，其家犹可以免也。若登年以载其毒，必亡。"登年，多历年也。载，行也。毒，害也。必亡，家必亡也。十六年，鲁宣公卒。定王十六年，鲁宣之十八年也。赴者未及，东门氏来告乱，子家奔齐。来告，告周大夫也。东门子家谋去三桓，使如晋，未反，宣公薨，三桓逐子家，遂奔齐也。诸侯大夫以君命使出，出必有礼赘私觌之事，以通情结好，吉凶相告。子家尝使于周，故以乱告也。告在鲁宣十八年。赴者未及，明不及二君也。简王十一年，鲁叔孙宣伯亦奔齐，成公未没二年。简王，定王之子简王夷也。十一年，鲁成十六年也。宣伯，侨如也，通于宣公夫人穆姜，欲去季、孟而专公室，国民逐之，故出奔齐。言成公未没二年〔四七〕，明不及三君也。

10　简王八年，鲁成公来朝，简王八年，鲁成十三年也。成公将与周、晋伐秦而朝也。使叔孙侨如先聘且告〔四八〕，使侨如先修聘礼，且告周以成公将朝也。见王孙说，与之语。说，周大夫。说言于王曰："鲁叔孙之来也，必有异焉。其享觌之币薄而言诣，殆请之也。若请之，必欲赐也。**鲁执政唯强，故不欢焉而后遣之。**鲁执政之人唯畏其强御，难距其欲，故不欢悦而后遣之。〇俞樾曰："如韦义，则当云'唯畏其强'，不得但云'唯强'，注义非也。鲁执政唯强，即指叔孙侨如而言，侨如于鲁亦卿也，故以执政言之。王孙说之意，盖谓鲁执政之臣皆强，故君虽不欢，而不得不从其请耳。"**且其状方上而锐下，宜触冒人。王其勿赐。若贪陵之人来而盈其愿，是赏不善也。**〇元诰按：各本作"是不赏善也"，义不可通，今依王念孙说乙正。**且财不给。**给，共也。**故圣人之施舍也议之，**施，予也。舍，不予。〇元诰按：古声舍、予相近，施舍谓施予也。议，斟酌也。下同。**其喜怒取与也亦议之。是以不主宽惠，亦不主猛毅，**主，犹名也。**主德义而已。"**赏得其人，罚得其罪，是为德义。**王曰："诺。"使私问诸鲁，**请之也。**王遂不赐，礼如行人。**如使人之礼，无加赐也。〇成十三年左传正义引孔晁曰："行人，使人也，以使人之礼礼之，不从聘者之赐礼也。"**及鲁侯至，仲孙蔑为介，**在宾为介。介，上介，所以佐仪也。**王孙说与之语，说让。**说，好也。言蔑好让。〇元诰按：下"说"，古悦字。**说以语王，王厚贿之。**

11　晋既克楚于鄢，克，胜也。晋厉公伐郑，楚人救之，战于鄢。在鲁成十六年也。**使郤至告庆于周。**郤至，晋卿步扬之孙、蒲城雕居之子温季也。告庆，以胜楚之福告王也。**未将事，**将，行也。未行告庆之礼。**王叔简公饮之酒，**王叔简公，周大夫王叔陈生也。**交酬好货皆厚，**交酬，相酬之币。好货，宴饮以货为好。厚者，币物多也。**饮酒**

宴语相说也。明日，<u>王叔子</u>誉诸朝。<u>郤至</u>见<u>邵桓公</u>，与之语。<u>邵桓公</u>，王卿士也。<u>邵公</u>以告<u>单襄公</u>曰："<u>王叔子</u>誉<u>温季</u>，以为必相<u>晋国</u>，相<u>晋国</u>，必大得诸侯，劝二三君子必先导焉，可以树。二三君子，在朝公卿也。导者，导<u>晋侯</u>使升<u>郤至</u>以为上卿，可以树党于<u>晋</u>也。今夫子见我，以为<u>晋国</u>之克也，为己实谋之，言战胜<u>楚</u>，吾之谋也。○<u>元诰</u>按：夫子，犹言此子也。<u>礼记·檀弓</u>曰："夫夫也，为习于礼者。"<u>郑</u>注云："夫夫，犹言'此丈夫'也。"是夫犹此也。此子，指<u>郤至</u>言之。曰：'微我，<u>晋</u>不战矣。微，无也。○<u>元诰</u>按：此以下述<u>郤至</u>语。<u>楚</u>有五败，<u>晋</u>不知乘，我则强之。乘，陵也。背<u>宋</u>之盟，一也。<u>宋</u>盟，<u>宋华元</u>所合<u>晋</u>、<u>楚</u>之成也。<u>华元</u>善<u>楚</u>令尹<u>子重</u>，又善<u>晋栾武子</u>，故遂合二国之好。盟在<u>鲁成</u>十二年。至十六年，<u>楚</u>、<u>郑</u>背盟伐<u>宋</u>也〔四九〕。薄德而以地赂诸侯，二也。<u>楚</u>王薄德，<u>郑</u>人不从<u>楚</u>，以<u>汝阴</u>之田赂<u>郑</u>叛<u>晋</u>从<u>楚</u>也。○<u>元诰</u>按：明道本作"德薄"，今从<u>宋庠</u>本。弃壮之良而用幼弱〔五〇〕，三也。壮之良，谓<u>申叔时</u>也。幼弱，谓<u>司马子反</u>也。○<u>董增龄</u>曰："<u>成</u>十六年传：'过<u>申</u>，<u>子反</u>入见<u>申叔时</u>。'<u>杜</u>注：'<u>叔时</u>老，在<u>申</u>。'则不得谓之壮。<u>成</u>九年<u>钟仪</u>曰〔五一〕：'其为太子也，师保奉之，以朝于<u>婴齐</u>而夕于<u>侧</u>也。'则十年前<u>子反</u>已在师保之位，不得谓之幼弱。传则别有所指，非<u>叔时</u>、<u>子反</u>二人也。"<u>吴曾祺</u>曰："此二句谓弃士卒之壮良者不用，而用幼弱。故内传有'旧不必良'语，注以分指<u>申叔时</u>、<u>子反</u>，不合。"建立卿士而不用其言，四也。卿士，<u>子囊</u>。<u>子囊</u>不欲背<u>晋</u>，<u>楚</u>王不听也。夷、<u>郑</u>从之，三陈而不整，五也。夷，<u>楚</u>东之夷也。<u>晋语</u>曰："<u>楚恭王</u>帅<u>东夷</u>救<u>郑</u>。"三陈，夷、<u>郑</u>、<u>楚</u>也。○旧音曰："陈，丈刃反。"<u>元诰</u>按：说文作"㪍"，俗作"阵"。罪不由晋，晋得其民，言楚叛盟，非晋之罪也。得民，得民心也。四军之帅，旅力方刚，时晋立四军，四军之帅，晋八卿也。栾书将中军，士燮佐之。郤锜将上军，荀偃佐之。韩厥将下军，智罃佐之。赵旃将新军〔五二〕，郤至佐之。旅，众也。刚，强也。〇陈瑑曰："说文：'吕，脊骨也。'重文作'膂'，云：'脊强则力壮。'吕、膂本一字。膂省为旅，尚书'旅力既愆'，亦省膂作'旅'。韦氏'众也'之训本毛传而不得其义。"卒伍治整，诸侯与之。晋有信，故诸侯与之。是有五胜也：有辞，一也。楚背盟，故晋有辞也。得民，二也。军帅强御，三也。行列治整，四也。诸侯辑睦，五也。有一胜犹足用也，有五胜以伐五败，而避之者，非人也。不可以不战。栾、范不欲，我则强之。栾，栾书也。范，士燮也。战而胜，是吾力也。谓郤至曰"楚有六间，不可失也"。且夫战也微谋，吾有三伐：微，无也，言军无计谋也。〇俞樾曰："韦解'微谋'二字未得其旨。谋即上文'五胜''五败'之说，乃郤至之谋也。郤至盖谓是战也，吾固有谋矣，即无此谋，吾尚有三伐。二句承上以起下。'微'字、'有'字相应，正见郤至自伐其功，有悉数难终之意。"元诰按："且夫战也"犹云"且此战也"。晋语曰："且夫战也，微郤至，王必不免。"王引之曰："夫，犹此也。"可以借证。勇而有礼，反之以仁。吾三逐楚军之卒，勇也。见其君必下而趋，礼也。下，下车也。能获郑伯而赦之，仁也。郤至从郑伯，其右茀翰胡曰："余从之乘，而俘以下。"郤至曰："伤国君有刑。"乃止也。若是而知晋国之政，楚、越必朝。'知政，谓为政也。吾曰：'子则贤矣。吾，邵桓公自谓也。抑晋国之举也不失其次，吾惧政之未及子也。'邻至位在七人下，故恐政未及也。谓我曰：
○元诰按：此邻至答辞也。'夫何次之有？昔先大夫荀伯自下
军之佐以政，荀伯，荀林父也，从下军之佐第六卿升为正卿也。赵宣
子未有军行而以政，宣子，赵盾也，为中军佐。此第二卿，未有军行，
升为正卿也。今栾伯自下军往。栾伯，栾书也，将下军，第五卿，而
为正卿也。是三子也，吾又过于四之无不及。三子，荀、赵、栾也，
得邻至四人。言己之材优于彼三人也，三人之中无有所不及也。○吴曾
祺曰："此倒句法，即'三皇可四'意。"元诰按：谓吾并三子而四之，有
过之无不及也。又、有古通用。若佐新军而升为政，○元诰按：晋
文公八年蒐于清原，作新军。不亦可乎？将必求之。'○元诰按：
邵桓公述邻至语止此。是其言也，君以为奚若？"言如是，君以为
何如乎？○元诰按：君指襄公。襄公曰："人有言曰：'兵在其
颈。'其邻至之谓乎！君子不自称也，称，举也〔五三〕。非以
让也，恶其盖人也。盖，掩也。夫人性，陵上者也，如能在人
上者，人欲胜陵之也，故君子尚礼让而天下莫敢陵也。○元诰按："夫
人"犹云"凡人"也，夫，犹凡也，见经传释词。不可盖也。言人之美
不可掩也。求盖人，其抑下滋甚，滋，益也。求掩盖人以自高大，则
其抑退而下益甚也。故圣人贵让。且谚曰：'兽恶其网，民恶
其上。'兽恶其网，为其害也。故书曰：'民可近也，而不可上
也。'书，逸书。民可近，可以恩意近也。不可上，不可高上。上，陵也。
○宋庠曰："上，时掌反。下文'欲上之'同。"诗曰：'恺悌君子，
求福不回。'回，邪也。求福以礼，不以邪也。在礼，敌必三让，
敌，体敌也。是则圣人知民之不可加也。加，犹上也。故王天

下者必先诸民，然后庇焉，则能长利。先诸民，先求民志也。庇，犹荫也。言王者先安民，然后自庇荫也〔五四〕。长利，长有福利也。今郤至在七人之下，而欲上之，是求盖七人也，其亦有七怨。怨在小丑，犹不可堪，而况在侈卿乎。〇吴曾祺曰："侈，大也，与上'小丑'对文。"其何以待之？待，犹备也。晋之克也，天有恶于楚也，故儆之以晋，而郤至佻天之功以为己力，不亦难乎！佻，偷也，偷天之功以为己力也。〇宋庠本无"之功"二字。汪远孙曰："此疑依内传有'贪天之功以为己力'之文，韦注据内传作解，因误增耳。说文手部'挑，攫也'，引国语'郤至挑天'。许所据与韦本异，亦无'之功'二字。"佻天不祥，乘人不义。乘，陵也。不祥则天弃之，不义则民叛之。且郤至何三伐之有？夫仁、礼、勇，皆义之为也，〇各本作"皆民之为也"，韦注："民力所为也。"俞樾曰："仁、礼、勇三者非民力所为也。民疑'义'字之误。下文曰，'以义死用谓之勇，奉义顺则谓之礼，畜义丰功谓之仁'，是三者皆以义为本，故曰'夫仁、礼、勇皆义之为也'。'义'字缺坏，但存其下'我'字，因误为'民'耳。"元诰按：俞说是，今据以订正。以义死用谓之勇，若富辰。奉义顺则谓之礼，谓若管仲责楚包茅也。〇元诰按：则，法也。畜义丰功谓之仁。丰，大也。谓若狐偃辅晋文也。奸仁为佻，以奸伪行仁为偷仁，谓获郑伯而赦之〔五五〕。奸礼为羞，羞，耻也。谓见楚君而趋也〔五六〕。奸勇为贼。还贼国也。奸勇，谓逐楚卒也。夫战，尽敌为上。守和同，顺义为上。守和同，谓不相与战而平和也。顺义，顺王义也。故制戎以果毅，戎，兵也。杀敌为果，致果为毅也。制朝以序成。序，次也。朝不越爵，则政成也。〇俞樾曰："上句‘制戎以果毅’，果毅二字平列，则序成二字亦平列，不当如韦解所云也。盖序、成二字同义，序，次也，成，亦次也。言制朝廷之位则以次第也。仪礼觐礼篇郑注曰：‘成，犹重也〔五七〕。’尔雅释丘曰：‘丘，一成为敦丘。’吕氏春秋音初篇曰：‘九成之台。’郭璞注、高诱注并与郑同。广雅释诂亦曰：‘成，重也。’凡言重者即有相次之义。成之义为重，故亦为次，犹序之义为次，而亦为重也。史记赵世家‘序往古之勋’，正义曰：‘序，重也。’足证其义之通矣。又上文‘穆王将征犬戎’章曰：‘有不祭则修意，有不祀则修言，有不享则修文，有不贡则修名，有不王则修德，序成而有不至则修刑。’序成二字亦当与此同，言依此次第而有不至也。‘序成’盖古语，后人不得其解耳。”**叛战而擅舍郑君，贼也。弃毅行容，羞也。**容，容仪也，谓下趋也。**叛国即雠，佻也。**叛其国而即雠人，谓赦郑伯欲以偷仁也。**有三奸以求替其上，远于得政矣。**替，废也。**以吾观之，兵在其颈，**○陈瑊曰：“说文：‘兵，械也。’世本：‘蚩尤以金作兵。兵有五：一弓，二殳，三矛，四戈，五戟。’盖古者谓器为兵。”**不可久也。虽吾王叔，未能违难。在大誓曰：‘民之所欲，天必从之。’王叔欲郤至，能勿从乎？”**违，避也。今周书大誓无此言，其散亡乎？○宋庠曰：“尚书作‘泰誓’。今所行古文尚书此语甚具，盖当时伪泰誓尚行于世，孔氏古文未出，韦故云散亡耳。”**郤至归，明年死难。**明年，鲁成十七年也。死，为厉公所杀也。**及伯舆之狱，王叔陈生奔晋。**伯舆，周大夫也。狱，讼也。王叔陈生与伯舆争政，王佐伯舆，王叔不胜，遂出奔晋。在鲁襄十年也。

国语集解

【校记】

〔一〕桓王即位　“位”误作“卫”，据各本改。

〔二〕伐宋，入郕　“郕”误作“郑”，据公序本改。

〔三〕富辰又曰　“辰”误作“展”，据各本改。

〔四〕忘我大德，思我小怨　“思”误作“累”，据各本改。

〔五〕蔡哀侯亦娶于陈　“于陈”二字脱，据各本补。

〔六〕湖北平江县　按，湖北为“湖南”之误。

〔七〕周之旧法　“周”字脱，据各本补。

〔八〕周易剥六二　“易”误作“礼”，据群经平议改。

〔九〕自平王以来　“平”字脱，据各本补。

〔一〇〕出于宣王之世也　“世”下衍“弟”字，据各本删。

〔一一〕襄王十三年　“年”字脱，据经义述闻补。

〔一二〕“下事”谓下文　“下文”之“下”字脱，据经义述闻补。

〔一三〕王德狄人　“人”字脱，据经义述闻补。

〔一四〕宋本提行　“本”下衍“不”字，据经义述闻删。

〔一五〕均，平也　“均平”二字误倒，据各本改。

〔一六〕内有九室，九嫔居之　“之”字脱，据各本补。

〔一七〕光，广也。裕，宽也。更姓，易姓也。改物，改正朔，易服
色也　此四句注文全脱，据各本补。

〔一八〕缩，引也　“引”误作“弘”，据各本改。

〔一九〕蛮夷戎狄不式王命　“狄”字脱，据国语发正补。

〔二〇〕今元咺虽直，不可听也　“听”误作“堪”，据各本改。

〔二一〕晋人乃归卫侯　此六字脱，据各本补。

〔二二〕明道本传曰　“本”字重衍，依文义删。

〔二三〕 宋庠本无“故”字 “本”误作“明”，依文义改。

〔二四〕 言文章相次序也 “序”字脱，据经义述闻补。

〔二五〕 酬币宴货 “宴”误作“享”，据各本改。

〔二六〕 日后十八度之星恒朝见东方，日前十八度之星恒夕见西方。依大衍术考岁差，周定王时，冬至，日在牛一度；立冬后八日，日在箕初度 “朝”字、“夕”字及“日在箕”之“日”字皆脱，据国语发正补。

〔二七〕 言其稀少犹若薮物也 “犹”字脱，据公序本补。

〔二八〕 薮，草生多貌 “草”字脱，据经义述闻补。

〔二九〕 学者多闻薮，少闻蔌 “蔌”字脱，据经义述闻补。

〔三〇〕 训薮为蔌，误矣，稀少犹若薮物 “矣”字、“少犹”二字皆脱，据经义述闻补。

〔三一〕 路室有委 “路”字脱，据经义述闻补。

〔三二〕 吕氏春秋圜道篇高注 “圜”误作“闻”，“高”误作“韦”，据吕氏春秋改。

〔三三〕 下文之“角”、“天根”、“本”、“驷”、“火”，皆辰也 “驷”字脱，据经义述闻补。

〔三四〕 夏初寒露后十日，日在尾六度 脱一“日”字，据国语发正补。

〔三五〕 已交初冬 “初冬”二字误倒，据国语发正改。

〔三六〕 此文火见 “文”字脱，据国语发正补。

〔三七〕 不知前文就周定王时所见而言 “定”字脱，据国语发正补。

〔三八〕 昏中时日应在地平下十八度 “在”误作“作”，据国语发正改。

〔三九〕 仍训园圃 "园"误作"圃",据国语韦解补正改。

〔四〇〕 宾至于近郊 "宾"下衍"迎"字,据各本删。

〔四一〕 元诰按:俞说是 "俞"误作"王",据上文改。

〔四二〕 贾、唐二君云 "贾"字脱,据各本补。

〔四三〕 夏征舒之父御叔 "御"字脱,据公序本补。

〔四四〕 弃衮冕而南冠以出 "冕"字脱,据群经平议补。

〔四五〕 叔孙宣子、东门子家皆侈 "家"字脱,据各本补。

〔四六〕 玄王桓拨 "玄"作"元",清人避讳字,据诗商颂长发改回。

〔四七〕 言成公未没二年 "公"误作"王",据各本改。

〔四八〕 使叔孙侨如先聘且告 "侨"字脱,据各本补。

〔四九〕 楚、郑背盟伐宋也 "郑"误作"晋",据公序本改。

〔五〇〕 弃壮之良而用幼弱 "幼"下衍"之"字,据各本删。

〔五一〕 成九年 "九"误作"七",据左传改。

〔五二〕 赵衰将新军 按,"赵衰"应作"赵旃"。

〔五三〕 称,举也 此三字脱,据各本补。

〔五四〕 言王者先安民,然后自庇荫也 "先安民"三字脱,据各本补。

〔五五〕 谓获郑伯而赦之 "而赦之"三字脱,据明道本补。公序本"赦"作"舍"。

〔五六〕 谓见楚君而趋也 "君"字重衍,据各本删。

〔五七〕 成,犹重也 "成"误作"威",据群经平议改。

国语集解

吉水徐元诰学

周语下第三

1　柯陵之会，柯陵，郑西地也。公会尹子、晋侯、齐国佐、邾人于柯陵以伐郑。〇公序本注如是，然"尹子"下旧有"单子"二字。汪远孙曰："'单子'系后人误增。下注云，单襄公'时命事而不与会，故不书。'是注无此二字矣。明道本注云：'经书："公会尹子、单子、晋侯、齐侯、宋公、卫侯、曹伯、邾人伐郑。六月乙酉，同盟于柯陵。"在鲁成十七年。'盖后人据十七年经以误合国语，改窜韦注，不知传、注皆不可通也。韦注所据之经在鲁成公十六年，经书：'公会尹子、晋侯、齐国佐、邾人伐郑。'内传云：'公会尹武公及诸侯伐郑。''诸侯之师次于郑西。'杜注云：'柯陵，郑西地。'然则郑西即柯陵，内传郑西之师即外传柯陵之会。下文'十一年，诸侯会于柯陵'，简王十一年，正鲁成十六年。会柯陵在前，而盟柯陵在后，本属两时两事，故韦注云：'于柯陵以伐郑。'此通内、外

87

传以释之，其说当矣。"元诰按：柯陵，亦作"加陵"、"嘉陵"，声转也。

单襄公见晋厉公，视远步高。襄公，王卿士，单朝之谥也。时命事而不与会，故不书。厉公，晋成公之孙、景公之子厉公州蒲也。视远，望视远。步高，举足高也。**晋郤锜见单子，其语犯。**郤锜，晋卿，郤克之子驹伯也。犯，陵犯人也。〇元诰按：依宋庠本，重"单子"二字。汪远孙曰："此'见'字领下三'见'字[一]。"**郤犨见，其语迂。**郤犨，晋卿，郤锜之族父、步扬之子苦成叔也。迂，迂回，加诬于人也。〇王念孙曰："迂，贾子礼容语篇作'訏'。说文：'訏，诡讹也。'诡讹之言，以无为有，故曰'迂则诬人'。说文：'諤，妄言也。'法言问明篇曰：'諤言败俗，諤好败则。'訏、諤、迂声义并同。荀子非十二子篇：'欺惑愚众，矞宇嵬琐。'矞与谲同，宇与訏同，皆古字假借也。汉书五行志载周语亦作'迂'，颜师古注曰：'迂，夸诞也。'义长于韦矣。"**郤至见，其语伐。**郤至，晋卿，犨之弟子温季昭子也。伐，好伐其功也。**齐国佐见，其语尽。**国佐，齐卿，国归父之子国武子也。尽者，尽其心意，善恶褒贬无所讳也。**鲁成公见，言及晋难及郤犨之谮。**成公，鲁宣公之子成公黑肱也。言及晋难，语次及晋将罪己之难，及为郤犨所诬也。晋将伐郑，使栾黡乞师于鲁。成公将如会，叔孙侨如通于成公之母穆姜，欲去季、孟氏而取其室。穆姜送公，使逐季、孟，公以晋难告，请反而听命。姜怒，公子偃、公子鉏趋而指之曰："女不可，是皆君也。"公惧，待于坏隤，徼守而后行，故不及战。郤犨受侨如之赂，为之谮鲁于晋侯，曰："鲁侯后至者，待于坏隤，将以待胜者。"晋侯怒，不见公，故成公为单子言之也。**单子曰："君何患焉。**〇元诰按：君指鲁成公。**晋将有乱，其君与三郤其当之乎！"**〇元诰按：二"其"字疑衍一。君，指晋厉公。**鲁侯曰："寡人惧不免于晋，今君曰'将有乱'，敢问天道乎，抑人故也？"**故，事也。将以天道占之乎，以人事知之乎？**对曰："吾非瞽史，焉知天道？**瞽史，大师，掌知音乐风气，执同律以听军声，而诏吉凶。史，大史，掌抱天时，与大师同车，皆知天道也。**吾见晋君之容，而听三郤之语矣，殆必祸者也。夫君子目以定体，足以从之，**体，手足也。论语曰，"四体不勤"也。**是以观其容而知其心矣。**心不固，则容不正也。**目以处义，**义，宜也。**足以步目，今晋侯视远而足高，目不在体，**在，存也。**而足不步目，其心必异矣。目体不相从，何以能久？夫合诸侯，民之大事也，于是乎观存亡。故国将无咎，其君在会，步言视听，必皆无讁，则可以知德矣。**讁，谴也。○俞樾曰："无讁，无咎也。上文'秦师将袭郑'章曰〔二〕：'秦师必有讁'，韦注曰：'讁，犹咎也。'讁即'谪'之异文。汉书五行志引此亦作'谪'。"王念孙曰："谪有二义，一为谴责，一为过愆。此云'步视言听无讁'，则'谪'字自谓过愆，非谓谴责也。老子云：'善言无瑕谪。'义与'无讁'同。若训为谴责，则与上句义不相属矣。汉书五行志讁作'谪'，颜注曰：'谪，责也。'无讁，谓得其义理，无可咎责也。以无讁为无可谪，亦非。"**视远曰绝其义，**○各本"曰"作"日"，下同。韦此注云："言日日绝其宜也。"惠栋云："'日'，汉书作'曰'，下同。"俞樾云："此'日'字及下文'日'字均当作'曰'。犹云'是谓绝其义'，'是谓弃其德'，'是谓反其信'，'是谓离其名'也。日、曰二字形似易混，故陆氏释文遇此二字每加音以别之。"元诰按：惠、俞说是，今并据以订正。**足高曰弃其德，**人君容止，佩玉有节。今步高失宜，弃其德也。**言爽曰反其信，**

爽，贰也。反，违也。**听淫曰离其名。**淫，滥也。离，失也。名，声也，失所名也〔三〕。**目以处义，足以践德，**践，履也。动履，德行也。**口以庇信，**庇，覆也。言行相覆为信也。**耳以听名者也，**耳所以听，别万事之名声也。**故不可不慎也。偏丧有咎，**丧，亡也。步言视听四者而亡其二为偏丧。偏丧者有咎，咎及身也。**既丧则国从之。**既，尽也。四者尽丧，国从而亡也。**晋侯爽二，吾是以云。**爽，当为"丧"字之误也。丧二，视与步也，是为偏丧，故言晋侯当之。○汪远孙曰："爽、丧，形声义并相近〔四〕。墨子非命上篇引仲虺之诰'龚丧厥师'，下篇及伪古文皆作'爽'。楚人谓羹败为'爽'，见一切经音义。此皆爽、丧古通之证。补音云：'爽，亦丧之意也。'韦改为'丧'，似失之。"**夫郤氏，晋之宠人也，三卿而五大夫，可以戒惧矣。**三卿，锜、犨、至也。复有五人为五大夫，故号为八郤也。**高位实疾颠，**高者近危。疾，速也。颠，陨也。○宋庠曰："颠，善本多作'偾'，音方问反。韦注云：'偾，陨也。'作'颠'，则与本注相违。俗本就'颠'字改注以就之，非是。"**厚味实腊毒，**厚味，谕重禄也。腊，亟也，读若酋。昔酒焉，味厚者，其毒亟也。○文选七命李注引贾逵曰："腊，久也，言味厚者其毒久。"俞樾曰："贾说视韦解为长。昔、腊同字，诗墓门篇：'谁昔然矣。'毛传曰：'昔，久也。'故腊亦久也。郑语曰：'毒之酋腊者，其杀也滋速。'此'腊'字亦当训'久'。周礼酒正'二曰昔酒'。郑注曰：'昔酒，今之酋久、白酒。'酋腊，即'酋久'也〔五〕，久则有积滞之义，故久与积义相通。汉书严助传注曰：'积，久也。'厚味实腊毒，言厚味则毒积也。说文水部：'潜，所以拥水也。'毒积谓之腊，犹水积谓之潜矣。"吴曾祺曰："说文'昔，干肉也'，即'腊'字。干肉有毒，故易曰：'噬腊肉遇毒。'

无'亟'义。"元诰按：腊训"久"，是"久毒"与"疾颠"对文。如吴说，则以腊为名词用，与此文意不合。**今郤伯之语犯，叔迂，季伐。**伯，锜也。叔，掔也。季，至也。**犯则陵人，迂则诬人，伐则掩人。**掩人之美。**有是宠也，而益之以三怨，其谁能忍之！**益，犹加也。三怨，陵、诬、掩也。**虽齐国子亦将与焉。**与，与于祸也。○旧音："与音预。"**立于淫乱之国，而好尽言，以招人过，怨之本也。**招，举也。○旧音："招，音翘。"汪远孙曰："韦读招为翘，列子说符篇'孔子之劲能招国门之关'。与此'招'字义同。"王引之曰："汉书陈胜传赞：'招八州而朝同列。'邓展曰：'招，举也。'苏林云：'招，音翘。'此旧音所本也[六]。今案后汉书钟皓传云：'昔国武子好昭人过[七]，以致怨本。'魏志钟繇传注引先贤行状同，其字皆作'昭'。然则昭者，明著之词，言好尽己之言以明著人之过也。贾子礼容语篇作'好尽言以暴人过'，暴亦明著之词。则其字之本作'昭'甚明。韦本作'招'者，借字耳。昭十二年左传：'祭公谋父作祈招之诗。'张衡东京赋：'招有道于侧陋。'贾逵、薛综注并云：'招，明也。'汉校官碑'宗懿招德'，即'昭德'。是'昭'字古通作'招'，（左传楚康王昭，史记楚世家作'招'。史记建元已来王子侯者表'剧魁侯昭'，汉表作'招'。）'招人过'即'昭人过'。不当训为'举'，亦不当读为翘也。"元诰按：王说为长。**唯善人能受尽言，思闻过以自改。齐其有乎？**言无也。**吾闻之，国德而邻于不修，必受其福。**国德，己国有德也。邻于不修，与不修德者为邻也。**今君偪于晋而邻于齐，齐、晋有祸，可以取伯，**○元诰按：伯，读为霸。**无德之患，何忧于晋？且夫长翟之人，利而不义，**长翟之人，谓叔孙侨如也[八]。侨如之父得臣败翟于成，获长翟侨如，因名其子为侨如。利而不义者，好利而不义。通于穆姜，欲逐季、孟而专鲁国也〔九〕。**其利淫矣，流之若何？**"言其所利骄淫之事耳〔一〇〕。流，放也，放之若何也。**鲁侯归，乃逐叔孙侨如。**

简王十一年，诸侯会于柯陵〔一一〕。简王十一年，鲁成十六年也。〇各本注作"鲁成十七年"。王引之曰："正文及注'十一年'皆当为'十二年'。史记十二诸侯年表，简王十二年正当鲁成公十七年，故韦云，简王十二年，鲁成十七年也。下文'十三年，齐人杀国武子'，注曰：'在鲁成十八年。'上文'刘康公聘于鲁'章，'简王十一年，鲁叔孙宣伯亦奔齐'，注曰：'十一年，鲁成十六年。'则鲁成十七年为简王十二年明甚。其'晋杀三郤'上'十二年'三字，则后人所增〔一二〕，盖后人不知'十一年'即'十二年'之误，故又增'十二年'三字于其下也。春秋经及左传'诸侯同盟于柯陵'及'晋杀三郤'同在鲁成十七年，则同在简王十二年矣。非前年会于柯陵，是年杀三郤也。"汪远孙曰："韦解'简王十一年，鲁成十七年也'，七当作'六'，字之误也。简王十二年晋杀三郤，在鲁成十七年。十三年晋杀厉公，在鲁成十八年，然则简王十一年为鲁成十六年无疑矣。'刘康公聘鲁'篇注作十六年不误，此本改窜。宋公序本不误。今重刻亦作'七'者，又经后人改作也。"元诰按：王说以注校传，汪说以传校注，其推合年分各自不误。但汪以"会于柯陵"即"柯陵之会"，专属成十六年公会尹子、晋侯、齐国佐、邾人伐郑而言，（参阅上文"柯陵之会"汪说。）成十六年正当简王十一年，而韦解简王十一年误为鲁成十七年，故改七为六以合之也。而王则以"会于柯陵"与"盟于柯陵"不分，盟柯陵在鲁成十七年，则韦解"简王十一年"当改为"十二年"方合，因简王十二年乃鲁成十七年，若作简王十一年，则为鲁成十六年故也。会柯陵既在简王十二年，即鲁成十七年，杀三郤同在是年，则下文"十二年"三字自属赘词，断为后人增加也。不知会柯陵与盟柯陵自是两时两事，会在前而盟在后，（会于鲁成十六年，即简王十一年。盟于鲁成十七年，即简王十二年。）盟柯陵之年，虽夏亦有会，冬亦有会，然非会于柯陵，内传及注可考也。杀三郤与盟柯陵同在是年，而与会柯陵则分前后年矣。据是论之，此文"十一年"及下文"十二年"皆不误，汪改解七为六是也，今从之。**十二年，晋杀三郤。十三年，晋侯弑，**厉公既杀三郤，栾书、中行偃惧诛，执厉公而杀之于匠丽氏也。**于翼东门葬以车一乘，**翼，晋别都也。传曰"葬之于翼东门之外"，不得同于先君也。礼，诸侯七命，遣车七乘。以车一乘，不成丧也。**齐人杀国武子。**是年齐人又杀国佐也。齐庆克通于灵公之母声孟子，国佐召庆克而谓之〔一三〕。庆克以告夫人，夫人愬之于灵公，灵公杀之。杀在鲁成十八年也。

2

晋孙谈之子周适周，事单襄公。谈，晋襄公之孙惠伯谈也。周者，谈之子，晋悼公之名也。晋自献公用骊姬之谗，诅不畜公子，故周适周事单襄公。**立无跛，**跛，偏任也。**视无还，**睛转复反为还也。○宋庠曰："还，音旋。"**听无耸，**不耸耳以听也。**言无远。**远，谓非耳目所及也。**言敬必及天，**象天之敬，乾乾不息。**言忠必反意，**出自心意为忠。**言信必及身，**先信于身，而后及人。**言仁必及人，**博爱于人为仁。**言义必及利，**能利人物，然后为义。易曰："利物足以和义。"**言智必及事，**能处事物为智。**言勇必及制，**以义为制也，勇而不义，非勇也。**言教必及辩，**辩，别也。能分别是非，乃可以教。○王引之曰："辩，当读为遍，古字辩与遍通。（尧典'遍于群神'，史记五帝纪作'辩于群神'。大戴礼卫将军文子篇'不得辩知也',谓不得遍知也。乐记:'其治辩者,其礼具。'郑注曰:'辩,遍也。')'言教必及遍'者,言教必及于遍施也。古字多假借,后人失其读耳。"**言孝必及神**,孝于鬼神,则存者信矣。**言惠必及和**,惠,爱也。和,睦也。言致和睦乃能亲爱也〔一四〕。**言让必及敌**。虽在匹敌,犹以礼让也。**晋国有忧,未尝不戚;**急其宗也。**有庆,未尝不怡**。庆,福也。怡,悦也。**襄公有疾,召顷公而告之**,顷公,单襄公之子也。**曰:"必善晋周,周将得晋国。其行也文**,经纬天地曰文。**能文则得天地,天地所祚,小而后国**。祚,福也。天之所福,小则得国,大则得天下也。**夫敬,文之恭也**。文者,德之总名也。恭者,其别行也。十一义皆如之。**忠,文之实也**。忠自中出,故为文之实诚也。**信,文之孚也**。孚,覆也。○宋庠曰:"注'覆',言可复之复。"**仁,文之爱也**。仁者,文之慈爱。**义,文之制也**。义所以制断事宜也。**智,文之舆也**。智所以载行文德。**勇,文之帅也**。谓以勇帅行,其心义。**教,文之施也**。所以施布德化。**孝,文之本也**。言人始于事亲,故孝为文本。**惠,文之慈也**。慈,爱也。**让,文之材也**。材,用也。**象天能敬**,言能则天,是能敬也。○元诰按:古"能"、"而"二字多互用。此文十一"能"字,疑皆与"而"同。而,犹则也,见经传释词。象天而敬,犹云"象天则敬"矣。下以类推,皆覆释上文之词也。若读如本字,谓何者周子能之,何者周子能之,则下云此十一者,夫子皆有焉,不亦赘乎?**帅意能忠**,帅,循也。循己心意,恕而行之,为忠也。**思身能信**,思诚其身,乃为信也。易曰:"体信,足以长人也。"**爱人能仁**,言爱人乃为仁也。**利制能义**,以利为制,故能义也。**事建能智**,能处立百事，为智也。**帅义能勇，**循义而行，故能勇。君子有勇而无义为乱。**施辩能教，**施其道化，而行能辩别之，故能教。〇王引之曰："辩，读为遍，'施辩能教'者，施教而遍，是谓能教也。上文刘康公曰：'宣所以教施也，惠所以和民也。教施而宣则遍，惠以和民则阜。施遍而民阜，乃可以长保民矣。'韦注曰：'宣，遍也。'是其义。"**昭神能孝，**昭，显也。尊而显之，若周公然。**慈和能惠，**慈爱和睦，故能惠也。**推敌能让：**与己体敌[一五]，犹推先之，故能让。**此十一者，夫子皆有焉：**夫子，晋周也。〇元诰按：夫音平，犹此也，见经传释词。夫子，犹言"夫夫"也，犹言"此子"也。下同。韦注不明。**天六地五，数之常也。**天有六气，谓阴、阳、风、雨、晦、明也。地有五行，金、木、水、火、土也。**经之以天，纬之以地，**以天之六气为经，以地之五行为纬，而成之也。**经纬不爽，文之象也。**爽，差也。**文王质文，故天祚之以天下。夫子被之矣，**质文，其质性有文德也。被，被服之矣。言文王质性有文德，故能得天下。晋周则被服之，可以得国矣。〇元诰按：被之，明道本作"被文"，误。**其昭穆又近，可以得国。**父昭子穆，孙复为昭，一昭一穆，相次而下。近者，言周子之亲与晋最近。**且夫立无跛，正也。视无还，端也。听无耸，成也。**成，定也。**言无远，慎也。夫正，德之道也。**德之道路。**端，德之信也。**端悫，故信。**成，德之终也。**志定，故能终也。**慎，德之守也。**守，守德也。**守终纯固，道正事信，**〇元诰按：道，由也。谓所由正，所事信也。**明令德矣。**言周子明于善德也。〇王引之曰："明，成也。言守终纯固，道正事信，则善德已成，（守终即是成德，故上文曰：'成德之终也'。）非但明于善德而已也。尔雅曰：'明，成也。'随九四'有孚，在道以明’，传曰：‘有孚，在道明功也。’是明与成同义之证。”**慎成端正，德之相也。**相，助也。慎成端正，覆述上事，为下出也。**为晋休戚，不背本也。**休，喜也。**被文相德，非国何取？**被服文德，又以四行辅助之，非国何取？言必得国也。**成公之归也，吾闻晋之筮之也，**成公，晋文公之庶子成公黑臀也。归者，自周归晋也。赵穿弑灵公，赵盾逆公子黑臀于周而立之。箸曰筮，筮立成公也。**遇乾之否，曰：‘配而不终，君三出焉。’**乾下乾上〔一六〕，乾也。坤下乾上，否也。乾初九、九二、九三变而之否也。乾，天也，君也，故曰配，配先君也。不终，子孙不终为君也。乾下变而为坤，坤，地也，臣也。天地不交曰否，变有臣象。三爻，故三世而终。上有乾，乾，天子也。五亦天子，五体不变，周天子国也。三爻有三变，故君三出于周也。**一既往矣，后之不知，其次必此。**一，谓成公，已往为晋君。后之不知，不知最后者在谁也。其次必此，次成公而往者必周子也。**且吾闻成公之生也，其母梦神规其臀以墨，**○内传疏及礼记曲礼疏、太平御览人事十三、方术九引国语，墨并作“黑”。**曰：‘使有晋国，**规，画也。臀，尻也。**三而畀骓之孙。’**畀，予也。三世为晋君，而更予骓之孙。骓，晋襄公之名也。孙，曾孙周子也。自孙以下皆称孙。诗曰：“周公之孙。”谓僖公也。**故名之曰‘黑臀’，于今再矣。**贾侍中云：“于今，单襄公时也。晋厉公即黑臀之孙也，黑臀之后二世为君，与黑臀满三世矣。”唐尚书云：“时晋景公在位〔一七〕，成公生景公，故言再。”昭谓：鲁成十七年，单襄公与晋厉公会于柯陵，后三年而单襄公卒。其岁厉公弑，则襄公将死时非景公明矣。贾君得之。○元诰按：注谓鲁成十七年单襄公与晋厉公会于柯陵，考成十七年经载公会单子、晋侯伐郑者再，内传及注均不言会于<u>柯陵</u>。而经曰:"六月乙酉,同盟于<u>柯陵</u>。"<u>韦</u>果指此而言,则当言"盟",不当言"会"矣。<u>汪远孙</u>谓,十七年,当作"十六年"。<u>黄丕烈</u>谓,后三年,当作"后二年"。**襄公曰**〇明道本上有"单"字。**骦,此其孙也。**此<u>周子</u>者,<u>晋襄公</u>之孙也〔一八〕。**而令德孝恭,非此其谁?且其梦曰:'必骦之孙,实有晋国。'其卦曰:'必三取君于周。'其德又可以君国,三袭焉。**袭,合也。三合,德、梦、卦也。**吾闻之大誓故**大誓,伐<u>纣</u>之誓也。故,故事也。〇<u>俞樾</u>曰:"既云'<u>大誓</u>',又云'<u>故</u>'者,故即'诂'字。<u>尔雅释诂</u>,释文引<u>樊光</u>、<u>李巡</u>本作'<u>释故</u>'是也。<u>毛公</u>释<u>诗</u>,谓之<u>故训传</u>。盖<u>周公</u>所作<u>尔雅</u>,有<u>释故</u>、<u>释言</u>、<u>释训</u>诸篇,皆是解释<u>诗</u>义,<u>毛公</u>承之而作传,故谓之<u>故训传</u>也。以<u>诗</u>例<u>书</u>,疑当时亦必有<u>故训</u>,单<u>襄公</u>所引<u>大誓故</u>即是矣。其曰'朕梦协朕卜,袭于休祥,戎商必克',乃<u>大誓</u>之正文,其曰'以三袭也',则<u>故训</u>之词也。<u>襄公</u>特引之以证其三袭之语耳。<u>尔雅</u>每举诗句而释之,与此体例正同,可见自古说经之例。<u>韦</u>以'故事'解之,未得也。"**曰:'朕梦协朕卜,袭于休祥,戎商必克。'**朕,<u>武王</u>自谓也。协,合也。休,美也。祥,福之先见者也。戎,兵也。言<u>武王</u>梦与卜合,又合美善之祥,以兵伐<u>殷</u>,必克之也。**以三袭也。**言<u>武王</u>梦、卜、祥三合,故遂克商有天下。今<u>晋周</u>德、梦、卦亦三合,将必得国也。**晋仍无道而鲜胄,其将失之矣。**仍,数也。鲜,寡也。胄,后也。<u>晋厉公</u>数行无道,<u>晋</u>公族之后又寡少,将失国也。**必早善晋子,其当之也。"晋子,<u>周子</u>也。顷公许诺。及厉公之乱,召周子而立之,是为悼公。**乱,谓弑也。

3　**灵王二十二年,**灵王,<u>周简王</u>之子<u>灵王大心</u>也。二十二年,<u>鲁襄</u>

公二十三年也。〇各本注作"鲁襄公二十四年也。是岁，齐人城郏"。王引之曰："依注云'鲁襄公二十四年'，则正文及注之'二十二年'当作'二十三年'。春秋，襄元年简王崩〔一九〕，二年为灵王之元年，至襄二十四年，则灵王之二十三年矣〔二〇〕。史记十二诸侯年表鲁襄二十四年正当灵王二十三年。"汪远孙曰："内传，襄二十四年'齐人城郏'，孔疏云：'周语，灵王二十二年谷、洛斗，毁王宫，计灵王以二年即位，（按：谓灵王于鲁襄二年即位。）往年为二十二年，（按：谓前年为灵王二十二年也，即鲁襄二十三年。）往年毁其城，故齐人今岁为王城之也。（按：今岁，谓鲁襄二十四年也，即灵王之二十三年。）然则谷、洛斗在鲁襄二十三年，非城郏之岁矣。（按：城郏在鲁襄二十四年，即灵王二十三年。）史记十二诸侯年表，鲁襄二十三年当灵王二十二年。汉书五行志〔二一〕，鲁襄二十三年谷、洛水斗，与国语正合。此传文不误，而韦注误也。"元诰按：谷、洛斗与城郏前后两年事，传言谷、洛斗耳，韦乃涉及城郏，于是误注为鲁襄公二十四年。王据注校传，以不误者为误，亦未审耳。今据汪说删正韦注。**谷、洛斗，将毁王宫。**谷、洛，二水名也。洛在王城之南，谷在王城之北，东入于瀍。斗者，两水格，有似于斗也。至灵王时，谷水盛出于王城之西，而南流合于洛水，毁王城西南，将及王宫，故齐人城郏也。〇元诰按：城郏在次年，说详上。洛，当作"雒"。

太平御览皇王部十、人事部九十七引皆作"雒"，古西周之洛水，东周之雒水，划然两字。魏丕始诡其辩以乱之耳。**王欲雍之，**欲雍防谷水，使北出也。**太子晋谏曰："不可。**晋，灵王太子也，早卒不立。**晋闻古之长民者，**长，犹君也。**不堕山，**堕，毁也。**不崇薮，**崇，高也。泽无水曰薮。**不防川，**防，障也。流曰川。**不窦泽。**泽，居水也。窦，

国语集解

98

决也。不为此四者，为反其天性也。**夫山，土之聚也。**薮，物之归也。物所生归也。**川，气之导也。**导，达也。易曰："山泽通气。"**泽，水之钟也。**钟，聚也。**夫天地成而聚于高**〔二二〕，**归物于下。**聚，聚物也。高，山陵也。下，薮泽也。○元诰按：注"聚，聚物也"四字，疑在下文"聚不阤崩"下。**疏为川谷，以导其气。**疏，通也。**陂塘污庳，**○太玄增次五："泽庳其容。"范注曰："庳，众水之所凑也。"**以钟其美。**畜水曰陂，塘也。美，谓滋润也。○太平御览皇王部十引贾逵曰："聚万物合之。美，大也。"**是故聚不阤崩，而物有所归。**大曰崩，小曰阤。○旧音："阤，直氏反。"方言："阤，坏也。"郭注曰："谓坏落也。"**气不沉滞，而亦不散越。**沉，伏也。滞，积也。越，远也。○王念孙曰："越，扬也。'散扬'与'沉滞'正相反〔二三〕，下文'扬沉伏而黜散越'，韦注亦曰：'越，扬也。'"**是以民生有财用，而死有所葬。**物有所归，故生有财用。山陵不崩，故死有所葬。齐语："陵为之终。"**然则无夭昏札瘥之忧，**短折曰夭。狂惑曰昏。疫死曰札。瘥，病也。○昭十九年左传疏引贾逵注曰："大死曰札。小疫曰瘥。短折曰夭。未名曰昏。"王念孙曰："昏之为言泯没也。"**而无饥寒乏匮之患，**○元诰按：而，犹与也。论语雍也篇："不有祝鮀之佞，而有宋朝之美。"王引之曰："而，犹与也。"此文句法正同。**故上下能相固，以待不虞。**虞，度也。**古之圣王，唯此之慎。**慎逆天地之性也。**昔共工弃此道也，**贾侍中云："共工，诸侯，炎帝之后，姜姓也。颛顼氏衰，共工氏侵陵诸侯，与高辛氏争而王也。"或云："共工，尧时诸侯，为高辛氏所灭。"昭谓：言为高辛所灭，安得为尧诸侯？又尧时共工与此异也。○吴曾祺曰："共工有三：在大皞之末者，处于冀州，为女娲所灭；

在尧时者，乃少皞之子，即驩兜所荐；在舜时者，炎帝之裔垂也，即让于殳斨、伯夷者。在大皞时乃人名，余皆官名，见罗泌路史。观本文，决是尧时之共工无疑，韦注未考。"元诰按：尧时共工乃诸侯也，即四凶之一，见全祖望经史问答。内传云："少皞氏有不才子，谓之穷奇。'即此也。舜时共工，柏有之后，见淮南本经训。高诱注："二共工皆尝治水，故并以水官名也。"大皞时共工名康回，见楚辞天问，王逸注所谓"与颛顼争为帝"，或云"与高辛争帝"者，即此也。**虞于湛乐**，虞，安也。湛，淫也。〇吴曾祺曰："虞与娱通。"元诰按：湛与沉同。**淫失其身**，〇惠栋曰："失，读为泆。"**欲壅防百川，堕高堙庳，以害天下**。堙，塞也。高，谓山陵。庳，谓池泽。**皇天弗福，庶民弗助，祸乱并兴，共工用灭。其在有虞，有崇伯鲧**，有虞，舜也。鲧，禹父。崇，鲧国。伯，爵也。尧时在位，而言有虞者，鲧之诛，舜之为也。〇宋庠曰："崇，古'崈'字。"**播其淫心，称遂共工之过**，播，放也。称，举也。举遂共工之过者，谓郭洪水也。**尧用殛之于羽山**。殛，诛也。舜臣尧，殛鲧于羽山。羽山今在东海祝其县南也。〇段玉裁曰："殛为'极'之假借，非殊杀也。左传曰：'流四凶族，投诸四裔。'刘向曰：'舜有四放之罚。'屈原曰：'永遏在羽山，夫何三年不施？'王注：'言尧长放鲧于羽山，绝在不毛之地，三年不舍其罪也。'郑志答赵商云：'鲧非诛死，鲧放东裔，至死不得反于朝。'以此诸说，可得其实。洪范：'鲧则殛死。'释文：'殛，本又作"极"。'多方：'我乃其大罚殛之。'释文：'殛，本又作"极"。'假'殛'为'极'，正如孟子假'杀'为'窜'。鲧因极而死于东裔，韦注晋语云：'放而杀也。'此当作'放而死也'。高注吕览云〔二四〕：'先殛后死。'此当作'先极后死'。而云'殛，诛也'，盖用释言'极，诛也'

之文，谓正文'殛'当作'极'也。"胡渭曰："说者皆以东海郡祝其禹贡之羽山为舜殛鲧处，愚谓此地太近，非荒服放流之宅。孔安国舜典传云：'羽山，东裔，在海中。'今登州府蓬莱县有羽山。寰宇记云：'在县东十五里，即殛鲧处。有鲧城，在县南六十里〔二五〕，以近殛鲧之地而名。'此与孔传谓在海中者合，当从之。禹贡之羽在徐域，舜典之羽在青域，不可以无辨。"**其后伯禹念前之非度，**度，法也。**厘改制量，**厘，理也。量，度也。**象物天地，**取法天地之物象也。在天成象，在地成形也。**比类百则，**类，亦象也。**仪之于民，**仪，准也。○汪远孙曰："说文：'仪，度也。'是仪亦度也。韦训仪为'准'，失之。"**而度之于群生。**度之，谓不伤害也。○宋庠曰："度，待洛反。"下"度之"同。**共之从孙四岳佐之，**共，共工也。从孙，昆季之孙也。四岳，官名，主四岳之祭，为诸侯伯。佐，助也。言共工从孙为四岳之官，掌帅诸侯助禹治水也。**高高下下，疏川导滞，**高高，封崇九山也。下下，陂障九泽也。疏川，决江疏河。导滞，凿龙门，辟伊阙也。**钟水丰物，**钟，聚畜水潦，所以丰殖百物也。**封崇九山，**封，大。崇，高也。除其壅塞之害，通其水泉，使不堕坏，是谓封崇。凡此诸言九者，皆谓九州之中山川薮泽也。○元诰按：路史余论曰："九为阳数之极，故书、传言九者，皆指其极也。"**决汩九川，**汩，通也。○俞樾曰："下文'汩越九原'，注不释'汩'字，盖韦氏之意，谓两'汩'字义同。王氏念孙解'汩越九原'句：'汩、越皆治也。'说文："汩，治水也。"广雅："越，治也。"汩与越声相近，故义相通。'今按：王说下句是矣，而于'决汩九川'句不置一词〔二六〕，则亦未得其义。盖两'汩'字义各不同，'汩越'之汩，其本字也；'决汩'之汩，则当为'扣'，乃'搰'之或体也。玉篇手部：'搰，胡没切，掘也。'又曰：'扣，亦"揗"字，穿也。'说文有揗无扣，然荀子尧问篇曰：'深扣之而得甘泉焉。'正论篇曰：'乱今后葬，故扣也。'列子说符篇：'俄而扣其谷。'则不得谓古无'扣'字矣〔二七〕。决、扣义相近，扣亦决也，尚书益稷篇：'予决九川。'即其义矣。"宋庠曰："汩，古忽反。"下同。**陂鄣九泽**，鄣，防也。**丰殖九谷**，丰，茂也。殖，长也。**汩越九原**，越，扬也。〇王念孙曰："汩、越皆治也，谓平治九州之土也。说文：'汩，治水也。'尔雅曰：'溷，治也。'书序作'汩'，楚辞天问：'不任汩鸿。'某氏传及王逸注并曰：'汩，治也。'鲁颂泮水篇：'屈此群丑〔二八〕。'郑笺曰：'屈，治也。'溷、屈并与汩通。广雅曰：'越，治也。'说苑指武篇曰：'城郭不修，沟池不越。'是汩、越皆治也。汩与越声相近，故义相同，犹曰与越之同训为'于'也。'封崇九山，决汩九川，陂鄣九泽，丰殖九薮，汩越九原，宅居九隩，合通四海'，句首二字皆同意。"**宅居九隩**，隩，内也。九州之内皆可宅居也。〇俞樾曰："九隩，疑当作'四隩'，即禹贡所谓'四隩既宅'也，涉上文'九山'、'九川'、'九泽'、'九薮'、'九原'而亦误作'九隩'耳，不知上五句自作'九'，此句自作'四'，正与下句'合通四海'以类相从。说文土部：'墺，四方土可居也。'隩即'墺'之假字。可知古有四墺之说，无九墺之说也。"宋庠曰："隩，於六反。"玉篇"於报反"。**合通四海**。使之同轨也。**故天无伏阴**，伏阴，夏有霜雹也。**地有散阳**，散阳，李梅冬实也。**水无沉气**，沉，伏也。无伏积之气也。**火无炎煇**，煇，炎起貌也。天曰灾，人曰火。〇元诰按：各本炎作"灾"，今依文选何晏景福殿赋〔二九〕李注引国语改。宋庠曰："煇，昌善反。"**神无间行**，间行，奸神淫厉之属也。〇宋庠曰："间，古苋反。"**民无淫心**，阴阳调，财用足，故无淫滥之心也。**时无**

102

国语集解

逆数，逆数，四时寒暑反逆也。**物无害生。**螟蝗之属不害嘉谷也。

○元诰按：生，疑与性通。物无害生，谓物无贼害之性也。**帅象禹之功，度之于轨仪，**帅，循也。轨，道也。仪，法也。**莫非嘉绩，克厌帝心。**谓禹与四岳也。嘉，善也。绩，功也。厌，合也。帝，天也。**皇天嘉之，祚以天下，**祚，禄也。论语曰，"帝臣不蔽，简在帝心"是也。**赐姓曰姒，氏曰有夏，**尧赐禹姓曰姒，封之于夏。**谓其能以嘉祉殷富生物也。**祉，福也。殷，盛也。赐姓曰姒，氏曰有夏者，以其能以善福殷富天下，生育万物也。姒，犹祉也。夏，大也。以善福殷富天下为大也〔三○〕。**祚四岳国，命以侯伯，**尧以四岳佐禹有功，封之于吕，命为侯伯，使长诸侯也。**赐姓曰姜，**姜，四岳之先，炎帝之姓也。炎帝世衰，其后变易，至四岳有德，帝复赐祖姓，使绍炎帝之后。**氏曰有吕。**以国为氏也。**谓其能为禹股肱心膂，以养物丰民人也，**肱，臂也。丰，厚也。氏曰有吕者，以四岳能辅成禹功，比于股肱心膂。吕之为言膂也。○俞樾曰："上文'赐姓曰姒，氏曰有夏，谓其能以嘉祉殷富生物也'，注曰：'姒，犹祉也。夏，大也。以善福殷富天下为大也。'然则此文亦当兼'赐姓曰姜'言之，不得专以'氏曰有吕'为说也。姜从羊声，养亦从羊声，疑'养物'即说'姜'字之义。依声为训，古书类然，以'养'训姜，犹以'祉'训姒也。韦氏未见及此，当补注曰'姜，犹养也'，于义方备。"元诰按：膂即"吕"，篆文脊骨也。**此一王四伯，岂繄多宠？皆亡王之后也。**一王，谓禹。四伯，谓四岳也，为四岳伯，故称四伯。岂，辞也〔三一〕。繄，是也。言禹与四岳岂是多宠之人？乃亡王之后。禹，鲧之子，禹郊鲧而追王之也。四岳，共工从孙，共工侵陵诸侯以自王。皆无道而亡，非伯王所起，明禹、岳之兴非因之也。**唯能厘举**

嘉义，举，用也。以有胤在下，守祀不替其典。下，后也。典，常也。有夏虽衰，杞、鄫犹在。杞、鄫，二国，夏后也。犹在，在灵王之世也。申、吕虽衰，齐、许犹在。申、吕，四岳之后〔三二〕，商、周之世，或封于申、齐、许亦其族也。唯有嘉功，以命姓受氏，迄于天下。○各本氏作“祀”，韦注曰：“受祀，谓封国受命，祀社稷山川也。迄，至也。至于有天下，谓禹也。祀，或为氏。”王念孙曰：“作‘氏’者是也。上文曰：‘皇天嘉之，祚以天下，赐姓曰姒，氏曰有夏。’（即此所云‘命姓受氏，迄于天下’。）又曰：‘祚四岳国，命以侯伯，赐姓曰姜，氏曰有吕。’下文曰：‘亡其氏姓〔三三〕。’又曰：‘命姓受氏，而附之以令名。’皆其明证也。（隐八年左传曰：‘天子建德，因生以赐姓，祚之土而命之氏。’襄二十四年传曰：‘保姓受氏，以守宗祊。’）氏与祀声相近，又因上下文有‘祀’字，故氏误作‘祀’耳。韦注谓受命而祀社稷山川，则曲为之说也。”元诰按：今改正。及其失之也，必有慆淫之心间之，慆，慢。间，代也。以慢淫之心代其嘉功，谓若桀也。故亡其氏姓，踣毙不振，踣，僵也。振，救也。绝无后主，无祭主也。湮替隶圉。湮，没也。替，废也。隶，役也。圉，养马者。○元诰按：犹云“沦为皂隶”。夫亡者岂繄无宠？皆黄、炎之后也。鲧，黄帝之后也。共工，炎帝之后也。唯不帅天地之度，○元诰按：帅，循也。度，法也。不顺四时之序，不度民神之义，义，宜也。○元诰按：度，特洛反。下“度于”同。不仪生物之则，仪，准也。○元诰按：前文汪说曰：“仪，亦度也。”以殄灭无胤，至于今不祀。及其得之也，必有忠信之心间之。以忠信之心代其慆淫也。度于天地而顺于时动，顺四时之令而动也。和于民神而仪于物则，故高朗令终，显融昭明，朗，明也。终，成也。融，长也。命姓受氏，而附之以令名。附，随也。若启先王之遗训，启，开也。训，教也。省其典图刑法，典，礼也。图，象也。而观其废兴者，皆可知也。其兴者，必有夏、吕之功焉。其废者，必有共、鲧之败焉。今吾执政无乃实有所避，避，违也。○黄丕烈曰："避，读为'淫辟'之辟，罪也。"元诰按：艺文类聚水部上作"僻"，文选西征赋李注引作"辟"。而滑夫二川之神，滑，乱也。○元诰按：滑与猾古字通。二川，谓谷、洛也。使至于争明以妨王宫，明，精气也。○汉书五行志中下臣瓒注曰："明，水道也。"俞樾曰："尔雅释诂曰：'明，成也。'古'成'、'盛'二字通用，明，训'成'，故亦训'盛'。淮南说林篇：'长而愈明。'高注曰：'明，犹盛也。'礼记明堂位正义曰：'明堂，盛貌。'然则争明犹争盛也。吕氏春秋悔过篇曰：'此其备必已盛矣。'高诱训盛为'强'，然则争盛犹争强也。韦氏以'精气'释之，转迂矣。哀十六年左传：'与不仁人争明，无不胜。''争明'盖古人常语，后人不达古语，故失其解。杜预以'明无不胜'为句，则并失其读矣。昭三年传曰：'二惠竞爽。'竞，犹争也，爽，犹明也，亦即争明之意。"元诰按：俞说得之。王而饰之，无乃不可乎！○元诰按：饰之，谓壅川饰宫。人有言曰：'无过乱人之门。'乱人，狂悖怨乱之人也。过其门，干其怒也。○吕氏春秋原乱篇："诗曰：'无过乱门。'"高注云："逸诗也。"又曰：'佐饎者尝焉，饎，烹煎之官也。○元诰按：饎即"饎"。佐斗者伤焉。'又曰：'祸不好不能为祸。'犹财色之祸生于好也。○元诰按：二"又曰"同是逸诗。诗曰：'四牡骙骙，旟旐有翩。乱生不夷，靡国不泯。'诗大雅桑柔之二章。骙骙，行貌。鸟隼曰旟。

龟蛇曰旐。翩翩，动摇不休止之意也。夷，平也〔三四〕。靡，无也。泯，灭也。疾**厉王**好征伐，用兵不得其所，祸乱不平，无国不见灭之。**又曰：'民之贪乱，宁为荼毒。'** 桑柔之十一章也。宁，安也。荼，苦也。言民疾王之虐，贪乐祸乱，安为苦毒之行也。**夫见乱而不惕，所残必多，其饰弥章。** 惕，惕然恐惧也。弥，终也。章，著也。言见祸乱之戒，不恐惧修省以消灾咎，而雍饰之〔三五〕，祸败终将昭著也。**民有怨乱，犹不可遏，而况神乎？王将防斗川以饰宫，是饰乱而佐斗也，其无乃章祸且遇伤乎！自我先王厉、宣、幽、平而贪天祸，至于今未弭，** 弭，止也。此四王父子相继，**厉**暴虐而流，**宣**不务农而料民，**幽**昏乱以灭**西周**，**平**不能修政，至于微弱，皆己行所致，故曰"贪天祸"，祸败至今未止也。〇**文选江淹杂体诗李**注引**贾逵**曰："弭，忘也。"**我又章之，惧长及子孙，王室其愈卑乎！其若之何？自后稷以来宁乱，** 宁，安也。**尧**时洪水，黎民阻饥，**稷**播百谷，民用乂安也。**及文、武、成、康而仅克安民。自后稷之始基靖民，十五王而文始平之，** 基，始也。靖，安也。自**后稷**播百谷以始安民，凡十五王，世修其德，至文王乃平民受命。十五王，谓**后稷、不窋、鞠、公刘、庆节、皇仆、差弗、毁隃、公非、高圉、亚圉、公组、大王、王季、文王**。〇**董增龄**曰："**解**自**后稷**以下至文王据**史记**。惟自**唐虞**至商之季，凡九百余年，不应只有十六世。**太子晋**所言，自是指其能修**稷**业而言之耳。"**十八王而康克安之，** 十八者，加**武王、成王、康王**，并上十五。**其难也如是。厉始革典，十四王矣。** 革，更也。典，法也。**厉王**无道，变更周法，至今**灵王**，十四王也。谓**厉、宣、幽、平、桓、庄、僖、惠、襄、顷、匡、定、简、灵**也。**基德十五而始平，基祸**

国语集解

十五，其不济乎！至景王十五世。吾朝夕儆惧，曰：'其何德之修，而少光王室，以逆天休？'少，犹裁也。光，明也。逆，迎也。休，庆也。○王引之曰："光之言'广'也，谓广大王室也。上文曰：'王室其愈卑乎。'卑与光义正相对。僖十五年穀梁传：'故德厚者流光，德薄者流卑。'亦以光与卑相对。大雅皇矣传曰：'光，大也。'周颂敬之传曰：'光，广也。'是光与广、大同义。尧典'光被四表'，汉成阳灵台碑光作'广'。荀子礼论篇'积厚者流泽广'，大戴礼礼三本篇〔三六〕广作'光'。大戴礼曾子疾病篇：'君子行其所闻，则广大矣。'汉书董仲舒传广作'光'，是光与广同声，而字亦相通。又易内言光者，多与广同义。"王又章辅祸乱，将何以堪之？章，明也。辅，助也。无亦鉴于黎、苗之王，下及夏、商之季，鉴，镜也。黎，九黎。苗，三苗。少皞氏衰，九黎乱德，颛顼灭之。高辛氏衰，三苗又乱，尧诛之。夏、商之季，谓桀、纣，汤、武灭之也。○宋庠曰："黎、苗非王，今诸本皆作'王'，〔三七〕疑王是'主'字传写之讹。一说九黎乱德于少皞之末，三苗作叛于高辛之衰，或皆僭号称王，故曰黎、苗之王。按五帝之末未有称王者，此说非也。"元诰按：无亦，亦也。无，发语词。上不象天，而下不仪地，中不和民，而方不顺时，不共神祇，方，四方也。谓逆四方之令也。○元诰按：共与供同。而蔑弃五则。蔑，灭也。则，法也。谓象天、仪地、和民、顺时、共神也〔三八〕。是以人夷其宗庙，而火焚其彝器，夷，灭也。彝，尊彝，宗庙之器也。子孙为隶，不夷于民。隶，役也。○吴曾祺曰："谓尚不得齿于平民。"○元诰按：宋庠本不作"下"，疑非是。夷，侪也。不侪于民，乃承上"为隶"而申言之，若作"下夷于民"，民非即隶也，则上不应云"为隶"。而亦未观夫前哲令德之则。则此五者而受天之丰福,飨民之勋力,子孙丰厚,令闻不忘,是皆天子之所知也。天所崇之子孙,或在畎亩,由欲乱民也。崇,高也。贾侍中云:"一耦之发,广尺深尺为畎〔三九〕,百步为亩。"昭谓:下曰畎,高曰亩。亩,垄也。书曰:"异亩同颖〔四〇〕。"畎亩之人,或在社稷,由欲靖民也。靖,治也。○元诰按:上文"自后稷之始基靖民",韦注曰:"靖,安也。"此亦宜同。无有异焉!唯所行也。○元诰按:犹云无他道也。诗云:'殷鉴不远,在夏后之世。'谓汤伐桀也。将焉用饰宫?其以徼乱也!○宋庠曰:"徼,古尧反,要也。"度之天神,则非祥也。比之地物,则非义也。类之民则,则非仁也。方之时动,则非顺也。咨之前训,则非正也。咨,议也。观之诗书,与民之宪言,诗书,上"乱生不夷"之属,民之宪言,"无过乱人之门"也。则皆亡王之为也。上下议之,○宋庠本议作"仪"。无所比度,王其图之!夫事,大不从象,小不从文,象,天象也。文,诗书也。上非天刑,下非地德,刑,法也。德,犹利也。中非民则,方非时动,而作之者必不节矣。作又不节,害之道也。"王卒壅之。及景王,多宠人,乱于是乎始生。景王,周灵王之子、太子晋之弟也〔四一〕。多宠人,谓宠子朝及臣宾孟之属也。景王崩,王室大乱。景王无嫡子,既立子猛,又许宾孟立子朝,未立而王崩,单子、刘子立子猛而攻子朝,王室大乱〔四二〕。及定王,王室遂卑。定王,顷王之子、灵王祖父。而言"及定王,王室遂卑",非也。定,当为"贞",贞王名介,敬王子也。是时大臣专政〔四三〕,诸侯无伯,故王室遂卑。○吴曾祺曰:"定王,当作'贞定王',名介,敬王之孙,元王子也。"元诰按：史记周本纪云"敬王崩，子元王仁立。元王崩〔四四〕，子定王介立"，索隐云："如史记，则元王为定王父，定王即贞王也。"此吴说所本。然哀十九年内传疏引世本又云："敬王崩，贞王介立。贞王崩，元王赤立。"是以元王为贞王子，贞王是否定王亦未可知。诸说纷歧，难为定论矣。

4 **晋羊舌肸聘于周，**肸，晋大夫，羊舌职之子叔向之名也。**发币于大夫，及单靖公。**发其礼币于周大夫，次及靖公。靖公，王卿士，单襄公之孙、顷公之子也。**靖公享之，俭而敬，**享礼薄而身敬也。**宾礼赠饯，视其上而从之，**宾礼，所以宾侍叔向之礼也。送之以物曰赠，以饮食曰饯。饯，郊礼。上，位在靖公上也。视，不敢踰也。**燕无私，**无私好货及笾豆之加也。**送不过郊，**至郊而返，亦言无私也。**语说昊天有成命。**语，宴语所及也。说，乐也。昊天有成命，周颂篇名也。**单之老送叔向，**老，家臣室老也。礼，卿大夫之贵臣为室老。**叔向告之曰：**"异哉！吾闻之曰：'一姓不再兴。'○逸周书太子晋解："自大暤以至于尧、舜、禹，未有一姓而再有天下者。"**今周其兴乎？其有单子也。**一姓，一代也。**昔史佚有言**史佚，周文、武时太史尹佚也。**曰：'动莫若敬，**敬，可久也。**居莫若俭，**俭，易容也。**德莫若让，**让，远怨也。**事莫若咨。'**咨，寡失也。**单子之贶我，**○宋庠本贶作"况"，义通。**礼也，皆有焉。夫宫室不崇，**崇，高也。**器无彤镂，俭也。**彤，丹也。镂，刻金饰也。○汪远孙曰："贾子礼容语篇作'虫镂'，彤、虫声近通借。"**身耸除洁，**耸，惧也。除，治也。○王念孙曰："耸，敬貌，故曰'身耸除洁，敬也'。贾子礼容语篇作'身恭除洁',恭亦敬也,若训耸为'惧',则与'身'字义不相属矣。耸字本作'竦',说文:'竦,敬也。'张衡思玄赋曰:'竦余身而顺止兮,遵绳墨而不跌。''竦余身'即此所谓'身耸'也。楚语曰:'昔殷武丁能耸其德,'〔四五〕,韦注彼曰:'耸,敬也。'亦其证。"**外内齐给,敬也。** 外,在朝庭。内,治家事。齐,整也。给,备也。**宴好享赐,不踰其上,让也。** 宴好,所以通情结好也。享赐,所以酬宾赐下也。**宾之礼事,放上而动,咨也。** 放,依也。咨,言必与上咨也。**如是而加之以无私,重之以不觳,** 觳,杂也。**众人过郊,**单子独否,所以不杂也。**能避怨矣。** 居俭动敬,德让事咨,而能避怨,以为卿佐,其有不兴乎!**且其语说昊天有成命,颂之盛德也,** 盛德,二后也,谓成王即位而郊见,推文、武受命之功,以郊祀天地而歌之也。**其诗曰:'昊天有成命,二后受之,成王不敢康。** 昊天,天大号也。二后,文、武也。康,安也。言昊天有所成之命,文、武则能受之。谓修己自劝,以成其王功,非谓周成王身也。贾、郑说皆然。**夙夜基命宥密,** 夙,早也。夜,暮也。基,始也。命,信也。宥,宽也。密,宁也。言二后早起夜寐,始行信命,以宽仁宁静为务。**于缉熙,亶厥心,肆其靖之。'** 缉,明也。熙,光也。亶,厚也。厥,其也。肆,固也。靖,和也。言二君能光明其德,厚其心,以固和天下也。**是道成王之德也,** 是诗道文、武能成其王德也。**成王能明文昭,能定武烈者也。** 烈,威也。言能明其文,使之昭,定其武,使之威也。**夫道成命而称昊天,翼其上也。** 称,举也。翼,敬也。**二后受之,让于德也。** 推功曰让。书曰:"允恭克让。"贾、唐二君云:"二后所以受天命者,能让有德也。"谓询于八虞,诛于辛、尹之类。**成王不敢康,敬百姓也。** 言不敢自安逸者，是其敬百姓也。百姓，百官也。**夙夜，恭也。**夙夜敬事曰恭。
书曰："文王至于日昃，不遑暇食。"**基，始也。命，信也。宥，宽也。
密，宁也。缉，明也。熙，广也。**郑后司农云〔四六〕："广，当为
'光'。"虞亦如之。〇吴曾祺曰："下文云，'广厚其心，以固和之'，即
承此数句而言，似宜作'广'，不作'光'。"元诰按：广与光同声，而义
亦相通，详见上"少光王室"王说。**宣，厚也。肆，固也。靖，和也。
其始也，翼上德让而敬百姓。**其始，篇之首句也。言以敬让为始
也。**其中也，恭俭信宽，帅归于宁。**其中，篇之中句也。帅，循也。
言其恭俭信宽，循而行之，归于安民也。**其终也，广厚其心以固和
之。**其终，篇之终句也。广厚其心，美其教化，而固和之也。**始于德
让，中于信宽，终于固和，故曰成。**成，成其王命也。〇诗疏
"成"下有"王"字。**单子俭敬让咨，以应成德。**应，当也。**单若
不兴，子孙必蕃，后世不忘。诗曰：'其类维何？室家之
壶。**诗大雅既醉之六章也。类，族也。壶，捆也。言孝子之行，先于室
家族类以相致〔四七〕，乃及于天下也。〇吴曾祺曰："'壶'字，当从毛诗
传训'广'，方与下'广裕民人'句相应。韦从笺训'捆'，失之。"**君子
万年，永锡祚胤。'**祚，福也。胤，嗣也。**类也者，不忝前哲之
谓也。**言能以孝道施于族类，故不辱前哲之人也。**壶也者，广裕民
人之谓也。万年也者，令闻不忘之谓也。胤也者，**〇宋庠本
"胤"上有"祚"字。**子孙蕃育之谓也。**蕃，息也。育，长也。**单子
朝夕不忘成王之德，可谓不忝前哲矣。膺保明德，**膺，抱也。
保，持也。〇文选东都赋李注引贾逵曰："膺，犹受也。"**以佐王室，
可谓广裕民人矣。若能类善物，以混厚民人者，必有章誉**

蕃育之祚，物，事也。混，同也。章，明也。○俞樾曰："混、厚二字同义，混亦厚也。混当读为惛，说文心部：'惛，重厚也。'今惛厚字皆以浑为之，而混与浑又通用，故混厚即'浑厚'，实则惛之假字也。注训为'同'，失之。"则单子必当之矣。单若有阙，必兹君之子孙实续之，不出于他矣。"单，单氏世也。阙，缺也。兹，此也。此君，靖公也。他，他族也。

5 景王二十一年，将铸大钱。景王，周灵王之子景王贵也。二十一年，鲁昭之十八年也。钱者，金币之名，所以贸货物，通财用者也。古曰泉，后转曰钱。贾侍中曰："虞、夏、商、周，金币三等：或赤，或白，或黄，黄为上币，铜、铁为下币。大钱者，大于旧，其价重也。"唐尚书曰："大钱重十二铢，文曰'大泉五十'。"郑后司农说周礼云："钱始盖一品也，周景王铸大钱而有二品，后数变易，不识本制。至汉，唯五铢久行。至王莽时，钱乃有十品，今存于民，多者有货布、大泉、货泉。大泉径寸二分，重十二铢，文曰'大泉五十'。"则唐所谓大泉者，乃莽时泉，非景王所铸明矣。又景王至赧王十三世而周亡，后有战国、秦、汉，币物易改，转不相因，先师所不能纪，或云大钱文曰"宝货"，皆非事实。又单穆公云："古者有母平子、子权母而行。"则二品之来，古而然矣。郑君云："钱始一品，至景王而有二品。"省之不熟也。单穆公曰〔四八〕："不可。穆公，王卿士，单靖公之曾孙也。古者天灾降戾，降，下也。戾，至也。灾，谓水旱、蝗螟之属。○汉书食货志作"天降灾戾"，通典食货八、太平御览资产部十五并同。又通典引注云："戾，恶气也。"与韦注本异。于是乎量资币，权轻重，以振救民。量，度也。资，财也。权，称也。

振，拯也。民患轻，则为作重币以行之，民患币轻而物贵，则作重币，以行其轻也。于是乎有母权子而行，民皆得焉。重曰母，轻曰子，以子贸物，物轻则子独行，物重则以母权而行之也。子母相通，民皆得其欲也。若不堪重，则多作轻币而行之，亦不废乎重，于是乎有子权母而行，小大利之。堪，任也。不任之者，币重物轻，妨其用也，故作轻币杂而用之，以重者贸其贵，以轻者贸其贱也。子权母者，母不足则以子平而行之，故钱小大，民皆以为利也。今王废轻而作重，民失其资，能无匮乎？废轻而作重，则本竭而末寡，故民失其资也。○汪中曰："废轻而作重，谓废旧钱之轻，更作新钱之重者而布之，民素所蓄积皆归无用，是以失其资而匮。"若匮，王用将有所乏，民财匮，无以供上，故王用将乏。乏则将厚取于民，厚取，厚敛也。民不给，将有远志，是离民也。给，共也。远志，逋逃也。且夫备，有未至而设之，备，国备也。未备而设之，谓豫备不虞，安不忘危也。有至而后救之，至而后救之，谓若救火疗疾，量资币平轻重之属也〔四九〕。是不相入也。二者先后各有宜，不相入，不相为用也。可先而不备，谓之怠。怠，缓也。可后而先之，谓之召灾。谓民未患轻而重之，离民匮财，是为召灾也。周固赢国也，天未厌祸焉，而又离民以佐灾，无乃不可乎！言周固已为赢病之国，天降祸灾，未厌已也。将民之与处而离之，将灾是备御而召之，则何以经国？君以善政为经，臣奉而行之为纬。国无经，何以出令？令之不从，上之患也，故圣人树德于民以除之。树，立也。除，除令不从之患也。夏书有之曰：'关石和钧，王府则有。'夏书，逸书也。关，门关之征也。石，今之斛也。言征赋调钧，则王之府藏常有也。一曰关，衡也。○陈瑑曰："石与钧皆量度之名，故当关之、和之。关，衡也。衡，平也。衡，所以任权而均物、平轻重也。"吴曾祺曰："此二语见夏书五子之歌。此篇至晋始出，韦未之见。"**诗亦有之曰：'瞻彼旱麓，榛楛济济**。诗大雅旱麓之首章也。旱，山名。山足曰麓。榛，似栗而小。楛，木名。济济，盛貌也。盛者，言王者之德被及也。**恺悌君子，干禄恺悌。'**恺，乐也。悌，易也。干，求也。君子，谓君长也。言阴阳调，草木盛，故君子求禄，其心乐易也。**夫旱麓之榛楛殖**，殖，长也。**故君子得以乐易干禄焉**。○元诰按：各本作"易乐"，今依诗疏引乙正。下同。**若夫山林匮竭，林麓散亡，薮泽肆既**，肆，极也。既，尽也。散亡，谓山林衡虞之政也。○诗疏既作"逸"。**民力雕尽，田畴荒芜，资用乏匮**，雕，伤也。谷地为田，麻地为畴。荒，虚也。芜，秽也。○文选登楼赋李注引贾逵曰："一井为畴。"**君子将险哀之不暇，而何乐易之有焉？**险，危也。**且绝民用以实王府**，绝民用，谓废小钱而铸大钱也。**犹塞川原而为潢污也，其竭也无日矣**。大曰潢，小曰污。竭，尽也。无日，无日数也。○元诰按：无日，犹云无须多日也。**若民离而财匮，灾至而备亡，王其若之何？**备亡，无救灾之备也。**吾周官之于灾备也，其所怠弃者多矣**，周官，周六官。灾备，备灾之法令也。**而又夺之资，以益其灾，是去其藏而翳其人也**。善政藏于民。翳，犹屏也。人，民也。夺其资，民离叛，是远屏其民也。一曰翳，灭也。○王引之曰："此当从'一曰灭也'之训。韦疑翳无灭义，故先以屏释之，不知翳通作'殪'，诗皇矣篇：'其灾其翳。'毛传曰：'自毙为翳。'释文曰：'韩诗作"殪"。'是翳与殪声近义通。释名释丧制曰：'殪，翳也。'

然则翳亦犹殪也，翳其民即殪其民。故其义为灭，若训为'屏'，则义转迁矣。"王其图之。"王弗听，卒铸大钱。

6　二十三年，王将铸无射，而为之大林。景王二十三年，鲁昭二十年也。贾侍中云："无射，钟名，律中无射也。大林，无射之覆也。作无射，为大林以覆之，其律中林钟也。"或说云："铸无射，而以林钟之数益之。"昭谓：下言"细抑大陵"，又曰"听声越远"，如此，则贾言无射有覆，近之矣。唐尚书从贾也。○旧音："射音亦。"单穆公曰："不可。作重币以绝民资，又铸大钟以鲜其继，鲜，寡也。用物过度，妨于财也。○元诰按：鍾、鐘古字通用。下同。若积聚既丧，又鲜其继，生何以殖？积聚既丧，谓废小钱也。生，财也。殖，长也。且夫钟不过以动声，动声，谓合乐以金奏，而八音从之也。若无射有林，耳弗及也。若无射复有大林以覆之〔五〇〕。无射，阳声之细者也。林钟，阴声之大者也。细抑大陵，故耳不能听及也。夫钟声以为耳也，耳所不及，非钟声也。非法钟之声也。犹目所不见，不可以为目也。若目之精明，所不能见，亦不可施以目也。耳目所不能及，而强之，则有眩惑之失，以生疾也。夫目之察度也，不过步武尺寸之间，六尺为步，贾君以半步为武。○元诰按：司马法曰："凡人一举足曰跬，跬三尺也。两举足曰步，步六尺也。"然则跬与武同，声转耳。其察色也，不过墨丈寻常之间。五尺为墨，倍墨为丈，八尺为寻，倍寻为常。耳之察和也，在清浊之间，清浊，律吕之变。黄钟为宫则浊〔五一〕，大吕为角则清也。其察清浊也，不过一人之所胜。胜，举也。是故先王之制钟也，○元诰按：制钟，谓立钟之制度也。大不出钧，重不过石。钧，所以钧音之法也。以木长七尺，有弦系之，以为钧法。百二十斤为石。**律度量衡于是乎生**，律，五声阴阳之法也。度，丈尺也。量，斗斛也。衡，称上衡〔五二〕。衡有斤两之数，生于黄钟。黄钟之管，容秬黍千二百粒。粒百为铢，是为一龠，龠二为合，合重一两。故曰"律度量衡于是乎生"也。**小大器用于是乎出**，出于钟也。易曰："制器者尚其象。"小，谓锱铢分寸。大，谓斤两丈尺也。**故圣人慎之。今王作钟也，听之弗及**，耳不及知其清浊也。**比之不度**，不度，不中钧石之数也。**钟声不可以知和**，耳不能听，故不可以知和也。**制度不可以出节**，节，谓法度量衡之节也。**无益于乐，而鲜民财，将焉用之！夫乐不过以听耳，而美不过以观目，若听乐而震，观美而眩**，○文选南都赋李注引贾逵曰："眩，惑也。"宋庠曰："目无主也。"**患莫甚焉。夫耳目，心之枢机也**，枢机，发动也。心有所欲，耳目为之发动。**故必听和而视正。听和则聪，视正则明**，习于和正，则不眩惑也。**聪则言听，明则德昭，听言昭德，则能思虑纯固。以言德于民，民歆而德之，则归心焉**。歆，犹歆歆，喜服也。言德，以言发德教也。○一切经音义七引贾逵曰："歆，贪也〔五三〕。"**上得民心，以殖义方**，殖，立也。方，道也。**是以作无不济，求无不获，然则能乐。夫耳内和声，而口出美言**，耳闻和声，则口有美言，此感于物也。○元诰按：内为纳之借字，下"口内"同。**以为宪令**，宪，法也。**而布诸民，正之以度量，民以心力**，○王引之曰："据下'民无据依，不知所力'，则当读'民以心力'为句。"**从之不倦**。○群书治要从作"行"。**成事不贰，乐之至也**〔五四〕。贰，变也。○各本贰作"贰"，注同。王引之曰："古无训贰为'变'者。贰，当为'貳'，貳即忒之假借字。大雅瞻卬篇'鞫人忮忒'，毛传曰：'忒，变也。'洪范'衍忒'，史记宋微子世家作'衍贰'，集解引郑注曰：'卦象多变，故言衍贰。'是贰正训'变'，故韦注曰：'贰，变也。'贰音他得切，与力为韵，若作'貳'，则失其韵矣。（贰、力古音在之部，貳字古音在脂部，脂、之二字古不相通。）书、传'贰'字多讹作'貳'。"元诰按：贰又通作"贷"，忒、貣、贷并同，"貳"则误也，今据以订正。**口内味而耳内声，声味生气。**口内五味则耳乐五声，耳乐五声则志气生也〔五五〕。**气在口为言，在目为明，言以信名，**信，审也。名，号令也。**明以时动**〔五六〕，视明则动〔五七〕，得其时也。**名以成政，**号令所以成政也〔五八〕。**动以殖生，**殖，长也。动得其时，所以财长生也。**政成生殖，乐之至也。若视听不和，而有震眩，则味入不精，不精则气佚，气佚则不和，**不和，无射、大林也。若听乐而震，视色而眩，则味入不精美。味入不精美，则气放佚，不行于身体。**于是乎有狂悖之言，有眩惑之明，有转易之名，有过慝之度。**慝，恶也。此四者，气佚之所生也。狂悖眩惑，说子朝宠宾孟也。转易过恶，孽子配嫡，将杀大臣也。〇王念孙曰："此'慝'字当训为'忒'，差也。过忒，即过差也。事差其度，故曰：'过忒之度。'若以慝为'恶'，则别为一训，且与'之度'二字义不相属矣。"汪中曰："此泛言不和之害耳，不当举后事以实之。礼曰：'毋测未至。'"**出令不信，**有转易也。**刑政纷放，动不顺时，民无据依，不知所力，各有离心。**不知所为尽力也。**上失其民，作则不济，求则不获，其何以能乐？三年之中，而有离民之器二焉，**二，谓作大钱，铸大钟也。**国其危哉！"王弗听，问之**

117

伶州鸠。伶，司乐官。州鸠，名。○诗简兮郑笺曰："伶氏世掌乐官而善焉，故后世多号乐官为伶官。"对曰："臣之守官弗及也。守官，所守之官。弗及，弗及知也。臣闻之，琴瑟尚宫，凡乐轻者从大，重者从细，故琴瑟尚宫也。钟尚羽，钟声大，故尚羽也。石尚角。石，磬也。轻于钟，故尚角。角，清浊之中也。匏竹利制，匏，笙也。竹，箫管也。利制，以声音调利为制，无所尚也。大不逾宫，细不过羽。夫宫，音之主也，第以及羽。宫声大，故为主。第，次第也。圣人保乐而爱财，财以备器，乐以殖财，保，安也。备，具也。殖，长也。古者以乐省土风，而纪农事，故曰"乐以殖财"。故乐器重者从细，重，谓金、石也。从细，尚细声也，谓钟尚羽，石尚角也。轻者从大。轻，瓦、丝也。从大，谓瓦、丝尚宫也。是以金尚羽，石尚角，瓦、丝尚宫〔五九〕，○周礼籥章，杜子春注云："土鼓以瓦为匡。"元诰按：瓦，谓土也。匏、竹尚议，议，从其调利也。革、木一声。革，鼗鼓也。木，祝敔也。一声，无清浊之变也。夫政象乐，乐从和，和从平。和，八音克谐也。平，细大不踰也，故可以平民。乐和则谐，政和则平也。声以和乐，律以平声〔六〇〕。声，五声也，以成八音而调乐也。贾侍中云："律，黄钟为宫，林钟为徵，太蔟为商，南吕为羽，姑洗为角，所以平五声也。"金、石以动之，钟磬所以发动五声也。丝、竹以行之，弦管所以行之也。诗以道之，道己志也，诵之曰诗〔六一〕。书曰："诗言志。"歌以咏之，咏，咏诗也〔六二〕。书云："歌永言，声依永。"匏以宣之，宣，发扬也。瓦以赞之，赞，助也。草木以节之。物得其常曰乐极，物，事也。极，中也。极之所集曰声，集，会也〔六三〕。言中和之所会集曰正声也。声应相保曰和，保，安也。细大不踰曰平。细大之声不相踰越曰平，今无射有大林，是不平也。如是而铸之金，铸金以为钟也。磨之石，磨石以为磬也。系之丝木，系丝木以为琴瑟也。越之匏竹，越匏竹以为笙管也。越，谓为之孔也。乐记曰："朱弦而疏越。"节之鼓，节其长短小大也。而行之以遂八风。遂，顺也。传曰，"所以节八音而行八风"也。正西曰兑，为金，为阊阖。西北曰乾，为石，为不周。正北曰坎，为革，为广莫。东北曰艮〔六四〕，为匏，为融风。正东曰震〔六五〕，为竹，为明庶。东南曰巽，为木，为清明。正南曰离，为丝，为景风。西南曰坤，为瓦，为凉风。于是乎气无滞阴，亦无散阳。滞，积也。积阴而发，则夏有霜雹。散阳，阳不藏，冬无冰、李梅实之类〔六六〕。阴阳序次，风雨时至，嘉生繁祉，人民和利，物备而乐成，上下不罢，罢，劳也。故曰乐正。今细过其主，妨于正；细，谓无射也。主，正也。言无射有大林，是作细而大过其律，妨于正声也。用物过度，妨于财；过度，用金多也。正害财匮，妨于乐。乐从和，今正害财匮，故妨于乐也。细抑大陵，不容于耳，非和也。细，无射也。大，大林也。言大声陵之，细声抑而不闻。不容于耳，耳不能容别也〔六七〕。听声越远，非平也。越，迁也。言无射之声为大林所陵〔六八〕，听之微细迁远，非平也。妨正匮财，声不和平，非宗官之所司也。宗官，宗伯，乐官属也。夫有和平之声，则有蕃殖之财。乐以殖财也。于是乎道之以中德，咏之以中音，中德，中庸之德也。中音，中和之音也。德音不愆，以合神人，合神人，谓祭祀飨宴也。神是以宁，民是以听。听，从也。若夫匮财用，罢民力，以逞淫心，逞，快也。听之不和，比之不度，无益于教，而离民怒神，非臣之所闻也。"王不听，卒铸大钟。财匮，故民离。乐不和，故神怒也〔六九〕。二十四年，钟成，伶人告和。伶人，乐人也。景王二十四年，鲁昭二十一年也。王谓伶州鸠曰："钟果和矣。"对曰："未可知也。"州鸠以为钟实不和，伶人媚王，谓之和耳，故曰"未可知也"。王曰："何故？"对曰："上作器，民备乐之，则为和。言声音之道与政通也。今财亡民罢，莫不怨恨，臣不知其和也。乱世之音怨以怒，故曰"不知其和也"。且民所曹好，鲜其不济也；曹，群也。其所曹恶，鲜其不废也。故谚曰：'众志成城，众心所好，莫之能败，其固如城也。众口铄金。'铄，销也。众口所毁，虽金石犹可销也。今三年之中，而害金再兴焉，害金，害民之金，谓钱、钟也。惧一之废也。"二金之中，其一必废也。〇元诰按：一，疑当训"皆"也。惧一之废，谓惧钱、钟必皆废也。大戴礼卫将军文子篇曰："若吾子之语审茂，则一诸侯之相也。"卢辩注曰："一，皆也。"礼记大传曰："五者一得于天下。"王引之曰："一，皆也。"是一有皆义，字或作"壹"。韦训为"一二"之一，言"其一必废"，则其他之一可不废，不为妄作矣，似于传意未合。王曰："尔老耄矣，何知！"八十曰耄。耄，昏惑也〔七〇〕。二十五年，王崩，钟不和。崩而言钟不和，明乐人之谍也。

120

7　王将铸无射，王，景王也。问律于伶州鸠。律，钟律也。对曰："律所以立均出度也〔七一〕。律，谓六律、六吕也。阳为律，阴为吕。六律：黄钟、太蔟、姑洗、蕤宾、夷则、无射也。六吕：林钟、仲吕、夹钟、太吕、应钟、南吕也。均者，均钟木，长七尺，有弦系之。以均钟者，度钟

大小清浊也。汉大予乐官有之。○乐叶图征宋注曰："均长八尺，施弦
以调六律也。"续汉书律历志："冬至，阳气应，则乐均清，黄钟通。夏至，
阴气应，则乐均浊，蕤宾通。"董增龄曰："均，即'韵'字。"元诰按：补
音不出"均"字，意或谓读如本字，无烦作音欤？**古之神瞽，考中声
而量之以制**，神瞽，古乐正，知天道者也，死以为乐祖，祭于瞽宗，谓
之神瞽。考，合也，谓合中和之声而量度之，以制乐者。**度律均钟，百
官轨仪**，均，平也。轨，道也。仪，法也。度律，度律吕之长短，以平其
钟，和其声，以立百事之道法也，故曰"律、度、量、衡于是乎生"。○考
工记凫氏，孔疏云："据此义，假令黄钟之律长九寸〔七二〕，以律计身，倍
半为钟，倍九寸为尺八寸，又取半得四寸半，通二尺二寸半以为钟。余律
亦如是。其以律为广长与圆径也。此口径十，上下十六者，假设之。取
其铸之形，则各随钟之制为长短大小者，此即度律均钟也。"吴曾祺曰：
"度，入声，与下'律度'不同〔七三〕。"**纪之以三，**三，天、地、人也。
古纪声合乐，以舞天神、地祇、人鬼，故能人神以和。**平之以六，**平之
以六律也。上章曰"律以平声"。**成于十二，**十二，律吕也。阴阳相扶，
律聚妻，而吕生子，上下相生之数备也。○太平御览时序部一引国语，于
作"以"。**天之道也。**天之大数不过十二。**夫六，中之色也，故
名之曰黄钟，**十一月曰黄钟，乾初九也。六者，天地之中。天有六气，
降生五味，天有六甲，地有五子，十一而天地毕矣。而六为中，故六律、
六吕而成天道。黄钟初九，六律之首，故六律正色为黄钟之名，重元正
始之义也〔七四〕。黄钟，阳之变也，管长九寸，径三分，围九分，律长九寸，
因而九之，九九八十一，故黄钟之数立焉为宫。法云，九分之六得林钟初
六〔七五〕，六吕之首，阴之变，管长六寸。六月之律，坤之始也，故九六，

阴阳、夫妇、子母之道。是以初九为黄钟。黄，中之色也。钟，言阳气钟聚于下也。〇礼记月令篇孔疏曰："玄命苞：'黄钟者始黄〔七六〕。'注云：'始萌黄泉中。'律历志云：'黄者，中之色。钟，种也。'又云：'五色黄盛焉，故阳气始种于前，孳萌万物，为六气元也。'"吕氏春秋仲冬纪高注曰："黄钟，阳律也。阳气聚于下，阴气盛于上，万物萌聚于黄泉之下，故曰黄钟也。"白虎通义五行篇："十一月，律谓之黄钟何？黄者中和之色，钟者动也，言阳气动于黄泉之下，动养万物也。"项名达曰："黄钟围径应辩者有二：一，围与空围异。围，圆周也；空围乃围中空处所容方分圆面也。所谓九分者，指空围，非指围也。一，径三围九，乃古率约略之数，不可以定律管〔七七〕。今用密律求得黄钟围径数，应云管长九寸，径三分三厘八毫五丝一忽，围十分六厘三毫四丝七忽。空围九分，因而九之，九九得八百一十分，黄钟之数立焉。"元诰按：礼记月令篇郑注亦云："凡律，空围九分。"**所以宣养六气九德也。**宣，遍也。六气，阴、阳、风、雨、晦、明也。九德，九功之德，水、火、金、木、土、谷、正德、利用、厚生。十一月阳伏于下，物始萌，于五声为宫，含元处中，所以遍养六气、九德之本也。〇礼记月令孔疏曰："周语曰：'黄钟，所以宣养六气九德者。'按彼注，十一月建子，阳气在中。六气，阴、阳、风、雨、晦、明。九德，金、木、火、水、土、谷、正德、利用、厚生。作乐宣遍〔七八〕，黄钟象气伏地，物始萌，所以遍养六气九功之德，此养之者若施于人。六情：正德、天德、利用、地德、厚生、人德。六府者：金、木、火、水、土、谷也。"**由是第之。**由，从也。第，次也，次奇月也。**二曰太蔟，**正月曰太蔟，乾九二也。管长八寸，法云，九分之八。（元诰按：此四字依项名达说改正〔七九〕。）太蔟，言阳气大蔟，达于上也。〇礼记月令篇郑注曰："太

蔟者，林钟之所生，三分益一，律长八寸。"孔疏曰："蔟，七豆反，奏
也。"吕氏春秋孟春纪高注曰："太蔟，阳律也。太阴气衰少，阳气发，
万物动生，蔟地而出。"白虎通义："正月，律谓之太蔟何？太亦大也，蔟
者凑也，言万物始大，凑地而出也〔八〇〕。"项名达曰："九分，指黄钟言。
应云黄钟九分之八。"宋庠曰："大，他盖反。"**所以金奏赞扬出滞也。**
赞，佐也。贾、唐云："太蔟正声为商，故为金奏，所以佐阳发，出滞伏
也。"明堂月令："正月，蛰虫始震〔八一〕。"**三曰姑洗，所以修洁百
物，考神纳宾也。**三月曰姑洗，乾九三也。管长七寸一分强，约为七
寸九分寸之一〔八二〕。（元诰按：此依项名达说改正。）姑，枯也〔八三〕。
洗，濯也。考，合也。言阳气养生，洗濯枯秽，改柯易叶也。于正声为角，
是月，百物修洁，故用之宗庙，合致神人，用之享宴，可以纳宾也。〇礼
记月令篇郑注曰："姑洗者，南吕之所生也，三分益一，律长七寸九分寸
之一。"孔疏曰："南吕六二，上生姑洗之九三。南吕长五寸三分寸之一，
就南吕三分益一，取三寸益一寸，为四寸，余有整二寸三分寸之一。整二
寸者，各九分之，二九为十八分寸，之一者为三分，总二十一分，
三七二十一，三分益一，更益七分，总二寸八分，以九分为一寸，二十七
分为三寸，益前四寸，为七寸，余有一分，故云律长七寸九分寸之一。"吕
氏春秋季春纪高注曰："姑，故。洗，新。是月阳气养生，去故就新。"
白虎通义："三月谓之姑洗何？姑者故也，洗者鲜也，言万物皆去故就其
新，莫不鲜明也。"**四曰蕤宾，所以安靖神人，献酬交酢也。**五
月曰蕤宾，乾九四也。管长六寸三分强，约为六寸八十一分寸之二十六。
（元诰按：此依项名达说改正。）蕤，委蕤，柔貌也。言阴气为主，委蕤于
下〔八四〕，阳气盛长于上，有似于宾主，故可用之宗庙、宾客，以安静神

人，行酬酢也。酬，劝。酢，报也。○礼记月令篇郑注曰："蕤宾者，应钟之所生，三分益一，律长六寸八十一分寸之二十六。"孔疏曰："应钟律长四寸二十七分寸之二十，上生蕤宾，三分益一。取应钟三寸，更益一寸，为四寸。其二十七分寸之二十，各三分之，则一寸分为八十一分也，二十七分寸之二十，则为八十一分寸之六十。其整寸一为八十一分，又以六十分益之，总为一百四十一分。更三分益一，一分有四十七，更以四十七益前一百四十一分，总为一百八十八分，是为积分之数。除之为寸，除八十一分，则一百六十二分为二寸，益前四寸为六寸，余有二十六分，不成寸，故云长六寸八十一分寸之二十六也。何胤曰，乾九四，是月阳反于下，为复，阴生阳中，为姤，各应其时，所以安静，是安静神人也。阴生为主，阳谢为宾，宾主之象。献酬之礼〔八五〕，献酢又酬之，阴阳代谢之义也。"吕氏春秋仲夏纪高注曰："蕤宾，阳律也。是月阴气萎蕤在下，象主人，阳气在上，象宾客。"白虎通义："五月谓之蕤宾何？蕤者下也，宾者敬也，言阳气上极，阴气始起，故宾敬之也。"王念孙曰："'安靖神人'是释'蕤'字，'献酬交酢'是释'宾'字。蕤与绥古同声而通用，绥者安也，故曰'所以安靖神人'。淮南天文篇'蕤宾者，安而服也'，亦是以安释蕤，以服释宾，今韦注'蕤，委蕤，柔貌也'〔八六〕，义本史记，然不以安释蕤，而以柔释蕤，则'安靖神人'四字无著矣，似于传意未

合。"**五曰夷则，所以咏歌九则，平民无贰也。**七月曰夷则，乾九五也。管长五寸六分强，约为五寸七百二十九分寸之四百五十一，（元诰按：此依项名达说改正。）夷，平也。则，法也。言万物既成，可法则也，故可以歌咏九功之则，平民使不贰也。○礼记月令篇郑注曰："夷则者，太吕之所生也，三分去一，律长五寸七百二十九分寸之四百五十一。"

孔疏曰："太吕长八寸二百四十三分寸之一百四，三分去一，下生夷则。六寸去二寸，余有四寸在。又太吕一寸为二百四十三分，今每寸更三分之，则一寸为七百二十九分。两个整寸，总有一千四百五十八分。其太吕二百四十三分寸之一百四，每又三分之，此一百四为三百一十二分，益前一千四百五十八，则总为一千七百七十分。下生三分去一，分作三分，则每一分得五百九十，去其一分五百九十，余有一千一百八十在，是其积分。以七百二十九分为一寸，益前四为五寸，余有四百五十一分在，故云律长五寸七百二十分寸之四百五十一也。"吕氏春秋高注曰："夷则，阳律也。太阳气衰，太阴气发，万物肃然，应法成性。"白虎通义："七月谓之夷则何？夷，伤也。则，法也。言万物始伤，被刑法也。"元诰按：各本贰作"贰"，今依王念孙说订正。又注末句作"成民无疑贰也"，并据月令正义引国语注改正。**六曰无射，所以宣布哲人之令德，示民轨仪也。**九月日无射，乾上九也。管长四寸九分强，约为四寸六千五百六十一分寸之六千五百二十四。（元诰按：此依项名达说改正。）宣，遍也。轨，道也。仪，法也。九月阳气上升，阴气收藏，万物无射见者，故可以遍布前哲之令德，示民道法也。○礼记月令篇郑注曰："无射者，夹钟之所生，三分去一，律长四寸六千五百六十一分寸之六千五百二十四。"孔疏曰："夹钟之律长七寸二千一百八十七分寸之千七十五，下生者三分去一。今夹钟七，取六寸，三分去一，有四寸在。夹钟以一寸为二千一百八十七分，今更三分之，则一寸者分为六千五百六十一分，夹钟二千一百八十七分寸之千七十五者，又三分之，则为三千二百二十五，其夹钟整寸有六千五百六十一，又以三千二百二十五益之，总为九千七百八十六分，三分去一，则去三千二百六十二，余有二千六百五十四在，故云律长四寸六千五百六十一分寸之六千五百二十四也。按周语注云：'乾上九用事，阳气上升，阴气收藏〔八七〕，万物无射者也。哲人后稷布其德教，示以法仪，当及时铚获而收藏之。'"（元诰按：引注为贾、唐注，与韦不同。）吕氏春秋高注曰："无射，阳律也。阴气上升，阳气下降，故万物随而藏，无射出见也。"白虎通义："九月谓之无射何？射者终也，言万物随阳而终也，当复随阴而起，无有终已也。"**为之六间，以扬沉伏，而黜散越也。**六间，六吕在阳律之间。沉，滞也。黜，去也。越，扬也。吕，阴律，所以侣间阳律，成其功，发扬滞伏之气，而去散越者也。伏则不宣，散则不和。阴阳序次，风雨时至，所以生物也。○王引之曰："黜，读为屈。屈，收也，谓收敛散越之气也〔八八〕。尔雅曰：'敛、屈、收，聚也。'鲁颂泮水篇：'屈此群丑。'毛传曰：'屈，收也。'聘礼：'屈缫。'郑注曰：'屈缫者，敛之。'屈与黜声相近，故字相通。说苑立节篇曰：'将军子囊黜兵而退。'谓收兵而退也。沉伏者发扬之，散越者收敛之，扬与沉伏义相反，则黜与散越义亦相反。韦注训黜为去，失之矣。"元诰按：黜与绌通。荀子不苟篇："不能则恭敬缚绌以畏事人。"杨注曰："绌与黜同。"礼记王制篇："不孝者君绌其爵。"郑注曰："绌，退也。"是以绌为黜。绌即"屈"字，荀子非相篇"缓急赢绌"是也。**元间太吕，助宣物也**〔八九〕。十二月曰太吕，坤六四也。管长八寸四分强。法云：蕤宾三分之二，下生得半律，四寸二百四十三分寸之五十二，倍之得全律，八寸二百四十三分寸之一百四〔九○〕。（元诰按：此依项名达说改正。）下生律，元一也。阴系于阳，以黄钟为主，故曰元间。以阳为首，不名其初〔九一〕，臣归功于上之义也。太吕，助阳宣散物也。天气始于黄钟，萌而赤，地受之于太吕，牙而白，成黄钟之功也。○礼记月令篇郑注曰："太吕，蕤宾之所生也。三分益一，律长八寸二百四十三分寸之百四〔九二〕。"

孔疏曰："蕤宾长六寸八十一分寸之二十六，上生太吕，三分益一。三寸益一寸，六寸益二寸，故为八寸，其八十一分寸之二十六各三分之，则为七十八分，三分益一，更益一个二十六，则一百四，故云律长八寸二百四十三分寸之一百四也。按律历志云：'太吕：吕，旅也，言阴大，旅助黄钟，宣气而聚物。'"吕氏春秋季冬纪高注曰："太吕，阴律。万物萌生，动于黄泉，未能达见。吕，旅也，所以旅去阴即阳，助其成功，故曰太吕也。"白虎通义："十二月，律谓之太吕何？太，大也。吕，拒也。言阳气欲出，阴不许。吕之为言拒者，旅抑拒难之也。"元诰按：助扬宣物，各本无"扬"字，今依礼记月令注引国语补正之。**二间夹钟，出四隙之细也。** 二月曰夹钟，坤六五也。管长七寸四分强，约法云：自夷则下生得半律，三寸二千一百八十七分寸之一千六百三十一，倍之为全律，七寸二千一百八十七分寸之一千七十五。(元诰按：此依项名达说改正。)隙，间也。夹钟助阳。钟，聚也。细，微也。四隙，四时之间气微细者。春为阳中，万物始生，四时之微气皆始于春，春发而出之，三时奉而成之，故夹钟出四时之微气也。〇礼记月令篇郑注曰："夹钟者，夷则之所生，三分益一，律长七寸二千一百八十分寸之千十五。"孔疏曰："夷则长五寸七百二十九分寸之四百五十一，今上生夹钟，当三分益一。就夷则五寸之中取三寸，更益一寸，为四寸，余有整二寸，又于七百二十九分寸之中有细分四百五十一，此细分各三分之，于是一寸分为二千一百八十七分，有四百五十一者，为一千三百五十三，则是二千一百八十七分寸之一千三百五十三也。以整二寸各二千一百八十七分，则二寸总有四千三百七十四分，益前一千三百五十三，总为五千七百二十七，为实数，但上生者三分益一，以实数更三分之，各有一千九百九分，以三分益一，则益一分一千九百九，并前五千七百二十七，总为七千六百三十六，为积分总数也。然后除之为寸，一寸用二千一百八十七，则三寸总用六千五百六十一，以三寸益前四寸为七寸，余有一千七十五分不成寸，是为夹钟长七寸二千一百八十七分寸之千七十五也。周语注云：'夹钟，夹助阳。四隙，谓黄钟、太吕、太蔟、夹钟。凡助，出四隙之微气，令不滞伏于下也。'"（元诰按：引注为贾、唐注，与韦注不同。）吕氏春秋仲春纪高注曰："夹钟，阴律也。是月万物去阳，夹阴而生。"白虎通义："二月，律谓之夹钟何？夹者，孚甲也，言万物孚甲，种类分也。"**三间仲吕，宣中气也。**四月曰仲吕，坤上六也。管长六寸六分强，（元诰按：此依项名达说改正。）约法云：自无射下生得半律，三寸万九千六百八十三分寸之六千四百八十七，倍之为全律，六寸万九千六百八十三分寸之万二千九百七十四。（元诰按：此依项名达说改正。）阳气起于中，至四月宣散于外，纯乾用事，阴闭藏于内，所以助阳成功也，故曰正月。正月，正阳之月也〔九三〕。○礼记月令篇郑注曰："中吕者，无射之所生，（元诰按：中、仲古今字。）三分益一，律长六寸万九千六百八十三分寸之万二千九百七十四。"孔疏曰："无射之律，长四寸六千五百六十一分寸之六千五百二十四，三分益一，以生中吕。于无射四寸之内，取三寸益一寸，为四寸，余有整寸一。又有六千五百六十一分寸之六千五百二十四，以六千五百六十一各三分之，则一寸分为一万九千六百八十三分也，六千五百二十四分各三分之，则为一万九千五百七十二，又整一寸分为一万九千六百八十三，并之，总为三万九千二百五十五也。更三分之，一分有一万三千八十五，上生者三分益一，以一万三千八十五益上之数，总为五万二千三百四十，为积分之数。然后除之为寸，一寸除一万九千六百八十三〔九四〕，则二寸除二万九千三百六十六，为二寸，通前为六寸〔九五〕，余有一万二千九百七十四，不成寸，是中吕长六寸万九千六百八十三分寸之万二千九百七十四也。"吕氏春秋孟夏纪高注曰："仲吕，阴律也。阳散在外，阴实在中，所以旅阳成功也，故曰仲吕。"白虎通义："四月谓之仲吕何？言阳气将极，中充大也，故复中难之也。"**四间林钟，和展百事，俾莫不任肃纯恪也。** 六月曰林钟，坤初六也。管长六寸。（元诰按：此下依项名达说，删"律长六寸"四字。）林，众也，言万物众盛也。钟，聚也。于正声为徵〔九六〕。展，审也。俾，使也。肃，速也。纯，大也。恪，敬也。言时务和审百事〔九七〕，无有伪诈，使莫不任其职事，速其功，大敬其职也。〇礼记月令篇郑注曰："林钟者，黄钟之所生，三分去一，律长六寸。"孔疏曰："黄钟长九寸，三分去一，下生林钟，故林钟长六寸。"吕氏春秋季夏纪高注曰："林，众。钟，聚。阴律也。阳气衰，阴气起，万物众聚而成。"白虎通义："六月谓之林钟何？林者，众也。万物成熟，种类众多也。"俞樾曰："展与布同义，故小尔雅广言曰：'布，展也。'然则展亦布也。和当读为宣，尚书禹贡篇：'和夷底绩。'水经桓水篇注引郑注，和读曰桓。桓与宣并从亘声，和之读为宣，犹和之读为桓也。和展百事者，宣布百事也。周官小司寇职曰：'正岁帅其属而观刑象，乃宣布于四方。'布宪职曰：'执旌节以宣布于四方。'是其义也。韦读和如本字，而训展为'审'，则和与展义不相属矣。"**五间南吕，赞阳秀物也**〔九八〕。八月曰南吕，坤六二也。管长五寸三分强，约为五寸三分寸之一。（元诰按：此依项名达说改正。）荣而不实曰秀。南，任也。阴任阳事，助成万物。赞，佐也。阴佐阳，秀成物也。（元诰按：此七字据月令疏引补。)○礼记月令篇郑注曰:"南吕者,太蔟之所生,三分去一,律长五寸三分寸之一。"孔疏曰:"太蔟长八寸二分,去一,下生南吕。三寸去一寸,六寸去二寸,得四寸,又有整二寸在。分一寸作三分,二寸为六分,更三分去一,余有四分在。以三分为一寸,益前四寸为五寸,仍有一分在,故云律长五寸三分寸之一也。"吕氏春秋仲秋纪高注曰:"南吕,阴律。是月阳气内藏,阴吕于阳〔九九〕,任其成功。"白虎通义:"八月谓之南吕何? 南者,任也,言阳气尚有,任生荠麦也,故阴拒之也。"元诰按:赞阳秀物〔一○○〕,各本无"物"字,今依月令注引补。**六间应钟,均利器用,俾应复也。**十月日应钟,坤六三也。管长四寸八分弱,约为四寸二十七分寸之二十。(元诰按:依项名达说改正。)言阴应阳用事,万物钟聚,百器具备,时务均利,百官器用、程度、庶品使皆应其礼,复其常也。月令"孟冬,命工师效功,陈祭器,按程度,毋作淫巧以荡上心,必功致为上"也。○礼记月令篇郑注曰:"应钟者,姑洗之所生,三分去一,律长四寸二十七分寸之二十。"孔疏曰:"姑洗之律,长七寸九分寸之一。三分去一,则六寸去二寸,有四寸在。余有整一寸九分寸之一〔一○一〕,更三分,一寸为二十七分,九分寸之一为三分〔一○二〕,并二十七分,总为三十分,三分去一,去其十分,余有二十分在,故云律长四寸二十七分寸之二十也。按春秋说云:'应其钟。'注云:'应钟,应其种类。'律历志:'应钟,言阴气应无射,该藏万物而杂阳阂种。'注:'阂,藏塞也,阴杂阳气,藏塞为万物作种。'晋灼曰:'外闭曰阂。'以此言之,云应其种类,正谓应无射也。周语注曰:'坤六三用事。应,当也。言阴当代阳用事,百物可种藏,则均利百工之器。俾应复者,阴阳用事,终而复始也。'"(元诰按:引注为贾、唐注,与韦注不同。)吕氏春秋孟冬纪高注曰："应钟，阴律也。阴应于阳，转成其功，万物聚藏。"白虎通义："十月谓之应钟何？钟，动也，言万物应阳而动，下藏也。"**律吕不易，无奸物也。** 律吕不变易其正，各顺其时，则神无奸行，物无害生也。**细钧有钟无镈，昭其大也。** 细，细声，谓角、徵、羽也。钧，调也。钟，大钟。镈，小钟也。昭，明也。有钟无镈，谓两细不相和，故以钟为之节。明其大者，以大平细也。〇宋庠曰："镈，伯各反。终篇同。"（元诰按：先郑云"镈为大钟"，朱骏声亦谓"以声求之，训大钟为长，镈乃鎛之假借字，则非小钟明矣"，并与韦注异。然此文以训小钟为合。**大钧有镈无钟，** 大，谓宫、商也。举宫、商而但有镈无钟，谓两大不相和，故去钟而用镈，以小平大也。**甚大无镈，鸣其细也。** 甚大，谓同尚大声也，则又去镈，独鸣其细。细，谓丝竹革木。〇严杰曰："大不踰宫，细不过羽，细大是指声言。昭其大，鸣其细，是指器言。细钧有钟无镈，大钧有镈无钟，是指调言。钧即'均'字，今所谓'调'，即古所谓'均'。"元诰按：严所云"均"即韵也。**大昭小鸣，和之道也。** 大声昭，小声鸣，和平之道也。**和平则久，** 久，可久乐也。**久固则纯，** 固，安也。可久则安，安则纯也。孔子曰："纵之，纯如也。"**纯明则终，** 终，成也。书曰："箫韶九成。"〇王引之曰："明，成也。谓纯成则终也。故古谓乐一终为一成。"**终复则乐，** 终复，终则复奏故乐也。**所以成政也，** 言政象乐也。**故先王贵之。"** 贵其和平，可以移风易俗也。**王曰："七律者何？"** 周有七音，王问七音之律，意谓七律为音器〔一〇三〕，用黄钟为宫，太蔟为商，姑洗为角，林钟为徵，南吕为羽，应钟变宫，蕤宾变徵也。〇淮南诠言训注："古琴五弦，至周有七律，增为七弦也。"汪远孙曰："七音不始于周。"**对曰："昔武王伐殷，岁**

在鹑火，岁，岁星也。鹑火，次名，周分野也。从柳九度至张十七度为鹑火。（元诰按：各本作"十六度"，据汉书律历志改。）谓武王始发师东行，时殷十一月二十八日戊子，于夏为十月。是时岁星在张十三度。张，鹑火也。〇项名达曰："钱大昕以三统术推得是年岁星在张十三度者，惟三月戊寅以后七日，五月辛酉以后五日。韦氏误指为师始发时，非是。案武王伐殷年月日，韦氏悉本三统术，其年为己卯，今用授时术校之，推得年前亥月小二十五日为戊子，较三统差三日。推岁星平度，年前在室四度，卯月与日合于壁七度，午月抵娄四度，由是退行，亥月留奎十度，计通年自娵訾而降娄，距鹑火不及四次。"宋庠曰："鹑，述春反，又常伦反。"**月在天驷**，天驷，房星也。谓戊子日，月宿房五度。〇项名达曰："依授时，推得年前亥月二十七日庚寅戌刻，月始入房〔一〇四〕，较迟二日。"尔雅："天驷，房星也。"郭注云："龙为天马，故房四星谓之天驷。"史记书："房为府，曰天驷，其阴，右骖。"索隐引诗泛历枢〔一〇五〕："房为天马，主车驾。"宋均云："房既近心，为明堂，又别为天府及天驷也。"元诰按：天驷或简称驷，亦称天马，又简称马。**日在析木之津**，津，天汉也。析木，次名，从尾十度至南斗十一度为析木，其间为汉津。谓戊子日宿箕七度也。〇项名达曰："依授时，推得亥月十八日辛巳日躔箕初度，二十五日戊子至箕七度，二十八日辛卯入斗初。"**辰在斗柄**，辰，日月之会。斗柄，斗前也。谓戊子后三日，得周正月辛卯朔，于殷为十二月，夏为十一月。是日，月合辰斗前一度也。〇项名达曰："依授时，推得平朔为甲午，差迟三日；定朔为癸巳，差迟二日；日月合辰在斗一度九十九分，差两度有奇。"**星在天鼋**。星，辰星也。天鼋，次名，一曰玄枵。从须女八度至危十五度为天鼋。谓周正月辛卯朔。二日壬辰，辰星始见。三日癸巳，武王发行，二十八日戊午，度孟津，距戊子三十一日。二十九日己未晦，冬至，辰星与须女伏天鼋之首也。○项名达曰："钱大昕以三统术推得是年周正月二日壬辰，辰星夕始见，在南斗十五度；二十四日甲寅，入天鼋之次；二十六日丙辰，留女八度；二十七日丁巳，出天鼋之次；二十八日戊午，退在女六度而伏。韦氏云伏天鼋之首，与本术不合。案依授时推辰星平度，是年前亥月二十六日己丑，辰星夕见于南斗十五度；由是疾行，至周正月十二日甲辰，推女三度；二十六日戊午，留虚二度；二十八日庚申晦冬至，丑月初七日己巳，退伏女六度。"宋庠曰："鼋，隅袁反。"**星与日辰之位，皆在北维**。星，辰星也。辰星在须女，日在析木之津，辰在斗柄，故皆在北维。北维，北方水位也。**颛顼之所建也，帝喾受之**。建，立也。颛顼，帝喾所代也。帝喾，周之先祖，后稷所出。礼祭法曰："周人禘喾而郊稷。"颛顼，水德之王，立于北方，帝喾木德，故受之于水。今周亦木德，当受殷之水，犹帝喾之受颛顼也。**我姬氏出自天鼋**，姬氏，周姓。天鼋，即玄枵，齐之分野。周之皇妣王季母太姜者，逢伯陵之后，齐女也，故言出于天鼋。传曰："有逢伯陵因之，蒲姑氏因之，而后太公因之。"又曰："有星出于须女，姜氏、任氏实守其祀。"**及析木者，有建星及牵牛焉**〔一〇六〕，从斗一度至十一度，分属析木，日辰所在也。建星在牵牛间，谓从辰星所在须女，天鼋之首。至析木之分〔一〇七〕，历建星及牵牛，皆水宿，言得水类也。**则我皇妣大姜之侄，伯陵之后，逢公之所凭神也**〔一〇八〕。皇，君也。生曰母，死曰妣。大姜，大王之妃，王季之母，姜女也。女子谓昆弟之子，男女皆曰侄。伯陵，大姜之祖有逢伯陵也。逢公，伯陵之后，大姜之侄，殷之诸侯，封于齐地。齐地属天鼋，故祀天鼋。死而配食，为其神主，故云凭。凭，依也，言天鼋乃皇妣家之所凭依也，非但合于水木相承而已，又我实出于水家。周道起于大王，故本于大姜也。○旧音："逄，白江反。"**岁之所在，则我有周之分野也。**岁星在鹑火。鹑火，周分野也。岁星所在，利以伐之也。○元诰按："也"字据昭二十年内传疏引补。**月之所在，辰马，农祥也，**辰马，谓房、心星也。心星所在大辰之次为天驷〔一〇九〕。驷，马也，故曰辰马。言月在房，合于农祥。祥，犹象也。房星晨正，而农事起焉，故谓之农祥。○汪远孙曰："尔雅：'大辰，房、心、尾也。'说文：'晨，房星，为民田时者。晨，或省〔一一〇〕。''辰'下云：'辰，房星，天时也。''辰'下云：'辰者，农之时也，故房星为辰〔一一一〕，田候也。'晨、晨、辰古通用。辰，时也。农时最重，故房星专名辰。房又为天马，故曰'辰马'。房、心为辰，故韦注连言心也。"**我大祖后稷之所经纬也。**稷播百谷，故农祥，后稷之所经纬也。晋语："辰以成善，后稷是相。"（元诰按："辰"字、"相"字依补音改。）○陈奂曰："周以后稷为大祖，礼记王制注，'大祖，后稷'是也。诗生民疏据雒笺'禘大祖谓文王'，乃云'后稷以初始感生，谓之始祖，又以祖之尊大，并谓之大祖'。引此周语为解，其说非也。"**王欲合是五位三所而用之。**王，武王也。五位，岁、月、日、星、辰也。三所，逄公所凭神，周分野所在，后稷所经纬也。○诗大明篇孔疏曰："按其文云，'星与日辰之位皆在北维'，'岁之所在'，'月之所在'，言'五位三所'，谓五物在三处，当以此五在为三所，不得以'所'字充之。若必以'所'字充之，则周之分野不言所也。又正合五位，则五物皆助。若三所惟数逄公，则日之与辰不助周矣。韦昭之言非也。岁、月、日、辰、星五者各有位，谓之五位。星、日、辰在北，岁在南，月在东，居三处，故言三所。"内传昭二十年左传疏曰："三所者，星与日辰之位〔一一二〕，是一所也；岁之所在，是二所也；月之所在，是三所也。"**自鹑及驷，七列也，**鹑火之分，张十三度。（元诰按：十三度，各本作"十六度"，据汉书律历志改。）驷，天驷。房五度，岁、月之所在。从张至房七列，合七宿，谓张、翼、轸、角、亢、氐、房之位。○元诰按："也"字依宋庠本，下同。**南北之揆，七同也，**七同，合七律也。揆，度也。岁在鹑火午，辰星在天鼋子。鹑火，周分野。天鼋及辰水星，周所出。自午至子，其度七同也。**凡人神以数合之，以声昭之，**凡，凡合神人之乐也。以数合之，谓取其七也。以声昭之，谓以律调音也。**数合神和，然后可同也。**同，谓神人相应也。**故以七同其数，而以律和其声，于是乎有七律。**七同其数，谓七列、七同、七律也。律和其声，律有阴阳、正变之声也。○昭二十年左传孔疏曰："七同其数，五声之外加以变宫、变徵也。此二变者，旧乐无之，声或不会。而以律和其声，调和其声，使与五音谐会。谓之七音由此也。"汪远孙曰："淮南天文训：'姑洗生应钟，不比于正音，故为和。应钟生蕤宾，不比于正音，故为缪。'缪与穆古字通用，穆亦和也。五音之外，应钟、变宫、蕤宾、变徵，皆所以调和正音耳。"**王以二月癸亥夜陈〔一一三〕，未毕而雨，**二月，周二月。四日癸亥，至牧野之日。夜陈师，陈师未毕而雨。雨者，天地神人协同之应也。**以夷则之上宫毕，**夷，平。则，法也。夷则，所以平民无贰也。上宫，以夷则为宫声。夷则，上宫也，故以毕陈。周礼："大师执同律以听军声〔一一四〕，而诏吉凶。"一曰阳气在上，故曰上宫也。○宋庠本"毕"下有"之"字。**当辰。辰在戌上，故长夷则之上宫，名之曰羽，**长，谓先用之也。辰，时也。辰，日月之会，斗柄也。当初陈之时，周二月，昏，斗建丑，而斗柄在戌。上下临其时，名其乐为羽，羽翼其众也。○宋庠曰："长，丁丈反。"

所以藩屏民则也。 屏，蔽也。羽之义，以其能藩蔽民，使中法则也。**王以黄钟之下宫，布戎于牧之野，** 布戎，陈兵，谓夜陈之。晨旦，甲子昧爽，左杖黄钺[一一五]，右秉白旄时也。黄钟所以宣养气德，使皆自勉，尚桓桓也。黄钟在下，故曰下宫也。**故谓之厉，所以厉六师也。** 名此乐为厉者，所以厉六军之众也。○元诰按："也"字依宋庠本。**以太蔟之下宫，布令于商，昭显文德，底纣之多罪，** 商，纣都也。文，文王也。底，致也。既杀纣，入商之都，发号施令，以昭明文王之德，致纣之多罪。太蔟所以赞阳出滞，盖谓释箕子之囚，散鹿台之财，发巨桥之粟也。太蔟在下，故曰下宫也。○王念孙曰："此泛言周之文德，不专指文王。下文'宣三王之德'，即其证也。昭三十二年左传：'昔成王合诸侯城成周，以为东都，崇文德焉。'亦是泛言周之文德。杜注云：'崇文王之德。'误与此同。"**故谓之宣，所以宣三王之德也。** 三王，大王、王季、文王也。**反及嬴内，** ○旧音："上音妙，下音汭。"宋庠曰："嬴或作'嬴'，非是。古文尚书作'嬴'，与妙同。"**以无射之上宫，布宪施舍于百姓，** 嬴内，地名。宪，法也。施，施惠。舍，舍罪也。无射所以宣布哲人之令德，示民轨仪。无射在上，故曰上宫也。○王引之曰："布法与施舍意义不伦。周礼秋官之'布宪'，（掌宪邦之刑禁。）管子立政篇之'出令布宪'，皆不为施舍而设，且下云'优柔容民'，则非布法之谓也。宪，疑当为'悳'，悳，古'德'字，（说文：'悳，古文作'悳'。"郎中郑固碑：'悳能简乎，圣心是也。'隶或省作'悳'。执金吾丞武荣碑：'盖观德于始。'韩勑礼器碑：'背道叛德。'其旁皆古文'悳'字也。）形与宪相似而讹。昭十三年左传：'施舍不倦。'杜注曰：'施舍，犹云布

国语集解

恩德。'则施舍正所以布德，故曰'布德施舍于百姓'也。月令：'命相布德和令，行庆施惠，下及兆民。'正与此同义。且上文云'无射所以宣布哲人之令德，示民轨仪也'，是'无射'本以'布德'为义，故云'无射之上宫，布德施舍于百姓'耳。韦所见本已误作'宪'，故不得已而曲为之说，其实非也。又案：施舍之言赐予也，'布德施舍于百姓'，所谓'周有大赉'也。韦分施与舍为二义，失之。"（元诰按：王校"宪"为"德"误，是也。）但既云"布德"，又云"施舍"，于义嫌复。左传杜注云："施舍，犹云布恩德也。"是以"布恩德"释施舍，不足为此文"布德""施舍"并列之例证。疑舍当为"令"，字形相似而误。"布德"即应上文"无射，所以宣布哲人之令德"，"施令"即"示民轨仪"之义也。王说于此不辨，似止得其半耳。**故谓之嬴乱，所以优柔容民也。"**乱，治也。柔，安也。〇俞樾曰："下文'齐闾丘来盟'章曰：'其辑之乱。'韦注曰：'凡作篇章，义既成，撮其大要以为乱辞。诗者，歌也，所以节舞者也。如今三节舞矣，曲终乃更，变章乱节，故谓之乱也。'然则'嬴乱'之乱，当与彼同。上文曰：'故长夷则之上宫，名之曰羽。'注曰：'长谓先用之也。'是此乐以羽为始，以嬴为乱，故曰'嬴乱'。其命名之意在'嬴'，不在'乱'。优柔容民，乃释'嬴'字之义，嬴之言赢也。尔雅释天：'夏为长，为长嬴。'释文曰：'嬴，本作"赢"。'是嬴、赢古通用。襄三十一年左传'以赢诸侯'。杜注曰：'赢，受也。'荀子解蔽篇：'故曰心容。'杨注曰：'容，受也。'赢、容义相近，以容训'赢'，正古义矣。'乱'乃乐终之名，非义所在，故无说也。韦注未得其义。"元诰按：各本嬴作"赢"，黄丕烈谓当作"嬴"，今从之。

137

8 景王既杀下门子。下门子，周大夫，王子猛之傅也。景王无嫡子，既立子猛，又欲立王子朝，故先杀子猛傅下门子也。宾孟适郊，见雄鸡自断其尾，宾孟，周大夫，子朝之傅宾起也。问之，侍者曰："惮其牺也。"侍者，孟之从臣也。惮，惧也。纯美为牺，祭祀所用也。言鸡自断其尾者，惧为宗庙所用也。遽归告王，遽，犹疾也。宾孟有宠于王，欲立子朝，王将许之，故先杀下门子。宾孟知意，故感牺之美，念及子朝，疾归语王，劝立之也。曰："吾见雄鸡自断其尾，而人曰'惮其牺也'，吾以为信畜矣。信，诚也。鸡畏其宗庙之用，故自断其尾，此诚六畜之情，不与人同也。人牺实难，己牺何害？人牺，谓鸡也。为人作牺实难，言将见杀也。己，谓子朝。己自为牺，当何害也？人君冕服，有似于牺，故以喻也。○王引之曰："实，是也。难，患也。人牺实难，言唯他人为牺是患也。韦注未达宾起语意。"抑其恶为人用也乎，则可也。言鸡恶为人所用，故自断其尾。可也，自可尔也。人异于是。异于鸡也。人之美，则宜君人，事宗庙也。牺者，实用人也。"用人，犹治人也。自作牺，则能治人也。王弗应。弗应者，晓其意，畏大臣也。田于巩，巩，北山，今河南县也。使公卿皆从，将杀单子，未克而崩。单子，单穆公也。克，能也。王欲废子猛，更立子朝，恐其不从，故欲杀之。遇心疾而崩，故未能也。在鲁昭二十二年。

9 敬王十年，刘文公与苌弘欲城周，○宋庠本周上增"成"字。为之告晋。敬王，景王之子，悼王之弟敬王匄也〔一一六〕。十年，鲁昭三十二年。刘文公，王卿士，刘挚之子文公卷也。苌弘，周大夫苌叔也。

欲城周者，欲城成周也。成周在瀍水东，王城在瀍水西。初，王子朝作乱，于鲁昭二十三年夏，王子朝入于王城，敬王如刘。秋，敬王居于狄泉。狄泉，成周之城，周墓所在也。鲁昭二十六年四月，敬王师败，出居于滑。十月，晋人救之，王入于成周。子朝奔楚，其余党儋翩之徒多在王城，敬王畏之。于是晋征诸侯戍周，用役烦劳，故苌弘欲城成周，使富辛、石张为主，如晋请城成周。**魏献子为政，**献子，魏正卿，魏绛之子舒也。**说苌弘而与之，**说苌弘，从其求也。○宋庠曰："说，古'悦'字。"**将合诸侯。**合诸侯以城成周也。**卫彪傒适周，闻之，**彪傒，卫大夫。**见单穆公曰："苌、刘其不殁乎？**言将殁也。○吴曾祺曰："谓不得良死也。"元诰按：明道本作"苌弘"，观下文"苌、刘欲支天之所坏"及"其咎孰多"，注曰"谓苌、刘也"，则作"苌、刘"是。今从宋庠本。**周诗有之曰：'天之所支，不可坏也。**周诗，祴时所歌也。支，柱也。**其所坏，亦不可支也。'昔武王克殷而作此诗也，以为祴歌，名之曰'支'，以遗后之人，使永监焉。**监，观也。**夫礼之立成者为祴，**立成，立行礼，不坐也。**昭明大节而已**〔一七〕**，少曲与焉。**节，体也。曲，章曲也。与，类也。言祴礼所以教民敬戒，昭明大体而已，故其诗乐少，章曲威仪少，比类也。○俞樾曰："韦说'曲与'二字，其义甚迂，殆非也。与，古通作'举'，周官师氏'王举则从'，故书举为与。史记吕后纪'苍天举直'，徐广曰：'举，一作"与"。'并其证也。少曲举焉，谓无委曲之举动也。'曲举'与'大节'正相对成义。明道本曲作'典'，疑误。"元诰按：明道本传、注曲皆作"典"。今依宋庠本。**是以为之日惕，其欲教民戒也。**惕，惧也。以是日自恐惧，欲民知戒慎也。○贾本惕作"怛"。**然则夫支之**

所道者，必尽知天地之为也。知天地之为，谓所支坏也。不然，不足以遗后之人。今芣、刘欲支天之所坏，不亦难乎？自幽王而天夺之明，使迷乱弃德，而即慆淫，即，就也。慆，慢也。以亡其百姓，其坏之也久矣。而又将补之，殆不可矣！殆，近也。水火之所犯，犯，害也。犹不可救，而况天乎？谚曰：'从善如登，从恶如崩。'如登，喻难。如崩，喻易。昔孔甲乱夏，四世而陨。孔甲，禹后十四世也。乱夏，乱禹之法也。四世，孔甲至桀四世而亡也。○史记夏本纪曰："孔甲崩，子帝皋立。帝皋崩，子帝发立。帝发崩，子帝癸立，是为桀。"玄王勤商，十有四世而兴。玄王，契也。殷祖契由玄鸟而生，汤亦水德，故曰玄王。勤者，勤身修德，以兴其国。自契至汤十四世而有天下，言其难也。○史记殷本纪曰："契卒，子昭明立。昭明卒，子相土立。相土卒，子昌若立。昌若卒，子曹圉立。曹圉卒，子冥立，为夏司空，勤其官，死于水，殷郊之。冥卒，子振立。振卒，子微立。微卒，子报丁立。报丁卒，子报乙立。报乙卒，子报丙立。报丙卒，子主壬立。主壬卒，子主癸立。主癸卒，子天乙立，是为成汤。"帝甲乱之，七世而陨。帝甲，汤后二十五世也，乱汤之法，至纣七世而亡也。○史记殷本纪："帝甲崩，子帝廪辛立。帝廪辛崩，弟庚丁立〔一一八〕，是为帝庚丁。帝庚丁崩，子武乙立。武乙震死，子帝太丁立。帝太丁崩，子帝乙立。帝乙少子辛，辛母正后，辛为嗣。帝乙崩，子辛立，是为帝辛，天下谓之纣〔一一九〕。"后稷勤周，十有五世而兴。自后稷至文王十五世也。○史记周本纪："后稷卒，（元诰按：后稷非即弃也，参阅周语上"穆王将征犬戎"章戴、汪、吴诸说。）子不窋立。不窋卒，子鞠立。鞠卒，子公刘立，国于邠。公刘卒，子庆节立。庆节卒，子皇仆立。皇仆卒，子差弗立。差弗卒，子毁隃立。毁隃卒，子公非立。公非卒，子高圉立。高圉卒，子亚圉立。亚圉卒，子公叔祖类立。（索隐："世本云：'太公组绀诸盩。'三代世表称叔类，凡四名。皇甫谧云：'公祖一名组绀诸盩，字叔类，号曰太公'也。"）公叔祖类卒，子古公亶父立。古公卒，季历立，是为公季。公季卒，子昌立，是为西伯，西伯曰文王。"**幽王乱之，十有四世矣。**自幽王至今敬王十四世也。〇史记周本纪："幽王官涅立，申侯怒，与缯、西夷犬戎杀幽王骊山下，诸侯乃即申侯而共立故幽王太子宜臼，是为平王。平王立，东迁于雒邑。五十一年，平王崩，太子泄父早死，立其子林，是为桓王。二十三年，桓王崩，子庄王佗立。十五年，庄王崩，子厘王胡齐立。五年，厘王崩，子惠王阆立。二十五年，惠王崩，子襄王郑立。三十二年，襄王崩，子顷王壬臣立。顷王六年，崩，子匡王班立。匡王六年，崩，弟瑜立，是为定王。二十一年，定王崩，子简王夷立。十四年，简王崩，子灵王泄心立。二十七年，灵王崩，子景王贵立。二十年，子丐（元诰按：上文韦注作"匄"是也。）之党与争立，国人立长子猛为王，子朝攻杀猛，晋人攻子朝而立丐，是为敬王。"**守府之谓多，胡可兴也！**胡，何也。夏、殷之乱，或四世，或七世而亡。今周十有四世，无德以救之，虽未亡，得守府藏，天禄已多矣，又何可兴也。**夫周，高山、广川、大薮也，故能生是良材，**言周之道德礼法所以长育贤材，犹天之有山川大薮，良材之所生也。**而幽王荡以为魁陵、粪土、沟渎，其有悛乎！**"荡，坏也。小阜曰魁。悛，止也。言幽王败乱周之法度，犹坏毁高山以为魁陵、粪土，残绝川薮以为沟渎，无有悛止之时也。〇元诰按：吴曾祺曰："魁，大也，与'邱'音义俱同，当是假借字。"**单子曰："其咎孰多？"**谓苌、刘也。**曰："苌叔必速**

及，将天以道补者也。苌叔，苌弘字。速及，速及于咎也。以道补者，欲以天道补人事也。○宋庠本"将天"作"夫将"，考正云："疑当作'天将'。"元诰按：疑当作"将以天道补者也"，注当作"以天道补者"。下句即承此而言。夫天道导可而省否，导，达也。省，去也。苌叔反是，以诳刘子，诳，惑也。必有三殃：违天，一也；支所坏也。反道，二也；以天道补人事。诳人，三也。惑刘子也。周若无咎，苌叔必为戮。虽晋魏子，魏献子也。亦将及焉。咎及之也。若得天福，其当身乎！当其身，祸尚微，后有继，故为天福也。若刘氏，则必子孙实有祸。殃及子孙也。夫子而弃常法，以从其私欲，弃常法，不修周法也。从私欲，欲城成周也。○元诰按：夫音扶。夫子，犹言是人也，谓苌、刘。用巧变以崇天灾，巧变者，见周灭于西都，平王东迁以获久长，故今欲复迁也。崇，犹益也。勤百姓以为己名，其殃大矣！"勤，劳也。名，功也。是岁也，魏献子合诸侯之大夫于狄泉，是岁，敬王十一年，鲁定公之元年也。○王引之曰："是岁，即谓敬王十年，非谓十一年也。韦云'是岁，敬王十一年，鲁定之元年'者，盖以定元年左传'正月辛巳，晋魏舒合诸侯之大夫于狄泉'，故据以作注，不知昭三十二年传已云〔一二〇〕：'冬十一月，晋魏舒、韩不信如京师，合诸侯之大夫于狄泉寻盟，且令城成周'矣。以春秋经考之，'仲孙何忌会晋韩不信、齐高张、宋仲几、卫世叔申、郑国参、曹人、莒人、薛人、杞人、小邾人城成周'书于昭三十二年冬〔一二一〕，而不书于定元年春，则会城成周之事在昭三十二年，而不在定元年明甚。定元年传以前年十一月之事复载于次年正月，左氏之误也。国语以狄泉之会属之敬王十年，正与昭三十二年经合，实足以纠定元年左传之误。韦氏不能详审，反据定元年<u>左传</u>以为之注，疏矣。"遂田于**大陆**，**焚而死**。田，以火田也。**大陆**，<u>晋</u>薮也。**及范、中行之难，苌弘与之**，○<u>元</u>诰按：与，读去声，今作"预"。**晋人以为讨。二十八年，杀苌弘**。<u>范、中行</u>，<u>晋</u>大夫<u>范吉射</u>、<u>中行寅</u>也。作难，叛其君也。初，<u>刘氏</u>、<u>范氏</u>世为婚姻，<u>苌弘</u>事<u>刘文公</u>，故<u>周</u>人与<u>范氏</u>。<u>敬王</u>二十八年，<u>鲁哀</u>三年，<u>晋</u>人以让<u>周</u>，<u>周</u>为之杀<u>苌弘</u>也。**及定王，刘氏亡**。<u>刘氏</u>，<u>文公</u>之子孙也。定，亦当为"贞"。○<u>吴曾祺</u>曰："定王，宜作'贞定王'。"

【校记】

〔一〕 此"见"字领下三"见"字 "领"误作"额"，据国语考异改。

〔二〕 上文"<u>秦师将袭郑</u>"章 "章"字脱，据群经平议补。

〔三〕 名，声也，失所名也 "也失"二字脱，据公序本补。

〔四〕 爽、丧，形声义并相近 "形"字脱，据国语发正补。

〔五〕 酋腊，即"酋久"也 "腊"误作"昔"，下"酋"字误作"酉"，据群经平议改。

〔六〕 此旧音所本也 "音"误作"注"，据经义述闻改。

〔七〕 昔<u>国武子</u>好昭人过 "昭"误作"招"，据经义述闻改。

〔八〕 谓<u>叔孙侨如</u>也 "侨如也"三字脱，据各本补。

〔九〕 欲逐<u>季</u>、<u>孟</u>而专<u>鲁国</u>也 "季"误作"鲁"，据各本改。

〔一〇〕 言其所利骄淫之事耳 "利"误作"流"，据各本改。

〔一一〕 诸侯会于柯陵 此六字脱，据各本补。

〔一二〕 其"<u>晋杀三郤</u>"上"十二年"三字，则后人所增 "其"字误作"下文"，据经义述闻改。

〔一三〕 <u>庆克</u>通于<u>灵公</u>之母声<u>孟子</u>，<u>国佐</u>召<u>庆克</u>而谓之 此十九字脱,据各本补。

〔一四〕言致和睦乃能亲爱也　"睦"误作"时",据各本改。

〔一五〕与己体敌　"体敌"二字误倒,据各本改。

〔一六〕乾下乾上　"下"、"上"二字互倒,据各本改。

〔一七〕时晋景公在位　"景"误作"文",据各本改。

〔一八〕晋襄公之孙也　"襄"字脱,据各本补。

〔一九〕襄元年简王崩　"年"字脱,据经义述闻补。

〔二〇〕则灵王之二十三年矣　"年"字脱,据经义述闻补。

〔二一〕汉书五行志　"志"字脱,据国语发正补。

〔二二〕夫天地成而聚于高　"聚"下衍"物"字,据各本删。

〔二三〕越,扬也。"散扬"与"沉滞"正相反　二"扬"字皆误作"阳",据经义述闻改。

〔二四〕高注吕览云　"高"误作"韦",据吕氏春秋注改。

〔二五〕有鲧城,在县南六十里　"有鲧城"三字脱,据禹贡锥指补。

〔二六〕而于"决汨九川"句不置一词　"决汨"二字误倒,据群经平议改。

〔二七〕则不得谓古无"拍"字矣　"谓"字脱,据群经平议补。

〔二八〕屈此群丑　"丑"误作"配",据经义述闻改。

〔二九〕文选何晏景福殿赋　"何"、"景"二字脱,据文选补。

〔三〇〕以善福殿富天下为大也　"以"下明道本衍"为"字,据公序本删。

〔三一〕岂,辞也　此三字脱,据公序本补。

〔三二〕申、吕,四岳之后　"申"字脱,据各本补。

〔三三〕下文曰:"亡其氏姓。"　"氏姓"二字误倒,据经义述闻改。

〔三四〕翮翮,动摇不休止之意也。夷,平也　"不休止"及"夷平也”六字皆脱，据各本补。

〔三五〕而壅饰之 “而”误作“以”，据<u>公序</u>本改。“之”字脱，据
各本补。

〔三六〕<u>大戴礼礼</u>三本篇 脱一“礼”字，据<u>经义述闻</u>补。

〔三七〕今诸本皆作“王” “王”误作“本”，据<u>国语</u>补音改。

〔三八〕谓象天、仪地、和民、顺时、共神也 “谓”误作“神”，据
各本改。

〔三九〕广尺深尺为畎 “为”字脱，据各本补。

〔四〇〕异亩同颖 “异”误作“同”，据各本改。

〔四一〕太子晋之弟也 “太子”二字脱，据<u>公序</u>本补。

〔四二〕<u>景王无嫡子，既立子猛，又许宾孟立子朝，未立而王崩，单
子、刘子立子猛而攻子朝，王室大乱</u> 二“子猛”皆误作
“子孟”，下“子朝”误作“子昭”，据各本改。

〔四三〕<u>是时大臣专政</u> “政”误作“攻”，据各本改。

〔四四〕<u>元王崩</u> “王”字重衍，据<u>史记周本纪</u>删。

〔四五〕昔<u>殷武丁</u>能聋其德 “丁”字脱，据<u>经义述闻</u>补。

〔四六〕<u>郑后司农</u>云 “后”字脱，据<u>公序</u>本补。

〔四七〕先于室家族类以相致 “室”误作“宁”，据各本改。

〔四八〕<u>单穆公</u>曰 “公”字脱，据各本补。

〔四九〕量资币平轻重之属也 “资”、“平”二字脱，据各本补。

〔五〇〕若无射复有大林以覆之 “大”字脱，据各本补。

〔五一〕黄钟为宫则浊 “则”误作“为”，据各本改。

〔五二〕衡，称上衡 此四字脱，据<u>公序</u>本补。

〔五三〕<u>一切经音义七</u>引<u>贾逵</u>曰：“歆，贪也。” “七”字脱，据<u>国
语三君注辑存</u>补。

〔五四〕乐之至也　此四字脱，据各本补。

〔五五〕口内味而耳内声，声味生气。（口内五味则耳乐五声，耳乐五声则志气生也。）　正文十一字与注文十八字皆脱，据各本补。

〔五六〕明以时动　此句下有"得其时也"四字，乃韦解混入正文而误衍，据各本删。

〔五七〕视明则动　"动"字脱，据各本补。

〔五八〕号令所以成政也　"成"字脱，据各本补。

〔五九〕瓦、丝尚宫　"宫"误作"室"，据各本改。

〔六〇〕律以平声　"律"字脱，据各本补。

〔六一〕诵之曰诗　此四字脱，据公序本补。

〔六二〕咏，咏诗也　脱一"咏"字，据公序本补。

〔六三〕集，会也　"集"误从明道本作"声"，据公序本改。

〔六四〕东北曰艮　"艮"误作"坎"，据各本改。

〔六五〕正东曰震　"震"误作"正"，据各本改。

〔六六〕冬无冰、李梅实之类　"梅"下衍"不"字，据各本删。

〔六七〕不容于耳，耳不能容别也　脱一"耳"字，据公序本补。

〔六八〕言无射之声为大林所陵　"所"误作"为"，据各本改。

〔六九〕故神怒也　"怒"误作"怨"，据各本改。

〔七〇〕八十曰耄。耄，昏惑也　脱一"耄"字，据各本补。

〔七一〕律所以立均出度也　"以"字脱，据各本补。

〔七二〕据此义，假令黄钟之律长九寸　"义"下衍"则"字，据考工记孔疏删。

〔七三〕度，入声，与下"律度"不同　"与"字重衍，据国语韦解补正删。

〔七四〕 重元正始之义也 "元"误作"九",据各本改。

〔七五〕 法云,九分之六得林钟初六 "九分之六"各本作"九寸之一",此据国语发正引项名达说校正而未作说明。

〔七六〕 玄命苞:"黄钟者始黄。" "始"字脱,据礼记月令正义补。

〔七七〕 径三围九,乃古率约略之数,不可以定律管 "围"误作"周","管"字脱,据国语发正引项氏说改补。

〔七八〕 作乐宣遍 "乐宣"误作"事宜",据礼记月令正义改。

〔七九〕 法云,九分之八。(元诰按:此四字依项名达说改正。)
按,"九分之八"为韦解原文,项名达说即下文所引者,"应云黄钟九分之八",元诰按称"此四字",殊不分明,应作"此四字应依项名达说改正"。

〔八〇〕 言万物始大,凑地而出也 "始大"二字脱,据国语发正补。

〔八一〕 正月,蛰虫始震 "正月"二字脱,据公序本补。

〔八二〕 约为七寸九分寸之一 "九分寸"之"寸"字脱,据各本补。"约为"各本原作"律长",据项名达说改而未作说明。

〔八三〕 姑,枯也 "枯",各本作"洁",此据群经平议校正而未作说明。

〔八四〕 蕤,委蕤,柔貌也。言阴气为主,委蕤于下 上"委蕤"之"蕤"字脱,下"委蕤"之"蕤"误作"柔",据公序本补改。

〔八五〕 献酬之礼 "酬"字脱,据礼记月令正义补。

〔八六〕 蕤,委蕤,柔貌也 "委蕤"之"蕤"字脱,据经义述闻补。

〔八七〕 阴气收藏 "气"字脱,据礼记月令正义补。

〔八八〕 谓收敛散越之气也 "越"字脱,据经义述闻补。

〔八九〕 元间太吕,助宣物也 "助"下衍"扬"字,据各本删。

〔九〇〕 八寸二百四十三分寸之一百四 "三分寸"之"寸"字脱,

据项名达说补，见国语发正三。

〔九一〕不名其初　"初"字从公序本。明道本作"物"，国语考异并存之，未作可否。

〔九二〕律长八寸二百四十三分寸之百四　"三分寸"之"寸"字误作"半"，据礼记月令郑注改。

〔九三〕故曰正月。正月，正阳之月也　脱"正月"二字，据公序本补。

〔九四〕一寸除一万九千六百八十三　"九千"二字脱，据礼记月令正义补。

〔九五〕通前为六寸　"寸"误作"十"，据礼记月令正义改。

〔九六〕于正声为徵　"正"误作"五"，据各本改。

〔九七〕和审百事　"事"误作"物"，据各本改。

〔九八〕赞阳秀物也　"阳"误作"扬"，据各本改。各本原无"物"字，此据礼记郑注补。

〔九九〕阴吕于阳　"吕"字脱，据吕氏春秋高注补。

〔一〇〇〕赞阳秀物　"阳"误作"扬"，据礼记月令郑注改。

〔一〇一〕余有整一寸九分寸之一　"有"下衍"一"字，据礼记月令正义删。

〔一〇二〕九分寸之一为三分　"三"误作"二"，据礼记月令正义改。

〔一〇三〕意谓七律为音器　"七律"与"谓"字互倒，"为"字误为"七"，据各本改正。

〔一〇四〕依授时，推得年前亥月二十七日庚寅戌刻，月始入房　"日"字脱，据国语发正补。

〔一〇五〕索隐引诗泛历枢　"泛"误作"氾"，据史记天官书索隐改。

〔一〇六〕 有建星及牵牛焉 “牛”误作“星”,据各本改。

〔一〇七〕 谓从辰星所在须女,天鼋之首。至析木之分 “至”字脱,据公序本补。

〔一〇八〕 逄公之所凭神也 “逄”误作“逢”,“公”误作“伯”,据公序本改。注文“逄”亦皆误作“逢”,据此改正,不另出校。

〔一〇九〕 辰马,谓房、心星也。心星所在大辰之次为天驷 “辰马”之“辰”字,“心星所在”之“心星”二字,皆脱,据公序本补。

〔一一〇〕 晨,或省 此据国语发正,按说文“或”上有“曟”字。

〔一一一〕 故房星为辰 “星”误作“心”,据国语发正改。

〔一一二〕 星与日辰之位 “星”、“日”二字互倒,据左传正义改。

〔一一三〕 王以二月癸亥夜陈 “二月”二字脱,据各本补。

〔一一四〕 大师执同律以听军声 “师”下衍“教”字,据各本删。

〔一一五〕 左杖黄钺 “杖”误作“使”,据公序本改。

〔一一六〕 悼王之弟敬王匄也 “匄”误作“匈”,据各本改。

〔一一七〕 昭明大节而已 “已”误作“己”,据各本改。

〔一一八〕 帝廪辛崩,弟庚丁立 “庚”误作“武”,据史记殷本纪改。

〔一一九〕 天下谓之纣 “纣”误作“桀”,据史记殷本纪改。

〔一二〇〕 不知昭三十二年传已云 “三十二年”误作“二十三年,据经义述闻改。

〔一二一〕 书于昭三十二年冬 “三十二年”误作“二十三年”,据经义述闻改。

国语集解

吉水徐元诰学

鲁语上第四○旧音曰："鲁，姬姓国也。成王封叔父周公之子伯禽于曲阜，是为鲁公。"○元诰按：曲阜今属山东，为县。鲁自鲁公传世二十三而至隐公，入春秋。

1　长勺之役，曹刿问所以战于庄公。长勺，鲁地。曹刿，鲁人也。庄公，鲁桓公之子庄公同也。初，齐襄公立[一]，其政无常，鲍叔牙曰："君使民慢，乱将作矣。"奉公子小白奔莒。鲁庄八年，齐无知杀襄公，管夷吾、邵忽奉公子纠来奔鲁也。九年夏，庄公伐齐，纳子纠。小白自莒先入，与庄公战于乾时，庄公败绩，故十年齐伐鲁，战于长勺也。○吴曾祺曰："定四年传，成王以殷民六族锡鲁[二]，有长勺氏，此当即其所居之地也。"公曰："余不爱衣食于民，有惠赐也。○元诰按：爱，吝也，见后韦注。下同。不爱牲玉于神。"牲，牺牲。玉，圭璧。所以祭祀也。诗云："靡爱斯牲，圭璧既卒。"对曰："夫惠大而后民归之志，○各本"大"作"本"，韦注曰："惠本，谓树德施利也。归之志，志归于上。"俞樾曰："本乃'大'字之误，下文曰：'今将惠以小赐，祀以独恭。小赐不咸，独恭不优。'即承此文而言。惠不大为小赐，民不和为独恭也。又曰：'夫民求不匮于财，而神求优裕于享者也，故不可以不本。'本亦'大'字之误，民求不匮而神求优裕，故不可以不大也，若作'本'字，则均失其义矣。大与本上半相似，因而致误。汉书董仲舒传曰：'元者，辞之所谓大也。'汉纪武帝纪作：'元者，辞之所谓本也。'是其证。"元诰按：俞说是，今据以订正。韦注改"本"为"大"，义亦可

通。**民和而后神降之福。**降，下也。民，神之主，故民和神乃降福。**若布德于民而均平其政事，君子务治而小人务力，动不违时，器不过用，**不过用礼也。○明道本器作"财"，汪远孙曰："涉下句而误。"**财用不匮，莫不共祀。**无不供祀，非独己也。○明道本"莫不"下衍"能使"二字。**是以用民无不听，**○元诰按：用，使也。听，从也。**求福无不丰。今将惠以小赐，祀以独恭。**小赐，临战之赐。独恭，一身之恭也。**小赐不咸，独恭不优。**咸，遍也。优，裕也。**不咸，民不归也，不优，神弗福也，将何以战？夫民求不匮于财，而神求优裕于享者也，**裕，饶也。享，食也。民和年丰为优裕也。**故不可以不大。"**○元诰按：各本大作"本"，韦注曰：

"本，先利民莫不供祀也。"今依俞说改，详见上。韦注易"本"为"大"，亦可通也。**公曰："余听狱，虽不能察，必以情断之。"**狱，讼也。○庄十年左传杜注曰："言争讼、刑罚之类，虽不能遍察其曲直、当否，必尽己之情，以求人之情。"宋庠曰："断，丁乱反，决也。"**对曰："是则可矣。**可者，未大备，可以一战。传曰"齐师败绩"也。**夫苟中心**

图民，智虽弗及，必将至焉〔三〕。"苟，诚也。言诚以中心图虑民事，智虽有所不及，必将至于道也。○明道本"夫苟"上衍"知"字。

2　庄公如齐观社。庄公二十三年，齐因祀社，蒐军实以示客，公往观之也。○史记鲁周公世家集解引韦注作"以示军容"。**曹刿谏曰："不可。夫礼，所以正民也。是故先王制诸侯，使五年四王、一相朝。**贾侍中云："王，谓王事天子也。岁聘以志业，间朝以讲礼，五年之间，四聘于王，则一相朝。相朝者，将朝天子，先相朝也。"唐尚书云："先王，谓尧也。五载一巡守，诸侯四朝。"昭谓：以尧典相参，义亦似之，然此欲以礼正君，宜用周制。周礼："中国凡五服，远者五岁而朝。"礼记曰："诸侯之于天子也，比年一小聘，三年一大聘。"五年一朝谓此也。晋文霸时亦取于此也。○元诰按：正，内传作"整"，林注训"整齐"。又"相朝"下，宋庠本有"也"字。**终则讲于会，以正班爵之义，**终，毕也。讲，习也。班，次也。谓朝毕则习礼于会，以正爵位、次序、尊卑之义也。○明道本传、注班皆误作"斑"。**帅长幼之序，**帅，循也。○庄二十三年左传林注曰："以正五等班爵后先之宜〔四〕，其班爵同者，则以年齿长幼为次序。"**训上下之则，制财用之节，**谓牧伯差国大小，使受贡职也。**其间无由荒怠。**其间，朝会间也。**夫齐弃大公之法而观民于社，**大公，齐始祖大公望也。○庄二十三年经正义引孔晁曰："聚民于社，观戎器也。"**君为是举，**举，动也。**而往观之，非故业也，**业，事也。**何以训民？土发而社，助时也**〔五〕。土发，春分也。周语曰："土乃脉发。"社者，助时祈福为农始也。**收攟而蒸，纳要也。**攟，拾也。冬祭曰蒸，因祭祀以纳五谷之要〔六〕，休农夫也。

月令曰，“孟冬祀于天宗，大割于公社及门闾”也。○一切经音义十三引贾逵曰：“捃，拾穗也。”月令：“农事备收，举五谷之要。”郑注云：“定其租税之簿。”高诱注云：“要，簿书也。”元诰按：贾本攦作“捃”，蒸作“承”。宋庠本蒸作“烝”，并通。**今齐社而旅往观，非先王之训也。**旅，众也。○各本作“今齐社而往观旅”，俞樾曰：“当作‘今齐社而旅往观’。说文从部曰：‘旅，古文旅，古文以为鲁卫之鲁。’然则齐社而旅往观，即齐社而鲁往也。上文曰：‘夫齐弃大公之法而观民于社〔七〕，君为是举而往观之。’彼文‘君’字即此文‘鲁’字，异名而同实。若‘往观’上无‘鲁’字，则于文为不备。且不曰‘观社’而曰‘观旅’，于义又为不通，盖由浅人不知‘旅往观’即‘鲁往观’，因误倒其文耳。”元诰按：俞说得之，今据以乙正。**天子祀上帝，**上帝，天也。**诸侯会之受命焉。**助祭受政命也。**诸侯祀先王先公，**先王，谓若宋祖帝乙、郑祖厉王之属也。先公，先君也。**卿大夫佐之受事焉。**事，职事也。**臣不闻诸侯相会祀也，祀又不法。**不法，谓观民也。○宋庠本“相”上有“之”字。**君举必书，**动则左史书之，言则右史书之。**书而不法，后嗣何观？”公不听，遂如齐。**

3 **庄公丹桓宫之楹，而刻其桷。**桓宫，桓公庙也。楹，柱也。唐云：“桷，椽头也。”昭谓：桷，一名榱，今北土云亦然。尔雅曰：“桷谓之榱。”庄公娶于齐曰哀姜，哀姜将至，当见于庙，故丹柱刻榱以夸之也。○说文：“榱，秦名屋椽也，周谓之椽，齐鲁谓之桷。”（依段本。）易渐：“或得桷。”虞注云：“桷，椽也，方者谓之桷。”公羊传何注云：“‘刻桷’与‘丹楹’同义。”**匠师庆言于公**匠师庆，掌匠大夫御孙之名也。○胡匡衷曰〔八〕:"左传襄公四年有匠庆,谓季文子,上距庄公刻桓宫桷之时已百有余年,疑非一人也。"曰:"臣闻圣王公之先封者,谓若汤、武、周公、大公也。**遗后之人法,使无陷于恶。其为后世,昭前之令闻也**,为,犹使也。**使长监于世**,监,观。观后世成败以为戒也。○俞樾曰:"既云使'无陷于恶',又云'其使后世昭前之令闻',则于义复矣。下又云'使长监于世',殆无此文理也。今按此六句当分两意:上三句以先祖言,谓王公之先封者,宜遗法后人,使无陷于恶也;下三句以子孙言,谓为后世子孙者,当昭前之令闻,使长监于世也。'其为后世'四字为句,韦误连下六字读之,遂失其义。"**故能摄固不解以久**。摄,持也。○宋庠曰:"解,佳卖反。"**今先君俭而君侈**,先君,桓公也。○宋庠本"侈"下有"之"字。**今德替矣。**替,灭也。○元诰按:今,疑当为"令",涉上句而讹。**公曰:"吾属欲美之。"**属,适也。适欲自美之,非先君意也。○吴曾祺曰:"属,谓臣属也。盖君欲委过于下,故下云'无益于君'。'君'字亦是对臣下言。"**对曰:"无益于君,而替前之令德,臣故曰庶可已矣。"**已,止也。○文选傅咸赠何劭、王济诗,李注引贾逵曰:"庶,冀也。"元诰按:宋庠本作"庶可以已乎"。**公弗听。**

4　**哀姜至,公使大夫、宗妇覿用币**。宗妇,同宗大夫之妇也。覿,见也,见夫人也。用币,言与大夫同贽也。○庄二十四年经杜注曰:"礼,小君至,大夫执贽以见,明臣子之道。庄公欲奢夸夫人,故使大夫、宗妇同贽俱见。"元诰按:哀姜,齐襄公之妹也。**宗人夏父展曰:"非故也。"**宗人,宗伯也。夏父,氏也。展,名也。宗伯主男女贽币之礼〔九〕。

故，故事也。公曰："君作故。"言君所作则为故事也。对曰："君作而顺则故之，顺，顺于礼，则书以为故事。〇元谙按：明道本脱此注。逆则亦书其逆也。臣从有司，惧逆之书于后也，故不敢不告。从有司，言备位随从有司后行也。夫妇贽不过枣、栗，以告虔也。枣，取早起。栗，取敬栗。虔，敬也。曲礼曰："妇人之贽，脯、脩、枣、栗。"〇元谙按：夫，犹凡也。男则玉、帛、禽、鸟，以章物也。谓公执桓圭，侯执信圭，伯执躬圭，子执谷璧，男执蒲璧，孤执皮帛，卿执羔，大夫执雁，士执雉，庶人执鹜也。章，明也，明尊卑异物也。〇庄二十四年左传杜注云："章所执之物，别贵贱。"今妇执币，是男女无别也〔一〇〕。男女之别，国之大节也，不可无也。"公弗听。

5　鲁饥，臧文仲言于庄公。鲁饥，在庄公二十八年。文仲，鲁卿，臧哀伯之孙，伯氏瓶之子臧孙辰也。曰："夫为四邻之援，援，所攀援，以为助也。结诸侯之信，重之以婚姻，申之以盟誓，申，重也。固国之艰急是为。艰，难也。是为，为难急也。铸名器，名器，钟鼎也。藏宝财，宝财，玉帛也。固民之殄病是待。殄，绝也。病，饿也。〇王念孙曰："注颇为不辞。案殄亦病也。周官稻人'夏以水殄草而芟夷之'，郑注曰：'殄，病也。'大雅瞻卬篇曰：'邦国殄瘁。'殄之言瘨也，疹也。大雅云汉篇：'胡宁瘨我以旱。'郑注曰：'瘨，病也。'释文：'瘨，韩诗作疹。'越语曰：'疾疹贫病。'疹、殄、瘨声近而义同。"今国病矣，君盍以名器请籴于齐？"盍，何不也。市谷曰籴。公曰："谁使？"对曰："国有饥馑，卿出告籴，古之制也。告，请也。〇元诰按：说文"饥"下云："谷不孰为饥。""馑"下云："蔬不孰为馑。"墨子七患篇："一谷不收谓之馑，五谷不收谓之饥。"襄二十四穀梁传："三谷不收谓之馑。"当以说文为正。又"古之制"谓周之制也，周书籴匡篇，"年俭，谷不足，君亲巡方，卿参告籴"是也。**辰也备卿，辰请如齐。"公使往。从者曰："君不命吾子，吾子请之，其为选事乎？"**选事，自选择于职事也。〇俞樾曰："选当读篡。尔雅释诂曰：'篡，取也。'一切经音义引尔雅旧注曰：'盗位曰篡。'其实，古语凡逆而取之皆谓之篡。说文厶部曰：'逆而夺取曰篡。'方言曰：'秦晋之间，凡取物而逆谓之篡。'后汉书逸民传序：'鸿飞冥冥，弋者何篡焉。'李贤注引宋衷曰：'篡，取也。'君不命而请之，是自取也，故曰'其为篡事乎？'古巽声、算声字往往通用，说文食部篡或作'馔'，是其证也。诗柏舟篇：'不可选也。'后汉书朱穆绝交论作'不可算也'。论语子路篇：'何足算也。'汉书公孙刘田王杨蔡陈郑传赞作'何足选也'〔一一〕。然则选之通作'篡'，犹选之通作'算'耳。韦以本字读之而训为选择，义转迂矣。"**文仲曰："贤者急病而让夷，**夷，平也。**居官者当事不避难，**〇宋庠曰："难，乃旦反。"**在位者恤民之患，是以国家无违。**无相违很者也。**今我不如齐，非急病也。在上不恤下，居官而惰，非事君也。"文仲以鬯圭与玉磬如齐告籴**〔一二〕，鬯圭，祼鬯之圭，长尺二寸，有瓒，以祀庙。玉磬，鸣琗也。〇周礼典瑞："祼圭有瓒。"郑司农注曰〔一三〕："于圭头为器，可以挹鬯。祼祭谓之瓒。国语谓之鬯圭，大雅毛传曰'九命，锡圭瓒、秬、鬯'。秬即秬，鬯圭即圭瓒也。鲁用上公之礼，故得有此。"元诰按：韦注从郑说。**曰："天灾流行，戾于敝邑，饥馑荐降，**

民羸几卒，戾，至也。荐，重也。降，下也。羸，病也。几，近也。卒，尽也。〇陈瑑曰："戾，当以罪戾为义。下'获戾'，解曰：'戾，罪也。'"

大惧殄周公、太公之命祀〔一四〕，贾、唐二君云："周公为太宰，太公为太师〔一五〕，皆掌命诸侯之国所当祀也。"或云："命祀，谓命祀二公也。"昭谓：传曰："卫成公祀夏后相，宁武子曰：'不可以间成王、周公之命祀。'"如此，贾、唐得之。〇俞樾曰："神不歆非类，民不祀非族。太公乃齐之先君，鲁人岂得祭之？下文云：'岂惟寡君与二三臣实受君赐，其周公、太公及百辟神祇实永飨而赖之。'以此告齐，尤不近情，或说非也，贾、唐之说亦无确据，韦氏据宁武子之言为证，则亦非也。武王崩，周公摄政，康叔之封，周公主之，故宁武子举成王必兼及周公，乃据实而言。若伯禽受封，与太公何与？何必并举之乎？若谓二公并掌诸侯命祀，则宁武子之言，何以不及太公乎？是二说胥失之矣。今按，此太公非齐之太公，乃鲁之太公也。周初诸侯犹沿殷制，往往无谥，卫之始封曰康叔，曰康伯；晋之始封曰唐叔虞，曰晋侯燮；蔡之始封曰蔡仲胡，曰蔡伯荒；曹之始封曰曹叔振铎，曰太伯脾，曰仲君平；杞之始封曰东楼公，曰西楼公，曰题公，曰谋娶公；宋之始封曰微子，曰微仲，曰宋公稽，皆无谥也。齐之有谥自哀侯始，哀侯以前曰丁公伋，曰乙公得，曰癸公兹母，凡三君无谥。而太公者，始封之君，又有大功，故尊之曰太公。犹周之王业始于古公亶父，而尊之曰太王也。非独齐国如此，吴自泰伯适吴，遂以有国，至武王追封为吴伯，谓之太伯，义犹是也。左传曰'武王邑姜方震太叔'，则唐叔虞亦有太叔之称，义亦犹是也。鲁之受封，实始于伯禽，伯禽无谥，在他人称之曰鲁公可也，在鲁之臣民称之曰鲁公不可也，则其尊之曰太公，固其宜矣。齐有太公，鲁亦有太公，犹吴有太伯，曹亦有太伯，

国语集解

各尊其祖，不嫌同名。后人但知齐有太公，而不知鲁亦有太公，始失其解矣。昭三年左传曰：‘岂惟寡君，举群臣实受其赐。其自唐叔以下，实宠嘉之。’与此文相似。彼云‘唐叔以下’，举晋先君而言，则此‘周公、太公’举鲁之先君而言无疑矣。下文‘齐孝公来伐’章曰：‘昔者成王命我先君周文公及齐先君太公曰："女股肱周室，以夹辅先王。"’其曰‘齐先君太公’者，别于鲁先君太公也。可见当日属辞之慎。至左传易之曰：‘昔周公、太公股肱周室，夹辅成王。’则失之矣。盖国语乃国史原文，左传则已经左氏删改也〔一六〕。”元诰按：明道本殄作“乏”。**职贡业事之不共而获戾**，戾，罪也。**不腆先君之敝器**，腆，厚也。**敢告滞积，以纾执事**，滞，久也。纾，缓也。执事，齐有司也。谷久积则将朽败，执事所忧也，请之所以缓执事也。**以救敝邑，使能共职，岂唯寡君与二三臣实受君赐，其周公、太公及百辟神祇实永飨而赖之！**”辟，君也。赖，蒙也。天曰神，地曰祇。百辟，谓百君卿士有益于民者也。**齐人归其玉而予之籴。**

6 齐孝公来伐，孝公，齐桓公之子孝公昭也。鲁僖公叛齐，与卫、莒盟于洮，又盟于向，故孝公伐鲁，讨此二盟。○明道本“伐”下有“鲁”字。**臧文仲欲以辞告病焉**，○韦读“辞告”为句，注曰：“欲以文辞告谢齐也。”“病焉”为句，注曰：“病不能为辞也。”俞樾曰：“此当以九字为句。臧文仲欲以辞告病焉，谓欲以鲁之病告齐也。宣十五年左传曰：‘寡君使元以病告。’义与此同。韦氏因下文‘问于展禽’，遂读‘病焉’二字为句，以‘病不能为辞’释之，失其义矣。”元诰按：俞说是，今正。**问于展禽**。展禽，鲁大夫，展无骇之后柳下惠也，字禽也〔一七〕。○元诰按：

柳下惠氏展，名获，字禽。柳下是其所食之邑名，谥曰惠。对曰："获闻之，处大教小，处小事大，所以御乱也，不闻以辞。获，展禽之名。御，止也。若为小而崇，以怒大国，崇，高也。谓自高大，不事大国也。使加己乱，乱在前矣，乱，恶也。辞其何益？"文仲曰："国急矣！百物唯其可者，将无不趋也。百物之中，可用行赂，将无不趋，言无所爱也。愿以子之词行赂焉，其可乎？"展禽使乙喜以膏沐犒师，乙喜，鲁大夫展喜也。犒，劳也。以膏沐为礼，欲以义服齐，明不以赂免之也。○俞樾曰："国语原文疑当作'以膏沐膏师'，上'膏'字如字，下'膏'字古报反。襄十九年左传'如百谷之仰膏雨焉，若常膏之'〔一八〕，释文曰：'"膏雨"，如字。"膏之"，古报反。'是其例也。'犒'字说文所无，汉斥彰长田君碑作'鳙'，亦说文所无，盖皆俗字。周礼故书作'槀'，乃假借字，司农读为槀，似亦未得也。僖二十六年'公使展喜犒师'，正义引服虔曰：'以师枯槀，故馈之饮食。'疑左传原文亦作'膏'矣。"曰："寡君不佞，佞，才也。不能事疆场之司，司，主也，主疆场吏也。不能事，故构我也。使君盛怒，以暴露于敝邑之野，敢犒舆师。"舆，众也。齐侯见使者曰："鲁国恐乎？"使者，乙喜也。对曰："小人恐矣，君子则否。"公曰："室如悬磬，野无青草，何恃而不恐？"悬磬，言鲁府藏空虚，但有榱梁如悬磬也。野无青草，旱甚也。故言"何恃"也。○僖二十六年左传正义引孔晁曰："悬磬，但有桷，无覆盖。"宋庠本磬作"罄"。对曰："恃二君之所职业。昔者成王命我先君周公及齐先君大公曰：'女股肱周室，以夹辅先王。先王，武王也。赐女土地，质之以牺牲，世世子孙无相害也。'质，信

也，谓赐之盟以信其约也。**今君来讨敝邑之罪，其亦使听从而**
释之，释，置也。**必不泯其社稷，**泯，灭也。**岂其贪壤地而弃**
先王之命？其何以镇抚诸侯？恃此以不恐。”齐侯乃许为
平而还。平，和也。

7　温之会，温之会，晋文公讨不服也，在鲁僖二十八年也。**晋人执**
卫成公，归之于周，成公恃楚而不事晋，又杀弟叔武，其臣元咺诉之
晋，故文公执之。事见周语中也。**使医鸩之，不死，**鸩，鸟名也，一
名“运日”，其羽有毒，渍之酒而饮之，立死。传曰：“晋侯使医衍鸩卫侯，
甯俞货医，薄其鸩而不死。”在鲁僖三十年也。**医亦不诛。**不诛医者，
讳以私行毒也。**臧文仲言于僖公**僖公，庄公之子僖公申也。**曰：“夫**
卫君殆无罪矣。刑五而已，无有隐者，隐乃讳也。隐，谓鸩
也。**大刑用甲兵，**贾侍中云：“谓诸侯不式王命，则以六师移之。”昭
谓：甲兵，谓臣有大逆，则被甲聚兵而诛之，若今陈军也。○书舜典正义
引贾逵曰：“用甲兵者，诸侯逆命，征讨之刑也。”**其次用斧钺，**斧钺，
军戮。书曰：“后至者斩。”○周礼掌戮孔疏引贾逵曰：“谓犯斩罪者。”
中刑用刀锯，割劓用刀，断截用锯，亦有大辟〔一九〕，故周语曰：“兵
在其颈。”○周礼掌戮孔疏引贾曰：“用刀以劓之，锯以笮之。”**其次**
用钻笮，钻，膑刑也。笮，黥刑也。○周礼掌戮孔疏引贾逵曰：“钻额，
涅墨。笮，割势，谓宫刑也。”旧音曰：“笮，才落、壮白二反。”**薄刑用**
鞭扑，以威民也。鞭，官刑也。扑，教刑也。○书尧典：“鞭作官刑。”
马注：“为辨治官事者为刑〔二〇〕。”“扑作教刑。”郑注：“扑，榎楚
也。”扑为教官为刑者。**故大者陈之原野，**谓甲兵、斧钺也。**小者**

致之市、朝，刀锯以下也。其死刑，大夫以上尸诸朝〔二一〕，士以下尸诸市。五刑三次，是无隐也。五刑，甲兵、斧钺、刀锯、钻笮、鞭扑也〔二二〕。次，处也。三处，野、朝、市也。今晋人鸩卫侯不死，亦不诛其使者，使者，医衍也。讳而恶杀之也。讳杀卫侯也。有诸侯之请，必免之。臣闻之：班相恤也，故能有亲。班，次也。恤，忧也。言位次同者当相忧也。夫诸侯之患，诸侯恤之，所以训民也。训，教也。教相救恤也。君盍请卫君，以示亲于诸侯，且以动晋？动发晋侯之志也。夫晋新得诸侯，新为伯也。使亦曰：‘鲁不弃其亲，其亦不可以恶。’不可以恶，亦不可以恶鲁也。公说，○宋庠曰："说，古‘悦’字。"行玉二十瑴，乃免卫侯。双玉曰瑴。传曰："纳玉于王及晋侯皆十瑴，王许之。"○宋庠曰："瑴，古学反。"内传："纳玉于王及晋侯皆十瑴。"此云"二十瑴"，并言之耳。自是晋聘于鲁，加于诸侯一等，贵其义也。爵同，厚其好货。爵与鲁同者，特厚其好货。○俞樾曰："当云‘爵与晋同者’，于义方合。盖晋人感鲁、卫同班相恤之故，因自加厚于同爵之国也。晋、鲁皆侯爵，则与晋同爵者，亦即与鲁同爵，然在晋人之意，因其与己同而厚之，非因其与鲁同而厚之也。韦注非是。"元诰按：明道本无"也"字。卫侯闻其臧文仲之为也，使纳赂焉。辞曰："外臣之言不越境，不敢及君。"言臣不外交也。

8 晋文公解曹地以分诸侯。解，削也。晋文公诛无礼，曹人不服，伐而执其君，削其地也，以分诸侯。事在鲁僖三十一年取济西田。○宋庠曰："解，佳买反。"僖公使臧文仲往，宿于重馆。重，鲁地。

馆，候馆也。周礼，五十里有市，市有候馆也。○董增龄曰："后汉郡国
志山阳郡方与县注引内传杜注：'县西北有重乡城。'"重馆人告曰：
"晋始伯而欲固诸侯，人，守馆之隶也。固，犹安也。故解有罪
之地以分诸侯。有罪，谓不礼文公，观衅胁也。诸侯莫不望分而
欲亲晋，皆将争先，晋不以固班，班，次也。○宋庠本固作"故"。
亦必亲先者，吾子不可以不速行。鲁之班长而又先，长，犹
尊。先，先至也。诸侯其谁望之？谁敢望与鲁为比也。若少安，
恐无及也。"从之，获地于诸侯为多。反，既复命，为之请
曰："地之多也，重馆人之力也。臣闻之曰：'善有章，虽
贱赏也。章，明也。恶有衅，虽贵罚也。'衅，兆也。今一言而
辟境，其章大矣，辟，开也。请赏之。"乃出而爵之。出，出之
于隶也〔二三〕。爵，爵为大夫也。○汪中曰："凡有位于朝皆爵也，不必
其为大夫也。"

9　海鸟曰"爰居"，止于鲁东门之外三日，爰居，杂悬也。东
门，城东门也。○尔雅释鸟郭注云："汉元帝时琅琊有大鸟如马驹，时
人谓之'爰居'。"释文引樊光云："似凤凰。"庄子至乐篇释文引司马彪
云："爰居举头高八尺。"元诰按：宋庠本三日作"二日"。臧文仲使
国人祭之。文仲不知，以为神也。展禽曰："越哉，臧孙之为
政也！越，迂也，言其迂阔不知政要也。夫祀，国之大节也，节，
制也。○说文："祀，祭无已也。"一切经音义云："祀，谓年常祭，洁敬
无已也。"而节，政之所成也，言节所以成政也。故慎制祀以为
国典。典，法也。今无故而加典，非政之宜也。加，益也，谓以

祭鸟益国法也。夫圣王之制祀也，法施于民则祀之，谓五帝、殷契、周文也。○礼记祭法疏云："若神农及后土，帝喾与尧及黄帝、颛顼与契之属是也。"以死勤事则祀之，殷冥水死，周弃山死是也。○礼记祭法疏云："若舜及鲧、冥是也。"以劳定国则祀之，虞幕，夏杼，殷上甲微，周高圉、大王也。○礼记祭法疏云："若禹是也。"能御大灾则祀之，夏禹是也。○礼记祭法疏云："能御大灾及能捍大患则祀之者，若汤及文、武也。"能捍大患则祀之。殷汤、周武是也。非是族也，不在祀典。族，类也。昔烈山氏之有天下也，烈山氏，炎帝之号也，起于烈山。礼祭法以烈山为厉山也。○路史禅通纪："炎帝神农氏，生于列山之石室。"注云："列山，即烈山、厉山，水经作赖山，今江夏隋县北界厉乡村南重山也。"路史又曰："官长师事悉以火纪，故称'炎'焉。肇迹列山，故又以列山、厉山为氏。"其子曰柱，柱为后稷，自夏以上祀之。○路史禅通纪："炎帝柱，神农子也。"注云："祭法云：'烈山氏之子曰农，农官也。'即为柱。"元诰按：炎帝非止一人，自炎帝神农以下，有炎帝柱、炎帝庆甲、炎帝临、炎帝承〔二四〕、炎帝魁、炎帝明、炎帝直、炎帝厘、炎帝居、炎帝节茎、炎帝克、炎帝戏、炎帝参卢等，俱见路史禅通纪。又按昭二十九年左传云："柱为稷，夏氏以上祀之，周弃亦为稷，自商以来祀之。"是则后稷又非止周有矣。能殖百谷百蔬。草实曰蔬。○文选东都赋注引薛君韩传章句云〔二五〕："谷类非一，故言百也。"元诰按：襄十九年左传孔疏云："言百，举成数也。"百蔬亦是此义。夏之兴也，周弃继之，故祀以为稷。夏之兴，谓禹也。弃能继柱之功，自商已来祀也。○白虎通义社稷篇曰：'稷，五谷之长，故立稷而祭之也。"共工氏之伯九有也，共工氏，伯者，在戏、农之间有

国语集解

域也。○路史共工氏传："共工氏，羲氏之代侯者也，是曰康回。太昊氏殁，傲乱天常，窃保冀方，抢攘为杰。方其君国也〔二六〕，专以财利贸兴有亡。"注云："共工氏无霸名。祭法曰：'共工氏之霸九州也。'陆农师云：'皇而霸者也，谓之霸，入于器故也。'所谓共工氏者如此。"元诰按：共工有三，此为太昊时女娲所灭之共工，后尧、舜时并有共工也。**其子曰后土，能平九土**，其子，共工之裔子句龙也，佐黄帝为土官。九土，九州之土也。后，君也，使君土官，故曰后土也。○元诰按：内传孔疏云："言共工有子，谓后世子耳，故注云'裔子'。"九土，亦作"水土"。**故祀以为社**。社，后土之神也。○孝经援神契曰："社，土地之主；稷，五谷之主，俱土神，而所主之功异。所主既异，故所配亦异。柱、弃、句龙第配食尔。"白虎通社稷篇曰："五谷多，不可一一而祭也，故封土立社，示有土也。"**黄帝能成命百物，以明民共财**，黄帝，少典之裔子帝轩辕也。命，名也。○礼记祭法孔疏曰："黄帝正名百物者，上虽有百物而未有名，黄帝为物作名〔二七〕，正名其体也。以明民者，谓垂衣裳，使贵贱分明，得其所也。共财者，谓山泽不障，教民取百物以自赡也。"路史疏仡纪："黄帝有熊氏，姓公孙，名荼，一曰轩。"注云："黄帝名惟，曰轩，不曰轩辕。"又禅通纪："轩辕氏，古封禅之帝也，在黄帝之前。承学之士乃皆以为即黄帝氏，失厥所谓，莫此甚焉。"**颛顼能修之**，颛顼，黄帝之孙、昌意之子帝高阳也。能修，修黄帝之功。○路史疏仡纪："帝颛顼高阳氏，名曰颛顼，黄帝之曾孙，祖曰昌意，黄帝之震适也。年十五而佐小昊，封于高阳。兆迹高阳，故遂以为高阳氏。以名为号，绍小昊金天之政，乘辰而王。"元诰按：韦注所叙世系，与路史不同。**帝喾能序三辰以固民**，固，安也。帝喾，黄帝之曾孙、玄嚣之孙、蟜极之子帝高辛也。三辰，日、月、星。谓能次序三辰，以治历明时，教民稼穑以安也。〇路史疏仡纪："帝喾高辛氏曰夋〔二八〕，一曰逡。夋之字曰亡斤，年十有五而佐高阳氏，受封于辛，为侯国。高阳崩而喾是立。叙三辰以著象，历日月而送迎之，以顺天之则，故鲁语云：'佶能次序三辰，以治历明时〔二九〕，教民稼穑以固民也。'"元诰按：路史所引国语与今本不同。**尧能单均刑法以仪民，**尧，帝喾之庶子陶唐氏放勋也。单，尽也。均，平也。仪，善也。〇史记五帝纪索隐曰："尧，谥也。放勋，名。姓伊祈氏。"路史疏仡纪"帝尧陶唐氏，姬姓，高辛氏之第二子也"，注云："伊祈乃炎帝之姓，尧姓姬，出于帝喾，不为伊。尧本作'垚'。三土为垚，让也，惟土能让〔三〇〕。尧是名，世以为谥者，非也。以帝德偶后人，曰放勋。"汪远孙曰："单，当读为禅，谓逊位于舜也。均刑法，谓诛四凶也。周礼大司乐注：'尧能禅，（据宋本及释文。）均刑法以仪民。'正用此文。祭法作'能赏'，郑注'赏，赏善，谓禅舜，封禹、稷等也'，亦取外传为说。"元诰按：单，疑当读为殚，古字通用。殚，尽也。单均刑法以仪民，谓尽力平法以为民准，如诛四凶是也。仪，准也。韦训为"善"，似未安。

舜勤民事而野死，舜，颛顼之后六世有虞帝重华也。野死，谓征有苗死于苍梧之野。〇史记五帝纪索隐曰："舜，谥也。"正义曰："舜生于姚墟，故姓姚。目重瞳子，故曰重华。字都君。"路史疏仡纪："帝舜有虞氏，其先国于虞，始为虞氏。五帝之中，独不出于黄帝。自敬康而下，其祖也。目童重曈，故曰舜，而原曰重华。"史记："舜践帝位三十九年，南巡狩，崩于苍梧之野。葬于江南九疑，是为零陵。"**鲧鄣洪水而殛死，**殛，诛也。鲧，颛顼之后，禹之父也。尧使治水，鄣防百川，绩用不成，尧用殛之于羽山。禹为天子而郊之，取其勤事而死也。〇路史疏仡纪："鲧

国语集解

字熙，汶山广柔人也。"禹能以德修鲧之功，鲧功虽不成，禹亦有所因〔三一〕，故曰修鲧之功。○史记夏本纪："夏禹名曰文命。"集解引谥法曰："受禅成功曰禹。"索隐曰："尚书'文命敷于四海'，孔安国云，'外布文德教命'，不云是禹名。太史公皆以放勋、重华、文命为名。孔又云：'虞氏，舜名。'则尧、舜、禹、汤皆名矣。盖古质，帝王之号皆以名，后代因其行，追而为谥。其实禹是名。故张晏云：'少昊以前，天下之号象其德，颛顼已来，天下之号因其名。'"路史疏仡纪："帝禹夏后氏，姒姓，名禹，一曰伯禹，是为文命。"注云："孟子云：'放勋乃徂落。'知放勋者，号也。王安石云：'放勋，尧号，见之孟子'，则重华、文命为舜、禹之号明矣。"史记正义引帝王世纪曰："禹字密。"元诰按：尧、舜、禹皆名也，后追以为谥。陶唐、虞、夏皆氏也，遂因以为国号。放勋、重华、文命皆号也，亦即为名，人之所以名之者也。都君与密，或为舜与禹之又一字也。禹一曰伯禹，亦曰大禹者，尊其爵为称也。或曰禹功至水平而后大，故于禹成厥功之后始称大禹也。**契为司徒而民辑**，契，殷之祖，为尧司徒，能敬敷五教。辑，和也。○元诰按：史记殷本纪："契长而佐禹治水有功。帝舜乃命契曰：'百姓不亲，五品不训，汝为司徒，敬敷五教，五教在宽〔三二〕。'封于商，赐姓子氏。"索隐曰："契始封商，其后裔盘庚迁殷。契是殷始祖，故言殷契。"**冥勤其官而水死**，冥，契后六世孙根国之子也〔三三〕。为夏水官，勤于其职而死于水也。○礼记祭法疏引世本："契生昭明，昭明生相土，相土生昌若，昌若生曹圉，曹圉生根国，根国生冥。"是契六世孙也。元诰按：史记殷本纪脱根国一代，当补。韦注根国误作"根圉"，今改。宋忠曰："冥为司空，勤其官事〔三四〕，死于水中，殷人郊之。"**汤以宽治民而除其邪**，汤，冥后九世，主癸之子，为夏诸侯，以宽得民。除其邪，谓放桀扞大患也〔三五〕。○史记殷本纪："主癸卒，子天乙立，是为成汤。成汤，自契至汤八迁。汤始居亳。"集解引张晏曰："禹、汤，皆字也。二王去唐、虞之文，从高阳之质，故夏、殷之王皆以名为号。"谥法曰："除虐去残曰汤。"索隐曰："汤名履，书曰'予小子履'是也。殷人尊汤，故曰天乙。"元诰按：汤，字也，后追以为谥。商，姓也，遂因以为国号。故称商汤。履，名也。天乙，号也，亦即为名，人之所以名之者也，与放勋、重华、文命同。汤之功至克夏而后成，故于汤归夏之后始称成汤。**稷勤百谷而山死**，稷，周弃也，勤播百谷，死于黑水之山。毛诗传云。○史记周本纪："周后稷名弃。尧举为农师。帝舜曰：'弃，黎民始饥，尔后稷播时百谷。'封弃于邰，号曰后稷，别姓姬氏。"正义："因太王所居周原，故号曰周。"集解："山海经大荒经曰：'黑水青水之间有广都之野，后稷葬焉。'"元诰按：注谓毛诗传云，今毛传无此文。**文王以文昭**，文王演易，又有文德。周语曰"文王质文"也。○史记正义引谥法曰："经纬天地曰文。"元诰按：文王名昌，武王名发。**武王以武烈，去民之秽**。秽，谓纣也。○各本无"以武烈"三字〔三六〕。俞樾曰："礼记祭法篇曰：'文王以文治，武王以武功，去民之灾。''武王'下有阙文，据周语曰，'成王能明文昭，能定武烈者也'〔三七〕，'文昭'与'武烈'相对，此文疑亦与彼同，当作'文王以文昭，武王以武烈，去民之秽'。"元诰按：俞说是，今据补。史记正义引谥法曰："克定祸乱曰武。"**故有虞氏禘黄帝而祖颛顼，郊尧而宗舜**。贾侍中云："有虞氏，舜后，在夏、殷为二王后〔三八〕，故有禘、郊、祖、宗之礼也。"昭谓：此上四者，谓祭天以配食也。祭昊天于圜丘曰禘，祭五帝于明堂曰祖、宗，祭上帝于南郊曰郊。有虞氏出自黄帝、颛顼之后，故禘黄帝而祖颛顼，舜受禅于尧，故郊尧。礼祭法："有虞氏郊喾而宗尧。"与此异者，舜在时则宗尧，舜崩而子孙宗舜，故郊尧也。○金鹗曰："韦云祭五帝于明堂曰祖、宗，此本祭法郑氏注也。周颂我将序云：'祀文王于明堂也'，诗云：'惟天其右之'，可知明堂飨帝，是祭天也。郑氏谓明堂祭五帝，而不祭昊天，其说殊谬。论语八佾篇潘笺曰：'论语释故云，尔雅："禘，大祭也。"'凡祭之大者皆谓之禘。祭天莫大乎圜丘与南郊，祭地莫大于方泽，祭宗庙莫大于五年之祭，皆曰禘。'宗庙之禘又有二：其一，王制云：'宗庙之祭，春曰禴，夏曰禘。'此殷礼也，周改春曰祠，夏曰禴。其二，则三年之丧毕而吉禘，此诸侯皆得行之，惟三年一祫，五年一禘，乃天子之礼。"元诰按：禘黄帝，谓冬至日祭天于圜丘，而以黄帝配，谓之禘黄帝也。禘与郊皆祭天地之礼，古者冬至祭天于南郊，夏至祭地于北郊。郊尧者，即大传云："王者禘其祖之所自出，以其祖配之。"祖之所自出，天也，有虞氏郊祭而以尧配，故曰郊尧也〔三九〕。祭五帝于明堂曰祖、宗，（金谓，明堂飨帝，亦是祭天。）当祭之时，以颛顼配祖，以舜配宗，故曰祖颛顼宗舜也，以下放此。**夏后氏禘黄帝而祖颛顼，郊鲧而宗禹。**虞、夏俱黄帝、颛顼之后，故禘、祖之礼同。虞以上尚德，夏以下亲亲，故郊鲧。**商人禘喾而祖契，郊冥而宗汤。**礼祭法曰："商人禘喾。喾，契父，商之先，故禘之。"后郑司农云："商人宜郊契。"○元诰按：各本喾作舜，今依韦说改。**周人禘喾而郊稷，**喾，稷之父。稷，周始祖也。**祖文王而宗武王。**此与孝经异也。商家祖契，周公初时亦祖后稷而宗文王，至武王虽承文王之业，有伐纣定天下之功，其庙不可毁，故先推后稷以配天〔四○〕，而后祖文王而宗武王也。○陈奂曰："孝经：'孝莫大于严父，严父莫大于配天，则周公其人也。

昔者周公郊祀后稷以配天，宗祀文王于明堂以配上帝。'诗序：'思文，后稷配天也。''我将，祀文王于明堂也。'诗序与孝经正合。思文为后稷配天，我将为文王配天，皆是周公摄政五年治雒中事。逸周书作雒篇：'乃位五官，明堂居其一。'孔晁注云：'明堂在国南者也。'此正言周公治雒，筑明堂，其时宗文王不宗武王，故诗但歌文王也，孝经所谓严父配天也。周公初宗文王，后更祖文王而宗武王。韦说是矣。"**幕，能帅颛顼者也，有虞氏报焉。**幕，舜后虞思也，为夏诸侯。帅，循也。颛顼，有虞之祖也。报，报德，谓祭也。○昭八年左传正义引孔晁曰："功不及祖，德不及宗，每于岁之大烝而祭，谓之报。"又传曰："自幕至于瞽瞍无违命。"注曰："幕，舜之先。"索隐曰："贾逵以幕为虞思，非也。传言'自幕至瞽瞍'，知幕在瞽瞍之前，必非虞思明矣。"路史余论载吕梁碑叙纪虞帝之世云："舜祖幕，幕生穷蝉，穷蝉生敬康，敬康生乔牛，乔牛生瞽叟，瞽叟产舜。"元诰按：大戴礼帝系篇及史记五帝纪所列颛顼至舜并止七世，又皆不列幕世系。据上所引，则幕确在舜先，非舜后虞思也。又按礼记祭法孔疏引春秋命历序云〔四一〕，"颛顼传二十世三百五十岁"，则颛顼至舜亦决不止七世。穷蝉既是幕子，不知幕去颛顼中隔几代，犹周后稷弃至不窋之代数莫可考也。**杼，能帅禹者也，夏后氏报焉。**杼，禹后七世，少康之子季杼也，能兴夏道。○史记夏本纪杼作"予"。索隐曰："音佇。系本云季佇作甲者也。左传云杼灭豷于戈。"**上甲微，能帅契者也，商人报焉。**上甲微，契后八世，汤之先也。○史记殷本纪索隐曰："皇甫谧云：'微字上甲，其母以甲日生故也。'商家生子，以日为名，盖自微始。谯周以为死称庙主曰'甲'也。"元诰按：史记殷本纪所列契至微为八世，三代世表同。然据世本所列，自契至微为九世，盖史记及世表并脱根国一世也。韦云"契后八世"，承其误而未之审耳。高圉、大王，能帅稷者也，周人报焉。高圉，后稷后十世，公非之子也。大王，高圉之曾孙古公亶父也。○陈奂曰："周人立七庙，高圉、亚圉但报祭不立庙。礼记王制疏引旧注云'周人不毁其庙，报祭之'，非也。又引马融说'周人所报而不立庙'，是也。禘、郊、祖、宗、报，皆非宗庙之祭。"凡禘、郊、祖、宗、报，此五者，国之典祀也。典，法也。加之以社稷、山川之神，皆有功烈于民者也。及前哲令德之人，所以为明质也。质，信也。以其有德于民而祭之，所以信之于民心也。○元诰按："也"字依宋庠本。及天之三辰，民所以瞻仰也。○元诰按：三辰，谓日、月、星也。及地之五行，所以生殖也。殖，长也。五行，五祀，金、木、水、火、土也。○元诰按："生殖"上疑有脱字。及九州名山川泽，所以出财用也。谓九州之中名山川泽也。非是不在祀典。今海鸟至，己不知而祀之，以为国典，难以为仁且智矣。夫仁者讲功，讲，论也。仁者心平，故可论功也。而智者处物。处，名也。无功而祀之，非仁也；鸟无功也。不知而不能问，○宋庠本无"能"字。非智也。今兹海其有灾乎！夫广川之鸟兽，恒知避其灾也。"○宋庠本"避"上有"而"字。是岁也，海多大风，冬暖。暖，爰居之所避也。文仲闻柳下季之言，柳下，展禽之邑。季，字也。曰："信吾过矣，季子之言，不可不法也。"使书以为三策。策，简书也。三策，三卿卿一通也，谓司马、司徒、司空也。

10　文公欲弛孟文子之宅，文公，鲁僖公之子文公兴也。弛，毁也。

孟文子，鲁大夫公孙敖之子文伯谷也。宅，有司所居也，公欲毁之以益宫也。○王引之曰："宅，文子所居。韦云有司所居，非也。弛之言移也，易也。（集韵：'弛，余支切，改易也。'尔雅：'弛，易也。'）弛宅者，以他所宫室易之也。下文'使谓之曰："吾欲利子于外之宽者。"子文对曰："今有司来命易臣之署与其车服，而曰：'将易而次，为宽利也。'"又曰："臣立先臣之署，服其车服，为利故而易其次，是辱君命也。"则弛之为易明甚，盖移其宅于他所，而后取其旧宅耳。又曰：'公欲弛郈敬子之宅，亦如之。对曰："今命臣更次于外，为有司之以班命事也，无乃违乎。"'更亦易也。昭三年左传：'景公欲更晏子之宅，曰："子之宅湫隘嚣尘，不可以居，请更诸爽垲者。"'亦弛宅之类也。古者谓易为弛，韩子内储说篇：'应侯谓秦王曰："上党之安乐，其处甚剧，臣恐弛之而不听，奈何？"王曰："必弛易之矣。"'吕氏春秋开春论：'魏惠王死，葬有日矣，天大雨雪，群臣谏于太子曰："请弛期更日。"'高注曰：'更，改也。'案弛，易也，移也，谓移易其期日也。字或作'施'，荀子儒效篇〔四二〕：'充虚之相施易也。'韩策：'公战胜楚，遂与公乘楚，易三川而归。'史记韩世家易作'施'（正义以施为张设，非是。）是也。或作'驰'，竹书纪年'梁惠成王十一年，及郑驰地，我取枳道与郑鹿'是也。韦以弛为毁，则与'吾欲利子于外之宽者'不合。且下文曰'易'，曰'更'，岂毁之谓乎？"**使谓之曰："吾欲利子于外之宽者。"**于外宽地以利子也。**对曰："夫位，政之建也；**建，立也。此位，谓爵也。言爵所以立政事也。**署，位之表也；**署者，位之表识也。**车服，表之章也；**车服贵贱有等，所以自章别也。**宅，章之次也；**有章服者之次舍也。**禄，次之食也。**居次舍者之所食也。**君议五者以建政，**

为不易之故也。五，谓位、署、服、宅、禄也。有其位则治其官，服其章，居其次，食其禄也。君议五者以立政事，为不可改易也。今有司来命易臣之署与其车服，而曰：'将易而次，为宽利也。'下"而"，女也，为欲宽利女也。〇明道本脱"也"字。夫署，所以朝夕虔君命也，言朝夕者，不宜远也。臣立先君之署，服其车服，为利故而易其次，先臣，父祖之官也。〇周礼宫正："以时比官中之官府，次舍之众寡。"郑注云："次诸吏直宿，若今部署诸庐者。"是辱君命也，不敢闻命。言臣不守先臣之职而欲宽利，则是辱命之臣也。若罪也，则请纳禄与车服而违署，纳，归也。禄，田邑也。违，去也。若臣有罪，则请归禄与车服，而去其官也。唯里人之所命次。"里人，里宰也。有罪去位，则当受舍于里宰。公弗取。臧文仲闻之曰："孟孙善守矣，善守，善守职也。其可以盖穆伯而守其后于鲁乎！"穆伯，文子之父公孙敖也，淫乎莒，出奔而死于齐。今文子守官不失礼，故可以掩盖其父之恶，守其后嗣也。公欲弛郈敬子之宅，亦如之。公，文公也〔四三〕。郈敬子，鲁大夫，郈惠伯之后玄孙敬伯同也〔四四〕。亦如之者，亦谓之欲利子于外之宽也。〇元诰按：明道本别行郈作"郃"，误。世本郈作"厚"，通。对曰："先臣惠伯以命于司里，言先臣惠伯受命于司里，居此宅也。〇胡匡衷曰："司里为司空之属，故又掌授民居。"尝、禘、蒸、享之所致君胙者，有数矣。秋祭曰尝，夏祭曰禘，冬祭曰蒸，春祭曰享。享，献物也。贾、唐二君云："臣祭，致肉于君，谓之致胙。"昭谓：此私祭而致肉，非所以为辞也。致君胙者，谓君祭祀赐胙，臣下掌致之也。有数，有世数也。〇陈奂曰："禘，祭名也。诸侯之禘即在四时之祭之中。天子及鲁于四时之祭外有时禘，

173

周礼所谓'间祀'也。郧敬子据诸侯祭名言之。"陈瑑曰:"诸书皆以春祠、夏禴、秋尝、冬蒸为四祭,今曰'夏祭曰禘'者,盖夏、殷之祭名。周则改之,夏曰礿。其曰'春祭曰享'者,于古无征。瑑案:四祭皆曰享,周官'以祠'、'以禴'、'以尝'、'以蒸'皆曰享可证。韦意亦不定以享为春祭之名,因传文尝、禘、蒸、享连文,而顺秋尝、夏禘、冬蒸之文以为言,曰'春祭曰享'耳。"**出入受事之币以致君命者,亦有数矣。**出入,谓受使出境入国。奉聘币以致君命者,亦于此宅有世数也。**今命臣更次于外,**次,舍也。外,外里也。**为有司之以班命事也,无乃违乎!**违,远也。言有司以位次命职事于臣,臣在外次,无乃违远而不便乎。**请从司徒以班徙次。"公亦不取。**司徒,掌里宰之政,比夫家众寡之官也。敬子自以有罪,君欲黜之,故请从司徒徙里舍也。

11 夏父弗忌为宗,弗忌,鲁大夫,夏父展之后也。宗,宗伯,掌国祭祀之礼也。○胡匡衷曰:"诸侯无宗伯,唯立宗人而已。左传称夏父弗忌为宗伯,郑注大宗伯及礼器引左传俱云:'夏父弗忌为宗人。'疑今本作'宗伯'者误也。鲁语止云:'夏父弗忌为宗。'又云:'宗人夏父展。'哀二十四年传:'使宗人衅夏献其礼。'定四年传称:'分鲁以祝、宗、卜、史。'杜氏解宗为宗人。则鲁无宗伯可知。弗忌云:'我为宗伯',亦谮称。**蒸,将跻僖公。**跻,升也。贾侍中云:"蒸,进也。谓夏父弗忌进言于公,将升僖公于闵公上也。"唐尚书云:"蒸,祭也。"昭谓:此鲁文公三年丧毕,祫祭先君于太庙,升群庙之主,序昭穆之时也。经曰,"八月丁卯,大事于太庙,跻僖公"是也。僖,闵之兄,继闵而立。凡祭,秋曰尝,冬曰蒸。此八月而言蒸,用蒸礼也。凡四时之祭,蒸为备。传曰:"大事者，祫祭也。毁庙之主陈于太祖，未毁之主皆升合食于太祖〔四五〕。跻僖公，逆祀也。逆祀者，先祢而后祖也。"〇元诰按：论语八佾篇："子曰：'禘自既灌而往者，吾不欲观之矣。'"集解引孔曰："禘祫之礼，既灌之后为序昭穆。而鲁逆祀，跻僖公，乱昭穆，故不欲观之矣。"据此，文公盖用禘礼以跻僖公。此禘为吉禘，诸侯皆得用之。古者，新君二年祫，三年禘，闵以二年吉禘，故左氏曰"速也"。宗有司曰："非昭穆也。"宗有司，宗官司事臣也。非昭穆，谓非昭穆之次也。父为昭，子为穆。僖为闵臣，臣子一例，而升闵上，故曰非昭穆也。〇宋庠曰："正作'佋'，经典作'昭'，假借。"曰："我为宗伯，明者为昭，其次为穆，何常之有！"明，言僖有明德，当为昭。闵次之，当为穆。有司曰："夫宗庙之有昭穆也，以次世之长幼，而等胄之亲疏也。长幼，先后也。等，齐也。胄，裔也。〇元诰按：而，犹与也，及也。见经传释词。夫祀，昭孝也，昭，明也，明孝道也。各致齐敬于其皇祖，昭孝之至也。皇，太也。〇宋庠曰："齐，侧皆反。"故工史书世，工，瞽师官也。史，大史也。世，世次先后也。工诵其德，史书其言也。宗祝书昭穆，宗，宗伯。祝，大祝也。宗掌其礼，祝掌其位也。犹恐其踰也。今将先明而后祖，以僖为明而升之，是先祢而后祖也。自玄王以及主癸莫若汤，玄王，契也。主癸，汤父也。自稷以及王季莫若文、武，稷，弃也。王季，文王父也。商、周之蒸也，未尝跻汤与文、武，为踰也。不使相踰也。〇元诰按：为读去声。明道本为下有"不"字，涉注而衍。鲁未若商、周而改其常，无乃不可乎？"弗听，遂跻之。展禽曰："夏父弗忌必有殃。夫宗有司之言顺矣，僖又未有明焉。未有明德也。犯顺不祥，以逆训民亦不祥，易神之班亦不祥，不明而跻之亦不祥，犯鬼道二，二，易神之班、跻不明也。〇王念孙曰："鬼、神，对文则异，散文则通，故神亦谓之鬼。定元年左传：'宋仲几曰："纵子忘之，山川鬼神其忘诸乎？"士伯怒，谓韩简子曰："薛征于人，宋征于鬼，宋罪大矣。且己无辞而抑我以神，诬我也。"'或曰鬼神，或曰鬼，或曰神，其义一也。论语先进篇：'季路问事鬼神，子曰："未能事人，焉能事鬼？"'上言鬼神，下但言鬼，言鬼即可以该神也。"犯人道二，犯顺、以逆训民也。能无殃乎？"侍者曰："若有殃焉在？抑刑戮也，其夭札也？"不终曰夭，疫死曰札。唐云"未名曰夭"，失之矣。〇元诰按：两"也"字并与耶通用。曰："未可知也。若血气强固，将寿宠得没。寿宠，老寿而保宠也。没，终也。虽寿而没，不为无殃。"必以殃终也。既其葬也，焚，烟彻于上。已葬而火焚其棺椁也。彻，达也。〇王念孙曰："'既其葬也焚'五字，韦解未明。'既'为一句，'其葬也焚'为一句。既犹既而也，言既而夏公弗忌之葬也，火焚其棺椁，烟达于上也。周语云：'既，荣公为卿士。'晋语云：'既，骊姬不克。'又云：'既，里丕死祸，公陨于韩。'文元年左传云：'既，又欲立王子职而黜太子商臣。'十六年传云：'既，夫人将使公田孟诸而杀之〔四六〕。'若斯之类，不可悉数。"俞樾曰："韦以'已葬'二字解'既其葬也'四字，于义未安。王氏谓'既犹既而也'，是读'既'字为一句，义亦未得。今按：'既其葬也'四字仍当连读，既，犹暨也。礼记丧大记篇：'涂不暨于棺。'郑注曰：'暨，及也。'史记秦始皇本纪：'东至海暨朝鲜。'正义曰：'暨，及也。'暨其葬也，犹曰及其葬也。既与暨古字通，周官闾胥：'既比则读法。'注曰：'故书既为暨。'杜子春读暨为既。"元诰按：俞说为长。又按：俞曰："文二年左传，'于是夏父弗忌为宗伯，尊僖公'，初不及臧文仲，后乃引孔子之言，以臧文仲纵逆祀为三不知之一，则知夏父弗忌之跻僖公实臧文仲为之也。"

12　莒太子仆弑纪公，纪公生仆及季它〔四七〕，既立仆，又爱季它而黜仆，仆故弑纪公也。以其宝来奔。宝，玉也。来奔，奔鲁也。或有"鲁"字，非也，此鲁语，不当言其鲁也。宣公使仆人以书命季文子宣公，文公之子宣公倭也。命，告也〔四八〕。仆人，官名。文子，鲁正卿季孙行父也。曰："夫莒太子不惮以吾故杀其君，而以宝来，其爱我甚矣。惮，难也。为我予之邑。今日必授，无逆命矣。"授，予也〔四九〕。里革遇之而更其书里革，鲁太史克也。遇仆人，见公书，以太子杀父大逆，故更之。曰："夫莒太子杀其君而窃其宝来，不识穷固，又求自迩，固，废也。迩，近也。为我流之于夷。夷，东夷也。今日必通，无逆命矣。"今日必通，疾之之言也。明日，有司复命，有司，司寇。复，反也。文子得书，使司寇出之境，明日反命于公也。公诘之，诘问仆人以违命意也。仆人以里革对。对以里革所更也。公执之，执里革也。曰："违君命者，女亦闻之乎？"对曰："臣以死奋笔，奚啻其闻之也！言所以触死奋笔而更公命书者，不欲伤君德耳。奚，何也。何啻，言所闻非一也。臣闻之曰：'毁则者为贼，则，法也。掩贼者为藏，掩，匿也。窃宝者为宄，乱在内为宄，谓以子盗父也。用宄之财者为奸。'财，宝也。使君为藏奸者，不可不去也。臣违君命者，亦不可不杀也。"公曰："寡人实贪，非子之罪也。"○明道本无"也"

字。乃舍之。○元诰按：舍，犹释也，古字通用。

13 宣公夏滥于泗渊，滥，渍也。渍罟于泗水之渊以取鱼也。泗在鲁城北也，又曰南门。○段玉裁曰："水经'泗水出鲁卞县北山，西南过鲁县北'，注云：'鲁县城北，洙、泗二水之中，即夫子领徒之所也。'引从征记云：'洙、泗二水交于鲁城东北十七里。'郭缘生言泗水在城南，非也。'又曰南门'四字，虽广异闻，而不可从。"孙星衍曰："今曲阜县治即鲁故城。"汪远孙曰："古者三时五取鱼，惟夏不取。"里革断其罟而弃之，罟，网也。曰："古者大寒降，土蛰发，降，下也。寒气初下，谓季冬建丑之月，大寒之后也。土蛰发，谓孟春建寅之月，蛰始震也。月令"孟春蛰虫始震，鱼上冰，獭祭鱼"也。○王引之曰："下文'鸟兽孕，水虫成'，注谓'春时'，'鸟兽成，水虫孕'，注谓'立夏'，是此孕彼成，皆同时之事。而'大寒降、土蛰发'，乃有季冬、孟春之别，于文为不类矣。今案：大寒降，亦谓孟春也。降，犹减也，退也。广雅曰：'退、犀、杀、瘥，减也。'犀与降通，襄二十六年左传'自上以下，降杀以两'（俗本降误作'隆'，今从唐石经。）是也。季冬大寒之气至，孟春而减矣，故曰'大寒降'。犹夏小正言'正月寒日涤'也。韦氏误解大寒降为季冬之月寒气初下，遂并以下文'尝之庙'为季冬时事，失其义矣。"项名达曰："土蛰发，正月中气启蛰是也。夏小正'正月启蛰'。春秋内传：'启蛰而郊。'杜注云：'建寅之月。'考工记：'凡冒鼓，必以启蛰之日。'郑注云：'孟春之中。'按汉避景帝讳，改启蛰为'惊蛰'，后人又改惊蛰为二月节，雨水为正月中，大抵始于东汉。"水虞于是乎讲眾罶，取名鱼，登川禽，而尝之庙，行诸国，助宣气也。

水虞，渔师也，掌川泽之禁令。讲，习也。罛，鱼网。罶，笱也。名鱼，大鱼也。川禽，鳖蜃之属。诸，之也。是时阳气起，鱼陟负冰，故令国人取之，所以助宣气也。月令："季冬始渔，乃尝鱼，先荐寝庙。"唐云"孟春"，误矣。○诗潜篇孔疏曰："韦昭以为荐鱼唯在季冬，国语云'孟春'者误。按月令：'孟春，獭祭鱼。'则鱼肥而可荐，但自礼文不具，无其事耳。里革称古以言，不当谬也。"王念孙曰："讲读为构。小雅四月笺曰：'构，犹合集也。'谓合集众罶以取鱼也。讲字古读构，故与构通。韩子内储说曰：'寡人欲割河东而讲。'又曰：'因请为魏王构之。'讲与构同。魏策，'今我讲难于秦'，即'构难'。僖十五年左传注，'构虚而不经'，释文构作'讲'。皆其证也。"元诰按：各本"庙"上有"寝"字，诗潜疏、后汉书马融传注引国语无"寝"字。汪远孙谓："'尝之庙'，'行诸国'相对。寝，当涉注'寝庙'而衍"，今据删。**鸟兽孕，水虫成**，孕，怀子也。谓春时也。**兽虞于是乎禁罝罗，猎鱼鳖，以为夏槁**，兽虞，掌鸟兽之禁令。罝，兔罟。罗，鸟罟也。禁，禁不得施也。猎，搣也。（元诰按：搣，贾本作"镞"。）槁，干也。夏不得取，故于时搣刺鱼鳖以为槁储也。○说文："籍，刺也"，引国语"籍鱼鳖"。周礼鳖人郑注云："籍，谓以杈刺泥中搏取之。"淮南缪称训："猨狄之捷来措。"高注云："措，刺也。"汪远孙曰："籍本字，猎假借字，措则籍之省。"旧音曰："猎音策，又七亦反。"宋庠曰："陆从义角反，得之。"吴曾祺曰："猎即以矛取物之名。"元诰按：明道本槁作"犒"，淮南泛论："犒以十二牛。"高注云："牛羊曰犒，共其枯槁也。"是犒、槁声义并通。**助生阜也**。阜，长也。鸟兽方孕，故取鱼鳖助生物也。**鸟兽成，水虫孕，水虞于是乎禁罝麗，设穽鄂**，罝麗，小网也。穽，陷也。鄂，柞格〔五○〕，所以误兽也。谓立夏鸟兽已成，水虫怀孕之时，禁取鱼之网，设取兽之物也。〇明道本作"禁罝罜麗"，宋庠本作"禁罝麗"，旧音作"禁罜麗"。明道本韦注云"罝，当作罜。麗，小网也"，宋庠本韦注云"罜麗，小网也"，旧音云"罜麗，上音独，下音鹿"。王引之曰："旧音'罜麗'二字乃国语原文，韦注内'罝当作'三字乃后人所增，盖正文本作'禁罜麗'，注文本作'罜麗，小网也'，传写者因上文'禁罝罗'而误为'禁罝麗'，后人又于注中'罜'上增'罝当作'三字以迁就已误之正文耳。西京赋注引此正作'禁罜麗'，（今本'禁'下衍'罝'字，胡氏果泉曰："'罝'字不当有，盖有依国语记'罝'字于'罜'旁者，而误在'禁'下也。'）又引韦昭曰：'罜麗，小网也。'则正文当改罝为罜，注文当去'罝当作'三字，而以'罜麗'连读，乃复国语韦注之旧。否则正文、注文皆作'罝'，作旧音者不应不见，而改罝为罜也。荀子成相篇注引作'禁罝罜麗'，与明道本同误。明道本注罝当作'罜'，有作'罝，当作眔'者，亦后人所改。上云'讲眔罶'，此云'禁罜麗'，互文也。旧音不云'罝，依注当作眔'，则所见国语正文无'罝'字，正文亦无'罝，当作眔'之语明甚。"元诰按：明道本作'禁罝罜麗'，'罝'字衍，注'罝，当作罜麗'，上三字衍。而别本注又作'罝，当作眔麗'，眔为罜误。宋庠本注云'罜麗，小网也'不误，而正文'禁罜麗'作'禁罝麗'，罝字亦误。王据旧音订正传、注是也，今从之。

180

以实庙庖，畜功用也。 以兽实宗庙庖厨也，而长鱼鳖，畜四时功，足国财用也。**且夫山不槎蘖，** 槎，斫也。以株生曰蘖。**泽不伐夭，** 山木未成曰夭。〇元诰按：泽，薮之有水者。尚书孔传云："厥草惟夭。"**鱼禁鲲鲕，** 鲲，鱼子也〔五一〕。鲕，未成鱼也。〇元诰按：鲲，庄子释文云："大鱼名。"鲕，说文云："鱼子也，一曰鱼之美者，东海之鲕。"俱与韦解不同。然循文义，韦当不谬也。**兽长麋麌**，鹿子曰麑，麋子曰麌。**鸟翼鷇卵**，翼，成也。生哺曰鷇，未孚曰卵。○旧音曰："鷇，寇、确二反。"宋庠曰："经史相承多音鷇。"**虫舍蚳蝝**，蚳，蚁子也，可以为醢。蝝，蝠蜪也，可以食。舍，不取也。○旧音曰："蚳音迟，蝝音沿。"元诰按：注蝠蜪，尔雅释虫作"蝮蜪"，李注云"蝗子也"，而说文引刘歆说以为"蚍蜉子"是也。若蝗子，去之不暇，何以舍之？**蕃庶物也，古之训也**。蕃，息也。**今鱼方别孕，不教鱼长，又行网罟，贪无艺也**。"别，别于雄而怀子也。艺，极也。○荀子王制篇杨注曰："别，谓生育与母分别也。"元诰按：网，从宋庠本，他本作"罜"，疑是"罜"字之误。作"罜罟"，不作"网罟"，亦通也，网即"網"字。**公闻之曰："吾过而里革匡我，不亦善乎！是良罟也，为我得法**。良，善也。○元诰按：良罟，是就事设譬，意谓如里革之言，合设罟之正道，是一善罟也。为，使也，谓使我得罟以取鱼之准则也。**使有司藏之**，○元诰按：藏，谓藏里革所断之罟。**使吾无忘谂**。"言见此罟则不忘里革之言也。谂，告也。**师存侍**，师，乐师。存，名也。曰："**藏罟不如寘里革于侧之不忘也**。"寘，置也。

14 **子叔声伯如晋，谢季文子**，子叔声伯，鲁大夫，宣公弟叔肸之子公孙婴齐也。谢季文子者，鲁叔孙侨如欲去季氏，谮季文子于晋，晋人执之。郤犨之妻，声伯之外妹也，故鲁成公使声伯如晋谢，且请之。事在鲁成十六年。○王念孙曰："韦以谢与请为二事，不知谢即请也。谢季文子者，请释季文子也。曲礼曰：'大夫七十而致事〔五二〕，若不得谢，则必赐之几杖。'不得谢，谓不得请也。成十六年左传曰：'使子叔声伯

请季孙于晋'，是其明证矣。"郤犨欲予之邑，弗受也。郤犨，晋卿苦成叔也，以妻故亲声伯，故欲为请邑以予之。归，鲍国谓之曰："子何辞苦成叔之邑？欲信让耶，抑知其不可乎？"鲍国，鲍叔牙之玄孙鲍文子也，去齐适鲁，为施孝叔臣也。○汪远孙曰："内传成十七年杜注：'鲍牵，鲍叔牙曾孙。国，牵之弟。'以国为叔牙曾孙，与韦不同。"对曰："吾闻之，不厚其栋，不能任重。厚，大也。任，胜也。重莫如国，栋莫如德。言国至重，非德不任国栋。夫苦成叔家欲任两国而无大德，任，负荷也。两国，晋、鲁也。其不存也，亡无日矣！○元诰按：亡即"无"字。此谓其不存也亡日矣。"无"字当删。譬之如疾，余恐易焉。疾，疫厉也。○王引之曰："易之言延也，谓疫厉蔓延也。大雅皇矣篇：'施于孙子。'笺云：'施，犹易也，延也。'后汉书邓训传注引东观记曰：'吏士常大病疟，转易至数十人。'与此'易'字义同。"苦成氏有三亡：少德而多宠，位下而欲上政，位为下卿，而欲专国政也。无大功而欲大禄，皆怨府也。怨之所聚，故曰府。其君骄而多私，君，谓厉公也。多私，多嬖臣也。胜敌而归，必立新家。胜敌，败楚也。大夫称家，立新家，谓立所幸胥僮之属为大夫也。立新家，不因民不能去旧。不因人之所恶，不能去旧卿也。因民，非多怨民无所始。言郤氏多怨，民所始伐也。为怨三府，可谓多矣。三，谓少德而多宠，位下而欲上政，无大功而欲大禄。其身之不能定，焉能予人之邑？"鲍国曰："我信不若子，若鲍氏有衅，吾不图矣。衅，兆也。言鲍氏若有祸兆，吾不能预图之。今子图远以让邑，必常立矣。"

15 晋人杀厉公，<small>晋人，晋栾书、中行偃也。</small>边人以告，<small>边人，疆场之司也。</small>成公在朝。<small>成公，鲁宣公之子成公黑肱也。</small>公曰："臣杀其君，谁之过也？"大夫莫对，里革曰："君之过也。夫君人者，其威大矣。<small>君，天也，故其威大也。○陈瑑曰："此以声见义也，古音君、威同声，说文：'䎅，从艹，君声，读若威。'"又称："汉律'妇告威姑'，盖即尔雅所谓'君姑'也。"</small>失威而至于杀，其过多矣。<small>过不积，不至于弑也。</small>且夫君也者，将牧民而正其邪者也，若君纵私回而弃民事，<small>回，邪也。</small>民旁有慝，无由省之，<small>慝，恶也。省，察也。○王念孙曰："旁之言溥也、遍也，言民遍有奸慝，而君不能察也。昭六年左传：'民并有争心。'三十二年传：'俾我兄弟并有乱心。'亦谓遍有争心，遍有乱心也。'并'字古音蒲朗反，与旁声相近，（列子黄帝篇：'使弟子并流而承之。'释文：'并音傍。'史记秦始皇纪'并河以东'，集解引服虔汉书注：'并音傍。'汉书：'武帝遂北至琅琊并海。'颜注：'并读曰傍。'是并与傍音相近也。）故并亦有遍义。"</small>益邪多矣。若以邪临民，陷而不振。<small>陷，坠也。振，救也。</small>用善不肯专，则不能使，至于殄灭而莫之恤也，将安用之？<small>安用，安用君也。</small>桀奔南巢〔五三〕，<small>南巢，扬州地，巢伯之国，今庐江居巢县是也〔五四〕。○元诰按：巢县今沿此称，属安徽。</small>纣踣于京，<small>踣，毙也。京，殷京师也。○元诰按：踣与仆音义同。</small>厉流于彘，<small>厉，周厉王也。彘，晋地也。○元诰按：彘，当今山西霍县。</small>幽灭于戏，<small>幽，幽王，为西戎所杀。戏，戏山，在西周也。○昭二十三年公羊传："君死于位曰灭。"元诰按：史记周本纪："申侯与缯、西夷犬戎杀幽王于骊山。"戏即骊山之北，水名，见路史国名纪。在今陕西临潼县东三十</small>

里，尚有古戏亭。正音希。**皆是术也。**术，道也。皆失威多过之道也。**夫君也者，民之川泽也。行而从之，美恶皆君之由，民何能为焉。"**川泽者，以君谕川泽，民谕鱼也。从之者，鱼从川之美恶以为肥瘠也。

16 **季文子相宣、成，无衣帛之妾，无食粟之马。仲孙它谏曰：**仲孙它，鲁孟献子之子子服它也。**"子为鲁上卿，相二君矣，妾不衣帛，马不食粟，人其以子为爱。且不华国乎？"**爱，吝也。华，荣华也。**文子曰："吾亦愿之。**愿华侈也。**然吾观国人，其父兄之食麤而衣恶者犹多矣，吾是以不敢。人之父兄食麤衣恶，而我多美妾与马，无乃非相人者乎！**〇明道本无"者"字。**且吾闻以德荣为国华，**以德荣显者，可以为国光华也。**不闻以妾与马。"文子以告孟献子，**献子，它之父仲孙蔑也。**献子囚之七日。**囚，拘也。〇元诰按：责其谏文子之非也。**自是子服之妾衣不过七升之布，**子服，即它也。八十缕为升。〇柳宗元非之曰："七升之布，大功之缕也，居然而用之，未适乎中庸也已。"**马饩不过稂莠。**饩，秣也。稂，童粱也。莠，草，似稷而无实。〇韦昭毛诗问答曰："莠，今之狗尾也。"程瑶田曰："昭误以粱为稷。曰似稷，盖言似粱云尔。莠非无实，熟则易落。"元诰按：稂，尔雅释草名"童粱"，说文作"童蓈"。**文子闻之曰："过而能改者，民之上也。"使为上大夫。**

184

【校记】

〔一〕 齐襄公立 "公"字脱，据各本补。

〔二〕 成王以殷民六族锡鲁 "民"字脱，据国语韦解补正补。

〔三〕 必将至焉 "至"误作"及"，据各本改。

〔四〕 以正五等班爵后先之宜 "正"误作"王"，据春秋左传杜林注改。

〔五〕 土发而社，助时也 "时"误作"民"，据各本改。

〔六〕 因祭祀以纳五谷之要 "之要"二字脱，据各本补。

〔七〕 夫齐弃大公之法而观民于社 "弃"字脱，据上文及群经平议补。

〔八〕 胡匜衷曰 "衷"误作"中"，据国语发正改。

〔九〕 宗伯主男女贽币之礼 "宗"误作"字"，据各本改。

〔一〇〕 今妇执币，是男女无别也 "币"误作"贽"，据各本改。

〔一一〕 汉书公孙刘田王杨蔡陈郑传赞作"何足选也" "郑"字、"何"字脱，据汉书及群经平议补。

〔一二〕 文仲以鬯圭与玉磬如齐告籴 "仲"误作"公"，"磬"误作"馨"，据各本改。注同。

〔一三〕 郑司农注曰 "司农"二字脱，据国语发正补。

〔一四〕 大惧殄周公、太公之命祀 "太公"二字脱，据各本补。"殄"从公序本，明道本作"乏"。

〔一五〕 太公为太师 "师"误作"傅"，据各本改。

〔一六〕 左传则已经左氏删改也 "经"字脱，据群经平议补。

〔一七〕 展禽，鲁大夫，展无骇之后柳下惠也，字禽也 "字禽也"三字，公序本作"字季禽"，明道本作"字展禽也"，国语考异就明道本云："衍疑衍。"本文据此校正而未作说明。

〔一八〕襄十九年左传"如百谷之仰膏雨焉，若常膏之"　此十八字脱，据群经平议补。

〔一九〕亦有大辟　此四字脱，据各本补。

〔二〇〕书尧典："鞭作官刑。"马注："为辨治官事者为刑。""尧典"误作"吕刑"，又脱"者"字，据尚书尧典及史记五帝本纪集解引马注改补。

〔二一〕大夫以上尸诸朝　"诸"下衍"市"字，据各本删。

〔二二〕五刑，甲兵、斧钺、刀锯、钻笮、鞭扑也　"刀锯"二字脱，据各本补。

〔二三〕出，出之于隶也　"于"字脱，据各本补。

〔二四〕炎帝承　此三字脱，据路史禅通纪补。

〔二五〕文选东都赋注引薛君韩传章句云　"注"字脱，据文选注补。

〔二六〕方其君国也　"方"误作"及"，据路史禅通纪改。

〔二七〕黄帝为物作名　"为物"二字脱，据礼记祭法正义补。

〔二八〕帝喾高辛氏曰喾　"氏"字脱，据路史疏仡纪补。

〔二九〕以治历明时　"治"误作"洽"，据路史疏仡纪改。

〔三〇〕三土为垚，让也，惟土能让　二"土"字皆误为"士"，据路史疏仡纪改。

〔三一〕禹亦有所因　"有"字脱，据各本补。

〔三二〕敬敷五教，五教在宽　"五教"二字脱其一，据史记殷本纪补。

〔三三〕冥，契后六世孙根国之子也　"后"字脱，据各本补。

〔三四〕冥为司空，勤其官事　"官"误作"空"，据史记殷本纪集解改。

〔三五〕谓放桀扞大患也　"患"误作"难"，据各本改。

〔三六〕各本无"以武烈"三字　"以"字脱，"三"误作"二"，据群经平议补改。

〔三七〕成王能明文昭，能定武烈者也　下"能"字脱，据群经平议补。

〔三八〕在夏、殷为二王后　"后"字脱，据各本补。

〔三九〕有虞氏郊祭而以尧配，故曰郊尧也　"氏"字脱，"郊祭"二字误倒，依文义补改。

〔四〇〕故先推后稷以配天　"稷"字脱，据各本补。

〔四一〕礼记祭法孔疏引春秋命历序云　"命"字脱，据礼记祭法孔疏补。

〔四二〕荀子儒效篇　"效"误作"行"，据经义述闻改。

〔四三〕公，文公也　上"公"字误作"父"，据各本改。

〔四四〕郈敬子，鲁大夫，郈惠伯之后玄孙敬伯同也　"之后"二字脱，"玄孙"下衍"之孙"二字，据各本补删。

〔四五〕毁庙之主陈于太祖，未毁之主皆升合食于太祖　二"祖"字皆误作"庙"，据各本改。

〔四六〕夫人将使公田孟诸而杀之　"公"误作"孟"，据经义述闻改。

〔四七〕纪公生仆及季它　"纪"误作"季"，据各本改。

〔四八〕命，告也　此三字脱，据各本补。

〔四九〕授，予也　此三字脱，据各本补。

〔五〇〕鄂，柞格　"鄂"字脱，据各本补。

〔五一〕鲲，鱼子也　"也"字脱，据各本补。

〔五二〕 大夫七十而致事 "事"误作"仕"，据<u>经义述闻</u>改。

〔五三〕 桀奔<u>南巢</u> "奔"误作"崩"，据各本改。

〔五四〕 今<u>庐江 居巢县</u>是也 "居"字脱，据<u>公序</u>本补。

国语集解

吉水徐元诰学

鲁语下第五

1　叔孙穆子聘于晋，穆子，鲁卿叔孙得臣之子豹也。晋悼公飨
之，以飨礼见也。乐及鹿鸣之三，而后拜乐三。及，至也。悼公
先为穆子作肆夏、文王各三篇而不拜，至作鹿鸣之三篇，乃后拜乐三也。
晋侯使行人问焉，行人，官名，掌宾客之礼。传曰："韩献子使行人
子员问焉。"曰："子以君命镇抚敝邑，镇，重也。抚，安也。不
腆先君之礼以辱从者，腆，厚也。称从者，谦也。不腆之乐以节
之。以乐节礼也。吾子舍其大而加礼于其细，敢问何礼也？"
大，谓肆夏、文王也。细，谓鹿鸣也。对曰："寡君使豹来继先君
之好，君以诸侯之故，贶使臣以大礼。贶，赐也。夫先乐金
奏肆夏、樊遏、渠，天子所以飨元侯也，金奏，以钟奏乐也。肆
夏一名樊，韶夏一名遏，纳夏一名渠，此三夏曲也。礼有九夏，周礼钟

189

师："掌以钟鼓奏九夏。"元侯，牧伯也。郑后司农云〔一〕："九夏皆篇名，颂之类也，载在乐章，乐崩亦从而亡，是以颂不能具也。"○襄四年左传杜注与韦同。刘炫曰："杜为此解颇允。三夏之名而分字配篇，不甚惬当。何则？文王之三，即文王是其一，大明、绵是其二。鹿鸣之三，则鹿鸣是其一，四牡、皇皇者华是其二。然则肆夏之三，亦当肆夏是其一，樊遏、渠是其二，安得复以樊为肆夏之别名也？若樊即是肆夏，何须重举二名？"周礼钟师郑注引吕叔玉曰〔二〕："肆夏、樊遏、渠皆周颂也。肆夏，时迈也。繁遏，执竞〔三〕也。渠，思文也。肆，遂也。夏，大也。言遂于大位，谓王位也。故时迈曰：'肆于时夏，允王保之。'繁，多也。遏，止也。言福禄止于周之多也，故执竞曰：'降福穰穰，降福简简，福禄来反。'渠，大也，言以后稷配天，王道之大也。故思文曰：'思文后稷，克配彼天。'"汪远孙曰：吕说当是西京旧说〔四〕。元诰按：元侯，后韦注云："大国之君。"**夫歌文王、大明、绵，则两君相见之乐也，**文王、大明、绵，大雅之首，文王之三也。三篇皆美文王、武王有圣德，天所辅祚，其征应符验著见于天，乃天命，非人力也。周公欲昭先王之德于天下，故两君相见得以为乐也〔五〕。**皆昭令德以合好也，皆非使臣之所敢闻也。臣以为肄业及之，故不敢拜。**肄，习也。以为乐人自习修其业而及之，故不敢拜。**今伶箫咏歌及鹿鸣之三，**伶，伶人，乐官也〔六〕。箫，乐器，编管为之。言乐人以箫作此三篇之声，与歌者相应也。诗云："箫管备举。"○张参五经文字曰："泠，乐官，或作'伶'，讹。"**君之所以贶使臣，臣敢不拜贶！夫鹿鸣，君之所以嘉先君之好也，敢不拜嘉！**嘉，善也。鹿鸣曰："我有嘉宾，德音孔昭。"是为嘉善先君之好也。**四牡，君之所以章使臣之勤也，敢**

不拜章！四牡，君劳使臣之乐也。章，著也。言臣奉命劳勤于外，述叙其情以歌乐之〔七〕，所以著其勤劳也。**皇皇者华，君教使臣曰，‘每怀靡及’**，皇皇者华，君遣使臣之乐也。皇皇，犹煌煌也。怀私为每怀。靡，无也。言臣奉使，当荣显于君，如华之色煌煌然。既受命，当思在公，每人人怀其私，于事将无所及也。○吴曾祺曰："传意以下‘诹、谋、度、询’皆须取益于人，其事以得人和为主，故云和于人，犹皇皇然如不及也。郑笺改为‘私’，义便不可通。韦注主之，非是。"**诹、谋、度、询，必咨于周，敢不拜教！**此六者，皆君之所以教臣也。访问于善为咨，忠信为周〔八〕，言诹、谋、度、询必当咨之于忠信之人也。○旧音曰："诹，子须反。度，待洛反。"**臣闻之曰〔九〕：‘怀和为每怀**，郑后司农云〔一〇〕："和，当为‘私’。"○汪远孙曰："穆子以‘怀和’释‘每怀’，诗皇皇者华首章传：‘每虽怀和也’，卒章传：‘虽有中和，当自谓无所及’，正本外传。王肃述之云：‘虽内怀中和之道，犹自以无所及。’孙毓亦以毛传上下自相申成。（并见诗疏。）怀和为六德之一，若怀私，岂可谓之德乎？"元诰按：明道本无"怀"字。**咨才为诹**，才，当为"事"。传曰："咨事为诹。"○汪远孙曰："内传作‘咨事’，外传作‘咨才’，本不相袭，不必破从内传。武进臧氏琳经义杂记曰：‘咨才为诹者，谓咨贤才之谋也，咨询为亲戚之谋，咨诹为贤才之谋，合亲贤之谋而谋无不周矣〔一一〕。’孔晁国语注云：‘材，谓政干也。’亦不改字。"**咨事为谋**，事，当为"难"。传曰："咨难为谋。"○汪远孙曰："毛诗传云：‘咨事之难易为谋。’合内、外传为训也〔一二〕。此亦不必改字。"**咨义为度**，咨礼义为度，度亦谋也。**咨亲为询**，询亲戚之谋也。**忠信为周。’**言当咨之于忠信之人。诗云："周爰咨谋。"**君贶使臣以大礼，重**

191

之以六德，敢不重拜！"六德，谓诹也、谋也、度也、询也、咨也、周也。○汪远孙曰："上文'臣闻之曰："怀和为每怀，咨才为诹，咨事为谋，咨义为度，咨亲为询，忠信为周。"'六语即六德，与内传'五善'传文均极明白。毛诗皇皇者华二章传云：'忠信为周，访问于善为咨，咨事为诹。'三章传云：'咨事之难易为谋〔一三〕。'四章传云：'咨礼义所宜为度。'卒章传云：'亲戚之谋为询。兼此五者，虽有中和，当自谓无所及成于六德也。'正本内、外传为说。孔晁国语注：'既有五善，又自谓无所及成为六德。'义亦同毛。忠信为周，言咨于忠信之人，即内传之'访问于善为咨'。善即忠信也。自忠信之人言之曰周，自访问之人言之曰咨，韦既从郑破上文'和'字为'私'，遂分咨与周为二，以合六德之数，误矣。诗疏谓'周者，彼贤之质，不当以周备数'，意是而言未尽也。"宋庠曰："重，直用反，再也。"

国语集解

2　季武子为三军，为，作也。武子，鲁卿，季文子之子季孙凤也。周礼："天子六军，诸侯大国三军。"鲁，伯禽之封，旧有三军，其后削弱，二军而已。武子欲专公室，故益中军以为三〔一四〕，三家各征其一。事在鲁襄十一年。（元诰按：明道本作"十二年"，误。）○鲁颂閟宫篇"公徒三万"，郑笺曰："万二千五百人为军，大国三军，合三万七千五百人。言三万者，举成数也。"孔疏引郑答临硕云："鲁颂公徒言三万，是二军之大数。又以此为三军者，以周公受七百里之封，明知当时从上公之制，备三军之数。"叔孙穆子曰："不可。天子作师，公帅之，以征不德。师，谓六军之众也。公，谓诸侯为王卿士者也。周礼："军将皆命卿。"诗云："周公东征。"周公时为二伯而东征，则亦上公为元帅

192

也。○诗棫朴篇孔疏引郑答临硕云："春秋之兵，虽累万之众，皆称师。诗之六师，为六军之师。"又引易师卦注云："多以军为名，次以师为名，少以旅为名。"**元侯作师，卿帅之，以承天子**。元侯，大国之君。师，三军之众也。大国三卿〔一五〕，皆命于天子。承天子，谓从王师征不义也。孔子曰："天下有道，则礼乐征伐自天子出。"**诸侯有卿无军，帅教卫以赞元侯**。诸侯，谓次国之君。有卿，有命卿也，二卿命于天子，一卿命于其君。无军，无三军也。若元侯有事，则令卿帅其所教武卫之士以佐元侯。礼所谓"次国二军，小国一军"，谓以赋出军，从征伐也。赞，佐也。○元诰按：有卿无军，犹言有卿无师也。**自伯、子、男有大夫无卿**，无卿，无命卿也。王制曰，"小国二卿，皆命于其君"也。○汪远孙曰："礼记王制郑注云：'小国亦三卿。'此文似脱误耳。白虎通义封公侯篇引王度记亦曰：'子男三卿。'"**帅赋以从诸侯**。赋，国中出兵车、甲士，以从大国诸侯也。**是以上能征下，下无奸慝**。征，正也。慝，恶也。**今我小侯也**，言小侯者，削弱之日久矣。**处大国之间**，大国，齐、楚也。**缮贡赋以共从者，犹惧有讨**。犹惧以不给见诛讨也〔一六〕。○元诰按：缮，治也。共与供同。从者，谓大国，谦称也。**若为元侯之所**，之所，谓作三军，元侯所为也。○俞樾曰："礼记哀公问篇：'求德当欲不以其所。'郑注曰：'所，犹道也。'若为元侯之所者，若为元侯之道也。盖作师以承天子，乃元侯之道也。若如韦解，则所下更当有'为'字矣。"元诰按：此文疑作"若元侯之所为"，"为"字误倒在"若"下耳。若，如也，谓鲁小国，作三军，是如大国之所为也。注之"所"下疑脱"为"字。**以怒大国，无乃不可乎？"弗从，遂作中军**。言中者，明已有上、下军也〔一七〕。**自是齐、楚代讨于鲁**，代，更也。**襄、昭皆如楚**。襄，襄公也。昭，昭公也。如楚，朝事楚也。事在襄二十九年、昭七年。

3　诸侯伐秦，及泾莫济。及，至也。泾，水名也。济，度也。鲁襄十一年，晋悼公伐郑〔一八〕，秦人伐晋以救郑。十四年，晋使六卿帅诸侯之大夫伐秦，至泾水，无肯先渡者〔一九〕。○元诰按：泾水，详见周语。**晋叔向见叔孙穆子曰："诸侯谓秦不恭而讨之，及泾而止，于秦何益？"**何益于伐秦之事也。**穆子曰："豹之业，及匏有苦叶矣，不知其他。"**业，事也。匏有苦叶，诗邶风篇名也。其诗曰："匏有苦叶，济有深涉。深则厉，浅则揭。"言其必济，不知其他也。○王念孙曰："及匏有苦叶矣，左传襄十四年正义引此，及作'在'是也。案：韦注云：'业，事也'，穆子之事在济泾，故曰：'豹之业，在匏有苦叶矣。'今本在作'及'，则文义不明，盖涉上文两'及泾'而误也。定十年左传'驷赤曰："臣之业，在扬水卒章之四言矣。"'文义正与此同。"陈奂曰："'及'字是言肄业及之也。"元诰按：今从王说绝句。**叔向退，召舟虞与司马**，舟虞，掌舟。司马，掌兵。**曰："夫苦匏不材于人，共济而已**。材，读若裁也。不裁于人，言不可食也。共济而已，佩匏可以渡水也〔二○〕。**鲁叔孙赋匏有苦叶，必将涉矣**。诗以言志也。**具舟除隧，不共有法。"**隧，道也。共，具也。舟虞具舟，司马除道〔二一〕。法，刑也。**是行也，鲁人以莒人先济，诸侯从之**。诸侯，诸侯之大夫也。以，用也。能东西之曰以。

4　襄公如楚，及汉，闻康王卒，欲还。襄公，鲁成公之子襄公午也〔二二〕。如楚者，以宋之盟朝于楚也。汉，水名。康王，楚恭王之子康王昭也。○元诰按：汉水出今陕西宁羌县北嶓冢山，为漾。至南郑县西为汉，今名东汉水。东流至湖北均县名沧浪之水，又东南流至汉阳县汉口合江，其上流为沔河，其下流为襄河。**叔仲昭伯曰：“君之来也，非为一人也，**叔仲昭伯，鲁大夫，叔仲惠伯之孙叔仲带也。一人，谓康王也。**为其名与其众也。**名，谓为大国有盟主之名也。众，略地多，兵甲众也。**今王死，其名未改，其众未败，何为还？”诸大夫皆欲还。子服惠伯曰：“不知所为，姑从君乎！”**惠伯，鲁大夫，仲孙他之子子服椒也。姑，且也。**叔仲曰：“子之来也，非欲安身也，为国家之利也，故不惮勤远而听于楚**〔二三〕。惮，难也。**非义楚也，畏其名与众也。**义楚，非以楚有义而往也。○元诰按：注“义楚”上疑脱“非”字。**夫义人者，固庆其喜而吊其忧，况畏而服焉？**庆，犹贺也。喜，犹福也。**闻畏而往，闻丧而还，**○王引之曰：“‘畏’上‘闻’字衍。上文曰，‘子之来也，非义楚也〔二四〕，畏其名与众也’，所谓‘畏而往’也。又曰，‘闻康王卒，欲还’，所谓‘闻丧而还’也。‘畏’上不当有‘闻’字，此涉下句而衍也。畏出于己，非出于人，何闻之有？说苑正谏篇作‘闻畏而往’，盖后人据误本国语加之也。”汪远孙曰：“畏，读为威。上文‘为其名与众也’，说苑正谏篇作‘为其威也’。名与众即所谓威也。畏、威古字通。”元诰按：汪说不烦删字，而义可通。书吕刑：“德威唯畏。”墨子尚贤篇作“德威唯威”。是亦畏、威通用之证。**苟芈姓实嗣，其谁代之任丧？**芈，楚姓也。嗣，嗣世也。任，当也。谁当代之当丧为主者乎？言必自当之，故不可不往吊也。○史记楚世家：“陆终生子六人，六曰季连，芈姓，楚其后也。”

索隐引宋忠曰："芈姓，诸楚所出，楚之先。芈音弥是反。芈，羊声也。"

王太子又长矣，执政未改，执政，令尹、司马也。改，易也。**予为先君来，死而去之，其谁曰不如先君？**言我为楚先君故来，闻死而去之，后嗣臣子谁肯自谓德不如先君者乎？**将为丧举，闻丧而还，其谁曰非侮也？**举，动也。如在国闻楚有丧，将为之举动而往，况已至汉，闻丧而还，其谁言鲁不轻侮也？**事其君而任其政，其谁曰已贰？**○各本曰作"由"，已作"己"。韦注曰："任，当也。由，从也。言楚臣方事其君，当其政，其谁肯从己时而使诸侯有携贰者也。"俞樾曰："'由'，当作'曰'，'己'，当作而已之'已'，皆字之误也。其谁曰已贰，与上文'其谁曰不如先君'，'其谁曰非侮也'文法一律，言楚臣方事其君而当其政，谁谓其已有二心。下文'执政不贰'即承此句而言，韦注曰'其执政之臣无二心'，则'不贰'属执政言，不属诸侯言明甚。因此句误作'由'、'己'，韦乃曲为之说，则与下意不贯矣。'平丘之会'章曰'其执政贰也'，'贰'字亦就晋执政言，可证此文韦解之非。"元诰按：俞说得之，今并据以订正。**求说其侮，而亟于前之人，其仇不滋大乎？**说，犹除也。滋，益也。亟，疾也。言楚君臣求除其轻侮己者，将急疾于前之人，此仇不益大乎？○宋庠曰："说，它活反。"**说侮不懦，执政不贰，帅大仇以惮小国，其谁云待之？**懦，弱也。惮，难也。言楚人欲除其侮慢之耻，不懦弱，其执政之臣无二心。以楚大仇为鲁作难，其谁能待之？待，犹御也。○吴曾祺曰："楚之伐鲁即在旦夕之间，谁云有所待而不发也？"**若从君以走患，则不如违君以避难。**走，之也。**且夫君子计成而后行，**○一切经音义十三引贾逵曰："计，谋也。"**二三子计乎？有御楚之术而有守国之备，则可**

国语集解

196

也。可，可还也。○元诰按：而，犹与也，及也。论语雍也篇：“不有祝
鮀之佞而有宋朝之美。”王引之曰：“而，犹与也。”此文句法与彼相似。
又宋庠本“备”下有“乎”字。若未有，不如往也。”乃遂行。反，
及方城，闻季武子袭卞，方城，楚北山也。卞，鲁邑也。季武子袭
之以自予。○吴曾祺曰：“方城在叶县南，本作‘萬城’。萬俗字万，故
转为方。卞在今山东兖州府泗水县东五十里也。”元诰按：襄二十三年
经杜注曰：“轻行掩其不备曰袭。”公欲还，出楚师以伐鲁。伐季
氏也。言鲁者，以季氏专鲁国也。荣成伯曰：“不可。成伯，鲁大夫，
声伯之子也，名栾。○襄二十八年左传杜注曰〔二五〕：“荣成伯，荣驾鹅。”
君之于臣，其威大矣。不能令于国，而恃诸侯，诸侯其谁
昵之？昵，亲也。若得楚师以伐鲁，鲁既不违夙之取卞也，
必用命焉，守必固矣。夙，武子名也。言夙取卞时，鲁人不违而从
之，是为听用其命，必同心而守，故言“固也”。若楚之克鲁，克，胜
也。诸姬不获窥焉，而况君乎？○元诰按：诸姬，谓诸姬姓国也，
如鲁、晋、郑皆是。彼无亦置其同类以服东夷，而大攘诸夏，
将天下是王，而何德于君，其予君也？无亦，亦也。同类，同
姓也。攘，却也。言楚亦将自置其同姓于鲁以取天下，不予君也。○论
语八佾篇集解引包曰：“诸夏，中国也。”邢疏曰：“夏，大也〔二六〕，言
有礼义之大，有文章之华也。”元诰按：楚，子爵，僻陋在夷，故管子云
“荆夷之国”。当鲁僖时，以齐桓征服，始来宾上国。此云服东夷，攘诸
夏，盖谓其非我族类，其心必异也。又按：其予君也，“也”字古与耶通。
若不克鲁，君以蛮夷伐之，而又求入焉，必不获矣。不如
予之，予之，以卞予武子也。夙之事君也，不敢不悛。悛，改也。

醉而怒，醒而喜，庸何伤？庸，用也。言公欲伐鲁，若人醉而怒。今止，若醒而喜也，用何伤乎？君其入也！"乃归。

5　襄公在楚，季武子取卞，使季冶逆，季冶，鲁大夫，季氏之族子冶也。逆，迎也。追而予之玺书，玺，印也。古者大夫之印亦称玺。玺书，印封书也。○惠栋曰："玺，施也，信也，古者尊卑共之，秦、汉以来尊者以为名，乃使避。卫宏汉旧仪曰：'汉以来天子独称玺，又以玉。'"以告曰："卞人将叛，臣讨之，既得之矣。"此玺书之辞也。公未言。荣成子曰：恐公怒，故先言也。"子股肱鲁国〔二七〕，社稷之事，子实制之。唯子所利，何必卞？利，犹便也。卞有罪而子征之，子之隶也，又何谒焉？"隶，役也。谒，告也。○元诰按：此荣成代君答武子语，故措词如此。子冶归，致禄而不出，致，归也。归禄，还采邑也。传曰，"公冶致其邑"也。曰："使予欺君，谓予能也。欺，谓玺书言卞人将叛也。能，贤能也。能而欺其君，敢享其禄而立其朝乎？"享，食也。

6　虢之会，诸侯之大夫寻宋之盟也。在鲁昭元年。○昭元年左传杜注曰："虢，郑地。"元诰按：今河南荥泽县有虢亭，虢地亦当在其境。楚公子围二人执戈先焉。楚公子围，恭王之庶子灵王熊虔也，时为令尹。先，谓使二人执戈在前导也。蔡公孙归生与郑罕虎见叔孙穆子，归生，蔡大师子朝之子子家也〔二八〕。罕虎，郑大夫子罕之孙，子展之子子皮也。穆子，鲁卿叔孙豹也。穆子曰："楚公子甚美，不大夫矣，美，谓服饰盛也。○昭元年左传："楚公子围设服离卫。"

杜注曰："设君服。"又曰："美服似君。"抑君也。"似君也。郑子
皮曰："有执戈之前，吾惑之。"惑，疑怪也。蔡子家曰："楚，
大国也。公子围，其令尹也。有执戈之前，不亦可乎？"穆
子曰："不然。天子有虎贲，习武训也。训，教也。虎贲，掌先
后王而趋以卒伍，舍则守王闲，王在国则守官门，所以习武教也。诸侯
有旅贲，御灾害也。御，禁也。旅贲，掌执戈盾夹车而趋，车止则持
轮，所以备非常，禁灾害也。大夫有贰车，备承事也。贰，副也。承，
奉也。事，使也。士有陪乘，告奔走也。陪，犹重也。奔走，使令
也。○吴曾祺曰："陪乘，指同坐车中之人，训'重'未合。"今大夫而
设诸侯之服，有其心矣。有篡国心也。若无其心，而敢设服
以见诸侯之大夫乎？将不入矣。若不见讨，必为篡，不复入为大
夫也。○俞樾曰："将不入矣，言其狂易失心，不久将死，不复能入国也。
下文曰：'若楚公子不为君，必死〔二九〕，'正其义也。韦谓不复入为大夫，
失之。"夫服，心之文也。言心所好，身必服之。如龟焉，灼其中，
必文于外。若楚公子不为君，必死，不合诸侯矣。"不复为
大夫以会诸侯也。公子围反〔三○〕，杀郏敖而代之。郏敖，楚康王
之子麇。麇有疾，围缢而杀之，葬之于郏，谓之郏敖。○陈瑑曰："楚人
谓未成君者为敖。左氏庄十四年传云：'生堵敖。'十三年传云：'葬子
敖于訾，实訾敖。'"

199

7　虢之会，诸侯之大夫寻盟未退。寻宋之盟也〔三一〕。○昭
元年左传注曰："宋盟在襄二十七年。"季武子伐莒取郓，郓，莒邑
也。○昭元年左传注曰："兵未加莒而郓服，故书取而不言伐。"元诰按：

国语
集解

莒邑即今山东莒县。郓分东西为二，东郓在今山东沂水县北四十里，西郓在东平县境〔三二〕。兹所取者，东郓也。**莒人告于会，楚人将以叔孙穆子为戮。**楚人，令尹围也。以鲁背盟取郓，故欲戮之〔三三〕。**晋乐王鲋求货于穆子，**乐王鲋，晋大夫乐桓子也。○元诰按：货，谓赂也。**曰："吾为子请于楚。"穆子不予。梁其踁谓穆子曰："有货以卫身也，出货而可以免，子何爱焉？"**梁其踁，穆子家臣也。卫，营也。○吴曾祺曰："梁其踁，鲁伯禽子梁其之后。卫，藩也。内传作'货以藩身'，不训'营'。"元诰按：爱，吝也。**穆子曰："非女所知也。承君命以会大事，**大事，盟也。**而国有罪，我以货私免，是我会吾私也。苟如是，则又可以出货而成私欲乎？**苟，诚也。诚复有如此事者，即当俱以财货求免而成私欲，私欲成，则公义废也。**虽可以免，吾岂若诸侯之事何？**○元诰按：若，犹奈也，见经传释词。**夫必将或循之，曰：'诸侯之卿有然者故也。'**必将有循效我者，言诸侯之卿尝有以货私免者也。**则我求安身，而为诸侯法矣。**货免之法也。**君子是以患作。**患作，患所作不得中，以乱事也。○吴曾祺曰："作是'作俑'之作，谓始为之者也。"**作而不衷，将或道之，**衷，中也。○文选东京赋李注引贾逵曰："道，由也。"**是昭其不衷也。余非爱货，恶不衷也。**欲杀身以成义，不欲求生以害道也。**且罪非我之由，**由武子也。**为戮何害？"**何害于义也。**楚人乃赦之。穆子归，武子劳之，日中不出。**日中，旦至日中也。穆子怨其背盟伐莒，故不出见之也。**其人曰："可以出矣。"**其人，穆子家臣曾阜也。**穆子曰："吾不难为戮，养吾栋也。**武子，政卿也，是为国栋。言己为戮，鲁诛尽矣，故曰"养吾栋"也。

200

夫栋折而榱崩，吾惧压焉。压，笮也。言季氏亡，则叔孙氏亦必亡也。故曰虽死于外，而庇宗于内，可也。庇，覆也。今既免大耻，而不忍小忿，可以为能乎？"乃出见之。

8　平丘之会，晋昭公使叔向辞昭公弗与盟。晋昭公，晋平公之子昭公夷也。鲁昭十年，季平子伐莒取郠，莒人愬之于晋。昭十三年，晋将讨鲁，会于平丘，使叔向辞鲁昭公，不与之盟也。○昭十三年左传杜注曰："平丘在陈留长垣县西南。"林注曰："晋复合诸侯也。晋合诸侯由是止。鄢陵之后，参盟复作，晋非盟主矣。"沈镕曰："平丘在今直隶长垣县西南五十里。"子服惠伯曰："晋信蛮夷而弃兄弟，蛮夷，莒人。兄弟，鲁也。其执政贰也。执政之臣有二心于莒而助之也〔三四〕。贰必失诸侯，○明道本"贰"下衍"心"字。岂惟鲁然？言不独失鲁也。夫失其政者，必毒于人，鲁惧及焉，必加毒于人也。不可以不恭。必使上卿从之。"从至晋谢也。季平子曰："然则意如乎！平子，季武子之孙，悼子之意如也，时为上卿。若我往，晋必患我，谁为之贰？"患，谓见执。若，如也。贰，副也。子服惠伯曰："椒既言之矣，敢逃难乎？椒请从。"椒，惠伯名也。晋人执平子。子服惠伯见韩宣子宣子，晋正卿，韩献子之子起也。曰："夫盟，信之要也，要，犹结也。晋为盟主，是主信也。若盟而弃鲁侯〔三五〕，信抑阙矣。阙，缺也。昔栾氏之乱，齐人间晋之祸，伐取朝歌。间，候也。栾氏，晋大夫栾盈也。获罪奔楚，自楚奔齐。鲁襄二十三年，齐庄公纳盈不克。秋，伐晋，取朝歌。朝歌，晋邑也。○吴曾祺曰："朝歌在今河南卫辉府淇县北，本卫地，晋取之。'我先君襄公不敢宁处,使叔孙豹发帅敝赋,赋,兵也。蹄跂毕行,无有处人,蹄跂,踔蹇也。〇说文:"蹄,一足也。"跂,旧音引贾本作"跛",布我反,注云"蹇"也。以从军吏,次于雍渝,次,舍也。雍渝,晋地也。〇雍俞,宋庠本作"雝俞"。左传渝作"榆",注曰:"豹救晋,待命于雍榆,故书次。雍榆,晋地。汲郡朝歌县东有雍城。"吴曾祺曰:"在今河南卫辉府浚县西南。"与邯郸胜击齐之左,邯郸胜,晋大夫,赵旃之子须子胜也,食采邯郸。左,左军也。掎止晏莱焉,从后曰掎。止,获也。晏莱,齐大夫也。〇后汉书崔寔传注引贾逵曰:"从后牵曰掎。"襄十四年左传〔三六〕:"诸戎掎之。"杜注曰:"掎其足也。"后汉书马融传注引说文曰〔三七〕:"掎,偏引一足也。"(今本无"一足"二字。)元诰按:内传:"赵胜帅东阳之师以追之,获晏氂矣。"释文:"氂,力之反,徐音来。"据此,晏莱即晏氂矣。齐师退而后敢还。非以求远也,非以求远功也。以鲁之密迩于齐而又小国也,密,比也。迩,近也。〇元诰按:小国,犹云弱国也。齐朝驾则夕极于鲁国,极,至也。不敢惮其患,而与晋共其忧,亦曰'庶几有益于鲁国乎?'益,谓得晋之助也。今信蛮夷而弃之,夫诸侯之勉于君者,将安劝矣?若弃鲁而苟固诸侯,群臣敢惮戮乎?诸侯之事晋者,鲁为勉矣。若以蛮夷之故弃之,其无乃得蛮而失诸侯之信乎!子计其利者,小国共命。"共,敬从也。宣子说,乃归平子。

9　季桓子穿井如获土缶,其中有羊焉。〇各本作"获如土缶"。韦注曰:"桓子,鲁政卿,季平子之子斯也。或云,得土如瓦缶状,中有土羊。昭谓：羊，生羊也，故谓之怪。"俞樾曰："如韦说，则当云获土如缶，不当云获如土缶。托之或说，盖亦有所未安耳。疑国语原文本作'如获土缶'。而、如古通用，日知录卷三十二所引凡二十余事可证。季桓子穿井如获土缶者，季桓子穿井而获土缶也。下文曰：'吾穿井而获狗。'此'如'字即下'而'字，后人不知而、如古通用而误倒其文，遂不可解矣。"汪远孙曰："'如'字疑涉注文而衍，淮南泛论篇注〔三八〕、后汉书张衡传注引国语并作'获土缶'，史记孔子世家、汉书五行志、说苑辨物篇皆无'如'字可证。"元诰按：汪谓"如"字衍，义通，惟云涉注文而衍，则非是。因韦本依传作注，传无"如"字，何有是注？既有是注，可知传有"如"字。盖韦所见本已误耳。季桓子穿井如获土缶，与下文"吾穿井而获狗"句法正同，俞说是矣，今据以乙正。汉书五行志中："鲁定公时，季桓子穿井得土缶，中得虫若羊，近羊祸也。羊者，地上之物，幽于土中，象定公不用孔子而听季氏，暗昧不明之应也。一曰，羊去野外而拘土缶者，象鲁君失其所而拘于季氏，季氏亦将拘于家臣也。"**使问之仲尼曰："吾穿井而获狗，何也？"**获羊而言狗者，以孔子博物，测之也。○汪远孙曰："时人不识获羊，以获狗为问。韦解非。"元诰按：时人岂有羊狗不辨者？特相惊为怪事，致混乱言之耳。**对曰："以丘之所闻，羊也。丘闻之：木石之怪曰夔、蝄蜽，**木石，谓山也。或云，夔，一足，越人谓之山缲。音骚〔三九〕。蝄蜽，山精，好学人声而迷惑人也。○薛综东京赋注："夔，木石之怪，如龙，有角，鳞甲光如日月，见则其邑大旱。"说文引淮南王说："蝄蜽状如三岁小儿，赤黑色，赤目，长耳，美发。"元诰按：宋庠本蝄蜽作"罔两"。**水之怪曰龙、罔象，**龙，神兽也。非常见，故曰怪。或曰："罔象食人，一名沐肿。"○宣三年左传正义引贾逵曰："罔两，罔象〔四〇〕，言有夔龙之形而无实体。"淮南子："水生罔象。"高注云："罔象，水之精也。"法苑珠林六道篇引夏鼎志云："罔象如三岁儿，赤目，黑色，大耳，长臂，赤爪〔四一〕。索缚则可得食。"**土之怪曰坟羊。**唐云："坟羊，雌雄不成者〔四二〕。"○淮南子："井生坟羊。"高注云："坟羊，土之精也。"元诰按：明道本坟作"羵"，宋庠曰："作'羵'非，说文无'羵'字。"

10　季康子问于公父文伯之母康子，鲁政卿，季悼子曾孙、桓子之子季孙肥也。文伯，鲁大夫，季悼子之孙、公父穆伯之子公父歜也。母，穆伯之妻敬姜也。**曰："主亦有以语肥也？"**大夫称主，妻亦如之。语，教诲也。○元诰按："也"与"耶"古通用。**对曰："吾能老而已，何以语子〔四三〕。"康子曰："虽然，肥愿有闻于主。"**觊得一言可行者也。**对曰："吾闻之先姑**夫之母曰姑，殁曰先姑。**曰：'君子能劳，后世有继。'"**能劳，能自卑劳，贵而不骄也。有继，子孙不废也。**子夏闻之，曰："善哉！商闻之曰：'古之嫁者，不及舅姑，谓之不幸。'夫妇，学于舅姑者也。"**○明道本"也"上有"礼"字。

11　公父文伯饮南宫敬叔酒，敬叔，鲁大夫，孟僖子之子〔四四〕、懿子之弟南宫说也。○元诰按：饮，饮之也。**以露睹父为客。**睹父，鲁大夫也。客，上客也。礼：饮，尊一人以为客也〔四五〕。○襄二十七年左传孔疏引国语作"路堵"。宋庠曰："睹，善本多从日作'睹'。"**羞鳖焉小，**羞，进也。**睹父怒，**怒鳖小也。**相延食鳖，**延，进也。众

宾相进以食鳖也。**辞曰："将使鳖长而后食之。"遂出。**此睹
父词也。○宋庠曰："长，七丈反。"**文伯之母闻之，怒曰："吾
闻之先子**先子，先舅季悼子也。**曰：'祭养尸，飨养上宾。'**言
祭祀之礼，尊养尸；飨宴之礼，养上宾也。**鳖于何有？**于何有，犹何礼
有鳖也。○牟房曰："于何有，言非难得之物，不足吝惜也。"**而使夫
人怒也！"**○元诰按：夫人，犹言此人也，指睹父。也与耶通。**遂逐之。**
○元诰按：逐之，谓逐公父文伯也。**五日，鲁大夫辞而复之。**辞，
请也。○元诰按：大夫，从宋庠本。明道本作"夫人"，涉上而误也。

12　**公父文伯之母如季氏，**如，之也。**康子在其朝，**自其内朝
也〔四六〕。○陈瑑曰："大夫之家亦称朝，论语：'冉子退朝。'"**与之言，
弗应，从之及寝门，弗应而入。**入康子之家也。**康子辞于朝
而入见，**辞其家臣，入见敬姜也。**曰："肥也不得闻命，无乃罪
乎？"**得无有罪乎？**曰："子弗闻乎：天子及诸侯，合民事于
外朝，**言与百官考合民事于外朝也。○陈瑑曰："戴吉士云：'此外朝，
在中门外庭，（天子之中门曰应，诸侯之中门曰雉。）小司寇掌其政，朝
士掌其法，断狱蔽讼及询非常之朝也。'"**合神事于内朝；**神事，祭祀
也。路朝，在路门内也。○陈瑑曰："此文王世子之内朝也，所云'其朝
于公，内朝，则东面北上'，注：'内朝，路寝之庭也。'盖在路寝以内之
庭，故韦说云然。若槀人及玉藻之内朝，（或谓之治，或谓之正朝，或又
谓之外朝。）则在路门之外庭，戴吉士所谓司士正其位，而君臣日见之朝。
然则内朝一在路门内，一在路门外，固异朝而同名也。"**自卿以下，合
官职于外朝，**外朝，君之公朝也。○陈瑑曰："外朝者，谓君所设之公

朝也。考工记：'外有九室，九卿朝也。'注：'外，路寝之表，如今诸曹治事处。'诗缁衣疏引考工记及注而申其说曰：'谓天子宫内卿士各立曹司，有庐舍以治事也。'"合家事于内朝；家，大夫也。内朝，家朝也。○陈瑑曰："此即卿大夫夕治家事私家之朝也。玉藻云：'将适公所，宿齐戒，居外寝。'又云：'揖私朝恽如也，登车则有光矣。'注：'揖私朝，与其家臣揖而往朝于君也。'以上下'外寝'、'登车'之文证之，知其为私家之朝。"寝门之内，妇人治其业焉。上下同之。寝门，正室之门也。上下，天子以下也。○元诰按：业，前韦注云：事也。夫外朝，子将业君之官职焉，内朝，子将庇季氏之政焉，庇，治也。○陈瑑曰："外朝，即君所设之公朝。内朝，即私室之朝。"皆非吾所敢言也。"

13　公父文伯退朝，朝其母，其母方绩。文伯曰："以歜之家而主犹绩，言家有宠，不当绩也。惧干季孙之怒也，季孙，康子也。位尊，又为大宗也。○明道本"干"作"忓"，"怒"作"怨"。其以歜为不能事主乎？"其母叹曰："鲁其亡乎！使僮子备官而未之闻耶〔四七〕？僮，僮蒙不达也。言己居官而未闻道也。○旧音："古以童为隶，以僮为穉，与今反。"居，吾语女。居，坐也。昔圣王之处民也，○元诰按：处，犹处理也。择瘠土而处之，硗确为瘠。劳其民而用之，故长王天下。瘠土利薄，又劳而用之，使不淫逸。不淫逸则向义，故长王天下也。夫民劳则思，思则善心生；民劳于事，则思俭约，故善心生也。逸则淫，淫则忘善，忘善则恶心生。沃土之民不材，逸也。沃，肥美也。不材，器能少也。

国语集解

206

○各本逸作"淫"。<u>王念孙</u>曰："淫，当作'逸'，此涉上文两'淫'字而误。案上文云'逸则淫，淫则忘善，忘善则恶心生'，是沃土之民之所以不材者，正以其逸也。下文云'瘠土之民莫不向义，劳也'，'劳也'与'逸也'文正相对。今本'逸也'作'淫也'，则与上下文不合矣。<u>列女传母仪传</u>作'淫也'，亦后人以误本<u>国语</u>改之。又<u>文选</u><u>西京赋</u>：'处沃土则逸，处瘠土则劳。'<u>李善</u>注引此文，'沃土之民不材，逸也。瘠土之民莫不向义，劳也'。又下注云，'庶人因沃瘠而劳逸殊'。正文注文皆作'逸'。而今本注文之'逸也'独作'淫也'，既与下句不符，又与正文不协，其为后人所改无疑〔四八〕。<u>左传</u><u>成六年</u><u>正义</u>引此云：'沃土之民不材，逸也。'<u>襄二十五年</u><u>正义</u>及<u>白帖</u>八十并引此云：'沃土之民逸。'今据以订正。"<u>元诰</u>按：<u>王</u>说是，今从之。**瘠土之民莫不向义，劳也。**善心生，故向义也〔四九〕。**是故天子大采朝日，与三公、九卿祖识地德，**<u>礼</u>："天子以春分朝日，示有尊也。"<u>虞</u>说曰："大采，衮织也。祖，习也。识，知也。地德所以广生。"<u>昭</u>谓：<u>礼</u><u>玉藻</u>："天子玄冕以朝日。"冕服之下则大采，非衮织也。<u>周礼</u>："王者搢大圭，执镇圭，藻五采五就以朝日。"则大采谓此也。言天子与公卿因朝日以修阳政而习地德，因夕月以理阴教而纠天刑〔五〇〕。日照昼，月照夜，各因其照以修其事。**日中考政，与百官之政事、师尹、维旅、牧、相宣序民事。**宣，遍也。序，次也。三君云："师尹，大夫官也，掌以美制王〔五一〕。维，陈也。旅，众士也。牧，州牧也。相，国相也。皆百官政事之所及也。"一曰："师尹，公也。诗云：'赫赫师尹。'"○<u>王引之</u>曰："政事之政，读曰正。<u>尔雅</u>：'正，长也。'<u>说文</u>曰：'事，职也。'百官之政事，谓百官府之为长官及任群职者，犹<u>酒诰</u>言'有政有事'，<u>立政</u>言'立政立事'也。<u>周官</u><u>宰夫</u>职曰：‘掌百官府之征令，辨其八职：一曰正，掌官法以治要；二曰师，掌官成以治凡；三曰司，掌官法以治目；四曰旅，掌官常以治数〔五二〕。’‘一曰正’即此所谓百官之政事也，‘二曰师’即此所谓师尹也’，‘四曰旅’即此所谓旅也。襄二十五年<u>左传</u>‘百官之正、长、师、旅’，<u>成</u>十八年<u>传</u>‘师不陵正，旅不偪师’，正所谓百官之政事、师尹，维旅也。上文‘三公、九卿’，官之大者也，此‘政事、师尹、旅、牧、相’，则大夫、士也，官之小者也，故皆曰‘与’。下文又言‘与大史、师载纠虔天刑’，是所与者非大臣即群臣也。若谓百官所行之政事，则日中考政，所考者即百官所行之政事，何又言与百官之政事乎？<u>列女传</u>载此文，‘师尹’上有‘使’字，则后人不解古训而妄增之也。又案：上文之‘三公、九卿’，下文之‘大史、司载’与此‘百官之政事、师尹、维旅、牧、相’皆都内之公、卿、大夫、士，不得以为州牧、国相也。<u>齐语</u>：‘正之政听属，牧政听县，下政听乡。’<u>韦彼</u>注曰：‘牧，五属大夫也。’是大夫有称牧者。相者，<u>淮南时则</u>篇：‘五月官相。’<u>高</u>注曰：‘是月，阳气长，养故官。相，相佐也。’<u>月令</u>：‘孟春，命相布德和令。’盖即此官。<u>郑</u>注以相为三公，亦非也。维旅、牧、相者，维，犹及也。（维与惟通，<u>禹贡</u>曰：‘齿革羽毛惟木。’<u>酒诰</u>曰：‘百僚庶尹惟亚、惟服、宗工。’<u>多方</u>曰：‘告尔四国多方〔五三〕，惟尔殷侯尹民。’‘惟’字并与及同义。）言天子日中考政，与百官之政事、师尹及旅、牧、相宣序民事也。注训‘维’为‘陈’，亦失之。”<u>元诰</u>按：宋庠本维作“惟”。**少采夕月，与大史、师载，纠虔天刑，**夕月以秋分。纠，恭也。虔，敬也。刑，法也。或云：“少采，黼衣也。”<u>昭</u>谓：朝日以五采，则夕月其三采也。载，天文也。司天文为冯相氏、保章氏，与大史相俪偶也。因夕月而恭敬观天法、考行度以知妖祥也。〇<u>俞樾</u>曰：“载之为天文，于义无取,殆非也。载当为'栽',即'灾'字篆文也。载、栽从弋声,古音相同。周易剥象传,灾、载为韵。又诗大田篇:'俶载南亩。'郑笺曰:'载,读灾栗之灾。'灾与灾古亦通用,生民篇'无灾无害'是也。灾栗之灾可以载为之,则灾害之灾亦可以载为之矣。司载,即司灾也。汉书天文志,文昌六星,五曰司禄,六曰司灾,是司灾乃星名。周宫有司禄,以星名官,司灾亦其例也。司灾所掌,必天文灾异之事,故与之纠虔天刑也。"**日入监九御,使洁奉禘、郊之粢盛,**监,视也。九御,九嫔之官,主粢盛、祭服者也。○王引之曰:"此与昏义异也,昏义九嫔次于三夫人之下,此则有九嫔无三夫人。非有其人而不列于此也,内宰、内小臣、内司服、追师皆但言九嫔而不及三夫人〔五四〕,然则周礼无三夫人明矣。周语、鲁语言'九御',月令'后妃帅九嫔御',乃礼天子所御,皆言九嫔,而不及夫人,与周礼合。无三夫人,故但云'帅九嫔'。郑注谓'天子有夫人,有嫔,有世妇,有女御。独云帅九嫔,举中言也'失之。高诱注吕氏仲春纪,分后妃为二,以妃为夫人,尤误。"**而后即安。**即,就也。**诸侯朝修天子之业命,**业,事也。命,令也。**昼考其国职,夕省其典刑,**典,常也。刑,法也。**夜儆百工,使无慆淫,而后即安。**儆,戒也。工,官也。慆,慢也。**卿大夫朝考其职,**在公之官职也。**昼讲其庶政,夕序其业,**序,次也。**夜庀其家事,而后即安。**庀,治也。**士朝而受业,**受事于朝也。**昼而讲贯,**贯,习也。**夕而习复,**复,覆也。**夜而讨过无憾,而后即安。**憾,恨也。凡此者先公后私之义也。○各本讨作"计",汪远孙曰:"列女传计作'讨'是也,读如讨军实之讨。"王引之曰:"讨者,除也〔五五〕,见隐四年公羊传注。除去其过然后无憾,于义为长。"元诰按:讨过,谓搜求己过也。今据改。**自庶**

人以下，明而动，晦而休，无日以怠。晦，冥也。王后亲织玄纮，说云："纮，冠之垂前后者。"昭谓：纮，所以悬瑱当耳者也。〇诗葛覃篇孔疏云："纮，悬瑱之物，织五采为之。郑笺云：'天子之纮五色。独言玄者，以玄为尊，故举以言焉。'"桓二年左传孔疏云："纮者，悬瑱之绳，垂于冠之两旁，故云冠之垂者。织线为之，若今之绦绳。"元诰按：纮，或讹为"絋"，又改作"纩"，礼纬曰："纩塞耳。"谓纩悬瑱，所以塞耳也。**公侯之夫人加之以纮、綖，**既织纮，复加之以纮、綖也。冕曰纮。纮，缨之无绥者也，从下而上，不结。綖，冕之上覆也。〇桓二年左传孔疏云："纮、缨皆以组为之，所以结冠于人首也。纮用一组，从下屈而上，属之于两旁，垂其余也。缨用两组，属之于两旁，结之于颔下，垂其余也。綖，冠上覆者。冕以木为干，以玄布衣其上，谓之綖。"**卿之内子为大带，**卿之适妻曰内子。大带，缁带也。〇任大椿曰："玉藻：'大夫素带，裨垂。'又曰：'杂带，大夫玄华，士缁辟。'然则缁带，士带也，故士冠礼、士丧礼陈士带皆缁带。卿之内子所为之带当素带，辟以玄华。韦云缁带，误也。"**命妇成祭服，**命妇，大夫之妻。祭服，玄衣、𫄸裳也。〇诗葛覃孔疏云："大夫命妇成祭服者，大夫助祭服玄冕，受之于君，故大宗伯'再命受服'是也。妻所成者，自祭之服。少牢礼[五六]：朝服，玄冠、缁布衣、素裳。韦昭谓祭服，玄衣、𫄸裳，谓作玄冕之服，非也。"陈奂曰："礼器'士玄衣、𫄸裳'，此'士'统大夫言。大夫祭服，玄冕、玄衣，而冕亦𫄸裳。士无冕，唯爵弁为异耳。诗疏谓大夫玄冕，受之于君，妻所成者，自祭之朝服。则以祭服、朝服合而为一，误。"**列士之妻加之以朝服，**列士，元士也。既成祭服，又加之以朝服也。朝服，天子之士皮弁素积，诸侯之士玄端委貌。〇任大椿曰："列士助祭之服爵弁，亦玄衣、纁裳。士之妻既织此爵弁服，而又加之以朝服。'加之'二字，蒙上'成祭服'为文，谓士妻不仅如大夫命妇成祭服而已。是'祭服'、'朝服'二文对举，显为二服。葛覃疏误。"**自庶士以下皆衣其夫。**庶士，下士也。下，至庶人也。○诗葛覃孔疏云："庶士以下各衣其夫〔五七〕。庶士，谓庶人在官者。故祭法曰：'官师一庙，庶士、庶人无庙。'注云：'官师，中士、下士也。庶士，府史之属。'庶士与朝服异文〔五八〕，则亦府史之属。韦昭云下士，非也。"陈奂曰："庶士对上文'列士'〔五九〕，列士为上士，则庶士为下士。不言中士者，略也。祭法：'适士二庙，庶士、庶人无庙。适士立二祀，庶士、庶人立一祀。'此适士为上士，则庶士为下士。疏剥韦误矣。"**社而赋事，蒸而献功，**社，春分祭社也。事农桑之属也。冬祭曰蒸，蒸而献五谷、布帛之功也。**男女效绩，愆则有辟，古之制也。**绩，功也。辟，罪也。**君子劳心，小人劳力，先王之训也。自上以下，谁敢淫心舍力？今我寡也，尔又在下位，**下位，下大夫也。**朝夕处事，犹恐忘先人之业，**处事，处身于作事也。○汪远孙曰："处，读如智者处物之处。处事，辨事也。韦注迂回。"**况有怠惰，其何以避辟！**上言"衍则有辟"，故言"何以避辟"。○元诰按：有，读为又，古通用。**吾冀而朝夕修我曰：'必无废先人。'**冀，望也。而，女也。修，儆也。**尔今曰'胡不自安'。**欲使我不绩而自安也。**以是承君之官，余惧穆伯之绝嗣也。"**承，奉也。以是怠惰之心奉君官职，无以避辟，将见诛绝也。**仲尼闻之曰："弟子志之，**志，识也。**季氏之妇不淫矣。"**○元诰按：淫，汰也。大戴礼曾子立事篇："居上位而不淫。"郑注曰："淫，汰也〔六○〕。"是其证。汰，谓骄也，见昭三年左传注。季氏之妇不淫，即谓季氏之妇不骄也。

14 **公父文伯之母，**季康子之从祖叔母也。祖父昆弟之妻也。**康子往焉，闑门与之言，**闑，辟也。门，寝门也。○说文，闑，羽韦反。**皆不踰阈。**阈，限也。皆，二人也。敬姜不踰阈而出，康子不踰阈而入。传曰："妇人送迎不出门，见兄弟不踰阈。"**祭悼子，康子与焉，**悼子，穆伯之父、敬姜先舅也。与，与祭也。**酢不受，**○元诰按：明道本酢作"胙"，非。**彻俎不宴，**礼"祭，主人献宾，宾酢主人"。不受，敬姜不亲受也。祭毕彻俎，又不与康子宴饮。**宗不具不绎，**绎，又祭也。唐尚书云："祭之明日也。"昭谓：天子、诸侯曰绎，以祭之明日。卿大夫曰宾尸，与祭同日。此言绎者，通言也。贾侍中云："宗，宗臣，主祭祀之礼也。不具，谓宗臣不具在，则敬姜不与绎也。"**绎不尽饫则退。**说曰："饫，宴安私饮也〔六一〕。"昭谓：立曰饫，（元诰按：各本作"立曰饮"，误。）坐曰宴。言宗具则与绎，绎毕而饮，不尽饫礼而退，恐有醉饱之失，皆所以远嫌也。○汪远孙曰："此条当以旧说为长。绎祭之饫与立成之饫不同，诗常棣：'饮酒之饫。'毛传云：'饫，私也。'韩诗作'醹'。（见文选注。）说文：'醹，私宴歙也。'正本国语旧说。醹、饫古通用。诗楚茨：'诸父兄弟，备言燕私。'毛传云：'燕而尽其私恩。'尚书大传：'宗室有事，族人皆侍终日。大宗已侍于宾奠，然后燕私。燕私者何也？祭已而与族人饮也。不醉而出，是不亲也。醉而不出，是渫宗也。'初学记引韩诗说云：'跣而上坐者，谓之宴。能饮者饮之，不能饮者已，谓之醹。'若立成之饫不尽，同姓且建大德，昭大物，岂所施于绎乎？韦宏嗣主立成之饫，意用郑小雅笺说。小雅饮酒之饫，亦非立成之饫。郑亦误。"**仲尼闻之，以为别于男女之礼矣。**

15 　公父文伯之母欲室文伯，室，妻也。飨其宗老，家臣称老。宗，宗人，主礼乐者也。楚语："屈到嗜芰，有疾，属其宗老曰，'祭我必以芰'"也。○胡匡衷曰："大夫有宗人也。周礼，都家宗人皆王朝所置，诸侯大夫之宗人或自使其家臣为之。"而为赋绿衣之三章。绿衣，诗邶风也。其三章曰："我思古人，实获我心。"以言古之贤人，正室家之道，我心所善也。○陈奂曰："此韦误以四章为三章也。绿衣四章，章四句，其三章曰：'我思古人，俾无訧兮。'传：'訧，过也。'笺云：'古人，谓制礼者。我思此人定尊卑，使人无过差之行，心善之也。'下文'不犯'，即诗'无訧'之义。"老请守龟卜室之族。守龟，卜人。族，姓也。○王引之曰："守龟若谓卜人，则当云'请使守龟'，不得但云'请'也。韦说非是。今案：昭五年左传：'寡君闻君将治兵于敝邑，卜之以守龟。'定元年传：'若立君，则有卿士、大夫与守龟在。'哀二十三年传：'君告于天子，而卜之以守龟于宗祧。'管子小匡篇：'庶神不格，守龟不兆〔六二〕。'吕氏春秋精谕篇：'弊邑寡君寝疾，卜以守龟。'皆指龟言之，则此亦当然。昭十九年左传，驷氏'请龟以卜'〔六三〕，与'老请守龟卜室之族'文义正相似。谓之守龟者，盖世守之龟也。古者，天子、诸侯、大夫、士皆有龟以卜，白虎通引礼三正记曰：'天子龟长一尺二寸，诸侯一尺，大夫八寸，士六寸。'"师亥闻之师亥，鲁乐师之贤者也〔六四〕。曰："善哉！男女之飨，不及宗臣。贾侍中云："男女之飨，谓宴相享食之礼，不及宗臣也。"昭谓：即上章所谓"彻俎不宴"是也。宗室之谋，不过宗人。虞、唐云："不过宗人，不与他姓议亲亲也。"昭谓：此宗人，则上"宗臣"也，亦用同姓，若汉宗正用诸刘矣。凡时男女之飨不及宗臣，至于谋宗室之事,则不过宗臣。故敬姜欲室文伯而缋其宗老,赋诗以成之也。**谋而不犯,微而昭矣。**不犯,不犯礼也。微而昭,诗以合意也。**诗所以合意,歌所以咏诗也。今诗以合室,歌以咏之,度于法矣。**”合,成也。○元诰按:度,准也。

16 **公父文伯卒,其母戒其妾曰:“吾闻之:好内,女死之;好外,士死之。今吾子夭死,吾恶其以好内闻也。二三妇之辱共先祀者**〔六五〕,辱,自屈辱共奉先人之祀者也。**请无瘠色,**毁瘠之色也。**无洵涕,**无声涕出为洵涕也。○旧音引贾逵曰:“洵,弹也。”洪颐煊曰:“洵,即‘泫’字。礼记檀弓:‘孔子泫然流涕〔六六〕,’一切经音义十一:‘眴,古文询、眴二形〔六七〕,’文选剧秦美新:‘臣尝有颠眴疾。’李善注:‘眴与眩古字通。’洵、泫偏旁本通用。”**无揎膺,**揎,叩也。膺,胸也。○元诰按:各本揎作“掐”,文选长笛赋李注引国语同,并误。一切经音义十引通俗文“爪”,按曰“掐”,义与此无取。说文有揎无掐。旧音亦作“揎”,音叩。今据以订正。**无忧容,有降服,无加服。**轻于礼为降,重于礼为加。**从礼而静,是昭吾子也。”**仲尼闻之曰:“女智莫若妇,男智莫若夫。**言处女之智不如妇,童男之智不如丈夫。**公父氏之妇智也夫,**公父,季氏之别也。智也夫者,凡妇人之情,爱其子,欲令妻妾思慕而已,今敬姜乃反割抑,欲以明德,此丈夫之智,故曰“智也夫”。○宋庠曰:“仲尼表公父文伯母曰:‘女知莫如妇,男知莫如夫。’其意以为女与童皆未成人之时,其智莫如成妇与为丈夫之后耳。末乃叹而结之曰:‘公父氏之妇智也夫。’此是叹美之词,则‘夫’字当为‘扶’。韦氏乃解云‘此丈夫之智’,疑非本旨。”

欲明其子之令德也。”○明道本脱"也"字。

17　公父文伯之母朝哭穆伯，而暮哭文伯。哭，谓既练之后哀至之哭也。此父子之丧，哭不相及，终言之耳。礼，寡妇不夜哭，远情欲也。仲尼闻之曰："季氏之妇可谓知礼矣，爱而无私，上下有章。"上下有章，夫朝、子暮也。

18　吴伐越，堕会稽，会稽，山名。堕，坏也。吴王夫差败越于夫椒，越王勾践栖于会稽，吴围而坏之。在鲁哀元年。○水经渐江水注："会稽之山，古防山也，亦谓之茅山，又曰栋山。"元诰按：会稽山古属扬州，在今浙江绍兴县东南十二里。获骨焉，节专车。骨一节，其长专车。专，擅也。○吴曾祺曰："专车，满一车也。"吴子使来好聘，吴子，夫差。好聘，修旧好也。○元诰按：使者不著姓名，故下止称客。且问之仲尼，曰："无以吾命。"○吴曾祺曰："使者自以意问，不言上所命也。"宾发币于大夫，及仲尼，仲尼爵之。发所赍币于鲁大夫，次及仲尼也〔六八〕。爵之，饮之酒也。既彻俎而宴，献酢礼毕，彻俎而宴饮也。客执骨而问因折俎之骨，执以问也。曰："敢问骨何为大？"凡骨何者为大？仲尼曰："丘闻之〔六九〕：昔禹致群神于会稽之山，群神，谓主山川之君〔七○〕，为群神之主，故谓之神也。防风后至，禹杀而戮之，防风，汪芒氏君之名也，违命后至，故禹杀之〔七一〕。陈尸为戮也。○各本"防风"下有"氏"字。黄丕烈曰："韦解防风是汪芒君之名，是'氏'字衍也。史记亦衍〔七二〕。"元诰按：文选思玄赋李注引国语亦无"氏"字。下文"客曰防风何守也"，止作"防风",是无"氏"字明甚,今据删。**其骨节专车。此为大矣。"客曰:"敢问谁守为神?"仲尼曰:"山川之灵,足以纪纲天下者,其守为神。**山川之守主,为山川设者也。足以纪纲天下,谓名山大川能兴云致雨以利天下也。〇史记孔子世家集解引王肃曰:"守山川之祀者为神。"**社稷之守者为公侯。**封国,立社稷而令守之〔七三〕,是谓公侯。〇史记孔子世家集解引王肃曰:"但守社稷,无山川之祀,直为公侯而已。"惠栋曰:"说苑引此云:'社稷为公侯,山川之祀为诸侯。'"元诰按:依王肃说,则说苑所引国语是矣。**皆属于王者。"客曰:"防风何守也?"仲尼曰:"汪芒氏之君也,**汪芒,长狄之国名也。〇史记孔子世家作"汪罔"。**守封、嵎之山者也,**封,封山。嵎,嵎山。今在吴郡永安县也。〇吴曾祺曰:"晋太康改永安为武康,属吴兴郡〔七四〕。"元诰按:说文:"嵎,封嵎山,在吴、楚之间。"(玉篇作吴、越)似封嵎是一山也。然太平御览四十六引山谦之吴兴记有封山。**为漆姓。**漆,汪芒氏之姓也。〇王引之曰:"史记孔子世家漆作'厘',索隐曰:'厘音僖。家语云姓漆,盖误。世本无漆姓。'谨案:漆,当为'来'。古字来与厘通,(少牢馈食礼〔七五〕:'来女孝孙。'郑注:'来,读曰厘。'周颂思文篇:'贻我来牟。'汉书刘向传引作'厘麰'。)故史记作'厘'也。来与桼字形相近,因误为桼,后人又加水旁耳。文十一年左传注:'鄋瞒,防风之后,漆姓〔七六〕。'释文曰:'漆,音七。'此字之讹久矣。又案:索隐'厘音僖'者,晋语:'黄帝之子十二姓,姬、酉、祁、己、滕、箴、任、苟、僖、姞、儇、衣是也。'旧音曰:'僖,或为厘。'潜夫论志氏姓篇亦作'厘',然则防风氏殆黄帝之后欤?"(厘、僖古同声,故史记、汉书"僖"字多作"厘",来与厘、僖古亦同声,故晋语作"僖",又作"厘",而鲁语作"来"也。若漆与厘、僖则声远而不可通矣。）黄丕烈曰："漆当为'淶'字之讹。隶体相类，其相乱者，内传释文可证。"**在虞、夏、商为汪芒氏**〔七七〕，**于周为长狄**，周世其国北迁，为长狄也。**今为大人。"**今，孔子时也。○史记孔子世家集解引王肃曰："周之初，及当孔子之时，其名异也。"**客曰："人长之极几何？"仲尼曰："僬侥氏长三尺，短之至也。**僬侥，西南蛮之别名也〔七八〕。○段玉裁曰："氏，当作'民'。"汪远孙曰："僬，当作'焦'。"**长者不过十之，数之极也。"**十之三丈，则防风氏也。○史记孔子世家集解引王肃曰："十之，谓三丈也，数极于此矣。"元谙按：明道本"十"下脱"之"字，注"十之三丈"作"计之三丈"，误。

19 **仲尼在陈**〔七九〕，○元谙按：陈国于宛，在今河南淮阳县。**有隼集于陈侯之庭而死，楛矢贯之，石砮，其长尺有咫。**隼，鸷鸟也。楛，木名。砮，镞也，以石为之。八寸曰咫。楛矢贯之，坠而死也〔八○〕。○元谙按：礼记乡射礼郑注引国语楛作"枯"，说文："枯，木名也。"不作"楛"。**其长尺有咫，**史记孔子世家作"矢长尺有咫"。有与又古字通用。**陈惠公使人以隼如仲尼之馆问之。**惠公，陈哀公之孙、悼大子之子吴也。馆，仲尼所舍也。○史记孔子世家惠作"湣"，索隐云："案系家，湣公六年孔子适陈，十三年亦在陈，则此湣公为是。"**仲尼曰："隼之来也远矣！此肃慎氏之矢也。**肃慎，北夷之国〔八一〕，故隼来远矣。传曰："肃慎、燕、亳，吾北土也。"○吴曾祺曰："肃慎，后音转为女真，在今宁古塔。"**昔武王克商，通道于九夷百蛮，**九夷，东夷九国也。百蛮，蛮有百邑也〔八二〕。○元谙按：蛮类不一，

217

故言百耳。亦有作八蛮者，皆非实指其数。**使各以其方贿来贡，**各以所居之方所出货贿为贡也。**使无忘职业。于是肃慎氏贡楛矢石砮，其长尺有咫。先王欲昭其令德之致远也，以示后人，使永监焉，**监，视也。**故铭其栝曰'肃慎氏之贡矢'，**刻曰铭。栝，箭、羽之间也。○释名释兵："矢末曰栝，栝，会也，与弦会也。"元诰按：宋庠本栝作"括"。**以分大姬，配虞胡公而封诸陈。**分，予也。大姬，武王元女。胡公，舜后，虞遏父之子胡公满也。诸，之也。**古者分同姓以珍玉，展亲也，**展，重也。玉，谓若夏后氏之璜也〔八三〕。**分异姓以远方之职贡，使无忘服也，**○元诰按：服，谓要服。周语曰："要服者贡。"**故分陈以肃慎氏之贡。**陈，妫姓也。**君若使有司求诸故府，其可得也。"**故府，旧府也。**使求，得之金椟，如之。**椟，匮也。金，以金带其外也。如之，如孔子之言也。

20　齐闾丘来盟，闾丘，齐大夫闾丘明也。初，齐悼公在鲁，取季康子之妹，及即位而逆之，季鲂侯通焉。女言其情，不敢予也。齐侯怒，伐鲁，鲁与齐平，齐使闾丘明来盟。在鲁哀八年也。**子服景伯戒宰人曰："陷而入于恭。"**景伯，鲁大夫，子服惠伯之孙、昭伯之子子服何也。宰人，吏人也。陷，犹过失也。如有过失，宁近于恭。**闵马父笑，景伯问之，**马父，鲁大夫也。**对曰："笑吾子之大也。**谓骄满也。○宋庠本"大"下有"满"字，云："大，它盖反。"汪远孙曰："此本是大，读为汏，礼记檀弓：'汏哉叔氏〔八四〕。'穀梁传哀十三年：'大矣哉，夫差未能言冠而欲冠也。'大与汏同。"**昔正考父校商之名颂十二篇于周大师，以那为首，**正考父，宋大夫，孔子之先也。名颂，颂之美者也。太师,乐官之长,掌教诗、乐。毛诗序云:"微子至于戴公,其间礼乐废坏,有正考父者得商颂十二篇于周之大师,以那为首。"郑司农云:"自考父至孔子,又亡其七篇,故余五耳。"〇诗谱:"问曰:周大师何由得商颂?曰:周用六代之乐,故有之。诗疏言校者,宋之礼乐虽则散亡,犹有此诗之本,考父恐其舛谬,故就大师校之也。"**其辑之乱**辑,成也。凡作篇章,义既成,撮其大要以为乱辞。诗者,歌也,所以节舞者也〔八五〕。如今三节舞矣,曲终乃更,变章乱节,故谓之乱也。**曰:'自古在昔,先民有作。温恭朝夕,执事有恪。'**恪,敬也。先王称之曰自古,古曰在昔,昔曰先民。有作,言先圣人行此恭敬之道久矣,不敢言创之于己,乃云受之于先古也。**先圣王之传恭,犹不敢专,称曰'自古',古曰'在昔',昔曰'先民'。**此其不敢专也。**今吾子之戒吏人曰'陷而入于恭',其满之甚也。**骄为满,恭为谦〔八六〕。**周恭王能庇昭、穆之阙而为'恭',**庇,覆也。恭王,周昭王之孙、穆王之子。昭王南征而不反,穆王欲肆其心,皆有阙失。言恭王能庇覆之〔八七〕,故为恭也。〇俞樾曰:"庇,当读为裨,比声,与卑声相近。诗皇矣篇:'克顺克比。'礼记乐记篇引作'克顺克俾'。节南山篇:'天子是毗。'荀子宥坐篇引作'天子是庳'。并其证也。晋语:'子若能以忠信赞君,而裨诸侯之阙。'注曰:'裨,补也。'此云能庇昭穆之阙,庇与'裨'字异而义同,韦以本字读之,而训为'覆',于义转迂矣。"**楚恭王能知其过而为'恭'。**恭王,楚庄王之子。知其过者,有疾,召其大夫曰:"不谷不德,覆楚国之师。若殁,请为'灵'若'厉'。"子囊曰:"君实恭,可不谓恭乎?"大夫从之〔八八〕。**今吾子之教官僚,**唐云:"同官曰僚。"昭谓:此景伯之属,下僚耳,非同官之僚也。同僚,谓位同者也。诗云："我虽异事，及尔同僚。"曰'陷而后恭'，道将何为？"失道尚为恭，如其得道，将何为乎？

21　季康子欲以田赋，田赋，以田出赋也。贾侍中云："田，一井也。周制：十六井赋戎马一匹、牛三头。一井之田，而欲出十六井之赋也。"昭谓：此数甚多，似非也。下虽云"收田一井"，凡数从夫井起，故云井耳。○吴曾祺曰："旧制，田之所收及家内资财共为一赋，今又别赋其田，故曰田赋。"使冉有访诸仲尼。冉有，孔子弟子冉求也，为季氏宰。康子欲加赋，使访之。仲尼不对，以其非制也。私于冉有曰："求来！女不闻乎？先王制土，籍田以力，而砥其远迩；制土，制其肥硗以为差也。籍田，谓税也。以力，谓三十者受田百亩〔八九〕，二十者受田五十亩，六十还田也。砥，平也。平远迩，远迩有差也。周礼："近郊十一，远郊二十而三，甸、稍、县、都〔九〇〕，皆无过十二也。"赋里以入，而量其有无；里，廛也，谓商贾所居之区域也。以入，计其利入多少而量其财业有无以为差也。周礼："国宅无征，园廛二十而一，漆林二十而五。"○华严经音义上引贾逵曰："量，分剂也。"任力以夫，而议其老幼。力，谓徭役。以夫，以夫家为数也。议其老幼，老幼则有复除也。于是乎有鳏、寡、孤、疾，又议其鳏、寡、孤、疾而不役也。疾，废疾也。有军旅之出则徵之〔九一〕，无则已。徵，徵鳏、寡、孤、疾之赋也。已，止也。无军旅之出，则止不赋也。其岁收，田一井出稯禾、秉刍、缶米，不是过也。其岁，有军旅之岁也。缶，庾也。聘礼曰："六斗曰庾，十庾曰秉。秉，二百四十斤也。四秉曰筥〔九二〕，十筥曰稯。稯，二百四十斛也。"○元诰按：原注多误，今依发正改正。先

王以为足。足，供用也。若子季孙欲其法也，则有周公之籍矣。籍田之法，周公所制也。若欲犯法，则苟而赋，又何访焉！"苟，苟且也〔九三〕。时康子不听，鲁哀十二年春，卒用田赋。○陈瑑曰："说文：'苟，自急敕也。'苟、急声相近，此传当以苟急为义。"

【校记】

〔一〕 郑后司农云 "后"字误在"郑"字上，据公序本改。

〔二〕 周礼钟师郑注引吕叔玉曰 "郑"误作"杜"，据周礼注改。

〔三〕 执僡 "僡"误作"亿"，据周礼注改。下文"故执僡曰"同。

〔四〕 汪远孙曰：吕说当是西京旧说。 按，国语发正原文为："吕叔玉解国语，以肆夏为时迈，樊遏为执竞，渠为思文。以周颂三诗为三夏，'樊遏'连文，或是相传古义。"所谓"古义"应不以"西京旧说"为限。

〔五〕 故两君相见得以为乐也 "相见"二字脱，据各本补。

〔六〕 乐官也 此三字脱，据各本补。

〔七〕 言臣奉命劳勤于外，述叙其情以歌乐之 "劳勤"二字及"歌乐"二字皆误倒，据各本改。

〔八〕 忠信为周 "周"误作"问"，据各本改。

〔九〕 臣闻之曰 "曰"字脱，据各本补。

〔一〇〕 郑后司农云 "后"字误在"郑"字上，据公序本改。

〔一一〕 合亲贤之谋而谋无不周矣 "贤"字脱，据国语发正补。

〔一二〕 合内、外传为训也 "内"字脱，据国语发正补。

〔一三〕 咨事之难易为谋 "为"误作"之"，据国语发正改。

〔一四〕 故益中军以为三 "三"下衍"军"字，据各本删。

〔一五〕大国三卿　此四字脱，据各本补。

〔一六〕犹惧以不给见诛讨也　“诛”误作“征”，据各本改。

〔一七〕明已有上、下军也　“已”误作“己”，据各本改。

〔一八〕晋悼公伐郑　“晋”误作“齐”，据各本改。

〔一九〕至泾水，无肯先渡者　“至泾水”三字脱，“渡”误作“度”，据各本补改。

〔二〇〕佩鞄可以渡水也　“渡”误作“度”，据明道本改。

〔二一〕司马除道　“司”误作“有”，据各本改。

〔二二〕襄公，鲁成公之子襄公午也　“公鲁”二字脱，据各本补。

〔二三〕故不惮勤远而听于楚　“勤”字脱，据各本补。

〔二四〕非义楚也　“楚”字脱，据经义述闻补。

〔二五〕襄二十八年左传杜注曰　“八”字脱，据左传补。

〔二六〕邢疏曰：夏，大也　按，“邢疏曰”之下原有“襄四年左传魏绛云，诸夷必叛华夏，皆谓中国，而谓之华夏者”二十四字，与说明“诸夏”之义无关，而左传襄四年魏绛之语为“诸华必叛”，乃谓各诸侯国将叛晋，邢疏引文已误，此处转引，更增蛇足之失，故从删。

〔二七〕子股肱鲁国　“鲁国”二字脱，据各本补。

〔二八〕归生，蔡大师子朝之子子家也　“子朝”二字脱，据各本补。

〔二九〕若楚公子不为君，必死　“若”字脱，据群经平议补。

〔三〇〕公子围反　“围”字脱，据各本补。

〔三一〕寻盟未退（寻宋之盟也）　“未”误作“而”，“之”字脱，据各本改补。

〔三二〕东平县境　按，“东”字脱。

〔三三〕故欲戮之　“之”误作“也”，据各本改。

〔三四〕 执政之臣有二心于莒而助之也　"而"误作"以",据各本改。

〔三五〕 若盟而弃鲁侯　"而"字脱,据各本补。

〔三六〕 襄十四年左传　"四"误作"三",据左传改。

〔三七〕 后汉书马融传注引说文曰　"融"误作"汉",据后汉书改。

〔三八〕 淮南泛论篇注　"泛"误作"汜",据淮南子改。

〔三九〕 越人谓之山缫。音骚　"音骚"二字脱,据明道本补。其下各本皆有"或作猱,富阳有之,人面猴身,能言,或云独足"十七字,黄丕烈札记谓,旧音引祖冲之述异记作:"猱,富阳有之,人面玃身,一手一足。"后人错入韦解。按,富阳为东晋简文帝时所定之名,韦昭自不能用之,集解删之是也,但应予说明,更不应略去"缫"字注音。

〔四〇〕 罔两,罔象　"罔两"二字误作"龙",据左传正义改。

〔四一〕 罔象如三岁儿,赤目,黑色,大耳,长臂,赤爪　"目"误作"耳",据国语发正改。

〔四二〕 坟羊,雌雄不成者　"不"误作"未",据各本改。按:国语考异云,史记集解、文选注皆作"未"。

〔四三〕 何以语子　"子"误作"此",据各本改。

〔四四〕 孟僖子之子　"僖"误作"叔",据各本改。

〔四五〕 礼:饮,尊一人以为客也　"饮"字脱,据各本补。

〔四六〕 自其内朝也　"自"误作"在",据各本改。"内",各本原作"外",本文从国语发正校改而未作说明。

〔四七〕 使僮子备官而未之闻耶　"耶"误作"也",据各本改。

〔四八〕 其为后人所改无疑　"改无"二字脱,据经义述闻补。

〔四九〕 瘠土之民莫不向义,劳也。(善心生,故向义也。)　正文十字与注文七字皆脱，据各本补。

〔五〇〕因夕月以理阴教而纠天刑　"夕"误作"习"，据各本改。

〔五一〕掌以美制王　此从明道本。公序本"制"作"诏"。

〔五二〕掌官常以治数　"数"误作"敷"，据经义述闻改。

〔五三〕告尔四国多方　"告"误作"咨"，据经义述闻改。

〔五四〕内宰、内小臣、内司服、追师皆但言九嫔而不及三夫人　"内司服"误作"内师傅"，"追师"脱"师"字，据经义述闻改补。

〔五五〕讨者，除也　"除"误作"去"，据经义述闻改。

〔五六〕少牢礼　误作"特牲礼"，据诗疏及国语发正改。

〔五七〕庶士以下各衣其夫　"以下"二字脱，据诗疏及国语发正补。

〔五八〕庶士与朝服异文　"服"误作"士"，据诗疏及国语发正改。

〔五九〕庶士对上文"列士"　"庶士"之"士"误作"下"，据国语发正改。

〔六〇〕大戴礼曾子立事篇："居上位而不淫。"郑注曰："淫，汏也。"　按，大戴礼旧注，朱熹以为出于郑玄，王应麟谓为北周卢辩，王说有据，见四库提要卷二十一，此作"郑注"，未妥。

〔六一〕饫，宴安私饮也　"宴安"二字误倒，据各本改。

〔六二〕守龟不兆　"兆"误作"桃"，据经义述闻改。

〔六三〕驷氏"请龟以卜"　"氏"误作"老"，据经义述闻改。

〔六四〕师亥，鲁乐师之贤者也　"之贤"二字误作"瞽"，据各本改。

〔六五〕 二三妇之辱共先祀者 "祀者"二字误倒，据公序本改。

〔六六〕 孔子泫然流涕 "流"误作"出"，据礼记檀弓及国语发正改。

〔六七〕 眩，古文迵、眴二形 "迵"字重衍，据国语发正删。

〔六八〕 发所赍币于鲁大夫，次及仲尼也 "次"字脱，据各本补。

〔六九〕 丘闻之 "闻"误作"问"，据各本改。

〔七〇〕 谓主山川之君 "主"误作"致"，据各本改。

〔七一〕 故禹杀之 "杀"误作"戮"，据各本改。

〔七二〕 史记亦衍 "衍"误作"无"，据黄丕烈明道本国语札记改。

〔七三〕 立社稷而令守之 "令"误作"今"，据各本改。

〔七四〕 晋太康改永安为武康，属吴兴郡 "吴兴郡"误作"吴县"，据国语韦解补正改。

〔七五〕 少牢馈食礼 "牢"误作"年"，据经义述闻改。

〔七六〕 鄭瞒，防风之后，漆姓 "瞒"误作"满"，据经义述闻改。

〔七七〕 在虞、夏、商为汪芒氏 "商"下衍"周"字，据各本删。

〔七八〕 僬侥，西南蛮之别名也 "蛮"误作"夷"，据各本改。公序本无"也"字。明道本无"名"字。

〔七九〕 仲尼在陈 此句原连上文，依文例提行。

〔八〇〕 楛矢贯之，坠而死也 "矢"误作"之"，"坠"字脱，据各本改补。

〔八一〕 肃慎，北夷之国 "北"上衍"东"字，据各本删。

〔八二〕 昔武王克商，通道于九夷百蛮（蛮有百邑） "于"误作"为"，"邑"误作"色"，据各本改。

〔八三〕 谓若夏后氏之璜也 "若"字重衍，据各本删。

〔八四〕汰哉叔氏　"汰"误作"大"，据礼记檀弓及国语考异改。

〔八五〕所以节舞者也　"节"误作"为"，据各本改。

〔八六〕恭为谦　"谦"误作"嗛"，据各本改。

〔八七〕言恭王能庇覆之　"之"字脱，据各本改。

〔八八〕楚恭王能知其过而为"恭"。（恭王，楚庄王之子。知其过者，有疾，召其大夫曰："不谷不德，覆楚国之师。若殁，请为'灵'若'厉'。"子囊曰："君实恭，可不谓恭乎？"大夫从之。）　此节正文与注文皆脱，据各本补。

〔八九〕谓三十者受田百亩　"十"字脱，据各本补。

〔九〇〕稍、县、都　"县"误作"远"，据各本改。

〔九一〕有军旅之出则徵之　"徵"误作"征"，据各本改。注文首字"徵"亦误作"征"，照改。

〔九二〕四秉曰筥　"筥"误作"莒"，据各本改。

〔九三〕苟，苟且也　脱一"苟"字，据公序本补。

国语集解

吉水徐元诰学

齐语第六〇旧音曰："齐，黄帝之胤也。伯夷为尧四岳〔一〕，佐禹治水，委以心膂，因而受姓，或云封申，或云封吕。吕尚则其后也，佐周灭纣，封之于齐，盖少昊之虚、蒲姑之野，都于营丘，礼记所谓大公封于营丘是也。"元诰按：齐以天齐渊得名，传世十三，至僖公九年入春秋。山东旧济南、青州二府是其故地。

1 **桓公自莒反于齐**，桓公，齐太公之后、僖公之子、襄公之弟桓公

小白也。初，襄公立，其政无常，鲍叔牙曰："乱将作矣。"奉公子小白出奔莒。公孙无知杀襄公而立，管夷吾、邵忽奉公子纠奔鲁。齐人杀无知，逆子纠于鲁，鲁庄公不即遣，而盟以要之。齐大夫归逆小白于莒。庄公伐齐，纳子纠，桓公自莒先入。**使鲍叔为宰**，鲍叔，齐大夫，姒姓之后，鲍敬叔之子叔牙也。宰，大宰也。〇董增龄曰："周礼大宰疏引崔灵恩曰：

'诸侯三卿、五大夫。司徒以下立二人，小宰、小司徒；司马以下立一人，小司马兼宗伯；司空以下立二人，小司寇、小司空。'齐以高、国为命卿，故曰'二守'，则鲍叔所为者，司徒下之小宰。今韦云'大宰'，未知何所据。吴、楚僭王，宋为殷后，并有大宰，未可例齐也。"陈奂曰："宰，犹卿也。下文传'臣立三宰'，韦注：'三宰，三卿也。'齐大国三卿，高、国二守为二卿，管仲为下卿，见于内传。时桓公使鲍叔为下卿，辞让管仲也。注云'大宰'，失之。董以为司徒下之小宰，亦未是。内传庄九年：'管夷吾治于高傒，使相可也。'宰、相皆为卿之通称。"辞曰："臣，君之庸臣也。庸，凡庸也。君加惠于臣，使不冻馁，则是君之赐也。若必治国家者，则非臣之所能也。若必治国家者，则其管夷吾乎。管夷吾，齐卿，姬姓之后，管严仲之子敬仲也。臣之所不若夷吾者五：宽惠柔民，弗若也；宽则得众，惠则足以使民。柔，安也。治国家不失其柄，弗若也；柄，本也。忠信可结于百姓〔二〕，弗若也；制礼义可法于四方，弗若也；执枹鼓立于军门，使百姓皆加勇焉，弗若也。"军门，立旌为门，若今牙门矣。加，益也。○旧音曰："枹音浮，字林云：'击鼓槌也。'周礼大司马职郑注曰：'军门曰和，今谓之垒门，立两旌以为之。'集韵曰：'古者，军行有牙，尊者所在。'"元诰按：枹为击鼓槌，"枹"下不当有"鼓"字，管子小匡篇正作"执枹立于军门"。桓公曰："夫管夷吾射寡人中钩，是以滨于死。"三君皆云："滨，近也。"管仲臣于子纠，乾时之战，亲射桓公中钩。○文选七发李注引贾逵曰："钩，带也。"鲍叔对曰："夫为其君勤也。君，子纠也。○各本勤作"动"，庄九年左传正义引管子正作"勤"。洪颐煊曰："'勤'字是。僖二十八

228

年*左传*注曰：'尽心尽力，无所爱惜曰勤。'"*元诰按：洪说是，今据以订正。又，夫犹彼也，见经传释词。*君若宥而反之，夫犹是也。"*宥，赦也。犹是，言为君犹为子纠也。*桓公曰："若何？"*若何得还？*鲍叔对曰："请诸鲁。"*是时桓公使鲍叔胁鲁杀子纠，邵忽死之，管仲不死。*桓公曰："施伯，鲁君之谋臣也，*施伯，鲁大夫，惠公之孙、施父之子。*夫知吾将用之，必不予我矣。若之何？"鲍子对曰："使人请诸鲁曰：'寡君有不令之臣在君之国，欲以戮于群臣，*○管子小匡篇尹注曰："戮以徇群臣。"元诰按：明道本"戮"下有"之"字。*故请之。'则予我矣。"桓公使请诸鲁，如鲍叔之言。*庄公以问施伯，施伯对曰："此非欲戮之也，欲用其政也。夫管子，天下之才也，*才冠天下也。*所在之国，则必得志于天下。今彼在齐，则必长为鲁国忧矣。"庄公曰："若何？"*○元诰按：若，犹奈也，见经传释词。*对曰："杀而以其尸授之。"*授予齐使也。*庄公将杀管仲，齐使者请曰："寡君欲亲以为戮，*欲得生自戮之，以逞射己之忿。○元诰按：明道本"亲以"作"以亲"，非是。*若不生得以戮于群臣，犹未得请也。*犹未得所请也。○元诰按：犹，如也。*请生之。"于是庄公使束缚以予齐使，齐使受之而退〔三〕。*○元诰按：退，谓返齐也。*比至，三衅、三浴之。*以香涂身曰衅，亦或为薰。*桓公亲逆之于郊〔四〕，*逆，迎也。郊，近郊也。*而与之坐，问焉，*还国与坐也。○明道本"问"上有"而"字。*曰："昔吾先君襄公，筑台以为高位，*居高台以自尊也。*田、狩、毕、弋，*田，猎也。狩，围守而取禽也。毕，掩雉兔之网也。弋，缴射也。○汪远孙曰："月令作'毕翳'，毕俗。"*不听国政，卑圣侮士，而唯女是崇，崇，高也。○元诰按：崇，疑当训重也，尚也。**九妃六嫔，**唐尚书云："九妃，三国之女，以娣侄从也。"昭谓：正適称妃，言"九"者，尊之如一，明其淫侈非礼制也。娣侄之属皆称妾。嫔，妇官也。○管子小匡篇尹注曰："九妃，谓诸侯所娶九女。天子九嫔，诸侯六也。"**陈妾数百，**陈，列也。○元诰按：管子小匡篇作"陈妾数千"，皆极言其多耳。**食必粱肉，衣必文绣。戎士冻馁，戎车待游车之裵，戎士待陈妾之余。**戎车，兵车也。游车，游戏之车也。裵，残也。○旧音作"裂"，云："音例，说文'余也'，诸本为'裵'者误。"宋庠曰："公、私本正文皆作'戎车待游车之裵'，检说文、篇、韵诸字书皆无此'裵'字，判知传写之谬，然说文但作'裂'字，云：'缯余也。'"汪远孙曰："作'裂'是。御览作'裂'，裂乃形近作'裵'耳。"黄丕烈曰："旧音非也。韦解'裵，残也'，裵当读�灭之薛。薛、残以声音为训诂也。"元诰按：黄说是，裵训"残"，与下"余"义相对，今不从宋本。**优笑在前，贤材在后。**优笑，倡俳也。○元诰按：管子小匡篇作"倡优、侏儒在前"，此云"优笑"，谓倡优笑谑也。韦训"倡俳"，义亦简矣。**是以国家不日引，**引，申也。**不月长。**长，益也。**恐宗庙之不扫除，社稷之不血食，敢问为此若何？"**为，治也。**管子对曰："昔我先王昭王、穆王，世法文、武远绩以成名，**周，管子之先也。绩，功也。言昭王、穆王虽有所阙，犹能世法文王、武王之典，以成其功名也。周语曰："厉始革典。"言至厉王乃变更文、武之常典。**合群叟，比校民之有道者，**合，会也。叟，老也。比，比方也。校，考合也。谓考其德行道艺而兴贤者。**设象以为民纪[五]，**设象，设教象之法于象魏也。周礼："正月之吉，悬法于象魏，使万民观焉，浃日而敛之。"所

国语集解

230

以为民纪纲也。**式权以相应**，式，用也。权，平也。治政用民，使平均相应也。**比缀以度**，比，比其众寡也。缀，连也，连其夫家也。度，法也。**溥本肇末**，溥，等也。肇，正也。谓先等其本，以正其末。〇汪远孙曰："孟子告子篇：'不揣其本而齐其末。'揣与溥古同声通用。"元诰按：说文，溥，旨兖反。吴曾祺谓溥即"专"字，非。今本多以溥为端者，亦误。**劝之以赏赐**[六]，**纠之以刑罚**，纠，收也。**班序颠毛，以为民纪统**。"班，次也。序，列也。颠，顶也。毛，发也。统，犹经也。言次列顶发之白黑，使长幼有等，以为治民之经纪。**桓公曰："为之若何？"管子对曰："昔者圣王之治天下也，参其国而伍其鄙**，参，三也。国，郊以内也。伍，五也[七]。鄙，郊以外也。谓三分国都以为三军，五分其鄙以为五属。圣王，谓若汤、武也。〇董增龄曰："参其国者，参分其国，以定都之制。伍其鄙者，伍保其民，以为鄙之制。隐元年传：'祭仲曰："大都不过参国之一[八]。"'疏谓：'侯、伯城方五里，长三百雉，其大都方一里又二百步，长百雉也。'参其国以为都[九]，则无尾大不掉之忧。襄三十年传'子产使庐井有伍'，杜注：'九夫为井，使五家相保。'盖司徒之法，五家为比，使之相保；五比为闾，使之相受；四闾为族，使之相葬；五族为党，使之相救；五党为州[一〇]，使之相赒；五州为乡，使之相宾。自五家之比，至万二千五百家之乡，皆以五起数。伍其民以立鄙，则无轻去其乡之虑。韦谓三分其国以为三军，五分其鄙以为五属。此管子得齐后新创之制，三代之圣王无是也。况下文方言定民之居，不应舍画井设庐之事，而专言征徒发兵之事也。"**定民之居，成民之事**，谓使四民各居其职所也，若工就官府，农就田野，所以成其事也。**陵为之终**，以为葬地。**而慎用其六柄焉**。"柄，本也。六柄，生、杀、贫、富、贵、贱也。桓公曰："成民之事若何？"管子对曰："四民者勿使杂处，四民，谓士、农、工、商。杂处则其言咙，其事易。"咙，乱貌。易，易变也。公曰："处士、农、工、商若何？"管子对曰："昔圣王之处士也，使就闲燕；士，讲学道艺者。闲燕，犹清净也。○元诰按：管子小匡篇尹注曰："处士闲燕则谋议审。"又曰："闲燕，谓学校也。"处工，就官府；处商，就市井；○管子小匡篇尹注曰："立市必四方，若造井之制，故曰市井。"处农，就田野。令夫士，群萃而州处。萃，集也。州，聚也。○元诰按：管子小匡篇尹注曰："每州之士群聚共处。"又断"闲燕"为句，解读并与此异。"令夫士"，小匡令作"今"。下"令夫工"、"令夫商"、"令夫农"，令皆作"今"。似作"令"为长。闲燕则父与父言义，子与子言孝，其事君者言敬，其幼者言悌，少而习焉，其心安焉，不见异物而迁焉。物，事也。迁，移也。○管子小匡篇尹注曰："异物，谓异事，非其所当习者。"是故其父兄之教不肃而成，肃，疾也。○吴曾祺曰："肃，励也。"其子弟之学不劳而能。夫是故士之子恒为士。令夫工，群萃而州处，审其四时，言四时各有其宜，谓死、生、凝、释之时也。○考工记："草木有时以生，有时以死；水有时以凝，有时以泽。"（李轨音释。）郑注云："言百工之事，当审其时也。"辨其功苦，辨，别也。功，牢也。苦，脆也。○管子小匡篇尹注曰："功，谓坚美。苦，谓滥恶。"权节其用，权，平也，视其平沈之均也。节，节其大小轻重〔一一〕。○考工记轮人郑注曰："平沈，谓浮之水上无轻重。"论比协材，论，择也。比，比其善恶也。协，和也，和其刚柔也。○元诰按：说文："抡，择也。"论与抡同。旦暮从事，施于四方，施其

国语集解

所用于四方也。**以饬其子弟，**饬，教也。**相语以事，相示以巧，相陈以功。**陈，亦示也。功，成功也。功善则有赏。**少而习焉，其心安焉，不见异物而迁焉。是故其父兄之教不肃而成，其子弟之学不劳而能，夫是故工之子恒为工**〔一二〕。**令夫商，群聚而州处，察其四时，**四时所用者，预资之也。**而监其乡之资，**监，视也。资，财也。视其贵贱、有无。**以知其市之贾，负、任、担、荷，**背曰负。肩曰担。任，抱也。荷，揭也。**服牛辂马，**服，牛车也。辂，马车也。诗云："睆彼牵牛，不以服箱。"**以周四方，**周，遍也。**以其所有，易其所无，市贱鬻贵，**市，取也。鬻，卖也。**旦暮从事于此，以饬其子弟，相语以利，相示以赖，**赖，赢也。**相陈以知贾。**○管子小匡篇尹注曰："知贾，知物价，相与陈说。"旧音曰："贾音稼。"**少而习焉，其心安焉，不见异物而迁焉。是故其父兄之教不肃而成，其子弟之学不劳而能。夫是故商之子恒为商。令夫农，群聚而州处，察其四时，**四时树艺，各有宜也。**权节其用，耒、耜、枷、芟，**权，平也，平节其器用小大倨句之宜也。枷，柫也，所以击禾也。芟，大镰，所以芟草也。○方言郭注云："枷，今连枷，所以打谷者。"说文："柫，击禾连枷也。"元诰按：明道本枷作"耞"，非。**及寒，击菓除田，**寒，谓季冬大寒之时也。菓，枯草也。○元诰按：菓即槀，管子小匡篇正作"槀"。今本国语误作"菓"。**以待时耕，**时耕，谓立春之后。**及耕，深耕而疾耰之，以待时雨，**疾，速也。耰，摩平也。时雨至，当种也。○元诰按：各本耰作"穤"，耰即"耰而不辍"之耰，与覆种之穤异，今正。**时雨既至，挟其枪、刈、耨、镈，**在腋曰挟。枪，桩也。刈，镰也。耨，鎡錤也。镈，锄也。**以旦暮从事于田野，脱衣就功，首戴茅蒲，身衣袯襫，脱，解也。茅蒲，簦笠也。袯襫，蓑薜衣也。茅，或作"萌"。萌，竹萌之皮，所以为笠也。○元诰按：茅蒲，管子小匡篇作"苎蒲"，六韬农器篇谓之"簦笠"。袯襫，农器篇作"蓑薜"，说文作"草"，云："雨衣，一曰蓑衣。"沾体涂足，沾，濡也。暴其发肤，尽其四支之敏，敏，犹材也。○旧音曰："暴，步木反。"元诰按：支与肢同。以从事于田野。○元诰按：此句疑衍。少而习焉，其心安焉，不见异物而迁焉，是故其父兄之教不肃而成，其子弟之学不劳而能。夫是故农之子恒为农，野处而不昵。昵，近也。○王念孙曰："昵，当为匿。匿，古'慝'字。不慝，不为奸慝也。上文曰'旦暮从事于田野，少而习焉，其心安焉，不见异物而迁焉'，即所谓'野处而不慝也'。管子小匡篇作'朴野而不慝'，是其明证矣。"其秀民之能为士者，必足赖也。秀民，民之秀出者也。赖，恃也。有司见而不以告，其罪五。有司，掌民之官也。五罪，在五刑也。有司已于事而竣。"已，毕也。竣，退伏也。○尔雅释言郭注引外传作"已复于事而逡"。桓公曰："定民之居若何？"管子对曰："制国以为二十一乡。"唐尚书云："四民之所居也。"昭谓：国，国都城郭之域也，惟士、工、商而已，农不在焉。桓公曰："善。"管子于是制国以为二十一乡〔一三〕：二千家为一乡。二十一乡，凡四万二千家。此管子制，非周法也。工商之乡六，工、商各三也，二者不从戎役也。士乡十五，唐尚书云："士与农共十五乡。"昭谓：此士，军士也。十五乡合三万人，是为三军。农野处而不昵，不在都邑之数，则下所云"五鄙"是也。○元诰按：管子小匡篇作"士农之乡十五"，唐说盖本此。而农实处于野鄙，不在都邑，管

234

国语集解

子乃衍"农"字。韦不从唐说，是矣。但云"此士，军士也"，与下文"公帅五乡，国子帅五乡，高子帅五乡"固合，因公与国、高所帅即此十五乡，而为军士之乡也。但韦于"制国以为二十一乡"注曰："国，国都，城郭之域也，惟士、工、商而已。"是士固在二十一乡之内。今工商既有六乡，而此十五之士乡又训为军士之乡，则"士、工、商"之士果在何乡乎？继考钱大昕引江永说曰："春秋兵、农已分，齐三军出之士乡，而鄙处之农不与焉。"又韦于"工、商之乡六"注云："二者不从戎役"，即谓工、商不从戎役也。据是，农、工、商三者皆不从役，从戎役者惟士，乃知十五乡者，即"士、工、商"之士所处之乡。因其从戎役，故亦曰"军士之乡"。特所称有别，其实一也。因易滋疑，特辨之于此。**公帅五乡焉，**五乡万人，是谓中军，公所帅也。**国子帅五乡焉，高子帅五乡焉。**国子、高子皆齐上卿，各帅五乡，为左、右军也。**参国起案，以为三官，**参，三也。案，界也。分国事以为三也。○刘绩曰："此言士之乡。"**臣立三宰，**三宰，三卿也，使掌群臣也。○元诰按：管子小匡篇无此句，当亦言士之乡。**工立三族，**族，属也。晋赵盾为旄车之族。上言工商之乡六，则各三也。○刘绩曰："此言工之乡。"**市立三乡，**市，商也。商处市井，故曰市也。○刘绩曰："此言商之乡。"○王引之曰："乡亦官名，与宰、族、虞、衡同例。淮南时则篇'三月官乡'，高注曰：'三月料民户口，故官乡也。'"**泽立三虞，**周礼有泽虞之官。虞，度也，掌度知川泽之大小及所生者。**山立五衡。**周礼有山虞、林衡之官。衡，平也，掌平其政也。○元诰按：上二句言都内之山泽，不拘于何乡者。

桓公曰："吾欲从事于诸侯，其可乎？"欲行伯道，讨不义也。**管子对曰："未可。国未安。"桓公曰："安国若何？"管**

子对曰："修旧法，百王之法也〔一四〕。择其善者而业用之，业，犹创也。〇俞樾曰："既云旧法，不得谓之创用，韦注非也。尔雅释诂：'业，叙也。'又曰：'业，绪也。'绪与叙同义，说文攴部'叙，次第也'，是业有次第之义〔一五〕。孟子尽心篇：'有业屦于牖上。'赵注曰：'业，织之。有，次业而未成也。'盖亦谓织之已有次第也。晋语：'信于事，则民从事。'韦彼解曰：'业，犹次也。'然则择其善者而业用之，言择其善者而次第用之耳，非创用之谓。"刘绩曰："齐语作'业'，管子作'严'，皆敬也。"元诰按：刘说为长。遂滋民，与无财，遂，育也。滋，长也。贫无财者振业之。〇王引之曰："遂，语词，犹言'因'也。滋，当读为慈，慈者爱也，恤也。与无财，则所以恤之也。大戴礼记少闲篇：'制典慈民。'墨子非儒篇：'不可使慈民。'皆谓惠恤其民。作'滋'者，假借字耳。管子小匡篇作'慈于民，予无财'，是其证。韦注失之。"而敬百姓，则国安矣。"桓公曰："诺。"遂修旧法，择其善者而业用之，遂滋民，与无财，而敬百姓。国既安矣，桓公曰："国安矣，其可乎?"管子对曰："未可。君若正卒伍，修甲兵，周礼："五人为伍，百人为卒。"今管子亦以五人为伍，而以二百人为卒。则大国亦将正卒伍，修甲兵，则难以速得志矣。君有攻伐之器，小国诸侯有守御之备，则难以速得志矣。君若欲速得志于天下诸侯，则事可以隐令，可以寄政。"事，戎事也。隐，匿也。寄，托也。匿军令，托于国政，若有征伐，邻国不知。〇管子小匡篇尹注曰："不显习其兵事，故曰事有所隐。军政寓之田猎，故曰政有所寓。"桓公曰："为之若何?"管子对曰："作内政而寄军令焉。"内政，国政也。因国政以寄军令也。桓公曰："善。

管子于是制国：五家为轨，轨为之长；轨中一人为之长也。十轨为里，里有司；为立有司也。○元谓按：疑当作"里有有司"。四里为连，连为之长；十连为乡，乡有良人焉。贾侍中云："良人，乡士也。"昭谓：良人，乡大夫也。以为军令：为军掌令也〔一六〕。五家为轨，故五人为伍，轨长帅之；居则为轨，出则为伍，所谓寄政也。十轨为里，故五十人为小戎，里有司帅之；小戎，兵车也。此有司之所乘，故曰小戎。诗云："小戎俴收。"古者戎车一乘，步卒七十二人。今齐五十人。四里为连，故二百人为卒，连长帅之；十连为乡，故二千人为旅，乡良人帅之；五乡一帅，故万人为一军，五乡之帅帅之。五乡，每一军为五乡也。乡帅，卿也。万人为军，齐制也，周则万二千五百人为军。帅，长也。三军，故有中军之鼓，有国子之鼓，有高子之鼓。春以蒐振旅，春田曰蒐。振，整也。旅，众也。周礼："仲春教振旅，遂以蒐田。"秋以狝治兵，秋田曰狝。周礼："仲秋教治兵〔一七〕，遂以狝田。"是故卒伍整于里，军旅整于郊。内教既成，令勿使迁徙，迁徙，犹更改也。伍之人祭祀同福，○元谓按：同福，谓同祈福也。死丧同恤，恤，忧也。祸灾共之，人与人相畴，家与家相畴，畴，匹也。世同居，少同游。故夜战声相闻，足以不乖，昼战目相见，足以相识，其欢欣足以相死。致死以相救。居同乐，行同和，死同哀，是故守则同固，战则同强〔一八〕。君有此士也三万人，以方行于天下，方，犹横也。○管子小匡篇作"横"。以诛无道，以屏周室，屏，犹藩也。天下大国之君莫之能御。御，当也。

2 正月之朝，乡长复事。乡长，乡大夫也。复，白也。周礼，正月之吉，乡大夫受法于司徒，退班于乡吏，以考其行也。○王引之曰："郑注周礼'正月之吉日'：'吉谓朔日。'（吉日不皆在朔，韦意则用郑朔日之解。）此言正月之朝，则指上旬而言，非专指朔日也。续汉书五行志注引尚书大传曰〔一九〕：'凡六渗之作，岁之朝、月之朝、日之朝，则后王受之；岁之中、月之中、日之中，则正卿受之；岁之夕、月之夕、日之夕，则庶民受之。'郑注曰：'上旬为月之朝，中旬为月之中，下旬为月之夕。'是其证。荀子礼论篇：'月朝卜宅，月夕卜日。'月朝、月夕谓上旬、下旬也。又管子立政篇：'孟春之朝，季冬之夕，正月之朔。'则朝非朔矣。"周礼宰夫郑注曰："复之言报也，反也。反报于王，谓于朝廷奏事。"君亲问焉，曰："于子之乡，有居处好学，慈孝于父母，○王引之曰："'居处'下脱'为义'二字〔二〇〕。下文'于子之属有居处为义好学'云云，并与此同，则此文亦当有'为义'二字。管子小匡篇正作'于子之乡有居处为义好学'，当据补〔二一〕。"汪远孙曰："礼记内则：'昧爽而朝，慈以甘旨。'孟子离娄篇：'虽孝子慈孙。'犹祭统言'孝子孝孙'也。慈亦孝也。管子山权数篇〔二二〕：'君不高慈孝，则民简其亲而轻过。'皆慈孝并称。"聪慧质仁，慧，解了也。质，性也。○元诰按：明道本慧作"惠"。质，疑当训"朴"。聪慧质仁四者平列。发闻于乡里者，○元诰按：谓有令闻于乡里者。有则以告。有而不以告，谓之蔽明，其罪五。"○管子小匡篇尹注曰："谓其罪当入于五刑而定其罚。"有司已于事而竣。竣，退伏也。○元诰按：谓有司答毕有无而退也。桓公又问焉，曰："于子之乡，有拳勇股肱之力秀出于众者，胫本曰股。肱，臂也。大勇为拳，诗曰："无拳无

国语集解

勇。"○说文引国语作"卷勇"。卷，正字；拳，假字。**有则以告。有
而不以告，谓之蔽贤，其罪五。"有司已于事而竣。桓公
又问焉，曰："于子之乡，有不慈孝于父母，不长悌于乡里，
骄躁淫暴，**○一切经音义十四引贾逵曰："躁，扰也。"**不用上令者，**
上，君长也。**有则以告。有而不以告，谓之下比，**比，阿党也。
**其罪五。"有司已于事而竣。是故乡长退而修德进贤，桓
公亲见之，**○元诰按：谓亲见乡长所进之贤也。**遂使役官。**役，为也。
桓公令官长期而书伐，官长，长官也。期，期年也。伐，功也。书
其所掌在官有功者。**以告且选，选其官之贤者而复之，**复，白也。
○元诰按：各本复下有"用"字，今依王引之说删。**曰："有人居我
官，有功休德，**休，美也。**惟慎端悫以待时，使民以劝，绥谤
言，**待时，动不违时也。绥，止也。○汪远孙曰："尔雅释诂：'妥，止
也。'妥与绥古字通。礼记曲礼：'下大夫则绥之。''国君绥视。'郑注
并读为妥。汉书燕剌王传：'北州以妥。'孟康注云：'古绥字也。'"**足
以补官之不善政。"**谓前有阙者也。**桓公召而与之语，訾相其
质，**訾，量也。相，视也。**足以比成事，**比，辅也。足以辅其官，成其事。
诚可立而授之。言可立以为大官而授之事也。**设之以国家之患
而不疚，**患，难也。疚，病也。豫设以国家之患难问之，不病不能也。
退问其乡，以观其所能而无大厉，问其乡，本其行能也。厉，恶也。
○吴曾祺曰："其人可以为上卿之赞，何止无大恶？注语未合。厉当训
'戾'。戾，背也。谓与平日所闻不相背也。"元诰按：明道本问下有"之"
字。**升以为上卿之赞。**赞，佐也。**谓之三选。**三选，谓乡长所进，
官长所选，公所訾相。○管子小匡篇尹注："名此人曰三大夫之选。"

239

国子、高子退而修乡〔二三〕，○管子小匡篇尹注曰："朝事既毕，二大夫又如前退修于乡。鲍叔在朝，故不言。"乡退而修连，连退而修里，里退而修轨，轨退而修伍，伍退而修家。是故匹夫有善，可得而举也，匹夫有不善，可得而诛也。政既成，乡不越长，乡里以齿，长幼不相踰也。朝不越爵，贤、不肖之爵不相越也。罢士无伍，罢，病也。无行曰罢。无伍，无与为伍也。周礼大司寇："以圜土聚教罢民。"罢女无家。夫称家也。夫是故民皆勉为善。与其为善于邻也，不如为善于里；与其为善于里也〔二四〕，不如为善于家。本其事行也。是故士莫敢言一朝之便，皆有终身之计；莫敢以终身之议，皆有终身之功。○管子小匡篇尹注曰："修政，则人无苟且。"桓公曰："伍鄙若何？"管子上言"参其国而伍其鄙"，内政既备，故复问伍鄙之事。管子对曰："相地而衰征，则民不移；相，视也。衰，差也。视土地之美恶及所生出，以差征赋之轻重也。移，徙也。政不旅旧，则民不偷；旧，君之故旧也。偷，苟且也。不以故人为师旅，则民之相与不苟且也。孔子曰："故旧不遗，则民不偷。"○俞樾曰："韦训此句，其义迂曲，殆非也。旅之言'拒'也。御览二十七引风俗通曰：'旅，拒也，言阳气欲出，阴不许也。'字亦通作'吕'。白虎通五行篇：'吕者，拒也，言阳气欲出，阴不许也。'又曰：'吕之言拒者，旅抑拒难之也。'盖旅与拒本迭韵字，故声近而义通。又或连言之曰'旅距'。后汉书马援传：'黠羌欲旅距。'注曰：'旅距，不从之貌。'距即拒也。政不旅旧者，言为政不拒绝故旧之人也。韦以师旅解之，失其义矣。"山泽各致其时，则民不苟；时，谓虞衡之官禁令各顺其时，则民之心不苟得也。陆、阜、陵、墐、井田、畴均，则民不憾；高平曰陆，大陆曰阜，大阜曰陵。堨，沟上之道也。九夫为井，井间有沟。谷地曰田，麻地曰畴。均，平也。憾，恨也。○王念孙曰："憾当为'惑'。月令：'皆修封疆，审端径遂。田事既饬，先定准直，农乃不惑。'即此所谓'井田畴均，则民不惑'也。古'憾'字或作'感'，与惑相似，感误为感，后人又加心旁耳。管子小匡篇正作'则民不惑'。"元诰按：作"憾"义亦通。**无夺民时，则百姓富；牺牲不略，则牛羊遂。**"略，夺也。遂，长也。○襄四年左传："季孙曰略。"杜注云："不以道取为略。"疏云〔二五〕："今律略人、略买人是也。略，管子小匡篇作'劳'，劳与略一声之转。"元诰按：以上言国都之政，以下言野鄙之政。

桓公曰："定民之居若何？"管子对曰："制鄙，三十家为邑，邑有司；制野鄙之政也。此以下与郊内之政异也。**十邑为卒，卒有卒帅；十卒为乡，乡有乡帅；三乡为县，县有县帅；十县为属，属有大夫。五属，故立五大夫，使各治一属焉；**五属，四十五万家也。**立五正，**正，长也。**使各听一属焉。是故正之政听属，**正，五正也。听大夫之治也。**牧政听县，**牧，五属大夫也。听县帅之治也。**下政听乡。"**下政，县帅也。听乡帅之治也。○元诰按：政与正通，长也。又此二句，管子小匡篇作"武政听属，文政听乡"。刘绩曰："管子后云'立五乡以崇化，逮五属以属武'，则国语'正之政'、'牧政'、'下政'皆误之也。"**桓公曰："各保治尔所，无或淫怠而不听治者！"**

3　**正月之朝，五属大夫复事。桓公择其寡功者而谪之，**谪，谴也。○元诰按：各本其作"是"，今依王念孙说改。**曰："制地**

241

分民如一，何故独寡功？教不善则政不治，_{治，理也。}一再则宥，_{宥，宽也。}三则不赦。"桓公又亲问焉，曰："于子之属，有居处为义好学，慈孝于父母，聪慧质仁，发闻于乡里者，有则以告。有而不以告，谓之蔽明，其罪五。"有司已于事而竣。桓公又问焉，曰："于子之属，有拳勇股肱之力，秀出于众者，有则以告。有而不以告，谓之蔽贤，其罪五。"有司已于事而竣。桓公又问焉，曰："于子之属，有不慈孝于父母，不长悌于乡里，骄躁淫暴，不用上令者，有则以告。有而不以告，谓之下比，其罪五。"有司已于事而竣。五属大夫于是退而修属，属退而修县，县退而修乡，乡退而修卒，卒退而修邑，邑退而修家。是故匹夫有善，可得而举也。匹夫有不善，可得而诛也。政既成矣，_{○宋庠本无"矣"字。}以守则固，以征则强。

4　桓公曰："吾欲从事于诸侯，其可乎？"管子对曰："未可。邻国未吾亲也。君欲从事于天下诸侯，_{○宋庠本君上有"若"字。}则亲邻国。"_{邻国亲，足以为援。不然，将为己害，难以远征。}桓公曰："若何？"管子对曰："审吾疆埸，而反其侵地。_{审，正也。反，还也。侵地，齐侵取邻国之地。}正其封疆，无受其资，_{积土为封。资，资财也。○元诰按：谓又助邻国正封疆也。}而重为之皮币，以骤聘眺于诸侯，_{眺，视也。○周礼大宗伯："时聘曰问，殷俯曰视。"又春官"俯聘"，郑注云："大夫众来曰俯，寡来曰聘。"吴曾祺曰："作'眺'及训'视'俱不合〔二六〕。"元诰按：骤，晋语韦解："数}

也。"管子小匡篇作"极"，尹注："急也。"以安四邻，则四邻之国亲我矣。为游士八十人，州十人，齐居一州。尔雅曰："齐居营州也。"〇王引之曰："为，有也。"元诰按：管子小匡篇作"又游士八千人"，又与有通，千误。奉之以车马、衣裘，多其资币〔二七〕，使周游于四方，以号召天下之贤士。皮币玩好。使民鬻之四方，玩好，人所玩弄而好也。鬻，卖也。以监其上下之所好，监，观也。观其所好，则知其奢俭〔二八〕。上下，君臣也。玩好物贵，则其国奢，贱，则其国俭。择其淫乱者而先征之。"桓公问曰："夫军令则寄诸内政矣，齐国寡甲兵，为之若何？"甲，铠也。兵，弓矢之属。管子对曰："轻过而移诸甲兵。"诸，之也。移之甲兵，谓轻其过，使以甲兵赎其罪也。桓公曰："为之若何？"管子对曰："制重罪赎以犀甲一戟，重罪，死刑也。犀，犀皮，可用为甲也。戟，车戟也，柲长丈六尺。轻罪赎以鞼盾一戟〔二九〕，轻罪，劓、刖之属。鞼盾，缀革有文如缋〔三〇〕。〇说文："鞼，韦绣也〔三一〕。"小罪谪以金分，小罪，不入于五刑者。以金赎，有分两之差，今之罚金是也。书曰："金作赎刑。"〇管子小匡篇："小罪入以金钧，薄罪入以半钧。"宥闲罪。宥，赦也。闲罪，刑罚之疑者。书曰："五刑之疑有赦。"〇宋庠曰："闲，古苋反，非正罪。"索讼者，三禁而不可上下，坐成以束矢。索，求也，求讼者之情也。三禁，禁之三日，使审实其辞也。而不可上下者，辞定不可移也。坐成，狱讼之坐已成也。十二矢为束，谓讼者坐成，以束矢入于朝，乃听其讼。两人讼，一人入矢，一人不入则曲，曲则服〔三二〕，入两矢乃治之。矢取往而不反也。周礼"以双方禁人讼，入束矢于朝，然后听之〔三三〕"也。〇汪远孙曰："禁，如大司寇'禁民讼'、

'禁民狱'之禁。三者，郑重审慎之意。上下，谓上服下服之刑。不可上下，言罪已定也，其不直者罚以束矢。管子小匡篇：'无坐抑而讼狱者，正三禁之，而不直，则入一束矢以罚之。'淮南说齐桓之事，谓'讼而不胜者出一束箭'，事并与外传同。韦引周礼以解之，尚未洽传意。"陈奂曰："周礼'以两造禁民讼〔三四〕，入束矢于朝，然后听之'，言民讼者双方皆入束矢，听讼之后，直者当还其矢，不直者没入其矢。此即国语'坐成以束矢'也。郑注周礼误。"**美金以铸剑戟，**铸，冶也。**试诸狗马；**狗马，难为利者。**恶金以铸锄、夷、斤、斸，**恶，粗也。夷，平也，所以削草平地。斤，形似锄而小。斸，斫也。**试诸壤土。" 甲兵大足。**

5

桓公曰："吾欲南伐，何主？"主，主人，供军用也。**管子对曰："以鲁为主。反其侵地棠、潜，**棠、潜，鲁之二邑。○沈镕曰："棠在今山东鱼台县，潜在滋阳县西南。"**使海于有蔽，渠弭于有渚，**贾侍中云："海，海滨也。有蔽，言可依蔽也。渠弭，裨海也。水中可居者曰渚。"昭谓：有此乃可以为主人，军必依险阻者也。○吴曾祺曰："渠以止水，故曰渠弭。弭，止也。"元诰按：管子小匡篇蔽作"弊"，弭作"弥"，有渠作"河渠"，并误。**环山于有牢。"**环，绕也。牢，牛、羊、豕也〔三五〕。言虽山险，皆有牢牧也。一曰"牢，固也"。○管子小匡篇环作"纲"，王念孙谓当作"缳"，贾本亦作"缳"，云："还也。"**桓公曰："吾欲西伐，何主？"管子对曰："以卫为主。反其侵地台、原姑与漆里，**卫之四邑。○尹桐阳曰："台即骀，在今山东临朐县界。原姑，今大沽河。"左传"姑尤以西"，谓大沽与小沽二水也。漆，管子作"柒"，说文作"邾"，云："齐邑。"漆里，漆城里也，后汉书刘植传

国语集解

244

所谓"置酒郭氏漆里舍"是〔三六〕。水经酸水注云："濮渠之旁有漆城，在今直隶长垣县西二十里。"元诰按：管子小匡篇台上有"吉"字，王曰衍文。使海于有蔽，渠弭于有渚，环山于有牢。"桓公曰："吾欲北伐，何主？"管子对曰："以燕为主。燕，今广阳蓟也。○别本作"渔阳"。夏文焘曰："别本误也。两汉志并属广阳，韦时为曹魏地。"元诰按：汉蓟县属广阳，当今京兆大兴县南，即燕之故地也。反其侵地柴夫、吠狗，燕之二邑。○太平御览地部七引地理志："吠狗山，宋武北伐南燕之时至此山，夜闻犬吠，明日视之〔三七〕，唯见石狗。"尹桐阳曰："柴夫，即柴浮，在今直隶沧县境，古齐、燕界地也。吠狗，谓燕之出吠狗地也。"使海于有蔽，渠弭于有渚，环山于有牢。"四邻大亲。既反侵地，正其封疆，地南至于岱阴，岱阴，地名，齐南界也。○明道本岱作"鲖"，注同。宋庠本、贾本并作"陶"。王引之云："鲖阴当作'岱阴'，谓泰山之北也。齐在泰山之北，故曰南至于岱阴。桓十六年公羊传'越在岱阴齐'，何注曰：'岱，岱宗，泰山也。山北曰阴。'是也。传写者脱去'岱'字耳，陶即阴之误而衍者。盖隶'陶'、'阴'二字形相似，故'阴'字一本误作'陶'，校书者两存作'陶'作'阴'之本，而传写者遂增'陶'字，又误为'鲖'矣。管子小匡篇正作'地南至于岱阴'。"元诰按：王说是，今据改。岱阴者，泰山之北也。齐地南以泰山为界。西至于济，北至于河，○元诰按：管子小匡篇河作"海"。东至于纪酅。纪，故纪侯之国〔三八〕。酅，纪季之邑，已入于齐也。○庄三年经："纪季以酅入于齐。"杜注："酅，纪邑，在齐国东安平县。"大事表云："在今山东青州府临淄县东十九里。"宋庠曰："酅，户圭反。"元诰按：管子小匡篇酅作"随"。有革车六百乘，○各本六作"八",韦注曰:"贾侍中云:'一国之赋八百乘也,乘七十五人,凡甲士六万人。'昭谓:此周制耳,齐法以五十人为小戎,车八百乘,当有四万人。又上管仲制齐为三军,军万人,又曰'君有是士三万人,以方行于天下也',而车数多者,其副贰陪从之车乎?或云:'八当为六'。"王引之曰:"八当为六,上文云五十人为小戎,积而至于三万人,则六百乘矣。"元诰按:管子小匡篇讹同。今据王说正之。**择天下之甚淫乱者而先征之。**即位数年,东南多有淫乱者,莱、莒、徐夷、吴、越,莱,今东莱也。莒,琅邪县也。徐夷,徐州之夷也。〇元诰按:莱、莒、徐夷、吴、越六字,疑是原本注文而误入正文者。韦注无异注中注矣。管子小匡篇无此六字。**一战帅服三十一国。**〇元诰按:帅,循也。循,顺也。服与伏通。帅服,谓顺伏也。**遂南征伐楚,济汝,踰方城,望汶山,**济,渡也。汝,汝水也。方城,楚北之厄塞也。谓师至于陉时也〔三九〕。在鲁僖四年。汶山,楚山也。〇元诰按:汝水出河南嵩县老君山,东南流经临汝、许昌、汝南、潢川入淮。方城本为萬城,萬作"万",遂讹"方",盖山名也,在今河南方城县南四十里。楚方城以为城。汶山,汶一作"潘",又作"岷",在今四川松潘县北,昔夏禹导江之地。自巴颜喀喇山脉东北分出为汶山之干脉,分为二支:一支由泯江南行者为邛崃山脉,其南端有峨眉峰;一支东行者为巴山山脉,其南有巫山十二峰,山绵亘二千余里。**使贡丝于周而反,**〇管子小匡篇尹注曰:"使楚贡丝,即屦丝者也,堪为琴瑟。"元诰按:内传云:"贡包茅。"**荆州诸侯莫不来服。**〇尔雅释地:"汉南曰荆州。"郭注:"自汉南至衡山之阳。"义疏曰:"言汉南者,衡阳举其南界,汉南举其北界也。"**遂北伐山戎,**山戎,今之鲜卑,以其病燕〔四〇〕,故伐之。〇元诰按:注谓"山戎，今鲜卑"，则在今西伯利亚境。**刜令支，斩孤竹而南归，**二国，山戎之与也。刜，击也。斩，伐也。令支，今为县，属辽西。孤竹之城存焉〔四一〕。〇元诰按：令支，令一作"泠"，又作"离"，古伯夷之封国。今直隶卢龙县西十五里有孤竹城。考齐征伐诸侯行径，由东南而南，反齐，再由齐而北，归南，又由南反齐。则已无征伐之事矣。**海滨诸侯莫不来服。**海滨，海北涯也。〇宋本莫下有"敢"字。**与诸侯饰牲为载，以约誓于上下庶神，**饰牲，陈其牲。为载书而于牲上而已，不歃血。**与诸侯戮力同心。**戮，并也。**西征，攘白狄之地，**攘，却也。白狄，赤狄之别种。**至于西河，**西河，白狄之西也。〇管子小匡篇尹注曰："谓龙门之西河。"尹桐阳曰："河自砥柱以上，龙门以下曰西河。"汉书地理志并州有西河郡，辖县三十六，治富昌，故城在鄂尔多斯左翼前旗界。"沈镕曰："白狄在今陕西肤施等县。"**方舟设泭，乘桴济河，**方，并也。编木曰泭，小泭曰桴。济，渡也。〇元诰按：管子小匡篇设泭作"投柎"。泭与柎同。投，王曰误，设，合也，见广雅释诂。**至于石枕，**石枕，晋地名〔四二〕。〇元诰按：管子小匡篇枕作"沈"，补音作"抗"，云："苦浪反，作'杭'者非。"然则杭为抗之误，枕又为杭之误，沈又为枕之误矣。一说石抗即石梁，本名曲梁，后汉书郡国志上党郡："潞，本国。"补注："晋荀林父伐曲梁，在城西十里，即此。又名石章，史记秦本纪惠王后元十年伐韩，取石章，亦即此。"**悬车束马，逾大行与辟耳之溪拘夏，**大行、辟耳，山名也。拘夏，辟耳之溪也。三者皆山险溪谷，故悬钩其车，偪束其马以渡。〇吴曾祺曰："大行在河内野王县。辟耳一作'卑耳'，在河东太阳。"元诰按：大行亦曰羊肠坂，在今河南泌阳县北。辟耳，今山西平陆县地也。拘夏，管子小匡篇作"拘秦夏"，尹注曰："拘秦夏之不服者。"史记齐世家止有"西伐大夏"，正义曰："大夏，并州晋阳是也。"文、注并与此异。**西服流沙、西吴。** 流沙、西吴，雍州之地。〇元诰按：流沙，即今甘肃居延县。西吴，管子作"西虞"，吴、虞声转字也。虞仲所封。今山西平陆县东北四十里有古吴城。**南城周，**城，王城也。周襄王庶弟子带作乱〔四三〕，与戎伐襄王，焚其东门，不克。桓公使仲孙湫征诸侯戍周而城之。事在鲁僖十三年。〇元诰按：僖十三年左传："秋，为戎难故，诸侯戍周。"杜注曰："戍，守也。致诸侯戍卒于周。"是本作"戍周"不作"城周"矣。管子小匡篇"戍周"又误作"成周"。明道本"周"上衍"于"字。**反胙于绛**〔四四〕。说云："胙，赐也。谓天子致祭胙，赏以大辂、龙旗，桓公于绛辞之，天子复使宰孔致之。"贾侍中云："反，复也。胙，位也。绛，晋国都也。晋献公卒，奚齐、卓子死，国绝无嗣〔四五〕，晋侯失其胙位。桓公以诸侯讨晋，至高梁，使隰朋帅师立公子夷吾，复之于绛，是为惠公。事在鲁僖九年。"昭谓：人君即位谓之践胙。此言桓公城周，尊事天子，又讨晋乱，复其胙位，善之也。案内传宰孔于葵丘致胙肉，赐命，无辞让反复之文。贾君得之，唐从贾也。〇俞樾曰："葵丘之会，宰孔致胙时不特无辞让反复之事，且桓公是时亦不至绛。旧说固失之矣。至人君即位，谓之践阼，不谓之践胙，即使古字通用，然不曰立晋侯于绛，而曰复胙于绛，义甚不安。且惠公之立〔四六〕，虽自外入，实则父死子继，非郑厉自栎，卫献自夷仪，失国复归者可比，安得谓之复胙乎？是贾侍中说亦非也。今按：反者，归也。孟子尽心篇'君子反经而已矣'。赵岐注曰：'反，归也。'广雅释诂亦曰：'反，归也。'反胙，犹言归胙。归胙于绛〔四七〕，承上文'南城周'而言。周书作雒篇载周公既城成周，乃设丘兆于南郊以祀上帝，配以后稷，日、月、星、辰皆与食。然则齐桓城周之后，因祭而归胙诸侯，亦事所宜有也。其独举绛言之者，是时诸侯莫不事齐，惟晋献特强不服，故齐桓藉宠王室，因城周而归胙，以风示之耳。"吴曾祺曰："韦说为长〔四八〕。"**岳滨诸侯莫不来服，**岳，北岳常山。○俞樾曰："传言岳，不言北岳，注义非也。尔雅释山曰：'河西岳。'郭璞注曰：'岳，吴岳也。'周官职方氏、周书职方篇：'正西曰雍州，其山镇曰岳山。'郑注及孔晁注并同。此传所谓岳滨诸侯即吴岳也。上文'西服流沙、西吴'，注曰'雍州之地'。故此即举雍州之镇言之。韦氏以为北岳常山，失之远矣。"元诰按：管子小匡篇作"海滨诸侯"。明道本国语"莫"下有"敢"字。**而大朝诸侯于阳谷。**阳谷之会在鲁僖三年也。○僖三年穀梁传："阳谷之会，桓公委端搢笏而朝诸侯，诸侯皆谕乎桓公之志。"僖三年左传林注曰："衣裳之会不在九合之数。"吴曾祺曰："阳谷在今山东阳谷县东北三十里。"**兵车之属六，乘车之会三，**属，亦会也。兵车之会，谓鲁庄十三年会于北杏，十四年会于鄄，十五年复会于鄄，鲁僖元年会于柽，十三年会于咸，十六年会于淮。乘车之会，在僖三年会于阳谷，五年会于首止，九年会于葵丘。凡九会也。○路史发挥曰："齐侯之为会十有五，云九合者，在葵丘之会言之也。咸、淮之会固出其后，而贯、谷之举又非其盛者，乃若兵车之会，则有之矣。庄之十四年伐宋，二十八年救郑，僖之元年救邢，四年侵陈、蔡，六年伐郑，与十五年之救徐首止之役，（元诰按：原本误作"首正"。）定王世子，所谓一正天下者也。说春秋曰'衣裳之会十有一'，而未始插盟，'兵车之会四'，而未尝大战。是信厚而爱民也。"刘师培曰〔四九〕："各书皆以九合诸侯，一匡天下对言。范宁穀梁注谓郑玄以两鄄、两幽、柽、贯、首戴、（元诰按：

即"首止"。）宁母、葵丘为九合，不取北杏及阳谷。后汉书延笃传注以两郪、两幽、柽、首止、宁母、洮、葵丘为九合，则又去贯而数洮。（刘炫同。）近人卢文弨谓郑以柯及两郪、两幽、柽、阳谷、首戴、宁母为九合。宋翔凤驳之，又谓郑以柯、两郪、两幽、柽、首戴、宁母、葵丘为九合。说各不同，不知九合犹言屡合，不必以九为限，即其数而强解之，非也。朱子易九为'纠'，亦非也。又左传襄公十一年晋侯谓魏绛曰：'八年之中，九合诸侯。'服虔以会戚（一合），会城棣救陈（二合），会鄬（三合），会邢丘（四合），会戏（五合），会柤（六合），戍虎牢（七合），盟亳为八合，盖合会萧鱼为九。国语晋语则作'七合诸侯'，孔晁注及韦注均以会戚，会鄬，会邢丘，盟戏，会柤，会亳，会萧鱼为七合，不数救陈与戍郑。案左传所言盟戚即所以戍陈，会柤即所以戍虎牢，不得析之为二，当从晋语七合为确。左传作'九合'与论语'九合诸侯'同例，亦虚数也。"元诰按：乘车之会，即所谓衣裳之会也。此文合而言之，乃主九合之说。昔人谓九者，阳数之极，故书、传凡言九者，皆指其极。如楚辞九歌〔五〇〕，实十一篇，止言九也。左传"夷于九县"，实十一国，亦止言九也。刘解九合为屡合，亦通。**诸侯甲不解累**，累，所以盛甲也。○说文："累，大索也，所以束甲。"元诰按：管子小匡篇累误作"垒"。**兵不解翳**，翳，所以蔽兵也。○管子小匡篇尹注曰："兵，胁盾之属。不解甲于垒，不解兵于翳，言不用也。"元诰按：说文翳作"医"，云："藏弓弩矢器也。"**弢无弓，服无矢**。弢，弓衣也。服，矢衣也。无者，无所用也。**隐武事，行文道，帅诸侯而朝天子**。谓首止之会，会王太子，谋宁周也。

6　**葵丘之会**〔五一〕，○元诰按：庄八年左传杜注曰："齐地临淄县西有地名葵丘。”僖九年传杜注：“陈留外黄县东有葵丘。”未知孰是。**天子使宰孔致胙于桓公**，天子，周襄王也。宰孔，宰周公也。胙，祭肉也。**曰：“余一人有事于文、武**，事，祭事也。○各本“一人”下有“之命”二字。王引之曰：“此涉下文‘天子之命’而衍也。僖九年左传云‘天子有事于文、武’，此云‘余一人有事于文、武’，文义正同，不得有‘之命’二字。余一人有事于文、武，乃致胙之由，未及命齐侯也。管子小匡篇有‘之命’二字，则后人据误本国语加之也。”元诰按：王说是，今据删。又按：管子尹注曰：“有祭事于文王、武王之庙也。”**使孔致胙。”且有后命**且，犹复也。○僖九年左传杜注曰：“赐胙之后，且有别命。”**曰：“以尔自卑劳，实谓尔伯舅，无下拜。”**天子称王官之伯，异姓曰伯舅。无下拜，无下堂拜赐也〔五二〕。○元诰按：无与毋同，止之之词也。实谓，犹云非谦词也。**桓公召管子而谋，管子对曰：“为君不君，为臣不臣**，○管子小匡篇尹注曰：“君命臣毋拜，是不君也。臣承命而不让，是不臣也。”**乱之本也。”桓公惧，出见客**，客，宰孔也。**曰：“天威不违颜咫尺**，违，远也。颜，眉目之间也。八寸曰咫。**小白余敢承天子之命曰‘尔无下拜’？**承，受也。○元诰按：“余”字疑衍。君前臣名称“小白”，不当又曰“余”。**恐陨越于下，以为天子羞。”**陨，坠也。越，失也。**遂下拜，升受命**。○僖九年左传杜注曰：“拜堂下，升受于堂上。”**赏服大辂，龙旗九旒，渠门赤旗**。唐尚书云：“大辂，玉辂。”非也。贾侍中云：“大辂，诸侯朝服之车，谓金辂，钩樊缨九就，龙旗九旒也。渠门，亦旗名。赤旗，大旗也。”昭谓：龙旗，画交龙于縿也，正幅为縿，旁属为旒。钩，娄领之钩。樊，马大带，缨当胸，削革为之，皆以五采厕饰之。九就，就，成也。渠门,两旗所建,以为军门,若今牙门也。〇陈奂曰:"樊、缨一物。樊者,缨之饰。'樊'字亦作'鞶'。鞶缨为尊者之马饰,结于胸前。先郑、贾、马、许说皆同,唯康成读樊如鞶带之鞶,谓'今马大带也',与古说绝异。大带在腹,凡马皆有,无以别尊卑〔五三〕。樊当胸前,不在腹下也。韦从后郑说,非是。"元诰按:渠门,亦旗名,宜从贾说。**诸侯称顺焉。**言下拜顺于礼也。

7 桓公忧天下诸侯〔五四〕。鲁有夫人、庆父之乱,

夫人,鲁庄夫人哀姜也。庆父,庄公之弟共仲也,通于哀姜,哀姜欲立之。庄公薨,庆父杀太子般,在庄三十二年;又弑闵公,在闵二年。〇庄二年经杜注曰:"庆父,庄公庶兄。"**二君弑死,国无嗣。桓公闻之,使高子存之。**高子,齐卿高傒敬仲也。存之,谓立僖公而成鲁。**狄人攻邢,桓公筑夷仪以封之,**邢,姬姓,周公之后。夷仪,邢邑也。狄人攻邢,在庄三十二年。封而迁之,在鲁僖元年。〇吴曾祺曰:"今直隶顺德府邢台县西有夷仪城。"**男女不淫,牛马选具。**淫,见淫略也〔五五〕。选,数也。〇王引之曰:"选亦具也。古人自有复语耳。说文:'馔,具也。'馔、选与巽古并同声〔五六〕。牛马选具者,谓牲畜皆全,不见掠夺也。墨子号令篇'所居之吏上数选具'之选具,犹齐备也。恐其不全,故选具之也。韦训选为'数',数具连文,则不词矣。尹知章注管子小匡篇曰:'选择其善者以成具。'亦以迂回失之。"**狄人攻卫,卫人出庐于曹,**庐,寄也。狄人攻卫,杀懿公,遂入卫。卫人出走宋,桓公逆之于河,以卫之遗民立公孙申以寄于曹,是为戴公。在鲁闵二年。〇闵二年左传释文:"曹,诗作漕。"孔疏曰:"曹邑虽阙,当在河东近楚丘也。"

桓公城楚丘以封之。楚丘，卫地。桓公迁其国而封之。事在鲁僖
二年。○沈镕曰："今卫县东六十里废卫南县，即古楚丘。"其畜散而
无育，畜，六畜也。散，谓失亡也。育，养也。桓公与之系马三百。
系马，良马在闲，非放牧者。天下诸侯称仁焉。于是天下诸侯
知桓公之为己勤也，勤，谓救患分灾也。○各本勤作"动"，注同。
管子小匡篇作"勤"。刘绩补注曰："勤，孜孜也。"元诰按：前文"夫为
其君勤也"，勤亦误作"动"，今并订正。明道本"为己"上有"非"字，
今不从。是故诸侯归之。○宋庠本有"譬若市人"四字注文。桓公
知诸侯之归己也，故使轻其币而重其礼。币，贽币也。礼，酬
宾之礼也。故天下诸侯罢马以为币，罢，不任用也。币、圭以马也。
○管子小匡篇罢作"疲"，尹注曰："疲，谓瘦也。"缕綦以为奉，奉，
藉也，所以藉玉之藻也。缕綦，以缕织綦，不用丝，取易共也，綦，绮文。
○宋庠本綦作"纂"，非是。鹿皮四个。个，枚也。○明道本个作
"分"，韦注曰："分，散也。"管子小匡篇亦作"分"。王引之曰〔五七〕：
"分，当为介，介即'个'字也。鹿皮四个，即聘礼所谓'乘皮'。个，古
书作'介'。广韵云：'介，俗作"分"。'形与分相似，因讹作分。"元诰
按：宋庠本正文作"介"，注作"个"，今据其本而齐一之。诸侯之使，
垂橐而入，垂，言空而来。橐，囊也。稛载而归。言重而归也。稛，
絭也。○明道本稛作"梱"，管子小匡篇作"穚"。穚即"稛"字，"梱"
俗字。说文："稛，絭束也。"故拘之以利，结之以信，示之以
武，故天下小国诸侯既许桓公，许，谓听其盟约。○元诰按：既，
皆也。易既济韩注曰："既济者，以皆济为义者也。"是其证。莫之敢
背，就其利而信其仁，畏其武〔五八〕。桓公知天下诸侯多与

已也，与，从也。故又大施忠焉，施其忠信也。可为动者为之动，○元诰按：二“动”字疑皆当为“勤”。晋语二韦注云：“勤，助也。”可为谋者为之谋，军谭、遂而不有也，诸侯称宽焉。军，谓以军灭之。不有，以分诸侯也。桓公奔莒，过谭，谭子不礼，入又不贺。北杏之会，遂人不至。故皆灭之。在鲁庄十年及十三年。○吴曾祺曰：“今山东济南府历城县东南七十里有谭城〔五九〕，兖州府宁阳县西北三十里有遂乡。通齐国之鱼盐于东莱，言通者，则先时禁之矣。东莱，齐东莱夷也〔六○〕。○汉书地理志青州有东莱郡，辖县十七，郡治掖。元诰按：今为山东掖县治。使关市几而不征，几，几异服，识异言也。征，税也。取鱼盐者不征税，所以利诸侯，致远物也。○元诰按：几，通作“讥”。以为诸侯利，诸侯称广焉。施惠广也。筑葵兹、晏、负夏、领釜丘，四者皆厄塞，与山戎、众狄接也。○元诰按：管子小匡篇〔六一〕作“筑蔡、鄢陵、培夏、灵釜丘”。此文“葵”即“蔡”之讹，与晋语“负蔡”，宋庠本作“负葵”同类。“兹”字乃因与蔡声转而衍也。蔡在今河南上蔡县西南十里〔六二〕。晏与鄢声近通用，鄢即鄢陵，今为河南鄢陵县，地理志又作“傿陵”。负夏即培夏，字汇倍尾山名亦作负尾是其证，在今河南滋阳县西二十五里。领釜丘即灵釜丘，领与灵声近通用，亦称灵丘，在今山西灵丘东南。一说“灵釜丘谓灵丘与釜丘也，灵丘在山东滕县东三十里，釜丘在今山东定陶县西南七里”，与此文不合。盖韦注云“四者”，如“一说”，则为五者矣。筑，谓筑邑，筑邑于此四塞，以备戎也。内传，“邑曰筑”。下同。以御戎狄之地〔六三〕，所以禁暴于诸侯也。禁暴，禁其暴掠于诸侯也。筑五鹿、中牟、盖与、牡丘，四塞，诸夏之关也。○吴曾祺曰：“五鹿在今直隶大名县，中牟在今河南汤阴县西四十里，盖与即古之阚与。"元诰按：僖二十三年左传杜注曰："五鹿，卫地。今卫县西北有地名五鹿，阳平元城县东亦有五鹿。"吴云大名县，盖即古卫县西北之五鹿也。牡丘，在今山东聊城县东北七十里。沈镕曰："盖与，在今山西北二十里。"元诰按：管子小匡篇"盖与"上有"邺"字，牡丘作"壮丘"，误。**以卫诸夏之地，**卫，蔽扞也。**所以示权于中国也。教大成，定三革，隐五刃，**定，莫也。隐，藏也。三革，甲、胄、盾也。五刃，刀、剑、矛、戟、矢也。说云："三革，甲、楯、鼓。"非也。兵事息，则礼乐兴，焉得废鼓？〇俞樾曰："上文'隐武事'，韦氏无注，此文'隐五刃'，注曰：'隐，藏也。'则未得其义也。隐，当读为偃。汉书古今人表'徐隐王'，师古注曰：'即偃王也。'是隐、偃古通用字。荀子儒效篇：'偃五兵。'杨倞注：'偃，仆也。'庄子徐无鬼篇：'偃兵其可乎。'吕氏春秋荡兵篇：'古圣王有义兵而无有偃兵。'应言篇：'公孙龙说燕昭王以偃兵。'凡言偃者，其义并同。此作'隐'者，假字耳。韦训'藏'，非是。"元诰按：管子小匡篇作"偃五兵"，是其证。**朝服以济河，而无怵惕焉，**西行渡河以平晋也。〇管子小匡篇尹注曰："谓乘车之会服。济河，以与西诸侯盟也。"**文事胜矣。**胜，举也。**是故大国惭愧，小国附协。唯能用管夷吾、甯戚、隰朋、宾胥无、鲍叔牙之属，而伯功立。**五子皆齐大夫也。隰朋，齐庄公之曾孙、戴仲之子成子也。〇通志氏族略三："齐庄公之子廖事桓公，（梁玉绳曰〔六四〕："桓公"字误。）封于隰阴为大夫，故以为氏。"吴曾祺曰："韦注：'庄公名购，在春秋之前，与崔子所弑谥同。'"

【校记】

〔一〕伯夷为尧四岳 "夷"误作"尼",补音字原作"㠯",为"夷"字古文,今据改。

〔二〕忠信可结于百姓 "信"误作"姓",据各本改。

〔三〕齐使受之而退 "而"字脱,据明道本补。公序本作"以"。

〔四〕桓公亲逆之于郊 "逆"误作"迎",据各本改。

〔五〕设象以为民纪 "民"字脱,据各本补。

〔六〕劝之以赏赐 "赐"误作"罚",据各本改。

〔七〕伍,五也 此三字脱,据各本补。

〔八〕大都不过参国之一 "都"误作"国",据国语正义改。

〔九〕参其国以为都 "都"下衍"城"字,据国语正义删。

〔一〇〕五党为州 "州"误作"周",据国语正义改。

〔一一〕节,节其大小轻重 上"节"字误作"为",据各本改。

〔一二〕夫是故工之子恒为工 "子"误作"弟",据各本改。

〔一三〕管子于是制国以为二十一乡 "管子"二字脱,据各本补。

〔一四〕百王之法也 "百"误从公序本作"伯",据明道本改。

〔一五〕是业有次第之义 "是业"二字脱,据群经平议补。

〔一六〕为军掌令也 "掌"误作"长",据各本改。

〔一七〕仲秋教治兵 "秋"误作"春",据各本改。

〔一八〕是故守则同固,战则同强 "故"误作"则",据各本改。

〔一九〕续汉书五行志注引尚书大传曰 "续汉书"之"书"字脱,据经义述闻补。

〔二〇〕"居处"下脱"为义"二字 "下"字脱,据经义述闻补。

〔二一〕当据补 "补"误作"传",据经义述闻改。

〔二二〕管子山权数篇　"数"字脱，据国语发正补。

〔二三〕国子、高子退而修乡　"高子"之"子"字脱，据各本补。

〔二四〕与其为善于里也　"与"误作"为"，据各本改。

〔二五〕疏云　"疏"上衍"郑"字，据左传正义删。

〔二六〕作"眺"及训"视"俱不合　"视"误作"示"，据国语韦解补正改。

〔二七〕多其资币　"资"误作"质"，据各本改。其下集解云："元诰按：管子小匡篇作：'多其资粮，财币足之。'疑此文'质'为'资'误，资币即资粮、财币之省。"按公序与明道各本皆作"资"，无作"质"者，此条集解无中生有，徒费笔墨，故从删。

〔二八〕监，观也。观其所好，则知其奢俭　二"观"字皆误作"视"，据公序本改。明道本上作"视"，下作"观"。

〔二九〕轻罪赎以鞼盾一戟　"盾"误作"甲"，据各本改。

〔三〇〕鞼盾，缀革有文如缋　"革"误作"甲"，又脱"文"字，据各本改补。

〔三一〕鞼，韦绣也　"韦"误作"甲"，据说文三下革部改。

〔三二〕一人不入则曲，曲则服　脱一"曲"字，据各本补。

〔三三〕然后听之　"后"下衍"乃"字，据各本删。按，周礼原有"乃"字，韦解略去。

〔三四〕以两造禁民讼　"民"字脱，据国语发正补。

〔三五〕牢，牛、羊、豕也　"豕"误作"矢"，据各本改。

〔三六〕后汉书刘植传所谓"置酒郭氏漆里舍"是　"书"字脱，据后汉书补。

〔三七〕明日视之　此四字脱，据国语发正补。

〔三八〕纪，故纪侯之国 "纪侯"之"纪"字脱，据各本补。

〔三九〕谓师至于陉时也 "陉"误作"荆"，据各本改。

〔四〇〕以其病燕 "燕"字脱，据各本补。

〔四一〕孤竹之城存焉 "存"误作"在"，据各本改。

〔四二〕石枕，晋地名 "枕"字脱，据各本补。

〔四三〕周襄王庶弟子带作乱 "庶"误作"也"，据各本改。

〔四四〕反胙于绛 "绛"误作"周"，据各本改。

〔四五〕国绝无嗣 "嗣"误作"祀"，据各本改。

〔四六〕且惠公之立 "立"误作"入"，据群经平议改。

〔四七〕归胙于绛 "胙"字脱，据群经平议补。

〔四八〕韦说为长 "为长"误作"是"，据国语韦解补正改。

〔四九〕刘师培曰 "培"误作"倍"，依文义改。

〔五〇〕楚辞九歌 "辞"误作"词"，依惯例改。

〔五一〕葵丘之会 此句原连上文，今分段提行。

〔五二〕无下拜，无下堂拜赐也 "下拜"之"拜"误作"堂"，据各本改。

〔五三〕无以别尊卑 "以别"二字脱，据国语发正补。

〔五四〕桓公忧天下诸侯 原以此句连上文，"狄人攻邢"句提行，依文义改。

〔五五〕淫，见淫略也 "略"误作"掠"，据各本改。

〔五六〕说文："僎，具也。"僎、选与巽古并同声 上"僎"字误作"巽"，下"僎"字与"同"字皆脱，据经义述闻改补。

〔五七〕王引之曰 "王引之"误作"王念孙"，据经义述闻通说上改。

〔五八〕畏其武 "畏"上衍"而"字，据各本删。

国语集解

258

〔五九〕今山东 济南府 历城县东南七十里有谭城 "东南"之
　　　 "东"字误作"束",据国语韦解补正改。

〔六〇〕东莱,齐东莱夷也 下"莱"字重衍,据各本删。

〔六一〕管子 小匡篇 "匡"字脱,据管子补。

〔六二〕蔡在今河南 上蔡县西南十里 "西南"二字脱,据本书郑
　　　 语集解补。

〔六三〕以御戎狄之地 "之地"二字脱,据各本补。

〔六四〕梁玉绳曰 "梁"误作"廖",据国语发正改。

国语集解

晋语一第七○旧音曰："晋，姬姓之国，周成王母弟叔虞所封之地。本大岳之野，夏禹所都之墟，南临晋水。后叔虞子燮父封为晋侯。至十八代孙昭侯始弱，分国，封其叔父成师于曲沃，是为桓叔。桓叔浸强，晋潘父弑昭侯而纳桓叔，不克。晋人乃立昭侯之子孝侯于翼，更为翼侯。其后桓叔之子庄伯伐翼，杀孝侯。翼人又立其弟鄂侯。鄂侯之子哀侯为庄伯子武公所灭。尽有晋地，以其宝器赂周王，王命武公为晋君，而始列于诸侯。"元诰按：晋列于诸侯在周僖王时，曲沃武公即位三十七年矣。更号曰晋武公，因南有晋水，故以名国。当今山西之阳曲、太原、临汾、大名等数十县皆其故地。

261

1　**武公伐翼，杀哀侯**，武公，曲沃桓叔之孙、庄伯之子（元诰按：各本庄作"严"，因避汉讳改。）武公称也。翼，晋国都也。哀侯，晋昭侯之孙、鄂侯之子哀侯光也。初，昭侯分国以封叔父桓叔为曲沃伯。曲沃盛强，昭侯微弱。后六年，晋潘父弑昭侯而纳桓叔，不克。晋人立昭侯之子孝侯于翼，更为翼侯。后十五年，桓叔之子庄伯伐翼，杀孝侯。翼人立其弟鄂侯。鄂侯生哀侯。鲁桓三年，曲沃武公伐翼〔一〕，杀哀侯，后竟灭翼侯之后而兼之。鲁庄公十六年，王使虢公命武公以一军为晋侯，遂为晋祖。〇吴曾祺曰：“今山西翼城县东南有古翼城。”**止栾共子曰：“苟无死**，栾共子，晋哀侯大夫共叔成也〔二〕。初，桓叔为曲沃伯，共子之父栾宾傅之，故止共子使无死也。〇元诰按：苟，且也，谓且无死也。**吾以子见天子，令子为上卿，制晋国之政。”**上卿，执政，命于天子者也。〇元诰按：吕氏春秋禁塞篇：“以告制兵者。”高注云：“制，主也〔三〕。”此文“制”当同义。**辞曰：“成闻之：‘民生于三，事之如一。’**三，君、父、师也。如一，服勤至死也。**父生之，师教之，君食之。**食，谓禄也。**非父不生，非食不长，非教不知。生之族也，故一事之。**族，类也。一事之，事之如一也。**唯其所在，则致死焉。**在君父为君父，在师为师也。**报生以死，报赐以力，人之道也。**赐，惠也。以力，谓家臣也。**臣敢以私利废人之道**，私利，谓不死为上卿也。**君何以训矣？**无以教为忠也。**且君知成之从也，未知其待于曲沃也〔四〕。**君，武公也。言君知成将死其君，为从臣道也，故使止臣，未知成不死而待君于曲沃之为贰也。〇元诰按：韦注非是，详下王说。曲沃，今山西闻喜县东左邑故城是。**从君而贰，君焉用之？”**贰，二心也。〇王引之曰：“上二‘君’字皆指哀侯，下一‘君’字乃指武公。待，止也。(尔雅：‘止，待也。’广雅：‘止、待，逗也。’论语微子篇‘齐景公待孔子’，史记孔子世家作‘止孔子’。鲁语，‘其

谁云待之’，说苑正谏篇作‘其谁能止之’。是待与止同义。）言哀侯未
死时，但知其从哀侯，而未知其止于曲沃为武公臣也。既从哀侯，又贰于
武公，故曰‘从君而贰’也。定元年左传子家羁曰：‘若羁也，则君知其
出也，而未知其入也。’语意正与此同。皆谓无以对死君耳。韦氏不得其
解，乃曰‘君，武公也’云云，迂回而难通矣。”**遂斗而死**〔五〕。

2　献公卜伐骊戎，

献公，晋武公之子献公诡诸也。骊戎，西戎之别
在骊山者也。其君男爵，姬姓。秦曰骊邑，汉高帝徙丰民于骊邑，更曰新
丰，在京兆也。○大事表曰：“今陕西西安府临潼县东二十四里有骊戎
城。”**史苏占之**，史苏，晋大夫，占卜之史也。**曰：“胜而不吉。”**
公曰：“何谓也？”对曰：“遇兆，挟以衔骨，齿牙为猾，遇，
见也。挟，犹会也。骨，所以鲠刺人也。猾，弄也。齿牙，谓兆端左右岪坼，
有似齿牙。中有从画，故曰“衔骨”。骨在口中，齿牙弄之，以象谗口之
为害也。礼，卜师作龟，大夫占色，史占墨〔六〕。**戎、夏交捽。**兆有二
画，外象戎，内象诸夏。夏，谓晋也。兆端会齿牙交，有似捽。捽，交对
也。○旧音曰：“捽，才忽反。”**交捽，是交胜也，臣故云。**言晋胜
戎，戎复胜晋。**且惧有口，**齿牙、衔骨，皆在口也。**憰民，国移心
焉。”**憰，离也。○说文：“憰，有二心也。”明道本作“携”，下同。**公
曰：“何口之有！口在寡人，寡人弗受，谁敢兴之？”对曰：
“苟可以憰，其入也必甘受，逞而不知，胡可雍也？”**胡，何
也。逞，快也。雍，防也。甘言入耳，心以为快，而不知其恶，何可防止
也。**公弗听，遂伐骊戎，克之，**克，胜也。**获骊姬以归。有宠，
立以为夫人。**骊姬，骊戎君之女也。**公饮大夫酒，令司正实爵**

263

与史苏，司正，正宾主之礼者也。实，满也。曰："饮而无肴。肴，俎实也。夫骊戎之役，女曰'胜而不吉'，〇元诰按：女与汝、尔同。故赏女以爵，罚女以无肴。克国得妃，其有吉孰大焉！"史苏卒爵，卒，尽也。再拜稽首曰："兆有之，臣不敢蔽。蔽兆之纪，失臣之官，纪，经也。失官，失守官之节也。有罪二焉，何以事君？二罪，蔽兆、失官也。大罚将及，不唯无肴〔七〕。及，至也。蔽兆、失官，则有大罚，非但无有也。抑君亦乐其吉而备其凶，凶之无有，备之何害？若其有凶，备之为瘳。瘳，差也。臣之不信，国之福也，不信，卜不中也。何敢惮罚！"惮，难也。饮酒出，史苏告大夫曰："有男戎必有女戎。戎，兵也。女兵，言其祸由姬也。若晋以男戎胜戎，而戎必以女戎胜晋，其若之何？"里克曰："何如？"里克，晋大夫里季子也。史苏曰："昔夏桀伐有施，有施人以妹喜女焉，桀，禹十七世后皋之孙、后发之子夏癸也。有施，喜姓之国。妹喜其女也。以女进人曰女。〇宋庠曰："妹音莫拨反。喜，史、子或作'嬉'。"妹喜有宠，于是乎与伊尹比而亡夏。伊尹，汤相伊挚也，自夏适殷也。比，比功也〔八〕。伊尹欲亡夏，妹喜为之作祸，其功同也。〇何焯曰："此即汲冢书'伊尹交妹喜'之说，观下文'与虢石父比'，可见韦氏之谬〔九〕。"李翘曰："史苏论卜，末言褒姒与虢石甫比而亡周，已无可考。然虢石甫佞人，犹可言也，若夫伊尹比妹喜，胶鬲比妲己，不经殊甚，不知子厚何以不非之。"殷辛伐有苏，有苏氏以妲己女焉，殷辛，汤三十一世帝乙之子殷纣也。有苏，己姓之国。妲己，其女也。〇吴曾祺曰："苏古城在济源西北二里。"元诰按：济源县属河南。宋庠曰："妲，丁达反。己，居拟反。"妲己有宠，于是乎与胶鬲比而亡殷。胶鬲，殷贤臣也，自殷适周，佐武王以亡殷也。周幽王伐有褒，有褒人以褒姒女焉，幽王，宣王之子幽王宫涅也。有褒，姒姓之国，幽王伐之，褒人以美女入，谓之褒姒，是为幽后。〇吴曾祺曰：“褒在梁州褒城县东二百步，即古褒国。”褒姒有宠，生伯服，伯服，携王也。〇汪远孙曰：“伯服非携王。”于是乎与虢石甫比，石甫，虢公之名。郑语曰，“虢石甫，谗谄巧佞之人也，而立以为卿士”也。〇汪远孙曰：“虢石甫名鼓〔一〇〕，见吕氏春秋当染篇，石甫盖其字也。”逐太子宜臼，宜臼，申后之子平王名也。〇宋庠本臼作“咎”。而立伯服。太子出奔申，申，姜姓之国，平王母家也。申人、鄫人召西戎以伐周，周于是乎亡。鄫，姒姓，禹后也。鄫及西戎素与申国婚姻同好，幽王欲杀宜臼以成伯服，求之于申，申人弗予，遂伐之。故申、鄫召西戎以伐周，杀幽王于戏。〇吴曾祺曰：“汉书地理志，南阳郡宛县，故申伯国，有屈申城。今山东峄县东有鄫城。”元诰按：史记鄫作“缯”，正义引括地志云〔一一〕：“缯县在沂州承县，古侯国。”今晋寡德而安俘女，军获曰俘。又增其宠，立以为夫人也。虽当三季之王，不亦可乎？季，末也。三季王，桀、纣、幽王也。〇明道本不亦作“亦不”。且其兆云：‘挟以衔骨，齿牙为猾。’我卜伐骊，龟往离散以应我，应，答也。往，令告龟辞往伐骊也，其兆离散不吉也。夫若是贼之兆也，非吾宅也，贼，贼败国家之兆也。宅，居也，非吾所安居也。离则有之。国分离也。不跨其国，可谓挟乎？跨，犹据也。言骊姬不据有晋国，可谓外内挟乎？不得其君，能衔骨乎？言骊姬不得志于其君，不能衔骨以害人也。若跨其国而得其君，虽逢齿牙以猾其中，谁云不从？言骊姬若能跨据晋国而得志于君，齿牙之猾，虽为中害，国人逢之，谁有不从？言必从也。**诸夏从戎，非败而何？从政者不可以不戒，亡无日矣！"郭偃曰："夫三季王之亡也宜。**郭偃，晋大夫卜偃也。宜，言其惑乱取亡皆其宜也。○元诰按：僖二十五年左传："晋侯使卜偃卜之，曰：'吉。'"是郭偃为掌卜大夫，文公时尚存，故晋语第十云："文公问于郭偃。"**民之主也，纵惑不疚，**疚，病也。纵其淫惑，不以为病。**肆侈不违，**肆，极也。极其泰侈，无所违避。**流志而行，**流，放也。**无所不疚，**无一处不以为疚也。**是以及亡而不获追鉴。**鉴，镜也。言不得复追镜前世善败以为戒也[一二]。**今晋国之方，偏侯也，**方，大也。偏，偏方也，乃甸内偏方小侯也。传曰："今晋甸侯"是。○俞樾曰："训方为'大'，则与下文'其土又小'义不相属矣。古建国者，如方百里、方七十里之类[一三]，皆以开方计之，故四竟谓之四方，竟内谓之方内，史记孝文纪'方内安宁'是也。晋国之方，盖举晋之四竟言之。"元诰按：晋自文公败楚人于城濮，合诸侯于践土，始主霸。故此时尚不过偏方小侯也。**其土又小，**小，小于三季王也。**大国在侧，**大国，谓齐、秦也。**虽欲纵惑，未获专也。**专，擅也。**大家邻国[一四]，将师保之，**大家，上卿也。师保之，为作师保也。**多而骤立，不其集亡。**骤，数也。集，至也。○吴曾祺曰："多，即指上文'大家邻国'，言师保既多，虽有骤立，不至亡也。"**虽骤立，不过五矣。且夫口，三五之门也，**口所以纪三辰，宣五行，故谓之门。**是以谗口之乱，不过三五。**少则三君，多则五君。**且夫挟，小鲠也，可以小戕，而不能丧国。**害在内为戕。戕，犹伤也。丧，亡也。言可以小戕害人，不足以亡国。**当之者戕焉，**当，值也。值骨鲠者伤也。**于晋何害？**无大害也。虽谓之挟，而猾以齿牙，口弗堪也，堪，犹胜也。言骨在口，而猾以齿牙，口不能胜也。喻不能终害也。其与几何？言不久也。晋国惧则甚矣，亡犹未也。商之衰也，衰，谓帝甲之世也。其铭有之，刻器曰铭，谓钟鼎之属。曰：'嗛嗛之德，不足就也，嗛嗛，犹小小也。不足就，不足归就也。〇贾本嗛嗛作"谦谦"〔一五〕，言小务大。不可以矜，而祗取忧也〔一六〕。矜，大也。祗，适也。嗛嗛之食，不足狃也，食，禄也。狃，贪也。不能为膏，而祗罹咎也。'膏，肥也。虽骊之乱，其罹咎而已，其何能服？骊，骊姬也。罹咎而已，其后二子杀死，身为里克所杀是也。何能服，何能服人也。吾闻以乱得聚者，聚财众也。非谋不卒时，卒，尽也。三月为一时。非有善谋，不能尽一时，齐无知是也。非人不免难，非得人众，不能自免于难，卫州吁是也。非礼不终年，非有礼法，不能终十年，齐懿公商人是也。贾、虞云："十年而数终。"唐云："不能终其年。与下'不尽齿'同。"非也。〇俞樾曰："不终年者，谓不终一年也。上文'非谋不卒时'，注曰：'三月一时，非有善谋，不能尽一时。'然则不终年为不终一年明矣。昭元年左传：'赵孟不复年矣。'杜注：'言将死，不复见明年。'此即不终年之义也。唐、韦说胥失之。"非义不尽齿，齿，年寿也。非有义刑，不能尽其年寿，楚灵王灭陈、蔡，用隐太子于冈山是也。非德不及世，世，嗣也。非有德惠，不能及世嗣，晋惠公夷吾是也。非天不离数。离，历也。非有天命祐助，不能历世长久也。若齐桓、晋文，天假之年而除其害，子孙继业，神所命也。今不据其安，不可谓能谋；据，居也。言骊姬之谋，不居安存而处危亡，不可谓能谋。行之以齿牙，不可谓得人；行齿牙之猾以害人，不可谓得人心也。废国而向己，不可谓礼；废国，谓尽害群公子，以国向己，不可谓知礼也。**不度而迁求，不可谓义**；迁，邪也。不度利害之本，而以邪夺正，不可谓得其义也。义，宜也。○汪远孙曰："礼记文王世子注：'迁，犹广也，大也。'论语包咸注：'迁，犹远也。'是迁有远大义。不度而迁求，言不自量而求立己子为太子〔一七〕，是徒远大其所求，不可谓之义也。韦注非。"**以宠贾怨，不可谓德**；贾，市也。言恃宠爱以市怨于国，不可谓有德也。○宋庠曰："贾，音公户反。"**少族而多敌，不可谓天**。少族，族类少也。多敌，多怨也。不可谓有天助也。**德义不行，礼义不则**，贾怨无德，迁求非义，故德义不行也。则，法也。**弃人失谋，天亦不赞**。行之以齿牙为弃人，不据其安为失谋。少族多敌，故天不赞助。**吾观君夫人也，若为乱，其犹隶农也**，隶，今之徒也。○元诰按：隶农，犹云佣耕者。**虽获沃田而勤易之**，沃，美也。易，治也。**将不克飨，为人而已。"**飨，食也。为人，为他人取也。**士蒍曰："戒莫如豫，豫而后给**。士蒍，晋大夫，刘累之后，隰叔之子子舆也〔一八〕。豫，备也。给，及也。言先有备而后及事也。**夫子诚之**，夫子，郭偃也。其言诚也。○王引之曰："下云：'抑二大夫之言，其皆有焉。'注云：'二大夫，史苏、郭偃也。'今案：夫子，谓里克也。上文'里克曰："何如"'，是问史苏之词，于是史苏、郭偃相继告之。士蒍深信其言，而欲里克豫为之备，故谓里克曰：'夫子诚之。'下文'骊姬欲杀太子立奚齐，而患里克不从，使优施说之'，则当时里克权重可知。故豫诚之，责首在里克也。"**抑二大夫之言，其皆有焉。"**二大夫，史苏、郭偃也。**既，骊姬不克**〔一九〕，不能服晋也。**晋正于秦，五立而后平**。正者，为秦所辅正，"大家邻国，将师保之〔二○〕"是也。谓以兵纳惠公、文公，杀吕郤之

国语集解

268

属也。五立，谓奚齐、卓子、惠公、怀公至文公乃平也。

3　献公伐骊戎，克之，灭骊子，骊子，骊戎之君也。本爵男，此
云子者，犹言男子也。○吴曾祺曰："春秋多以子为泛称，如戎子、蛮子
之类，不在五等内也。训'男子'亦强。"获骊姬以归，立以为夫
人，生奚齐。其娣生卓子。女子同生，谓后生为娣，于男则言妹
也。○汪远孙曰："尔雅释亲：'女子同出，谓先生为姒，后生为娣。'孙
炎注：'同出，谓俱嫁共事一夫也。'（孙注见内传成十一年疏。）郭璞同。
韦本尔雅，疑'同生'乃'同出'之误。"吴曾祺曰："古者，人君无再娶
之义，嫁女多以女弟为从，故谓之娣。诗曰，'侄娣从之，祁祁如云'是
也。又妹之称，亦男女共之，注文俱不明晰。"骊姬请使申生主曲沃
以速县，申生，献公太子恭君也。献公娶于贾，无子。蒸于齐姜，生申
生。曲沃，晋宗邑，今河东闻喜也。虞御史云："速，疾也。县，缢也。"
○俞樾曰："虞说最为无理。方骊姬请于公而使太子居曲沃，必言其当
居曲沃之故，岂宜曰如此则太子可速缢乎？速，当读为束。以速县者，以
束县也，使太子约束其所属之县大夫也。晋之大邑必有属县。昭三年左
传曰：'晋之别县不为州。'盖以州县旧属于温，故云然。然则曲沃为晋
宗邑，亦必有所属之县。太子居曲沃，则诸县皆受其约束，故曰'以束县'
也。下文曰：'宗邑无主，则民不威。'正其义矣。"吴曾祺曰："县，绝
也。姬使申生居外，欲公速与之绝也。韦注不合。"元诰按：明道本县作
"悬"，补音作"县"，音胡蠲反，是读县为悬也。县可通悬，悬不可通县。
此文县果作县邑解，明道本固不当作"悬"，补音更不当如此作音。因是，
疑俞说亦未必然。淮南主术训："其于御兵刃县矣。"高注云："县，远

也。"疑速县当训"速远",谓使申生主曲沃,以促之远也。速,促也。下"公之优曰施"章曰:"骊姬既远太子,乃生之言",更可证此文县之为远矣。**重耳处蒲城,夷吾处屈**〔二一〕,重耳、夷吾,申生异母弟也。蒲,今蒲坂;屈,北屈,皆在河东〔二二〕。○元诰按:今山西隰县北四十五里有蒲子故城,又吉县东北二十一里有北屈废县。**奚齐处绛,**晋时都绛也。○元诰按:绛当今山西绛县北。**以儆无辱之故。**言出三子为镇于外,以儆备戎狄,无耻辱于国也。**公许之。史苏朝,告大夫曰:"二三子其戒之乎,乱本生矣!日,君以骊姬为夫人,**○元诰按:日,从宋庠本,他本作"曰",误。日,谓往日也,见文七年左传杜注。**民之疾心固皆至矣。**疾,疾其君也〔二三〕。至,深也。**昔者之伐也,起百姓以为百姓也**〔二四〕,昔者,谓古明君也。为百姓,为百姓除害也〔二五〕。○明道本起作"兴"。**是以民能欣之,**欣,欣戴也。**故莫不尽忠极劳以致死也。今君起百姓以自封也,**封,厚也。**民外不得其利,**不得攻伐之利也。**而内恶其贪,则上下既有判矣。**判,离也。**然而又生男,其天道也?**○元诰按:谓骊姬又生奚齐,殆天意耶?也、耶古字通用。**天强其毒,民疾其态,其乱生哉!**○元诰按:天强其毒,犹云天厚其毒。**吾闻君子好好而恶恶,乐乐而安安,是以能有常。**好者好之,恶者恶之,乐则说之,安则居之,故能有常。此言献公好恶安乐皆非其所有也。○宋庠曰:"好好,上呼报反,下如字,美也。恶恶,上乌路反,下如字,不美也。乐乐,并音洛。"**伐木不自其本,必复生;塞水不自其源,必复流;灭祸不自其基,必复乱。**基,始也。**今君灭其父而畜其子**〔二六〕,○元诰按:谓灭骊姬之父骊子,而处骊姬生子奚齐于绛。**祸**

270

之基也。畜其子又从其欲，子思报父之耻而信其欲，信，古"申"字。虽好色，必恶心，○宋庠曰："恶如字，下'恶心'同。"不可谓好。好，美也。好其色，必授之情。情，谓许立其子。彼得其情，以厚其欲，厚，益也。从其恶心，必败国，且深乱。乱必自女戎，深乱，乱深也。女戎，女兵也。三代皆然。"骊姬果作难，杀大子以逐二子。谓重耳奔狄，夷吾奔梁也。○元诰按：大音泰，下同。君子曰："知难本矣。"知难之本，谓史苏也。

4　骊姬生奚齐，其娣生卓子。公将黜太子申生黜，废也。而立奚齐。里克、丕郑、荀息相见，里克曰："夫史苏之言将及矣，其若之何？"荀息曰："吾闻事君者，竭力以役事，不闻违命。竭，尽也。役，为也。君立臣从，何贰之有？"君立嗣，臣则从而奉之。贰，二心也。丕郑曰："吾闻事君者，从其义，不阿其惑。阿，随也。惑则误民，民误失德，是弃民也。言民失德，陷于刑辟，是弃之也。民之有君，以治义也。上下之义也。义以生利，利以丰民，有义，故生利也。丰，厚也。若之何其民之与处而弃之也？必立太子。"里克曰："我不佞，虽不识义，亦不阿惑，吾其静也。"静，默也。三大夫乃别。蒸于武宫，蒸，冬祭也。武宫，献公之祢庙也，在曲沃。○王引之曰："武公之庙在绛，不在曲沃。周语曰：'襄王使赐晋文公命〔二七〕，晋侯郊劳，馆诸宗庙。及期，命于武宫〔二八〕。'（韦注：'武公之庙。'）此受命于绛之宗庙，非受命于曲沃之宗庙也，其证一也。下章说秦伯纳文公云：'丙午，入于曲沃。丁未，入于绛，即位于武宫。''即位于武宫'在'入绛'

之下，不在‘入于曲沃’之下，其证二也。下章说悼公即位云：‘乃盟而入，辛巳，朝于武宫。’入者，入于绛也，则朝于武宫亦在绛明矣，其证三也。且奚齐处绛，上文已明著之矣，则莅事于武宫，亦在绛可知，何为远适曲沃乎？韦谓武公之庙在曲沃者，盖以左传僖二十四年〔二九〕，‘丙午，入于曲沃’，‘丁未，朝于武宫’，二文相连，故谓武宫在曲沃。不知彼文‘丁未’下亦当有‘入于绛’三字，写者脱之耳。武宫在绛〔三〇〕，不在曲沃也。若谓朝于武宫远在曲沃，则绛为国都，何以反无宗庙可朝乎？韦氏不考本书‘入于绛，即位于武宫’，而据内传残阙之文以为说，非也。”元诰按：各本宫作“公”，注同。此涉下句而误，今俱订正。**公称疾不与，使奚齐莅事。** 莅，临也。称疾不自祭，而使奚齐者，欲风群臣使知己意也。○宋庠曰：“与，羊茹反。”**猛足乃言于太子** 猛足，太子臣也。**曰：“伯氏不出，奚齐在庙，** 贾、唐皆云：“伯氏，申生也。”一云：“伯氏，狐突也。”昭谓：是时狐突未杜门，故以伯氏为申生。伯氏，犹言长子也。○王引之曰：“下文‘子盍图乎’，子谓申生也，不得又谓之伯氏。且申生未尝杜门，不得谓之不出也。当以‘一说’为是。上文云：‘公将黜太子申生而立奚齐，里克、丕郑、荀息相见，里克曰：“夫史苏之言将及矣，其若之何？”’则已在太子申生反自稷桑之五年，献公之二十一年矣。知者，反自稷桑之五年，里克见丕郑曰：‘夫史苏之言将及矣！优施告我，君谋成矣，将立奚齐。’（见下文。）正与上文云云相同，则同在一时可知。狐突杜门不出，在献公十七年，（见下。）直至二十一年犹不出。故是年太子申生将死，使猛足言于狐突曰，‘伯氏不出，奈吾君何’也。‘烝于武宫’，‘奚齐莅事’，文次三大夫相见之下，盖即在二十一年之孟冬，（冬祭曰烝。）下距申生之死不及三月，（申生死于是年之季冬。）

国语集解

正当<u>狐突</u>不出之时，故<u>猛足</u>曰'<u>伯氏</u>不出，<u>奚齐</u>在庙'也。必言<u>伯氏</u>不出者，因<u>狐突</u>之避难，而知难之将作也。<u>国语</u>杂记<u>晋</u>事，不皆以年之先后为次。'<u>狐突</u>杜门不出'，事在前而文在后；'<u>伯氏</u>不出，<u>奚齐</u>在庙'，事在后而文在前，犹上文'公将黜太子<u>申生</u>而立<u>奚齐</u>'，亦事在后而先言之也。<u>韦</u>云是时<u>狐突</u>未杜门，殆考之不审耳。"子盍图乎？"图所以自安固也。太子曰："吾闻之<u>羊舌大夫</u><u>羊舌大夫</u>，<u>羊舌职</u>之父也。曰：'事君以敬，事父以孝。'受命不迁为敬，迁，徙也。敬顺所安为孝。敬顺父之所安。弃命不敬，言公命我守曲沃，我弃之，为不敬也。作令不孝，作令，谓擅发举以有为也。又何图焉？且夫间父之爱而嘉其贶，有不忠焉；间，离也。贶，赐也。废人以自成，有不贞焉。孝、敬、忠、贞，君父之所安也。安，犹善也。弃安而图，远于孝矣，吾其止也。"

5 献公田，见<u>翟柤</u>之氛，田，猎也。<u>翟柤</u>，国名也。氛，祲氛，凶象也。凶曰氛，吉曰祥。○旧音曰："柤，侧加反。"<u>元诰</u>按：<u>翟柤</u>无考。归寝不寐。欲伐<u>翟柤</u>也。寐，瞑也。<u>郤叔虎</u>朝[三一]，公语之。语以寝不寐也。<u>郤叔虎</u>[三二]，<u>晋</u>大夫，<u>郤芮</u>之父<u>郤豹</u>也。对曰："床第之不安邪？第，簀也。○<u>宋庠</u>曰："第，侧里反。"抑<u>骊姬</u>之不存侧邪？"公辞焉。○<u>元诰</u>按：公辞，谓<u>献公</u>答以事不关此也。出遇<u>士蒍</u>，曰："今夕君寝不寐，必为<u>翟柤</u>也。君意在<u>翟柤</u>也。○<u>元诰</u>按：今夕，犹言近来夜间也，非谓今日之夕。<u>晋语</u>二："今夕君梦<u>齐姜</u>。"义亦同。夫<u>翟柤</u>之君，好专利而不忌，忌，难也。其臣竞谄以求媚，其进者壅塞，其臣竞谄，故进者则壅塞其上，使不闻

273

过也。**其退者拒违。**其退去者则拒违其君也。**其上贪以忍，**忍，忍为不义也〔三三〕。**其下偷以幸，**偷，苟且也。幸，徼幸也。**有纵君而无谏臣，**纵，放纵也。**有冒上而无忠下。**冒，抵冒，言贪也。〇吴曾祺曰："有冒上，即上云'其上贪以忍'。无忠下，即上云'其下偷以幸'。"**君臣上下，各餍其私，以纵其回，**餍，足也。回，邪也。**民各有心，无所据依，**据，仗也。**以是处国，不亦难乎！君若伐之，可克也。吾不言，子必言之。"**不言，让其上也。**士蔿以告，公悦，乃伐翟柤。郤叔虎将乘城**〔三四〕，乘，升也。**其徒曰："弃政而役，非其任也。"**政，犹职也。役，服戎役也。**郤叔虎曰**〔三五〕**："既无老谋，而又无壮事，何以事君？"**壮事，力役也。言己无谋，又耻无功也。**被羽先升，**〇元诰按：太平御览兵部四十八引贾逵曰："羽，羽衣。登，升其城也。"是贾本升作"登"。**遂克之。**羽，鸟羽。系于背，若今军将负耗矣。〇元诰按：后汉书贾复传："被羽先登。"章怀注云："析羽为旌旗〔三六〕，将军所执。"非是。

6　**公之优曰施，通于骊姬。**优，俳也。施，其名也。旁淫曰通。**骊姬问焉，曰："吾欲作大事，**大事，废适立庶也。**而难三公子之徒，如何？"**三公子，申生、重耳、夷吾也。〇王引之曰："难，患也。言所患者三公子也。'之徒'二字衍文也。下文曰：'早处之，使知其极。'谓分三公子以都城也。又曰：'骊姬曰："吾欲为难，安始而可？"优施曰："必于申生。"'又曰：'是故先施谮于申生。'又曰：'夫曲沃，君之宗也；蒲与二屈，君之疆也，不可以无主。若使太子主曲沃，而二公子主蒲与屈〔三七〕，乃可以威民而惧戎。'又曰：'乃城曲沃，太子处焉；又城蒲，

公子重耳处焉；又城二屈，公子夷吾处焉。'皆谓离间三公子，非谓去三
公子之党也，不得云'三公子之徒'。下文里克告荀息曰：'三公子之徒
将杀孺子。'韦注云：'徒，党也。'而此不释'徒'字，则所据本无'之
徒'二字明甚。"元诰按：三公子非一人，故曰"三公子之徒"。徒，众也。
见书仲虺之诰孔传，非必如下文训"党"也，王说泥。**对曰："早处
之，使知其极**。处，定也〔三八〕。极，至也。当早定申生，分之都城
而位以卿，使自知其位所极至也〔三九〕。**夫人知极**，○宋庠本"知"下
衍"有"字。**鲜有慢心**，鲜，寡也。言人自知其极，则戒惧不敢违慢觊
欲也。○王引之曰："鲜有慢心，则不慢矣，何以又云'慢乃易残'？上
下相反，非其原文也。今案：'鲜'下当有'不'字。下文'虽其慢'，虽
读曰唯，言人知其位已极，则志足意满，鲜不有怠慢之心，唯其怠慢，乃
有衅可乘，易于残毁也。韦作注时已脱'不'字，故失其本指，而以为不
敢违慢耳。"俞樾曰："韦注非也。鲜当读为斯，此言人知其位已极，斯
有怠慢之心也。鲜与斯古音相近，说文：'霼，从雨鲜声，读若斯。'诗瓠
叶篇郑笺曰：'今俗语斯白之字作"鲜"，齐鲁之间声近斯。'并其证也。
下文曰：'虽其慢，乃易残也。'虽当读为唯，唯其怠慢，乃易于残毁也。
王氏知虽之为唯，而不晤鲜之为斯，因于'鲜'下增'不'字，失之矣。"
元诰按：诗瓠叶篇："有兔斯首。"释文："斯，郑作'鲜'。"亦其证。今
从俞说。**虽其慢，乃易残也。**"言有官任而违慢，易残毁也。○文
选曹子建三良诗李注引贾逵曰："没身为残。"元诰按：虽当读为唯，
见上王、俞说。虽、唯古字通用，因同从隹声也。**骊姬曰："吾欲为
难，安始而可？"**难，谓欲杀三公子也。始，先也。○元诰按：难，去
声。**优施曰："必于申生。其为人也，小心精洁**，小心，多畏忌。

精洁，不忍辱。**而大志重**，大，年长也。重，敦厚也。〇汪远孙曰："'大志'与'小心'对文。论语曰：'仁以为己任，不亦重乎？'此即'重'字之义。韦注大为年长，失之。"**又不忍人。**不忍施恶于人。**精洁易辱，重偾可疾**，偾，僵也。惇重者守节不易其情，则可疾毙僵也。**不忍人，必自忍也。**自忍，忍能自杀也。**辱之近行。"**辱，谓被以不义也。**骊姬曰："重，无乃难迁乎！"**迁，移也。〇元诰按：重即上文"大志重"之重。难迁，谓难移其心也。吴云"申生据贵重之势，难移动"，非是。**优施曰："知辱可辱，可辱迁重**，言知辱者虽重必移也。**若不知辱，亦必不知固秉常矣**。不知，无所知也。秉，执也。固执常谋，因罪以去之也。〇吴曾祺曰："言申生若不知辱，则亦不知固执常道，可以辱去之也。"**今子内固而外宠**，内固，内得君心。外宠，外见宠爱。**且善否莫不信**。所善恶无不见信。**若外殚善而内辱之，无不迁矣。**殚，尽也。外尽以善意待太子，而内以不义加辱之[四〇]，则其心无不移。**且吾闻之，甚精必愚。**精锐近愚也。**精为易辱，愚不知避难，虽欲无迁，其得之乎？"是故先施谗于申生。骊姬赂二五，使言于公**，赂，遗也。二五，献公嬖大夫梁五与东关五也。〇元诰按：内传作"赂外嬖梁五与东关嬖五"，杜注曰："姓梁名五。在闺阃之外者。东关嬖五，别在关塞者，亦名五。皆大夫，为献公所嬖幸，视听外事。"钟曰："二五，如今人称行也，盖狎昵小人之称。"**曰："夫曲沃，君之宗也**；宗，本宗也。曲沃，桓叔之封[四一]，先君宗庙在焉，犹西周谓之宗周。**蒲与二屈，君之疆也**，疆，境也。二屈，屈有南北也。今河东有北屈，则是时复有南屈也。〇庄二十八年左传[四二]杜注曰："蒲，今平阳蒲子县。二屈，今平阳北屈县。或云：二当为'北'。"

吴曾祺曰："汉书地理志〔四三〕臣瓒注:'汲郡古文:"翟章救郑,次于南屈。"'然则平阳之屈,自当冠之以北矣。"元诰按:君之疆,谓晋国疆场之邑。**不可以无主。**宗邑无主,则民不威;威,畏也。**疆埸无主,则启戎心。**启,开也,开戎侵盗之心也。晋南有陆浑,蒲接之;北有山戎,二屈接之。**戎之生心,民慢其政,国之患也。若使太子主曲沃,而二公子主蒲与屈,乃可以威民而惧戎,且旌君伐。"**旌,章也。伐,功也。**使俱曰:"狄之广莫,于晋为都,**使俱者,使二五同声也。广莫,北狄沙漠也。下邑曰都,使如为晋下邑。○闵元年左传:"使俱曰。"杜注:"又使二人合辞而称美其事。"**晋之启土,不亦宜乎?"**启土,辟境也。**公说,乃城曲沃,**○元诰按:说,古"悦"字。城者,完旧也。下同。**太子处焉;又城蒲,重耳处焉;又城二屈,公子夷吾处焉。**○闵元年左传杜注曰:"先是,庄公二十八年,(元诰按:即晋献公十年。)使太子居曲沃,盖未修城,至是始为之增筑。"元诰按:城蒲,城二屈,殆同此义。**骊姬既远太子,乃生之言**,生,生谗言也。**太子由是得罪。**

7　**十六年,公作二军,**献公十六年,鲁闵之元年也。鲁庄十六年,王命晋武公以一军为晋侯,至此,初作二军,军之有上下也。○闵元年左传林注曰〔四四〕:"周制,大国三军,次国二军,小国一军。晋本大国,自曲沃武公覆灭宗国,鲁庄十六年,僖王命曲沃伯以一军为晋侯,遂从小国之制。今始作二军。"**公将上军,太子申生将下军,以伐霍。**霍,周文王子霍叔武之国也。○元诰按:霍,今山西霍县西十六里尚有古霍城。又宋庠本脱"申生"二字。**师未出,士蒍言于诸大夫**

曰〔四五〕："夫太子，君之贰也。贰，副也。恭以俟嗣，何官之有？今君分之土而官之，位以卿也。是左之也。左，犹外也。吾将谏以观之。"乃言于公曰："夫太子，君之贰也，而帅下军，无乃不可乎？"公曰："下军，上军之贰也，寡人在上，申生在下，不亦可乎。"士蒍对曰："下不可以贰上。"犹足不可以贰手也。手足，左右各自为贰。公曰："何故？"对曰："贰若体焉，体，四支也。上下左右，以相心目，相，助也。用而不倦，身之利也。倦，劳也。有贰，故不劳也。四体役身，故身之利。上贰代举，上，手也。代，更也。下贰代履，下，足也。履，步也。周旋变动，以役心目，役，为也。故能治事，以制百物。制，裁也。若下摄上，与上摄下，摄，持也。周旋不动，○宋庠本动作"变"。以违心目，其反为物用也，何事能治？为物用，与百物器用无异也。故古之为军也，军有左右，阙从补之，左右，左右部也。阙，缺也。成而不知，是以寡败。不知，敌不知有阙。若以下贰上，阙而不变，○明道本脱"不"字。败弗能补也。变，更也。变非声章，弗能移也。声，金鼓也。章，旌旗也。移，动也。声章过数则有衅，有衅则敌入，衅，隙也。军法，进退旗鼓有数，过数则有隙，敌见隙而犯己也。敌入而凶，救败不暇，谁能退敌？凶，犹凶凶，恐惧也。退，却也。○元诰按：凶与兇通。内传："曹人兇惧。"敌之如志，国之忧也。可以陵小，难以征大。以下军贰上，可以侵陵小国，难以征大国。○明道本大作"国"，非。君其图之！"公曰："寡人有子而制焉，非子之忧也。"对曰："夫太子，国之栋也。○明道本无"夫"字。栋成乃制之，不亦危

乎！”栋成，谓位已定而更其制，使将兵，危之道也。公曰："轻其
所任，虽危何害？"轻其所任，谓轻太子所任，不重责也。虽近危，犹
无害也。士蒍出，语人曰："太子不得立矣！改其制而不患
其难，轻其任而不忧其危，君有异心，又焉得立？行之克
也，将以害之，以得众害之也。若其不克，其因以罪之。虽克
与否，无以避罪。与其勤而不入，不如逃之。不入，不入君意也。
逃，去也。君得其欲，太子远死，且有令名，为吴大伯，不亦
可乎？"得其欲，得立奚齐也。大伯让季历，远适吴、越，后武王追封为
吴伯〔四六〕，故曰吴大伯也。太子闻之曰："子舆之为我谋，忠矣。
子舆，士蒍字。然吾闻之，为人子者，患不从，不患无名；不从，
不从父命也。为人臣者，患不勤，不患无禄。今我不才，而
得勤与从，以战伐为勤、从也。又何求焉？焉能及吴大伯乎？"
太子遂行，克霍而反，谗言弥兴。弥，益也。

8　优施教骊姬夜半而泣谓公曰："吾闻申生甚好仁而强，
强，强御也。甚宽惠而慈于民，慈，爱也。皆有所行之。行之皆
有法术也。○元诰按：谓皆有所为而然也。今谓君惑于我，必乱国，
无乃以国故而行强于君。以国故，恐败国之故而以强劫君。○宋
庠本"无乃"上有"夫"字。君未终命而不殁，殁，终也。○元诰按：
骊姬谓君未终了赐命，而我尚未死。君其若之何？盍杀我，无以
一妾乱百姓。"盍，何不也。公曰："夫岂惠其民而不惠于其
父乎？"惠，爱也。骊姬曰："妾亦惧矣。吾闻之外人之言
曰：为仁与为国不同，为仁者，爱亲之谓仁；为国者，利国

之谓仁。利国，谓安社稷，利百姓。故长民者无亲，无亲，无私亲。众以为亲。苟众利而百姓和，岂能惮君？岂惮杀君。○俞樾曰："传言'岂能惮君'〔四七〕，不得增益其文而曰'岂惮杀君'，注义非也。惮当读为怛。考工记矢人：'虽有疾风，亦弗之能惮矣。'郑注曰：'故书惮或作"怛"。'惠氏士奇礼说谓当作'怛'，是其证也。怛之言痛也，伤也。方言曰：'怛，痛也。'诗匪风篇：'中心怛兮。'毛传曰：'怛，伤也。'岂能怛君，言岂能痛伤君也。因公言'夫岂惠其民而不惠于其父'，故云'苟众利而百姓和，岂复能痛伤君乎'。下文曰：'以众故不敢爱亲。'正承此句而言。则惮为怛之假字益明矣。"以众故不敢爱亲，众况厚之。况，益也。言以众杀君，除民害，众益以为厚也。彼将恶始而美终，以晚盖者也。美，善也。晚，后也。盖，掩也。言以后善掩前恶也。○吴曾祺曰："弑君是恶始，利国是美终。"凡利民是生，谓为民生利。杀君而厚利众，众孰沮之？沮，败也。杀亲无恶于人，人孰去之？苟交利而得宠，志行而众悦，交，俱也。○吴曾祺曰："得国，是为天所宠也。"欲其甚矣，孰不惑焉？欲，欲太子也。孰不惑，谓国人也。○吴曾祺曰："此二语承上说，谓交利得宠，志行众悦，可欲实甚，孰能不为所惑？皆就太子说，与下文'惑不释也'意本一贯。注以'不惑'属国人，非是。"虽欲爱君，惑不释也。释，解也。今夫以君为纣，若纣有良子，而先丧纣，良，善也。丧，亡也。若纣有善子，知纣之恶，纣终必灭国，以计言之，不如先自杀之。无章其恶而厚其败。厚其败，谓武王击以轻剑，斩以黄钺也。纣之死也，无必假手于武王，钧，同也。假，借也。而其世不废，祀至于今，吾岂知纣之善否哉？先自亡之，故无知之者。君欲勿恤，其可乎？恤，忧也。若大难至而恤之，其何及矣！"公惧曰：
"若何而可？"〇明道本公作"君"，非。骊姬曰："君盍老而授
之政〔四八〕？称老，以政授申生。彼得政而行其欲，得其所索，
乃其释君。〇元诰按：索，前韦注云："求也。"乃其释君，谓乃将释
君也。其，犹将也，见经传释词。且君其图之〔四九〕，自桓叔以来，
孰能爱亲？桓叔，献公曾祖曲沃桓叔成师也。桓叔伐晋，杀其兄子昭
侯于翼。桓叔生庄伯，庄伯又伐翼，杀昭侯之子孝侯。庄伯生武公，武公
灭翼而兼之。武公生献公，献公灭桓、庄之族。唯无亲，故能兼翼。"
公曰："不可与政。我以武与威，是以临诸侯。未殁而亡政，
不可谓武；有子而弗胜，不可谓威。我授之政，诸侯必绝，
能绝于我，必能害我。失政而害国，不可忍也。尔勿忧，
吾将图之〔五〇〕。"骊姬曰："以皋落狄之朝夕苟我边鄙，皋
落，东山狄也。苟，扰也。〇吴曾祺曰："后汉书郡国志注：'东山在壶
关城东南〔五一〕，今名平皋。'"元诰按：皋落氏，赤狄别种也。皋落，其
氏族。今山西晋阳县东七十里有皋落山，垣曲县西北六十里有皋落城，
皆当日皋落氏之领域。使无日以牧田野，无日不有狄徽，故不得牧
于田野。君之仓廪固不实，又恐削封疆。君盍使之伐狄，以
观其果于众也，与众之信辑睦焉。果，果于用师也。辑，和也。
若不胜狄，虽济其罪可也。济，渡也。以不胜罪之〔五二〕。〇吴曾
祺曰："济，成也，虽成其罪可也。不当训'渡'。"元诰按：周语、晋语、
楚语、吴语注并云："济，成也。"若胜狄，则善用众矣，求必益
广，所求益广。乃可厚图也。且夫胜狄，诸侯惊惧，吾边鄙
不徽，仓廪盈，四邻服，封疆信，君得其赖，信，审也。赖，利

也。（元诰按：审为正也，齐语"正其封疆"。）又知可否，其利多矣。君其图之。"公说。〇元诰按：说与悦同。是故使申生伐东山，东山，皋落氏。衣之偏裻之衣，佩之金玦。裻在中，左右异色，故曰偏裻。玦如环而缺，以金为之。〇吴曾祺曰："说文裻训'背缝'，则当云在后，不当云在中。"元诰按：补音："裻音笃。"汪远孙谓："裻与督同。庄子养生主'缘督以为经'，释文引李颐云：'督，中也。'"据此，裻在中明矣。又按内传作："衣之偏衣。"杜注云："偏衣，左右异色，其半似公服。"又："佩之金玦。"注云："玦如环而不连，为偏衣之佩饰。"宋庠曰："上衣，于既反；下衣如字。"仆人赞闻之，曰："太子殆哉！赞，太子仆也。殆，危也。君赐之奇，奇生怪，怪生无常，无常不立。奇，异也。不立，不得立也。〇闵二年左传："龙奇无常。"注云："杂色奇怪，非常之服。"元诰按：明道本"不立"上衍"生"字。使之出征，以先观之，观其用众也。故告之以离心，而示之以坚忍之权，离心，偏衣中分也。坚忍，金玦也。玦亦示离也。传曰："金寒玦离。"〇元诰按：荀子大略篇："绝人以玦。"是玦亦有绝意也，故内传云："金玦不复。"则必恶其心而害其身矣。恶其心，必内险之；险，危也。害其身，必外危之。外危之，使攻伐也。危自中起，难哉！且是衣也，狂夫阻之衣也。狂夫，方相氏之士也。阻，古"诅"字。将服是衣，必先诅之。周礼方相氏，"黄金四目，玄衣朱裳，执戈扬盾以驱疾"也。〇元诰按：内传作："是服也，狂夫阻之。"杜注云："阻，疑也。言虽狂夫，犹知有疑。"杜注是也。其言曰："尽敌而反。"言，谓狂夫祭诅之言也。〇元诰按：内传杜注以"尽敌而反"为献公辞，亦与韦注不同。疑杜注是。虽尽敌，其若内谗

国语集解

何？”〇元诰按：内传以此语为先丹木辞，此文则为仆人赞之辞矣。申生胜狄而反，谗言作于中。君子曰：“知微。”知微，谓仆人赞也。

9　十七年冬，公使太子伐东山。献公十七年，鲁闵二年也。〇闵二年左传：“今命以时卒，闷其事也。”杜注云：“冬十二月，闵尽之时。”又林注云〔五三〕：“命以穷冬，则有肃杀之意。”里克谏曰：“臣闻皋落氏将战，言其不服，将与申生战。君其释申生也！”释，舍也。〇闵二年左传林注曰〔五四〕：“里克恐太子军败得罪，故陈说利害以说献公，使舍太子，勿使将。”公曰：“行也。”〇元诰按：行，成也。谓使申生伐东山事成而未能改也。对曰：“非故也。非故事也。〇明道本“对”上有“里克”二字，无“故”字。汪远孙曰：“有‘故’是也〔五五〕。下文‘君行，太子居，以监国；君行，太子从，以抚军’，皆所谓故也。”君行，太子居，以监国；君行则守。君行，太子从，以抚军也。有守则从，抚循军士。今君居，太子行，未有此也。”公曰：“非子之所知也。寡人闻之，立太子之道三：身钧以年，身钧，德同也。以年，立长也。年同以爱，立所爱也。爱疑决之以卜筮。爱疑，爱同也。龟曰卜，蓍曰筮。〇吴曾祺曰：“爱同，故疑所立也。注未详。”子无谋吾父子之间，〇元诰按：无与毋同，止之之辞。吾以此观之。”言吾使之征伐，欲观其能否也。公不说。〇元诰按：说与悦同。里克退，见太子。太子曰：“君赐我偏衣、金玦，何也？〇明道本“我”下有“以”字。里克曰：“孺子惧乎？衣躬之偏，〇宋庠曰：“衣，于既反。下‘衣偏’、‘衣纯’、‘衣

晋语一第七

283

躬’并同。”**而握金玦，令不偷矣。孺子何惧！** 孺子，少子也。偷，薄也。偏，半也。分身之半以授太子，又令握金玦。金玦，兵要也。君令于太子不为薄矣。○钱大昕曰：“今人以孺子为童稚之称，考诸经、传，则天子以下，嫡、长为后者，乃得称孺子。”陈瑑曰：“韦训孺子为少子，盖本孟子及檀弓。案申生年已长成，当据钱说以正韦义。”**夫为人子者，惧不孝，不惧不得。** 贾、唐云：“不得，不得君心也。”昭谓：不得，不得立也。内传：“太子曰：‘吾其废乎〔五六〕？’里克曰：‘子惧不孝，无惧不得立。’”**且吾闻之，敬贤于请。** 贤，愈也。言执恭敬愈于请求。**孺子勉之乎！”** 勉为孝敬也。**君子曰：“善处父子之间矣。”** 入谏其父，出勉其子〔五七〕。**太子遂行，狐突御戎，先友为右，** 狐突，晋同姓，唐叔之后，狐偃之父大戎伯行也。先友，晋大夫，先丹木之族。右，车右。○闵二年左传林注：“狐突，重耳外祖父也。”**衣偏衣而佩金玦。** ○明道本“偏”下有“之”字。**出而告先友曰：“君与我此，何也？”先友曰：“中分而金玦之权，在此行也。孺子勉之乎！”** 中分，中分君之半也。金玦，以兵决事也。○宋庠本无“乎”字。**狐突叹曰：“以尨衣纯，** 杂色曰尨。纯，纯德，谓太子也。○吴曾祺曰：“太子宜衣纯〔五八〕，而以尨易之，故曰‘以尨衣纯’〔五九〕。”元诰按：明道本尨作“厖”，说文：“尨，多毛者。”“厖，石大也。”多毛为尨杂之义，石大为敦厖之义，不可混用也。然经传多通用。**而玦之以金铣者，寒甚矣，胡可恃也！** 玦，犹决也。铣，犹洒也。洒，寒貌。言于太子无温润也。○陈瑑曰：“铣、洒一声之转。尔雅释器：‘绝泽谓之铣。’郭注：‘铣即美金，言最有光泽也。’邵学士云：‘说文：铣，金之泽者。’国语韦注亦言其光泽之寒也。’”汪远孙曰：“礼记聘义论玉之德，温润而泽，仁也〔六〇〕。玦当以玉，而以金，故云无温润耳。"元诰按：闵二年左传林注："铣性刚，玦如环而缺，离无温润。"意大致并同。**虽勉之，敢可尽乎？**先友曰："**衣躬之偏，握兵之要，**握兵之要，金玦之势也。金为兵，玦所以图事决计也，故为兵要。〇元诰按：先友解玦义不同。**在此行也，勉之而已矣。偏躬无慝，兵要远灾，**慝，恶也。衣身之半〔六一〕，君无恶意也。握兵之势，欲令太子远灾害也。**亲以无灾，又何患焉？"**〇闵二年左传林注曰："有偏衣之亲，而无灾害。"**至于稷桑**〔六二〕，稷桑，皋落狄地也。**狄人出逆，**逆，拒申生也。**申生欲战。狐突谏曰："不可。突闻之，国君好艾，大夫殆，**艾当为"外"，声相似误也。好外，多嬖臣也。嬖臣害正，故大夫殆。殆，危也。〇元诰按：韩非子内储说下篇引此作"好外"，此韦所本。宋庠曰："当读艾为外，可不改字。"**好内，適子殆，社稷危。**好内，多嬖妾也。嬖专宠，故適子殆；国家乱，则社稷危，周幽王是也。〇元诰按：適即"嫡"字。本书传、注嫡并作"適"。**若惠于父而远于死，**惠，顺也。去避奚齐，为顺父心而远于死也。传曰："狐突欲行。"**惠于众而利社稷，其可以图之乎？**惠于众，谓不战也。太子去，则国不争，故利社稷。**况其危身于狄，以起谗于内也！"**〇元诰按：也与耶通。**申生曰："不可。君之使我，非欢也，**非欢爱我也。**抑欲测吾心也。**测，犹度也。**是故赐我奇服，而告我权，**奇服，偏裻〔六三〕，权，金玦也。**又有甘言焉。**申生将去，父又以美言抚慰之也。**言之大甘，**〇宋庠曰："大，他盖反。"**其中必苦，谮在中矣，君故生心。**有此甘言，非本意，故言生心也。**虽蝎谮，焉避之？不若战也。**蝎，木虫也。谮从中起，如蝎食木，木不能避也。〇旧音曰："蝎音曷。"**不**

战而反，我罪滋厚。滋，益也。我战死，犹有令名焉。"有恭从之名也。果战，败狄于稷桑而反。○明道本无"战"字。谗言益起，狐突杜门不出。不出，避难也。○一切经音义十五、又十九引贾逵曰："杜，塞也。"元诰按：说文作"敖"，云："闭也。"君子曰："善深谋也。"

【校记】

〔一〕 鲁桓三年，曲沃武公伐翼 "武公"二字脱，据各本补。

〔二〕 栾共子，晋哀侯大夫共叔成也 "大夫"二字脱，据各本补。

〔三〕 高注云："制，主也。" "高"误作"韦"，据吕氏春秋改。

〔四〕 未知其待于曲沃也 "知"误作"必"，据各本改。

〔五〕 遂斗而死 此四字脱，据各本补。

〔六〕 史占墨 "史"误作"士"，据各本改。

〔七〕 大罚将及，不唯无肴 "肴"误作"有"，据各本改。

〔八〕 比，比功也 "功"误作"物"，据各本改。

〔九〕 可见韦氏之谬 "韦"误作"左"，据国语发正改。

〔一〇〕 虢石甫名鼓 "名"误作"明"，据国语发正改。

〔一一〕 正义引括地志云 "括地志"误作"地理志"，据史记正义改。

〔一二〕 言不得复追镜前世善败以为戒也 "世"字脱，据各本补。

〔一三〕 方百里、方七十里之类 "百"下衍"十"字，据群经平议删。

〔一四〕 大家邻国 "家"、"国"二字互倒，据各本改。

〔一五〕 ○贾本嗛嗛作"谦谦" "贾"上之○号脱，依文例补。

〔一六〕 不可以矜，而祇取忧也 "祇"下衍"以"字，据各本删。

〔一七〕 言不自量而求立己子为太子 "己"字脱，据国语发正补。

〔一八〕隰叔之子子舆也 “舆”误作“与”，据各本改。

〔一九〕骊姬不克 “姬”误作“克”，据各本改。

〔二〇〕将师保之 “师”误作“帅”，据各本改。

〔二一〕重耳处蒲城，夷吾处屈 二“处”字皆误作“居”，据各本改。

〔二二〕蒲，今蒲坂；屈，北屈，皆在河东 “东”误作“北”，据各本改。

〔二三〕疾，疾其君也 公序本于此句上有“日，昔日也”四字，集解已有释文在上，故略去。

〔二四〕起百姓以为百姓也 “起”误从明道本作“兴”，据公序本改。

〔二五〕为百姓，为百姓除害也 上“百姓”下衍“云”字，据公序本删。

〔二六〕今君灭其父而畜其子 “畜”误作“留”，据各本改。

〔二七〕襄王使赐晋文公命 “赐”字脱，据经义述闻补。

〔二八〕命于武宫 “宫”误作“公”，据经义述闻改。

〔二九〕左传僖二十四年 “传”误作“昭”，据经义述闻改。

〔三〇〕武宫在绛 “宫”误作“公”，据经义述闻改。

〔三一〕郤叔虎朝 “虎”误作“父”，据各本改。

〔三二〕郤叔虎 “虎”误作“父”，据各本改。

〔三三〕忍，忍为不义也 “为”上衍“于”字，据各本删。

〔三四〕郤叔虎将乘城 “虎”误作“父”，据各本改。

〔三五〕郤叔虎曰 “叔虎”二字误倒，据各本改。

〔三六〕析羽为旌旗 “旗”字脱，据国语发正及后汉书贾复传注补。

〔三七〕 二公子主蒲与屈　"子"字脱，据经义述闻补。

〔三八〕 处，定也　"也"误作"之"，据各本改。

〔三九〕 使自知其位所极至也　"位"字脱，据各本补。

〔四〇〕 内以不义加辱之　"以"字重衍，据各本删。

〔四一〕 曲沃，桓叔之封　"之"误作"所"，据各本改。

〔四二〕 庄二十八年左传　"庄二十八年"误作"闵元年"，据左传改。

〔四三〕 汉书地理志　"志"字脱，据国语韦解补正补。

〔四四〕 闵元年左传林注曰　"林"误作"杜"，据春秋左传杜林注改。

〔四五〕 士蔿言于诸大夫曰　"大夫"误作"侯"，据各本改。

〔四六〕 后武王追封为吴伯　"武"误作"周"，据各本改。

〔四七〕 传言"岂能惮君"　"能"字脱，据群经平议补。

〔四八〕 君盍老而授之政　"君"字脱，据各本补。

〔四九〕 且君其图之　"且"字脱，据各本补。

〔五〇〕 吾将图之　"吾"误作"我"，据各本改。

〔五一〕 东山在壶关城东南　"关"误作"阙"，据国语韦解补正改。

〔五二〕 以不胜罪之　"胜"下衍"众"字，据各本删。

〔五三〕 又林注云　"林注"二字脱，据春秋左传杜林注补。

〔五四〕 闵二年左传林注曰　"林"误作"杜"，据春秋左传杜林注改。

〔五五〕 有"故"是也　"有故"二字误作"非"，又"也"字脱，据国语考异改补。

〔五六〕 内传："太子曰：'吾其废乎？'"　"内"字脱，据各本补。

〔五七〕 "善处父子之间矣。"（入谏其父，出勉其子。）　"矣"字及注文八字皆脱，据各本补。

〔五八〕太子宜衣纯　"衣"误作"以"，据国语韦解补正改。

〔五九〕以尨衣纯　"衣"误作"易"，据国语韦解补正改。

〔六〇〕礼记聘义论玉之德，温润而泽，仁也　"义"误作"礼"，据国语发正与礼记改。

〔六一〕衣身之半　"身"误作"躬"，据各本改。

〔六二〕至于稷桑　此句上衍"又何患焉"四字，据各本删。

〔六三〕奇服，偏裻　"服"下衍"谓"字，据各本删。

国语集解

吉水徐元诰学

晋语二第八

1　反自稷桑，处五年，自，从也，从伐东山战于稷桑而反也。处五年，鲁僖之四年也。骊姬谓公曰："吾闻申生之谋愈深。谋，谋弑公也〔一〕。愈，益也。日吾固告君曰得众，日，往日也。〇明道本日、曰二字互讹。众不利，焉能胜狄？众若不利，焉肯为用而胜狄乎？今矜狄之善，其志益广。矜，大也。善，善用众。狐突不顺，故不出。狐突，申生之戎御也。不顺，谓太子不顺也。〇吴曾祺曰："谓狐突不顺太子之意，故不出也。"吾闻之，申生甚好信而强，强，强御也〔二〕。信，言必行之。又失言于众矣，虽欲有退〔三〕，众将责焉，失言，许众以取国也。退，谓改悔也。〇元诰按：失，疑当为"矢"，字之误也。诗柏舟篇："之死矢靡他。"传曰："矢，誓。"此矢言于众，谓誓言于众以取国。既誓矣，故不得退悔。若谓失言，虽退悔，

291

何责之有？又何以云"言不可食"乎？言不可食，众不可弭，食，伪也。弭，止也。是以深谋。君若不图，难将至矣！"公曰："吾不忘也，抑未有以致罪焉。"○元诰按：言尚无可据以加罪者。

骊姬告优施曰："君既许我杀太子而立奚齐矣，吾难里克，○元诰按：难，读如字，犹惮也。奈何？"优施曰："吾来里克，一日而已。来，谓转里克之心，使来从己用也。一日，言其易也。○陈奂曰："来，古'𤴌'字。𤴌，从来，矢声。古来、矢同部〔四〕，故'𤴌'字省作'来'。又与以读相似。吾来里克，言吾以里克。内传云：'能左右之曰以。'"子为我具特羊之飨，特，一也。凡牲，一为特〔五〕，二为牢。○元诰按：优施称骊姬为子，狎昵之辞也。为，去声。吾以从之饮酒。我优也，言无邮。"邮，过也。○元诰按：邮，通尤，故训"过"。

骊姬许诺，乃具，使优施饮里克酒。中饮，○元诰按：中饮，酒半也，亦云"中酒"。优施起舞，谓里克妻曰："主孟啗我，大夫之妻称主，从夫称也。孟，里克妻字。啗，啖也。孟，或作'盍'。○陈瑑曰："谓孟为里克妻字，非也。孟者，且也，言且啗我。说文：'啗，食也，读与含同。'"汪远孙曰："史记吕太后本纪索隐：'孟者，且也。'孟不当训'且'，想是据或本'盍'作训，而误存孟也。"元诰按：此在里克家饮，故里克妻在焉。我教兹暇豫事君。"兹，此。此，里克也〔六〕。暇，闲也。豫，乐也。○元诰按：兹为代名词，犹言他也。乃歌曰："暇豫之吾吾，不如鸟乌。吾，读如鱼。吾吾，不敢自亲之貌也。言里克欲为闲乐事君之道，反不敢自亲吾吾，然其智曾不如鸟乌也。○吴曾祺曰："吾吾即踽踽，与人不相亲之貌。御览引作'俉俉'。"人皆集于苑，己独集于枯。"集，止也。苑，茂木貌。己，里克也。喻人皆与奚齐,已独与申生。〇旧音曰:"苑音郁。"贾本作"蔚",注曰:"蔚喻茂盛,枯喻衰落。"元诰按:苑亦通作"菀"。**里克笑曰:"何谓苑?何谓枯?"优施曰:"其母为夫人,其子为君,可不谓苑乎?** 〇元诰按:谓骊姬与奚齐。**其母既死,其子又有谤**[七]**,可不谓枯乎?** 〇元诰按:谓齐姜与申生也。**枯且有伤。"**无母喻枯,有谤喻伤。伤,病也。**优施出,里克辟莫,不飧而寝。**辟,去也。莫,置也。熟食曰飧。〇俞樾曰:"飧,夕食也。孟子滕文公篇:'饔飧而治。'赵注:'饔飧,熟食也。朝曰饔,夕曰飧。'不飧而寝,谓不夕食而寝也。韦注于义未尽。"元诰按:明道本飧作"餐",非是。**夜半,召优施曰:"曩而言戏乎?抑亦所闻之乎?"**曩,向也。而,女也。**曰:"然。**〇元诰按:谓有所闻也。**君既许骊姬杀太子而立奚齐,谋既成矣。"**成,定也。**里克曰:"吾秉君以杀太子,吾不忍。**秉执君志以杀太子,不忍为也。〇王引之曰:"逸周书谥法篇曰:'秉,顺也。'言太子,君之所欲杀也。吾顺君之意以杀太子,吾不忍也。韦注失之。"**通复故交,吾不敢。**交,与太子交也。**中立其免乎?"**〇元诰按:僖四年左传[八]:"及将立奚齐,既与中大夫成谋。"林注云:"中大夫,里克也。献公欲废太子,惮里克,未敢废。里克曰:'中立其免乎。'是成谋也。"据此,献公杀太子立奚齐,向虽有谋,而未成也。观上文"抑未有以致罪焉",更可证明里克此言信负太子矣。丕郑所以惜之。**优施曰:"免。"**中立,不阿君,亦不助太子也。**旦而里克见丕郑,**夜半召优施,旦而见丕郑。**曰:"夫史苏之言将及矣!优施告我,君谋成矣,将立奚齐。"丕郑曰:"子谓何?"**谓对优施何言也。**曰:"吾对以中立。"丕郑曰:"惜也!** 惜,惜其失言也。**不**

如曰不信以疏之，曰不信者，拒优施以不然也。拒之以不然，则骊姬意疏，不敢必也。**亦固太子以携之，**固，固持也。携，离也。固持太子，以离骊姬之党也。**多为之故，以变其志，志少疏，乃可间也。**故，谓多作计术。（元诰按："故"下疑有"计术"二字。）以变易其志。志少疏，乃可间。间，亦离也。**今子曰中立，况固其谋也。**况，益也。**彼有成矣，难以得间。"里克曰："往言不可及也**〔九〕，及，追也。○宋庠本无"也"字。**且人中心唯无忌之固，何可败也！**言骊姬唯无忌惮之心，执之已固，何可败也。○各本无"固"字。王念孙曰："如韦注则正文'之'字下当有'固'字，谓其无忌惮之心已固〔一○〕，不可败也。今本脱'固'字，则文不成义，且与'何可败也'义不相属。"元诰按：王说是，今据补。**子将何如？"丕郑曰："我无心。是故事君者，君为我心，制不在我。"**我无心者，不得自在也。君为我心，以君为心。**里克曰："杀君以为廉，**贾侍中云："廉，犹利也。以太子故，杀君以自利。"唐尚书云："为太子杀奚齐，不有其国，以为廉也。"昭谓：是时太子未废，献公在位，而以君为奚齐，非也。君，献公也。虞御史云："廉，直也，读若斗廉之廉。"此说近之。○俞樾曰："奚齐未立，固不可谓之君〔一一〕。至以君为献公，义亦未安。里克岂欲为太子杀献公乎？苟杀献公，则犯大不韪之名，又何廉直之有乎？故此文'杀'字，苟以本字读之，则皆不可通。杀当读为怫，考工记矢人'茀矢参分'，郑注曰：'茀当为杀。'然则杀之通作'怫'，犹茀之通作'杀'也。说文：'怫，违也。'怫君以为廉者，违君所欲而自以为廉直也。下文曰'抑挠志以从君'，从君与怫君〔一二〕，正相对成义。"元诰按：明道本杀作"弑"，补音出"杀"而音申志反，皆讹乱与拘泥也。窃疑杀当音铩，周礼廪人：

"诏王杀邦用。"郑注云："杀，减也。"此文"杀君"，谓减君杀太子立奚齐之志也。"杀君"与下"长廉"相对成义。廉，直也。宜从虞说。**长廉以骄心，因骄以制人家，吾不敢。**制，裁也。自大其廉，而有骄人之心，因骄以裁制人之父子。吾不敢，不敢为也。**抑桡志以从君，为废人以自利也，**桡，屈也。人，谓申生。**利方以求成人，吾不能。**方，道也。利得道以求成太子，吾力不能为也。○吴曾祺曰："谓得利以成奚齐之立。上句'人'指申生，下句'人'指奚齐。"**将伏也！**伏，隐也。**明日，称疾不朝。三旬，难乃成。**难，杀申生〔一三〕，谮二公子也。**骊姬以君命命申生曰："今夕君梦齐姜，必速祠而归福。"**齐姜，申生母也。福，胙肉也。○元诰按：祠，祭也。析言之，春祭曰祠。说文："福，胙也。"内传杜注云："胙，祭之酒肉也。"**申生许诺，乃祭于曲沃，归福于绛。**绛，晋所都也。○元诰按：曲沃，晋之宗国，先君宗庙所在。**公田，骊姬受福，乃寘鸩于酒，**寘，置也。鸩，运日也〔一四〕。○说文："鸩，毒鸟也，一名运日。"山海经中山经注："鸩，大如鹏，紫绿色，长胫，赤喙，食蝮蛇头。"鲁语"使医鸩之死"，韦注："其羽有毒，渍之酒而饮之，立死。"**寘堇于肉，**堇，乌头也。○吕氏春秋劝学篇高注云："堇，毒药也。"尔雅释草郭注云："堇即乌头，江东人呼为堇。"本草："乌头，其汁煎之，杀禽兽。一名乌喙。"元诰按：堇本作"菫"，今经、传皆省草。**公至，**○元诰按：自田猎而归也，已六日矣。**召申生献。**献，献胙也。**公祭之地，地坟。**将饮先祭，示有先也。坟，起也。○僖四年左传〔一五〕林注云："骊姬谓公酒食自外来，不可不试，故令公祭地。毒酒至地，地为坟起。"**申生恐而出。骊姬与犬肉，犬毙；**毙，死也。**饮小臣酒，亦毙。**小

晋语二第八

295

臣，官名，掌阴事阴命〔一六〕，阉士也。**公命杀杜原款**。原款，申生之傅也。**申生奔新城**。新城，曲沃也，新为太子城之〔一七〕。**杜原款将死，使小臣圉告于申生**，小臣，太子小臣也，名圉。原款因为告太子。**曰："款也不才，寡智不敏**，敏，达也。**不能教导，以至于死。不能深知君之心度**，度，尺寸也。**弃宠求广土而窜伏焉**，弃宠，令太子弃位也。求广土，奔他国也。窜，隐也。○俞樾曰："广与旷古通用。"荀子王霸篇："人主胡不广焉。"杨注曰："广，或读为旷。"又解蔽篇："则广焉能弃之矣〔一八〕。"注曰："广，读为旷。"然则广土犹旷野也。求广土而窜伏，谓若吴公子札之弃其室而耕也〔一九〕，非奔他国之谓。**小心狷介，不敢行也**。狷者，守分有所不为也，言虽知当与申生俱去，耻不能事君而出，故不敢行也。**是以言至而无所讼之也**，言，谗言也。**故陷于大难，乃逮于谗**。逮，及也。**然款也不敢爱死，唯与谗人钧是恶也**。谗人，骊姬也。钧，同也。**吾闻君子不去情**，不去忠爱之情也。**不反谗**，反，谓覆校自申理也。**谗行身死可也，犹有令名焉**。有孝名也。**死不迁情，强也**。迁，易也。**守情说父，孝也**。○元诰按：说与悦同。**杀身以成志，仁也。死不忘君，敬也**。使有遗言属狐突是也。**孺子勉之！死必遗爱，死民之思，不亦可乎！"申生许诺**。死民之思，为民所思也。**人谓申生曰："非子之罪，何不去乎？"申生曰："不可。去而罪释，必归于君，是怨君也**。释，解也。归于君，怨归于君也。○宋庠本怨作"恶"。**章父之恶，取笑诸侯，吾谁乡而入？**取笑诸侯，诸侯所笑也。谁乡而入，入谁国也〔二○〕？○元诰按：乡与向同。**内困于父母，外困于诸侯，是重困也。弃君去罪，是逃死也。**

吾闻之：‘仁不怨君，智不重困，勇不逃死。’若罪不释，去而必重。去而罪重，不智。逃死而怨君，不仁。有罪不死，无勇。去而厚怨，恶不可重，死不可避，吾将伏以俟命。"骊姬见申生而哭之，<u>就曲沃哭之也。</u>曰："有父忍之，况国人乎？<u>有父忍自杀之，况能爱国人乎</u>[二一]？忍父而求好人，人孰好之？杀父以求利人，人孰利之？皆民之所恶也，○<u>宋庠曰："恶，乌路反。"</u>难以长生。"骊姬退，申生乃雉经于新城之庙。<u>雉经，头枪而悬死也。○释名释丧制："屈颈闭气曰雉经，如雉之为也。"元诰按：经，音径，缢也。缢时屈颈闭气，如雉之死，故曰雉经。郑注封人云："雉耿介，为人所获，必自屈折其颈而死。"此取义之由来。檀弓孔疏："雉，牛鼻绳也。谓申生以牛绳自缢。"是又一说。</u>将死，乃使猛足言于狐突曰："申生有罪，不听伯氏，以至于死。<u>猛足，申生臣也。伯氏，狐突字也。不听，谓稷桑之战不从其言也。○礼记檀弓郑注云："伯氏，狐突别氏。"</u>申生不敢爱死。虽然，吾君老矣，国家多难，伯氏不出，奈吾君何？伯氏苟出而图吾君，<u>图，为之谋也。</u>申生受赐以死，○<u>元诰按：各本"死"上有"至于"二字，今据王引之说删</u>[二二]。虽死何悔！"是以谥为共君。<u>谥法，既过能改曰共。国人告公以此谥也。○汪远孙曰："外王父云：礼记檀弓正义引谥法：'敬顺事上曰恭。'（元诰按：共，平声，同恭。）申生之谥，盖惠公改葬时加之。献公、骊姬方被以恶名，决无锡谥之典。郭偃曰：'君改葬共君以为荣也。'足知是惠公所加矣。韦说恐未必然。即有私谥，献公安肯用之？"</u>骊姬既杀太子申生，又谮二公子曰："重耳、夷吾与知共君之事。"<u>言与知其逆谋也。</u>公令阉楚刺重耳，重耳逃于狄；闑，闑士也〔二三〕。楚，谓伯楚，寺人披之字也，于文公时为勃鞮。（惠栋曰："勃鞮即'披'字，犹邾娄为邹。"）狄，北狄，隗姓也。令贾华刺夷吾，夷吾逃于梁〔二四〕。贾华，晋大夫。梁，嬴姓之国，伯爵也。唐尚书云："晋灭以为邑。"非也。是时梁尚存，至鲁僖十九年秦取之。○沈镕曰："今陕西韩城县南二十二里有少梁城，即古梁国。"尽逐群公子，群公子，献公之孽子及先君之支庶也。传曰："献公之子九人。"乃立奚齐。焉始为令，国无公族焉。○王引之曰："焉，犹于是也。焉始为令，言于是始为令也。"

2 二十二年，公子重耳出亡，及柏谷，卜适齐、楚。献公二十二年，鲁僖五年也。公使寺人披伐蒲城〔二五〕，重耳自蒲出奔。及，至也。柏谷，晋地。○沈镕曰："今河南灵宝县西南朱阳镇有柏谷。"狐偃曰："无卜焉。狐偃，重耳之舅，狐突之子子犯也。无卜，不须卜也。夫齐、楚道远而望大，不可以困往。望大，望诸侯朝贡〔二六〕，不恤亡公子也。道远难通，通，至也。望大难走，难归走也。困往多悔。困且多悔，不可以走望。望，望其力也。○元诰按："走"字疑涉上文而衍。若以偃之虑，其狄乎！可之狄也。夫狄近晋而不通，不与晋通也。愚陋而多怨，多怨于戎、狄也。○元诰按：谓狄多怨晋也。走之易达。不通可以窜恶，窜，隐也。多怨可与共忧，今若休忧于狄，以观晋国，且以监诸侯之为〔二七〕，其无不成。"监，视也。之为，为谁动也。视诸侯所为，故无不成也。乃遂之狄。处一年，公子夷吾亦出奔，处狄一年，鲁僖之六年也。公使贾华伐屈，夷吾自屈出奔。曰："盍从吾兄窜于狄乎？"冀

298

芮曰："不可。冀芮，晋大夫，冀缺之父也。后出同走，不免于罪。同走，嫌同谋也。且夫偕出偕入难，偕，俱也。聚居异情恶，聚，共也。虞云："重耳、夷吾情好不同，故恶相近。"昭谓：异情，谓各欲求入为君，于义恶也。不若走梁。梁近于秦，秦亲吾君，吾君老矣，秦穆夫人，献公之女，故亲吾君也。子往，骊姬惧，必援于秦，以吾存也，以吾存者，以吾在梁依秦也。○俞樾曰："'以吾存也'四字当连下'且必告悔'为义。以，犹及也。周易小畜九五：'富以其邻。'虞翻曰：'以，及也。'此言子若往梁，骊姬至秦乞援〔二八〕，必及吾在梁之时而先告悔也。韦不知'以'字之义，故说此不了。"且必告悔，是吾免也。"免，免罪也。乃遂之梁。居二年，骊姬使阍楚以环释言。居梁二年，鲁僖之七年也。环，玉环。环，还也〔二九〕。释言，以言自解释也。○荀子大略篇："绝人以玦，反绝以环。"杨注云："古者，臣有罪，待放于境，三年不敢去。与之环，则还；与之玦，则绝。皆所以见意也。"汪远孙曰："尔雅释诂：'言，间也。'郭注：'谓间隙。'礼记缁衣：'毋以远言近。'远言近，即左传'远间亲'也。以此间彼曰间，彼此有隙亦曰间。内传哀二十七年：'故君臣多间。'贾逵注云：'间，隙也。'骊姬与夷吾有隙，故使阍楚往解之。韦解'言'字非古义。"四年，复为君。居梁四年，在鲁僖之九年也。是岁，献公卒，秦伯纳之。○元诰按：鲁僖九年，晋献公卒，子奚齐立。冬，杀奚齐，卓子立。僖十年，杀卓子，夷吾立，是为惠公。

3　虢公梦在庙〔三○〕，虢公，王季之子、文王之弟虢仲之后虢公丑也。庙，宗庙也。○元诰按：虢国于上阳。上阳在今河南陕县东南。有神人面白毛虎爪，执钺立于西阿之下，<small>西阿，西荣也。〇考工记匠人："殷人重屋四阿。"郑注："四阿，若四注屋。"士冠礼、乡饮酒礼皆云"东荣"，郑注："荣，屋翼也。"元诰按：钺，大斧也，字本作"戉"。明道本无"之下"二字，脱。</small>公惧而走。神曰："无走！帝命曰：'使晋袭于尔门。'"<small>帝，天也。袭，入也。</small>公拜稽首。觉，<small>〇旧音曰："觉，音教。"</small>召史嚚占之，<small>史嚚，虢大史也。</small>对曰："如君之言，则蓐收也，<small>蓐收，西方白虎金正之官也。传曰："少皞氏有子该，为蓐收。"〇元诰按：礼记月令篇："其神蓐收。"孔疏云："蓐收者，言秋时万物摧辱而收敛。"白虎通五行篇："蓐收者，缩也。"是蓐收为肃杀之义，因以名神，故下文云"天之刑神也"。</small>天之刑神也，<small>刑杀之神也。</small>天事官成。"<small>官成，祸福各以官象成也。〇吴曾祺曰："谓天事各以类成也。"元诰按：成，疑当为"戒"字之误也。管子宙合篇："不官于物。"尹注："官，主也。"天事官成，谓天事主戒也，所以风虢公也。</small>公使囚之，<small>〇元诰按：公不悦嚚言，故囚之。</small>且使国人贺梦[三一]。<small>欲转吉之[三二]，故使贺也。</small>舟之侨告诸其族<small>舟之侨，虢大夫。</small>曰："众谓虢不久，吾乃今知之。<small>以其贺梦也。〇宋庠本"虢"下有"亡"字。</small>君不度而贺大国之袭，于己也何瘳？<small>度，揆也。大国，晋也。瘳，犹损也。言君不揆神意而令贺，何损于祸？〇吴曾祺曰："谓不揆度己之不德。"</small>吾闻之曰：'大国道，小国袭焉，曰服。<small>袭，入也。</small>小国傲，大国袭焉，曰诛。'<small>傲，慢也。</small>民疾君之侈也，是以遂于逆命。<small>逆命，拒违君命也。</small>今嘉其梦，侈必展，<small>展，申也。〇元诰按：嘉，亦贺也，同从加声，故得通用。</small>是天夺之鉴而益其疾。<small>鉴，镜也，镜所以自省察也。〇明道本"疾"下有"也"字。</small>民疾其态，天又诳之，诳，犹惑也。大国来诛，出令而逆，逆，谓令国人贺梦也。宗国既卑，诸侯远己，宗国，公族也。远，疏外也。○俞樾曰："公族不得谓之宗国，注义非也。哀八年左传曰：'今子以小恶而欲覆宗国。'杜注曰：'辄，鲁公族，故谓之宗国。'又十五年传，子赣谓公孙成曰：'子，周公之孙也。多纳大利，犹思不义。利不可得，而丧宗国。'是古者公族之人谓其国为宗国也。舟之侨疑亦虢之公族，故称虢为宗国欤？"内外无亲，其谁云救之？云，言也。吾不忍俟也！将行。"行，去也〔三三〕。以其族适晋。六年，虢乃亡。适晋在鲁闵二年也。后六年，鲁僖五年也。

4　伐虢之役，师出于虞。鲁僖五年，献公伐虢，假道于虞。○吴曾祺曰："今山西解州平陆县东北十五里有大阳废县，为虞境，又东北三十里有下阳故城，即晋所灭。晋自西南而来，故入虢必经虞境也。"宫之奇谏而不听〔三四〕，宫之奇，虞大夫也，谏虞公勿假晋道，虞公不听。出，谓其子曰："虞将亡矣！唯忠信者，能留外寇而不害。留外寇，谓舍晋军于国。除暗以应外谓之忠，除，去也。去己暗昧之心以应外谓之忠。忠，谓恕也。定身以行谓之信。定，安也。行事以求安其身，谓之信。今君施其所害于人，暗不除矣；己之所恶而以施人，谓假晋道以伐虢也〔三五〕。以贿灭亲，身不定矣。贿，财也。谓虞受晋屈产之乘，垂棘之璧，假之道也。亲，谓虢也。虞，大王之后。虢，王季之胄。夫国非忠不立，非信不固。既不忠信，而留外寇，寇知其衅而归图焉。衅，隙也。图，谋也。已自拔其本矣，何以能久？本，谓忠信也。吾不去，惧及焉。"以其孥适西山。孥，妻子也。西山，国西界。三月，虞乃亡。晋灭之。

5　献公问于卜偃卜偃，晋掌卜大夫郭偃也。曰："攻虢，何月也？"宜用何月。○元诰按：也与耶通。对曰："童谣有之童，童子也。徒歌曰谣。曰：'丙之晨，龙尾伏辰。丙，丙子也。晨，早朝也。龙尾，尾星也。伏，隐也。辰，日月之交会也。鲁僖五年冬，周十二月，夏十月丙子朔之朝，日在尾，月在天策。伏辰，辰在龙尾，隐而未见〔三六〕。○项名达曰："晨，平旦也。日月同度曰合辰。合辰非在平旦，而在平旦之前。隐而未见，故曰伏。本合于尾，月行疾，至平旦，已在天策也。"惠栋曰："师法用辰不用日。丙，日也。子，辰也。言丙不言子者，日在尾，故举日不举辰。辰为客，时为主人，故言丙之辰。"袀服振振，取虢之旗。袀，同也，戎服君臣同也。振振，威武也。交龙曰旗。○明道本袀作"均"，注同，内传亦同。服注曰："均服，黑服也。"陈瑑曰："服说失之。杜谓'戎事上下同服'是也，韦注正与杜合。吕览作'初服'，初即袀之误。刘逵注吴都赋亦作'袀'。"元诰按：旧音出"袀"，今从之。鹑之贲贲，天策焞焞，火中成军，虢公其奔。'鹑，鹑火，鸟星也。贲贲，鹑火星貌也。天策，尾上一星，名曰天策，一名傅说。焞焞，近日月之貌也〔三七〕。火，鹑火也。中，晨中也。成军，军有成功也。传曰："冬十二月丙子朔，晋灭虢，虢公丑奔京师。"○开元占经引星经曰："傅说一星在尾后。"注云："入尾十二度太，去极百二十度半，在黄道外十三度太。"僖五年左传孔疏曰："傅说之星在尾之末，合朔在尾，故其星近日。星微，焞焞然无光耀也。"项名达曰："天策在析木之次，距鹑火约百度余，今合言之者，就平旦时，一志中星，一志月离也。"火中而旦，其九月十月

国语集解

之交乎？"交，晦朔之间也。○项名达曰："九月十月指夏时言，于周为十一月十二月。又按：鲁僖五年，依三统术推算，自甲申统首，尽本年十一月，积日无小余。十二月合朔在夜半，大余五十二，算外，命得丙子，积度三百二十四。牛初起算，合朔在尾十四度八十四分，与本传合，解亦本此。然不可为据，何也？经载本年九月戊申朔，日有食之。夫月朔迟早一日余，恒不易觉。古术疏略，多有误时。若日食在朔，则昭著于天，不容有误。故九月朔的为戊申。而以三统推之，则得丁未，先天一日。九月朔既先天，所推十二月朔之丙子亦必先天。大衍术议曰：'古术与近代密率相较，二百年气差一日，三百年朔差一日。推而上之，久益先天，引而下之，久益后天。'自是确论。古术大都与三统相近，朔实太强，每不免先天之失。今本授时推得九月朔，四十四日有奇命得戊申，交分二十六日有奇入食限，亦密合于天矣。由是推十二月朔，计十三日有奇命得丁丑，经朔在未初二刻，定朔在丑初三刻合辰于尾，于赤道当十六度十四分，于黄道当十六度二十三分，与本传龙尾伏辰合。至平旦，则日在尾十六度四十二分，月在尾十八度四十八分。古距尾止十八度，则尾、箕之间也〔三八〕。尾、箕间傅说一星，亦名天策，与内传称'日在尾，月在策'合。惟较丙之晨则差一日。推丙子平旦，日在尾十五度三十九分，月在尾五度六十二分，月距策尚十余度。因思卜偃预占丙子，非实验于天，要由古术推算而得。古术既先天而差早，合于丙子，必不合于戊申。然日食实在戊申，则十二月朔必非丙子，而实丁丑矣。丁丑平旦张十度中，已值鹑火之末，始将西降，故曰'贲贲'。是时天策尚在地平下，迨出地平，则日已昼，而星无光。所谓'焞焞'者，亦虚拟之辞，非目睹也。"

6　葵丘之会，献公将如会，鲁僖九年秋，齐桓公盟诸侯于葵丘。葵丘，地名也。遇宰周公，宰周公，王卿士宰孔也，为冢宰，食采于周，故曰宰周公。周公自会先归，遇献公于道也。曰："君可无会也。夫齐侯好示，务施与力而不务德，好示，自矜其功，以信施示诸侯而不务德也。施，惠也。力，功也。故轻致诸侯而重遣之，轻，谓垂橐而入。重，谓稇载以归。使至者劝而叛者慕。怀之以典言，怀，安也。典，法也。法言，谓阳谷之会以四教令诸侯之属。薄其要结而厚德之，以示之信。薄其要结，谓束牲为盟，马皮为币。三属诸侯，存亡国三，以示之施。属，会也。三会，乘车之会三也。存三亡国，鲁、卫、邢也。○旧音曰："属，音烛。"是以北伐山戎，南伐楚，西为此会也。譬之如室，既镇其甍矣，又何加焉？甍，栋也。又何加，喻已成也。○程瑶田曰："甍者，蒙也。凡屋，通以瓦蒙之曰甍〔三九〕，故其字从瓦。晋语谓盖构既成，镇之为甍，则不复有所加矣。若以甍为屋极，则当施椽桷，覆茅瓦，安得云无所加？左传：'庆舍援庙桷而动于甍。'则甍为覆桷之屋可知。言其多力，引一桷而屋宇为之动也。若以甍为屋极，则大公之庙，必非容膝之庐，所援之桷，必为当檐之题。题之去极甚远，安得援题而动于极乎？"汪远孙曰："韦训甍为'栋'，栋者，极也。此说非也。程说以瓦覆屋曰甍，确不可易。"旧音曰："镇音田，或为填。"广雅云："填，塞也。"贾逵曰："填，加也，又填之以土。"今按：镇、填二字，经史互用之，本或作"填"。吾闻之，患难遍也，施难报也，不遍不报，卒于怨仇。夫齐侯将施惠如出责，如出责，望其报也。○元诰按：责即"债"字。明道本"惠"下脱"如"字。是之不果奉，果，克也。奉，行也。而暇晋是皇，暇，不暇，不暇以晋为务也。〇陈奂曰："暇晋是皇，言不暇匡晋也。尔雅：'皇、匡，正也。'故白虎通义释皇为正。"**虽后之会，将在东矣。**东，东方也，其后会于淮是也。**君无惧矣，其有勤也。"公乃还。**无惧于不会也。勤，自勤劳也。〇王念孙曰："注解'其有勤也'句未明。有与又同，也与耶同。上文宰孔谓献公曰'君可无会也'，又言齐侯不暇以晋为务，故此言'君无惧矣'。其又勤耶，言不必勤于远行也。僖八年左传载宰孔之言曰：'君务靖乱，无勤于行。'意与此同。"

7 宰孔谓其御曰："晋侯将死矣！景霍以为城，景，大也。大霍，晋山名也，今在河东。〇吴曾祺曰："霍山，今在山西霍县东。"**而汾、河、涑、浍以为渠，**四者，水名也。渠，池也。〇吴曾祺曰："汾水出今山西忻州静乐县西南，至太原府城西，东南流经汾州、平阳二府，至荣河县北入河。河水至华阴入晋界，环南东西三面。涑水出河东闻喜县。浍水出山西绛县。"旧音曰："涑，速、粟二音。"**戎、狄之民实环之。**环，绕也。〇元诰按：晋语一韦注云："晋南有陆浑之戎，北有山戎。"**汪是土也，**汪，大貌。**苟违其违，谁能惧之？**苟违，违去也。其违，违道也。**今晋侯不量齐德之丰否[四〇]，**丰，厚也。否，不也。**不度诸侯之势，**强弱之势。**释其闭修，**释，舍也。闭，守也。修，治也。**而轻于行道，失其心矣。**失其心守。**君子失心，鲜不夭昏。"**夭，折也。昏，狂荒之疾。**是岁也，献公卒。八年，为淮之会。**八年，葵丘后八年也。桓公复会诸侯于淮[四一]，在鲁僖十六年。传曰："会于淮，谋鄫，且东略也。"〇左传杜注："淮，临淮郡左右。"元诰按：淮，谓淮水。晋临淮郡当今安徽盱眙县治，淮水经此，入江苏淮阴县界。**九**

305

年，桓公在殡，宋人伐之。鲁僖十七年冬，齐桓公卒，五公子争立，太子奔宋，宋襄公伐齐，纳之，是为孝公。〇各本无"九年"二字。王引之曰：'桓公在殡'上当有'九年'二字。左传：僖十七年冬十月乙亥，齐桓公卒，十二月辛巳夜殡。十八年春，宋襄公以诸侯伐齐，夏五月，宋败齐师于甗，立孝公而还，秋八月，葬齐桓公。是桓公在殡，宋人伐之之事也。案：晋用夏正，僖十八年春宋襄公伐齐，经书：'春，王正月。'则当为晋惠公之八年十一月。周之正月，夏之十一月也。晋献公以二十六年卒。自二十六年至惠公八年为九年，在会于淮之后一年，不得仍属之八年矣。当云：'九年，桓公在殡，宋人伐之。'"元诰按：王说是，今据补。

8　二十六年，献公卒。献公二十六年，鲁僖九年也。里克将杀奚齐，先告荀息曰："三公子之徒将杀孺子，子将何如？"荀息，奚齐之傅。三公子，申生、重耳、夷吾〔四二〕。徒，党也。荀息曰："死吾君而杀其孤，死畜吾君也。〇汪远孙曰："吾君，谓献公。孤，谓奚齐。献公死，奚齐见杀，是死吾君而杀其孤也〔四三〕。内传襄二十一年，祁悉盈于宣子曰：'吾父死而益富，死吾父而专于国，有死而已。吾蔑从之矣。''死吾君'、'死吾父'语意正同。韦解不得其语意。"吴曾祺曰："谓因吾君既死而杀其孤也。"吾有死而已，吾蔑从之矣。"蔑，无也。里克曰："子死，孺子立，死不亦可乎？〇明道本脱"死"字。子死，孺子废，焉用死哉？"荀息曰："昔君问臣事君于我，我对以忠贞。君曰：'何谓也？'我对曰：'可以利公室，力有所能无不为，忠也。葬死者，养生者，死人复生不悔，得其所任，故不悔也。生人不媿，贞也。"吾言既往矣，往，行也。岂能欲行吾言而又爱吾身乎？虽死，焉避之？"焉得避之。里克告丕郑曰："三公子之徒将杀孺子，子将何如？"丕郑曰："荀息谓何？"荀息何言。对曰："荀息曰'死之'。"〇明道本脱"对曰"二字。丕郑曰："子勉之。夫二国士之所图，无不遂也。二国士，里克、荀息也。遂，行也。〇俞樾曰："上文，里克将杀奚齐，荀息曰：'死吾君而杀其孤，吾有死而已，吾蔑从之矣。'是里克、荀息初不同谋，乃曰'二国士之所图'，何哉？二国士者，其一谓里克，其一丕郑自谓也。故下文'我为子行之。子帅七舆大夫以待我，我使翟以动之，援秦以摇之，立其薄者可以得重赂，厚者可使无入。国，谁之国也'，此正与里克共图之事。盖里克之意，止欲杀奚齐、卓子，而于重耳、夷吾二公子中择立一人〔四四〕。丕郑则不欲立二公子，而别立疏属以专晋国，故曰'立其薄者可以得重赂，厚者可使无入'。厚薄喻亲疏也，言欲立疏远者以要重赂，而重耳、夷吾可使无入也。及里克不可，而丕郑亦许诺，于是仍从里克之始谋，杀奚齐、卓子而请君于秦矣。韦氏不知丕郑之意，故误解二国士为里克、荀息，而说'立其薄者'二句亦不了也。"元诰按：韦注俞既辟之矣。俞谓二国士，一为丕郑自谓。丕郑虽与里克同谋，岂有自命为国士者？窃意此文本作："子勉之夫，夫国士之所图。"上"夫"字为叹咏之辞，绝句。下"夫"字为发端之辞。国士，则里克也。重一"夫"字，传写简作两点，遂误为"二"字，又于"勉之"绝句，乃成今文，而不可解矣。我为子行之。助行其事，谓使狄，援秦之属。子帅七舆大夫以待我，七舆，申生下军大夫也，左行共华、右行贾华、叔坚、骓颛、累虎、特宫、山祁也。待我，待我应也。我使狄以动之，援**秦**以摇之。重耳在狄，故告狄人，结援于秦以摇动晋国，败奚齐之党。立其薄者可以得重赂，结秦、狄之援以立二公子，恩薄者尚可以重赂。○元诰按：韦注此句及下句未了，阅上俞说。厚者可使无入。于己厚者，可使二公子不得入立也。国，谁之国也？"言晋可专也。○元诰按：也与耶古通。里克曰："不可。克闻之，夫义者，利之足也；有义，然后利立，故曰"利之足也"。贪者，怨之本也。贪则专利，故人怨之。废义则利不立，无足，故不立。厚贪则怨生。夫孺子岂获罪于民？将以骊姬之惑蛊君而诬国人，蛊，化也。诬，罔也。○王念孙曰："蛊亦惑也。左传庄二十八年：'楚令尹子元欲蛊文夫人〔四五〕。'宣八年：'晋里克有蛊疾。'皆谓惑也。昭元年医和论蛊疾曰：'非鬼非食，惑以丧志。'又曰：'在周易，女惑男，风落山，谓之蛊。'又曰：'淫则生内热惑蛊之疾。'哀二十六年：'大尹惑蛊其君。'是蛊即惑也。古人自多复语，不必分为二义。"谗群公子而夺之利，使君迷乱〔四六〕，信而亡之，信姬之言，使皆奔亡。杀无罪以为诸侯笑，无罪，谓申生。使百姓莫不有藏恶于其心中，人怀悖逆也。○宋庠曰："恶，读如字。"恐其如壅大川，溃而不可救御也〔四七〕。御，止也。是故将杀奚齐，而立公子之在外者，○明道本脱"公"字。以定民弭忧，于诸侯且为援，弭，止也。言诸侯义己，则得以为援也。庶几曰诸侯义而抚之，百姓欣而奉之，国可以固。固，安也。今君杀而赖其富，赖，利也。贪且反义。贪则民怨，反义则富不为赖。不义而富必危，故不为利。赖富而民怨，乱国而身殆，惧为诸侯载，载见于书，为后戒也。不可常也。"○吴曾祺曰："尔雅：'常，法也。'谓丕郑之言不

国语集解

可为法也。"<u>丕郑许诺</u>。<u>于是杀奚齐、卓子及骊姬，而请君于</u>
<u>秦</u>。○元诰按：夷吾奔梁，梁近于秦，秦又为晋亲，故请之。<u>既杀奚齐，</u>
<u>荀息将死之</u>。<u>人曰："不如立其弟而辅之。"荀息立卓子</u>。
<u>里克又杀卓子，荀息死之</u>。<u>君子曰："不食其言矣。"</u>食，
伪也。○吴曾祺曰："既言而反之，为食言。"<u>既杀奚齐、卓子，里</u>
<u>克及丕郑使屠岸夷告公子重耳于狄</u>，屠岸夷，晋大夫也。○元
诰按：屠岸复姓，夷名。晋有屠岸贾。<u>曰："国乱民扰，得国在乱，</u>
<u>治民在扰</u>，非乱何入，非扰何安，亦言劳民易为治也。○吴曾祺曰："得
国治民，正在此时，与劳民易治无涉。"<u>子盍入乎</u>〔四八〕？<u>吾请为子</u>
<u>铦</u>。"，铦，道也。○陈瑑曰："说文：'铦，慕针也。'针所以缝也。管子
'一女必有一针一铦'注：'铦，长针也。'此云道者，犹缝之以铦，为引道
也。"元诰按：各本"铦"作"钛"，旧音曰："钛，音述。"然说文无"钛"
字。汪远孙谓："钛当为訹之假借字。说文：'訹，诱也。'诗野有死麕传云：
'诱，道也。'"展转求义，不知钛为"铦"误。今依陈说订正。吴曾祺谓：
"钛本训'针'，韦训'道'，谓犹用药者以针道之也。其说尤非。"<u>重耳</u>
<u>告舅犯曰："里克欲纳我。"舅犯曰："不可。夫坚树在始</u>，
树，木也。始，根本也。<u>始不固本，终必槁落。夫长国者，唯知</u>
<u>哀乐喜怒之节，是以导民</u>。长，君也。导，训也。<u>不哀丧而求</u>
<u>国，难。因乱以入，殆</u>。○元诰按：难，读如字。谓不哀丧而求得
国，事之难成者也。下文曰"是故难"，乃申言之。<u>以丧得国，则必</u>
<u>乐丧</u>，乐丧，以丧为乐也。○元诰按：谓即使得国，亦必至乐丧而生哀也。
<u>乐丧必哀生。因乱以入，则必喜乱，喜乱必怠德</u>。怠，懈也。
○元诰按：怠德，上文所谓"殆"也。<u>是哀乐喜怒之节易也</u>〔四八〕，

易，反也。何以导民？民不我导，谁长？"不我导，谓不从我训也。长，君也。○吴曾祺曰："谁长，谓谁以我为君。"**重耳曰："非丧谁代？非乱谁纳我？"舅犯曰："偃也闻之，**偃，子犯名，重耳舅，故曰舅犯。**丧乱有小大。大丧大乱之刭也，不可犯也。**刭，锋也。○元诰按：说文："刭，锐利也。"锐利谓锋。**父母死为大丧，谗在兄弟为大乱。今适当之，是故难。"公子重耳出见使者，**○元诰按：使者，屠岸夷也。**曰："子惠顾亡人，重耳父生不得供备洒扫之臣，**洒，灑也。**死又不敢莅丧以重其罪，且辱大夫，敢辞。**莅，临也。**夫固国者，在亲众而善邻，**固，定也。亲众，爱士民也。善邻，善邻国也。**在因民而顺之。**因民所爱而立之，为顺民。**苟众所利，邻国所立，**○元诰按：此指夷吾言。宋庠本"所立"上有"之"字。**大夫其从之，重耳不敢违。"吕甥及郤称亦使蒲城午告公子夷吾于梁，**吕甥、郤称，夷吾之徒也。蒲城午，晋大夫也〔五〇〕。**曰："子厚赂秦人以求入，吾主子。"**主子，为子内主也。**夷吾告冀芮曰："吕甥欲纳我。"**冀芮，晋大夫郤芮也，从夷吾者。**冀芮曰："子勉之。国乱民扰，大夫无常，不可失也。**无常，无常心。○元诰按〔五一〕：无常，谓向背无常也。**非乱何入？非危何安？**乱有所代，危得安之。○吴曾祺曰："谓非遇乱危，何从入而安之。"**幸苟君之，子唯其索之也。**索，求也，所在以求之。○元诰按：幸苟，苟也。谓苟得为晋君，子可听秦之索求也。子，谓夷吾。宋庠本无"也"字。**方乱以扰，孰适御我？**○元诰按：适，是也。见经传释词。**大夫无常，苟众所置，孰能勿从？子盍尽国以赂外内，无爱虚以求入？**外，谓诸侯。内，谓大夫。虚国藏以求入也。

○元诰按：爱，吝也，惜也。无爱虚，谓勿吝惜国藏之空虚也。既入而后图聚。"入国乃图畜积也。公子夷吾出见使者，○元诰按：使者，蒲城午也。再拜稽首许诺。吕甥出告大夫曰："君死自立则不敢，自立，立嗣君也。久则恐诸侯之谋径召君于外也，恐受赂径自召他公子也。则民各有心，恐厚乱，各有心，所爱不同也。盍请君于秦乎？"秦亲晋，故欲之秦请所立〔五二〕。大夫许诺。乃使梁由靡告于秦穆公梁由靡，晋大夫。秦穆公，伯益之后，德公之子穆公任好也。曰："天降祸于晋国，谗言繁兴，延及寡君之绍续昆裔，绍，继也。续，嗣也。昆，后也。裔，末也。○宋庠本"寡君"下有"使寡君"三字。隐悼播越，托在草莽，未有所依。隐，忧也。悼，惧也。播，散也。越，远也。依，倚也。又重之以寡君之不禄，丧乱并臻。士死曰不禄。礼，君死，赴于他国曰"寡君不禄"，谦也。臻，至也。以君之灵，鬼神降衷，衷，善也。罪人克伏其辜，罪人，骊姬也。群臣莫敢宁处，将待君命。待君命所立也。君若惠顾社稷，不忘先君之好，辱收其逋迁裔胄而建立之，逋，亡也。迁，徙也。胄，后也。以主其祭祀，且镇抚其国家及其民人〔五三〕，虽四邻诸侯之闻之也，其孰不儆惧于君之威，而欣喜于君之德？终君之重爱，受君之重贶，而群臣受其大德，终君，谓献公也。贶，赐也。○宋庠本无"终"字。吴曾祺曰："上文两'君'字皆指穆公，此句'终君'云云，自是一律，何以云献公？"晋国其谁非君之群隶臣也？"隶，役也。○元诰按：也与耶通。秦穆公许诺，反使者，反，报也。乃召大夫子明及公孙枝，子明，秦大夫百里孟明视也。公孙枝，秦公孙子桑也。曰："夫晋国之乱，

311

吾谁使先若夫二公子而立之，以为朝夕之急？"言晋无君，朝夕之急也〔五四〕。○韦读"吾谁使先"为句，注曰："当先立谁。"又曰："若，之也，使之二公子择所立也。"俞樾曰："韦读非也。此当以十二字共为一句〔五五〕。若者，择也。说文：'若，择菜也，从艸从右。右，手也。'是'若'字本有择义。秦穆之意，欲择立二公子，而未知谁可使者，故曰'吾谁使先若夫二公子而立之'。下文'大夫子明曰："君使縶也。"'正与问意相对。若从韦注，则穆公但谋所使〔五六〕，何为以使縶对乎？"元诰按：俞说是，今据以绝句。韦解亦非是也。大夫子明曰："君使縶也。縶，秦公子子显也。縶敏且知礼，敬以知微。敏能审谋，审，微也。知礼可使，敬不坠命，坠，失也。微知可否。微，密，故知可否也。君其使之。"乃使公子縶吊公子重耳于狄，曰："寡君使縶吊公子之忧，又重之以丧。奔亡之忧，加之以丧亲也。○吴曾祺曰："丧，读丧亡之丧。既吊其父忧，又吊其出亡在外，语意方为得体。若如注所释，则下文'丧不可久'竟说不去。"寡人闻之，得国常于丧，失国常于丧。若齐桓公以丧得国，子纠以丧失之是也。时不可失，丧不可久，公子其图之！"重耳告舅犯。舅犯曰："不可。亡人无亲，信仁以为亲，亡人无亲者，被不孝之名，弃亲而亡也，当信行仁道，然后有亲也。是故置之者不殆。置，立也。殆，危也。父死在堂而求利，人孰仁我？人孰以我为仁？人实有之，我以侥幸〔五七〕，人孰信我？人实有之，时多公子，非独己有也。我从外侥幸而求之，人谁谓我信？不仁不信，将何以长利？"公子重耳出见使者，使者，公子縶也。曰："君惠吊亡臣，又重有命。反国之命也。重耳身亡，父死不得与于哭泣之位，又何敢有他志，以辱君义？"他志，谓为君。再拜不稽首，起而哭，易位而哭也。退而不私。不私，不私访也。公子縶退，吊公子夷吾于梁，如吊公子重耳之命。夷吾告冀芮曰："秦人勤我矣。"勤我，助我也。冀芮曰："公子勉之。亡人无狷洁，狷洁不行。亡人不可以狷洁，狷洁则大事不行。〇元诰按：行，成也。重赂配德，以重赂配己之德。〇吴曾祺曰："谓视人之施德于我何如，我以重赂配之。"公子尽之，无爱财。〇元诰按："爱，吝也。"人实有之，我以侥幸，不亦可乎？"公子夷吾出见使者，再拜稽首，起而不哭，退而私于公子縶曰："中大夫里克与我矣，与我，助我也。吾命之以汾阳之田百万。贾侍中云："汾，水名。汾阳，晋地。百万，百万亩也。"〇元诰按：汾阳当今山西汾阳县治，汉为汾州府，后魏为汾州。汾水所出，地在汾水之阳，故曰汾阳。在汾水之阴者曰汾阴，亦为县治。丕郑与我矣，〇宋庠本"丕郑"上有"嬖大夫"三字。吾命之以负蔡之田七十万。负蔡，晋地名。〇宋、董本蔡并作"葵"。君苟辅我，蔑天命矣，蔑，无也。无复天命，言在秦也。吾必遂矣！遂，成也。亡人苟入，扫宗庙，定社稷，亡人何国之与有，言但得守宗庙、社稷，不敢望国土。君实有郡县，言君亦自有郡县，非谓之无也。〇汪远孙曰："此言晋国犹秦之郡县耳。燕策，张仪谓燕王曰：'今时赵之于秦，犹郡县也。'义与此同。韦解迂曲。逸周书作雒解：'千里百县，县有四郡。'内传哀二年赵简子誓曰：'克敌者，上大夫受县，下大夫受郡。'此云郡县者，顺文言之。"且入河外列城五。河外，河东也。列城五，东尽虢略，南及华山，内及解梁城也〔五八〕。〇元诰按：国策秦策："入其社稷之臣于

秦。"高注云："入，纳也。"此"入"与彼同义。**岂谓君无有，亦为**
君之东游津梁之上，无有难急也。津，水也。梁，桥也。非谓君
无有若此地者〔五九〕，欲使君东游津梁之上无有难急，故进之也。〇元诰
按：为读去声。**亡人之所怀挟缨纕以望君之尘垢者**〔六〇〕，挟，
持也。缨，马缨也。纕，马腹带也。言尘垢不敢当盛也〔六一〕。〇宋庠本
缨纕作"婴瓄"，注同。陈奂曰："宋作非是。缨即繁缨之缨，韦解'缨'
为马缨，谓但有缨而不下垂者；解'纕'为马腹带，带以革为之，故其字作
纟旁。"吴曾祺曰："怀挟缨纕，言所怀挟之物以进于君者〔六二〕，将以备
缨纕之用。"**黄金四十镒，白玉之珩六双，**二十两为镒。珩，佩上
饰也。珩形似磬而小，诗传曰："上有葱珩，下有双璜。"（元诰按：诗传
为韩诗传。葱珩，大戴礼本作"双珩"。）〇朱骏声曰："珩者，佩首横
玉，所以系组。组有三，中组之末，其玉曰衡牙，左右组之末，其玉曰璜。
而瓀、珠、琚、瑀，则贯于珩之下，双璜衡牙之上。"陈奂曰："珩与衡通。
凡玉佩，上有双衡，衡长五寸〔六三〕，博一寸。玉藻，'天子佩白玉'，天
子白珩也；'公侯佩山玄玉'，诸侯幽珩也；'大夫佩水苍玉'，大夫葱珩
也。此其等次也。"元诰按：珩用必双，故此以双计。字从玉从行，所以
饰佩节行步也。镒，文选枚乘七发注引贾逵曰："二十四两。"广韵引国
语注亦同。（原本脱"注"字。）焦循谓："以孙子算经五经算术推之，
一镒当是二十两。"**不敢当公子，请纳之左右。**公子，公子絷也。
言左右，谦也。〇元诰按：当，任也。不敢任，犹言不敢烦也。**公子絷**
反，致命穆公。穆公曰："吾与公子重耳，重耳仁。再拜
不稽首，不役为后也。役，贪也。〇宋庠本役作"没"，非。**起而哭，**
爱其父也。〇明道本"父"下有"孝"字。**退而不私，不役于利**

国语集解

314

也。"不役，不贪。利，国家也。公子絷曰："君之言过矣。君若求置晋君而载之，载，成也。置仁不亦可乎？君若求置晋君以成名于天下，成威名也。则不如置不仁以猾其中，猾，乱也。且可以进退。进退，犹改易也。臣闻之：'仁有置，武有置。仁置德，武置服。'"仁置有德，武置服从。是故先置公子夷吾，是为惠公。

9　穆公问冀芮曰："公子谁恃于晋？"对曰："臣闻之，亡人无党，有党必有仇。有与为党，必有与为仇。言无党，则必无仇也。夷吾之少也，不好弄戏，不过所复，不过差也。〇吴曾祺曰："谓人以非道加之，虽有所复，不敢过也。"怒不及色，无色过也。及其长也弗改。是故出亡无恶于国，〇明道本无"是"字。恶作"怨"。而众安之。不然，夷吾不佞，其谁能恃乎？"佞，才也。言无恃，则恃秦也。〇吴曾祺曰："谓无所恃也。"君子曰："善以微劝。"〇明道本有"也"字。

【校记】

〔一〕谋，谋弑公也　脱一"谋"字，据各本补。

〔二〕强，强御也　二"强"字间衍"谓"字，据各本删。

〔三〕虽欲有退　"有"字脱，据各本补。

〔四〕古来、矣同部　"来"字脱，据国语发正补。

〔五〕凡牲，一为特　"一"、"特"二字互倒，据各本改。

〔六〕兹，此。此，里克也　脱一"此"字，据公序本补。

〔七〕其母既死，其子又有谤　"有"字脱，据各本补。

〔八〕僖四年左传　"僖四年"误作"闵二年"，据左传改。

〔九〕往言不可及也　"言"误作"者"，据各本改。

〔一〇〕谓其无忌惮之心已固　"惮"字脱，据经义述闻补。

〔一一〕固不可谓之君　"固"误作"故"，据群经平议改。

〔一二〕从君与哾君　"哾君"下衍"是读杀为弑"五字，据群经平议删。

〔一三〕难，杀申生　"杀"字脱，据各本补。

〔一四〕鸩，运日也　"运日也"原从明道本作"毒也"，据公序本改。黄丕烈札记云："应从别本作运日。"

〔一五〕僖四年左传　"僖四年"误作"闵二年"，据左传改。

〔一六〕小臣，官名，掌阴事阴命　"命"误作"令"，据各本改。

〔一七〕新为太子城之　"之"字脱，据公序本补。明道本作"也"。

〔一八〕则广焉能弃之矣　"弃"误作"弁"，据群经平议改。

〔一九〕谓若吴公子札之弃其室而耕也　"子"字脱，据群经平议补。

〔二〇〕谁乡而入，入谁国也　"谁乡而入"，公序本作"当趋乡谁"，明道本作"当趋谁乡"，此据国语考异校改而未作说明。

〔二一〕有父忍自杀之，况能爱国人乎　"人"字脱，据各本改。

〔二二〕今据王引之说删　"王引之"误作"王念孙"，据经义述闻改。

〔二三〕阉，阉士也　二"阉"字间衍"谓"字，据各本删。

〔二四〕夷吾逃于梁　"夷吾"二字脱，据各本补。

〔二五〕公使寺人披伐蒲城　"公"字脱，据各本补。

〔二六〕望大，望诸侯朝贡　"侯"字脱，据各本补。

〔二七〕且以监诸侯之为　"侯之为"三字误作"耳"，据各本改。

〔二八〕骊姬至秦乞援　"姬"误作"吾"，据群经平议改。

〔二九〕环，还也　"环"字脱，据各本补。

〔三〇〕虢公梦在庙　此句原连上文，今分段提行。

〔三一〕使国人贺梦　"梦"误作"之"，据各本改。

〔三二〕欲转吉之　"吉"误作"言"，据各本改。

〔三三〕行，去也　此三字脱，据各本补。

〔三四〕宫之奇谏而不听　"而不听"三字误作"曰"，据各本改。

〔三五〕谓假晋道以伐虢也　"假晋"二字误倒，据公序本改。明道本脱"晋"字。

〔三六〕伏辰，辰在龙尾，隐而未见　二"辰"字皆脱，"未"误作"不"，据公序本补改。明道本少一"辰"字。

〔三七〕近日月之貌也　"月"字脱，据各本补。

〔三八〕则尾、箕之间也　"也"字脱，据国语发正补。

〔三九〕凡屋，通以瓦蒙之曰甍　"曰甍"二字脱，据国语发正补。

〔四〇〕今晋侯不量齐德之丰否　"晋"误作"齐"，据各本改。

〔四一〕桓公复会诸侯于淮　"侯于"二字脱，据各本补。

〔四二〕三公子，申生、重耳、夷吾　"夷"误作"奚"，据各本改。

〔四三〕是死吾君而杀其孤也　"杀"误作"死"，据国语发正改。

〔四四〕于重耳、夷吾二公子中择立一人　"子"字脱，据群经平议补。

〔四五〕楚令尹子元欲蛊文夫人　"子元"二字脱，据经义述闻补。

〔四六〕使君迷乱　"君"误作"之"，据各本改。

〔四七〕恐其如壅大川，溃而不可救御也　"溃"字脱，据各本补。

〔四八〕子盍入乎　"乎"字脱，据各本补。

〔四九〕是哀乐喜怒之节易也　"是哀"二字脱，据各本补。

〔五〇〕蒲城午，晋大夫也 “午”误作“吾”，据各本改。

〔五一〕元诒按 “按”字脱，依文例补。

〔五二〕秦亲晋，故欲之秦请所立 “之秦”二字脱，据明道本补。
公序本无此二字。

〔五三〕镇抚其国家及其民人 “民人”二字误倒，据各本改。

〔五四〕以为朝夕之急？（言晋无君，朝夕之急也。） 正文六字及
注文九字皆脱，据各本补。

〔五五〕此当以十二字共为一句 “二”误作“三”，据群经平议改。

〔五六〕穆公但谋所使 原作“穆公但谋所立，不谋所使”，衍“所
立不谋”四字，据群经平议删。

〔五七〕我以侥幸 “以”误作“亦”，据各本改。

〔五八〕内及解梁城也 “城”字脱，据各本补。

〔五九〕非谓君无有若此地者 “者”字脱，据各本补。

〔六〇〕以望君之尘垢者 “垢”误作“埃”，据各本改。

〔六一〕言尘垢不敢当盛也 “垢”误作“埃”，据各本改。

〔六二〕言所怀挟之物以进于君者 “所”下衍“以”字，据国语韦
解补正删。

〔六三〕上有双衡，衡长五寸 脱一“衡”字，据国语发正补。

国语集解

吉水徐元诰学

晋语三第九

1　惠公入而背外内之赂。惠公，献公庶子、重耳之弟惠公夷吾也。
外，秦也。内，里、丕也。**與人诵之**舆，众也。不歌曰诵。○陈瑑曰："诵
有怨谤之意。韦注于义未备。"**曰："佞之见佞，果丧其田。**伪善
为佞。佞，谓里、丕受惠公赂田而纳之。见佞，谓惠公入而不予也。果，
犹竟也。丧，亡也。○汪远孙曰："佞，古读如年，与田协韵。"**诈之见
诈，果丧其赂。**诈，谓秦以诈立惠公，不置德而置服也。见诈，谓惠
公入而背之也。○汪远孙曰："诈，古读如族，与赂协韵。"**得国而狃，
终逢其咎。**谓惠公也。狃，忕也。咎，谓败于韩。○明道本国作"之"。
丧田不惩，祸乱其兴。"谓丕郑也。不得田，不惩艾，复欲与秦共纳
重耳，惠公杀之。**既里、丕死祸**〔一〕，既，已也。惠公二年春，杀里克；
秋，杀丕郑。祸，谓贪惏之祸也。○元诰按："祸"字旧属下读，今依考

319

正移正，谓死于祸也。**公陨于韩。**秦伐晋，战于韩，获惠公以归，陨其师徒，在鲁僖十五年。**郭偃曰："善哉！夫众口祸福之门，**偃，晋大夫。善舆人之诵豫知之，故云"众口祸福之门"。**是以君子省众而动，**动，行也。**监戒而谋，谋度而行，**监，察也。度，揆也。察众口以为戒，谋事揆义乃行之。**故无不济。内谋外度，考省不倦，**考，校也。**日考而习，戒备毕矣。"**日自考省，习而行之。戒备之道，毕于是矣。

2

惠公即位，出共世子而改葬之，臭达于外。共世子，申生也。献公时，申生葬不如礼，故改葬之。惠公烝于献公夫人贾君，故申生臭达于外，不欲为无礼者所葬。唐以贾君为申生妃，非也。传曰："献公娶于贾，无子。"**国人诵之曰："贞之无报也。孰是人斯，而有是臭也？**贾、唐云："贞，正也。谓惠公欲以正礼改葬世子，而不获吉报也。孰，谁也。斯，斯世子也。谁使是人有是臭者，言惠公使之也。"或云，"贞谓申生也"，与下相违，似非也。**贞为不听，**以正葬之，而不见听。**信为不诚，**信心行之，而不见诚。**国斯无刑，偷居幸生，**刑，法也。言惠公偷窃居位，侥幸而生。**不更厥贞，大命其倾**[二]。不变更其正，大命将倾。倾，危也。○王引之曰："不变更其正，则当为鬼神所祐矣，何以大命反倾乎？韦说非也。今案：更者，偿也，报也。（淮南诠言篇：'功之成也，不足更责。'高注云：'更，偿也。'吕氏春秋有报更篇，所言皆报德之事。）上文'贞之无报也'，贾、唐云：'贞，正也。谓惠公欲以正礼改葬世子，而不获吉报也。'此云'不更厥贞'，亦谓不报厥贞也。行正礼而不偿以吉祥，则鬼神之不祐可知矣。下文遂曰'大

320

命其倾'也。"**威兮怀兮**，威，畏也。怀，思也。言国人畏惠公，思重耳。〇汪远孙曰："言畏重耳之威，怀重耳之德也。韦注误。"**各聚尔有，以待所归兮。**尔有，所有也。**猗兮违兮，心之哀兮。**倚，叹也。违，去也。言民心欲去其上，安土重迁，故心哀之。〇汪远孙曰："汉书孔光传：'猗违者数载。'颜注云：'猗违，犹依违耳。'如注云：'不决事之言也。'韦玄成传：'依违者一年。'猗、依一声之转。猗兮违兮，心之哀兮〔三〕，言欲归重耳而不能决，故心哀也。韦注误。"**岁之二七，其靡有微兮。**二七，十四岁后也。靡，无也。无有微者亦亡，谓子圉。〇黄丕烈曰："此以威、怀、归、猗、违、哀、微、依、妃为韵。韦解'无有微者亦亡，谓子圉'，是读微为尾而解之也。微、尾古同字，孳尾为字微〔四〕，微生为尾生，皆其证也。刘向列女辨通传云：'有龙无尾者，无太子也。'亦以尾为子，义与此同矣。"元诰按：明道本微作"徵"，注同。吴曾祺谓："方言：'靡，灭也。'言其灭亡有征也。玩下文'其替'句，亦训'灭'，可证韦注欠明析。别本徵作'微'，亦非。"兹仍从宋庠本作"微"。**若狄公子，吾是之依兮。**谓重耳。**镇抚国家，为王妃兮。"**言重耳当伯诸侯，为王妃偶。〇宋庠曰："妃音滂佩反。又有后妃之妃，字一而音不同。妃与配义一也。"元诰按：妃为配义，而音则当协后妃之妃。**郭偃曰："甚哉，善之难也！**难，难为也。**君改葬共君以为荣也，而恶滋章。夫人美于中，必播于外而越于民，民实戴之，**美，善也。播，布也。越，扬也。戴，欣戴也。言有善于中心，必播于外，扬于民也。**恶亦如之。故行不可不慎也，必或知之。**或知，下民必知其善否也。**十四年，君之冢嗣其替乎！**冢嗣，太子也。替，灭也。**其数告于民矣〔五〕。**数，谓二七。**公子重耳其入乎！其**

魄兆于民矣。魄，形也。兆，见也。若入，必伯诸侯以见天子，其光耿于民矣。耿，犹昭也。数，言之纪也。谓言者纪其数也。魄，意之术也。意，民之志也。术，导也。魄兆见而民志随之。○俞樾曰："术，当为'述'。下文'述意以导之'，即承此文而言，可知术为述之假字矣。魄所以传述其意，故曰意之述也。韦训为'导'，失之。"元诰按：关尹子云："因意有魄。"是魄所以述意。述、术古通用。师古注汉书："述，道径也。"是以述为术矣。光，明之曜也。纪言以叙之，叙，述也。述意以导之，导，开导也。明曜以昭之，不至何待？欲先导者行乎〔六〕，先导，谓重耳导引者可行也。将至矣！"

3　惠公既杀里克而悔之，曰："芮也，使寡人过杀我社稷之镇。"芮，冀芮也。镇，重也。郭偃闻之，曰："不谋而谏者，冀芮也。不先为君谋而谏，使君杀里克者，冀芮也〔七〕。不图而杀者，君也。言不与人谋而杀里克者，君之过也〔八〕。不谋而谏，不忠。不图而杀，不祥。不忠，受君之罚。言君当加罚也。不祥，罹天之祸。受君之罚〔九〕，死戮。戮，辱也。言死且有辱。罹天之祸，无后。无后嗣也。志道者勿忘，将及矣！"志，识也。及，至也。勿忘此占，言祸将至也〔一〇〕。及文公入，文公，重耳。秦人杀冀芮而施之。冀芮既纳文公而悔，将杀之。文公知之，潜会秦伯于王城。冀芮焚公宫，求公不得，遂如河上。秦伯诱而杀之。陈尸曰施。○陈瑑曰："施、尸同音同义。尸本训'陈'，左传：'楚武王荆尸。'谓陈尸于荆也。"

4　惠公既即位，○宋庠本脱"既"字。乃背秦赂。使丕郑聘于秦，且谢之。谢不时也。而杀里克，曰："子杀二君与一大夫，二君，奚齐、卓子。一大夫，荀息。为子君者，不亦难乎？"丕郑如秦谢缓赂，缓，迟也。乃谓穆公曰："君厚问以召吕甥、郤称、冀芮而止之，问，遗也，以厚礼问遗。此三人皆晋大夫，来因留止也。○元诰按：明道本注作"止，留也。问，聘也。谓报丕郑之聘。"下九字是错简。以师奉公子重耳，○元诰按：谓假重耳以兵。臣之属内作，晋君必出。"属，七舆大夫也。必出，惠公必出奔也。穆公使泠至报问，泠至，秦大夫也。报问，报丕郑之聘，且问遗吕甥之属。且召三大夫。郑也与客将行，客，泠至也。将行，行聘事也。○明道本"将行"下衍"事"字，注同。冀芮曰："郑之使薄而报厚，薄，礼币少。其言我于秦也，必使诱我。弗杀，必作难。"不杀郑，必作难于我。是故杀丕郑及七舆大夫：七舆，申生下军之众大夫也。○僖十年左传孔疏引服虔曰："下军之舆帅七人，属申生者。襄二十三年下军舆帅七人。往前申生将下军，今七舆大夫为申生报怨。"共华、贾华、叔坚、骓颛、累虎、特宫、山祁，○旧音曰："共音恭。颛音遄。"皆里、丕之党也〔一一〕。丕豹出奔秦。豹，丕郑子。丕郑之自秦反也〔一二〕，闻里克死，见共华曰："可以入乎？"共华曰："二三子皆在而不及，二三子，七舆大夫也。不及，谓罪不及也。○明道本"在"下衍"外"字。子使于秦，可哉。"可，可以入也。丕郑入，君杀之。共赐谓共华共赐，华之族，晋大夫。曰："子行乎？其及也！"行，去也〔一三〕。其及，将见及也。共华曰："夫子之入，吾谋也，将待也〔一四〕。"言己误丕郑，将待祸及也。○元诰按：夫音扶，夫子，犹言此人也，指丕郑〔一五〕。赐曰："孰知之？"共华曰："不可。知而背之不信，谋而困人不智，谋不中为困。困而不死无勇。任大恶三，行将安入？任，荷也。子其行矣，我姑待死。"子，共赐。丕郑之子曰豹，出奔秦，谓穆公曰："晋君大失其众，背君赂，杀里克，而忌处者，众固不说。忌，恶也。处者，国中大夫也。○元诰按：说与悦同。今又杀臣之父及七舆大夫，此其党半国矣。君若伐之，其君必出。"穆公曰："失众安能杀人？言晋君失众，焉能使众杀尔父？○元诰按：明道本注作"人，谓里、丕及七舆大夫。"且夫祸唯无毙，毙，死也。罪不至死，则不为乱。○吴曾祺曰："谓祸无大于死。"足者不处，罪足以死，则不处国。处者不足，处国者不足以死也。胜败若化。化，言转化无常也。犹丕郑欲杀君，君反杀之。以祸为违，孰能出君？违，去也。谓丕豹以祸故而去其国，谁能出君乎？尔俟我。"俟，待也，待我图之。

5　晋饥，谷不熟曰饥。在鲁僖十三年。乞籴于秦。丕豹曰："晋君无礼于君，众莫不知。无礼，背赂也。往年有难，今又荐饥，难，谓杀里、丕之党。仍饥曰荐。已失人，又失天，其殃也多矣。失人，里克也。失天，荐饥也。君其伐之，勿予籴。"公曰："寡人其君是恶〔一六〕，其民何罪？天殃流行，国家代有。代，更也。补乏荐饥，道也，不可以废道于天下。"荐，进也。谓公孙枝曰："予之乎？"枝，子桑也。公孙枝曰："君有施于晋君，晋君无施于其众〔一七〕。今旱而听于君，其天道也。听，听命

于君。君若弗予，而天予之，予之年。苟众不说，其君之不报
也则有辞矣。苟使晋众不悦惠公不报秦施，今不予粢，则晋得以为辞，
故不可不予。○王念孙曰："韦以'苟众不说其君之不报也'作一句读，
非也。'苟众不说'为句。不说，谓不说秦也，言秦不予粢，则晋众不说。
（下文曰：'不若予之，以说其众[一八]。'）晋众不说，则其君之不报施
有辞也。若以不说为不说惠公，则不得言其君有辞矣。"元诰按：王说是，
今从之。不若予之，以说其众。众说，必咎其君。其君不听，
然后诛焉。虽欲御我，谁与？"是故泛舟于河，归粢于晋。
泛，浮也。归，不反之辞。秦饥，公令河上输之粟。河上，所许秦
五城也。虢射曰："弗予赂地而予之粢，虢射，晋大夫。无损
于怨而厚于寇，厚，犹强也。不若勿予。"公曰："然。"庆郑
曰："不可。庆郑，晋大夫。已赖其地，而又爱其实，赖，赢也。实，
谷也。○吴曾祺曰："赖，贪赖也，不训'赢'。"元诰按：当偿不偿曰赖，
今犹有"赖债"语。忘善而背德，虽我必击之。我当秦处，亦将击
晋。弗予，必击我。"公曰："非郑之所知也。"遂不予。

6　六年，秦岁定，惠公六年，鲁僖公十五年。定，安也，谷熟则民安。
○汪远孙曰："淮南天文训：'秋分蔈定，蔈定而禾熟。'高注云：'定者，
成也。'礼玉藻：'年不顺成。'定，谓顺成也。韦注失之迂。"帅师侵
晋，至于韩。韩，晋地韩原。○吴曾祺曰："史记晋世家索隐曰：'韩
原在冯翊夏阳北二十里。'今陕西韩城县是。"元诰按：庄二十九年左
传："凡师有钟鼓曰伐，无曰侵。"公谓庆郑曰："秦寇深矣，奈
何？"深，入境深也。一曰："深，犹重也。"庆郑曰："君深其怨，

能浅其寇乎？非郑之所知也，君其讯射也。"讯，问也。射，虢射。〇元诰按：虢射主弗与汆故。公曰："舅所病也？"病，短也。诸侯谓异姓大夫曰舅。〇吴曾祺曰："谓郑素以负秦为病。"元诰按：也与耶通。卜右，庆郑吉。右，公戎车之右。公曰："郑也不逊。"言不顺，不可以为车右。以家仆徒为右，家仆徒，晋大夫。〇元诰按：家仆徒世系无考。家，姓。仆徒，名。汉有家羡，宋有家铉翁。步扬御戎。步扬，晋大夫。御戎，御公戎车也。〇僖十五年左传杜注："步扬，郤犨之父。"梁由靡御韩简，由靡，晋大夫。韩简，晋卿韩万之孙。虢射为右，为简车右。以承公。承，次也，次公车。公御秦师，令韩简视师，〇元诰按：视秦师也。曰："师少于我，斗士众。"欲斗者众。公曰："何故？"简曰："以君之出也处己，己，秦也。处己，在梁依秦。入也烦己，为秦所立。饥食其汆，三施而无报，故来。今又击之，秦莫不愠，愠，怒也。晋莫不怠，受其施而怠惰。斗士是故众。"公曰："然。今我不击，归必狃。狃，忕也。不击而归，秦必狃忕而轻我。一夫不可狃，况国乎！"〇明道本"况"上有"而"字。公令韩简挑战，先挑敌求战。曰："昔君之惠也，寡人未之敢忘。寡人有众，能合之，弗能离也。弗能离，言众欲战。君若还，寡人之愿也。君若不还，寡人将无所避。"穆公衡彫戈出见使者，衡，横也。彫，镂也。戈，戟也。〇元诰按：彫、雕古通用。曰："昔君之未入，寡人之忧也。君入而列未成，寡人未敢忘。列，位也。今君既定而列成，君其整列，寡人将亲见。"若云朝见，实欲战也。〇宋庠本亲作"身"。客还，〇元诰按：客，韩简。公孙枝进谏曰："昔君之不纳公子重耳而纳晋君，是君之不置德而置服也。置而不遂，击而不胜，遂，成也。其若为诸侯笑何？君盍待之乎？"待其乱，将自毙。穆公曰："然。昔吾之不纳公子重耳而纳晋君，是吾不置德而置服也。然公子重耳实不肯，吾又奚言哉？杀其内主，谓里、丕也〔一九〕。背其外赂，外，秦也。彼塞我施，若无天乎？"○宋庠本"乎"下有"云"字，明道本脱。韦注曰："云，言也。晋所行，若言无有天也。"是断"云"字上属为句。王念孙曰："'若无天乎云'，文不成义，且与下二句不相联属。盖'云'字当在下文'若'字下，而以'若无天乎'为一句，'若云有天'为一句。魏志公孙渊传：'若无天乎，臣一郡吉凶尚未可知；若云有天，亦何惧焉。''若无天乎'、'若云有天'，皆用晋语文。盖所见本'云'字在'若'字下也。穆公之意，以为若无天，则胜负尚未可知；若有天，则吾必胜之也。不更赘一语者，下文明言'若云有天，吾必胜之'，义见于下，故文省于上也。晋语记申生之言曰：'伯氏不出，奈吾君何？伯氏苟出而图吾君，申生受赐以死，虽死何悔！'檀弓记其言则曰：'伯氏不出而图吾君。伯氏苟出而图吾君，申生受赐而死。''伯氏不出而图吾君'之下不更赘一语，亦是义见于下而文省于上也。"吴曾祺曰："此句谓'无天'，则已引起下二语。"元诰按："云"字错简也，韦属上读，固非。即属下作"云若有天"，亦误。今据王说移正。若云有天，吾必胜之。"天道助顺，故必胜也。○俞樾曰："古本盖止作'若云天，吾必胜之。'云即有也。广雅释诂曰：'云，有也。'文二年公羊传曰：'大旱之日短而云灾，故以灾书此。不雨之日长而无灾，故以异书也。''云灾'、'无灾'相对成文，'云灾'即有灾也。此传以'若无天'、'若云天'相对成文，正与彼同。其作'若云有天'者，因云或作

'有'，而传写误合之也。"元诰按：云固可训"有"，然亦为语中助词也。

诗四月篇："曷云能来。"僖十五年左传曰："岁云秋矣。"皆以云为语助。

此"云"犹是，故不从俞说删字。君揖大夫就车，○宋庠本揖作"辑"。

君鼓而进之。晋师溃，戎马泞而止。泞，深泥也。止，戎马陷焉。

公号庆郑曰："载我！"号，呼也。○元诰按：是时公乘小驷，坠泥中。

庆郑曰："善忘而背德，又废吉卜，卜右，庆郑吉，公废不用。何

我之载？○元诰按：谓何必以我车载公。郑之车不足以辱君避

也！"避，避难也〔二○〕。梁由靡御韩简，辂秦公，辂，迎也。○元

诰按：旧音："辂，音讶。"说文："讶，迎也。"今俗作"迓"。宣二年左

传："宋狂狡辂郑人。"注云："辂，迎也。"是辂与讶古通用。将止之，

庆郑曰："释来救君！"亦不克救，○明道本下衍"君"字。遂

止于秦。止，获也，为秦所获。穆公归，至于王城，王城，秦邑。

○元诰按：路史国名纪："王城，今河南皇城也，亦曰郏，至平王遂居之，

曰东周，与秦之王城异。"注云："秦之王城，乃僖十五年阴饴生会秦伯

处〔二一〕，即大荔城，在今同州。"据此，本文之王城非郏鄏之王城矣。在

今陕西大荔县。合大夫而谋曰："杀晋君〔二二〕。与逐出之，

与以归之，与复之，孰利？"○元诰按：内传："能左右之曰以。"

公子絷曰："杀之利。以为臣子绝望。逐之恐构诸侯，构，交构也。

以归则国家多慝，慝，恶也，恐知国家闲隙之恶。○吴曾祺曰："韦注

'闲隙'，当是指穆姬使太子茔、弘与女简、璧登台履薪之事〔二三〕。盖公

子絷知姬必庇晋侯，故请早除之。"复之则君臣合作，恐为君忧，

不若杀之。"公孙枝曰："不可。耻大国之士于中原〔二四〕，

○元诰按：战败晋师，是耻辱之也。又杀其君以重之，○元诰按：谓

重其耻。**子思报父之仇，臣思报君之仇。虽微秦国，天下孰弗患？"**微，无也。虽无秦国，天下诸侯有害人君父者，孰不患疾？○吴曾祺曰："微，独也。不独秦国患之，天下莫不以为患。"元诰按：虽与惟通，发语词也。文十七年左传曰："虽敝邑之事君，何以不免。"言惟敝邑之事君也。又曰："虽我小国，则蔑以过之矣。"言惟我小国也。并见经传释词。此文"虽微秦国"，虽亦发语词。微，非也。公孙枝之意，言非秦国患之而已，天下莫不以为患也。"虽微秦国"下不赘一词者，详于下而省于上也。**公子絷曰："吾岂将徒杀之？**徒，空也。**吾将以公子重耳代之。晋君之无道莫不闻，公子重耳之仁莫不知。战胜大国，武也。**○元诰按：是时晋国虽止二军，然本为大国。**杀无道而立有道，仁也。胜无后害，智也。"公孙枝曰："耻一国之士，又曰余纳有道以临女，无乃不可乎？**虽立有道，君父之耻未刷。○元诰按：本书汝皆作"女"。**若不可，必为诸侯笑。战而取笑诸侯，**○宋庠本无"取"字。**不可谓武。杀其弟而立其兄，兄德我而忘其亲，不可谓仁。若弗忘，是再施而不遂也，不可谓智。"君曰："然则若何？"公孙枝曰："不若以归，以要晋国之成，**要，结也。成，平也。**复其君而质其适子，**○元诰按：本书"嫡"皆作"适"〔二五〕。**使子父代处秦，**代，更也。**国可以无害。"是故归惠公而质子圉，**子圉，惠公适子怀公。**秦始知河东之政。**秦取河东之地而置官司，故云知河东之政。在鲁僖十五年。○元诰按：此即惠公许赂秦以河外列城五之地。

7 公在秦三月，_{内传：“惠公以九月获，十一月归。”}^{〔二六〕}闻秦将成，乃使郤乞告吕甥。_{郤乞，晋大夫。吕甥，瑕吕饴甥也。○僖十五年左传}^{〔二七〕}_{杜注曰：“姓瑕吕名饴甥。”}吕甥教之言，令国人于朝曰：“君使乞告二三子曰：‘秦将归寡人，寡人不足以辱社稷，二三子其改置以代圉也。’”_{欲令更命立他公子以代子圉，言父子避位以感动群下。}且赏以悦众，众皆哭，_{○僖十五年左传}^{〔二八〕}_{杜注曰：“恐国人不从，故先赏之于朝。”}焉作辕田。_{贾侍中云：“辕，易也。为易田之法，赏众以田，易疆界也。或云辕，车也。以田出车赋。”昭谓：此欲赏以悦众，而言以田出车赋，非也。唐曰：“让肥取硗也。”○汪远孙曰：“内传僖十五年：‘晋于是乎作爱田。’焉，犹于也。于，即于是也。案：贾前说以辕为易，与服注内传同。惠氏补注云：‘爱田者，犹哀公之用田赋也。外传作“辕”，左氏多古字，故以爱为辕。易田之法，本是周制，何云“作”也！汉书地理志：“孝公用商君，制辕田。”岂亦赏众以田耶？外传所云“赏众”是一时之事，“爱田”是当日田制，改易之始，故特书之。’此用贾氏后说。”元诰按：僖内传“晋于是乎作爱田”，杜注曰：“分公田之税应入公者，爱之于所赏之众。”是与贾、唐、韦诸说又不同。疑杜注是。}吕甥致众而告之曰：“吾君惭焉其亡之不恤，_{亡，谓在外。恤，忧也。○王引之曰：“惭之言憯也。说文：‘憯，痛也。’小雅雨无正篇：‘憯憯日瘁。’郑笺曰：‘憯憯，忧之。’楚辞九辩：‘憯凄增欷。’王逸注曰：‘怆痛感动，叹累息也。’古声憯、惭相近。洪范‘沉潜刚克’。文五年传，潜作‘渐’。是其例矣。内传：‘孤斩焉在衰绖之中。’斩亦读为惭。”}而群臣是忧，不亦惠乎？_{忧，谓改立君，赏群臣，作辕田。}君犹在外，若何？”众曰：“何为而

_{国语集解}

₃₃₀

可？"何所施为可以还君〔二九〕？吕甥曰："以韩之病，兵甲尽矣。

<small>病，败也。</small>若征缮以辅孺子，以为君援，<small>征，税也。</small>言当赋税以缮<small>甲兵，辅子围以为君援。○僖十四左传杜注曰："缮，治也。"</small>虽四邻<small></small>之闻之也，<small>○元诰按：虽与惟通，发语词也。</small>丧君有君，群臣辑<small>睦，兵甲益多，好我者劝，恶我者惧，庶有益乎！"众皆说，</small>

<small>○元诰按："众皆悦"与上"众皆哭"互应。</small>焉作州兵。<small>二千五百家为州，</small>使州长各帅其属缮甲兵。<small>○元诰按：焉，犹于是也。</small>吕甥逆君于秦，穆公讯之<small>讯，问也。○元诰按：逆，迎也。</small>曰："晋国和乎？"对曰："不和。"公曰："何故？"对曰："其小人不念其君之罪，而悼其父兄子弟之死丧者，<small>谓韩之战败也。</small>不惮征缮以立孺子，曰：'必报雠，吾宁事齐、楚，齐、楚又交辅之。'<small>交，夹也。○文选射雉赋李注引贾逵曰："交，共也。"</small>其君子思其君，且知其罪，曰：'必事秦，有死无他。'故不和。比其和之而来，故久。"<small>○元诰按：比，及也，读去声。</small>公曰："而无来，<small>○元诰按：而与尔、汝同。</small>吾固将归君。国谓君何？"对曰："小人曰不免，君子则否。"公曰："何故？"对曰："小人忌而不思，<small>忌，怨也。不思，不思大义。</small>愿从其君而与报秦，<small>君，谓子围。是故云。</small>故言不免。其君子则否，曰：'吾君之入也，君之惠也。能纳之，则能执之。<small>○明道本脱此四字。</small>能执之，则能释之。德莫厚焉，惠莫大焉。纳而不遂，废而不起，以德为怨，君其不然！'"秦君曰："然。"乃改馆晋君，<small>改，更也。</small>

<small>初，秦伯拘晋侯于灵台，将复之，故更舍之于客馆。</small>馈七牢焉。<small>牛羊</small><small>豕为一牢，饔饩七牢，侯伯之礼。</small>

8　惠公未至，〇元诰按：谓惠公尚未返晋时也。宋庠本脱"惠"字。蛾析谓庆郑蛾析，晋大夫。曰："君之止，子之罪也。止，获也。今君将来，子何俟？"庆郑曰："郑也闻之曰：'军败死之，将止死之。'二者不行，又重之以误人，误人，误梁由靡，令君见获也。而丧其君，有大罪三，将安适？适，之也。君若来，将待刑以快君志。君若不来，将独伐秦，独帅其属。不得君，必死之。此所以待也。所以不去，待为此也。臣得其志，志，谓出奔。而使君蕾，是犯也。蕾，惭也。犯，犯逆也。君行犯，犹失其国，而况臣乎？"公至于绛郊，闻庆郑止，使家仆徒召之，曰："郑也有罪，犹在乎？"庆郑曰："臣怨君。始入而报德，不降；不自降下而背秦。〇吴曾祺曰："谓能报德，可以不降。'降'指乞籴之类。下'降而听谏'义同。注谓'降心以听'，非是。"元诰按：依下俞说为是。降而听谏，不战；庆郑谏公，使与秦籴，若公降心而听之，可以不战。〇元诰按：依下俞说为是。战而用良，不败。良，善也。卜右，庆郑吉，不用，故乘郑小驷。不用良，故败。〇俞樾曰："此文当以'臣怨君'三字为句。'始入而报德'三句，皆庆郑所怨者也。韦解'降'字非是，降当读为哄。古降、共声同，尚书禹贡篇'北过降水'，水经注引郑注曰：'河内北共山，淇水、共水出焉，东至魏郡黎阳入河，近所谓降水也。'降当读如'郕降于齐师'之降。盖周时国于地者恶言'降'，故云'共'耳。此古人降、共同声之证。'哄'字从共得声，故可假降为之。吕氏春秋察微篇：'吴、楚以北大隆。'隆乃哄之假字，大隆即大哄也。隆字从降得声，然则降之为哄，犹隆之为哄矣〔三〇〕。孟子梁惠王篇：'邹与鲁哄。'音义引刘熙注曰：'哄，构也，构兵以斗也。'哄、构双声，盖以声相训。此文言哄又言战，则哄正谓彼此构衅也。庆郑之意，盖言始入而报德，则不至于哄；哄而能听谏〔三一〕，则不至于战；战而能用良，则不至于败也。韦不明假借之旨，故失其解耳。"**既败而诛，又失有罪，**若郑出亡，是失有罪。**不可以封。**〇各本"封"下有"国"字，韦注曰："不可以守封国。"俞樾曰："'国'字衍文也。不可以封，即不可以国。楚语曰：'其生不殖，不可以封。'韦彼注云：'封，国也。'得其义矣。此作'不可以封国'者，盖一本作'封'，一本作'国'，而传写误合之也。韦据误本作注，失之矣。下文'文公在翟'章亦曰：'耻门不闭，不可以封'，可证此'国'字之为衍文。楚语：'叔段以京患严公〔三二〕，郑几不封。'犹言几不国也。又曰：'民多阙，则有离叛之心，将何以封矣。'犹言将何以国也。并其证。"元诰按：俞说是，今删。**臣是以待即刑，**〇元诰按：即，就也。**以成君政。"君曰："刑之！"庆郑曰："下有直言，臣之行也。**行，道也。**上有直刑，君之明也。**言刑杀得正，此人君之明〔三三〕。**臣行君明，国之利也。君虽弗刑，必自杀也。"蛾析谏曰："臣闻之，**〇明道本无"谏"字、"之"字。**奔刑之臣，**奔，趣也。**不若赦之以报仇。君盍赦之，以报于秦？"梁由靡曰："不可。我能行之，秦岂不能？**能行之，谓能赦罪以报仇也。秦岂独不能乎？**且战不胜，而报之以贼，不武；出战不克，入处不安，不智；**出战不克，谓韩时也。入处不安，谓今也。欲复伐秦，故不得安。**成而反之，不信；**成，平也。与秦始平，而又反之，不信。**失刑乱政，不威。**有罪不杀为失刑，失刑则政乱，政乱则威不行。**出不能用，入不能治，败国且杀孺子，**孺子，子围也。秦复惠公而质子圉，若伐秦，必杀之。不若刑之。"君曰："斩郑，无使自杀。"家仆徒曰〔三四〕："有君不忌，有臣死刑，忌，怨也。○吴曾祺曰："家仆徒劝不杀庆郑，谓君能不宿怨，是不忌；郑不去而待死，是死刑。比刑庆郑为贤也。"其闻贤于刑之。"○元诰按：闻，读去声，令闻也。梁由靡曰："夫君政刑，是以治民。不闻命而擅进退，犯政也；言庆郑擅进退也〔三五〕。快意而丧君，犯刑也。○宋庠本无"而"字。郑也贼而乱国，不可失也！且战而自退，退而自杀，臣得其志，君失其刑，后不可用也。"不可复用战也。君令司马说刑之。司马，军司马，说其名。司马说进三军之士而数庆郑曰："夫韩之誓曰：'失次犯令，死；次，行列也。令，军令也。将止不面夷，死；将，帅也。止，获也。夷，伤也。伪言误众，死。'今郑失次犯令，而罪一也；郑擅进退，而罪二也；女误梁由靡，使失秦公，而罪三也；君亲止，女不面夷，而罪四也。○元诰按：二"女"字皆与汝同。郑也就刑！"庆郑曰："说！○元诰按：谓尚有说也，即下所云。三军之士皆在，皆在此也。有人坐待刑，而不能面夷，言我能坐待死，而不能面夷乎？怨君不用忠言，忘善背德〔三六〕。趣行事乎！"趣司马行其刑也。○宋庠曰："趣，宜读为促。曹参传'告舍人趣治行'。颜师古音曰'促'是也。"丁丑，○元诰按：丁丑，月二十九日也，为惠公六年九月二十九日，值鲁僖十五年十一月二十九日也。斩庆郑，乃入绛。○僖十五年左传林注曰："以见其忌刻终不化也。"十五年，惠公卒，○元诰按：惠公卒于十五年七月，时鲁僖二十三年九月也。怀公立。怀公，子圉也。鲁僖二十二年自秦逃归。秦乃召重耳于

国语集解

334

楚而纳之。晋人杀怀公于高梁，高梁，晋地。○吴曾祺曰："高梁，今山西临汾县东三十七里。"而授重耳，实为文公。○元诰按：实与寔通，诗小星篇："实命不同。"韩诗实作"寔"，寔者，是也。桓六年经："寔来。"公羊传："寔来者何？犹曰是人来也。"

【校记】

〔一〕既里、丕死祸　"丕"误作"克"，据各本改。

〔二〕大命其倾　"其"误作"是"，据各本改。

〔三〕心之哀兮　"心"上衍"言"字，"兮"误作"也"，据国语发正改。

〔四〕孳尾为字微　"字"误作"孳"，据黄丕烈明道本国语札记改。

〔五〕其数告于民矣　"民"误作"我"，据各本改。

〔六〕欲先导者行乎　"行乎"二字脱，据各本补。

〔七〕不先为君谋而谏，使君杀里克者，冀芮也　此十六字为韦解，在正文"冀芮也"之下，而错在上文韦解"冀芮也"之下，据公序本改正。

〔八〕君之过也　"之过"二字脱，据公序本补。

〔九〕受君之罚　"罚"误作"祸"，据各本改。

〔一〇〕言祸将至也　"言"误作"将"，据公序本改。

〔一一〕皆里、丕之党也　"丕"误作"克"，据各本改。

〔一二〕丕郑之自秦反也　"反"字脱，据各本补。

〔一三〕行，去也　"也"字脱，据各本补。

〔一四〕将待也　此从明道本，公序本"也"作"及"，国语考异两存之。

〔一五〕指丕郑　此句下有"宋庠本'待'作'及',非"七字,按公序本无此文,故从删。

〔一六〕寡人其君是恶　"人"误作"君",据各本改。

〔一七〕君有施于晋君,晋君无施于其众　二"晋君"之"君"字皆脱,据各本补。

〔一八〕不若予之,以说其众　"之"下衍"粢"字,据经义述闻删。

〔一九〕谓里、丕也　"丕"误作"克",据各本改。

〔二〇〕避,避难也　下"避"字误作"逃",据各本改。

〔二一〕秦之王城,乃僖十五年阴饴生会秦伯处　"僖"误作"昭",据左传改。

〔二二〕杀晋君　"晋"误作"秦",据各本改。

〔二三〕穆姬使太子罃、弘与女闺、璧登台履薪之事　"穆"误作"穰",据国语韦解补正改。

〔二四〕耻大国之士于中原　"大国"误作"国家",据各本改。

〔二五〕本书"嫡"皆作"適"　"书"字空格,依文义补。

〔二六〕内传:"惠公以九月获,十一月归。"　"传"下衍"云"字,"十一月"误作"十二月",据各本删改。

〔二七〕僖十五年左传　"五"误作"四",据左传改。

〔二八〕僖十五年左传　"五"误作"四",据左传改。

〔二九〕何所施为可以还君　"何"前衍"谓"字,"所"、"为"二字脱,据各本删补。

〔三〇〕然则降之为哄,犹隆之为哄矣　"隆"误作"降",据群经平议改。

〔三一〕哄而能听谏　"听"字脱,据群经平议补。

〔三二〕叔段以京患严公　"患"误作"犯"，据群经平议改。

〔三三〕此人君之明　"此"误作"则"，据各本改。

〔三四〕家仆徒曰　"徒"字脱，据各本补。

〔三五〕言庆郑擅进退也　"进"字脱，据公序本补。"也"字从明道本，公序本无。

〔三六〕怨君不用忠言，忘善背德　"言"字脱，据公序本补。

国语集解

晋语四第十

1　文公在狄十二年，<u>文公</u>，<u>晋献公</u>庶子<u>重耳</u>，避<u>骊姬</u>之难，<u>鲁僖</u>五年，岁在<u>大火</u>，自<u>蒲</u>奔<u>狄</u>，至十六年，岁在<u>寿星</u>，故在<u>狄</u>十二年。<u>狐偃</u>曰："日，吾来此也，<u>狐偃</u>，<u>文公</u>舅<u>子犯</u>也。日，往日。非以<u>狄</u>为荣，可以成事也。荣，乐也。成事，成反国之事。○<u>钱大昕</u>曰："荣与怀双声，言非怀安于<u>狄</u>也。"吾曰'奔而易达，达，至也。○<u>元诰</u>按："吾曰"，乃<u>狐偃</u>自述往日有此言。困而有资，资，财也。休以择利，可以戾也'。休，息也。戾，定也。今戾久矣，戾久将底，底，止也。○<u>汪远孙</u>曰："底，当作'厎'，职雉切。下同。<u>尔雅</u>：'厎，止也。'"底著滞淫，著，附也。滞，废也。淫，久也。谁能兴之？兴，起也。盍速行乎！吾不适<u>齐</u>、<u>楚</u>，避其远也。蓄力一纪，可以远矣。蓄，养也。十二年岁星一周为一纪〔一〕。○<u>元诰</u>按：可以远，谓可以远行。

339

齐侯长矣，而欲亲晋。齐侯，桓公。长，老也。是岁，桓公为淮之会，明年而卒。**管仲殁矣，多谗在侧。**殁，终也。谗，谓易牙、竖貂之属。**谋而无正，衷而思始。**无正，无正从也。衷，中也。中道思其初时。○吴曾祺曰："无正，无可就正也。衷，中心也，即'天诱其衷'之衷。"**夫必追择前言，求善以终，**前言，管仲忠善之言。**厌迩逐远，远人入服，不为邮矣。**迩，近也。逐，求也。邮，过也。○吴曾祺曰："邮与尤通，故训'过'，谓此时入服，不为过举。"元诰按：明道本厌作"餍"。汪远孙谓："厌有安义，作'餍'者非也。"**会其季年，可也，**季，末也。劝使文公适齐，会桓公季末之年可也。**兹可以亲。"**兹，此也。**皆以为然，乃行。过五鹿，乞食于野人。**五鹿，卫邑。不见礼，故乞食。○僖二十三年左传杜注曰："今卫县西北有地名五鹿，阳平元城县东亦有五鹿。"元诰按：内传、史记过五鹿在过卫之前，过卫又在过齐之前，疑是也。**野人举块以与之，**块，墣也。○元诰按：块，说文本作"凷"。**公子怒，将鞭之。子犯曰："天赐也！**○僖二十三年左传杜注曰："得土，有国之祥，故以为天赐。"**民以土服，又何求焉。**言民奉土以服公子。**天事必象，**必先有象。**十有二年，必获此土。**复十二年，必得五鹿。○元诰按：有与又古通用，书尧典："三百有六旬有六日。"孔疏曰："又为六日。"**二三子志之，**志，识也。**岁在寿星及鹑尾，其有此土乎！**岁，岁星。自轸十二度至氐四度为寿星之次，自张十八度（元诰按：原作"十七度"，今依项名达说改。）至轸十一度为鹑尾之次。岁在寿星，谓得块之岁。鲁僖十六年后十二年，（元诰按：宋庠本作"十一年"。）岁在鹑尾，必有此五鹿地〔二〕。鲁僖二十七年岁在鹑尾。二十八年，岁复在寿星，晋文公伐卫，正月六日戊申取五鹿。周正月，夏十一月也，正天时以夏数，故岁在鹑尾也。○项名达曰："解中宿次，悉本三统。三统以节气分十二次。冬至，日在牛初，命为星纪中，此承周末之旧也。其实汉时冬至日已在斗，以有岁差故。岁既有差，则十二次当系于天周，不当系于岁周。是三统宿次未可尽据。今因鲁僖时距周末为近，姑从三统。岁星行度，古迟今疾，授时合率大，但可推〔三〕。今大衍有前后两率，而前率仍微大。上考春秋，恒后天半次。惟三统之率较与古合，因本三统，推得鲁僖十五年秋分后三日岁星入寿星之次，至十六年寒露日出寿星之次，适与日合于次末氐五度。二十六年处暑后七日入鹑尾之次，至二十七年白露前三日出鹑尾，入寿星之次，亦与日合于次末轸十二度。二十八年白露后十日出寿星之次。盖星之易次，原不适当冬至，古以岁星纪岁，但取大略耳。又依授时，推得僖二十八年正月己亥朔〔四〕，戊申当在初十日。"元诰按：尔雅释天："寿星，角、亢也。"天以命矣，命，告也。谓野人奉块。复于寿星，必获诸侯。岁星复在寿星，谓鲁僖二十八年。是岁四月，文公败楚师于城濮，合诸侯于践土。五月，献俘于王，王策命之以为侯伯，故得诸侯。天之道也，天之大数不过十二。由是始之。由，从也。从得块始。有此，其以戊申乎！有此五鹿，当以戊申日也。所以申土也。"日以戊申。戊，土也。申，申广土地也。再拜稽首，受而载之。拜天赐，受块而载之。遂适齐。齐侯妻之，甚善焉。桓公以女妻之，遇之甚善。○僖二十三年左传林注曰："以宗女姜氏妻重耳。"旧音曰："妻，七戾反。"有马二十乘，四匹为乘，八十四也。将死于齐而已矣，曰："民生安乐，谁知其他？"○僖二十三年左传林注曰："以齐为可安，不复有四方之志。"桓公卒，在齐一年而桓公卒。孝公即位，<small>孝公，桓公子昭，即位在鲁僖十八年。</small>诸侯叛齐。子犯知齐之不可以动，<small>动，谓求反国。</small>而知文公之安齐而有终焉之志也，欲行而患之，<small>患文公不肯去。</small>与从者谋于桑下。<small>从者，赵衰之属。○僖二十三年左传："从者狐偃、赵衰、颠颉、魏武子、司空季子。"</small>蚕妾在焉，<small>在桑上也。○僖二十三年左传林注曰："姜氏育蚕之妾，适采桑其上而闻其谋。"</small>莫知其在也。妾告姜氏，姜氏杀之，<small>杀之以灭口。时诸侯叛齐，婿又欲去，恐孝公怒。</small>而言于公子曰："从者将以子行，其闻之者，吾以除之矣。<small>○元诰按：以与已通。</small>子必从之，不可以贰，<small>贰，疑也。</small>贰无成命。<small>疑则不成天命〔五〕。</small>诗云：'上帝临女，无贰尔心。'<small>诗大雅大明之七章。上帝，天也。女，武王也。言天临护女，伐纣必克，无有疑心。</small>先王其知之矣，贰将可乎？<small>言武王知天命不可以疑，故卒有天下。</small>子去晋难而极于此，<small>极，至也。</small>自子之行，晋无宁岁，民无成君，<small>成，定也。谓奚齐、卓子杀死，惠公无亲，外内恶之。</small>天未丧晋，无异公子，<small>同生九人，唯重耳在。</small>有晋国者，非子而谁？子其勉之！上帝临子，贰必有咎。"<small>天予不取，故必有咎。</small>公子曰："吾不动矣，必死于此。"姜曰："不然。周诗曰：'莘莘征夫，每怀靡及。'<small>诗小雅皇皇者华之首章。莘莘，众多。征，行也。怀私为每怀，言臣奉命，当念在公，每辄怀私，将无所及。○元诰按：韦释"每怀"句未合，辨见下〔六〕。</small>夙夜征行，不遑启处，犹惧无及，<small>夙，早也。行，道也。遑，暇也。启，跪也。处，居也。○吴曾祺曰："古礼跪坐相似，谓不暇安坐也。"</small>况其顺身纵欲怀安，将何及矣！人不求及，其能及乎？<small>求及，求及时。</small>日月不处，人谁获安？西方之书有之曰：'怀与安，实疚大事。'西方，谓周。诗云："谁将西归。"又曰："西方之人。"皆谓周也。安，自安。疚，病也。〇僖二十三年左传林注曰："怀人之宠与安己之居，实足以败功名。"郑诗云：'仲可怀也，人之多言，亦可畏也。'诗郑风将仲子之卒章。仲，祭仲也。怀，思也。言虽欲从思仲，犹能畏人自止，见可怀，思可畏也〔七〕。昔管敬仲有言，小妾闻之，敬仲，夷吾谥〔八〕。曰：'畏威如疾，民之上也。畏威如畏疾病，此民之上行。从怀如流，民之下也。从心所思，如水流行，此民之下行。见怀思威，民之中也。威，畏也。见可怀则思可畏，此民之中行。畏威如疾，乃能威民。言能畏上，乃能威下。威民在上，弗畏有刑。能威民，故在人上。不畏威，则有刑罪〔九〕。从怀如流，去威远矣，故谓之下。去威远，言不能威民〔一〇〕。其在辟也，吾从中也。辟，罪也。弗畏有刑，故云罪。高不在上，下欲避罪，故从中也。〇吴曾祺曰："以见怀思威为立〔一一〕，故云中也。"元诰按：辟，疑当与譬同。说文："譬，谕也。"墨子小取篇："辟也者，举物而以明之也。"毕注："辟同譬。"此文"其在辟也"，谓举管敬仲之言以譬谕之也。管敬仲之言别上、中、下三事，故云"吾从中也"。韦注似未合。郑诗之言，吾其从之。'从其畏人之多言。此大夫管仲之所以纪纲齐国，裨辅先君，而成霸者也。子而弃之，不亦难乎？裨，补也。齐国之政败矣，晋之无道久矣，从者之谋忠矣，时日及矣，公子几矣。几，近也。言重耳得国年时日月近也。君国可以济百姓，而释之者，非人也。济，成也。释，置也。败不可处，败，谓齐也。时不可失，忠不可弃，怀不可从，子必速行！吾闻晋之始封也，始封，谓唐叔虞。岁在大火，阏伯之星也，实纪商人。商，殷也。自氐五度至尾九度为大火之次。阏伯，陶唐氏之火正，居于商丘，祀大火，死以配食，相土因之，故商主大火，实纪商之吉凶。商之飨国三十一王，自汤至纣。○汪远孙曰："史记殷本纪自汤至纣唯三十世，竹书纪年同。盖所据异也。皇甫谧曰〔一二〕：'商之飨国三十一王，自见居位者实三十王。而言三十一者，盖兼太子丁也。'"元诰按：殷世继嗣共六百二十九岁。瞽史之纪曰：'唐叔之世，将如商数。'瞽史，知天道者。今未半也。自唐叔至惠公十四世，故曰未半。乱不长世，不长世，乱当有平时〔一三〕。公子唯子，○元诰按：谓晋群公子惟重耳在也。子必有晋。若何怀安？"公子弗听。姜与子犯谋，醉而载之以行。醒，以戈逐子犯，曰："若无所济，吾食舅氏之肉，其知餍乎！"舅犯走，且对曰："若无所济，余未知死所，谁能与豺狼争食？战死原野，公子将走不暇，岂能复与豺狼争食我乎？若克有成，公子无亦晋之柔嘉，是以甘食。无亦，不亦也。柔，脆也。嘉，美也。○元诰按：无亦，亦也，"无"为发语词。韦注失之。偃之肉腥臊〔一四〕，将焉用之？"遂行。过卫，卫文公有邢、狄之虞，不能礼焉。卫文公，宣公之孙，昭伯顽之子毁也。虞，备。是岁鲁僖十八年。冬，邢人、狄人伐卫，围菟圃，文公师于訾娄以退之，故不能礼焉〔一五〕。○王念孙曰："虞者，忧也。韦注失之。"汪远孙曰："晋文公从齐过卫，过曹，过郑，过楚，史记十二诸侯年表皆书于鲁僖二十三年。鲁僖二十三年值卫文公二十三年。邢、狄与卫自菟圃之役后互相构难。十九年，卫人伐邢以报菟圃之役。二十年，齐人、狄人盟于邢，传云：'为邢谋卫难也，于是卫方病邢。'二十一年，狄侵卫，杜注云：'为邢故。'

国语集解

344

虞者,忧也,忧其来伐,不必是围菟圃之岁。(元诰按:邢、狄围卫之菟圃
在鲁僖十八年。)文公自去齐后,卫、曹、郑既不见礼,宋襄公止乘马之
赠,未尝假馆,居楚亦仅数月。(见史记晋世家。)自齐至秦,虽经历多
国,道途原非辽远,入秦在二十三,则过卫在二十三年明矣。若谓僖十八
年过卫,自十八年至二十三年,此六年淹留何国乎?又卫世家,晋公子过
卫在文公十六年,此据内传。五鹿野人与块与文公不礼是一时事,外传
以过五鹿在适齐前,过卫在去齐后,此两传之不可强同者。"元诰按:史
记宋世家,重耳过宋在襄公十三年,值鲁僖二十二年也。过卫在过宋前,
则亦当在鲁僖二十二年。与韦注固相距太远,与年表亦差一年矣。甯

庄子言于公曰:庄子,卫正卿,穆仲静之子甯速[一六]。"夫礼,国
之纪也;亲,民之结也;君亲其亲,所以结人心,使相亲。善,德
之建也。建,立也。言能善善,所以立德。国无纪不可以终,民
无结不可以固,德无建不可以立,此三者,君之所慎也。
今君弃之,无乃不可乎!晋公子善人也,而卫亲也,君不
礼焉,弃三德矣。晋祖唐叔,武王之子。卫祖康叔,文王之子。故
曰亲。三德,谓礼宾、亲亲、善善。臣故云君其图之。康叔,文之
昭也。唐叔,武之穆也。自祖以下,一昭一穆。故康叔为文昭,唐
叔为武穆。周之大功在武,谓始伐纣定天下。天祚将在武族。族,
嗣也。苟姬未绝周室,而俾守天聚者[一七],必武族也。聚,
财众也。○元诰按:姬,姬姓也。武族惟晋实昌,晋胤公子实德。
晋仍无道,仍,重也。○元诰按:仍,频也。天祚有德,晋之守祀,
必公子也。若复而修其德[一八],镇抚其民,必获诸侯,以
讨无礼。君弗早图,卫而在讨。小人是惧,敢不尽心!"公

弗听。自<u>卫</u>过<u>曹</u>，〇<u>元诰</u>按：<u>内传</u>、<u>史记</u>俱作自<u>卫</u>过<u>五鹿</u>，至<u>齐</u>，自<u>齐</u>过<u>曹</u>。<u>曹</u>当今<u>山东</u><u>菏泽县</u>治。<u>曹共公</u>亦不礼焉，<u>共公</u>，<u>曹昭公</u>之子<u>曹伯襄</u>。闻其骈胁，欲观其状，骈，并干。〇<u>元诰</u>按：<u>僖</u>二十三年<u>左传</u>骈作"骈"，状作"裸"。<u>林</u>注曰："骈，合也。胁，肋也。盖腋下肋骨合比若裸。裸，赤体也。非赤体不可见，故欲观其裸。"旧音曰："骈，步田反，与骈古字通。"止其舍，谍其将浴，设微薄而观之。谍，候也。微，蔽也。薄，迫也。〇<u>左传释文</u>引<u>国语</u>注曰："薄，帘也。"<u>惠栋</u>曰："微薄，若今之帘。<u>韦</u>注似误。<u>贾谊</u>云：'帷薄不修。'"<u>僖负羁</u>之妻言于<u>负羁</u><u>负羁</u>，<u>曹</u>大夫。曰："吾观<u>晋</u>公子，贤人也，其从者皆国相也，以相，夫必得<u>晋国</u>。〇各本作"以相一人，必得<u>晋国</u>"。<u>俞樾</u>曰："<u>僖</u>二十三年<u>左传</u>曰：'吾观<u>晋</u>公子之从者，皆足以相国，若以相，夫子必反其国。'疑此文'一人'二字乃'夫'字之误。'以相'绝句，即<u>左传</u>所谓'若以相'也。'夫必得<u>晋国</u>'绝句，即<u>左传</u>所谓'必反其国'也。夫者，指目其人之辞。<u>桓</u>十三年<u>左传</u>：'夫固谓君'，'夫岂不知'。<u>服虔</u>云：'夫，谓<u>斗伯比</u>也。'<u>襄</u>二十六年传〔一九〕：'夫不恶女乎。'<u>服</u>、<u>杜</u>并云：'夫，谓太子也。'又曰：'夫独无族姻乎。'<u>杜</u>云：'夫，谓<u>晋</u>也。'三十一年传：'夫亦愈知治矣。'<u>杜</u>云：'夫，谓<u>尹何</u>。'并见<u>襄</u>二十三年<u>左传正义</u>。<u>汉书贾谊传</u>注曰：'夫，夫人也，亦犹彼人耳。'是其义也。古书多有一字而误为二字者。"<u>元诰</u>按：<u>俞</u>说得之，今据以订正。得<u>晋国</u>而讨无礼，<u>曹</u>其首诛也。子盍早自贰焉。"贰，犹别也。〇<u>僖</u>二十三年<u>左传</u><u>林</u>注曰："自贰，自别异于<u>曹</u>。"<u>僖负羁</u>馈飧寘璧焉，熟食曰飧。寘，置也，置璧于飧下。〇<u>元诰</u>按：夕食曰飧。公子受飧反璧。〇<u>僖</u>二十三年<u>左传</u><u>林</u>注："受飧以领其意，反璧以示不贪。"

负羁言于曹伯曰："夫晋公子在此，君之匹也，○元诰按：晋
语二"镇抚国家，为王妃兮"，韦注曰："言重耳当伯诸侯，为王妃偶。"
此文"君之匹"亦即此意。君不亦礼焉？"○吴曾祺曰："不亦，亦也。
犹不显，显也；不宁，宁也。经、传中多有此句法。"元诰按：明道本无
"君"字。曹伯曰："诸侯之亡公子其多矣，谁不过此？亡
者皆无礼者也，余焉能尽礼焉！"对曰："臣闻之：爱亲明
贤，政之干也。○礼记礼运郑注曰："明，犹尊也。"礼宾矜穷，
礼之宗也。宗，本也。礼以纪政，国之常也。纪，理也。失常
不立，君所知也。失常，则政不立。国君无亲，以国为亲。僚
以官相亲，君以国相亲。先君叔振，出自文王，文王子。○汪远孙曰：
"叔振，谓曹叔振铎也。逸周书克殷解：'叔振奏，拜假。'古人二名，可
但称其一，如内传菖展、晋重，亦其类。"晋祖唐叔，出自武王，武
王子。文、武之功，实建诸姬。故二王之嗣，世不废亲。今
君弃之，是不爱亲也。○明道本无"是"字。晋公子生十七年
而亡，亡，奔也。卿材三人从之，可谓贤矣，三人，狐偃、赵衰、
贾佗。而君蔑之，是不明贤也。谓晋公子之亡，不可不怜也；
比之宾客，不可不礼也。失此二者，是不礼宾，不怜穷也。
守天之聚，将施于宜，宜而不施，聚必有阙。宜，义也。阙，
缺也。玉帛酒食，犹粪土也，爱粪土以毁三常，三常，政之干，
礼之宗，国之常。○明道本三误作"五"。失位而阙聚，是之不难，
无乃不可乎？君其图之。"公弗听。公子过宋，自曹适宋。
与司马公孙固相善。固，宋庄公之孙，大司马固也。相善，相悦好。
公孙固言于襄公曰："晋公子亡，长幼矣，襄公，宋桓公子兹

父也。长幼，从幼至长也〔二〇〕。○元诰按：谓公子出亡，自幼至长也。重耳生十七年出亡，故曰幼。**而好善不厌，父事狐偃，师事赵衰，而长事贾佗。**长，兄事之。**狐偃，其舅也，而惠以有谋。赵衰，其先君之戎御赵夙之弟也，而文以忠贞。**赵衰，晋卿公明之少子成子衰也。先君，献公。戎御，御戎车也〔二一〕。传曰："赵夙御戎。"**贾佗，公族也，而多识以恭敬。**贾佗，狐偃之子狐射姑、大师贾季也。公族，姬姓也。食邑于贾，字季。○全祖望曰："韦氏误也。晋故有贾氏，七舆大夫之中，右行贾华是也。盖故是晋之公族，贾佗在从亡诸臣之列。公孙固曰，晋公子父事狐偃〔二二〕，师事赵衰，长事贾佗。则与舅犯等夷，非父子矣。狐氏虽亦姬姓，然戎种，非公族也。襄公之世，赵盾将中军，贾季佐之，而阳处父为大傅，贾佗为大师，二贾同列。计其时佗为老臣，而季新出，安得合而为一也？"**此三人者，实左右之。公子居则下之，动则咨焉，成幼而不倦，**成幼，自幼至成人。**殆有礼矣。树于有礼，必有艾。**树，种也。艾，报也。○元诰按：补音："艾，鱼废反。"是艾即乂，乂又即"刈"字。刈，获也。故韦训"报"。**商颂曰：'汤降不迟，圣敬日跻。'**长发之三章。降，下也。跻，升也。言汤之尊贤下士甚疾，故其圣敬之道日升闻于天也。**降，有礼之谓也。**降己于有礼也。**君其图之。"襄公从之〔二三〕，赠以马二十乘。**○元诰按：四马曰乘，八十四也。又史记晋世家谓宋以国礼礼于重耳，则似已设馆，不仅赠马也。**公子过郑，郑文公亦不礼焉。**文公，郑厉公之子捷。**叔詹谏曰："臣闻之：**叔詹，郑大夫。**亲有天，**有天所启。**用前训，**前训，先君之教。**礼兄弟，资穷困，**资，裹也。（元诰按：裹即"廩"字。）**天所福也。今晋公子有三**

祚焉〔二四〕，天将启之。启，开也。同姓不婚，恶不殖也。殖，蕃。狐氏出自唐叔，狐氏，重耳外家也，出自唐叔，与晋同祖〔二五〕。唐叔之后别在犬戎者。狐姬，伯行之子也，实生重耳。伯行，狐突字。成而儁才，离违而得所，言成人而有儁才。违，去也。离祸去国，举动得所。久约而无衅，一也。衅，瑕也。同出九人，唯重耳在，同出，同父。离外之患，而晋国不靖，二也。靖，治也。晋侯日载其怨，外内弃之；载，成也。重耳日载其德，狐、赵谋之，三也。在周颂曰：‘天作高山，大王荒之。’天作之首章。作，生也。高山，岐山。荒，大也。言天生此高山，使兴云雨，大王则秩祀而尊大之〔二六〕。荒，大之也，大天所作，可谓亲有天矣。晋、郑兄弟也，吾先君武公，与晋文侯勠力一心，股肱周室，夹辅平王，武公，郑桓公子滑突。文侯，晋穆侯之子仇。勠，并也。一，同也。平王劳而德之，而赐之盟质，曰：‘世相起也。’质，信也。起，扶持也。若亲有天，获三祚者，可谓大天。三祚，谓成而儁才，晋国不靖，狐、赵谋之。若用前训，文侯之功，武公之业，可谓前训。业，事也。前训，二国同心之训。若礼兄弟，晋、郑之亲，王之遗命，可谓兄弟。晋、郑同姓，王之遗命又使相起，故曰可谓兄弟。若资穷困，亡在长幼，还轸诸侯，可谓穷困。轸，车后横木。还轸，犹回车周历诸国，遭离厄困。弃此四者，以徼天祸，无乃不可乎？徼，要也。四者，有天、前训、兄弟、穷困。君其图之。”弗听。叔詹曰：“若不礼焉，则请杀之。谚曰：‘黍稷无成，不能为荣。稷，粱也。无成，谓死。荣，秀也。黍不为黍，不能蕃庑。为，成也。蕃，滋也。庑，丰也。稷不为稷，不能蕃殖。

殖，长也。**所生不疑，唯德之基。**'"所生，谓种黍得黍，种稷得稷，
惟在所树。言祸福亦犹是也，若不礼重耳，则当除之，不尔，则宜厚之。
如此不疑，是为德基。**公弗听。遂如楚，楚成王以君礼享之，
九献，庭实旅百。**成王，楚武王之孙，文王之子熊頵也。九献，上公
之享礼也。庭实，庭中之陈也。百，举成数也。君礼，上公出入五积，飨
饩九牢，米百有二十筥，醯醢百有二十罋，禾三十车〔二七〕，刍薪倍禾。
○各本君作"周"，注同。俞樾曰："'周'字当作'君'，古文相似而误也。
以君礼享之，谓以国君之礼享之。下文'非敌而君设之'，君设，谓设君
礼也。"元诰按：俞说是，今据以订正。**公子欲辞，**不敢当礼。**子犯
曰："天命也，君其飨之。**天命，天使之飨食也。**亡人而国荐之，**
荐，进也。以国君之礼荐进。**非敌而君设之，**非礼敌，而设之如人君也。
**非天，谁启之心！"既飨，楚子问于公子曰："子若克复晋
国，何以报我？"公子再拜稽首对曰："子女玉帛，则君有
之。**子女，美女也。有之，楚自多也。**羽旄齿革，则君地生焉。**羽，
鸟羽，翡翠、孔雀之属。旄，旄牛尾〔二八〕。齿，象牙。革，犀兕皮。皆生
于楚。**其波及晋国者，君之余也，又何以报？"**波，流也。○元
诰按：波及晋国，谓余波沾溉，以及晋国也。**王曰："虽然，不谷愿
闻之。"**曲礼云："四夷之大国，于境内自称不谷。"○崔述曰："春秋
时诸侯皆自称寡人，天子降名，始称不谷，诸侯未有敢称不谷者也。惟楚
僭王号，不敢称余一人，乃自称不谷。左传召陵之役，齐侯称不谷，此必
楚人所记也。"**对曰："若以君之灵，**灵，神也。**得复晋国，晋、
楚治兵，会于中原，其避君三舍。**治兵，谓征伐。古者师行三十
里而舍，三舍为九十里〔二九〕。司马法曰："进退不过三舍，礼也。"**若**

不获命，不获楚还师之命。**其左执鞭弭，右属櫜鞬，以与君周旋。**"鞭，所以击马。传曰："虽鞭之长，不及马腹。"尔雅曰："弓无缘者谓之弭。"櫜，矢房。鞬，弓弢也。言以礼避君，君不还，乃敢左执弓，右属手于房，以取矢与君周旋，相驰逐也。〇僖二十三年杜注曰："弭，弓末无缘者。櫜以受箭，鞬以受弓。属，著也。"又正义引孔晁曰："马鞭及弓分在两手，欲辟右带櫜鞬之文，故曰左执。"**令尹子玉曰："请杀晋公子。**子玉，楚若敖之曾孙、令尹成得臣也。**弗杀而反晋国，必惧楚师。"**〇方言："惧，病也。"**王曰："不可。楚师之惧，我不修也。**我德不修。**我之不德，杀之何为？天之祚楚，谁能惧之？楚不可祚，冀州之土，其无令君乎？"**晋在冀州。**且晋公子敏而文，**敏，达也。文，有文辞。〇各本"而"下有"有"字。王引之曰："本作'敏而文'，'有'字因注而衍。晋语但言'文'，故注云：'文，有文辞。'第七篇'公以赵文子为文也'，注曰：'文，有文德。'是其例也。僖二十三年左传作：'晋公子文而有礼。''文'上亦无'有'字〔三〇〕。襄三十一年传：'子大叔美秀而文。'中庸曰：'简而文。'文义并与此同。"元诰按：王说是，今据删。**约而不诌，**在约困之中，而辞不诌屈也。〇王念孙曰："约，如'以约失之者鲜矣'之约，言虽自敛约，而不诌屈于人也。大戴礼官人篇曰：'其色俭而不诌。'俭亦约也。僖二十三年左传曰：'晋公子广而俭，文而有礼。'略与此同，皆就晋公子之行事而言。若以约为在困约之中〔三一〕，斯为不类矣。"**三材傅之，**〇明道本傅作"侍"。**天祚之矣。**三材，卿材三人。**天之所兴，谁能废之？"**〇宋庠本废作"御"。**子玉曰："然则请止狐偃。"**止，谓留为质也。**王曰："不可。曹诗曰：'彼已之子，不遂其媾。'**

邮之也。曹风候人之三章。媾，厚也。遂，终也。邮，过也。夫邮而效之，邮又甚焉。效邮，非礼也。"○宋庠本礼作"义"。于是怀公自秦逃归。怀公，子圉。为质于秦，鲁僖二十二年逃归〔三二〕。秦伯召公子于楚，秦伯，穆公。楚子厚币以送公子于秦。秦伯归女五人，怀嬴与焉。归，嫁也。怀嬴，故子圉妻，子圉逃归，立为怀公，故曰怀嬴。与焉，与为媵也。公子使奉匜沃盥，既而挥之。婚礼，适入于室，媵御奉匜，盥。挥，洒也。○说文："匜，似羹魁，柄中有道，可注水。"元诰按：既者，已也。谓重耳盥已，怀嬴挥匜水，以湔洒重耳也。嬴怒曰："秦、晋匹也，何以卑我？"匹，敌也。卑，贱也。公子惧，降服囚命。惧嬴之诉。降服，彻上服。囚命，自囚以听命。秦伯见公子曰："寡人之适，此为才。适，适妃子。子圉之辱，备嫔嫱焉，辱，质于秦时。嫔嫱，妇官。欲以成婚，而惧离其恶名。非此，则无故。言欲以成婚，惧以为子圉妻，恐离其恶名，非有此，则无他故。○元诰按：离，读去声。不敢以礼致之，欢之故也。不敢以婚姻正礼致之，而令与于五人，欢爱此女之故。公子有辱，寡人之罪也。辱，谓降服。言寡人不备礼，故令公子卑之，此自寡人之罪。○宋庠本脱"也"字。唯命是听。"进退此女，听公子命。公子欲辞，嫌于骨肉相娶，己欲辞让，不敢当也。司空季子曰："同姓为兄弟。季子，晋大夫胥臣臼季，后为司空。贾侍中云："兄弟，婚姻之称也。"昭谓：同父而生，德姓同者，乃为兄弟。以言惠公、重耳其德不同，则子圉道路之人，可以妻其妻。黄帝之子二十五人，○元诰按：黄帝之子惟九人，可考曰昌意，曰玄嚣，曰龙苗，元妃儽祖所生；曰休，曰清，次妃方雷所生；曰挥，曰夷彭，第三妃肜鱼氏所生；曰苍林，曰禺阳，第四妃嬹母所生。俱见路史疏仡纪。**其同姓者二人而已，唯青阳与夷彭皆为纪姓。**此二人相与同德，故俱为纪姓。青阳，金天氏帝少皞〔三三〕。〇元诰按：路史疏仡纪："黄帝次妃方儡氏曰节，生休及清，封清为纪姓，是生小昊。"（即少皞。）又曰："小昊青阳氏，名质，是为挚。其父曰清。"注云："青阳，少昊之父也。故帝德考云：'青阳之子曰挚。'曹植赞少昊云：'青阳之裔。'则少昊为青阳之子信矣〔三四〕。盖少昊亦号青阳，帝王年代纪以少昊为帝青阳，故世误以为一人。"据此，青阳为少皞之父，非即少皞也。又各本夷彭讹作"夷鼓"，纪姓脱作"己姓"，今并依路史订正。**青阳，方雷氏之甥也。夷彭，肜鱼氏之甥也。**方雷，西陵氏之姓。肜鱼，国名。帝系曰："黄帝娶于嫘祖，实生青阳。"姊妹之子曰甥。声，雷、嫘同也。〇元诰按：路史云："黄帝元妃西陵氏曰嫘祖，次妃方累氏曰节。"又曰："小昊，方累氏之生也〔三五〕。"大戴礼亦云，嫘祖生昌意，方雷生青阳。是青阳为方雷氏所生，非嫘祖生也。方雷又为次妃节之氏，非嫘祖氏也。帝系似未合。甥，当通为生，韦训"姊妹之子曰甥"亦非。雷亦作"儡"，傫、嫘、嫘、累，同音嬴。肜，各本作"彤"，今依人表。**其同生而异姓者，四母之子，别为十二姓。**〇元诰按：四母，即西陵氏、方雷氏、肜鱼氏及嬹母。**凡黄帝之子二十五宗，**唐尚书云："继别为小宗。"非也。继别为大宗，别子之庶孙乃为小宗耳。**其得姓者十四人，为十二姓，**得姓，以德居官而赐之姓也〔三六〕，谓十四人而内二人为姬，二人为纪，故十二姓。〇路史疏仡纪："黄帝子二十五，别姓者十二：祈、酉、滕、箴、任、荀、厘、结、儇、衣（元诰按：荀，国语误作"葡"。衣，原作"依"。据王说改，详下。）及二纪也，余循姬姓。"注云："黄帝之子二十五人，其十二人为十一姓，余十三人皆姬姓也。"惠栋曰："虞翻说以凡有二十五人，其二人同姓姬，又十一人为十一姓，酉、祁、纪、（元诰按：原作"己"。）滕、箴、任、苟、厘、结、儇、（元诰按：原作"嬛"。）衣是也。余十二姓，德薄不纪录。"俞樾曰："其得姓者十四人〔三七〕为十二姓，'四'乃'三'字之误。司马贞史记索隐引此文，谓'旧解破四为三'是也。"元诰按：依路史，则此文当作"其得姓者十二人，为十一姓"。而依惠说，则十四人当改十三人，盖与俞同主旧解者。然所云"二人同姓姬"，据路史，姓姬固不止二人。又列十一人为十一姓，中有纪，不知上文明言青阳与夷彭皆为纪姓，则不得云十一人为十一姓，止可云十一人为十姓矣。路史云"别姓者十二"，谓二十五人中，别于姬姓者十二人，非谓别为十二姓也。疑当依路史改此十四人为十二人，十二姓为十一姓。**姬、酉、祁、纪、滕、箴、任、苟、僖、姞、儇、衣是也**〔三八〕。○各本苟作"荀"，衣作"依"。王引之曰："路史苟作'苟'是也。元和姓纂：'苟，国语黄帝之后。汉有苟实、苟参。荀，周文王第十七子郇侯之后，以国为氏〔三九〕，后去邑为荀。'广韵：'苟姓出河内、河南、西河三望。国语云，本自黄帝之子。荀，今出颍川。'是荀姓为文王之后，苟姓为黄帝之后。且元和姓纂及广韵引国语并不作'荀'也〔四〇〕。依，当作'衣'，今本作'依'者，因上文'儇'字而误加人旁耳。潜夫论正作'衣'。广韵'衣'字云：'姓，出姓苑。'而'依'字不以为姓。则国语之本作'衣'益明矣。"元诰按：王说是，今据改正。又按"姬"字不当有，因"姬"为黄帝本姓，非黄帝子之得姓也。**唯青阳与苍林氏同于黄帝，故皆为姬姓。**二十五宗唯青阳与苍林德及黄帝，同姓为姬也〔四一〕。○路史疏仡纪注云："姬姓乃玄嚣，非青阳。黄帝子二十五人〔四二〕，其十二人为十一姓，余皆姬姓。今乃云

国语集解

354

唯二人同于黄帝者为姬姓，其得信耶〔四三〕？且昌意、玄嚣、苍林、挥皆姬姓者，岂惟二人哉？"黄丕烈曰："五帝本纪索隐云：'唯姬姓再称青阳与苍林，盖国语文误。其姬姓青阳当为玄嚣，是帝喾祖本与黄帝同姬姓。'"俞樾曰："上文'唯青阳与夷彭（元诰按：原作"鼓"。）皆为纪姓'，（元诰按：原作"己"。）黄帝之子不应有两青阳，疑此文当云：'唯苍林氏同于黄帝，故皆为姬姓〔四四〕，'盖黄帝姬姓，苍林亦姬姓，故云'皆'焉。因其增出青阳，于是上文十二姓中，纪姓者二，姬姓者二，而十三人误为十四人矣。不知上文明言'其同姓者二人而已'，若纪姓者二，姬姓者二，则当云同姓者四人，于事方合，安得云二人乎？"元诰按：青阳为玄嚣之误无疑。然依路史，姓姬者十三人，则不止玄嚣、苍林已也。俞谓"青阳"二字衍文，又减一人，适得其反。疑此文当作："玄嚣、苍林与某某、某某（共十三人。）同于黄帝，皆为姬姓。"盖人名脱者多耳。虞翻谓余十二人有十二姓，德薄不足录。既德薄，何又赐姓？斯说恐未必然。**同德之难也如是。**言德自黄帝同之，难也如是。○元诰按：德同，则赐姓同。德者，得也。故上文曰"得姓"。黄帝二十五子，得姓者止十二人，同者又止青阳与夷彭，故云"同德之难"。若余子同循姬姓，无关于德，何难之云？**昔少典娶于有蟜氏，生黄帝、炎帝**〔四五〕。贾侍中云："少典，黄帝、炎帝之先。有蟜，诸侯也。炎帝，神农也。"虞、唐云："少典，黄帝、炎帝之父。"昭谓：神农，三皇也，在黄帝前。黄帝灭炎帝，灭其子孙耳，明非神农可知也。言生者，谓二帝本所生出也。内传，高阳、高辛各有才子八人，谓其裔子耳。贾君得之。○史记五帝纪索隐曰："少典者，诸侯国号，非人名也。炎、黄二帝虽则相承〔四六〕，帝王代纪凡隔八帝，五百余年，若以少典是其父名，岂黄帝经五百余年而始代炎帝后为天子乎?"元诰按:路史禅通纪曰:"初,少典氏取于有㛤氏,是曰安登,生子二人,一为黄帝之先,袭少典氏,一为神农,是为炎帝。其初国伊,继国耆,故氏伊耆。名轨,一曰石年,是为后帝皇君。"又疏仡纪曰:"黄帝有熊氏,姓公孙,名荼,一曰轩,少典氏之子,母吴枢,曰符葆。"据此,炎帝为少典之子,黄帝乃少典后代之子孙,故列炎帝于前纪,列黄帝于后纪也。少典、有蟜俱为国号,非人名。蟜、㛤通用。**黄帝以姬水成,炎帝以姜水成。**姬、姜,水名。成,谓所生长以成功也。○沈镕曰:"姬水,今底格里士河,姜水,在今陕西岐山县东。"水经注:"岐水东经姜氏城南,为姜水。"**成而异德,故黄帝为姬,炎帝为姜。二帝用师以相济也,异德之故也。**济,当为"挤"。挤,灭也。传曰"黄帝战于阪泉"是也。○元诰按:路史禅通纪注云:"神农后第八帝曰榆罔〔四七〕。时蚩尤强,与榆罔争王,逐榆罔。罔与黄帝合谋,击杀蚩尤。"又云:"蚩尤,炎帝之后,恃亲强恣,篡号炎帝,故史言炎帝欲侵陵诸侯。大戴礼言,黄帝与赤帝战于阪泉之野。后周书云,炎帝为黄帝所灭。文子亦谓赤帝为火灾,故黄帝禽之,皆谓蚩尤。"据此,二帝用师,一谓黄帝,一谓炎帝子孙蚩尤也。蚩尤僭称炎帝,故曰二帝。**异姓则异德,异德则异类,异类虽近,男女相及,以生民也。**重耳,怀嬴之舅,故又言此以劝之。近,谓有属名。相及,嫁娶也。○吴曾祺曰:"重耳姊为秦穆公夫人,故于怀嬴为舅。"**同姓则同德,同德则同心,同心则同志,同志虽远,男女不相及。畏黩故也。**畏亵黩其类。○元诰按:各本故作"敬",今依王念孙说改〔四八〕。**黩则生怨,怨乱毓灾,灾毓灭性,**毓,生也。○各本性作"姓"。汪远孙曰:"内传昭元年疏引国语〔四九〕,毓作'育',姓作'性'。案:'性'

国语集解

356

是也。各本作‘姓’，涉上下文误耳。”元诰按：陈淳云：“‘性’字从生，从心，是人生来具是理于心，方名曰性。”此文“灭性”，犹云灭理也。作“姓”非是，今据改。**是故娶妻避其同姓，畏乱灾也。故异德合姓，同德合义，**合姓，合二姓为婚姻。合义，以德义相亲。**义以道利，**有义，则利随之。○元诰按：道与导同。**利以阜姓，**阜，厚也。**姓利相更，成而不迁，**更，续也。迁，离散也。**乃能摄固，保其土房。**摄，持也。保，守也。房，舍也。○俞樾曰：“房，当读为方。诗大田篇：‘既方既阜。’郑笺曰：‘方，房也。’是方与房义通。保其土房，即保其土方也。书序：‘禹敷下土方。’释文云：‘“下土”绝句。一读至“方”字绝句。’盖‘土方’二字连文乃古语也。此作‘土房’者，房即方之假字也。”**今子于子圉，**道路之人也，言德性异。**取其所弃，以济大事，不亦可乎？”公子谓子犯曰：“何如？”对曰：“将夺其国，何有于妻！唯秦所命从也。”**言将夺其国，何辞于妻〔五〇〕。**初，奚齐、卓子死，秦伯欲纳重耳，子犯难之，以为不可。今更言此者，子圉无道，害重耳，使狐突召子犯及其兄毛，突不召而杀之，故重耳、子犯皆怨之。**谓子馀曰：“何如？”**子馀，赵衰字。**对曰：“礼志有之曰：‘将有请于人，必先有入焉。**必先有以自入〔五一〕。**欲人之爱己也，必先爱人。欲人之从己也，必先从人。无德于人，而求用于人，罪也。’**言不先施德于人〔五二〕，而求人为己用者是罪。**今将婚媾以从秦，**重婚曰媾。从，从其命。**受好以爱之，**受其所好而亲爱之。**听从以德之，**使之德己。**惧其未可也，又何疑焉？”乃归女而纳币，且逆之。**归女纳币，更成婚礼。逆，亲迎也。○僖二十三年左传正义引孔晁曰：“归怀嬴，更以贵妾礼迎之也。"他日，秦伯将享公子，公子使子犯从。子犯曰："吾不如衰之文也，文，文辞也。〇宋庠曰："衰，初危反。"请使衰从。"乃使子馀从。〇元诰按：子馀，赵衰字也。上句子犯对重耳言，故称其名。下句左氏纪事之辞，故称其字以别之。明道本脱"乃"字，便不明了。秦伯享公子如享国君之礼，子馀相如宾。诏相重耳如宾礼也。卒事，秦伯谓其大夫曰："为礼而不终，耻也。言此，为明日将复宴。中不胜貌，耻也。胜，当为称。中不称貌，情貌相违。〇汪远孙曰："易下系：'吉凶者，贞胜者也。'释文，姚本作'贞称'。考工记弓人〔五三〕：'角不胜干，干不胜筋。'郑注云：'故书胜或作"称"。'古胜与称通也。"华而不实，耻也。有华色而无实。不度而施，耻也。不度己力而施德。施而不济，耻也。济，成也。耻门不闭，不可以封。封，国也。〇宋庠本注云："五耻之门不闭塞者，不可以封国为诸侯也。"非此，用师则无所矣。非能闭此五耻之门，则用师无所。二三子敬乎！"敬此五者。明日宴〔五四〕，秦伯赋采菽，采菽，小雅篇名，王赐诸侯命服之乐也。其诗曰："君子来朝，何锡予之？虽无予之，路车乘马。"子馀使公子降拜。降，下堂也。秦伯降辞。子馀曰："君以天子之命服命重耳，重耳敢有安志，敢不降拜？"〇明道本缺"重耳"二字。吴曾祺曰："安志，谓偷安之志。"成拜卒登，子馀使公子赋黍苗。黍苗，亦小雅，道召伯述职，劳来诸侯也。其诗曰："芃芃黍苗，阴雨膏之。悠悠南行，召伯劳之。"子馀曰："重耳之仰君也，若黍苗之仰阴雨也。若君实庇荫膏泽之，使能成嘉谷，荐在宗庙，君之力也。在宗庙为祭主。〇元诰按：此以嘉谷荐于宗庙为粢盛，喻重耳立于宗庙为祭主，即谓得国也。**君若昭先君之荣，东行济河，整师以复强周室，重耳之望也。**先君，谓秦襄公讨西戎有功，赐爵为伯，有荣耀也。**重耳若获集德而归载，**集，成也。载，祀也。〇吴曾祺曰："谓成君之德而归奉晋祀也。"**使主晋民，成封国，其何实不从。**言实从也。**君若恣志以用重耳，**用使征伐。**四方诸侯其谁不惕惕以从君命！"**〇明道本无"君"字。**秦伯叹曰："是子将有焉，岂专在寡人乎？"秦伯赋鸠飞，**鸠飞，小雅小宛之首章也，曰："宛彼鸣鸠，翰飞戾天。我心忧伤，念昔先人。明发不寐，有怀二人。"言己念晋先君洎穆姬不寐，以思安集晋之君臣也。诗序云："文公遭骊姬之难，未反而秦姬卒，所以念伤亡人，思成公子。"〇汪远孙曰："鸠飞，逸诗。韦解以为小宛首章，或本于三家也。"**公子赋河水。**河，当为"沔"，字相似误也。其诗曰："沔彼流水，朝宗于海。"言己反国，当朝事秦。〇元诰按：内传注云："河水，逸诗。义取河水朝宗于海，海喻秦。"与韦注以河水即沔水不合。**秦伯赋六月，**六月，小雅，道尹吉甫佐宣王征伐，复文、武之业[五五]。其诗云："王于出征，以匡王国。"其二章曰："以佐天子。"三章曰："共武之服，以定王国。"此言重耳为君，必霸诸侯，以匡佐天子。**子馀使公子降拜。秦伯降辞。子馀曰："君称所以佐天子匡王国者以命重耳，重耳敢有惰心，敢不从德？"**称，举也。**公子亲筮之，曰："尚有晋国。"**著曰筮。尚，上也，命筮之辞也。礼曰："某子尚飨之。"〇吴曾祺曰："尚，庶几也。左传：'尚飨卫国。'与此同，不训'上'。"**得贞屯悔豫，皆八也。**内曰贞，外曰悔。震下坎上，屯。坤下震上，豫[五六]。得此两卦，震在屯为贞，在豫为悔。八，谓震两阴爻，在贞在悔皆不动，故曰皆八，谓爻无为也〔五七〕。○书洪范曰:"贞曰悔。"史记集解引郑注云:"内卦曰贞。贞,正也。外卦曰悔,悔之言晦也。晦,犹终也。"襄九年左传:"穆姜薨于东宫,始往而筮之,遇艮之八。"正义云:"揲蓍求爻,系辞有法。其揲所得,有七、八、九、六。说者谓七为少阳,八为少阴,其爻不变也;九为老阳,六为老阴,其爻皆变也。周易以变为占,占九、六之爻。连山、归藏以不变为占,占七、八之爻。贾、郑先儒相传云耳。"吴曾祺曰:"此当是以连山、归藏占之,故有'皆八'之语。观下'是在周易'云云,其义自见。"**筮史占之,皆曰:"不吉。**筮史,筮人,掌以三易辨九筮之名。一夏连山,二殷归藏,三周易。以连山、归藏占此两卦,皆言不吉。**闭而不通,爻无为也。"**闭,壅也。震为动,动遇坎,坎为险阻,闭塞不通,无所为也。**司空季子曰:"吉。是在周易,皆利建侯。**建,立也。以周易占之,二卦皆吉也。屯初九曰:"利建侯。"豫大象曰:"利建侯行师。"**不有晋国,以辅王室,安能建侯? 我命筮曰'尚有晋国',筮告我曰'利建侯',得国之务也,吉孰大焉!**务,犹趋也。**震,车也。**易,坤为大车,震为雷。今云车者,车亦动,声象雷,其为小车乎。○吴曾祺曰:"内传,毕万筮仕于晋,遇屯之比。辛廖曰:'震为土,车从马。'杜注云:'震变为坤。'盖坤之用在震,故有车在马后,行而不止之象。雷亦主发动之义,二者各有取象。韦注云'车动,声象雷',近强。"**坎,水也。坤,土也。屯,厚也。豫,乐也。车班外内,顺以训之,**车,震也。班,遍也。遍外内者,谓屯之内有震,豫之外亦有震。坤,顺也。豫内为坤,屯二与四亦为坤。**泉原以资之,**资,财也。屯三至五,豫二至四皆有艮象。豫三至五有坎象。艮山坎水,水在山上为泉原〔五八〕,流而不竭。**土厚而乐其实。**

不有晋国，何以当之？屯、豫皆有坤象，重坤故厚。豫为乐。当，应也。震，雷也，车也。坎，劳也，水也，众也。易以坤为众，坎为水，水亦众之类，故云。主雷与车，内为主也。而尚水与众。坎象皆在上，故尚水与众。车有震，武也。震，威也。车声轩隆，象有威武。众而顺，文也。坤为众，为顺，为文，象有文德，为众所归也。〇明道本上句脱"也"字，此脱"而"字。文武具，厚之至也，故曰屯。屯，厚也。其繇曰：'元，亨，利贞，勿用，有攸往，利建侯〔五九〕。'繇，卦辞也。亨，通也。贞，正也。攸，所也。往，之也。小人勿用有所之，君子则利建侯行师。主震雷，长也，故曰元。内为主，震为长，男为雷，雷为诸侯，故曰元。元者，善之长也。众而顺，嘉也，故曰亨。嘉，善也。众顺服善，故曰亨。亨者，嘉之会也。内有震雷，故曰利贞。屯内有震。贾侍中云："震以动之，利也。侯以正国，贞也。利，义之和也。贞，事之干也。"车上水下，必伯。车，震也。水，坎也。车动而上，威也。水动而下，顺也。有威而众从，故必伯。〇贾本伯作"霸"，注："霸，犹把也，言把持诸侯之权也。"小事不济，壅也。故曰'勿用，有攸往'。济，成也。小事，小人之事。壅，震动而遇坎〔六〇〕，坎为险阻，故曰"勿用，有攸往"。一夫之行也，一夫，一人也。易曰："震一索而得男。"故曰一夫。又曰："震作足。"故为行也。众顺而有武威，故曰'利建侯'。复述上事。坤，母也。震，长男也。母老子强，故曰豫。豫，乐也。其繇曰：'利建侯行师。'居乐出威之谓也。居乐，母在内也。出威，震在外也。居乐，故利建侯。出威，故利行师。是二者，得国之卦也。"二者，屯、豫。七月，惠公卒。十一月，秦伯纳公子。〇各本"七月"作"十月"，

"十一月"作"十二月"。韦注曰："内传：'鲁僖公二十三年九月，晋惠公卒。'而此云十月。贾侍中以为闰余十八，闰在十二月后，鲁失闰，以闰月为正月，晋以九月为十月而置闰也。秦伯以十二月始纳公子，公子以二十四年正月入晋桑泉。"陈奂曰："韦云闰余十八，当是十月之误。贾语疑止此四字，下为韦说也。"项名达曰："贾说非是。鲁僖二十三年闰余若果十八，自应闰正月，鲁置闰为不误，不应言闰在十二月后。其实是年闰余并非十八〔六一〕，鲁亦未曾置闰。推三统术，闰余十二应闰周十二月。推四分术，闰余十五应闰周七月。此二术汉人所宗，并无十八之算，惟所言闰在十二月后与三统合，当是误闰余十二为十八〔六二〕。更细校以授时，应闰正月者乃二十四年，非二十三年也。闰正月朔日壬辰，二日癸巳，三日甲午。内传云：'二十四年春，王正月，秦伯纳之。二月甲午，晋师军于庐柳。'此甲午即闰正月三日也。设鲁年前已置闰，当曰正月甲午，今乃称二月，是鲁且应闰不闰，何得疑其未闰先闰乎？由是言之，二十四年二月以前，内传所纪月断不因闰误。其与本传不符，当别有故。纳公子自在十二月，内传言正月者，当是蒙上年而言。入桑泉始是正月〔六三〕。"王引之曰："十月，当为'七月'；十二月，当为'十一月'。盖晋用夏时，故月与周异。内传之'僖公二十三年九月，晋惠公卒'，'二十四年春王正月，秦伯纳之'，（谓纳公子重耳。）周月也〔六四〕。周之九月，为夏之七月。正月，为夏之十一月。故内传曰九月，而此曰七月。内传曰正月，而此曰十一月也。杜预春秋后序曰：'汲冢古书纪年篇特纪晋国，起自殇叔，次文侯、昭侯，以至曲沃庄伯。庄伯之十一年十一月，鲁隐之元年正月也，皆用夏正建寅之月为岁首。'僖五年左传晋卜偃说灭虢之日曰：'其九月十月之交乎。'而传终之曰：'冬十二月丙子朔，晋灭虢。'汉书律历志以为言历者以夏时，故周十二月，夏十月也，是其例也。贾、韦二君误以周月为解，故不能正传写之讹，而内、外之纪月遂龃龉而不合矣。"元诰按：王说得之，今据改。**及河，子犯授公子载璧，**载，祀也。授，还也。○沈镕曰："古者祭祀用璧，故曰'载璧'。夏曰'载'，商曰'祀'，其义一也。"曰："**臣从君还轸巡于天下，恶其多矣！**巡，行也。○陈瑑曰："广韵：'轸，转也。'太玄：'轸转其道。'还轸，犹回转也。"元诰按：前韦注云："轸，车后木也。"还轸，犹回车，大意相同。恶，明道本作"怨"，非。恶，犹罪也。内传作"臣之罪甚多"。**臣犹知之，而况君乎？**○元诰按；谓臣尚知恶，何况于君，而不记其恶乎？**不忍其死，请由此亡。"**亡，奔也。公子曰："**所不与舅氏同心者，有如河水！**沉璧以质。如，往也。质，信也〔六五〕。言若不与舅氏同心，不济此河，往而死也。因沉璧以自誓为信。○王引之曰："所，犹若也。所不与舅氏同心者，言若不与舅氏同心也。"元诰按：僖二十四年左传作"有如白水"，杜注云："言与舅氏同心之明，如此白水，犹诗言'谓予不信，有如皦日'。"疑杜注是也。**董因逆公于河，**因，晋大夫，周大史辛有之后。传曰"辛有之二子，董之晋"，故晋有董史。○元诰按：各本逆作"迎"，今依太平御览方术部九引国语及王念孙说改〔六六〕。**公问焉，曰："吾其济乎？"对曰："岁在大梁，将集天行。元年始授，实沈之星也。**岁在大梁，谓鲁僖二十三年，岁星在大梁之次也。集，成也。行，道也。言公将成天道也。公以辰出，晋祖唐叔所以封也；而以参入，晋星也。元年，为文公即位之年。鲁僖二十四年，岁星去大梁，在实沈之次。受，受于大梁也。自胃七度至毕十一度为大梁，自毕十二度至东井十五度曰实沈。○项名达曰："依三统术，推得岁星鲁僖二十三年冬至尚在降娄胃四度，小寒日始入大梁之次，清明后四日与日合于毕初，小暑前一日出大梁，入实沈之次，白露后四日留于参六度，至寒露前一日而始逆，二十四年冬至后六日退至毕十二度，小满后六日与日合于井七度，大暑后三日出实沈之次，已后入鹑首，至年终在井二十四度。统计两年，岁星在大梁不满半年，在实沈则一年有余。盖大梁皆顺行度，故历日少；入实沈有留逆，故历日多也。"**实沈之虚，晋人是居，所以兴也**。虚，次也。是居，居其分次所主祀也。传曰："高辛氏有子，季曰实沈，迁于大夏，主祀参，唐人是因。成王灭唐而封叔虞。南有晋水，子燮改为晋侯，故参为晋星。"**今君当之，无不济矣**。当岁星在实沈之虚，故无不成。**君之行也，岁在大火。大火，阏伯之星也，是谓大辰**。君之行，谓鲁僖五年重耳出奔，时岁在大火。大火，大辰也。传曰："高辛氏有子曰阏伯，迁于商丘，祀大火。"○项名达曰："依三统，推得岁星已于鲁僖四年霜降后五日入大火之次，五年冬至在房初[六七]，霜降后八日出大火之次，立冬后一日与日合于尾十一度，是时已在析木，至年终抵尾十七度。"元诰按：明道本不重"大火"二字，非是。**辰以成善，后稷是相，唐叔以封**。成善，谓辰为农祥，周先后稷之所经纬，以成善道。相，视也，谓视农祥以戒农事。封者，唐叔封时，岁在大火。**瞽史记曰：'嗣续其祖，如谷之滋。'必有晋国**。瞽史记云：唐叔之世，将如商数。今言嗣续其祖，明趣同也，言晋子孙将继续其先祖，如谷之蕃滋，故必有晋国。**臣筮之，得泰之八**，乾下坤上[六八]，泰。遇泰无动爻，无为侯也。泰三至五震为侯。阴爻不动，其数皆八，故得泰之八，与"贞屯悔豫皆八"义同。○惠栋曰："郑康成乾凿度注云：'连山、归藏占象，是虽用周易，而仍占象，夏、殷之法也。'故穆姜筮艮之随，亦以象为占。"吴曾祺曰："此仍以连山、归藏为占，故有泰之八。"曰：'是谓天地配亨，小往大来。'阳下阴升，故曰配亨。小，喻子圉。大，喻文公。阴在外为小往，阳在内为大来。〇太平御览亨作"享"。今及之矣，何不济之有？且以辰出，而以参入，皆晋祥也，辰，大火。参，伐也。参在实沈之次。而天之大纪也[六九]。所以大纪天时。传曰："大火为大辰，伐亦为大辰。"辰，时也。济且秉成，必伯诸侯。秉，执也。子孙赖之，君无惧矣。"公子济河，召令狐、臼衰、桑泉，皆降。三者皆晋邑。召，召其长。〇吴曾祺曰："令狐，今山西猗氏县西十五里。臼衰在解县西北。桑泉在晋县东十三里。"元诰按：内传杜注云："桑泉在河东解县，解县东南有白城。"晋人惧，怀公奔高梁。高梁，晋地。〇元诰按：高梁已见前，在今山西临汾东北三十七里[七〇]。吕甥、郤芮帅师，甲午，军于庐柳。甲午，鲁僖公二十四年二月六日。庐柳，晋地[七一]。军，犹屯也。〇李锐曰："注六日当作'四日'。于三统术，是岁正月庚寅朔，五日甲午时失一闰，而朔后三统一日，故云二月四日。"王引之曰："内传作二月甲午，此当云十二月甲午。周之二月，夏之十二月，写者脱去'十二月'三字耳[七二]。或曰，校书者误谓与上文'十二月'相复而删之也。"元诰按：此怀公遣距重耳之师也。今山西猗氏县西北有庐柳城。秦伯使公子絷如师，告晓吕、冀。〇元诰按：如，往也，谓往庐柳晋师。师退，次于郇。郇，晋地。退，师听命也。〇元诰按：僖二十四年左传林注："解县西北有郇城。"水经涑水注引服虔曰："郇国在解县东。"董增龄曰："怀公遣距重耳之师由东向西，今听重耳之命，故退而东还，由庐柳越解而东。"

故吴曾祺亦谓郇在今<u>山西</u><u>解</u>县东。考<u>说文</u>："<u>郇</u>，<u>周文王</u>子所封国，后入于<u>晋</u>。"<u>朱骏声</u><u>通训定声</u>云："在今<u>山西</u><u>蒲州府</u><u>猗氏</u>县西北。"<u>清一统志</u>则谓在<u>猗氏</u>县西南。近人<u>沈镕</u>又谓在<u>山西</u><u>临晋</u>县东北十五里。言人人殊，俟再考定。**辛丑，**〇<u>元诰</u>按：月之十二日也，以下类推。**狐偃及<u>秦</u>、<u>晋</u>大夫盟于<u>郇</u>**〔七三〕。**壬寅，公入于<u>晋</u>师。甲辰，<u>秦伯</u>还。**<u>秦伯</u>送公子于河上，公入而还。**丙午，入于<u>曲沃</u>。丁未，入于<u>绛</u>，即位于武宫。**〇<u>僖</u>二十四年<u>左传</u><u>杜</u>注曰："<u>武宫</u>，<u>文公</u>之祖<u>武公</u>庙。"**戊申，刺<u>怀公</u>于<u>高梁</u>。**刺，杀也。

2 **初，<u>献公</u>使<u>寺人</u><u>勃鞮</u>伐公于<u>蒲城</u>，**寺人，掌内人〔七四〕。<u>勃鞮</u>，寺人披。伐<u>蒲城</u>在<u>鲁</u><u>僖</u>五年。**<u>文公</u>踰垣，<u>勃鞮</u>斩其袪。**袪，袂也。**及入，<u>勃鞮</u>求见，公辞焉，曰：**〇<u>元诰</u>按：此公命谒者将命之辞。**"<u>骊姬</u>之谗，尔射余于屏内，**树谓之屏。<u>礼</u>："诸侯内屏。"**困余于<u>蒲城</u>，斩余衣袪。又为<u>惠公</u>从余于<u>渭滨</u>，**滨，涯也。<u>重耳</u>在<u>狄</u>，从<u>狄</u>君猎于<u>渭滨</u>，<u>勃鞮</u>为<u>惠公</u>来就杀之。〇<u>俞樾</u>曰："<u>韦</u>训从为'就'，则必增出'杀'字，于文方明，殆非也。从当读为踪，踪，犹迹也。<u>汉书</u><u>季布</u>传：'迹且至臣家。'<u>师古</u>注曰：'迹，谓寻其踪迹也。'踪余于<u>渭滨</u>，犹迹余于<u>渭滨</u>，正寻其踪迹之意。古踪迹字止作'从迹'，<u>诗</u><u>羔羊</u>篇<u>毛</u>传曰：'行可从迹也。'是其证。"<u>元诰</u>按：<u>渭水</u>出今<u>甘肃</u><u>渭源</u>县<u>首阳山</u>，在<u>鸟鼠山</u>之西北，至<u>陕西</u><u>华阴</u>县合<u>洛水</u>入河。**命曰三日，若宿而至。**命使三日，一宿而至。若，女也。**若干二命，以求杀余。**干，犯也。二命，<u>献</u>、<u>惠</u>之命。〇<u>王念孙</u>曰："奉二君之命以杀<u>文公</u>，不得谓之犯命。干，犹与也。（与，今作"预"。）言汝与于二君之命，以求杀余也。"<u>俞樾</u>曰:"二命,当作'上命',专指<u>渭</u>滨一事而言。盖<u>惠公</u>命三日至,而<u>勃鞮</u>一宿即至,是所谓'干上命以求杀余'也。<u>左传</u>云:'虽有君命,何其速也。'此云'上命',即彼云'君命'矣。<u>说文</u>上部'帝'下云:'古文诸"上"字皆从一,篆文皆从二。二,古文上。'然则此文'上命'作'二命'者,二乃古文'上'字也。读者不识,而仞为一二之二,于是其义不可通矣。"<u>元诰</u>按:<u>僖</u>二十四年<u>左传</u>:"寺人<u>披</u>请见,公使让之,且辞焉,曰:'<u>蒲城</u>之役,君命一宿,女即至。其后余从<u>狄</u>君以田<u>渭</u>滨,女为<u>惠公</u>来求杀余,命女三宿,女中宿至。虽有君命,何其速也。'"疑此文"干二命"即指"君命一宿,女即至","君命三宿,女中宿至"而言,谓干犯二次之命令也。特<u>外传</u>载<u>文公</u>追叙<u>蒲城</u>一役语较<u>内传</u>为简,致"干二命"云云失所指耳。余于<u>伯楚</u>屡困,何旧怨也? <u>伯楚</u>,<u>勃鞮</u>字。屡,数也。数见困,有何旧怨? 退而思之,异日见我。"对曰:○<u>元诰</u>按:对将命者而言也。"吾以君为已知之矣,故入。知为君为臣之道也。入,返国也。犹未知之也,又将出矣。犹未知之,将复失国出走。事君不贰是谓臣,好恶不易是谓君。易,反也。君君臣臣,是谓明训。训,教也。明训能终,民之主也。二君之世,<u>蒲</u>人,<u>狄</u>人,余何有焉? 当<u>献</u>、<u>惠</u>之世,君为<u>蒲</u>人、<u>狄</u>人耳。二君之所恶,于我有何义而不杀君乎? 除君之所恶,唯力所及,○<u>明道</u>本恶上无"所"字。何贰之有? 今君即位,其无<u>蒲</u>、<u>狄</u>乎? 独无有所畏恶如<u>蒲</u>、<u>狄</u>者乎? <u>伊尹</u>放<u>大甲</u>,而卒以为明王,<u>大甲</u>,<u>汤</u>孙,<u>大丁</u>子。不明,而<u>伊尹</u>放之<u>桐宫</u>。三年,<u>大甲</u>改过,<u>伊尹</u>复之,卒为明王。<u>管仲</u>贼<u>桓公</u>,而卒以为侯伯。贼,谓为<u>子纠</u>射<u>桓公</u>。<u>乾时</u>之役,<u>申</u>孙之矢集于<u>桓</u>钩,<u>乾时</u>战在<u>鲁庄</u>九年。<u>申孙</u>,矢名。钩,带钩。○<u>吴</u>

曾祺曰："乾时在山东博兴县。"元诰按：乾时实时水，在今山东临淄县西南二十五里，水浅易干，故名乾时。乾音干。矢集桓钩，即管仲射桓公中钩，与上盖为一事。**钩近于袪而无怨言**，近，害近也。钩在腹，袪在手。**佐相以终，克成令名。今君之德宇，何不宽裕也？**宇，覆也。**恶其所好，其能久矣？**言己忠臣，君所当好，而反恶之，能久为君乎？**君实不能明训，而弃民主。**弃为民主之道〔七五〕。**余，罪戾之人，又何患焉？**勃鞮，阍士，故曰罪戾之人。**且不见我，君其无悔乎！"于是吕甥、冀芮畏偪，悔纳公，**○明道本公上有"文"字，非。**谋作乱**，此二子本惠公党，畏见偪害，故谋作乱。**将以己丑焚公宫，**己丑，鲁僖二十四年三月朔，时以为二月晦。**公出救火而遂弑之。伯楚知之，故求见公，公遽出见之，**遽，疾也。**曰："岂不如女言，然是吾恶心也，**恶心，心恶，谓不恕也。○宋庠曰："恶，如字。"**吾请去之。"伯楚以吕、郤之谋告公。公惧，乘驲自下，脱会秦伯于王城，**驲，传也。自，从也。下，下道也。脱会，遁行潜逃之言也。王城，秦河上邑。○吴曾祺曰："脱，轻也，谓轻出，不具驲从也。"元诰按：段玉裁注说文云："驲为尊者之传，用车。遽为卑者之传，用骑。"王城，见晋语三。**告之乱故。及己丑，公宫火，二子求公不获，遂如河上，秦伯诱而杀之。

3　**文公之出也，竖头须，守藏者也，不从。**竖，文公内竖里凫须，公出不从，窃藏以逃，尽用以求纳公。○僖二十四年左传释文引韩诗外传云："晋文公亡过曹，里凫须从，因盗重耳资而亡。重耳无粮，馁不能行，介子推割股以食重耳，然后能行。"**公入，乃求见，公辞焉以**

沐。谓谒者曰："沐则心覆，谒，告也。覆，反。沐低头，故言心反也。
〇元诰按：沐头曰沐，沐身曰浴。楚辞："新沐者必弹冠，新浴者必振衣。"
心覆则图反，宜吾不得见也。从者为羁绁之仆，马曰羁，犬
曰绁。言此二者臣仆之役。居者为社稷之守，何必罪居者！国
君而仇匹夫，惧者众矣。"谒者以告，公遽见之。〇僖二十四
年左传注曰："言文公弃小怨，所以能安众。"

4 元年春，公及夫人嬴氏至自王城。文公元年，鲁僖二十四年。

贾侍中云："是月闰，以三月为四月，故曰春，而不言其月。明四月为春
分之月也。嬴氏，秦穆公女文嬴也。"或云："夫人，辰嬴。"传曰："辰
嬴贱，班在九人，非夫人也。"贾得之也。〇项名达曰："贾说欠明。公
宫火既在二月晦，至自王城自应在三月。军于庐柳既以闰正月为二月，
或其后仍未置闰，而以三月为四月，容亦有然，但四月之说，内、外传并
无明文，未知贾何所据？且闰法无连年并闰之理，贾氏既以二十三年鲁
闰正月，晋闰十月矣，业经置闰，次年便不应再闰，何复疑其应闰不闰，
而以三月为四月耶？"秦伯纳卫三千人，实纪纲之仆。所以设国
纪纲，为之备卫。仆，使也。〇吴曾祺曰："谓仆之有力，能经纪庶事者。"
公属百官，赋职任功。属，会也。赋，授也。授职事，任有功。弃
责薄敛，施舍分寡。弃责，除宿责也。施，施德。舍，舍禁。分寡，
分少财也。〇汪远孙曰："周礼小司徒：'凡征役之施舍。'注云：'施，
当为弛。'乡师：'辨其可任者，与其施舍者。'注：'施舍，谓应复免，不
给繇役。'疏谓即上云'废疾老幼者'是也。如韦解，不但分为二事，与
上下文义不协，且'弃责'以下，皆施德之事，'轻关'、'通商'，皆舍

369

禁之事，此句不已赘乎？王氏引之以'施舍'为赐予，似不可从。"元诰按：责，古"债"字。**救乏振滞，匡困资无**。救乏，救乏绝。振，拯也，拯淹滞之士。匡，正也，正穷困之人也。资无，予无财者。〇王念孙曰："匡与救同。僖二十六年左传曰：'弥缝其阙，而匡救其灾。'成十八年传曰：'匡乏困[七六]，救灾患。'杜注：'匡，亦救也。'"**轻关易道，通商宽农**。轻关，轻其税。易道，除盗贼。通商，利商旅。宽农，宽其政，不夺其时。〇元诰按：易，治也，即孟子"易其田畴"之易。易道，谓除治道路也。**懋穑劝分，省用足财**。懋，勉也，勉稼穑也。劝分，劝有分无。省，减国用。足财，备凶年。**利器明德，以厚民性**。利器，利器用。明德，明德教。厚民性，厚其情性。〇汪远孙曰："性，读为生。"**举善援能，官方定物**，方，常也。物，事也。立其常官，以定百事。**正名育类**。正名，正上下服位之名。育，长也。类，善也。**昭旧族**，昭，明也。旧族，旧臣有功者之族。**爱亲戚，明贤良**，明，显也。**尊贵宠**，国之贵臣尊礼之。**赏功劳，事耆老，礼宾旅**，旅，客也。**友故旧**。故旧，为公子时。胥、籍、狐、箕、栾、郤、柏、先、羊舌、董、韩，实掌近官。十一族，晋之旧姓，近官朝廷者。〇全祖望曰："柏"与"伯"通，盖伯宗之先也。元诰按：羊舌，复姓。**诸姬之良，掌其中官**。诸姬，同姓。中官，内官。**异姓之能，掌其远官**。远官，县鄙。**公食贡，大夫食邑，士食田**，受公田也。**庶人食力**，各由其力。**工商食官**，工，百工。商，官贾也。周礼，府藏皆有贾人，以知物价。食官，官廪之[七七]。**皂隶食职**，士臣皂，皂臣舆，舆臣隶。食职，各以其职大小食禄。**官宰食加**。官宰，冢宰也。加，大夫之加田。论语曰，原宪为家邑宰。〇周礼司勋："惟加田，无国正。"郑注云："加田，既赏之，又加赐以田，所以厚恩也。"吴曾祺曰："加田在赏田之上，大夫不能人人有之。'食加'之加，当作'家'，谓家田也，于义为近。"元诰按：礼记曲礼："问大夫之富，曰：'有宰，食力。'"惠栋谓，力为加之坏字。是古本作"加"，不作"家"矣〔七八〕。而宋庠本作"家"。**政平民阜，财用不匮。**阜，安也。

5　**冬，襄王避昭叔之难，居于郑地氾。**文公元年冬也。襄王，周惠王之子。昭叔，襄王之弟大叔带也，是为甘昭公，故曰昭叔。惠王生襄王，以为太子；又娶于陈，曰惠后，生昭叔，惠后将立之，未及而卒。昭叔奔齐，襄王复之，又通于襄王之后狄隗。王废隗氏，狄人伐周，故襄王避之于氾。氾，地名。○吴曾祺曰："氾有二，一为东氾，在河南中牟县西；一为南氾，在襄城县南。是襄王所居，盖南氾也。"旧音曰："氾，音凡。"**使来告难，亦使告于秦。**王使简师父告晋，亦使左鄢父告秦。**子犯曰："民亲而未知义也，**亲，亲君。未知义，故未和。**君盍纳王以教之义。**使知尊上之义。**若不纳，秦将纳之，则失周矣，**失所以事周。**何以求诸侯？**无以为诸侯盟主。**不能修身，而又不能宗人，人将焉依？**宗，尊也。**继文之业，定武之功，**文，晋文侯仇。平王东迁，文侯辅之，受珪瓒秬鬯。武，重耳祖武公称也，始并晋国也。**启土安疆，于此乎在矣，君其务之。"**在此纳王。**公说，乃行赂于草中之戎与丽土之狄，以启东道。**二邑戎、狄，间在晋东。

6　**二年春〔七九〕，公以二军下，次于阳樊。**二军，左、右军。东行日下。阳樊，周邑。○元诰按：僖二十八年左传杜注云："师过信为次。"阳樊，已见周语，在今河南济源西南。右师取昭叔于温，杀之于隰城。温、隰城，皆周地。昭叔通狄后，与俱处温，故取杀之。○元诰按：温，已见前，今河南温县西南三十里尚有古温城。隰城在今武陟县西南十五里，一曰在今沁阳县西三十里。左师迎王于郑。王入于成周，遂定之于郏。成周，周东都。郏，王城。○元诰按：郏即郏鄏，今河南洛阳县西尚有郏鄏陌。王飨醴，命公胙侑。飨，设飨礼。传曰："战克而王飨。"飨醴，饮醴酒也〔八〇〕。命，加命服也。胙，赐祭肉。侑，侑币。谓既食，以束帛侑公。○汪远孙曰："韦解皆失之。胙，读为酢。诗行苇笺：'进酒于客曰献，客答之曰酢。'仓颉篇：'主答客曰酬，客报主曰酢。'尔雅释诂：'酬、酢、侑，报也。'是侑与酬、酢同义。飨礼已亡，无可考，盖其礼大，且天子至尊，臣下不敢与为酬酢。王加礼晋侯，特命之胙侑，如宾酬主人之礼以劝侑，王所以亲之也。若加命服，当如内传云，'策命晋侯为侯伯，赐之大辂之服、戎辂之服'，（僖二十八年。）文义方足。此云'命之胙侑'，即内传'命之宥'。（僖二十五年。）侑、宥古通。'命'字专属'胙侑'甚明，不得沾出'服'字。时当飨醴，安有杂出祭肉之赐？杜注内传亦以侑为侑币。聘礼云，若不亲食，使大夫各以其爵朝服，致之以侑币，致飨以酬币。是侑币用于食礼，非飨礼所用也。"公请隧，弗许。三君云："隧，王之葬礼。"昭谓：隧，六隧之地，事见周语。曰："王章也，章，表也，所以表明天子与诸侯异物。不可以二王，国无二王。无若政何。"无以为政于下。赐公南阳阳樊、温、原、州、陉、絺、鉬、攒茅之田〔八一〕。八邑，周之南阳地。○元诰按：南阳城在今河南修武县北。阳樊、温均已见前。原在济源县西北十五里。州在沁阳县东五十里。陉在沁阳县西北三十里，一名丹陉。绵在沁阳县西南三十二里。鉏在滑县东十五里。攒茅，今修武县西北二十里，有大陆村，或云即攒茅也。**阳人不服**，不肯属晋。〇元诰按：阳邑因樊仲山之所居，故曰阳樊。**公围之，将残其民。**〇周礼大司马："放杀其君则残之。"郑注云："残，杀也。王霸记曰：'残灭其为恶。'"说苑权谋篇〔八二〕："荆伐蔡而残之。"又云："汤乃兴师伐而残之，迁桀南巢氏焉。"方言："揪，杀也。晋、魏河内之北谓揪曰残。"**仓葛呼曰：**仓葛，阳樊人。**"君补王阙，以顺礼也。**补王失位之阙，以顺为臣之礼。**阳人未狎君德，**狎，习也。**而未敢承命。君将残之，无乃非礼乎！阳有夏、商之嗣典，**〇明道本"阳"下有"人"字。**有周室之师旅，**典，法也。旅，众也。言有夏、商之后嗣及其遗法，与周室之师众。〇王引之曰："周室之师旅，即官守也。盖樊仲之官守，所守者嗣典也，其官则师旅也。三句一贯，故下文但曰'其非官守'也。韦注误以为人众之名。又见楚语上。"俞樾曰："嗣典与师旅对文，若以嗣为后嗣，典为遗法，则分为二义，与师旅不对矣。且因文公将残其民，故仓葛为此言，则言有夏、商之后嗣可也，何必言有夏、商之遗法乎？韦说非也。嗣，当读为司，古字通用。书高宗肜日篇：'王司敬民。'史记殷本纪作'王嗣敬民'，是其证也。诗郑风羔裘篇：'邦之司直。'礼记文王世子篇：'乐正司业。'毛传、郑注并曰：'司，主也。'周礼天官'典妇功'，郑注曰：'典，主也。'是司与典同义。故礼记曲礼篇曰'典司六典'，〔八三〕、'典司五众'、'典司六职'，庄十四年左传曰：'典司宗祏。'并以典司连文。司典即典司，语有倒顺耳。有夏、商之司典，犹云有夏、商之典司。古者官有世职，虽易代而不废，故夏、商之典司至周犹存也。周官宰夫：'掌百官府之征令，辨其八职。二曰师，掌官成以治凡。三曰司，掌官法以治目。四曰旅，掌官常以治数。'此文'有夏、商之司典'，即所谓司也。'有周室之师旅'，即所谓师也，旅也。韦氏所说胥失之矣。"元诰按：嗣典即司典，俞说是。师旅即官守，王说是。樊仲之官守焉，樊仲，宣王臣仲山甫，食采于樊。其非官守，则皆王之父兄甥舅也。君定王室而残其姻族，民将焉放？放，依也。敢私布之于吏，布，陈也。吏，军吏。唯君图之。"公曰："君子也。"○明道本作"是君子之言也"，与周语同。乃出阳人。出，降也。○吴曾祺曰："出，谓徙而出之也。"元诰按：谓解围而令不服者去也。文公伐原，原不服，故伐之。令以三日之粮，三日而原不降〔八四〕，公令疏军而去之。疏，彻也。（元诰按：彻，俗作"撤"。）谍出曰："原不过三日矣〔八五〕。"谍，间候。○元诰按：谓原不再过三日必降〔八六〕。军吏以告，公曰："得原而失信，何以使人？夫信，民之所庇也，不可失。"庇，荫也。乃去之，及孟门，而原请降。孟门，原地。传曰："退一舍而原降〔八七〕。"○吴曾祺曰："董氏正义本作'盟门'，盟、孟古字通，在今济源县西北。"元诰按：内传谓退一舍，盖三十里也。古者军退，日三十里，是晋师去原至孟门止一日程耳。乃请降，犹是不过三日。

374

7　文公立四年，楚成王伐宋，四年，鲁僖二十七年冬。宋背楚事晋，故楚伐之。公率齐、秦伐曹、卫以救宋。鲁僖二十八年春，晋侯侵曹伐卫。传曰，"楚始得曹而新婚于卫"也〔八八〕。宋人使门尹班告急于晋，门尹班，宋大夫。○元诰按：门姓，尹班名。后魏有门文爱。公告大夫曰：“宋人告急，舍之则宋绝，舍不救宋〔八九〕，则宋降楚，与我绝矣。告楚则不许我。告，谓请宋于楚〔九〇〕，楚不许我。我欲击楚，齐、秦不欲，其若之何？”先轸曰：“不若使齐、秦主楚怨。”先轸，晋中军原轸也。主楚怨，为怨主，谓激齐、秦，使之怨楚。公曰：“可乎？”先轸曰：“使宋舍我而赂齐、秦，使宋置晋，独赂齐、秦。藉之告楚。借与齐、秦之势，使请宋于楚。我分曹、卫之地，以赐宋人。楚爱曹、卫，必不许齐、秦。齐、秦本与晋俱伐曹、卫，今晋分其地，楚必不许齐、秦之请。齐、秦不得其请，必属怨焉，属，结也。然后用之，蔑不欲矣。”用，用齐、秦也。蔑，无也。公说，是故以曹田、卫田赐宋人。二十八年春，卫侯欲与楚，国人不欲，故出其君以说于晋，卫侯出居襄牛。公执曹伯，分曹、卫之田以畀宋人〔九一〕。○元诰按：能左右之曰以。令尹子玉使宛春来告，宛春，楚大夫。○元诰按：子玉盖率师伐宋者。曰：“请复卫侯而封曹，○僖二十八年左传杜注曰：“卫侯未出竟，曹伯见执在宋，已失位，故言复卫封曹〔九二〕。”臣亦释宋之围。”释，解也。舅犯愠曰：“子玉无礼哉！君取一，臣取二〔九三〕，必击之。”愠，怒也。君，文公也。臣，子玉也。一，谓释宋围。二，谓复曹、卫也。○僖二十八年左传杜注曰：“君取一，以释宋围，惠晋侯。臣取二，以复曹、卫，为己功。”先轸曰：“子与之。与，许也。我不许曹、卫之请，是不许释宋也，宋众无乃强乎！不许释宋，宋降于楚，其众益强。○王念孙曰：“如韦注，则是楚众强，非宋众强矣，殊与传文不合。强，当读为僵。僵，毙也，（见吕氏春秋贵卒篇注。）言宋国之众将为楚所毙也。故僖二十八年左传曰：‘不许楚言，是弃宋也。’

强之为僵，犹疆之为僵。陈君闻道碑：'车马疆顿。'疆即僵之假借。"

是楚一言而有三施，子一言而有三怨。三，曹、卫、宋。怨已
多矣，难以击人。不若私许复曹、卫以携之，携，离也。执
宛春以怒楚，怒楚，令必战。既战而后图之。"图，图复曹、卫。
○僖二十八年左传杜注曰："须胜负决乃定计。"公说，是故拘宛春
于卫。子玉释宋围，从晋师。楚既陈，晋师退舍，军吏请曰：
"以君避臣，辱也。时楚王避文公之德，入居申，使子玉去宋，子玉
不肯，固请战，故云避臣。○僖二十八年左传杜注曰："以晋君而避子玉，
故曰以君避臣。"且楚师老矣，必败。何故退？老，罢也。围宋
久，其师罢病。子犯曰："二三子忘在楚乎？言在楚时，许退三舍。
偃也闻之，战斗直为壮，曲为老〔九四〕。若韩之战，秦师少而斗
士众，晋曲秦直，故能败晋。未报楚惠而抗宋，我曲楚直，抗，救也。
○元诰按：内传抗作"亢"，杜注云："当也。"其众莫不生气，不可
谓老〔九五〕。若我以君避臣而不去，彼亦曲矣。"退三舍避
楚。楚众欲止，子玉不肯，至于城濮，果战，楚众大败。城
濮，卫地。○沈镕曰："今山东濮县南七十里有临濮古城，即古城濮也。"
君子曰："善以德劝。"善，先轸、子犯。

376 **8** 文公诛观状以伐郑，反其陴。贾侍中云："郑复效曹观公骈
胁之状，故伐之。"唐尚书云："诛曹观状之罪，还而伐郑。"昭省内、外
传，郑无观状之事，而叔詹云："天祸郑国，使淫观状"，谓淫放于曹，不
礼公子，与观状之罪同耳。反，拨也。陴，城上女垣。僖三十年秋，秦伯、
晋侯围郑。○吴曾祺曰："注以观其裸为观状，义殊曲。观状即内传之'献

状’，谓令其自陈所应得之罪状也。”元诰按：僖三十年左传：“晋侯、秦伯围郑，以其无礼于晋，且贰于楚也。”是文公伐郑，因前过郑时无礼，故于伐曹后伐郑，似唐说是也。郑人以名宝行成，名宝，重宝。〇元诰按：行成，请和也。公弗许，曰：“予我詹而师还。”詹，郑卿叔詹〔九六〕。文公过郑时，詹请礼之，郑伯不听，因请杀之。詹请往，郑伯弗许。郑伯，郑文公。詹固请，〇元诰按：固，坚也，谓再三请也。曰：“一臣可以赦百姓而定社稷，君何爱于臣也？”郑人以詹予晋人。〇明道本脱“人”字。晋人将烹之，烹，煮也。詹曰：“臣愿获尽辞而死，固所愿也。”公听其辞。〇元诰按：谓使毕其辞。詹曰：“天降郑祸，使淫观状，弃礼违亲。淫，放也，放曹国不礼于君。〇元诰按：上文“观状”指曹观骈胁一事，此“观状”疑当为无状，涉上文而误也。郑无如曹观状之事，韦上注云“与观状之罪同”，亦曲为之说耳。臣曰：‘不可。夫晋公子贤明，其左右皆卿才，若复其国而得志于诸侯，祸无赦矣。’今祸及矣。尊明胜患，智也。明，谓公子。胜，犹遏也。杀身赎国，忠也。”乃就烹，据鼎耳而疾号曰：“自今以往，知忠以事君者，与詹同。”〇元诰按：知忠，即上文“智忠”。乃命弗杀，厚为之礼而归之。礼，礼饩也。郑人以詹为将军。〇元诰按：各本“詹”下有“伯”字，今依黄丕烈说删。

9　晋饥，公问于箕郑　箕郑，晋大夫。曰：“救饥何以？”对曰：“信。”〔九七〕公曰：“安信？”对曰：“信于君心，不以爱憎诬人以善恶，是谓信于心。信于名，名，百官尊卑之号。信于令，信于事。"谓使民事，各得其时。公曰："然则若何？"对曰："信于君心，则美恶不踰。不相踰越。信于名，则上下不干。干，犯也。信于令，则时无废功。不夺其时，则有成功。信于事，则民从事有业。业，犹次也。于是民知君心，贫而不惧，藏出如入，何匮之有？"出其帑藏，以相振救，如入于家，故不乏也。公使为箕。为箕大夫。○吴曾祺曰："箕，在今山西太谷县东南三十五里〔九八〕。"及清原之蒐，使佐新上军。清原之蒐，在鲁僖三十一年秋。○僖三十一年左传："晋蒐于清原，作五军以御狄。"杜注云："二十八年，晋作三军，（元诰按：是鲁僖二十七年。）今罢之，更为上下新军。河东闻喜县北有清原。"吴曾祺曰："清原，在今山西稷山县西北二十里。"元诰按：晋常以蒐礼改政令，文公四年，蒐于被庐，作三军。蒐，治兵也。六年，蒐于夷，舍二军，复成国之制。八年，蒐于清原，作五军〔九九〕。公羊传："比年简徒，谓之蒐；三年简车，谓之大阅；五年大简车徒，谓之大蒐。"

10　文公问元帅于赵衰，元帅，上卿。○僖二十七年左传杜注曰："元帅，中军帅〔一○○〕。"对曰："郤縠可，行年五十矣，郤縠，晋大夫。行，历也。守学弥惇。弥，益。惇，厚。夫先王之法志，德义之府也。志，记也。夫德义，生民之本也。能惇笃者，不忘百姓也。请使郤縠。"公从之。○元诰按：使郤縠将中军也。内传云："郤溱佐之〔一○一〕。"公使赵衰为卿，○僖二十七年左传林注曰："将下军〔一○二〕。"辞曰："栾枝贞慎，枝，晋大夫栾共子之子贞子也。先轸有谋，胥臣多闻，皆可以为辅，○明道本下有"佐"字。臣弗如也。"乃使栾枝将下军，先轸佐之。此述初耳，在城濮战前。○元诰按：此述蒐于被庐，作三军时事。取五鹿，先轸之谋也。五鹿，卫地。○元诰按：五鹿，已见齐语，在今直隶大名县。郤縠卒，使先轸代之。从下军之佐，超将中军。传曰："尚德也。"○元诰按：代，继也。下同。胥臣佐下军。代先轸。公使原季为卿，原季，赵衰也。文公二年，为原大夫。卿，次卿也。○元诰按：此"卿"当谓上军帅也，观下文让于狐偃，偃又让毛为上军，可知。辞曰："夫三德者，偃之出也。偃，狐偃。贾、唐云："三德，栾枝、先轸、胥臣，皆狐偃所举。"虞云："三德，谓劝文公纳襄王以示臣义，伐原以示信〔一〇三〕，大蒐以示民礼。故以三德纪民。"昭谓：栾枝等皆赵衰所进，非狐偃。三德纪民之语在下，虞得之。以德纪民，其章大矣，不可废也。"章，著也。使狐偃为卿，辞曰："毛之智贤于臣，其齿又长，毛，偃之兄。毛也不在位，不敢闻命。"乃使狐毛将上军，狐偃佐之。尚齿也。上军，或言新上军，非。时未有新军，（元诰按：此时文公四年也，至七年始为上、下新军。）传曰"使狐偃将上军，让于狐毛而佐之"是也。狐毛卒，使赵衰代之，虞、唐云："代将新军。"昭谓：代将上军。○元诰按：赵衰为新军卿，在文公七年。辞曰："城濮之役，先且居之佐军也善，先且居，先轸之子蒲城伯也，后受霍为霍伯〔一〇四〕。军伐有赏，伐，功也。善君有赏，能其官有赏。以道事其君，赖其功，当有赏。能领治其官职〔一〇五〕，使不谬误，君得以尊，民得以宁，当有赏也。且居有三赏，不可废也。言且居有是三德，得此三赏，不可废而不用。且臣之伦，箕郑、胥婴、先都在。"伦，匹也。三子，晋大夫。乃使先且居将上军。代狐毛。公曰：

“赵衰三让，三使为卿，三让之，进栾枝等八人。其所让，皆社稷之卫也。废让，是废德也。”以赵衰之故，蒐于清原，作五军。清原，晋地。晋本三军，有中军、上军、下军。今有五，益新上、下也。使赵衰将新上军，箕郑佐之；胥婴将新下军，先都佐之。子犯卒，蒲城伯请佐，或云：“蒲城伯，狐毛也。”贾侍中云：“蒲城伯，先且居也。”昭谓：上章，狐毛已卒，使先且居代之。贾得之矣。公曰：“夫赵衰三让不失义。义，宜也。让，推贤也。义，广德也。德广贤至，又何患矣。请令衰也从子。”从，从先且居也。乃使赵衰佐上军〔一○六〕。赵衰从新上军之将佐上军，升一等。新上军之将，位在上军之佐下。此章或在狐毛卒上，非也，当在下。○各本“佐”下有“新”字，今依韦说删。

11　文公学读书于臼季，三日，臼季，胥臣。曰：“吾不能行也咫，闻则多矣。”咫，咫尺间。对曰：“然而多闻以待能者，不犹愈乎？”使能者行之，犹愈于不学。○明道本“乎”作“也”。

12　文公问于郭偃曰：“始也，吾以国为易，郭偃，卜偃。易，易治。○明道本“国”上有“治”字，非。今也难。”对曰：“君以为易，其难也将至矣。以为易而轻忽之，故其难将至。君以为难，其易也将至焉。”以为难而勤修之，故其易将至。

13　文公问于胥臣曰：“吾欲使阳处父傅讙也○内传讙作“驩”。而教诲之，其能善之乎？”阳处父，晋大夫阳子。讙，文公子襄公名。对曰："是在瓘也。籧篨不可使俯，籧篨，直者，谓疾。○各本籧篨皆从草，非。旧音曰："上音渠，下音除。"戚施不可使仰，戚施，疴者。（元诰按：疴，原本作"瘁"，今依陈树华说改。说文："疴，曲脊也。"）僬侥不可使举，僬侥，长三尺，不能举动。○宋庠曰："僬，在遥反，亦作焦。僬侥，南方国名，人长三尺，短之极也。侏儒不可使援，侏儒，短者，不可使抗援。蒙瞍不可使视，有眸子而无见曰蒙，无眸子曰瞍。嚚瘖不可使言，口不道忠信之言为嚚。瘖，不能言者。○王念孙曰："传言'不可使言'，'不可使听'，则嚚瘖为不能言之人，聋聩为不能听之人。韦氏以左传释之，非其本指也。凡事理之相近者，其名即相同。籧篨、戚施、侏儒皆疾也，故人之不肖者亦曰籧篨、戚施、侏儒。邶风新台篇曰：'燕婉之求，得此戚施。'郑语曰：'侏儒、戚施，寔御在侧，近顽童也。'皆谓不肖之人也。淮南修务篇注云：'籧篨偃，戚施偻，皆丑貌也，故物之粗丑者亦曰籧篨、戚施。'方言曰：'簟之粗者，自关而西谓之籧篨。'太平御览引薛君韩诗章句曰：'戚施、蟾蜍，喻丑恶。'是也。侏儒，短人也。故梁上短柱亦谓之侏儒。淮南主术篇曰'修者以为檐榱，短者以为朱儒、枅栌'是也。不能言谓之瘖，故不言亦谓之瘖，晏子春秋谏篇'近臣嘿，远臣瘖'是也。不能言谓之嚚，不能听谓之聋，故不道忠信之言亦谓之嚚耳，不听五声之和亦谓之聋，左传僖二十四年富辰所云是也。故事，理之相近者既有本意，即有借义，不以本义废借义，亦不当以借义乱本义也。"聋聩不可使听，耳不别五声之和曰聋，生而聋曰聩。○一切经音义引贾逵曰："聋无识曰聩。"僮昏不可使谋。僮，无智。昏，暗乱。质将善而贤良赞之，则济可俟。言质性将自善，而贤良之傅赞导之，则成就可立俟也。若有违质，违，邪也。**教将不入**，不入其心。**其何善之为！**言不能使善。○王引之曰："为，有也。韦注失之。"**臣闻昔者大任娠文王不变**，娠，有身也〔一〇七〕。不变，不变动。○史记周本纪集解曰："大任，挚任氏中女。"正义曰："挚、畴二国，任姓。大任，王季娶以为妃。大任之性，端壹诚庄，维德之行。及其有身，目不视恶色，耳不听淫声，口不出傲言，以胎教子，而生文王。此皆有贤行也。"**少溲于豕牢而得文王，不加病焉**。少，小也。溲，便也。豕牢，厕也。言大任之生文王时，如小溲于厕而得文王，不加病痛，言其易也〔一〇八〕。**文王在母不忧**，在母孕时体不变，故不忧。**在傅弗勤，处师弗烦**〔一〇九〕，○元诰按：勤，劳也。谓不劳烦师傅，敏而好学。**事王不怒**，奉事父王季，不加怒。**孝友二虢**，善兄弟为友。二虢，文王弟虢仲、虢叔。○王引之曰："孝友取义于义，故善于兄弟亦可谓之孝。"僖五年左传孔疏引贾逵曰："虢仲封东虢，制是也。虢叔封西虢，虢公是也。"**而惠慈二蔡**〔一一〇〕，惠，爱也。三君云："二蔡，文王子。管叔初亦为蔡。"○汪远孙曰："下文'诹于蔡、原'，韦注云：'蔡，蔡公。'此即二蔡之一也。列女传称周南芣苢诗为蔡人之妻作，是文王时先有蔡国矣，三君说恐非是。"王引之曰："蔡与祭古通用，祭为畿内之邑，字本作'郑'，二祭，盖二人皆食邑于祭者。惠慈，犹惠爱也，固不必爱子而后谓之慈。说者以为管叔、蔡叔，失之〔一一一〕。管、蔡不贤，岂得置武王、周公而爱管、蔡乎？"**刑于大姒**，刑，法也。大姒，文王妃。○元诰按：大姒，有莘氏之女。**比于诸弟**。比，亲也。诸弟，同宗之弟。**诗云：'刑于寡妻，至于兄弟，以御于家邦。'**诗大雅思齐之二章。寡妻，寡有之妻，谓大姒。御，治也。○陈奂曰："毛诗传云：'寡妻，适妻也。'寡之为言特也，适之为

国语集解

言正也。寡谓之特，特谓之匹；适谓之妃，妃谓之匹，义并通也。天子之妻，适一，余皆妾，故传释寡妻为适妻。解者并谓寡为寡德，于是主一无敌之义久湮矣。"宋庠曰："御，鱼据反。郑笺云：'御，治也。'与注合。毛公训'牙嫁反，迎也'。宜从郑读。"**于是乎用四方之贤良。**以自辅也。**及其即位也，询于八虞，**询，谋也。贾、唐曰："八虞，周八士，皆在虞官，伯达、伯适、仲突、仲忽、叔夜、叔夏、季随、季䯄。"○诗思齐篇孔疏曰："论语有八士，郑意以为周公相成王时所生，则不得为文王所询。如郑意，则别有八士贤人在虞官矣。"与贾、唐不合。考逸周书克殷解："乃命南宫忽振鹿台之财，散巨桥之粟。乃命南宫百达、史佚迁九鼎三巫〔一一二〕。"忽即仲忽，百达即伯达，当依古记。**而咨于二虢，**咨，谋也。**度于闳夭，而谋于南宫，**皆周贤臣。度，亦谋也。南宫，南宫适。**诹于蔡、原，而访于辛、尹，**诹、访，皆谋也。蔡，蔡公；原，原公；辛，辛甲；尹，尹佚。皆周大史。○王引之曰："蔡，读为'祭公谋父'之祭。昭王时有祭公陨于汉水，穆王时有祭公谋父，春秋隐元年'祭伯来'，桓八年'祭公来'，庄二十三年'祭叔来聘'，盖皆文王时祭公之后。祭与蔡古字通。上文曰：'孝友二虢，而慈惠二蔡。'此言'咨于二虢'，即上文之'二虢'，则此言'诹于蔡'〔一一三〕，即上文之二蔡也。"史记周本纪集解引刘向别录曰〔一一四〕："辛甲，故殷之臣，事纣，盖七十五谏而不听〔一一五〕，去至周，文王以为公卿，封长子。"元诰按：尹佚为周大史，故亦称史佚，尚书称"逸祝册"。**重之以周、邵、毕、荣，**周，周文公。邵，邵康公。毕，毕公。荣，荣公。○书序贿肃慎之命正义引贾、唐曰："荣，周同姓。"元诰按：荣，已见周语。**亿宁百神，**亿，安也。**而柔和万民。**柔，安也。**故诗云：'惠于宗公，**

神罔时恫。'亦思齐之二章。惠，顺也。宗公，大臣也。恫，痛也。言文王为政，咨于大臣，顺而行之，故鬼神无怨痛之者。○陈奂曰："毛诗传云：'宗公，宗神也。'传即从下文'神'字立训，言文王之祀群神也。国语以宗公为百神，为毛诗传所本。引诗承'亿宁百神'句，而于'询'、'咨'、'度'、'谋'、'诹'、'访'句不干涉。犹上文引诗'刑于寡妻，至于兄弟，以御于家邦'，承'刑于大姒'句，而于'在傅弗勤，处师弗烦'句不干涉。解国语者多失之矣。郑笺宗公为大臣。然顺于大臣，未能即当于神明，与下文言神义不相接。"汪远孙曰："韦注乃踵郑之误。"

国语集解

是则文王非专教诲之力也。"言因体也。○明道本"是"上有"若"字。公曰："然则教无益乎？"对曰："胡为〔一一六〕？○元诰按：言何谓无益。为与谓古字通用。文益其质，言有美质，加以文采乃善。故人生而好学，非学不入。"不入，不入于道。公曰："奈夫八疾何？"八疾，籧篨至童昏。对曰："官师之所材也，师，长也。材，古裁字〔一一七〕。○元诰按〔一一八〕：材，谓裁成，下所言是。戚施植镈，植，主击镈。镈，钟也。○元诰按：各本植作"直"，今依礼记王制疏、周礼考工记疏引国语改。籧篨蒙璆，蒙，戴也。璆，玉磬。不能俯，故能戴磬。侏儒扶卢，扶，缘也。卢，矛戟之柲，缘之以为戏。蒙瞍循声，无目，于音则审，故使循之。○明道、宋庠各本循作"修"，贾本作"循"，注曰："循声，歌咏琴瑟。"王念孙曰〔一一九〕："循声者，循琴瑟之声而歌咏也。声为歌之所循，故曰循声。若作'修声'，则义不可通。"元诰按：贾本是，今从之。聋聩司火。耳无闻，于视则审，故使主火。僬昏、嚚瘖、僬侥，官师所不材也，所不能材用〔一二○〕。以实裔土。裔，荒裔。夫教者，因体能质而利之者也。能质，

384

性能。〇宋庠本注曰："能，才也。因其身体有质可成，济者就而通利之。"
若川然有原，以御浦而后大。"御，迎也。言川有原，因开利迎之
以浦，然后大。〇明道、宋庠各本御作"卬"，孔本作"仰"，言"川仰浦
而大，人仰教而成"。汪远孙曰："韦本当作'御'，故训为'迎'。旧音'牛
稼反'可证。孔本'御'字脱坏作'卬'，因字解之。若作'仰'，不须音
矣。后人以孔改韦，复改孔为'仰'。集韵四十'祸、讶'下不载'卬'字，
是丁度所据国语音当不误也。"元诰按：汪说是，今从之。

14 **文公即位二年，**更言此者，述初也。〇宋庠述本注曰："终善文
公之事。"**欲用其民，**用，用征伐。**子犯曰："民未知义，**未知尊
上之义。**盍纳天子以示之义？"**时天子避子带之难，在郑地氾。**乃
纳襄王于周。公曰："可矣乎？"对曰："民未知信，盍伐
原以示之信？"乃伐原。**信，谓上令以三日之粮，粮尽不降，命去之。
**曰："可矣乎？"对曰："民未知礼，盍大蒐，备师尚礼以示
之？"**蒐，所以明尊卑，顺少长，习威仪。**乃大蒐于被庐，**被庐，晋地。
作三军。唐尚书云："去新军之上、下。"昭谓：此章言文公之初未有
新军。**使郤縠将中军，以为大政，**大政，大掌国政。〇王念孙曰：
"韦说非也。政读为正。尔雅：'正，长也。'郤縠将中军，为卿之长，故
曰'大正'。以为大正，犹曰以为正卿耳。昭十五年左传：'孙伯黶司晋
之典籍，以为大政。'杜注曰：'孙伯黶，晋正卿。'汉书五行志[一二一]
作'大正'，是其证也。"**郤溱佐之**[一二二]。郤溱，晋大夫郤至之先。
或云"溱即至"，非也。**子犯曰："可矣。"**可，可用也。**遂伐曹、卫，**
在鲁僖二十八年。**出谷戌，**谷，齐地。鲁僖二十六年，楚伐齐[一二三]，

取谷，使申公叔侯成之。〇沈镕曰："谷，今山东东阿县治。"**释宋围**，二十七年，楚围宋〔一二四〕，晋伐曹、卫以救之。**败楚师于城濮**，二十八年，楚子使申叔去谷，子玉去宋避晋，畏其强也。**于是乎遂伯。**

【校记】

〔 一 〕十二年岁星一周为一纪 "星"字脱，据各本补。

〔 二 〕岁在鹑尾，必有此五鹿地 "此"字脱，据各本补。

〔 三 〕授时合率大，但可推 "但"误作"略"，据国语发正改。

〔 四 〕僖二十八年正月己亥朔 "己"误作"乙"，据国语发正改。

〔 五 〕疑则不成天命 "天"误作"大"，据各本改。

〔 六 〕韦释"每怀"句未合，辨见下 "下"误作"上"，依文义改。

〔 七 〕见可怀，思可畏也 "见可"二字误倒，据各本改。

〔 八 〕敬仲，夷吾谥 "谥"各本作"字"。按夷吾之谥为"敬"，连其名通称为"敬仲"，集解改"字"为"谥"而未作说明，不知何据。

〔 九 〕不畏威，则有刑罪 "罪"误作"罚"，据各本改。

〔一〇〕去威远，言不能威民 "言"误作"信"，据各本改。

〔一一〕以见怀思威为立 "立"误作"主"，据国语韦解补正改。

〔一二〕皇甫谧曰 "谧"误作"谥"，据国语发正改。

〔一三〕不长世，乱当有平时 "世"误作"时"，据各本改。

〔一四〕偃之肉腥臊 "腥臊"二字脱，据各本补。

〔一五〕冬，邢人、狄人伐卫，围菟圃，文公师于訾娄以退之，故不能礼焉 此二十四字脱，据各本补。

〔一六〕穆仲静之子宁速 "速"误作"远"，据公序本改。

〔一七〕俾守天聚者　　"聚"误作"族"，据各本改。

〔一八〕若复而修其德　　"其"字脱，据各本补。

〔一九〕襄二十六年传　　"襄"字脱，据左传补。

〔二〇〕长幼，从幼至长也　　"从幼至长"误从明道本作"从长至幼"，据公序本改。

〔二一〕戎御，御戎车也　　误重"戎御"二字，据各本删。

〔二二〕贾佗在从亡诸臣之列　　"在"字脱，据国语发正与经史问答（卷四）补。　晋公子父事狐偃　　"父事"二字脱，据国语发正与经史问答（卷四）补。

〔二三〕襄公从之　　"襄"字脱，据各本补。

〔二四〕今晋公子有三祚焉　　"子"字脱，据各本补。"祚"字从明道本，公序本作"胙"。

〔二五〕狐氏，重耳外家也，出自唐叔，与晋同祖　　"也"字脱，"晋"下衍"俱"字，据公序本补删。

〔二六〕大王则秩祀而尊大之　　"尊大"之"大"字脱，据各本补。

〔二七〕禾三十车　　公序本原作"禾二十车"，明道本作"禾十车"，皆误，此据周礼秋官掌客之文改正而未作说明。

〔二八〕旄，旄牛尾　　"尾"字脱，据各本补。

〔二九〕三舍为九十里　　"为"字脱，据各本补。

〔三〇〕"文"上亦无"有"字　　"文上"二字误倒，据经义述闻改。

〔三一〕若以约为在困约之中　　"在"字脱，据经义述闻补。

〔三二〕鲁僖二十二年逃归　　"二十二年"误作"二十三年"，据各本改。

〔三三〕青阳，金天氏帝少皞　　"氏"字脱，据各本补。

〔三四〕则少昊为青阳之子信矣　　"信"误作"明"，据路史后纪七疏仡纪改。

〔三五〕 小昊,方累氏之生也　“氏”字脱,据路史后纪七疏仡纪补。

〔三六〕 得姓,以德居官而赐之姓也　“以”上衍“谓”字,据各本删。

〔三七〕 其得姓者十四人　“者”字脱,据群经平议补。

〔三八〕 姬、酉、祁、纪、滕、箴、任、苟、僖、姞、儇、衣是也　“箴”字脱,据明道本补。公序本作“葴”。

〔三九〕 以国为氏　“氏”误作“是”,据经义述闻改。

〔四〇〕 元和姓纂及广韵引国语并不作“苟”也　“广”误作“唐”,据经义述闻改。

〔四一〕 同姓为姬也　“姓”误作“时”,据各本改。

〔四二〕 黄帝子二十五人　“二”字脱,据路史后纪五疏仡纪补。

〔四三〕 其得信耶　“信”误作“姓”,据路史后纪五疏仡纪改。

〔四四〕 唯苍林氏同于黄帝,故皆为姬姓　“氏”字、“故”字脱,据群经平议补。

〔四五〕 昔少典娶于有蟜氏,生黄帝、炎帝　“黄”误作“皇”,据各本改。

〔四六〕 炎、黄二帝虽则相承　“相”字脱,据史记五帝本纪索隐补。

〔四七〕 神农后第八帝曰榆罔　“后”字脱,据路史后纪四禅通纪补。

〔四八〕 今依王念孙说改　“王念孙”误作“王引之”,据经义述闻改。

〔四九〕 内传昭元年疏引国语　“元”误作“九”,据国语考异改。

〔五〇〕 何辞于妻　“辞”误作“有”,据各本改。

〔五一〕 必先有以自入　“入”误作“立”,据各本改。

〔五二〕 言不先施德于人 "施"字脱,据各本补。

〔五三〕 考工记弓人 "弓"误作"工",据国语发正改。

〔五四〕 明日宴 "宴"字脱,据各本补。

〔五五〕 六月,小雅,道尹吉甫佐宣王征伐,复文、武之业 "六月"、"小雅"二词互倒,又脱"复"字,据公序本改补。明道本"小雅"二字在"文武之业"下。

〔五六〕 坤下震上,豫 "豫"字脱,据各本补。

〔五七〕 故曰皆八,谓爻无为也 "谓爻无为"四字脱,据各本补。

〔五八〕 水在山上为泉原 "山上"二字互倒,据公序本改。

〔五九〕 元,亨,利贞,勿用,有攸往,利建侯 此十二字脱,据各本补。

〔六〇〕 震动而遇坎 "遇"误从明道本作"过",据公序本改。

〔六一〕 其实是年闰余并非十八 "余"字脱,据国语发正补。

〔六二〕 当是误闰余十二为十八 "十二"二字脱,据国语发正补。

〔六三〕 入桑泉始是正月 "始"误作"乃",据国语发正改。

〔六四〕 周月也 "周"误作"是",据经义述闻改。

〔六五〕 质,信也 "信也"二字脱,据各本补。

〔六六〕 及王念孙说改 "王念孙"误作"王引之",据经义述闻改。

〔六七〕 五年冬至在房初 "五年"二字脱,据国语发正补。

〔六八〕 乾下坤上 "上"、"下"二字互倒,据各本改。

〔六九〕 天之大纪也 "大"字脱,据各本补。

〔七〇〕 高梁已见前,在今山西临汾东北三十七里 "山西"误作"山东",依文义改。

〔七一〕 庐柳,晋地 "庐"误作"鲁",据各本改。

〔七二〕 写者脱去"十二月"三字耳 "脱去"二字脱,据经义述闻补。

〔七三〕狐偃及秦、晋大夫盟于郇 “秦”字脱，据各本补。

〔七四〕寺人，掌内人 各本无此五字，此据国语考异补入而未作说明。

〔七五〕弃为民主之道 “民主”误作“明道”，据各本改。

〔七六〕匡乏困 “乏困”二字误倒，据经义述闻改。

〔七七〕食官，官廪之 脱一“官”字，据公序本补。

〔七八〕是古本作“加”，不作“家”矣 下“作”字误作“在”，依文义改。

〔七九〕二年春 “二”误作“三”，据各本改。

〔八〇〕缫醴，饮醴酒也 “饮醴”二字脱，据各本补。

〔八一〕赐公南阳阳樊、温、原、州、陉、绨、鉏、攒茅之田 “鉏”误从明道本作“组”，据公序本改。

〔八二〕说苑权谋篇 “谋”字脱，据说苑补。

〔八三〕典司六典 下“典”字脱，据群经平议补。

〔八四〕三日而原不降 “三日”二字脱，据各本补。

〔八五〕原不过三日矣 “三日”各本皆作“一二日”。按韩非子外储说左上云：“原三日即下矣。”新序杂事四云：“原不过三日将降矣。”是旧说多作“三日”者，但“一二日”义亦可通，未必即为讹误，不宜径作改字，以致泯没古本原貌。

〔八六〕谓原不再过三日必降 “三日”参看上条校记。

〔八七〕传曰：“退一舍而原降。” “原”字原作“请”，据明道本改。公序本作“请降，退一舍而请降”，无“传曰”二字。

〔八八〕“楚始得曹而新婚于卫”也 “曹”误作“霸”，据各本改。

〔八九〕 舍不救宋 "舍"下衍"之"字,据各本删。

〔九〇〕 告,谓请宋于楚 "谓"误作"请",据各本改。

〔九一〕 分曹、卫之田以畀宋人 "畀"误作"与",据各本改。

〔九二〕 故言复卫封曹 "卫"误作"位",据左传杜注改。

〔九三〕 君取一,臣取二 此从明道本。公序本作"臣取二,君取一",韦解二本皆释"臣"与"二"在前,释"君"与"一"在后,表明公序本同于韦氏之本,而明道本改从左传僖二十八年之文,韦解则如旧。今本书正文从明道本,韦解次序亦随之改定,而集解未作说明。

〔九四〕 战斗直为壮,曲为老 "直"字脱,据各本补。

〔九五〕 不可谓老 "不"字脱,据各本补。

〔九六〕 郑卿叔詹 公序本作"郑卿叔詹伯也",明道本少"也"字,黄丕烈明道本国语札记云:"此'伯'字衍。"集解从之删去"伯"字而未作说明。

〔九七〕 对曰:"信。" "信"下衍"之"字,据各本删。

〔九八〕 箕,在今山西太谷县东南三十五里 "南"字脱,据国语韦解补正补。

〔九九〕 晋常以蒐礼改政令,文公四年,蒐于被庐,作三军。……六年,蒐于夷,舍二军,……八年,蒐于清原,作五军 按文公四年、八年皆晋文公之纪年,六年则鲁文公之纪年,即晋襄公七年,集解混为一谈,甚误。

〔一〇〇〕 元帅,中军帅 "军"下衍"大"字,据左传僖二十七年杜注删。

〔一〇一〕 郤溱佐之 "溱"误作"凑",据左传僖二十七年改。

〔一〇二〕 僖二十七年左传林注曰:"将下军。" "七"误作"八",

"林"误作"杜", "将"误作"卿", 据春秋左传杜林注改。

〔一〇三〕 伐原以示信　"示"下衍"民"字, 据各本删。

〔一〇四〕 后受霍为霍伯　上"霍"字误作"爵", 据各本改。

〔一〇五〕 能领治其官职　"领"字脱, 据公序本补。

〔一〇六〕 乃使赵衰佐上军　此句各本原作"乃使赵衰佐新上军",
下有韦解云: "此有'新'字, 误也。"下接"赵衰从新
上军之将佐上军"云云。本文从韦解之说删去正文"新"
字, 并删去韦解有关文句, 而未作说明。

〔一〇七〕 娠, 有身也　"娠"误作"任", 据各本改。

〔一〇八〕 少溲于豕牢而得文王, 不加病焉。(少, 小也。溲, 便也。
豕牢, 厕也。言大任之生文王时, 如小溲于厕而得文王,
不加病痛, 言其易也。)　此正文与注文全脱, 据公序
本补。明道本文略且有误。

〔一〇九〕 处师弗烦　"弗"误作"不", 据各本改。

〔一一〇〕 惠慈二蔡　"慈"误作"爱", 据各本改。

〔一一一〕 说者以为管叔、蔡叔, 失之　"蔡叔"之"叔"字脱, 据经
义述闻补。

〔一一二〕 乃命南宫忽振鹿台之财, 散巨桥之粟。乃命南宫百达、史
佚迁九鼎三巫　"散"字脱, "百"误作"伯"。"百"字
据逸周书改, "散"字逸周书亦脱, 据史记周本纪补。

〔一一三〕 此言"诹于蔡"　"诹"误作"咨", 据经义述闻改。

〔一一四〕 史记周本纪集解引刘向别录曰　"引"字脱, 依文义补。

〔一一五〕 盖七十五谏而不听　"五"字脱, 据史记周本纪集解补。

〔一一六〕 对曰: 胡为　"胡"误作"何", 据各本改。

〔一一七〕 材, 古裁字　"材"误作"财", 据各本改。

〔一一八〕 元诰按　　"按"字脱,依文例补。

〔一一九〕 王念孙曰　　"王念孙"误作"王引之",据经义述闻改。

〔一二〇〕 所不能材用　　"材"误作"裁",据各本改。

〔一二一〕 汉书五行志　　"书"字脱,据经义述闻补。

〔一二二〕 郤溱佐之　　"溱"误作"凑",注文同误,据各本改。

〔一二三〕 鲁僖二十六年,楚伐齐　　"齐"字脱,据各本补。

〔一二四〕 二十七年,楚围宋　　"宋"字脱,据各本补。

国语集解

吉水徐元诰学

晋语五第十一

1　臼季使，舍于冀野。臼季，胥臣也。冀，晋邑。郊外曰野。〇元
诰按：舍，止也。冀有二，一为禹贡之冀州，当今直隶冀县治；一为春秋
之冀国，在今山西河津县东。兹所言属后者，晋灭之为邑矣。见冀缺
耨，其妻馌之，冀缺，郤成子也。耨，耘也。野馈曰馌，诗曰："馌彼
南亩。"〇元诰按：各本无"见"字，今依太平御览人事四十三引国语补。
耨，本作"耨"，亦作"鎒"，明道本作"薅"，未是。敬，相待如宾。
夫妇相敬如宾。从而问之，冀芮之子也，与之归。既复命而
进之，曰："臣得贤人，敢以告。"文公曰："其父有罪，可
乎？"文公元年，冀芮畏偪，与吕甥谋弑公，焚公宫，秦伯杀之是也〔一〕。
对曰："国之良也，灭其前恶，灭，除也。是故舜之刑也殛
鲧，其举也兴禹。殛，诛也。鲧，禹父。〇元诰按：殛非诛，辨见周语。

395

今君之所闻也，齐桓公亲举管敬子，其贼也。"^{敬子，管仲之}
谧。公曰："子何以知其贤也？"对曰："臣见其不忘敬也。
夫敬，德之恪也，恪于德以临事，其何不济！"公见之，使
为下军大夫。^{在文公时。而于此言之者，以襄公能继父志用冀缺。}
^{传曰："襄公以再命赏胥臣，曰：'举郤缺，子之功也。'以一命命郤缺为}
^{卿，复与之冀。"故曰冀缺。○吴曾祺曰："当是上卷文误入在此。"}

2 **阳处父如卫，反，过宁，**^{处父，晋大傅阳子也。如卫，聘卫也，}
^{在鲁文五年。宁，晋邑，今河内修武是也。○元诰按：修武，今属河南为县。}
舍于逆旅宁嬴氏。^{旅，客也。逆客而舍之也。嬴，其姓。○刘炫曰："宁}
^{嬴，逆旅主人。"贾逵、孔晁以为掌逆旅之大夫，非是。}**嬴谓其妻曰：**
"吾求君子久矣，今乃得之。"举而从之。^{举，起也。}**阳子道**
与之语，及山而还。^{山，河内温山也。传曰："及温而还。"○元}
^{诰按：温山在修武县北五十里。}**其妻曰："子得所求而不从之，**
何其怀也！"^{怀，思也。}**曰："吾见其貌而欲之，闻其言而恶之。**
夫貌，情之华也；^{容貌者，情之华采。}**言，貌之机也。**^{言语者，容}
^{貌之枢机。}**身为情，**^{情生于身。}**成于中言，身之文也，言文而发**
之，合而后行，离则有衅。^{合，谓情也，言也，文也。三者合而后行。}
^{衅，瑕也。}**今阳子之貌济，其言匮，非其实也。**^{济，成也。言不}
^{副貌为匮。匮，乏也。○俞樾曰："此'济'字以貌言，不当训'成'。济，}
^{当读为齐。诗采蘋篇'有齐季女'，传曰：'齐，敬也。'思齐篇'思齐大}
^{任'，传曰：'齐，庄也。'是齐有庄敬之义。广雅释训曰：'济济，敬也。'}
^{盖济与齐义通。阳子之貌济，其言匮，谓阳子之貌虽若庄敬，而其言则匮}

也。下文曰：'今阳子之情譓矣，以济盖也。'解曰：'譓，辨察也。'义
亦未合。说文无'譓'字，心部：'慧，儇也。''譓'字盖与慧同，谓阳
子之情儇利，而故为庄敬之貌，以掩盖之也。至匮之训'乏'，固为恒训，
然言不副貌，何以谓之乏？韦说亦未了。盖匮乏即有空虚之义，实者诚
也，则虚者不诚也，故言而不实谓之匮，盟而不实亦谓之匮。成二年左
传'卿不书，匮盟也'是也。因而其字又变作'讀'，广雅释训曰：'讀，
欺也。'讀即'其言匮'之匮矣。"**若中不济而外强之，**谓情不足，而
貌强为之。○元诰按：不济，不敬也。**其卒将复，**复，反也，反其情也。
中外易矣。易，犹异也。○明道本"中"下有"以"字。**若内外类
而言反之，渎其信也。**类，善也。渎，轻也。○吴曾祺曰："谓内
外本相类而言，故反之。不训'善'。"**夫言以昭信，奉之如机，**如
枢机之相应。○王引之曰："机，门捆也。韦据易传'枢机之发'为解。
枢为户枢，所以利转；机为门捆，所以止扉。枢机为门户之要，犹言行为
君子之要。"**历时而发之，**言思察之详熟。○尔雅释诂："历，相也。"
胡可渎也！今阳子之情譓矣，譓，辨也。○元诰按：譓为慧之假
借字。慧，儇利也，见上俞说。唐本、明道本又作"譓"，误。广韵："广
谋多智曰譓。"非此义。**以济盖也。**济，成也。成其容貌，以盖其短。
○吴曾祺曰："谓欲盖其短，以辨察济之也。"元诰按：谓故为庄敬之貌
以掩盖之也。见上俞说。**且刚而主能，**主，上也。言性刚直而高尚
其材能。**不本而犯，怨之所聚也。**不本，行不本仁义也。犯，犯人
也。○王引之曰："不，无也。不本而犯，言无本也。无本，谓言不本于
貌，貌不本于情，即上文所谓'中不济而外强之'、'外内类而言反之'也。
韦注谓'行不本仁义'，失之。"元诰按：犯，胜也，见尔雅释诂。此谓阳

子以言辞胜人也，故上云"闻其言而恶之"。**吾惧未获其利而及其难，是故去之。"期年，乃有贾季之难，阳子死之。**贾季，晋大夫，狐偃之子射姑也。食采于贾，字季佗。唐尚书云："晋蒐于夷，舍二军。"昭谓：初，晋作五军。鲁文五年，晋四卿卒。至六年，晋蒐于夷，舍二军〔二〕，复成国之制。狐射姑将中军，赵盾佐之。阳子至自温，改蒐于董，使赵盾将中军，射姑佐之。射姑怨阳子之易其班，使狐鞫居杀阳处父而奔狄。○汪远孙曰："贾季非贾佗，说见晋语四。"

3 赵宣子言韩献子于灵公以为司马。

宣子，晋正卿，赵衰之子宣孟盾也。献子，韩万之玄孙，子舆之子厥也。灵公，襄公之子夷皋也。司马，掌军大夫。**河曲之役，**河曲，晋地。鲁文十二年，秦伐晋，战于河曲。○元诰按：河曲即蒲坂，在今山西永济县东南隅。**赵孟使人以其乘车干行，**赵孟，宣子。干，犯也。行，军列。○宋庠曰："行，户郎反。"**献子执而戮之。众咸曰："韩厥必不没矣。**没，终也。○元诰按：谓不得终其天年。**其主朝升之，而暮戮其车，**主，主人。车，车仆也。献子因赵盾以为主，盾升之于公朝。暮，喻速也。○元诰按：朝对暮言，朝升暮戮，正言其速。韦训为"公朝"，似未允当。**其谁安之！"宣子召而礼之，曰："吾闻事君者，比而不党。**比，比义也。阿私曰党。**夫周以举义，比也；**忠信曰周。○论语为政篇："君子周而不比，小人比而不周。"潘箎曰："周与比皆训为亲，为密，为合。以义合者，周也；以利合者，比也。其合同，其所以合则异。晋语：'事君者比而不党。'夫周以举义，比也。举以其私，党也。彼之所谓比，即此之所谓周。彼之所谓党，即此之所谓比。比与党相近，则辨之曰'比而

国语集解

不党’。孔注训周为‘忠信’，孙绰训为‘理备’，皇侃训为‘博通’，皆失之。”举以其私，党也。夫军事无犯，犯而不隐，义也。在公为义。吾言女于君，惧女不能也。举而不能，党孰大焉！事君而党，吾何以从政？吾故以是观女。观女能否。女勉之。苟从是行也，勉之，劝终其志。是行，今所行也。临长晋国者，非女其谁？”临，监也。长，帅也。皆告诸大夫曰：“二三子可以贺我矣！吾举厥也而中，吾乃今知免于罪矣。”〇太平御览治道部十三引贾逵曰：“免失举之罪。”王引之曰：“乃，犹而也。乃难乎而也。乃与而对言之则异，散言之则通〔三〕。”

4 宋人弑昭公，宋人，宋成公之子文公鲍也。昭公，鲍之兄杵臼也。弑昭公在鲁文十六年。赵宣子请师于灵公以伐宋〔四〕，公曰：“非晋国之急也。”对曰：“大者天地，其次君臣，所以为明训也。言尊卑各得其所，所以明教训也。今宋人弑其君，是反天地而逆民则也，则，法也。天必诛焉。晋为盟主，而不循天罚〔五〕，循，行也。〇各本循作“修”，注同。王念孙曰：“修与行不同义，修当为‘循’。循天罚，行天罚也。甘誓曰，‘今予惟共行天之罚’是也。韦注训为‘行’，则其为‘循’字可知。说文：‘循，顺行也。’”元诰按：修、循二篆止争一画，故易讹。今据改。将惧及焉。”公许之。乃发令于大庙，召军吏而戒乐正，正，长也。军吏，主师旅。乐正，主钟鼓。令三军之钟鼓必备。赵同曰：“国有大役，役，事也。赵同，盾弟晋大夫原同。不镇抚民而备钟鼓，何也？”宣子曰：“大罪伐之，小罪惮之。惮，惧也。袭侵之事，陵也。轻曰袭。

无钟鼓曰侵。陵，以大陵小也。○俞樾曰："袭侵之事，非必皆以大陵小，韦说非也。说文：'夌，越也。'陵与夌通。礼记乐记篇：'迭相陵谓之慢。'正义曰：'陵，越也。'然则陵有超越之义。袭侵之事，陵也，谓乘其不备，超越而至也。汉书天文志：'陵历斗食。'师古注曰：'突掩为陵。'是其义矣。"是故伐备钟鼓，声其罪也。以声章其罪。战以錞于、丁宁，儆其民也。錞于，形如碓头，与鼓相和。丁宁，令丁，谓钲也〔六〕。儆，戒也。唐尚书云："錞于，镯也。"非也。镯与錞于各异物。○王念孙曰："战，非战斗之战。何以明之？钟鼓、錞于、丁宁皆战所必用，不得以钟鼓属伐，以錞于、丁宁属战，以是明之。战，读为惮。惮，惧也。此承上'大罪伐之，小罪惮之'而言，言伐之则必备钟鼓，所以声其罪也。若惮之而已，则但用錞于、丁宁，所以儆其民也。白虎通义引书大传曰：'战者，惮警之也。'广雅曰：'战，惮也。'大戴记曾子立事篇曰：'君子终身守此战战。'又曰：'君子终身守此惮惮。'鲁语'帅大仇以惮小国'，说苑正谏篇作'战'。庄子达生篇'以钩注者惮'，吕氏春秋去尤篇作'战'。战与惮古同声同义，故字亦相通。"元诰按：錞于即錞。周礼鼓人："以金錞和鼓。"郑注云："錞，圜如碓头，大上小下。"丁宁，汉曰令丁，所以象铎之声，钲之属也，形如小钟。袭侵密声，为暂事也。暂，暂其无备。○广雅释诂曰："暂，猝也。"今宋人弑其君，罪莫大焉！明声之，犹恐其不闻也。吾备钟鼓，为君故也。"为欲尊明君道也。乃使旁告于诸侯，治兵振旅，鸣钟鼓以至于宋。振，奋也。伐宋在鲁文十七年。○汪远孙曰："穀梁传：'出曰治兵，习战也。入曰振旅，习战也。'此云治兵振旅，亦是行师习战之礼。"

5　灵公虐，赵宣子骤谏，虐，厚敛以雕墙，支解宰夫之属。○元诰按：骤，数也，见襄十一年左传注。公患之，患，疾也。使钽麑贼之。钽麑，力士。贼，杀也。晨往，则寝门辟矣，辟，开也。盛服将朝，早而假寐。不脱冠带而寐曰假寐。麑退，叹而言曰："赵孟敬哉！言夙兴敬恪。夫不忘恭敬，社稷之镇也。镇，重也。贼国之镇，不忠；受命而废之，不信。享一名于此，不如死。"享，受也。杀之为不忠，不杀为不信，故得一名。触庭之槐而死。庭，外朝之庭也。周礼："王之外朝三槐，三公位焉。"则诸侯之朝三槐，三卿位焉。○汪远孙曰："上言'晨往，则寝门辟矣'，是钽麑在宣子之家，不得死于公朝之庭。古者朝位树槐，私家之庭盖亦树焉。范献子执董叔纺于庭之槐，是其证。杜注左传云：'槐，赵盾庭树。'韦解非也。"吴曾祺曰："庭，是盾所居之庭。注云：'诸侯之朝。'非。钽麑已至盾家，何从复死于外朝乎〔七〕？"元诰按：宋庠本庭作"廷"，非是。灵公将杀赵盾，不克。鲁宣二年秋，晋侯饮盾酒，伏甲将攻之，盾觉而走，故不克。赵穿攻公于桃园，赵穿，晋大夫赵夙之孙，赵盾从父昆弟之子穿也。桃园，园名。逆公子黑臀而立之，寔为成公。逆，迎也。迎于周也。黑臀，晋文公子，襄公弟成公也。

6　郤献子聘于齐，献子，晋卿，郤缺之子克也。聘在鲁宣十七年。齐顷公使妇人观而笑之。郤子跛，齐顷公帷妇人使观之。郤子将升，妇人笑于房。郤献子怒，归请伐齐。范武子退自朝，武子，晋正卿士会。曰："燮乎，吾闻之，燮，武子之子文子也。干人之怒，必获毒焉。夫郤子之怒甚矣，不逞于齐，必发诸晋国。

逞，快也。不快心以伐齐，必发怒于晋国。**不得政，何以逞怒?** 得政，为政也。**余将致政焉，以成其怒，** 致，归也。**无以内易外也。尔勉从二三子以承君命，唯敬。** 二三子，晋诸卿。承，奉也。**乃老。** 乃告老。

7　**范文子暮退于朝，武子曰:"何暮也?"对曰:"有秦客庾辞于朝，** 庾，隐也。谓以隐伏谲诡之言问于朝也。东方朔曰，"非敢诋之，乃与为隐耳"是也。○旧音曰:"庾，音搜。"**大夫莫之能对也，吾知三焉。"** 解其三事。**武子怒曰**〔八〕**:"大夫非不能也，让父兄也。** 父兄，长老也。**尔僮子，而三掩人于朝。** 掩，盖也。**吾不在晋国，亡无日矣。"击之以杖，折其委笄。** 委，委貌冠。笄，簪也。○元诰按:"其"字依太平御览服用部二十引补。

8　**靡笄之役，韩献子将斩人。** 靡笄，齐山名。鲁成二年，晋郤克伐齐，从齐师于靡笄之下，战于鞍。**献子时为司马，将斩人以为戮，罪在可赦**〔九〕。○吴曾祺曰:"靡笄在今山东历城县南十里〔一〇〕。"**郤献子驾，将救之。** 以为罪在可赦。**至则既斩之矣，郤献子请以徇。其仆曰:"子不将救之乎?"献子曰:"敢不分谤乎!"** 言欲与韩子分谤共非也。言能如此，故从事不乖。

9　**靡笄之役，郤献子伤，** 伤于矢也。**传曰:"流血及屦，未绝鼓音。"曰:"余病喙矣。"** 喙，短气貌。○王念孙曰:"'喙'字亦作'瘏'。方言:'瘏，儚也。'（儚，古'倦'字。）郭璞曰:'今江东呼极为瘏，音喙。'玉篇：'瘯，困极也。'大雅绵篇：'维其喙矣。'毛传：'喙，困也。'"
旧音曰："喙，休秽反。"元诰按："矣"字依太平御览兵部八十七引补。
张侯御，曰："三军之心，在此车也，张侯，晋大夫解张也。在
此车，谓车进则进，车退则退。其耳目在于旗鼓。耳听鼓音，目视旗
表。车无退表，鼓无退声，表，旌旗也。车表鼓音，进退异数。军
事集焉。集，成也。吾子忍之，不可以言病。受命于庙，将行，
告庙受戒命。受脤于社，脤，宜社之肉，盛以蜃器。甲胄而效死，
戎之政也。带甲缨胄，死而后已，此兵之常政。病若未死，祇以
解志。"祇，适也。○宋庠曰："解，古卖反。"乃左并辔，右援枹
而鼓之〔一〕，马逸不能止，三军从之。逸，奔也。齐师大败，
逐之，三周华不注之山。周，匝也。华，齐地。不注，山名。○元
诰按：华不注山在今山东历城县东北十五里。不，读鄂跗之跗，谓山形
如华跗，注在水中，故名。韦以"华"为齐地，"不注"为山名，非是。

10　靡笄之役，郤献子师胜而返，范文子后入。文子时佐上军。
武子曰："燮乎！女亦知吾望尔也乎？"兵凶事，文子后入，故
武子忧望也。对曰："夫师，郤子之师也，郤子请伐齐，又为元帅。
其事臧。臧，善也。谓师有功。若先，则恐国人属耳目于我也，
故不敢。"属，犹注也。武子曰："吾知免矣。"知免于咎。

11　靡笄之役，郤献子见，公曰："子之力也夫！"力，功也。
对曰："克也以君命命三军之士，三军之士用命，克也何
力之有焉？"范文子见，公曰："子之力也夫！"对曰："燮

也受命于中军，以命上军之士，○成二年左传杜注曰："荀庚将上军，时不出，范文子上军佐，代行。"上军之士用命，燮也何力之有焉？"栾武子见，武子，晋卿，栾枝之孙、栾盾之子书也，时将下军[一二]。公曰："子之力也夫！"对曰："书也受命于上军，以命下军之士，下军之士用命，书也何力之有焉？"

12 靡笄之役也，郤献子伐齐。齐侯来，齐侯以靡笄之役故服而朝晋，在鲁成三年。○元诰按：齐侯，齐顷公也。来，来朝也。内传云："齐侯朝于晋。"献之以得殒命之礼，献，致馈也。献笾豆之数，如征伐所获国君之献礼。以得，言不得也。伐国获君，若秦获晋惠[一三]，是为殒命。今齐虽败，顷公不见得，非殒命也。故苗棼皇以郤克不知礼[一四]。司马法曰："其有殒命，行礼如会所，争义不争利。"○吴曾祺曰："'以得'不误，注改作'不得'，于义反晦。"曰："寡君使克也，不腆弊邑之礼，为君之辱，敢归诸下执政，以憗御人。"归，馈也。执政，执事也。憗，愿也。御人，妇人。愿以此报君御人之笑己者。○王引之曰："说文：'憗，说也。'言以此悦君之御人耳。韦注失之。"元诰按：明道本憗作"整"，误。苗棼皇曰："郤子勇而不知礼，棼皇，晋大夫，楚鬬椒之子。矜其伐而耻国君，矜，大也。伐，功也。其与几何！"言将不终命。○吴曾祺曰："言不能久也。"

13 梁山崩，梁山，晋望也。崩在鲁成五年[一五]。○元诰按：梁山在今陕西合阳、韩城二县境。以传召伯宗，传，驿也。伯宗，晋大夫孙伯纠之子。遇大车当道而覆，立而辟之，曰："避传。"大车，牛车也。辟，使下道避传车也。○旧音曰："辟，步亦反。"对曰："传为速也，若俟吾避，则加迟矣，加，益也。不如捷而行。"旁出为捷。伯宗喜，问其居，曰："绛人也。"绛，晋国都〔一六〕。伯宗曰："何闻？"曰："梁山崩，而以传召伯宗。"伯宗问曰："乃将若何？"对曰："山有朽壤而崩，将若何？朽，腐也。不言政失所为而称朽壤，言逊也。夫国主山川，为山川主。孔子曰："夫颛臾为东蒙主。"故川涸山崩，君为之降服出次，涸，竭也。川竭山崩，君降服缟素，出次于郊。乘缦不举，策于上帝，缦，车无文。不举，不举乐。策于上帝，以简策之文告天也。周礼："四镇五岳崩，命去乐。"国三日哭，以礼焉。以礼于神也。周礼："国有大灾，三日哭。"虽伯宗，亦如是而已，其若之何？"问其名，不告。请以见，不许。以见于君。伯宗及绛，以告，而从之。以车者之言告君，君从之。

14　伯宗朝，以喜归。朝罢而归，有喜色。其妻曰："子貌有喜，何也？"曰："吾言于朝，诸大夫皆谓我智似阳子。"知，辨智也。阳子，处父也。对曰："阳子华而不实，主言而无谋，主，尚也。是以难及其身。子何喜焉？"伯宗曰："吾饮诸大夫酒，而与之语，尔试听之。"曰："诺。"既饮，其妻曰："诸大夫莫子若也，然而民不能戴其上久矣，戴，奉也。上，贤也，才在人上也。难必及子乎！○宋庠本乎作"子"，属下读。盍亟索士憖庇州犁焉。"亟，疾也。索，求也。憖，愿也。庇，覆也。州犁，伯宗子伯州犁。得毕阳。毕阳，晋士。及栾弗忌之难，诸大夫害伯宗，将谋而杀之。栾弗忌，晋大夫，伯宗之党。三郤害弗忌〔一七〕，并谮伯宗，故杀之。在鲁成十五年。毕阳实送州犁于荆。荆，楚也。犁奔楚为大宰。

【校记】

〔一〕文公元年，冀芮畏偪，与吕甥谋弑公，焚公宫，秦伯杀之是也　"冀"误作"郤"，"是"误作"故"，据明道本改。

〔二〕晋蒐于夷，舍二军　"二军"二字脱，据各本补。

〔三〕乃与而对言之则异，散言之则通　"则异"之"则"字脱，据经传释词补。

〔四〕赵宣子请师于灵公以伐宋　"宣"误作"襄"，据各本改。

〔五〕晋为盟主，而不循天罚　"罚"误作"爵"，据各本改。

〔六〕丁宁，令丁，谓钲也　各本无"令丁"二字，此从段玉裁说据补音本增入而未作说明。

〔七〕钽麑已至盾家，何从复死于外朝乎　"外"字脱，据国语韦解补正补。

〔八〕武子怒曰　"怒"字脱，据各本补。

〔九〕以为戮，罪在可赦　此七字脱，据明道本补。公序本无"为"字，"赦"下有"者"字。

〔一〇〕靡笄在今山东历城县南十里　"城"字脱，据国语韦解补正补。

〔一一〕乃左并辔，右援枹而鼓之　"鼓"误作"进"，据各本改。

〔一二〕时将下军　"将"误作"佐"，据各本改。

〔一三〕伐国获君，若秦获晋惠　下"获"字误作"伐"，据各本改。

〔一四〕故苗棼皇以郤克不知礼　"苗"字脱，"棼"误作"芬"，据
　　　　公序本补改。明道本"棼"作"贲"。

〔一五〕梁山，晋望也。崩在鲁成五年　"山"字脱，"崩"误作"奔"，
　　　　据各本补改。

〔一六〕绛，晋国都　"都"误作"郊"，据各本改。

〔一七〕三郤害弗忌　"忌"误作"及"，据各本改。

国语集解

吉水徐元诰学

晋语六第十二

1　赵文子冠，文子，赵盾之孙，赵朔之子赵武也。冠，谓以士礼始冠。○宋庠曰："冠，古乱反。下同。"见栾武子，武子曰："美哉！武子，栾书。礼：既冠，奠贽于君，遂以贽见于卿大夫、先生〔一〕。美哉，美成人也。昔吾逮事庄主，庄，庄子，赵朔之谥，大夫称主。赵朔将下军，栾书佐之。华则荣矣，实之不知，请务实乎。"荣者，有色貌。实之不知，华而不实也。见中行宣子，宣子曰："美哉！宣子，晋大夫中行桓子之子荀庚。惜也吾老矣。"惜己年老，不见文子德所至。见范文子，文子，范燮。文子曰："而今可以戒矣。夫贤者宠至而益戒，不足者为宠骄。智不足者，得宠而骄。故兴王赏谏臣，逸王罚之。吾闻古之言王者〔二〕，政德既成，又听于民。询于刍荛，听谤誉也。于是乎使工诵谏于朝，工，蒙瞍也。

诵，诵读前世箴谏之语。**在列者献诗，使勿兆**，列，位也。谓公卿至于列士献诗以讽也，兆，惑也。○各本兆作"兜"，注同。宋庠曰："人名有驩兜，器名有兜鍪，他无所训。遍阅经典子史，未见兜惑之说。将先儒自有所据，其散亡乎！"王引之曰："兜，当为'兆'，说文'兆，廱蔽也，从人，象左右皆蔽形，读若瞽。'勿兆，谓勿廱蔽也。说文之训，殆出贾侍中国语注乎！韦注训为'惑'，则其字益当作'兆'。盖兆之为言，犹蛊也。蛊，惑也。尔雅曰：'蛊，疑也。'疑，亦惑也。昭元年左传曰，'女惑男，谓之蛊'是也。兆与兜形相似，后人习见兜，少见兆，故兆讹为兜矣〔三〕。"元诰按：王说得之，今据改。**风听胪言于市**，风，采也。胪，传也。采听商旅所传善恶之言。**辨袄祥于谣**，辨，别也。袄，恶也。祥，善也。徒歌曰谣，"丙之辰"、"屡弧箕服"之类是也。**考百事于朝**，百官职事。**问谤誉于路，有邪而正之，尽戒之术也**，术，道也。**先王疾是骄也。"见郤驹伯，驹伯曰："美哉！**驹伯，晋卿郤锜。**然而壮不若老者多矣。"**恃年自矜。**见韩献子，**献子，晋卿韩厥。**献子曰："戒之！此谓成人〔四〕。成人在始，**○各本下有"与善"二字。俞樾曰："'与善'二字衍文也。'成人在始'包下'始与善'、'始与不善'两意而言，文选张茂先励志诗曰：'川广自源，成人在始。'正用国语文，可证。"元诰按："与善"二字涉下句而衍，俞说是，今据删。**始与善，善进善，不善蔑由至矣。**蔑，无也。**始与不善，不善进不善，善亦蔑由至矣。如草木之产也，各以其物。**物，类也。**人之有冠，犹宫室之有墙屋也，粪除而已，何又加焉。"**粪除，喻自修洁。**见智武子，武子曰："吾子勉之，**武子，晋卿，荀首之子荀罃。**成、宣之后，而老为大夫，非耻乎〔五〕！<u>成</u>，成子，文子曾祖赵衰也。<u>宣</u>，宣子，文子祖父赵盾也。言文子二贤之后，长老乃为大夫，非耻乎。欲其修德，早为卿也。**成子之文，宣子之忠，其可忘乎！夫成子导前志以佐先君，导法而卒以政，可不谓文乎**！导，达也。志，记也。佐，助也。先君，文公也。以政，得政。**夫宣子尽谏于襄、灵**，襄，文公子，灵公父。**以谏取恶，不惮死进，可不谓忠乎！吾子勉之，有宣子之忠，而纳之以成子之文，事君必济**。"济，成也。**见苦成叔子**，苦成叔子，郤犨。○吴曾祺曰："郤犨食采于苦，故号苦成叔。或曰，苦成，城名。"**叔子曰："抑年少而执官者众**，执官，为大夫。**吾安容子**。"**见温季子**，温季子，郤至。**季子曰："谁之不如，可以求之**。"言汝不如谁，可以求其次。不欲其高远。**见张老而语之**，张老，晋大夫张孟。**张老曰："善矣，从栾伯之言可以滋**〔六〕，滋，益也。**范叔之教可以大，韩子之戒可以成，物备矣，志在子**。物，事也。人事已备，能行与否，在子之志。**若夫三郤，亡人之言也，何称述焉！**不足称述。**智子之道善矣**，道，训也。**是先主覆露子也**。"先主，谓成、宣。露，润也。○王引之曰："露与覆同义，覆露之言覆帱也，包络也。释名释天曰：'露，虑也，覆虑物也。'释宫室曰：'庐，虑也，取自覆虑也。'淮南时则篇：'包裹覆露，无不囊怀。'春秋繁露基义篇：'天为君而覆露之，地为臣而持载之。'汉书晁错传：'今陛下配天象地，覆露万民〔七〕。'严助传：'陛下垂德惠以覆露之。'皆谓覆虑之也。若训露为'润'，则与覆异义矣。而高诱注淮南亦训露为'润'，颜师古注汉书训露为'膏泽'，且云：'或露或覆，言养育也。'不知露即训'覆'，覆露为古人之连语，上下不殊义也。"吴曾祺曰："露，犹孤露之露，因其露而覆之，故云‘覆露’。非对文也。"元诰按：王说是。

2 厉公将伐郑，厉公，晋景公之子州蒲。伐郑，郑从楚故也。在鲁成十六年。范文子不欲，曰："若以吾意，诸侯皆叛，则晋可为也。为，治也。唯有诸侯，故扰扰焉。○元诰按：广雅："扰扰，乱也。"凡诸侯，难之本也。叛辄伐之，故为难本。得郑忧滋长，焉用郑？"楚必救之，故忧益长。郤至曰："然则王者多忧乎"？文子曰："我王者也乎哉？言俱诸侯。夫王者成其德，而远人以其方贿归之，故无忧。方，所在之方。贿，财也。今我寡德而求王者之功，故多忧。我，晋也。子见无土而欲富者，乐乎哉？"无土求富，行不得息。○吴曾祺曰："言不乐也。"

3 厉公六年，伐郑，六年，鲁成十六年。且使苦成叔及栾黡兴齐、鲁之师。苦成叔，郤犨。栾黡，栾书之子桓子。郤犨如齐，栾黡如鲁，皆乞师。楚恭王帅东夷救郑。恭王，楚庄王之子箴也，或作"审"。东夷，楚东之夷。楚半陈，公使击之。栾书曰："君使黡也兴齐、鲁之师，请俟之。"郤至曰："不可。楚师将退，我击之，必以胜归。军退无斗心，故可胜也。夫陈不违忌，一间也；违，避也。忌，晦也。间，隙也。晦，阴气尽，兵亦阴，故忌之。经书："六月甲午晦，晋侯及楚子、郑伯战于鄢陵。"○太平御览时序部五引司马法曰："月食班师，所以息战也。"注云："月食则阴晦，故息战也。"夫南夷与楚来而不与陈，二间也；南夷，据在晋南。不与陈，不欲战。夫楚与郑陈而不与整，三间也；虽俱陈，不整齐

国语集解

412

且其士卒在陈而哗，四间也；哗，嚣也。夫众闻哗则必惧，五间也。郑将顾楚，楚将顾夷，莫有斗心，不可失也。"公说。于是败楚师于鄢陵，栾书是以怨郤至。怨其反己，专其美。

○元诰按：鄢陵即鄢，齐语作"晏"，郑邑也，在今河南鄢陵县西南，古鄢国，郑武公灭之为邑。

4 鄢之战，○宋庠本"鄢"下有"陵"字。以下各章同。郤至以韎韦之跗注，三逐楚共王卒，三君云："一染曰韎。"郑后司农说[八]"以为韎，茅蒐染也。韎，声也[九]。"昭谓："茅蒐，今绛草也。急疾呼，茅蒐成韎也。凡染，一入为縓。跗注，兵服，自要以下注于跗。○成十六年左传杜注曰："韎，赤色。跗注，戎服，若绔而属于跗，与绮连。"林注曰："韦，熟皮也。"元诰按：跗，足后跟之上也。若据周礼孔疏引郑杂问志，则以跗为幅，注为属，谓"以韎韦幅（如布帛之幅）而连属以为衣，如素裳"，与诸家说不同。卒，师也。见王必下奔，下，下车奔走也。退战。王使工尹襄问之以弓，工尹，楚官，襄其名。问，遗也。曰："方事之殷也，事，戎事也。殷，盛也。有韎韦之跗注，○元诰按：楚共王不详其人姓名，故但状其衣，谓衣韎韦之跗注者。君子也。属见不谷而下，○元诰按：诸侯中惟楚僭称王，故曰不谷。不谷，不善也。无乃伤乎？"属，适也。伤，恐其伤。郤至甲胄而见客，免胄而听命，免，脱也。脱之为障耳。曰："君之外臣至，以寡君之灵，间蒙甲胄，蒙，被也，被介在甲胄之间。○吴曾祺曰："间，当从内传杜注训'近'也。"不敢当拜君命之辱，为使者故，敢三肃之。"礼，军事肃拜。肃拜，下手至地。君子曰："勇以知礼。"礼，军礼。

5 鄢之役，晋人欲争郑，与楚争郑。○宋庠本"晋人"作"晋大夫"。范文子不欲，曰："吾闻之，为人臣者，能内睦而后图外，睦，亲也。不睦内而图外，必有内争，○明道本"睦"下脱"内"字，"必"下脱"有"字。盍姑谋睦乎？姑，且也。考讯其阜以出，则怨靖。"讯，问也。阜，众也。靖，安也。言内且谋相亲爱，乃考问百姓，知其虚实，然后出军用师，则怨恶自安息。

6 鄢之役，晋伐郑，荆救之。荆，楚也。大夫欲战，范文子不欲，曰："吾闻之，君人者刑其内，成。以刑正其内。成，平也。○各本内作"民"，注同。俞樾曰："当作'刑其内'。下文'内犹有不刑，而况外乎'，正承此文'刑其内'而言，可知'民'字之误。韦解曰'以刑正其民'，则所据本已误。按下文曰：'今吾司寇之刀锯日弊，而斧钺不行。'注曰：'刀锯，小人之刑也。弊，败也。日败，用之数也。斧钺，大刑也。不行，不行于大臣。'然则文子之意，欲以刑正其臣，非欲以刑正其民，岂反以刑其民为劝乎？"元诰按：俞说是，今据改。又"成"字绝句，依考正。然尚疑"成"字衍。而后振武于外〔一〇〕，是以内和而外威。威，畏也。今吾司寇之刀锯日弊，刀锯，小人之刑。弊，败也。日败，用之数也。而斧钺不行，斧钺，大刑。不行，不行于大臣也。内犹有不刑，而况外乎？夫战，刑也，言用兵犹用刑。刑之过也。刑杀有过者也。○俞樾曰："之，犹其也。吕氏春秋音初篇：'之子是必大吉。'高诱训之为'其'。成十五年公羊传：'为人后者为之子也。'又曰：'为人后者为其子。'是之与其同义。此云'刑之过也'，犹云‘刑其过也’。韦注正得其义，但未解‘之’字耳。王引之谓下句‘过’字衍文，当以‘刑之过也由大’为句，不可从也。”**过由大**，由大臣也。**而怨由细**，怨望者由小细民也。○王引之曰："过由大，‘过’字后人所加。‘刑之过也由大’六字本连读，言刑之失也，由大臣有罪而不刑也。韦氏误分为二句。不知‘刑之过也’乃起下之辞，非别为一句也。后人不察其误，又于‘由大’上加‘过’字，则与上四字义不相属矣[一一]。韦注不及‘过’字，则‘由大’上无‘过’字可知。"元诰按：兹依俞说不改。**故以惠诛怨**，诛，除也。**以忍去过，细无怨而大无过，而后可以武刑外之不服者。今吾刑惠乎大人**，惠者，刑不及也。**而忍于小民**，忍行刑于小民。○各本惠作"外"，注同。俞樾曰："外，当为‘惠’，声之误也。上文曰：‘过由大而怨由细，故以惠诛怨，以忍去过。’韦训诛为‘除’，盖谓欲除小民之怨当用惠，欲去大人之过当用忍也。是惠与忍正相对。此文云，‘今吾刑惠乎大人，而忍于小民’，则用惠与用忍皆失其所矣，此所以刀锯日弊而斧钺不行也[一二]。若作‘刑外乎大人’，非特文义迂回，且与上文不合矣。"元诰按："刑外"即涉上句而误，俞说是也，今从之。**将谁行武？武不行而胜，幸也。**幸，徼幸也。**幸以为政，必有内忧。且唯圣人能无外患，又无内忧，讵非圣人，必偏而后可。**讵，犹自也[一三]。偏，偏有一。○玉篇："讵，至也。"**偏而在外，犹可救也，**在外，外有患也。**疾自中起，是难。**○吴曾祺曰："是难，犹实难也。左传云‘人实难[一四]’，语同。古实、是多通用。下同。"元诰按：寔者，是也。寔与实通，此文盖以是为寔，又以寔通实耳。**盍姑释荆与郑以为外患乎？**"释，置也。

7　鄢之役，晋伐郑，荆救之。栾武子将上军，范文子将下军。上下，中军之上下也。传曰："栾书将中军，士燮佐之。"又曰："栾、范以其族夹公行。"栾武子欲战，范文子不欲，曰："吾闻之，唯厚德者能受多福，无德而服者众，必自伤也。不义而强，其弊必速。称晋之德，诸侯皆叛，国可以少安。称，副也〔一五〕，副晋之德而为之宜。诸侯皆叛，不复征伐，还自整修，则国可以少安。唯有诸侯，故扰扰焉，凡诸侯，难之本也。○考正云："'凡诸侯'三字疑衍。"且唯圣人能无外患，又无内忧，讵非圣人，不有外患，必有内忧，盍姑释荆与郑以为外患乎？诸臣之内相与，必将辑睦。不复征伐，无所争也。今我战又胜荆与郑，吾君将伐智而多力，力，功也。将自伐其智，自多其功。怠教而重敛，大其私昵而益妇人田，昵，近也。私近，谓嬖臣。大，谓增其禄。妇人，爱妾也。不夺诸大夫田，则焉取以益此？诸臣之委室而徒退者，将与几人？徒，空也。与，词也。几人，言不多。○汪远孙曰："言委室徒退而不作乱者能有几人？内传僖二十三年：'夫有大功而无贵仕，其人能靖者与有几？'语意亦与此同。"元诰按：将与几人，犹言将有几人欤。与即欤字。战若不胜，则晋国之福也，战若胜，乱地之秩者也，乱地，乱故地也。秩，常也。其产将害大，盍姑无战乎！"产，生也。言其生变，将害大臣。○吴曾祺曰："谓祸之所生，将害于大事，不指大臣。"栾武子曰："昔韩之役，惠公不复舍。韩之战，秦获惠公，在鲁僖十五年。邲之役，三军不整旅。楚败晋师于邲，在鲁宣十二年。师败军散，故不能整旅而入。〇沈镕曰："郲在今河南郑县东六里。"**箕之役，先轸不复命。**晋人败狄于箕，先轸死之，故不返命于君，在鲁僖三十三年。〇沈镕曰："箕在今山西蒲县。"**晋国固有大耻三，**〇明道本"晋国"下衍"之政"二字。**今我任晋国之政，**任，当也。武子时为正卿。**不毁晋耻，又以违蛮夷重之，**违，避也〔一六〕。蛮夷，楚也。**虽有后患，非吾所知也。"**不能虑远。**范文子曰："择福莫若重，择祸莫若轻，福无所用轻，祸无所用重，**有二福，择取其重；有二祸，择取其轻。**晋国故有大耻，**〇明道本缺"有"字。**与其君臣不相听，以为诸侯笑也，**不相听，谓惠公不与庆郑相听以陷于韩，先縠不与林父相听以败于郲，先轸不与襄公相听以亡于箕。〇吴曾祺曰："'与其'二字与下'盍姑'二字相应，皆论厉公，谓与其胜楚之后君臣不相听，为诸侯笑〔一七〕，盍姑以违蛮夷为耻。韦所引不合。"**盍姑以违蛮夷为耻乎？"栾武子不听，遂与荆人战于鄢陵，大胜之。**鄢陵，郑地。**于是乎君伐智而多力，怠教而重敛，大其私昵，杀三郤而尸诸朝，**三郤，锜、犫、至也。尸，陈也。"产将害大"是也。**纳其室以分妇人。**纳，取也。室，妻妾货贿。**于是乎国人不蠲，**蠲，洁也，不洁公所为。**遂弑诸翼，葬于翼东门之外，以车一乘。**翼，故晋都，匠丽氏也。厉公侈，多外嬖，反自鄢，欲尽去群大夫而立其左右，欲以胥童、夷羊五、长鱼矫为卿，故杀三郤。长鱼矫又以兵劫栾书、中行偃，将杀之，公不忍，使复其位。鲁成十七年冬，厉公游于匠丽氏，栾书、中行偃执公。十八年正月，使程滑弑公，葬之以车一乘，不成丧也。〇元诰按：诸侯葬，车七乘，此不以君礼葬也。翼即绛。**厉公之所以死者，唯无德而功烈多，服者众也。**烈，业也。服者众，谓鲁成十二年会于琐泽，败狄于交刚，十三年败秦于麻隧，十五年盟于戚，会吴于钟离，十六年败楚于鄢陵，会于柯陵伐郑，十七年同盟于柯陵。

8 鄢之役，荆压晋军，压，谓掩其不备。传曰："甲午晦，楚压晋军而陈。"军吏患之，将谋。谋所以拒扞〔一八〕。范匄自公族趋过之，匄，范文子之子宣子也。自公族，为公族大夫。曰："夷灶堙井，非退而何？"夷，平也。堙，塞也。使晋军塞井夷灶，示必死，不复饮食。非退而何，言楚必退也。传曰"塞井夷灶，陈于军中，而疏行首"是也。〇俞樾曰："韦氏所说非范匄之意也。夷灶堙井，乃因楚压晋军而陈，地势迫狭，故平塞井灶以为战道，左传所谓'将塞井夷灶而为行也'，非示必死，不复饮食也。其解'非退而何'更为不了，夫晋人平塞井灶，楚人何以必退？即谓畏其致死，不敢与战，亦当云楚师必退，文义方明，安得云'非退而何'也？然则'非退而何'当作何解？曰：楚压晋而陈，地势迫狭，无以为战道，军吏患之。将谋者，盖将谋退也，非畏楚而欲逃，乃欲少退，使有战地耳。然军势一动，不可复止，必有溃败之忧，故范匄为夷灶浧井之策，如此则不必退，而自有战地，乃不退之退也，故曰'非退而何'。传文不叙军吏之谋，而但载范匄之策，于是读者不得其解矣。所宜以意逆志而善会之也。"元诰按：内传林注亦同俞说。范文子执戈逐之，曰："国之存亡，天命也，僮子何知焉？且不及而言，奸也，必为戮〔一九〕！"言议不及匄，而匄言之，是为有奸，故必为戮。〇元诰按：淮南主术训篇："各守其职，不得相奸。"高注云："奸，乱也。"此文"不及而言"，即不守其职之意，则奸亦当训"乱"，注似未了。苗棼皇曰：〇明道本棼作"贲"。"善逃难哉！"文子欲匄让大臣〔二〇〕，不掩盖人，是为避难。**既退荆师于鄢**，将谷，谷，处其馆，食其谷也。传曰："晋师三日馆谷。"**范文子立于戎马之前**，公戎车马前。**曰："君幼弱，诸臣不佞**，佞，才也。**吾何福以及此！吾闻之，'天道无亲，唯德是授'，吾庸知天之不授晋且以劝楚乎？** 庸，用也。焉用知天不先授晋以福使胜楚，而以劝楚修德以报晋乎〔二一〕。○吴曾祺曰："庸知即焉知，别本作'焉庸知'，非。"**君与二三臣其戒之！** 戒，备也。**夫德，福之基也，无德而福隆，犹无基而厚墉也，其坏也无日矣。"** 隆，盛也。墉，墙也。

9 **反自鄢，范文子谓其宗、祝**宗，宗人。祝，祝史也。**曰："君骄泰而有烈**〔二二〕，烈，功也。**夫以德胜者犹惧失之，而况骄泰乎？君多私，今以胜归，私必昭**，私，嬖臣妾也。昭，显也。**昭私，难必作**，宠私必去旧，去旧必作难。**吾恐及焉。凡吾宗、祝，为吾祈死**，祈，求也。**先难为免。"** 免，免于乱。○元谊按：为，犹以也，见经传释词。**七年夏，范文子卒。**晋厉公七年，鲁成十七年。**冬，难作，始于三郤，卒于公。**公杀三郤，栾、中行畏诛，乃弒公。**既战，获王子发钩**。发钩，楚公子茂〔二三〕。传曰："囚楚公子茂。"○元谊按：发钩合声为茂，如勃鞮为披，寿梦为乘之比，盖一名一字也。**栾书谓王子发钩曰："子告君**使告晋君。**曰：'郤至使人劝王战，及齐、鲁之未至也。**言劝楚王使与晋战，晋乞师于齐、鲁，时尚未至，言晋可败。**且夫战也，微郤至，王必不免。'** 微，无也。言郤至见王必下趋，故王得免。**吾归子。"** 子告晋君如此，吾令子归楚。**发钩告公，公告栾书，栾书曰**〔二四〕：○元谊按：栾书对也。**"臣

（页码）419

固闻之，固，久也。郤至欲为难，使苦成叔缓齐、鲁之师，己劝君战，己，郤至也。战败，将纳孙周，孙周，悼公也。事不成，故免楚王。然战而擅舍国君，○元诰按：舍，释也。而受其问，不亦大罪乎？问，谓弓也。且今君若使之于周，必见孙周。"公曰："诺。"栾书使人谓孙周曰："郤至将往，必见之！"郤至聘于周，公使觇之，见孙周，觇，微视也。是故使胥之昧与夷羊五刺郤至、苦成叔及郤锜〔二五〕。胥之昧，胥童也；夷羊五，皆厉公嬖臣。郤锜谓郤至曰："君不道于我，我欲以吾宗与吾党夹而攻之，虽死必败国，国败君必危，其可乎？"郤至曰："不可。至闻之，武人不乱，勇而不义，则不为武〔二六〕。智人不诈，为诈，则不为智。仁人不党。不群党。夫利君之富以聚党，利君宠禄以得富，得富故有徒党。利党以危君，○各本上句重"富"字。俞樾曰："下'富'字衍文也，当作'利君之富以聚党，利党以危君'。利者，赖之假字，利、赖声近而义通。周语'先王岂有赖焉'，解曰：'赖，利也。'然则利亦犹赖也。广雅释诂：'赖，恃也。'恃君之富以聚徒党，又恃徒党以危君，不义甚矣，故曰'君之杀我也后矣'。衍一'富'字，文义反隔。然观韦注，是所见本已衍也。"元诰按：俞说是，今据删。君之杀我也后矣〔二七〕。后，晚也。且众何罪，钧之死也，不若听君之命。"钧，等也。等一死，不欲为乱。是故皆自杀。传曰："三郤将谋于榭，长鱼矫以戈杀之。"言自杀，取其不校自杀之道。○吴曾祺曰："注以此为自杀，殊曲。窃意'自杀'当作'见杀'，因形近而讹也。"既刺三郤，栾书弑厉公，乃纳孙周而立之，寔为悼公。

10 长鱼矫既杀三郤，乃胁栾、中行，谓与胥童共胁之。胁，劫也。栾，栾书。中行，中行偃也。而言于公曰："不杀此二子者，忧必及君。"言二子惧诛，必相图君。公曰："一旦而尸三卿，不可益也。"对曰："臣闻之，乱在内为宄，在外为奸，御宄以德，御奸以刑。御，止也。以德，以德绥之。以刑，谓诛除。今治政而内乱，不可谓德。除鲠而避强，不可谓刑。鲠，害也。德刑不立，奸宄并至，臣脆弱不能忍俟也。"乃奔狄。三月，厉公弑。鲁成十七年十二月，长鱼矫奔狄。闰月，栾、中行杀胥童。十八年正月，厉公弑。○元诰按：鲁正月，晋三月也。晋行夏时。

11 栾武子、中行献子围公于匠丽氏，匠丽氏，嬖大夫家。○各本围作"围"。王念孙曰："围，当作'圉'。成十七年左传云：'公游于匠丽氏，栾书、中行氏遂执公焉。'吕氏春秋骄恣篇云：'栾书、中行偃劫而幽之。'或言'执'，或言'幽'，或言'圉'，皆谓囚之也。今本围作'围'，则非其旨矣。古囹圄字本作'圉'，说文'圉，囹圄，所以拘辠人'，史记秦始皇纪赞'虚囹圄而免刑戮'，汉书司马迁传'深幽囹圄之中'，皆是也。圉、围字相似〔二八〕，因误为围。经传通用圉，圄、围字亦相似。"元诰按：王说是，今据改。惟圉与御通，拒也。公在匠丽氏家，栾武子、中行献子抵拒之，使不得出，所谓劫之也，义亦可通。乃召韩献子，献子辞曰："弑君以求威，非吾所能为也。求威，求立威。威行为不仁，事废为不智，威行于君为不仁，事废不成为不智。享一利亦得一恶，非所务也。昔者吾畜于赵氏，畜，养也。韩献子见成养于赵盾。孟姬之谗，吾能违兵。孟姬，赵盾之子赵朔之妻，晋景公之姊，与赵盾之弟楼婴通，婴兄赵同、括放之。姬谮同、括于景公，景公杀之。时献子能违其兵难，卒存赵氏，未可胁与杀君。在鲁成八年。○成十七年左传杜注曰："违，去也。厥去其兵，示不与党。言此者，明己无所偏助。"人有言曰：'杀老牛而莫之敢尸。'而况君乎？尸，主也。二三子不能事君，安用厥也！"中行偃欲伐之，栾书曰："不可。其身果而辞顺，果，谓敢行其志。顺无不行，果无不彻，顺者，人从之，故无不行。果者，志不疑，故无不彻。彻，达也。犯顺不祥，伐果不克。克，胜也。夫以果戾顺行，民不犯也，戾，帅也。以果敢帅顺道而行之，故民不犯。○俞樾曰："韦解'戾'字未合。尔雅释诂曰：'戾，止也。'止与行正相对。以果戾顺行，谓以果戾以顺行也，非谓以果帅顺而行也。止所当止，其止也果矣，是谓果戾。行所当行，其行也顺矣，是谓顺行。上文曰'其身果而辞顺，顺无不行，果无不彻，犯顺不祥，伐果不克'，并以果、顺二字平列，此亦当同之。"元诰按：明道本脱"顺行"二字。吾虽欲攻之，其能乎？"乃止。

【校记】

〔一〕 以贽见于卿大夫、先生　"卿"误作"乡"，据公序本改。明道本无"于"字及"先生"二字。

〔二〕 吾闻古之言王者　此从明道本，公序本无"言"字。汪远孙以"言"字为衍文。

〔三〕 故兆讹为兜矣　"兜"误作"㐡"，据经义述闻改。

〔四〕 戒之！此谓成人　"戒之"二字脱，据各本补。

〔五〕 成、宣之后，而老为大夫，非耻乎　"而"字脱，据各本补。

〔六〕 从栾伯之言可以滋　"栾伯"二字误倒，据各本改。

〔七〕 汉书晁错传："今陛下配天象地，覆露万民。"　"晁"误作
"赵"，"露"字脱，据经义述闻改补。

〔八〕 郑后司农说　"郑"字脱，据各本补。

〔九〕 靺，声也　此三字脱，据各本补。

〔一〇〕 而后振武于外　"后"字脱，据各本补。

〔一一〕 则与上四字义不相属矣　"上"字脱，"字"误作"者"，据
经义述闻补改。

〔一二〕 此所以刀锯日弊而斧钺不行也　"钺"误作"锯"，据群经
平议改。

〔一三〕 讵，犹自也　"犹"字脱，据各本补。

〔一四〕 人牺实难　"牺"误作"携"，据国语韦解补正改。

〔一五〕 称，副也　"副也"误作"晋之德"，据各本改。

〔一六〕 违，避也　"避"误作"重"，据各本改。

〔一七〕 为诸侯笑　此四字脱，据国语韦解补正补。

〔一八〕 谋所以拒扞　"拒"误作"抵"，据各本改。

〔一九〕 必为戮　此三字脱，据各本补。

〔二〇〕 文子欲匄让大臣　"匄"误作"兴"，据各本改。

〔二一〕 焉用知天不先授晋以福使胜楚，而以劝楚修德以报晋乎
"焉"、"天"及"而以"之"以"字皆脱，据公序本补。明
道本无"焉"及"不"字。

〔二二〕 君骄泰而有烈　"君"字脱，据各本补。

〔二三〕 发钩，楚公子茂　"茂"各本原作"茷"，据国语发正校改，
集解作"元诰按：发钩合声为茂"，不言所据，用发正之说

而没其名。

〔二四〕公告栾书, 栾书曰　"栾书"二字脱其一, 据各本补。

〔二五〕是故使胥之昧与夷羊五刺郤至、苦成叔及郤锜　"使"字脱, 据各本补。"夷羊五"误作"羊夷吾", 据明道本改。公序本作"夷阳五"。

〔二六〕勇而不义, 则不为武　"勇"误作"身", 据各本改。

〔二七〕利党以危君, 君之杀我也后矣　重衍"利党以危君"五字, 据各本删。

〔二八〕圉、围字相似　"相似"二字脱, 据经义述闻补。

国语集解

吉水徐元诰学

晋语七第十三

1 既弑厉公，栾武子使智武子、彘恭子如周迎悼公。武子，栾书也。智武子，荀罃也。彘恭子，士鲂也，食邑于彘。悼公，周子也，时年十四。〇汪远孙曰："内传成十八年杜注云：'鲂，士会子。'又宣十二年，先縠佐中军，注：'彘季。'服注云：'食采于彘。'十三年，杀先縠，尽灭其族。十六年，士会将中军。盖先氏灭后，以与士氏，故鲂亦食邑于彘也。"元诰按：事在鲁成十八年正月。庚午，大夫逆于清原，清原，晋境。〇元诰按：清原，即晋文公八年行蒐之地，详见前。公言于诸大夫曰："孤始愿不及此，及，至也。孤之及此，天也。引天以自重。抑人之有元君，将禀命焉。元，善也。禀，受也。〇元诰按：禀，疑当为仓廪之廪，盖谓人之有元君，犹有仓廪以资生命也，故下即言谷。若读为禀受之禀，则下云"焚谷"、"谷不成"，义不相属矣。

若禀而弃之〔一〕，是焚谷也；谷，所仰以生。其禀而不材，是谷不成也。不材，不可用。不成，谓秕也。谷之不成，孤之咎也；成而焚之，二三子之虐也。孤欲长处其愿，出令将不敢不成，不敢为秕政也。二三子为令之不从，故求元君而访焉。访，谋也。为民不从大夫之命，故求善君而谋之。孤之不元，废也，其谁怨？废，以不善见废。元而以虐奉之，二三子之制也，制，专制也。若欲奉元以济大义，将在今日；若欲暴虐以离百姓，反易民常，亦在今日。反易民常，谓下不事上。图之进退，愿由今日。"悼公承篡弑之后，嫌臣不从，故以此约厉焉。大夫对曰："君镇抚群臣，而大庇荫之，无乃不堪君训而陷于大戮，以烦刑史，刑，刑官，司寇也。史，大史，掌书法也。〇王引之曰："无乃，犹得无也。"又曰："司寇者，典刑之官，不得直谓之刑。大史非掌刑之官，不得与司寇并举。韦说非也。刑史，谓刑官之史，掌刑书以赞治者。周官刑官之属乡士、遂士，史皆十有二人。王制曰：'成狱辞，史以狱成告于正。'郑注曰：'史，司寇吏也。'陷于大戮，则刑官之史得书其罪，故曰'以烦刑史'。"元诰按：史，疑为"吏"字之脱讹。刑吏，即谓刑官司寇也。析言之，官、吏有别，浑言之，则一也。辱君之允令，允，信也。敢不承业。"乃盟而入〔二〕。承，奉也。业，事也。辛未，朝于武宫。武宫，武公庙。〇各本作"辛巳"。成十八年左传孔疏引孔晁曰："以辛未盟入国，辛巳朝祖庙，取其新也。"臧琳曰："庚午既盟而入，故明日辛未即朝于始祖庙。若作'辛巳'，则与盟而入之日相去十有二日，久入而不朝何也？国语'巳'字误。"汪远孙曰："晋文公反国，二月丙午入于曲沃，丁未朝于武宫，亦以入之次日朝庙，足证此'巳'字之误。"元诰按：诸说是，今据改。**定百事，立百官**，议定百事，而立其官使主之。谓改其旧时之非者。**育门子，选贤良**，门子，大夫之適子，周礼曰："其正室皆谓之门子。"育，长也。长育其才，选用贤良。**兴旧族，出滞赏**，旧族，旧臣之子孙也。滞赏，谓有功于先君未赏者，谓吕相之属。**毕故刑，赦囚系**〔三〕，故刑，若今被刑居作者。毕之，不复作矣。囚系者赦之，传曰"宥罪戾"是也。**宥闲罪，荐积德**，闲罪，刑罚之疑者。宥，赦也。荐，进也，积德之士进用之。**逮鳏寡**，逮，及也，谓惠及之也。**振废淹**，振，起也。淹，久也。谓本贤人，以小罪久见废，起用之也〔四〕。**养老幼**，养，有常气。**恤孤疾**，无父曰孤。疾，废疾也。**年过七十者，公亲见之**，谓贤知事者。**称曰王父，王父不敢不承**。称曰王父，尊而亲之，所以尽其心也，故王父不敢不承命。○宋庠本如此。汪远孙曰："'敢不承'上'王父不'三字及注'故'下'王父'二字均当删。"俞樾曰："称曰王父、王父者，盖所见不一人，故不一称也。犹孟子尽心篇曰，'古之人、古之人'，亦不一称之辞也。不敢不承，乃公自谦之辞，谓不敢不承教耳。注以为王父不敢不承命，失之矣。"元诰按：汪说与重刻明道本合，兹不从。**十二月乙酉，公即位**。先馆于外，至此乃就宫朝也。传曰，"馆于伯子同氏"是也。○各本十二月作"二月"，或作"正月"。王引之曰："晋行夏时，二月，当为'十二月'。成十八年左传：'春，王正月，晋栾书、中行偃使程滑弑厉公。'而此文上云：'厉公七年冬难作，始于三郤，卒于公。'则鲁之正月，晋以为冬，盖晋之十一月也。由是推之，则鲁之二月为晋之十二月。内传曰：'二月乙酉朔，晋悼公即位于朝。'则此当曰'十二月乙酉，公即位'矣〔五〕。成十六年传，正义引此作'正月乙酉'，又引孔晁云：'二月乙酉，言正月者，记者误

也。'案'正'字即为'十二'之合讹。"元诰按：王说是，今据补。**使郤**
恭子佐下军，〇各本此至"故以郤季屏其宗"一段在"其子不可不崇
也"之下。"佐下军"作"将新军"。王引之曰："悼公即位之年，鲁成公
之十八年也。十八年*左传*：'晋士匄来乞师，季文子问师数于臧武仲，对
曰："伐郑之役，知伯实来，下军之佐也。今郤季亦佐下军，(杜注：'郤季，
士匄。')如伐郑可也。"'襄九年传：'韩起少于栾黡，而栾黡、士匄上
之，使佐上军。'杜注曰：'黡、匄让起，起佐上军，黡将下军，匄佐之。'
又：'滕人、薛人从栾黡、士匄门于北门'〔六〕。注曰：'二国从下军。'
是佐下军者郤恭子，非吕宣子也。下文'吕宣子卒，公以赵文子为文
也，(韦注：'文子，赵武也。')而能恤大事，使将新军。(将，今本讹为
'佐'。)令狐文子卒，公乃以魏绛为不犯，使佐新军。'襄九年*左传*：'魏
绛多功，以赵武为贤而为之佐。'杜注曰：'武将新军〔七〕。'又：'杞人、
郳人从赵武、魏绛斩行栗。'注曰：'二国从新军。'是赵文子为新军将。
吕宣子卒而赵文子始将新军，则先赵文子而将新军者，吕宣子也。是将
新军者吕宣子，非郤恭子也，传写者上下错乱耳。上当云'使郤恭子佐
下军'，而以'曰武子之季'云云次于其下。下当云'使吕宣子将新军'，
以'曰郳之役'云云次于其下。"元诰按：王说得之，今据以订正。**曰：**
"武子之季，文子之母弟也。季，少子。武子，士会也。文子，士
燮也。母弟，同母弟。**武子宣法以定晋国，至于今是用。**宣，明也。
法，执秩之法。**文子勤身以定诸侯，至于今是赖。**定诸侯，谓为
军帅能使诸侯事晋。赖，蒙也。**夫二子之德，其可忘乎〔八〕？"故**
以郤季屏其宗。屏，藩也。**使吕宣子将新军，**宣子，吕锜之子吕相。
〇元诰按：明道本作"将下军"，宋庠本作"佐下军"。又此至"其子不

可不崇也”一段在“彘恭子佐下军”（原作“将新军”）之上。今悉依王说订正，详见上。曰：“邲之役，吕锜佐智庄子于下军，吕锜，厨武子也。智庄子，荀首也，时为下军大夫。事在鲁宣十二年。唐尚书云，“荀首时将上军”，误也〔九〕。〇元诰按：各本“下军”作“上军”，误，今依韦说改。获楚公子穀臣与连尹襄老，以免子羽。连尹，楚官名。子羽，智庄子之子智罃之字。邲之战，楚人囚智罃，庄子以其族反之，厨武子御庄子射襄老，获之，遂载其尸，射公子穀臣，囚之，以二者归。鲁成三年，晋人归楚穀臣与襄老之尸，以求智罃，楚人许之，故曰“以免子羽”。〇襄十五年左传服注曰：“连尹，射官，言射相连属也。”鄢之役，亲射楚王而败楚师，鲁成十六年，晋、楚战于鄢陵，吕锜射楚恭王，中目，楚师败，楚养由基射吕锜，中项而死。以定晋国而无后，无后，子孙无在显位者。其子不可不崇也。”崇，高也。〇各本“子”下有“孙”字。汪远孙曰：“内传疏‘子’下无‘孙’字，与下文‘其子不可不兴也〔一〇〕，句法正同。”王念孙曰〔一一〕：“‘孙’字后人所加。吕宣子，吕锜之子也，故曰‘其子不可不崇’，不当有‘孙’字。”元诰按：诸说是也，今据以订正。使令狐文子佐之，文子，魏犫之孙，魏颗之子魏颉也。令狐，邑名。〇元诰按：令狐，在今山西猗氏县境。曰：“昔克潞之役，秦来图败晋功，魏颗以其身却退秦师于辅氏，亲止杜回，其勋铭于景钟。克，胜也。鲁宣十五年六月癸卯，晋荀林父将灭赤狄潞氏。七月，秦桓公伐晋，次于辅氏，欲败晋兵。壬午，晋景公治兵以略狄土。及雒，魏颗败秦师于辅氏〔一二〕，获杜回。辅氏，晋地。杜回，秦力士。勋，功也。景钟，景公钟。〇元诰按：辅氏，在今陕西朝邑县西北〔一三〕。景钟，大钟也，韦训为景公钟，非。至于今不育，育，遂也。其子不可不兴也。"君知士贞子之帅志博闻而宣惠于教也，使为大傅。贞子，晋卿士穆子之子士渥浊也。帅，循也。宣，遍也。惠，顺也。知右行辛之能以数宣物定功也，使为元司空。右行辛，晋大夫贾辛也。数，计也。宣，明也。物，事也。能以计数明事定功，故使为司空。司空掌邦事，谓建都邑，起宫室，经封洫之属。○成十八年左传杜注曰："辛将右行，因以为氏。"汪远孙曰："元者，大也。大傅、元司空皆居卿官，而实非卿也。"吴曾祺曰："元司空，司空之长，与下'元尉'、'元司马'、'元候'同。"元诰按：内传疏引外传无"元"字，宋庠本从之，非是。司空，本称司工，故所掌为土木诸事。知栾纠之能御以和于政也，使为戎御。栾纠，晋大夫弁纠。政，军政。戎御，御公戎车[一四]。知荀宾之有力而不暴也，使为戎右。荀宾，晋大夫。戎右，公戎车之右。知有力而不暴[一五]，故可亲近之。栾伯谓公族大夫，栾伯，栾武子。公族大夫，掌公族与卿之子弟。○元诰按：此至"使兹四人者为公族大夫"一段又是一事，疑当移入上文"其子不可不兴也"之下，"君知士贞子之帅志博闻而宣惠于教也"之上，方不隔断文气。寻内传次第亦如是，是证也。公曰："荀家惇惠，荀家，晋大夫。荀会文敏，荀会，荀家之族[一六]。黡也果敢，黡，栾书之子桓子。无忌镇静，无忌，韩厥之子公族穆子。镇，重也。静，安也。使兹四人者为之。兹，此也。夫膏粱之性难正也，膏，肉之肥者。粱，食之精者。言食肥美者率多骄放[一七]，其性难正。故使惇惠者教之，教之道艺。使文明者导之，导其志也。使果敢者谂之，谂，告也。告得失。使镇静者修之。修治其气性。惇惠者教之，则遍而不倦；倦，懈也。文明者导之，则婉而入；婉，顺也。

果敢者谂之，则过不隐；镇静者修之，则壹。壹，均一也。使兹四人者为公族大夫。"公知祁奚之果而不淫也，使为元尉。祁奚，晋大夫，高梁伯之子。元尉，中军尉。○成十八年左传孔疏曰："言元尉、元司马、元候者，此皆中军之官。元，大也。中军尊，故称大也。"知羊舌职之聪敏肃给也，使佐之。羊舌职，晋羊舌大夫之子。敏，达也。肃，敬也。给，足也。○王引之曰："肃之言速，给之言急也。尔雅曰：'肃，速也。'肃、速，疾也。论语公冶长篇：'御人以口给。'孔传曰：'佞人口辞捷给。'皇侃疏曰：'给，捷也。'管子大匡篇曰：'隰朋聪明捷给。'荀子非十二子篇：'齐给便利。'杨倞注：'齐，疾也。给，急也。'是肃、给皆疾也。聪敏，言其通达也〔一八〕，肃给，言其敏捷也，四字义相贯注。韦解失之。"知魏绛之勇而不乱也，使为元司马。魏绛，魏犫之子庄子也。元司马，中军司马。知张老之智而不诈也，使为元候。张老，晋大夫张孟。元候〔一九〕，中军候奄。○成十八年左传杜注曰："候奄，主斥候之官。"知铎遏寇之恭敬而信强也，使为舆尉。遏寇，晋大夫。舆尉，上军尉。○汪远孙曰："舆，众也。官与诸军同，故称众也。"吴曾祺曰："舆尉，主役属徒众之官，不必指上军。下'舆司马'，亦不必专指上军也。"知籍偃之惇帅旧职而恭给也，使为舆司马。籍偃，晋大夫，籍季之子籍游也。舆司马，上军司马也。知程郑端而不淫，且好谏而不隐也，使为赞仆。程郑，晋大夫，荀骓之曾孙，程季之子。端，正也。淫，邪也。赞仆，乘马御也，六驺属焉。始合诸侯于虚杼以救宋，虚杼，宋地。宋鱼石叛宋而之楚，楚伐宋，取彭城以封之，故悼公合诸侯以救宋。在鲁成十八年。○旧音曰："虚音袪。"使张老延君誉于四方，且观道逆者。延，陈也，陈君之称誉于四方，且观察诸侯之有道德与逆乱者。〇王引之曰：
"道，犹顺也。谓观诸侯之顺命与逆命者。楚语：'违而道，从而逆。'道
与逆相反，正与此同，是道为顺也。管子小问篇〔二〇〕'百川道'，亦谓
百川顺也。若以道为道德，则与'逆'字义不当矣。（管子君臣篇：'顺
理而不失之谓道。'论衡本性篇引陆贾曰：'人能察己所以受命则顺，
顺之谓道。'据此，则道德之道亦以顺得名。"**吕宣子卒，**宣子，吕相。
公以赵文子为文也，文子，赵武。文，有文德。**而能恤大事，使
将新军。**说云："新中军也。"昭谓：时但言新军，无新中军。〇各本
将作"佐"。王引之曰："下文始云'使魏绛佐新军'，此不当与之复，故
旧说以新军为新中军，以别于下文之新军。而韦氏驳之，以为时无新中
军〔二一〕，则新军与下文无别。下文'令狐文子卒，公乃使魏绛佐新军'，
则先魏绛而佐新军者令狐文子，而非赵文子也，其不得以赵文子为佐新
军明矣。今案：'佐'字涉下文'使佐新军'而误，佐，当为'将'。吕宣
子本将新军，宣子卒，故公使赵文子将新军也。襄九年左传：'魏绛多功，
以赵武为贤，而为之佐。'杜注曰：'武，新军将。'又：'杞人、郧人从
赵武、魏绛斩行栗。'注曰：'二国从新军。'是赵文子将新军，魏绛佐之
也。盖其始也，吕宣子将新军，令狐文子佐之。及二子卒，则赵文子将新
军，而魏绛佐之。故上文云：'使吕宣子将新军，（吕宣子，今本误作'彘
恭子，'〔二二〕。）使令狐文子佐之'，此及下文云：'吕宣子卒，公以赵文
子为文也，而能恤大事，使将新军。令狐文子卒，公以魏绛为不犯，使佐
新军'也。合前后考之，而传写之讹误，可得而正矣。"元诰按：王说是，
今据以订正。**三年，公始合诸侯。**悼公三年，鲁襄二年也。悼公元
年，始合诸侯于虚杕，此复言始合者，谓四年将会诸侯于鸡丘，于此始命

之。四年，诸侯会于鸡丘，鸡丘，鸡泽也。在鲁襄三年。（元诰按：会诸侯在鲁襄三年。）吴曾祺曰："鸡泽，在今直隶永年县东北。"于是乎布命结援，修好申盟而还。命，谓朝聘之数，同好恶，救灾患之属〔二三〕。申，寻也。令狐文子卒，文子，魏颉。公以魏绛为不犯，不犯，不可犯以非法也。使佐新军。传曰："魏绛多功，以赵武为贤，而为之佐。"然则让武使为将，而绛佐之。使张老为司马〔二四〕，代魏绛。使范献子为候奄〔二五〕。代张老。候奄，元候也。献子，范文子之族昆弟士富也。公誉达于戎。戎，诸戎，无终子之属。五年，诸戎来请服，使魏庄子盟之，于是乎始复霸。庄子，魏绛。继文公后，故曰复霸。

2　四年，会诸侯于鸡丘〔二六〕，述上会时。魏绛为中军司马，公子扬干乱行于曲梁，扬干，悼公之弟。行，行列。曲梁，晋地。〇沈镕曰："曲梁，在今直隶永年县东北。"魏绛斩其仆。仆，御也。〇汪远孙曰："宋公序本斩作'戮'。韦于'戮寡人之弟'注云：'戮，辱也。'此无注，可证斩亦戮也。"公谓羊舌赤赤，羊舌职之子铜鞮伯华。曰："寡人属诸侯，属，会也。魏绛戮寡人之弟，为我勿失。"戮，辱也。为我执之勿失。赤对曰："臣闻绛之志，有事不避难，有罪不避刑，其将来辞。"辞，陈其辞状。言终，魏绛至，授仆人书而伏剑。仆人，掌传命〔二七〕。绛闻公怒，欲自杀。士鲂、张老交止之。交，夹也。仆人授公，公读书曰："臣诛于扬干，不忘其死。诛，责也。日君乏使，使臣狃中军之司马，日，前日也。狃，正也。〇俞樾曰："狃之训'正'，未闻其义。狃当读为粗。

广雅释诂曰：‘粗，厕也。’犹曰‘使臣厕中军之司马’也。文选秋兴赋曰：‘摄官承乏，猥厕朝列。’注引苍颉篇曰‘厕，次也’是其义也。左传作‘使臣斯司马’，疑斯即‘厕’字之误。古斯或作‘厮’，与厕相似。”元诰按：玉篇：‘狙，就也。’狙中军之司马，就中军之司马也。俞说不必然。**臣闻师众以顺为武**〔二八〕，顺，顺令也。**军事有死无犯为敬**，有死其事，无犯其令，是为敬命。**君合诸侯，臣敢不敬？** 敢不敬奉其职。**君不说，**○元诰按：说与悦同。**请死之。”**请，就也。**公跣而出，**跣，徒跣也。**曰：“寡人之言，兄弟之礼也。子之诛，军旅之事也，请无重寡人之过。”反役，与之礼食，**反役，自役反也。礼食，公食大夫之礼。**令之佐新军。**上章曰，“以魏绛为不犯，使佐新军”是也〔二九〕。

3　祁奚辞于军尉，辞，请老也。**公问焉，曰：“孰可？”**谁可自代。**对曰：“臣之子午可。人有言曰：‘择臣莫若君，择子莫若父。’午之少也，婉以从令，**少，稚也。婉，顺也。**游有乡，处有所，好学而不戏。**不戏弄也。**其壮也，强志而用命，**此壮，谓未二十时。志，识也。命，父命。**守业而不淫。**业，所学事业。○元诰按：襄二十九年左传：“迁而不淫。”林注云：“不淫，不过荡。”此文当与彼同义。**其冠也，和安而好敬，**冠，二十也。**柔惠小物，**柔，仁也。惠，爱也。**而镇定大事，**镇，安也。言智思能安定也〔三〇〕。**有质直而无流心，**流，放也。**非义不变，**言从义也。**非止不举。**○各本止作“上”，韦注曰：“举，动也。放上而动。”俞樾曰：“放上而动，而但曰‘非上不举’，甚为不辞。周语‘宾之礼事，放上而动’，岂可

曰'宾之礼事,非上不举'乎? 上,疑'止'字之误。诗小旻篇:'国虽靡
止。'郑笺曰:'止,礼也。'荀子不苟篇:'见由则恭而止。'大略篇:'盈
其欲而不愆其止。'杨注并曰:'止,礼也。'非止不举,即非礼不举,与
上文'非义不变'一律。今误为'上',则义不可通矣。"元诰按:俞说是,
今据改。**若临大事,其可以贤于臣也。**大事,军事。**臣请荐所**
能择,而君比义焉。"荐,进也。所能择,父能择子。比,比方也。义,
宜也。○王引之曰:"义,当读为仪。说文:'仪,度也。'比仪者,比之,
度之也。周语曰:'仪之于民,而度之于群生。'又曰:'不度民神之义,
不仪生物之则。'仪与义古字通。云'臣请荐所能择,而君比义焉'者,
言愿君比度而行之也。义与比意相近,故言比可以兼义〔三一〕,晋语云
'能上下比之'〔三二〕是也。襄三十年左传:'女待人,妇义事也。'义事,
谓度事而行也。字又通作'议',昭六年左传:'昔先王议事以制。'亦
谓度事也。韦注训义为'宜',失之。"**公使祁午为军尉。殁平公,**
军无秕政。平公,悼公之子彪。秕,以谷谕也。○元诰按〔三三〕:殁平
公,犹言终平公之世。下曰"殁平公之身",义更显明。军无秕政,谓祁
午也。

4　五年,无终子嘉父使孟乐因魏庄子纳虎豹之皮以和诸
戎。悼公五年,鲁襄四年。无终,山戎之国,今为县,在北平。子,爵也。

嘉父,名也。孟乐,嘉父之臣。庄子,魏绛。和诸戎,诸戎欲服从于晋。
○元诰按:无终,在今直隶玉田县境〔三四〕。嘉父,其君也。**公曰:"戎、**
狄无亲而好得,不若伐之。"无亲,无恩亲。好得,贪货财。**魏**
绛曰:"劳师于戎,而失诸华,诸华,华夏。用师于戎,不得存恤

诸侯,诸侯必叛,故失。**虽有功,犹得兽而失人也,安用之?且夫戎、狄荐处,**荐,聚也。〇元诰按:<u>内传</u>正义引服虔云:"荐,草也,言狄人逐水草而居,徙无常处。"<u>汉书</u>终军传"北胡随畜荐居",苏林注:"薦,草也。"荐与薦同,薦本草名,因之以草藉处是曰薦处。韦注训荐为"聚",失之。**贵货而易土。**贵,重也。易,轻也。〇吴曾祺曰:"戎狄以迁徙为是俗,无恋土之心,故曰易土。"**予之货而获其土,其利一也。边鄙耕农不儆,其利二也。戎、狄事晋,四邻莫不震动,其利三也。**震,惧也。**君其图之!"公说,故使魏绛抚诸戎,于是乎遂伯。**

5 韩献子老,

韩献子,韩厥。说云:"为公族大夫,老而辞位。"昭谓:韩厥,晋卿。鲁成十六年传曰:"韩厥将下军。"十八年,晋悼公即位,传曰:"韩献子为政。"**使公族穆子受事于朝,**穆子,厥之长子无忌也。唐尚书云:"献子致仕,而用其子为公族大夫。"昭谓:悼公元年,使无忌为公族大夫,后七年,献子告老,欲使为卿,有废疾,让其弟起,公听之,更使掌公族大夫〔三五〕。在鲁襄七年。**辞曰:"厉公之乱,无忌备公族,不能死。**乱,谓见弑。公族,同姓。**臣闻之曰:'无功庸者,不敢居高位。'**国功曰功,民功曰庸。**今无忌智不能匡君,使至于难,仁不能救,勇不能死,敢辱君朝,以忝韩宗,请退也。"固辞不立。悼公闻之,曰:"难虽不能死君,而能让,不可不赏也。"使掌公族大夫。**掌,主也。初为公族大夫,今使主之,以是为赏。

6 悼公使张老为卿，卿，佐新军。辞曰：“臣不如魏绛。夫绛之智能治大官，大官，卿也。其仁可以利公室不忘，不忘利公室。○俞樾曰：“如韦义，则当云‘其仁不忘利于公室’，于文方明，乃曰‘可以利公室不忘’，不可通矣。忘，当读为亡。汉书武五子传：‘臣闻子胥尽忠而忘其号。’师古注：‘忘，亡也。’是忘与亡义通。庄子刻意篇：‘无不忘也，无不有也。’忘与有对文，忘即亡也。周语曰：‘故能光有天下而和宁百姓，令闻不忘。’又曰：‘万年也者，令闻不忘之谓也。’令闻不忘，即令闻不亡，犹汉书贾山传曰：‘功德立于后世，而令闻不亡’也，是可证忘为亡之假字矣。大玄交次四曰：‘往来熏熏，得亡之门。’范望注曰：‘亡，犹绝也。’然则利公室不亡，言利公室不绝也。令闻不亡，言令闻不绝，诗有女同车篇：‘德音不忘。’蓼萧篇：‘寿考不忘。’凡言不忘者，其义并同。”其勇不疚于刑，疚，病也。勇，能断决也。○吴曾祺曰：“谓勇而能守法，故不至以陷于刑为疚病也。训‘断决’，非。”元诰按：吴说亦迂。刑，法也。谓勇而不以法为疚病也，即勇而守法之意。其学不废其先人之职。若在卿位，外内必平。且鸡丘之会，其官不犯不犯，谓戮扬干。而辞顺，不可不赏也。”公五命之，固辞，乃使为司马。使魏绛佐新军。事已见上，欲见张老之让，故复言之。

7 十二年，公伐郑，军于萧鱼。悼公十二年，鲁襄十一年。郑从楚，故伐之。军萧鱼，郑服也。○元诰按：路史国名纪修鱼云：“即萧鱼，郑地。”列于少昊嬴姓国。襄十一年左传杜注阙〔三六〕。郑伯嘉来，纳女、工、妾、三十人，女乐二八，嘉，郑僖公子简公也。女，美女也。工，乐师也，传曰"赂晋侯以师悝、师触、师蠲"是也。妾，给使者。女、工、妾凡三十人。女乐，今伎女也。八人为佾，备八音也。或云："女工，有伎巧者也。"与传相违，失之矣。贾侍中云〔三七〕："妾，女乐也。"下别有女乐二八〔三八〕，则贾君所云似非也。○王引之曰："内、外传亦有不相合者，不可强同。内传师悝、师触、师蠲凡三人〔三九〕，不言女妾。而此曰'女、工、妾三十人'，则与内传殊义。且上言女，下言妾，而中乃言乐工〔四〇〕，为不伦矣。唯'或说'差近之，盖女工妾长于女工之妾也。成二年左传，鲁赂楚以执斫、执针、织纴，皆百人。杜注云：'执针，女工。织纴，织缯布者。'是以女工妾为赂之证。元诰按〔四一〕。**歌钟二肆，**歌钟，歌时所奏。肆，列也。凡悬钟磬，全为肆，半为堵。○陈瑑曰："歌钟，即周礼磬师所掌之编钟，盖小钟而编次成列者。"元诰按：襄十一年左传杜注云〔四二〕："悬钟十六为一肆，二肆三十二枚。"据此，不必有钟有磬而后谓之肆。左传于"歌钟二肆"下曰："及其镈磬。"可证磬不在二肆之内。韦本周礼小胥郑注训之，似于传文不合。肆者，一虡二笋，笋各八钟，共十六钟也。**及宝镈，**镈，小钟也。宝，郑所宝。○元诰按：周语："细钧有钟无镈，大钧有镈无钟。"是镈为大钟也。说文作"鎛"，云："大钟。"周礼镈师郑注亦云："镈如钟而大。"是皆与韦异。陈瑑曰："许、郑谓镈为大钟者，大于编钟也。韦谓为小钟，小于大钟也。为说亦曲。"**辂车十五乘。**辂，广车也。车，軘车也。十五，各十五也。传曰："广车、軘车淳十五乘。凡兵车百乘。"淳，偶也。○王引之曰："此与内传亦不可强合，韦注失之。广车不得谓之辂，軘车亦不得但谓之车。辂车者，路车也，又不得以辂、车为二物。"**公锡魏绛女乐一八，歌钟一肆，曰："子教寡人和诸戎狄而正诸华，**○元诰按：在鲁

438

襄四年〔四三〕。于今八年，七合诸侯，寡人无不得志，请与子共乐之。"八年，和戎狄后八年也。七合诸侯，一谓鲁襄五年会于戚，二谓七年会于鄔，三谓八年会于邢丘，四谓九年同盟于戏，五谓十年会于柤，六谓十一年会于亳城北，七谓今会于萧鱼。○襄十一年左传正义引孔晁曰："不数救陈与戍郑虎牢，余为七也。"魏绛辞曰："夫和戎狄，君之幸也。幸，幸而合。八年之中，○宋庠本无"之中"二字。七合诸侯，君之灵也，灵，神也。○元诰按：广韵："灵，福也。"疑不训"神"。二三子之劳也，谓诸军帅。臣焉得之？"焉得专也。公曰："微子，寡人无以待戎，无以济河，微，无也。济河，南服郑。二三子何劳焉？子其受之。"君子曰："能志善也。"志，识也。

8　悼公与司马侯升台而望〔四四〕，曰："乐夫！"司马侯，晋大夫汝叔齐。乐，见士民之殷富。对曰："临下之乐则乐矣〔四五〕，德义之乐则未也。"善善为德，恶恶为义。公曰："何谓德义？"对曰："诸侯之为，日在君侧，为，行也。以其善行，以其恶戒，可谓德义矣。"公曰："孰能？"对曰："羊舌肸习于春秋。"肸，叔向之名。春秋，纪人事之善恶而目以天时，谓之春秋，周史之法也。时孔子未作春秋。○元诰按：墨子明鬼下篇有"周之春秋"、"燕之春秋"、"宋之春秋"、"齐之春秋"。墨子佚文："吾见百国春秋〔四六〕。"是"春秋"为诸侯国史之别名，不独鲁也。乃召叔向使傅太子彪。彪，平公也。

【校记】

〔一〕 若禀而弃之　"禀"下衍"命"字,据各本删。

〔二〕 乃盟而入　"入"误作"已",据各本改。

〔三〕 毕故刑,赦囚系　"赦"误作"杀",据各本改。

〔四〕 起用之也　"起"下衍"而"字,据各本删。

〔五〕 则此当曰"十二月乙酉,公即位"矣　"曰"误作"日",据<u>经义述闻</u>改。

〔六〕 滕人、薛人从栾<u>黡</u>、士<u>鲂</u>门于北门　"士"字脱,据<u>经义述闻</u>补。

〔七〕 武将新军　"将"字脱,据<u>经义述闻</u>补。

〔八〕 夫二子之德,其可忘乎　"其"误作"岂",据各本改。"二"字下原衍"三"字,据各本删。

〔九〕 <u>唐尚书</u>云,"<u>荀首</u>时将上军",误也。○元诰按　"时"字及"○"号皆脱,据<u>公序</u>本及文例补。

〔一○〕 其子不可不兴也　"可不"二字脱,据<u>国语考异</u>补。

〔一一〕 <u>王念孙</u>曰　"<u>王念孙</u>"误作"<u>王引之</u>",据<u>经义述闻</u>改。

〔一二〕 欲败晋兵。壬午,<u>晋景公</u>治兵以略狄土。及<u>雒</u>,<u>魏颗</u>败秦师于<u>辅氏</u>　此二十五字皆脱,据各本补。

〔一三〕 <u>辅氏</u>,在今<u>陕西</u> <u>朝邑县</u>西北　"<u>陕西</u>"误作"<u>山西</u>","朝"误作"辂",据<u>国语正义</u>改。

〔一四〕 戎御,御公戎车　上"戎"字脱,据各本补。

〔一五〕 知有力而不暴　"暴"下衍"者"字,据各本删。

〔一六〕 <u>荀</u>文敏,(<u>荀</u>,<u>荀家</u>之族。)　二"<u>荀</u>"字皆误作"惠",据<u>公序</u>本改。<u>明道</u>本作"会"。

国语集解

〔一七〕言食肥美者率多骄放　"放"误作"故"，据各本改。

〔一八〕聪敏，言其通达也　"敏"误作"明"，据经义述闻改。

〔一九〕元候　"候"误作"老"，据各本改。

〔二○〕管子小问篇　"问"误作"匡"，据经义述闻改。

〔二一〕以为时无新中军　"新"字脱，据经义述闻补。

〔二二〕今本误作"虤恭子"　"作"字脱，据经义述闻补。

〔二三〕命，谓朝聘之数，同好恶，救灾患之属　"命"从明道本，公序本作"令"。"数"下衍"援谓"二字，据各本删。布命结援之目标相同，不能强分为二部分，"援谓"二字殆出于臆加。

〔二四〕使张老为司马　"马"误作"徒"，据公序本改。

〔二五〕使范献子为候奄　"献"误作"文"，据各本改。

〔二六〕四年，会诸侯于鸡丘　此句原连上文，今分段提行。

〔二七〕仆人，掌传命　"掌"下衍"宣"字，据各本删。

〔二八〕臣闻师众以顺为武　"为"字重衍，据各本删。

〔二九〕上章曰，"以魏绛为不犯，使佐新军"是也　"是也"二字脱，据各本补。

〔三○〕言智思能安定也　"思"误作"虑"，据各本改。

〔三一〕故言比可以兼义　"兼"误作"该"，据经义述闻改。

〔三二〕能上下比之　"能"字脱，据经义述闻补。

〔三三〕元诰按　"按"字脱，依文例补。

〔三四〕无终，在今直隶玉田县境　"隶"字脱，依文义补。

〔三五〕更使掌公族大夫　"更"字脱，据各本补。

〔三六〕襄十一年左传杜注阙　按襄十一年左传杜注云："萧鱼，郑地。"殆即为路史所本，不得言阙。

〔三七〕 贾侍中云　"云"字脱，据各本补。

〔三八〕 下别有女乐二八　"别"误作"列"，据各本改。

〔三九〕 内传师悝、师触、师蠲凡三人　"三"下衍"十"字，据经义述闻删。

〔四〇〕 上言女，下言妾，而中乃言乐工　"下言"之"言"及"乃"字皆脱，据经义述闻补。

〔四一〕 元诰按　其下文缺。

〔四二〕 襄十一年左传杜注云　"杜"误作"服"，据左传注疏改。

〔四三〕 元诰按：在鲁襄四年　"按"字脱，"鲁襄"误作"事在"，依文例及左传补改。

〔四四〕 悼公与司马侯升台而望　此句原连上文，依文例提行。

〔四五〕 临下之乐则乐矣　上"乐"字误作"德"，据各本改。

〔四六〕 吾见百国春秋　"春秋"下衍"史"字，据隋书李德林传及史通六家篇引墨子语删。

国语集解

吉水徐元诰学

晋语八第十四

1　平公六年，平公，悼公之子彪。六年，鲁襄二十一年〔一〕。箕遗及黄渊、嘉父作乱，不克而死。箕遗、黄渊、嘉父，皆晋大夫，栾盈之党。栾黡所娶范宣子之女曰叔祁，生盈。黡卒，祁与其老州宾通，盈患之。祁惧，愬诸宣子，曰："盈将为乱。"盈好施，士归之。宣子执政，畏其多士，使城箸，将逐之，箕遗、黄渊等知之而作乱。宣子杀遗、渊、嘉父及司空靖、邴豫、董叔、邴师、申书、羊舌虎、叔罴等十人〔二〕。公遂逐群贼，群贼，栾盈之党，谓智起、中行喜、州绰、邢蒯之属〔三〕。逐之出奔齐。谓阳毕曰："自穆侯以至于今，乱兵不辍，阳毕，晋大夫。穆侯，唐叔八世孙，桓叔之父。晋乱自桓叔始。辍，止也。民志不厌，祸败无已。厌，极也。已，止也。离民且速寇，恐及吾身，若之何？"速，召也。阳毕对曰："本根犹树，本根，乱本，谓栾氏

443

犹尚树立。枝叶益长，本根益茂，是以难已也。今若大其柯，_{柯，斧柄，所操以伐木。}去其枝叶，绝其本根，可以少间。"_{间，息也。谓灭栾氏而去其党。}公曰："子实图之。"阳毕曰：_{○明道本"阳毕"二字作"对"字。}"图在明训，_{训，教也。}明训在威权，_{言既有明教，当有威权以行之。}威权在君。_{言不在臣。}君抡贤人之后有常位于国者而立之，_{抡，择也。常位，谓世有功烈于国而中微者。}亦抡逞志亏君以乱国者之后而去之，_{逞，快也。}是遂威而远权也。_{遂，申也。远权，权及后嗣。}民畏其威而怀其德，莫能勿从。_{言皆从君。}若从，则民心皆可畜，_{皆可畜养而教导之。}畜其心而知其欲恶，人孰偷生？_{欲恶，情欲好恶。偷，苟也。}若不偷生，则莫思乱矣。且夫栾氏之诬晋国久矣，_{诬，罔也。以恶取善曰诬。谓栾书弑厉公，然民被其德，不以为恶。}传曰："武子之德在民，若周人之思邵公。"栾书实覆宗弑厉公以厚其家，_{覆，败也。宗，大宗也。谓杀厉立悼，以取重于国，厚其家。}若灭栾氏，则民威矣。_{威，畏也。}今吾若起瑕、原、韩、魏之后而赏立之，则民怀矣。_{瑕，瑕嘉。原，原轸。韩，韩万。魏，毕万。之后皆晋贤人，有常位于国者。}威与怀各当其所，则国安矣。君治而国安，欲作乱者谁与？"公曰："栾书立吾先君，_{先君，悼公。}栾盈不获罪，如何？"_{言盈不得罪于国，为其母范氏所谮耳，如何可灭？}阳毕曰："夫正国者不可以昵于权，_{昵，近也。言当远权为久长计。}行权不可以隐于私。_{以私恩隐蔽其罪，无以正国。}昵于权，则民不导；_{不可训导。}行权隐于私，则政不行。政不行，何以导民？民之不导，亦无君矣。_{与无君同。}则其为昵与隐也，复害矣，且勤身，复，反也。勤，劳也。反害于国而劳君身。君其图之！若爱栾盈，则明逐群贼，而以国伦数而遣之〔四〕，群贼，盈之党。伦，理也。厚箴戒图以待之。箴，犹勑也。待，备也。〇宋庠本作"厚戒箴国以待之"。彼若求逞志而报于君，罪孰大焉！灭之犹少。犹少，灭之恐少耳。彼若不敢而远逃，乃厚其外交而勉之，以报其德，不亦可乎？"谓赂其所适之国，厚寄托之而劝勉焉〔五〕。〇王引之曰："此谓宽其死罪，无取于劝勉也。勉，当读为免，古字勉与免通。免之，谓免其死，秋官乡士，'若欲免之，则王会其期'，僖三十三年左传'若从君惠而免之'是也。上文云'灭之'，此云'免之'，相对为文。昭七年左传：'朔于敝邑，亚大夫也。获戾而逃，唯执事所寘之，得免其死，为惠大矣。'是远逃者以免死为幸也。"公许诺〔六〕，尽逐群贼，而使祁午及阳毕适曲沃逐栾盈，祁午，中军尉。曲沃，栾盈邑。栾盈出奔楚。遂令于国人曰："自文公以来，有力于先君而子孙不立者，〇宋庠本立作"育"。将授立之，得之者赏。"授以爵位而立之。〇周礼司勋："治功曰力。"元诰按：得之者赏，谓得其子孙者有赏也。居三年，后三年也。栾盈昼入，为贼于绛，栾盈在楚一年而奔齐。鲁襄二十三年，齐庄公使析归父以藩载盈及其士，纳诸曲沃。夏四月，盈帅曲沃之甲因魏献子以昼入绛。范宣子以公入于襄公之宫，襄宫完固，故就之。传曰："奉公以如固宫。"栾盈不克，出奔曲沃。传曰："晋人围曲沃。"遂刺栾盈，灭栾氏。刺，杀也。传曰："晋人克栾盈于曲沃，尽杀栾氏之族党。"是以没平公之身无内乱也。

2 栾怀子之出[七]，怀子，盈也，出奔楚。执政使栾氏之臣勿从，执政，正卿范宣子也。从栾氏者大戮施。施，陈也，陈其尸。○吴曾祺曰："施，加也，谓加以大戮也。"元诰按：宋庠本"大"上有"为"字。栾氏之臣辛俞行，行，从盈也。吏执之，献诸公。公曰："国有大令，何故犯之？"对曰："臣顺之也，岂敢犯之？执政曰'无从栾氏而从君'，是明令必从君也。臣闻之曰：'三世事家，君之；三世为大夫家臣，事之如国君。再世以下，主之。'大夫称主。事君以死，事主以勤，君之明令也，自臣之祖，以无大援于晋国，世隶于栾氏，于今三世矣，臣故不敢不君。今执政曰'不从君者为大戮'，臣敢忘其死而叛其君，以烦司寇！"敢，不敢也。言不敢忘死而叛其君，烦君司寇以刑臣。公说。说其执义。固止之，不可。厚赂之，辞曰："臣尝陈辞矣，心以守志，辞以行之，所以事君也。若受君赐，是堕其前言。堕，坏也。臣无二君，若受君赐，是有二心。君问而陈辞，未退而逆之，何以事君？"逆，反也。君知其不可得也，乃遣之。○吴曾祺曰："谓不可得而用之也。"

3 叔鱼生，其母视之，叔鱼，晋大夫，叔向母弟羊舌鲋。视，相察也。曰："是虎目而豕喙，虎视眈眈，豕喙长而锐。鸢肩而牛腹，鸢肩，肩井斗出。牛腹，胁脈。○后汉书梁冀传："鸢肩豺目[八]。"章怀注曰："鸢，鸱也，鸱肩上竦也。"溪壑可盈，是不可餍也，水注川曰溪。壑，沟也。必以贿死。"后为赞理，受雍子女而抑邢侯，邢侯杀之。遂不视。不自养视。杨食我生，杨，叔向邑。食我，叔向子伯石也，其母夏姬之女。_{叔向之母闻之,往及堂,闻其号也,乃还,曰:}"其声,豺狼之声也,终灭羊舌氏之宗者,必是子也。"_{宗,}
_{同宗也。食我既长,党于祁盈,盈获罪,晋杀盈及食我,遂灭祁氏、羊舌氏。}
_{在鲁昭二十八年。}

4 鲁襄公使叔孙穆子来聘,_{在襄二十四年。}范宣子问焉,_宣
_{子,晋正卿士匄。}曰:"人有言曰'死而不朽',何谓也?"_言
_{身死而名不朽灭。}穆子未对。宣子曰:"昔匄之祖,自虞以
上为陶唐氏,_{言在舜时不改尧号。}在夏为御龙氏,_{夏,夏后孔甲}
_{之世。传曰:"陶唐氏既衰,其后曰刘累,学扰龙于豢龙氏,以事孔甲,}
_{能饮食龙,夏后嘉之,赐氏曰御龙氏。"}在商为豕韦氏,_{商,谓武丁之}
_{后。为豕韦氏,初,祝融之后彭姓为大彭,大彭、豕韦二国为商伯,其后}
_{商灭豕韦,刘氏自御龙代豕韦,故传曰:"以更豕韦之后。"○吴曾祺曰:}
_{"灭豕韦以刘氏代之,在商武丁之世。见史记集解。"}在周为唐杜氏。
_{周,武王之世。唐、杜,二国名。豕韦自商之末改国于唐^{〔九〕},周成王灭}
_{唐而封弟唐叔虞,迁唐于杜,谓之杜伯。○汪远孙曰:"贾以为唐、杜并}
_{时所封。"吴曾祺曰:"迁唐于杜,而仍录以旧名,故曰唐杜。秦置杜县,}
_{汉改杜陵。"元诰按:广韵:"杜,姓,本帝尧刘累之后。"地盖以姓名之}
_{也,在今陕西咸宁县东十五里。}周卑,晋继之,为范氏,其此之
谓乎?"_{卑,王室微也。晋继之者,谓为盟主以总诸侯。为范氏者,杜}
_{伯为宣王大夫,宣王杀之,其子隰叔去周适晋,生子舆,为晋理官,其孙}
_{士会为晋正卿,食邑于范,是为范氏。○元诰按:范,在今山东范县东南}
_{二十五里。}对曰:"以豹所闻,此之谓世禄,非不朽也。_世

禄，世食官邑〔一〇〕。**鲁先大夫臧文仲，其身殁矣，其言立于后世，**言其立言可法者，谓若教行父事君，告籴于齐之属。**此之谓死而不朽。**"

5 **范宣子与和大夫争田，久而无成。**成，平也。和大夫，晋和邑之大夫也。争田之疆界，久而不平。**宣子欲攻之，问于伯华，**伯华，羊舌赤。鲁襄三年，代父职为中军尉之佐。**伯华曰："外有军，内有事。赤也外事也，**言主军也。**不敢侵官。**非其官而与之为侵官。**且吾子之心有出焉，可征讯也。"**出，以军旅出也。征，召也。讯，问也。○吴曾祺曰："谓己主外事，若有出军之事，可召而问之，他非所知也。"**问于孙林甫，**林甫，卫大夫孙文子，鲁襄十四年，逐卫献公〔一一〕，立公孙剽。二十六年，宁喜杀剽而纳献公，林甫遂以戚叛，事晋。**孙林甫曰："旅人，所以事子也，唯事是待。"**旅，客也，言客寄之人，不敢违命。**问于张老，**三君云："张老，中军司马也。"昭谓：鲁襄三年，悼公以张老为司马，至襄十六年，平公即位，以其子张君臣代之，此时为上军将〔一二〕。**张老曰："老也以军事承子，非戎则非吾所知也。"**戎，兵也。**问于祁奚，**祁奚既老，平公元年，复为公族大夫。**祁奚曰："公族之不恭，公室之有回，**回，邪也。**内事之邪，**内，朝内也。**大夫之贪，是吾罪也。**大夫，公族大夫也，然则祁奚掌之。**若以君官从子之私，惧子之应且增也。"**外应受我，内增其非。○黄丕烈曰："增即'憎'字也。墨子非命'帝式是增'，道藏本韩子'论其所增'，易林涣之蛊'独宿增夜'，皆用此从土'增'字。"**问于籍偃，**籍偃，上军司马籍游。**籍偃曰："偃也以斧铖从于张孟，孟，张老字。日听命焉，若夫子之命也，何二之有？夫子，张孟。释夫子而举，是反吾子也。"释，舍也。举，动也。吾子，宣子。宣子为上卿，本使我听命于张孟，今若背之而从子之私，是反吾子之前令。问于叔鱼，叔鱼，叔向之弟。叔鱼曰："待吾为子杀之。"叔向闻之，见宣子曰："闻子与和未宁，宁，息也。遍问于大夫，又无决，盍访之訾祏？訾祏，宣子家臣。訾祏实直而博，直能端辨之，端，正也。辨，别也。博能上下比之，且吾子之家老也。家臣室老。吾闻国家有大事，必顺于典型，典，常也。型，法也。而访咨于耇老而后行之。"司马侯见，侯，汝叔齐。曰："闻吾子有和之怒，吾以为不信。诸侯皆有二心，二心，欲叛晋。是之不忧，而怒和大夫，非子之任也。"祁午见，午，中军尉。曰："晋为诸侯盟主，子为正卿，若能靖端诸侯，使服听命于晋，晋国其谁不为子从，何必和？言皆从子之命，何但和大夫乎？盍密和，和，和平也。和大以平小乎？"劝以大德平小怨。○吴曾祺曰："大，指诸侯；小，指和大夫。注非。"宣子问于訾祏，訾祏对曰："昔隰叔子违周难于晋国，隰叔，杜伯之子。违，避也。宣王杀杜伯，隰叔避害适晋。生子舆，为理，子舆，士蒍之字。理，士官也。以正于朝，朝无奸官〔一三〕。为司空，以正于国，国无败绩。绩，功。○宣十二年经"晋师败绩"，穀梁传曰："绩，功也。功，事也。曰其事败也。"世及武子，佐文、襄为诸侯，诸侯无二心。父子为世。及，至也。谓士蒍生成伯缺〔一四〕，成伯缺生武子士会。文公五年，士会摄右为大夫，佐襄公以霸诸侯，诸侯无二心。及为卿，以辅成、景，军无败政。文公生成公，成公生景公。及为成帅，居大傅，唐尚书云："为成公军帅，兼大傅官[一五]。"昭谓：此"成"字当为"景"字误耳。鲁宣九年，晋成公卒，至十六年，晋景公请于王，以黻冕命士会将中军，且为大傅。○各本帅作"师"。王念孙曰[一六]："师，当为'帅'字之误也。为成帅者，为成公之中军帅也。唐注云：'为成公军帅，（今本帅亦讹作'师'，[一七]。）兼大傅'，韦注引宣十六年左传'晋命士蔿将中军'，皆其证也。潜夫论志氏姓篇作：'为成率，居大傅[一八]'。率与帅同。襄二十七年左传正义引作：'及为元帅。''元'字盖后人所改，'帅'字则不误耳。"元诰按：王说是，今据改。成，当为"景"，韦注自明。端刑法，辑训典，辑，和也。○俞樾曰："训典不可言'和'，韦注非也。辑与集古字通。襄十九年左传：'其天下辑睦。'释文曰：'辑，本作"集"。'诗板篇：'辞之辑矣。'新序杂事篇引作'辞之集矣'。辑训典，谓集合先代之训辞及其典礼也。周语言随武子讲聚三代之典礼，修执秩以为晋法，即其事矣。"元诰按：明道本作"缉"，通。国无奸民，士会为政，盗贼奔秦是也。后之人可则，是以受随、范。随、范，晋二邑[一九]。○沈镕曰："随，今山西介休县东有随城[二〇]。范，在今山东范县东南二十五里。"及文子成晋、荆之盟，文子，武子之子燮也。晋使士燮盟楚于宋西门之外，在鲁成十二年。丰兄弟之国，使无有间隙，丰，厚也。间隙，瑕衅也。兄弟，郑、卫之属。晋、楚为好，不相加戎，所以厚兄弟之国。是以受郇、栎。郇、栎，晋二邑。○沈镕曰："郇，在今山西临晋县东北十五里。栎，今河南禹县有阳翟城，即栎邑也。"元诰按：栎有三，亦有三音，此文栎音栎，杜氏释例云："在河北。"桓十五年左传"郑伯突入于栎"，音历，在阳翟。汉书"高祖初都于栎"，音药，在高陵。沈谓

国语集解

禹县之枥，盖非此地。今吾子嗣位，于朝无奸行，于国无邪民，于是无四方之患〔二一〕，而无外内之忧，赖三子之功而飨其禄位。三子，子奥、武子、文子。今既无事矣，而非和，非，恨也。于是加宠，将何治为？"晋加宠于子，将何所为治乎？○吴曾祺曰："谓将何以治国也。"宣子说，乃益和田而与之和。以所争田益之，与之平和也。

6　訾祏死，范宣子谓献子献子，宣子之子范鞅。曰〔二二〕："鞅乎！昔者吾有訾祏也，吾朝夕顾焉，顾，问也。以相晋国，且为吾家。今吾观女也，专则不能，谋则无与也，无贤臣也。将若之何？"对曰："鞅也居处恭，不敢安易，易，简也，不敢自安，而为简略。敬学而好仁，和于政而好其道〔二三〕，言己为政贵和，而好说其道。谋于众不以贾好，贾，求也。言心乐容，不以求为好。私志虽衷，不敢谓是也，必长者之由。"衷，善也。由，从也。宣子曰："可以免身。"

7　平公说新声，说，乐也。新声者，卫灵公将如晋，舍于濮水之上，闻琴声焉甚哀，使师涓以琴写之。至晋，为平公鼓之，师旷抚其手而止之曰："止！此亡国之音也。昔师延为纣作靡靡之乐〔二四〕，后而自沉于濮水之中，闻此声者，必于濮水之上乎！"师旷曰："公室其将卑乎！师旷，晋主乐大师子野。君之萌兆衰矣。兆，形也。○太平御览乐部七引国语如是。夫乐以开山川之风，开，通也。故八音以通八风。○明道本下有"也"字。以耀德于广远也。耀，明也。风德以广之，风，风宣其德，广之于四方也〔二五〕。作乐各象其德，韶、夏、护、武是也。○太平御览乐部七引贾逵曰："风德者，德各有风类也。"**风山川以远之**，远，远其德。周礼，每乐一变，各有所致，谓鳞介毛羽之物，山林川泽天地之神祇也。○初学记乐部引贾逵曰："乐所以通山川之风类，以远其德。"**风物以听之**，言风化之动，物莫不倾耳而听。**修诗以咏之，修礼以节之。**○明道本修并误作"循"。**夫德广远而有时节**，作之有时，动有礼节。**是以远服而迩不迁。**"○校讹云："'不迁'下当有阙字。"

8　**平公射鴳不死**〔二六〕，鴳，鴽，小鸟。○陈瑑曰："尔雅释鸟：'鴽，鴾。'盖谓鴾一名鴳耳。鴳，又作'鴿'，亦谓之'鶡鴳'，左传疏引贾逵、服虔说，谓鶡鴳以声音为名也。"宋庠曰："鴳音鴿。"**使竖襄搏之，失**，竖，内竖。襄，名也。**公怒，拘将杀之。叔向闻之，夕**，夕至于朝。○成十二年左传孔疏曰："旦见君谓之朝，莫见君谓之夕。"**君告之，叔向曰："君必杀之。昔吾先君唐叔射兕于徒林**，兕，似牛而青，善触人。徒林，林名。一发而死曰殪**，殪以为大甲**，甲，铠也。○太平御览羽族部八引贾逵曰："徒林，园中地也。"又兵部八十六引贾逵曰："以兕革为大甲。"**以封于晋。**言有材艺以受封爵。**今君嗣吾先君唐叔，射鴳不死，搏之不得，是扬吾君之耻者也。君其必速杀之，勿令远闻。"**杀之益闻，诡辞以谏。**君颜怴恑，乃趣赦之。**怴恑，惭貌。

9　**叔向见司马侯之子，抚而泣之**，抚，拊也。**曰："自其父**

之死，〇元诰按：各本“其父”上有“此”字，衍文也。今依群书治要引删。下文“昔者其父始之”同。吾蔑与比而事君矣！昔者其父始之，我终之；谓其所建为及谏争，相为终始，以成其事。我始之，夫子终之，无不可。"无不可，言皆从。籍偃在侧，曰："君子有比乎？"君子周而不比，故偃问之。叔向曰："君子比而不别。比德以赞事，比也。赞，佐也。引党以封己，引，取也。封，厚也。利己而忘君，别也。"别，别为朋党也。〇潘维城曰："此之所谓比，即论语之所谓周；此之所谓别，即论语之所谓比。比与党相近，则辨之曰：比而不党。比与别相近，则辨之曰：比而不别。"

10 秦景公使其弟鍼来求成，景公，秦穆公之玄孙，桓公之子。鍼，后子伯车也。在鲁襄二十六年。叔向命召行人子员。行人，掌宾之官。员，名也。行人子朱曰："朱也在此。"叔向曰："召子员。"子朱曰："朱也当御。"当，直也。御，进也。言次应直事。叔向曰："肸也欲子员之对客也。"子朱怒曰："皆君之臣也，班爵同，与员同也。何以黜朱也？"黜，退也。抚剑就之。叔向曰："秦晋不和久矣，今日之事幸而集，集，成也。子孙飨之，飨，飨其福。飨，或为"赖"。不集，三军之士暴骨。必复战斗。夫子员导宾主之言无私，子常易之，易，变也。奸以事君者，吾所能御也。"拂衣从之，拂，褰也。〇元诰按：从，谓从子朱之剑，人救之。平公闻之曰："晋其庶乎！庶几于兴。吾臣之所争者大。"师旷侍，曰："公室惧卑，其臣不心竞而力争。"

453

11　诸侯之大夫盟于宋。盟在鲁襄二十七年。晋、楚始同盟，以弭诸侯之兵。楚令尹子木欲袭晋军，子木，屈到之子屈建也。传曰："将盟，楚人衷甲。"袭，掩也。曰："若尽晋师而杀赵武，则晋可弱也。"赵武，晋正卿文子也。文子闻之，谓叔向曰："若之何？"叔向曰："子何患焉。忠不可暴，不可侵暴。信不可犯，犯，陵也。忠自中，自中出也。而信自身，身行信也。其为德也深矣，其为本也固矣，故不可拐也。拐，动也。〇旧音曰："拐，音月。本或作'损'。"汪远孙曰："作'拐'是也。小雅毛诗传云：'扤，动也。'拐与扤同。"今我以忠谋诸侯，谋安诸侯。而以信覆之。覆验其忠。荆之逆诸侯也亦云，亦云欲弭兵为忠信。逆，迎也。是以在此。若袭我，是自背其信而塞其忠也，塞，绝也〔二七〕。信反必毙，毙，踣也。忠塞无用，无以用诸侯也。安能害我？且夫合诸侯以为不信，诸侯何望焉。此行也，〇明道本"此"上有"为"字。荆败我，诸侯必叛之。以弭兵召诸侯，而衷甲以袭晋，故诸侯必叛之。子何爱于死，死而可以固晋国之盟主，何惧焉？"言晋有信，诸侯必归之。是行也，以藩为军，藩，篱落也。不设垒壁。攀辇即利而舍，攀，引也。辇，辇车也。即，就也。言人引车就水草便利之地而舍之。候遮扦卫不行，候，候望。遮，遮罔。昼则候遮，夜则扦卫。扦卫，谓罗闉、狗附也。张罗闉，去垒五十步而陈，周军之前后左右，彊弩注矢以谁何，（元诰按：谁何，犹呵问。）谓之罗闉。又二十人为曹辈，去垒三百步，畜犬其中，或视前后，或视左右，谓之狗附〔二八〕。皆昏而设，明而罢。候遮二十人居狗附处，以视听候望，明而设，

国语集解

454

昏而罢。不行者，不设之。**楚人不敢谋，畏晋之信也。**畏晋守信，
诸侯与之，故不敢谋。**自是没平公无楚患矣。**

12 宋之盟，弭兵之盟。**楚人固请先歃。**楚人，子木。歃，饮血
也〔二九〕。**叔向谓赵文子曰："霸王之势，在德不在先歃，子
若能以忠信赞君，**赞，佐也。**而裨诸侯之阙，**裨，补也。阙，缺也。
歃虽后，诸侯将戴之，○明道本戴作"载"。**何争于先？ 若违
于德而以贿成事，**政以贿成。**今虽先歃，诸侯将弃之，何欲
于先？ 昔成王盟诸侯于岐阳，**岐山之阳。○竹书纪年："成王六
年，大蒐于岐阳。"**楚为荆蛮，**荆州之蛮。**置茅蕝，设望表，与鲜
牟守燎，故不与盟。**置，立也。蕝，谓束茅而立之，所以缩酒。望表，
谓望祭山川，立木以为表，表其位也。鲜牟，东夷国。燎，庭燎也。○汪
远孙曰："史记叔孙通传索隐引贾逵注曰：'束茅以表位为蕝。'说文：
'蕝，朝会束茅表位曰蕝。'引春秋国语曰：'致茅蕝，表坐。'置、致古通
用，'表坐'二字，盖许申国语之义。汉书叔孙通传〔三○〕：'为绵蕝野外。'
如淳曰：'谓以茅翦树地，为纂位尊卑之次也。'师古曰：'蕝与蕝同。'
缩酒之茅不名为蕝，韦解非也。"王引之曰："会盟无缩酒之文〔三一〕，
韦注非是，当以贾说为长。窃谓置茅蕝者，未盟之先，摈相者习仪也，习
仪则必为位，故以茅蕝表之。置茅蕝，盖与汉书叔孙通传〔三二〕'为绵蕝'
相似，盖为习仪而设也。周官小宗伯：'凡王之会同、军旅、甸役之祷祠，
肄仪为位。'是其比类也。望表，盟之日所以表位者也，望而知其所立之
处，故曰望表，淮南说林篇曰：'植表而望，则不惑'是也。设望表者，
豫为王及诸侯之位，以木表之，若觐礼上介〔三三〕，皆奉其君之旗置于宫，

公侯伯子男皆就其旗而立也。昭十一年左传：'朝有著定，会有表。会朝之言，必闻于表著之位。'杜注曰：'野会，设表以为位。'是其明证矣。韦以为望祭山川，亦非。上云'盟诸侯'，下云'守燎'，所言者皆会盟之事，不得杂以祭神也。"吴曾祺曰："表，植木为之，悬鸟羽于上，以辨日暑，使人望之知方向，虞书'光被四表'是也〔三四〕。"黄丕烈曰："鲜牟，一本作'鲜卑'，非。鲜牟即宣九年之'根牟'也，今琅邪阳都县东有牟乡。"今将与主狃诸侯之盟，唯有德也，狃，更也。子务德无争先，务德所以服楚也。"乃先楚人。让使楚先。

13 虢之会，诸侯之大夫寻宋之盟，在鲁昭元年。鲁人食言，食，伪也。言鲁使叔孙穆子如会〔三五〕，寻宋之盟，欲以修好弭兵，寻盟未退，而鲁伐莒取郓，是虚伪其言。○元诰按：春秋左传屡云"食言"，如"背惠食言"〔三六〕，"渎齐盟而食话言"，"临事而食言"，"食言者不病"，"是食言者多矣"。杜注云："言而不行，如食之消尽。"义较详明。楚令尹围将以鲁叔孙穆子为戮，令尹围，楚恭王之子。○元诰按：陈尸曰戮。乐王鲋求货焉不予。鲋，晋大夫乐桓子也。赵文子谓叔孙曰："夫楚令尹有欲于楚，欲，欲得楚国也。少懦于诸侯。懦，弱也。以诸侯为弱。○俞樾曰："韦注未得传意。此言令尹之志专在于楚，而于诸侯之事少偷懦也。襄二十五年左传：'崔杼帅师伐我北鄙，公患之。孟公绰曰："崔子将有大志，不在病我，必速归，何患焉！其来也不寇，使民不严，异于他日。"'正与此文大旨相同。有欲于楚，少懦于诸侯，即所谓'将有大志，不在病我'也。下文曰：'诸侯之故求治之，不求致也。'解曰：'故，事也。必欲治之，非但求致之而已。'此亦未得

传意。致之言至也，极也，言求治之而已，不深求也。故又曰：'其为人也，刚而尚宠，若及，必弗避也。子盍逃之。'盖不逃则彼及治之，故弗可避，逃则彼不及治之，即可免矣。此正'求治，不求致'之明验也。"**诸侯之故求治之，不求致也。**故，事也。必欲治之，非但致之而已。**其为人也，刚而尚宠，**尚，好也。好自尊宠。**若及，必不避也。**以事及于罪者〔三七〕，必加治戮，无所避也。**子盍逃之？**不幸必及于子。"对曰："**豹也受命于君，以从诸侯之盟，为社稷也。**为欲卫社稷也。**若鲁有罪，而受盟者逃，鲁必不免，**不免于讨。○明道本缺"鲁"字。**是吾出而危之也。若为诸侯戮者，鲁诛尽矣，必不加师，请为戮也。夫戮出于身实难，**难，难居也。○王引之曰："尔雅：'寔，是也。'实与寔通。广韵：'难，奴案切，患也。'〔三八〕戮出于身实难者，言唯戮出于身是患也。韦不知难之训"患"，而增字以解之，迂矣。"**自他及之何害？**何害于义〔三九〕。**苟可以安君利国，美恶一也。**"美生恶死。○明道本"一"下有"心"字。

文子将请之于楚，乐王鲋曰："诸侯有盟，未退而鲁背之，安用齐盟？齐，一也。**纵不能讨，又免其受盟者，晋何以为盟主矣？**言无以复齐一诸侯。**必杀叔孙豹。"文子曰："有人不难以死安利其国，可无爱乎！若皆恤国如是，则大不丧威，而小不见陵矣。若是道也果，**果，必行也。**可以教训，何败国之有？吾闻之曰：'善人在患，**○明道本"在"下有"位"字，非。**弗救不祥；恶人在位，不去亦不祥。'必免叔孙。"固请于楚而免之。**

晋语八第十四

457

14 赵文子为室，室，宫也。斫其椽而砻之，椽，榱也。砻，磨也。张老夕焉而见之，见，见匠人为之。不谒而归。谒，告也。文子闻之，驾而往，曰："吾不善，子亦告我，何其速也？"速，去速也。对曰："天子之室，斫其椽而砻之，加密石焉。密，细密文理。石，谓砥也。先粗砻之，加以密砥。诸侯砻之，无密石也。大夫斫之，不砻。士首之。斫其首也。备其物，义也；物备得宜，谓之义。从其等，礼也。从尊卑之等，谓之礼。今子贵而忘义，富而忘礼，吾惧不免，何敢以告。"文子归，令之勿砻也。匠人请皆斫之，通更斫之。文子曰："止！明道本止作"耻"。段玉裁曰："'止'字胜。"为后世之见之也，为，使也。其斫者，仁者之为也，其砻者，不仁者之为也。"

15 赵文子与叔向游于九原，原，当作"京"也。京，晋墓地。○宋庠本作"京"，注曰："京，当作'原'。九原，晋墓地。"黄丕烈曰："檀弓载此事作'原'。又'以从先大夫于九京也'，郑注：'晋卿大夫之墓地，在九原。京，盖字之误，当作"原"。'即依本书为说也。韦解云此当作'京'者，考水经汾水注云：'京陵县故城，于春秋为九原之地，其京尚存，汉兴，增陵于其下，故曰京陵。'地理、郡国二志皆曰京陵，是韦正依当日地名，傅合赵文子从先大夫于九京为说，与郑不同。郑易"京"为"原"，此则易"原"为"京"耳。司马彪云：'京陵，春秋时九京。'是亦从京不从原也。别本京、原互易，乃宋公序误用郑改韦。"陈璨曰："东观汉记云，'京'作'原'，古通用。盖原、京声转也。"曰："死者若可作也，作，起也。吾谁与归？"叔向曰："其阳子乎！"阳子，处父。文子曰：

"夫阳子行廉直于晋国，不免其身，廉直，刚而无谋，为狐射姑所杀。其知不足称也。"称，述也。叔向曰："其舅犯乎？"文子曰："夫舅犯见利而不顾其君，其仁不足称也。见利，见全身之利。谓与晋文避难，至将反国，无辅佐安国之心，授璧请亡，故其仁不足称也。郑后司农以为诈请亡，要君以利也。其随武子乎！武子，范会。纳谏不忘其师，言闻之于师。言身不失其友，身有善行，称友之道。事君不援而进，进，进贤也。不阿而退。"阿，随也。退，退不肖也。言不随君，必欲进贤退不肖。

16 秦后子来奔，后子，景公之弟鍼。来奔，在鲁昭元年。赵文子见之，问曰："秦君道乎？"问有道否。对曰："不识。"难即言之，故曰不识。文子曰："公子辱于敝邑，必避不道也。"对曰："有焉。"有不道事〔四〇〕。文子曰："犹可以久乎？"对曰："鍼闻之，国无道而年谷龢熟〔四一〕，言国无道而年谷和熟，天不谴觉，必恃而骄也。鲜不五稔。"鲜，少也。稔，年也。少不至五年而亡也。〇吴曾祺曰："谓少犹五年，多不啻也。注迂。"文子视日曰："朝夕不相及，谁能俟五！"言恐朝不至夕。文子出，后子谓其徒，徒，从者也。曰："赵孟将死矣！夫君子宽惠以恤后，犹恐不济。今赵孟相晋国，以主诸侯之盟，思长世之德，历远年之数，犹惧不终其身，今忨日而潋岁，忨，偷也。潋，迟也。〇元诰按：忨，内传亦作"翫"、"玩"，杜训'贪也'。贪、偷一声之转。潋即饥渴，本有急义，此训"迟"者，相反为义。怠偷甚矣，怠，懈也。偷，苟也。非死逮之，必有大咎。"逮，及也。大咎，非

459

常之祸。冬，赵文子卒。

17 平公有疾，秦景公使医和视之，和，名也。出曰："不可为也。为，治也。是谓远男而近女，远师辅，近女色。惑以生蛊，惑于女，以生蛊疾。非鬼非食，惑以丧志。疾非鬼神，亦非饮食，生于淫惑，以丧其志。良臣不生，天命不祐，祐，助也。良臣，谓赵孟。不生，谓将死。若君不死，必失诸侯。"赵文子闻之曰："武从二三子二三子，晋诸卿〔四二〕。以佐君为诸侯盟主，于今八年矣，内无苛慝，诸侯不二，苛，烦也。慝，恶也。子胡曰'良臣不生，天命不祐'？"对曰："自今之谓。从今以往。和闻之曰：'直不辅曲，明不规暗，言文子不能以明直规辅平公之暗曲，使至淫惑。樛木不生危，樛木，大木也。危，高险也。○明道本"樛"作"拱"〔四三〕，注同。汪远孙曰："作'拱木'非。山海经西山经'槐江之山，其阴多樛木'，郭注引国语亦作'樛木'。说文樛作'樆'，云：'昆仑河隅之长木也。'穆天子传又作'姑繇之木'。樆正字，樛、繇并省借字。"松柏不生埤。'埤，下湿也。以喻文子不能久存。○吴曾祺曰："此二语喻平公不久存，不得如松柏，故下接言'不能谏惑，使至生疾'，若指文子，语意便不相属。"吾子不能谏惑，使至于生疾，又不自退而宠其政，宠，荣也。八年之谓多矣，已为多也。何以能久？"文子曰："医及国家乎？"对曰："上医医国，止其淫惑，是为医国。其次疾人，固医官也。"官，犹职也。○吴曾祺曰："疾人，有疾之人也，'疾'上宜有'医'字，古人语简，故不用。"文子曰："子称蛊，何实生之？"○元诰按：问蛊疾何由生也。对曰："蛊之慝，谷之飞实生之。"慝，恶也。言蛊之为恶，害于嘉谷，谷为之飞，若是类生蛊疾也〔四四〕。**物莫伏于蛊，莫嘉于谷，**伏，藏也。嘉，善也。○明道本"莫嘉"上衍"蛊"字。**谷兴蛊伏而章明者也。**谷气起则蛊伏藏，谷不朽蠹而人食之，章明之道也。**故食谷者，昼选男德，以象谷明；**选，择也，择有德者而亲近之，以象人之食谷而有聪明。**宵静女德，以伏蛊慝。**静，安也。伏，去也。言夜当安女之有德者，以礼自节〔四五〕，以去己蛊害之疾。言蛊害谷，犹女害男。**今君一之，**一，一昼夜也。**是不飨谷而食蛊也，**蛊，喻女也。**是不昭谷明而皿蛊也。**皿，器也。言为蛊作器而受。**夫文，虫、皿为蛊，吾是以云。"文，字也。**文子曰："君其几何？"对曰："若诸侯服，不过三年；不服，不过十年。**诸侯服，则专于邑。**过是，晋之殃也。"**过十年，荒淫之祸及国。○昭元年左传正义引孔晁曰："人虽有命，荒淫者必损寿。无外患，则并心于内，故三年死；诸侯不服，则思外患，损其内情，故十年。无道之君久在民上，实国之殃也。"**是岁也，赵文子卒，诸侯叛晋，**叛晋从楚。**十年，平公薨。**十年，后十年也，事在鲁昭十年。

18　秦后子来仕，避景公，仕于晋。**其车千乘。**从车千乘。**楚公子干来仕，其车五乘。**子干，恭王之庶子公子比。鲁昭元年，楚公子围弑郏敖，子干奔晋。**叔向为大傅，实赋禄，韩宣子问二公子之禄焉，**宣子，韩起，代赵文子为政。**对曰："大国之卿，一旅之田，**公之孤四命，五百人为旅，为田五百顷。**上大夫，一卒之田。**上大夫一命，百人为卒，为田百顷〔四六〕。**夫二公子者，上大夫也，皆一卒可也。"宣子曰："秦公子富，若之何其钧之？"钧，同也。对曰："夫爵以建事，事，职事也。禄以食爵，随爵尊卑。德以赋之，功庸以称之，称，副也。若之何以富赋禄也。夫绛之富商，韦藩木楗以过于朝，韦藩，蔽前后。木楗，木担也。○各本楗作"楗"，注同。王引之曰："书、传无训楗为'担'者，楗当作'楗'。淮南人间篇：'负楗粟而至。'众经音义卷十一引作'楗载粟米而至'。又引许叔重曰：'楗，担之也。'广韵曰：'楗，担运物也，力展切。'木楗者，盖系物于横木之两端，而中荷之，若今之扁担是也。楗与楗字形相似而讹。宋庠补音作'其偃反'，失之。"元诰按：王说是，今据以订正。韦藩，谓以熟皮蔽前后，如黑车也。唯其功庸少也，言无功庸，虽富不得服其尊服以过于朝，无位爵故也。而能金玉其车，文错其服，文，文织。错，错镂。言富商之财，足以金玉其车，文错其服，以其无爵位，故不得为耳。则上为韦藩木楗是也。（元诰按：楗，原作"楗"。）○王引之曰："服不可以镂，韦训错为"镂"，非也。文错，犹文绣也。汉书地理志注引世本曰：'错叔绣，文王子。'叔绣字错，盖取绣文交错之义。秦策曰：'秦、韩之地形相错如绣。'淮南齐俗篇曰：'富人帷幕茵席，绮绣绦组，青黄相错。'皆其证也。尔雅释器名云：'错革鸟曰旟。谓交错其文画，为疾急之鸟。'画文谓之错，绣文亦谓之错，其义同也。"能行诸侯之赂，言其财赂足以交于诸侯。而无寻尺之禄，无大绩于民故也。绩，功也。八尺曰寻。○元诰按：古者赋禄以田，田以丈尺计，故此云无禄曰"无寻尺之禄"。且秦、楚匹也〔四七〕，若之何其回于富也。"回，曲也。乃均其禄。

19　郑简公使公孙成子来聘，简公，僖公之子嘉也。成子，子产之谥，郑穆公之孙，子国之子也。平公有疾，韩宣子赞授客馆。赞，导也。客问君疾，对曰："寡君之疾久矣，上下神祇无不遍谕也，谕，谓祭祀告谢。而无除。今梦黄熊入于寝门，梦，公梦也。熊似黑。○庄三十二年公羊传何注曰："天子、诸侯皆有三寝，一曰高寝，二曰路寝，三曰小寝。"不知人鬼乎，抑厉鬼邪？"○各本人鬼作"人杀"，韦注曰："人杀，主杀人。厉鬼，恶鬼。"元诰按：厉鬼亦主杀人，何必分而为二？韦盖据误本国语曲为之说也。今从说苑订正。子产曰："以君之明，子为大政，其何厉之有？大政，美大之政。○王念孙曰："政，读为正。尔雅：'正，长也。'子为大政，犹曰子为正卿也。成六年左传：'子为大政。'杜注曰，'中军元帅'是也。韦注失之。"侨闻之，侨，子产名。昔者鲧违帝命，殛之于羽山，帝，尧也。殛，放而杀也。○吴曾祺曰："今山东蓬莱县南十五里有羽山。"化为黄熊，以入于羽渊，羽山之渊，鲧既死而神化也。寔为夏郊，禹有天下而郊祀也。三代举之。举，谓不废其祀。夫鬼神之所及，吉凶所及。非其族类，则绍其同位，绍，继也。殷、周祀之是也。○初学记礼部上引许慎五经异义，同位作"国位"。是故天子祀上帝，上帝，天也。公侯祀百辟，以死勤事，功及民者。○初学记礼部上引许慎曰："百辟者，百君，先有功德于人者，今在其位，故报祭之。"元诰按：宋庠本辟作"神"。自卿以下，不过其族。族，亲族也。今周室少卑，卑，微也。晋实继之，谓为盟主统诸侯也。其或者未举夏郊邪？"○明道本或作"惑"。宣子以告。祀夏郊，为周祀也。董伯为尸，董伯，晋大夫。神不歆非类，则董伯其姒姓乎！尸，主也。○汪远孙曰：

"韦训尸为'主'者，盖疑祭天不当有尸。祀天亦得有尸也，士师'祀五帝则沃尸'，是其明证。"又："韦注晋语四云：'董因，晋大夫，周大史辛有之后。'董伯当是董因之后，其为妘姓无疑。"**五日瘝。公见子产**，祭后五日，平公有瘝，故见之。〇各本无"瘝"字。王念孙曰：'五日'下当有'瘝'字。平公从子产之言，祀夏郊而疾瘝，故赐之莒鼎，若无'瘝'字，则与下文意不相属。据韦注'祭后五日'云云，则似所见本已脱'瘝'字，若有'瘝'字，则不必如此词费矣。然说苑辨物篇正作'五日瘝，公见子产'。昭七年左传亦云：'晋侯有间，赐子产莒之二方鼎。'则有'瘝'字是也。"元诰按：今从说苑补。**赐之莒鼎**。莒鼎出于莒。传曰："赐子产莒之二方鼎。"方鼎，鼎方上也。

20

叔向见韩宣子，宣子忧贫，叔向贺之，宣子曰："吾有卿之名而无其实，实，财也。〇吴曾祺曰："实与名对说，注谓'财'，近泥。"**无以从二三子**，从，随也。随其赗赠之属。**吾是以忧，子贺我何故？"对曰："昔栾武子无一卒之田**，上大夫一卒之田，栾书为晋上卿，而又不及。〇明道本脱"无"字。**其宫不备其宗器**，宫，室。宗器，祭器。〇宋庠本宫作"官"，注曰："宗，宗官。器，祭器。"**宣其德行，顺其宪则，使越于诸侯**，越，发闻也。**诸侯亲之，戎狄怀之**，怀，归也。**以正晋国，行刑不疚**，疚，病也。**以免于难**。免弑君之难。**及桓子骄泰奢侈，贪欲无艺**，艺，极也。桓子，栾书之子黡。**略则行志**，略，犯也。则，法也。〇文选恨赋引贾逵曰："略，犹简也。"**假贷居贿**，居，蓄也。〇汉书食货志："富商转毂百数〔四八〕，废居居邑。"徐广曰："废居，贮蓄之名，有所废，有所蓄，言乘时射利也。"宜及于难，而赖武之德以没其身。及怀子改桓之行，而修武之德，怀子，桓子之子盈也。可以免于难，而离桓之罪，以亡于楚。亡，奔。夫郤昭子，郤至也。其富半公室，其家半三军，恃其富宠以泰于国，奢泰于国。其身尸于朝，其宗灭于绛。不然，夫八郤五大夫三卿，三卿，郤锜、郤犨、郤至，又有五人为大夫也。其宠大矣。一朝而灭，莫之哀也，唯无德也。今吾子有栾武子之贫，吾以为能其德矣，能行其德。是以贺。若不忧德之不建，而患货之不足，将吊不暇，何贺之有？"宣子拜稽首焉，曰："起也将亡，赖子存之，非起也敢专承之，专独承受。其自桓叔以下，嘉吾子之赐。"桓叔，韩氏之祖曲沃桓叔也。桓叔生子万，受韩以为大夫，是为韩万。（顾栋高曰："韩，古韩国。春秋前，晋文侯二十四年灭，后为万封邑，亦曰韩原，在今陕西韩城县东南二十里。"）

【校记】

〔一〕鲁襄二十一年 "一"字脱，据各本补。

〔二〕宣子杀遗、渊、嘉父及司空靖、邴豫、董叔、邴师、申书、羊舌虎、叔罴等十人 "豫"误作"尉"，"等十人"三字脱，据公序本改补。明道本无"等十人"三字。

〔三〕谓智起、中行喜、州绰、邢蒯之属 "邢蒯"二字脱，据各本补。

〔四〕而以国伦数而遣之 "以"误从明道本作"知"，据公序本改。

〔五〕厚寄托之而劝勉焉 "劝"误作"勤"，据各本改。

〔六〕公许诺 "诺"误作"之",据各本改。

〔七〕栾怀子之出 "子"误作"公",据各本改。

〔八〕鸢肩豺目 "肩"字脱,据国语发正及后汉书梁冀传补。

〔九〕豕韦自商之末改国于唐 "自商"二字脱,据各本补。

〔一〇〕世禄,世食官邑 "官邑"二字误作"禄也",据各本改。

〔一一〕逐卫献公 "公"误作"子",据各本改。

〔一二〕此时为上军将 "军将"二字误倒,据各本改。

〔一三〕朝无奸官 "官"误作"位",据各本改。

〔一四〕谓士蒍生成伯缺 "谓"字脱,据各本补。

〔一五〕为成公军帅,兼大傅官 "官"字脱,据各本补。

〔一六〕王念孙曰 "王念孙"误作"王引之",据经义述闻改。

〔一七〕今本帅亦讹作"师" "作"字脱,据经义述闻补。

〔一八〕居大傅 此三字脱,据经义述闻补。

〔一九〕随、范,晋二邑 "晋"误作"秦",据各本改。

〔二〇〕随,今山西介休县东有随城 "山西"误作"山东",据国语详注改。

〔二一〕于是无四方之患 "患"误作"志",据各本改。

〔二二〕范宣子谓献子曰 "曰"字重衍,据各本删。

〔二三〕和于政而好其道 "好"误作"行",据各本改。

〔二四〕止!此亡国之音也。昔师延为纣作靡靡之乐 "止"字脱,"延"误作"厌",据各本补改。

〔二五〕风宣其德,广之于四方也 "宣"字脱,据各本补。

〔二六〕平公射鴳不死 "公"误作"安",据各本改。

〔二七〕塞,绝也 "绝"误作"逆",据各本改。

〔二八〕畜犬其中,或视前后,或视左右,谓之狗附 二"或视"皆脱，据公序本补。明道本无后"或视"二字。

〔二九〕歃，饮血也　此从公序本，明道本"饮"作"歃"。

〔三〇〕汉书叔孙通传　"通"字脱，据国语发正补。

〔三一〕会盟无缩酒之文　"酒"字脱，据经义述闻补。

〔三二〕汉书叔孙通传　"通"字脱，据经义述闻补。

〔三三〕若觐礼上介　"觐"误作"观"，据经义述闻改。

〔三四〕虞书"光被四表"是也　"虞"误作"汉"，据国语韦解补
正改。

〔三五〕言鲁使叔孙穆子如会　"如会"二字脱，据各本补。

〔三六〕背惠食言　"背惠"二字误倒，据左传改。

〔三七〕以事及于罪者　"者"字脱，据各本补。

〔三八〕广韵："难，奴案切，患也。"　"难"字脱，据经义述闻补。

〔三九〕何害于义　"于"字脱，据各本补。

〔四〇〕有不道事　此四字脱，据各本补。

〔四一〕国无道而年谷稣熟　"稣"误作"歙"，据各本改。

〔四二〕二三子，晋诸卿　"晋"上衍"谓"字，其下脱"诸"字，据
各本删补。

〔四三〕明道本"榣"作"拱"　"本"字脱，依文义补。

〔四四〕若是类生蛊疾也　"若是"误作"言此"，据各本改。

〔四五〕以礼自节　此四字脱，据各本补。

〔四六〕百人为卒，为田百顷　"顷"误作"亩"，据各本改。

〔四七〕且秦、楚匹也　"楚"误作"晋"，据各本改。

〔四八〕富商转毂百数　"毂"误作"谷"，据汉书食货志改。

国语集解

吉水徐元诰学

晋语九第十五

1 **士景伯如楚**，景伯，晋理官士弥牟。如楚，聘也。**叔鱼为赞理。**
叔鱼，羊舌鲋。赞，佐也。景伯如楚，故叔鱼摄其官也。传曰："叔鱼摄
理。"**邢侯与雍子争田**，二子皆晋大夫。邢侯，楚申公巫臣之子，巫
臣奔晋，晋与之邢。雍子，故楚大夫，奔晋，晋与之鄐。争鄐田之疆界也。
雍子纳其女于叔鱼以求直。不直，故纳其女。传曰："罪在雍子。"
及断狱之日，叔鱼抑邢侯，断，决也。抑，枉也。○宋庠本断作
"蔽"。**邢侯杀叔鱼与雍子于朝。韩宣子患之，叔向曰："三**
奸同罪，请杀其生者，而戮其死者。"陈尸为戮。**宣子曰："若**
何？"对曰："鲋也鬻狱，鬻，卖也。**雍子贾之以其子**，○元诰按：
贾，音古，买也，见桓十年左传注。子，谓女子子也。**邢侯非其官也**
而干之。官，司寇。干，犯也。**夫以回鬻国之中**，回，邪也。中，平也。

与绝亲以买直，与非司寇而擅杀，其罪一也。"邢侯闻之，逃。遂施邢侯氏，施，劾捕也。○宋庠曰："施如字。服云：'施罪于邢侯。'孔晁注云：'废也。'今韦注义自别，当从之。"汪远孙曰："孔读施为弛，故训'废'。"元诰按：服说是。楚语上："燮及仪父施二帅而分其室。"韦彼注云："施，施罪于二帅。"此当同义。而尸叔鱼与雍子于市。死时在朝，故尸于市。在鲁昭十四年。○元诰按：陈其尸曰尸，字亦作"施"。

2　中行穆子帅师伐狄，围鼓。穆子，晋卿，中行偃之子荀吴中行伯也。狄，鲜虞也。鼓，白狄别邑。事在鲁昭十五年。○元诰按：注谓"狄，鲜虞"，则在今直隶正定县西北。鼓，今直隶晋县是。鼓人或请以城叛，穆子不受，军吏曰："可无劳师而得城，子何不为？"穆子曰："非事君之礼也。夫以城来者，必将求利于我。利，爵赏也。夫守而二心，奸之大者也。○元诰按：守，谓鼓人之守城者。二心，谓以城叛。赏善罚奸，国之宪法也。许而弗予，失吾信也，若其予之，赏大奸也。奸而盈禄，善将若何？盈，满也。且夫狄之憾者，以城来盈愿，憾，恨也。晋岂其无？岂无恨者。是我以鼓教吾边鄙贰也。贰，二心也。夫事君者，量力而进，进，进取也。不能则退，不以安贾贰。"贾，市也。安，谓不劳师而得鼓。令军吏呼城，傲将攻之，未傅而鼓降〔一〕。傅，著也。○元诰按：傲与警同，谓呼城以警其众也。傅与附同，未傅，言师未附近其城也。

470

3 中行伯既克鼓，○明道本脱“鼓”字。以鼓子苑支来，苑支，鼓子鸢鞮也。穆子既克鼓，以鸢鞮归，既献而反之，其后又叛。鲁昭二十二年，荀吴袭鼓，灭之，以鸢鞮归，使涉佗守之。令鼓人各复其所，非僚勿从。僚，官也。鼓子之臣曰夙沙厘，以其帑行，厘将妻子从鼓子也。军吏执之〔二〕，辞曰：“我君是事，非事土也。名曰君臣，岂曰土臣？今君实迁，迁，徙也。臣何赖于鼓？”赖，利也。穆子召之，曰：“鼓有君矣，君，谓涉佗。尔止事君，吾定而禄爵〔三〕。”定，安也。而，汝也。○明道本“止”误作“心”〔四〕。对曰：“臣委质于狄之鼓，未委质于晋之鼓也。质，贽也。士贽以雉，委贽而退〔五〕。○惠栋曰：“孟子滕文公赵注云：‘质，臣所执以见君者也。’内传僖二十三年：‘策名委质。’史记仲尼弟子列传索隐引服虔注云：‘古者始仕，必先书其名于策，委死之质于君，然后为臣，示必死节于君也。’质，读为贽。死质，谓雉也。”臣闻之，委质为臣，无有二心。委质而策死，古之法也。言委质于君，书名于策，示必死也。君有烈名，臣无叛质。烈，明也。敢即私利，以烦司寇而乱旧法，其若不虞何？”即，就也。虞，度也。若即私利，是谓叛君。叛君有罪，故烦司寇。旧法，策死之法。若臣皆如是，是将有不意度而至之患者，晋其如之何也？○吴曾祺曰：“不虞，谓不度于理也，注非。”元诰按：敢，不敢也，见前文韦注。穆子叹而谓其左右曰：“吾何德之务而有是臣也？”吾当修务何德，而得若此之臣乎？○元诰按：也与耶通用。乃使行。既献，献，献功也。言于公，言厘之贤于公。公，顷公，昭公之子去疾也。与鼓子田于河阴，河阴，晋河南之田，使君而田之。○吴曾祺曰：“谓以河阴田与鼓子，注晦。”

使夙沙厘相之。

4　范献子聘于鲁，献子，范宣子之子士鞅。聘在鲁昭二十一年。问具山、敖山，鲁人以其乡对。言其乡之山也。○读史方舆纪要，具山在山东蒙阴县东北十五里，敖山在蒙阴县西北三十五里。献子曰："不为具、敖乎？"对曰："先君献、武之讳也。"献，伯禽之曾孙，微公之子献公具。武，献公之庶子武公敖。献子归，遍戒其所知曰："人不可以不学，吾适鲁而名其二讳为笑焉，唯不学也。言学则必知讳，不见笑也。礼，入境而问禁，入门而问讳。人之有学也，犹木之有枝叶也。木有枝叶，犹庇荫人，而况君子之学乎？"

5　董叔将娶于范氏，董叔，晋大夫。范氏，范宣子之女。叔向曰："范氏富，盍已乎？"言富必骄，骄必陵人。已，止也。曰："欲为系援焉。"欲自系缀，以为援助。○太平御览礼仪部二十引孔晁曰："系援，欲自结连于大援也。"他日，董祁愬于范献子，祁，董叔之妻，献子之妹，范姓，祁名也。曰："不吾敬也。"献子执而纺于廷之槐，纺，悬也。○汪远孙曰："仪礼聘礼'贿用束纺'，郑注：'纺，纺丝为之，今之缚也。'盖以纺缚而悬之，故谓纺为悬。"元诰按：谓执董叔而纺之也。叔向过之，曰："子盍为我请乎？"○元诰按：此为董叔言。叔向曰："求系，既系矣；求援，既援矣。欲而得之，又何请焉？"

6　赵简子曰："鲁孟献子有斗臣五人,我无一,何也?"简子,晋卿,赵文子之孙,景子之子赵鞅志父。孟献子,鲁大夫仲孙蔑。斗臣,捍难之士。叔向曰:"子不欲也,若欲之,肸也待交捽可也。"此言欲勇则勇士至。○元诰按:说文:"捽,持头发也。"此谓可交捽而至,言易致也。捽,徂骨反。

7　梗阳人有狱,将不胜,梗阳,魏氏之邑。狱,讼也。○沈镕曰:"梗阳在今山西清源县南。"请纳赂于魏献子,献子将许之。献子,晋正卿,魏戊之父魏舒也。传曰:"梗阳人有狱,魏戊不能断,以狱上其大宗,赂以女乐,献子将受之。"或云:"大宗,即舒也。"昭谓:大宗,讼者之大宗也,为讼者纳赂。阎没谓叔宽曰:"与子谏乎!阎没,阎明;叔宽,女齐之子叔褒:皆晋大夫。传曰:"魏戊使二子谏。"吾主以不贿闻于诸侯,主,献子。不贿,不贪财。今以梗阳之贿殃之,不可。"殃,犹病也。○汪远孙曰:"广雅释诂:'殃,败也。'言败其不贿之名。"二人朝而不退,献子将食,问谁于庭,○元诰按:吕氏春秋期贤篇:"卫有十士人于吾所。"高注云〔六〕:"于,在也。"此"于"当同义。宋庠本作"在"。曰:"阎明、叔褒在。"召之,使佐食。佐,犹劝也。比已食,三叹。既饱,献子问焉,曰:"人有言曰:'唯食可以忘忧。'吾子一食之间而三叹,何也?"同辞对曰:"吾小人也,贪。馈之始至,惧其不足,故叹。中食而自咎也,曰,岂主之食而有不足,是以再叹。主之既食,○明道本"既"下衍"已"字。愿以小人之腹,为君子之心,属餍而已,是以三叹。"属,适也。餍,饱也。已,止也。适小饱足，则自节止也。**献子曰：“善。”乃辞梗阳人。**善，二子善谕而不逆，献子能觉改也。

8　下邑之役，董安于多。下邑，晋邑。董安于，赵简子家臣。多，多功也。周礼曰：“战功曰多。”鲁定十三年，简子杀邯郸大夫赵午，午之子稷以邯郸叛。午，荀寅之甥也。荀寅，士吉射之姻也。二人作乱，攻赵氏之官。简子奔晋阳，晋人围之，时安于力战有功。○沈镕曰：“今河南夏邑县有下邑城。”**赵简子赏之，辞。**辞，不受也。**固赏之，对曰：“方臣之少也，进秉笔，赞为名命**[七]**，称于前世，立义于诸侯，**言见称誉于前世，诸侯以为义。**而主弗志。**志，识也。**及臣之壮也，耆其股肱，以从司马，**耆，致也。司马，掌兵。**苟慝不产。及臣之长也，端委韠毕，以随宰人，民无二心。**端，玄端也。委，委貌也。韠，韦蔽膝也。带，大带也。宰人，宰官也。**今臣一旦为狂疾，而曰‘必赏女’，**言战斗为凶事，犹人有狂易之疾相杀伤也。**是以狂疾赏也，不如亡！”趋而出，乃释之。**○元诰按：释，置也，见前韦注。“是”字，明道本作“与余”二字。

9　赵简子使尹铎为晋阳。尹铎，简子家臣。晋阳，赵氏邑。为，治也。○沈镕曰：“晋阳，今山西太原县。”**请曰：“以为茧丝乎，抑为保障乎？”**茧丝，赋税。保障，蔽捍也。小城曰保，礼记曰：“遇入保者。”○文选石阙铭李注引仓颉曰：“障，小城也。”**简子曰：“保障哉。”尹铎损其户数。**损其户，则民优而税少。**简子诫襄子**襄子，简子之子无恤。**曰：“晋国有难，而无以尹铎为少，无以晋阳**

国语集解

474

为远，必以为归。"所谓保障。○元诰按：而与汝同。

10　赵简子使尹铎为晋阳，曰："必堕其垒培。堕，坏也。垒，苟寅、士吉射围赵氏所作垒壁也。垒墼曰培〔八〕。○汪远孙曰："说文：'垒，军壁也。坏，一曰瓦未烧也。'坏与墼一物。坏作培者，声同通用。"吾将往焉，若见垒培，是见寅与吉射也。"尹铎往而增之。增高其垒，因以自备。简子如晋阳，见垒怒，既不堕，又增之，故怒。曰："必杀铎也而后入。"大夫辞之，辞，请也。不可，可，肯也。曰："是昭余仇也。"昭，明也。明我怨仇以辱我。邮无正进，无正，晋大夫邮良伯乐也。○元诰按：内传作"邮无恤"，人表考云："当是避赵襄子名改。"曰："昔先主文子少衅于难，文子，简子之祖赵武。衅，犹离也。难，谓庄姬之谗，赵氏见讨。○俞樾曰："衅之训'离'，未闻其义。衅，当读为兴。礼记文王世子篇：'既兴器用币。'郑注曰：'兴，当为衅字之误也〔九〕。'其实衅与兴亦声近而通用。襄二十六年左传：'衅于勇。'杜注曰：'衅，动也。'训衅为'动'，即读衅为兴矣。衅于难，谓兴起于患难之中也。"从姬氏于公宫，姬氏，庄姬，赵朔之妻〔一〇〕，文子之母、晋成公之女〔一一〕。姬淫于赵婴，婴兄赵同、赵括放之，姬谗同、括，景公杀之，文子从庄姬于公宫。有孝德以出在公族，为公族大夫。有恭德以升在位，在卿位也。有武德以羞为正卿，正卿，上卿。羞，进也。有温德以成其名誉，失赵氏之典刑，典，常也。刑，法也。而去其师保，在公宫，故无师保。基于其身，以更复其所。基，始也。始更修之于身〔一二〕，以能复其先。○明道本"更"作"克"。及景子长于公宫，景子，文子之子、简子之父赵成也，从其王母在公宫。未及教训而嗣立矣,亦能纂修其身以受先业,无谤于国,顺德以学子,学,教也。择言以教子,择师保以相子。今吾子嗣位,有文之典刑,有景之教训,重之以师保,加之以父兄,同宗之父兄也。子皆疏之,以及此难。荀、士之难。夫尹铎曰:'思乐而喜,思难而惧,人之道也。委土可以为师保,吾何为不增?'言见垒培可以戒惧,足当师保,何为不增。是以修之,庶曰可以鉴而鸠赵宗乎!鉴,镜也。鸠,安也。若罚之,是罚善也。罚善必赏恶,臣何望矣?"简子说,○元诰按:说与悦同。曰:"微子,吾几不为人矣!"微,无也。以免难之赏赏尹铎。免难之赏,军赏也。言见戒而惧,惧则有备,是为免难。初,伯乐与尹铎有怨〔一三〕,伯乐,无正字。以其赏如伯乐氏,如,之也。曰:"子免吾死,敢不归禄。"禄,所得赏。辞曰:"吾为主图,非为子也。"怨若怨焉。若,如也。怨自如故。

11 铁之战,赵简子曰:"郑人击我,吾伏弢衉血,鼓音不衰。铁,卫地。弢,弓衣也。晋中行寅、范吉射以朝歌叛,齐、郑与之。鲁哀二年,齐人输范氏粟,郑罕达、驷弘送之,范吉射逆之。简子御之,遇于戚,遂战于铁。郑人袭简子,中肩,毙于车中,伏弢上,犹能击鼓。面污血曰衉。○元诰按:铁,铁邱也,在今直隶濮阳县北五里。衉,旧音云:"吐也。"孔晁作"喀",音客,得之。内传作"呕"。今日之事,莫我若也。"卫庄公为右,庄公,卫灵公太子蒯聩,图杀少君不成,奔晋,简子许纳之,时为简子车右。曰:"吾九上九下,击人尽殪。殪,死也。九上九下车以救简子。今日之事,莫我加也。"

邮无正御，无正，王良。御，御简子也。○吴曾祺曰："王良字伯乐，是秦缪公时人。邮无正亦善御，与之名字皆同，故易混为一。"曰："吾两靳将绝，吾能止之。靳，靷也。能止马徐行，故不绝。○陈瑑曰："内传作'两靷'。说文：'靳，车驾具也。靷，引轴也。'诗秦风'阴靷鋈续'，所以引也，疏曰：'左传注，在胸曰靷。'然则此靳约马胸而引车轴也。"汪远孙曰："史记封禅书'雍五畤，路车各一乘，驾被具。西畤、畦畤禺车各一乘，禺马四匹，驾被具'，被即'靳'字。靳之所包者多，靷其大者，韦据内传作'靷'，遂以靷释之。或靳与靷篆文相似而误，韦破靳为靷耳。"元诰按：旧音："靳，平义反。"是读与被同，汪说得之。今日之事，我上之次也。"言次颛顼。驾而乘材，两靳皆绝。乘，轹也。材，横木也。

12 卫庄公祷，祷，谓将战时请福也。○明道本"祷"上衍"将"字。曰："曾孙颛顼，以谅赵鞅之故，谅，佐也。○各本谅作"谆"，注同。旧音："谆，之润反。"宋庠曰："又之纯反。说文：'谆，告晓之孰也。'他书或训'佐也'，从去声，与韦注合，旧音得之。"王引之曰："书传无训谆为'佐'者。谆，当为'谅'。大雅大明篇'凉彼武王'，毛传曰：'凉，佐也。'释文：'凉，本亦作"谅"，佐也。'是韦注所本也。谅与谆相似，因误为谆，后人又据已误之正文改不误之注耳。说文及广韵俱无'谆，佐也'之训，惟玉篇'谆'字云'佐也'，盖后人据误本国语增入，非顾氏原文也。"元诰按：王说是，今据以订正。敢昭告于皇祖文王、昭，明也。皇，大也。文王，康叔之父。烈祖康叔、烈，显也。文祖襄公、文，言有文德也。襄公，颛顼之祖父，灵公之考。昭考灵公，昭，明也。灵公，蒯聩之父。**夷请无筋无骨，**夷，伤也。战斗不能无伤。无筋，无绝筋。无骨，无折骨。**无面伤，**伤于面也。**无败用，**用，兵用也。**无陨惧，**陨，陨越也〔一四〕。**死不敢请。**"言不敢请，归之神也。**简子曰："志父寄也。"**志父，简子之后名也。春秋书赵鞅入于晋阳以叛，后得反国，故改为志父。寄，寄祷也。

13 赵简子田于蝼，蝼，晋君之囿。○贾、孔本蝼作"娄"。**史黯闻之，以犬待于门。**史黯，晋大史墨，时为简子史。犬，田犬。门，君囿门。○元诰按：左通补释："史黯，蔡其氏，墨其名，黯其字。"**简子见之，曰："何为？"曰："有所得犬，欲试之兹囿。"**兹，此也。**简子曰："何为不告？"对曰："君行臣不从，不顺。**言君从法，臣从君。○太平御览兽部十六引孔晁曰："讥简子自猎君囿，不从君而自行也。"**主将适蝼而麓不闻，**麓，主君苑囿之官。传曰："山林之木，衡麓守之。"**臣敢烦当日。"**当日，直日也。言主将之君囿，不烦麓以告君，臣亦不敢烦主之直日以自白也。**简子乃还。**○太平御览兽部十六引孔晁曰："觉所讥也。"

14 少室周为赵简子右，少室周，简子之臣。右，戎右。**闻牛谈有力，**牛谈，简子臣也。**请与之戏，**戏，角力也。**弗胜，致右焉。**致右于谈。○元诰按：韩非外储说左篇："周言于主曰：'主之所以使臣骑乘者，以臣多力也。今有多力于臣者，愿进之。'"即此文"致右"之事实。**简子许之，使少室周为宰，**宰，家宰也。**曰："知贤而让，可以训矣。"**

15　赵简子叹曰：“吾愿得范、中行之良臣。”范吉射、中行寅。史黯侍，曰：“将焉用之？”简子曰：“良臣，人之所愿也，又何问焉？”对曰：“臣以为不良故也。夫事君者，谏过而赏善，谏过，匡救其恶。赏善，将顺其美。○襄十四年左传“善则赏之”，注云：“赏，谓宣扬。”荐可而替否，荐，进也。替，去也。传曰：“君所谓可而有否焉，臣献其否以成其可。君所谓否而有可焉，臣献其可以去其否。”献能而进贤，择才而荐之，朝夕诵善败而纳之。道之以文，行之以顺，勤之以力，致之以死。死其难也。听则进，否则退。今范、中行氏之臣不能匡相其君，使至于难，难，谓为乱见逐，伐君而败，见讨伐也。事在鲁定公、哀公时。君出在外，又不能定而弃之，则何良之为？○王念孙曰〔一五〕：“为，犹有也。则何良之为，言何良之有也。”若弗弃，则主焉得之？夫二子之良，将勤营其君，使复立于外，死而后止，何日以来？立于外，有爵土于他国也。若来，乃非良臣也。”简子曰：“善。吾言实过矣。”

16　赵简子问于壮驰兹，壮驰兹，晋大夫，盖吴人也。○宋庠曰：“壮，当作‘庄’。”汪远孙曰：“壮、庄古字通。”曰：“东方之士孰为愈？”愈，贤也。壮驰兹拜曰：“敢贺！”简子曰：“未应吾问，何贺？”对曰：“臣闻之，国家之将兴也，君子自以为不足；○御览引作“其君自以为不足”。其亡也，若有余。今主任晋国之政，而问及小人，又求贤人，吾是以贺。”

17 赵简子叹曰："雀入于海为蛤，雉入于淮为蜃，小曰蛤，大曰蜃，皆介物、蚌类。鼋鼍鱼鳖，○尔雅翼："鼋，鳖之大者，阔至一、二丈，介虫之元也，以鳖为雌。"陆玑诗疏："鼍形似水蜥蜴，四足，长丈余，皮坚厚，可冒鼓。"莫不能化。化，谓蛇成鳖鼋，石首成鼢之类。（元诰按：鼢与鸭同。）唯人不能，哀夫！"窦犨侍，窦犨，晋大夫也。曰："臣闻之，君子哀无人，人，贤人也。不哀无贿；哀无德，不哀无宠；哀名之不令，不哀年之不登。登，高也。夫范、中行氏不恤庶难，欲擅晋国，今其子孙将耕于齐，○明道本今误作"令"。宗庙之牺，为畎亩之勤，纯色为牺。谕二子皆名族之后，当为祭主于宗庙，今反放逐畎亩之中，是亦人之化也。人之化也，何日之有！"○元诰按：言其速也。

18 赵襄子使新稚穆子伐狄，襄子，晋正卿，简子之子无恤。穆子，晋大夫新稚狗也。伐狄在春秋后。○元诰按：下云"胜左人、中人"，则狄为白狄鲜虞也。上既使中行穆子伐之，围鼓矣。胜左人、中人。左人、中人，狄二邑。○元诰按：胜，克也。后汉郡国志，中山国唐有中人亭、左人乡。中人在今直隶唐县西四十里，左人在其西北四十里。吕氏春秋作"老人"，淮南作"尤人"，皆左人之误。中人，淮南作"终人"，古通用。遽人来告，遽，传也。○汪远孙曰："说文传、遽二字互训。周礼行夫：'掌邦国传遽之小事。'郑注：'传遽，若今时乘传骑驿而使者也。'诗江汉释文：'以车曰传，以马曰遽。'后人强分之耳。"襄子将食，专饭有恐色。○各本专作"寻"。王念孙曰："'寻'字义不可通。

国语集解

480

寻，当作'专'；专，古'抟'字。专与寻相似，故专误为寻。曲礼：'毋
抟饭。'郑注曰：'为欲致饱不谦，此言共食不当抟饭也[一六]，若独食，
则不嫌矣。'盐铁论取下篇：'抟粱啮肥。'抟粱即抟饭也。吕氏春秋慎
大篇载此事，正作'抟饭'。"吴曾祺说同。元诰按：作"专"是，今订正。

侍者曰："狗之事大矣，大，谓胜二邑也。〇元诰按：狗，新稚也。
而主色不怡，何也？"怡，悦也。襄子曰："吾闻之，德不纯
纯，壹也。而福禄并至，谓之幸。〇元诰按：幸，谓徼幸。夫幸非
福，德不能服，必致寇，故非福也。非德不当雍，当，任也。雍，和也。
言惟有德者任以福禄为和乐也。雍不为幸，能和乐则不为幸。吾是
以惧。"

晋语
九
第
十
五

19 智宣子将以瑶为后，智宣子，晋卿，荀栎之子甲也。（元诰按：
世本甲作"申"，必有一误。）瑶，宣子之子襄子智伯。智果曰："不
如宵也。"智果，晋大夫，智氏之族[一七]。宵，宣子之庶子也。〇太
平御览人事部四十三引作"霄"。宣子曰："宵也很。"很，很戾，
不从人也。〇元诰按：明道本很作"佷"。韦注盖本说文，说文作"佷"，
不作"很"也。对曰："宵之很在面，瑶之很在心。心很败
国，面很不害。瑶之贤于人者五，其不逮者一也。不仁也。
美鬓长大则贤，鬓，发颖也。射御足力则贤，伎艺毕给则贤，
给，足也。巧文辩惠则贤，巧文，巧于文辞。〇淮南泰族篇高注惠作
"慧"，古字通。强毅果敢则贤。如是而甚不仁，以其五贤陵
人，而以不仁行之，其谁能待之？待，犹假也。〇俞樾曰："待，
犹忍也。周语'有是宠也，而益之以三怨[一八]，其谁能忍之'，与此文

481

词异义同。盖留待则有忍耐之意，故待犹忍也。上文'长鱼矫既杀三郤'章曰：'臣脆弱，弗能忍俟也。'俟与忍同义，则待与忍亦同义矣。"**若果立瑶也，智宗必灭。**"弗听。**智果别族于大史为辅氏。**大史，掌氏姓。**及智氏之亡，唯辅果在。**善其知人。

20 智襄子为室美，襄子，智伯瑶也。美，丽好也。**士苗夕焉，**士苗，知伯家臣。夕，夕往也。**智伯曰："室美夫！"对曰："美则美矣，抑臣亦有惧也。"智伯曰："何惧？"对曰："臣以秉笔事君。志有之曰：'高山峻原，不生草木，**志，记也。峻，峭也。原，陆也。言其高险不安，故不生草木。**松柏之地，其土不肥。'**言上茂盛〔一九〕，冬夏有荫，故土不肥。**今土木胜，臣惧其不安人也。"**言不两兴。**室成三年而智氏亡。**三年，智伯与韩、魏伐赵襄子，围晋阳而灌之，城不浸者三板。智伯行水，魏桓子御，韩康子骖乘，智伯曰："吾始知水可以亡人国也。"汾水可以灌安邑，安邑，魏也。绛水可以灌平阳，平阳，韩也。桓子肘康子，康子履桓子之跗。赵襄子夜使张孟私于韩、魏，韩、魏与之合，遂灭智伯而分其地。在春秋后。

21 还自卫，三卿宴于蓝台，还自卫，智襄子伐郑自卫还也〔二〇〕。三卿，智襄子、韩康子、魏桓子。蓝台，地名。**智襄子戏韩康子而侮段规。**康子，韩宣子之曾孙，庄子之子虎。段规，魏桓子之相。**智伯国闻之，谏**伯国，晋大夫，智氏之族。**曰："主不备，难必至矣。"曰：**○元诰按：智襄子言也。**"难将由我〔二一〕，我不为难，谁敢兴之？"对曰："异于是。**言所闻与此异。**夫郤氏有车辕之难，**

国语集解

郤犨与长鱼矫争田，执而梏之，与其父母妻子同一辕。既，矫嬖于厉公而灭三郤。在鲁成十七年。**赵有孟姬之谗，**赵，赵同、赵括也。孟姬，赵文子之母庄姬也。庄姬通于赵婴，婴兄同、括放之，孟姬惭怨，谗之于景公，景公杀之〔二二〕。在鲁成八年。**栾有叔祁之愬，**栾，栾盈。叔祁，范宣子之女，盈之母，与其老州宾通，盈患之，祁愬之于宣子，遂灭栾氏。**范、中行有函冶之难，**函冶，范皋夷之邑。皋夷无宠于范吉射〔二三〕，而欲为乱于范氏。中行寅与范氏相睦，故皋夷谋逐二子，卒灭之。在鲁定十三年。〇元诰按：明道本"函冶"作"亟治"，宋库本及说苑贵德篇均作"函冶"，路史国名纪亦有"函冶"，无"亟治"，字之讹也。通志氏族略三云："函与氏，晋大夫范皋夷食采函与，因氏焉。"函与即函冶，一声之转。楚辞九歌"聊逍遥兮容与"，与，一作"冶"。皆主之所知也。**夏书有之曰：'一人三失，**三失，三失人也。**怨岂在明？**明，著也。**不见是图。'**不见，未形也。**周书有之曰：'怨不在大，**或大而不为德。**亦不在小。'**祸难或起于小怨。**夫君子能勤小物，故无大患。**物，事也。**今主一宴而耻人之君相，**君，康子。相，段规。**又弗备，曰'不敢兴难'，无乃不可乎？夫谁不可喜，而谁不可惧？蝎蚁蜂虿，皆能害人，**〇陈瑑曰："蝎音睿，玉篇：'蝎，含毒蛇也。'蝎有别出蚊蝎之外者，亦名蝎，故能害人。"元诰按：虿，蝎属。长尾谓之蝎。**况君相乎！"弗听。自是五年，乃有晋阳之难。**自蓝台后五年也。**段规反，首难而杀智伯于师，**言段规首为策作难，反智伯者也。**遂灭智氏。**

22 **晋阳之围，**智襄子围赵襄子于晋阳也。鲁悼四年，智瑶伐郑，耻襄子，襄子怨之。智瑶骄泰，请地于赵，赵弗与，瑶帅韩、魏攻赵襄子，襄子保晋阳，三家围之。在春秋后也。**张谈曰："先主为重器也，为国家之难，**○明道本"难"下有"也"字。张谈，赵襄子之宰孟谈。重器，圭璧钟鼎之属。**盍姑无爱宝于诸侯乎？"**欲令行赂以求助也。**襄子曰："吾无使也。"张谈曰："地也可。"**地，襄子之臣。**襄子曰："吾不幸有疾，不夷于先子，**夷，平也。疾，病也。言己行有阙病，不及先子。○元诰按：曲礼郑注："夷，犹侪也。"汉书曰："陛下之等夷。"是其义。**不德而赂。**言无德而以赂求助也。**夫地也求饮吾欲，**言地求饮食我以情欲，无忠谏。○元诰按：饮，疑当为"饫"字，形相似而误也。饫，厌也，饱也，并见广韵。此谓地但求厌足吾欲，无忠谏也。韦注盖据误本曲为之说。**是养吾疾而干吾禄也，**养，长也。干，求也。**吾不与皆毙。"**皆，俱也。毙，踣也。**襄子出，曰："吾何走乎？"从者曰："长子近，且城厚完。"**长子，晋别县也。○元诰按：故城在今山西长子县西南。**襄子曰："罢民力以完之，又毙以守之，**○明道本罢民作"民罢"，"毙"下有"死"字。**其谁与我？"**毙，踣也。谁与我，谁与我同力也。**从者曰："邯郸之仓库实。"**邯郸，晋别县也〔二四〕。○路史国名纪："邯郸，磁之属县。"风俗通云："邯郸氏以国为姓。"元诰按：磁，当今直隶磁县。治又有邯郸县，其西南二十里尚有邯郸城。**襄子曰："浚民之膏泽以实之，**浚，煎也，读若醮。○元诰按：浚、煎双声，浚、醮亦声之转。方言："煎，尽也。"**又因而杀之，其谁与我？其晋阳乎！先主之所属也，**先主，简子也，谓无以尹铎为少，晋阳为远，必以为归。**尹铎之所宽也，民必和矣。"乃走晋阳。晋师围而灌之，**晋师，三卿

国语集解

之师。灌，引汾水以灌之。○汪远孙曰："战国赵策以为晋水灌之。汾子在晋阳东，晋水在晋阳西，当日并引以灌城也。"**沈灶产蛙，民无叛意。**沈灶，悬釜而炊也。产蛙，蛙生于灶也。蛙，虾蟆也。○俞樾曰："悬釜而炊谓之沈灶，于义未安。沈，当读为煁。沈从冘声，煁从甚声，两声相近。诗荡篇：'其命匪谌。'说文心部引作'天命匪忱'。常棣篇：'和乐且湛。'礼记中庸篇引作'和乐且耽'。并其证也。煁之通作'沈'，犹谌之通作'忱'，湛之通作'耽'矣。诗白华篇：'卬烘于煁。'毛传曰：'煁，烓灶也。'尔雅释言：'煁，烓也。'郭注曰：'今之三隅灶。'沈灶生蛙，谓城中煁灶皆生虾蟆也。因假沈为之，读者遂失其义矣。郑裨谌字子灶，谌即煁之假字。汉书古今人表作'裨湛'，湛亦煁之假字。汉书每以湛为沈，师古注辄曰：'湛，读曰沈。'是沈、湛古同字，以沈为煁，犹以湛为煁矣。"

【校记】

〔一〕未傅而鼓降　"鼓"误作"城"，据各本改。

〔二〕军吏执之　"吏"误作"令"，据各本改。

〔三〕吾定而禄爵　"爵"字脱，据各本补。

〔四〕明道本"止"误作"心"　"明"字脱，依文义补。

〔五〕士贽以雉，委贽而退　二"贽"字皆误为"质"，据各本改。

〔六〕高注云　"高"误作"韦"，据吕氏春秋改。

〔七〕赞为名命　"名"误作"明"，据各本改。

〔八〕垒墼曰培　"墼"下衍"土"字，据各本删。此四字各本原在"是见寅与吉射也"句下，据国语考异校改而未作说明。

〔九〕兴，当为衅字之误也　"兴"、"衅"二字互倒，据群经平议改。

〔一〇〕庄姬,赵朔之妻 "朔"误作"衰",据各本改。

〔一一〕晋成公之女 "成公"各本原作"景公",此从国语考异校改而未作说明。

〔一二〕始更修之于身 "于"下衍"其"字,据各本删。

〔一三〕伯乐与尹铎有怨 "乐"误作"栾",据各本改。

〔一四〕陨,陨越也 脱一"陨"字,据公序本补。

〔一五〕王念孙曰 "王念孙"误作"王引之",据经传释词改。

〔一六〕此言共食不当抟饭也 "共"误作"其",据经义述闻改。

〔一七〕智果,晋大夫,智氏之族 "族"字脱,据各本补。

〔一八〕而益之以三怨 "怨"误作"恶",据群经平议改。

〔一九〕言上茂盛 "上"误作"土",据各本改。

〔二〇〕还自卫,智襄子伐郑自卫还也 二"卫"字皆误作"魏",据公序本改。

〔二一〕难将由我 "将"误作"不",据各本改。

〔二二〕孟姬惭怨,谗之于景公,景公杀之 脱"景公"二字,据各本补。

〔二三〕皋夷无宠于范吉射 误重"皋夷"二字,据各本删。

〔二四〕邯郸,晋别县也 "县"误作"邑",据各本改。

国语集解

国语集解

吉水徐元诰学

郑语第十六○旧音曰:"杜预世族谱云:'郑,姬姓,周宣王母弟桓公友之后也〔一〕,封于咸林,今京兆郑邑是也。幽王无道,乃徙其人于虢、郐之间,遂有其地,今河南新郑是也。"朱骏声曰:"郑始封在今陕西同州府华州。穆天子传'至于南郑',此旧郑也。后幽王无道,友寄其帑与贿于虢、郐,其子武公与平王东迁,遂定虢、郐之地,而施其号于新国。"元诰按:郑至庄公二十二年入春秋,二十三传至康公,韩哀侯灭并其国。今河南开封县以西至成皋故关皆郑国故地。

1　**桓公为司徒**,桓公,郑始封之君,周厉王之少子,宣王之弟桓公友也。宣王封之于郑,幽王八年为司徒。○史记郑世家:"宣王立二十二年,友初封于郑。封三十三岁,百姓皆便爱之。幽王以为司徒。"索隐曰:"韦昭据国语以为说耳。"**甚得周众与东土之人**,周众,西周之民。

东土，陕以东也。○元诰按：谓得人心也。**问于史伯曰："王室多故**，史伯，周大史。故，犹难也。○东观余论："周史伯硕父鼎，说云，史伯，周宣王臣，名颖，硕父其字也。"**余惧及焉，其何所可以逃死？"史伯对曰："王室将卑，戎狄必昌，不可偪也。**昌，盛也。偪，迫也。**当成周者**，成周，雒邑。○陈奂曰："成周即上文云'东土'是也。成周，雒阳，非雒邑也。汉书地理志：'河南郡，雒阳，周公迁殷民，是为成周。河南，故郏鄏地，周武王迁九鼎，周公致大平，营以为都，是为王城，至平王居之。'又云：'雒邑与宗周通封畿，东西长而南北短，短长相覆为千里。'是王城一曰雒邑，为汉之河南县。平王迁于王城，谓之东都。周公营成周，为汉之雒阳县。韦注以成周为雒邑，误矣。"元诰按：成周在今河南洛阳县西北。**南有荆蛮、申、吕、应、邓、陈、蔡、随、唐，**荆蛮，芈姓之蛮，鬻熊之后。申、吕，姜姓也。应、蔡、随、唐，皆姬姓也。应，武王子所封〔二〕。邓，曼姓也。陈，妫姓也。○元诰按：荆蛮，即楚也。楚居蛮夷，国号荆。荆，强也。申、吕，今河南南阳县北二十里有申城，又县西三十里有吕城。应，内传云"武之穆也"，是武王子所封。今河南鲁山县有应城。邓，今湖北襄阳县东北二十里有邓城。陈，国于宛丘，今河南淮阳县。蔡，今河南上蔡县西南十里有蔡城。随，今湖北随县。唐，南唐也，刘累之封，今湖北随县西北八十五里有唐城镇。**北有卫、燕、狄、鲜虞、潞、洛、泉、徐蒲，**卫，康叔之封；燕，邵公之封，皆姬姓也。狄，北狄也。鲜虞，姬姓在狄者也。潞、洛、泉、徐蒲，皆赤狄，隗姓也。○元诰按：卫，在今河南淇县东北。燕，南燕也，黄帝之后，姞姓，在今河南汲县东。狄，在今山西大同县境。鲜虞，白狄，续汉书郡国志以为子姓，与诸家不合，今直隶正定县西北有鲜虞亭。潞，一作"路"，又称"潞氏"，在今河南潞城县，内传杜注云："赤狄之别种，子爵也。"洛，即伊雒之戎，今河南故洛城西南有戎城。泉，即泉皋之戎，今洛阳县西南五十里有前城，前与泉声通也。徐蒲，通鉴汉纪胡注引作"余满"，盖字之讹，又称"徐吾氏"，吾与蒲声乱也，乃茅戎别种，在今河南陕县。**西有虞、虢、晋、隗、霍、杨、魏、芮，**八国，姬姓也。虞，虞仲之后。虢，虢叔之后，西虢也。〇元诰按：虞，今山西平陆县东北六十里有虞城，本帝舜之后国，所谓西虞。虢，今陕西宝鸡县东五十里有桃虢城，其国都也。晋，谓翼也，在今山西翼城县南。隗，公羊传"楚人灭隗"，注云："夷狄微国。"左传、穀梁传并作"夔"，夔、隗声通也，今湖北秭归县东有夔子城，是其地。霍有二，一为晋霍，在今山西霍县；一为商侯伯国，霍其姓〔三〕，河南梁县西南七十里有故霍城。此文霍不知孰指。杨，今山西洪洞县东南有杨城。魏，今山西芮城县西北有河北故城，即春秋魏国故城也。芮，当今山西芮城县。**东有齐、鲁、曹、宋、滕、薛、邹、莒，**齐，姜姓。鲁、曹、滕皆姬姓。宋，子姓。薛，任姓。邹，曹姓。莒，己姓〔四〕，东夷之国也。〇元诰按：齐，旧山东济南、青州二府是其故地，国于营丘，当今临淄县。鲁，今山东曲阜县。曹，今河南菏泽县治。宋，即阏伯之商邱，在今河南商邱县治。滕，今山东滕县西南有滕城。薛，今山东滕县西南有薛城。邹，本作"驺"，至孟子时改"邹"，即邾国也，今山东邹县东南二十六里有古邾城。莒，在今山东莒县，与蒲侯氏莒、渠丘公莒各异。**是非王之支子母弟甥舅也，则皆蛮夷戎狄之人也。**王支子母弟，姬姓是也〔五〕。甥舅，异姓是也。蛮荆，楚也〔六〕。戎狄，北狄、潞、洛、泉、徐蒲是也。〇夷，各本作"荆"，注同。汪远孙曰："太平御览州郡部引国语，蛮荆作'蛮夷'是也。蛮、夷、戎、狄皆统举之词，不应独称荆国，下注云：'顽，谓蛮夷戎狄〔七〕。'即其证。楚语云：'蛮夷戎狄，其不宾也久矣。'"元诰按：作"夷"是，今据改。又按韦注原文末有"戎或为夷"四字，汪云："'戎'字，'荆'之误。御览所引即韦所见或本也。"今略之。**非亲则顽，不可入也。**亲，谓支子甥舅。顽，谓蛮夷戎狄也。**其济、洛、河、颍之间乎！**言此四水之间可逃，谓左济、右洛、前颍、后河。○朱骏声曰："沇为四渎之水，发源入海者也，经传皆以济为之。出今河南济源县王屋山，有东西二池，合流至温县入河。如禹贡云云不可考，即所谓'东流为沇'，当王莽时，温之故渎已枯绝，已非禹迹之旧。今山东大清河、小清河非无沇水在其间而混淆不辨，与古绝殊也。"毕沅曰："经凡有三洛水，一出白于山，今自甘肃安化至陕西同州入河之洛，雍州浸也；（元诰按：安化即今庆阳县，同州即今大荔等县。）一出谨举山，今自陕西商县至河南入河之洛，豫州浸也；一即说文所云'出左冯翊归德北夷界中'者〔八〕，在四川入江，李冰之所导也。"说文曰："河水出敦煌塞外昆仑山，发原注海。"元诰按：注海，即今青海。昆仑山三脉之一为巴颜哈喇山。水出青海巴颜哈喇山东麓，经甘肃、陕西、河南、山东，至江苏之安东县入海，共长八千八百余里，即黄河也。沈镕曰："颍，源出河南登封县，东南流经开封、许昌、淮阳，合大沙河；又东南入安徽阜县，合小沙河，至寿县入淮。"**是其子男之国，虢、郐为大，**是，是四水也。虢，东虢也，虢仲之后，姬姓也。郐，妘姓也。当幽王时，于子男此二国为大。○元诰按：今河南汜水县为古东虢叔之国。郐，一作"会"，又作"侩"、"桧"，并同。汪远孙谓："郐，在河南密县东，新郑县西。杜元凯以郐在密东，韦以为在新郑，其说可两通也。"**虢叔恃势，郐仲恃险，**此虢叔、虢仲之后。

叔、仲皆当时二国君之字。势，地势阻固也。险，有险厄。皆恃之而不修德。是皆有骄侈怠慢之心，而加之以贪冒。君若以周难之故，寄孥与贿焉，不敢不许。妻子曰孥。贿，财也〔九〕。周乱而弊，是骄而贪〔一〇〕，必将背君，君若以成周之众奉辞伐罪，无不克矣。桓公甚得周众，奉直辞，伐有罪，故必胜也。若克二邑，二邑，虢、郐。邬、弊、补、丹、依、𫗴、历、华，君之土也。言克虢、郐，则此八邑皆可得也〔一一〕。○元诰按：路史国名纪，邬，妘姓，高阳氏后国，后为郑所灭，故为郑地。与晋邬别，在今河南偃师县〔一二〕，其西南尚有邬聚。宋庠本作"鄢"，今不从。"弊"字，亦作"弊"，商侯伯国，地无考。补，三皇之世国，炎帝伐补遂，即此。姓苑有补氏，地无考。丹，丹朱之封国也，今河南内乡县有丹水，亦谓之丹川，即其地。明道本作"舟"，字之误也。依，黄帝后〔一三〕，姬姓。𫗴，商侯伯国，一作"㷱"，又作"畴"。㷱为𫗴之异体，畴又为㷱之讹字也。历，商侯伯国。华，周管叔封邑，即华阳。秦白起攻魏，拔华阳，司马彪谓"华阳在密县"，即此。宋庠本作"莘"，今不从。依、𫗴、历、华四国，据国名纪，皆古之郐邑。郐在今河南密县、新郑县境，则此四国皆在其地无疑矣。若前颍后河，右洛左济，○明道本颍作"华"，韦注曰："华，华国也。"宋庠作"莘"，韦注曰："莘，莘国也。"水经潧水注引国语同。考正云："当作'颍'，上文注'左济右洛，前颍后河'可证。"元诰按：考正说致精，各本作"华"，作"莘"，皆沿上文"历、华"或作"历、莘"而误。又洛、济，地理志作"雒"、"泲"是也。主芣、骓而食溱、洧，芣、骓，山名。主，为之神主，孔子曰："夫颛臾为东蒙主。"食，谓居其土，食其水。○汪远孙曰："中山经有萯山、骓山，萯与芣古同声通用。水经河水注：'吕氏春秋曰，夏后氏孔甲田于东阳萯山，帝王世纪以为即东首阳山也。盖是山之殊目矣。'汉书地理志河南郡密〔一四〕'有大騩山，溹水所出'，说文作'大隗'，騩即大騩也，今在新郑县西南。"元诰按：新郑县属河南，溱水在其北。溱，一作"潧"，源出密县境，东北流至新郑县界，与洧水合。洧水出登封县阳城山，经密县，至新郑县合溱水，为双泊河，至西华县入颍。此洧水故道也。邬国在溱、洧之间。**修典刑以守之，是可以少固。**"其后卒如史伯之言。○宋庠本"是"上有"唯"字。公曰："**南方不可乎？**"南方，当成周之南，申、邓之间。对曰："**夫荆子熊严生子四人：伯霜、仲雪、叔熊、季纟川。**荆，楚也。熊严，楚子鬻熊之后十世也。伯霜，楚子熊霜。季纟川，楚子熊纟川也。仲不立，叔在濮。○史记楚世家，叔熊作"叔堪"，纟川作"徇"。**叔熊逃难于濮而蛮，季纟川是立，**○宋庠曰："纟川，似伦反。"**薳氏将起之〔一五〕，祸又不克。**濮，蛮邑。薳氏，楚大夫。熊霜之世，叔熊逃奔濮而从蛮俗。熊霜死，国人立季纟川，薳氏将起叔熊立之，又有祸难而不能立也。○元诰按：濮非卫濮，百濮也，在今湖北石首县南〔一六〕。**是天启之心也，**启，开也。天开季纟川，故叔熊不得立。有"心"字误。○王念孙曰："韦以下文'天之所启，十世不替'，'启'下无'心'字，故以有'心'字为误也。今案：天启之心，谓启季纟川之心也。叔熊不得立，是天启季纟川之心，使之绍其先业也。晋语曰：'非天，谁启之心？'襄二十五年左传曰：'天诱其衷，启敝邑心。'昭二十七年传曰：'天启叔孙氏之心。'则有'心'字不误。下文'天之所启'，与此相承而不相背也。"**又甚聪明和协，盖其先王。**言季纟川又聪明，能和协其民臣之心，功德盖其先王也。**臣闻之，天之所启，十世不替。**替，废也。**夫其子孙必光启土，不可偪也。**光，大也。**且重、**

黎之后也，重、黎，官名。楚语曰："颛顼乃命南正重司天，北正黎司地。"言楚之先为此二官。夫黎为高辛氏火正，高辛，帝喾。黎，颛顼之后也。颛顼生老童，老童生重、黎及吴回，吴回生陆终，陆终生六子，其季曰连，为芈姓，楚之先祖也。季连之后曰鬻熊，事周文王。其曾孙熊绎，当成王时，封于荆蛮，为楚子。黎当高辛氏为火正。以淳耀敦大，天明地德，光照四海，故命之曰'祝融'，其功大矣。淳，大也。耀，明也。敦，厚也。言黎为火正，能治其职，以大明厚大，天明地德，故命之为祝融。祝，始也。融，明也。大明、天明，若历象三辰也。厚大地德，若敬授民时也。光照四海，使上下有章也。○王念孙曰："韦训淳为'大'，义本尔雅，（尔雅作'纯'，义同。）然云'大明厚大，天明地德'，则不词矣。淳耀、敦大、光照，皆二字平列。'淳'字本作'焞'，焞，明也；耀，光也，言能光明天明，厚大地德也。下文云'祝融能昭显天地之光明'，即其证。说文：'焞，明也。'春秋传曰：'焞耀天地。'盖约举郑语之文也。今本作'淳'者，借字耳。"路史禅通纪："祝诵氏，一曰祝和，是为祝融氏。以火施化，号赤帝，都于会，故郑为祝融之墟。"注曰："祝，断也，化而裁之之谓。白虎通云：'祝，属也；融，续也，能属续三王之道行之也。'祝融氏，号也。祝融，职也，本非人名。黎为祝融，回亦为祝融，皆职。白虎群儒通义以祝融为三皇，宋衷论三皇亦数祝融而出黄帝，岂得云帝喾之臣哉？"夫成天地之大功者，其子孙未尝不章，章，显。○明道本"大功"误作"火功"。虞、夏、商、周是也。是成天地之功者。虞幕能听协风，以成物乐生者也。虞幕，舜后虞思也。协，和也。言能听知和风，因时顺气，以成育万物，使之乐生者也。周语"瞽告有协风至"，乃耕籍之类是也。○汪远孙曰："虞幕为虞舜之上祖〔一七〕，韦解以为舜后虞思，误与鲁语同。"元诰按："物乐"二字旧倒，今依段玉裁说乙正。**夏禹能单平水土，以品处庶类者也**，单，尽也。庶，众也。品，高下之品也。禹除水灾，使万物高下各得其所。〇元诰按：单与殚通。礼记祭义篇："岁既单矣。"释文："单同殚。"是其证。说文："殚，极尽也。"段注："穷极而尽之也。"**商契能和合五教，以保于百姓者也**，保，养也。五教：父义，母慈，兄友，弟恭，子孝。鲁语曰："契为司徒而民辑。"**周弃能播殖百谷蔬，以衣食民人者也**，弃，后稷也。播，布也。殖，长也。百谷，黍稷稻粱麻麦苽菽雕胡之属。蔬，草菜之可食者也。〇宋庠本无"蔬"字，注同。**其后皆为王公侯伯**。禹身王，稷、契在子孙〔一八〕。公侯伯，谓其后杞、宋及幕后陈侯也。**祝融亦能昭显天地之光明〔一九〕，以生柔嘉材者也**，柔，润也。嘉，善也。善材，五谷材木。**其后八姓，于周未有侯伯**。八姓，祝融之后八姓：己、董、彭、秃、妘、曹、斟、芈也。侯伯，诸侯之伯。**佐制物于前代者**，佐，助也。物，事也。前代，夏、殷也。**昆吾为夏伯矣**，昆吾，祝融之孙，陆终第一子，名樊，为己姓，封于昆吾。昆吾，卫是也。其后夏衰，昆吾为夏伯，迁于旧许，传曰："楚之皇祖伯父昆吾，旧许是宅。"〇元诰按：昆吾国居卫时在今直隶开县，迁许时在今河南许昌县。**大彭、豕韦为商伯矣**，大彭，陆终第三子，曰籛，为彭姓，封于大彭，谓之彭祖，彭城是也。豕韦，彭姓之别，封于豕韦者也。殷衰，二国相继为商伯。〇路史国名纪云："彭即大彭，高阳氏后国，彭姓之祖。初国彭州，后移徐，春秋为宋邑。韦，豕韦，高阳氏后国，彭姓，商伯。元喆之封豕韦也，刘累更封之，故世本谓豕韦防姓。随韦为城，县则白马南之韦乡也。"元诰按：彭城在今江苏铜山县，韦城在今河

国语集解

南滑县东南五十里。**当周未有**。未有侯伯。**己姓昆吾、苏、顾、温、董**，五国皆昆吾之后别封者，莒其后〔二〇〕。○元诰按：己姓，高阳氏后。昆吾，见上。苏，苏忿生故邑，隐十一年〔二一〕阳樊、温、原十二邑皆苏故地，今河南济源县西北二里有苏故城。顾，今河南范县东南二十八里有古顾城，古今人表以为"鼓"，师古曰："即顾。"温城在今河南温县西南三十里，忿生邑，亦曰"苏"，诗云："韦顾既伐。"即此。董，今山西闻喜县东有董池陂，董泽之陂也。**董姓鬷夷、豢龙，则夏灭之矣**。董姓，己姓之别受氏为国者也。有飂叔安之裔子曰董父，以扰龙服事帝舜，赐姓董，氏曰豢龙，封之鬷川，当夏之兴，别封鬷夷，于孔甲前而灭矣〔二二〕。传曰："孔甲不能食龙而未获豢龙氏，刘累学扰龙于豢龙氏以事孔甲。"○元诰按：鬷音子工反，亦作"䲖"、"艐"、"娨"，并同。今山东定陶县东北二十里有三鬷亭，鬷夷即在其地。豢龙，在河南滑县之韦城，古城内有豢龙井，见路史国名纪。而寰宇记谓河南长葛县西南四十里有豢龙城，即豢龙氏邑。当以韦城为古。**彭姓彭祖、豕韦、诸、稽，则商灭之矣**。彭祖，大彭也。豕韦、诸、稽，其后别封也。大彭、豕韦为商伯，其后世失道，殷复兴而灭之。○元诰按：彭祖、豕韦见上。诸，今山东诸城县西北三十里，即春秋之诸国，汉改为诸县。稽，今安徽亳县有稽山。**秃姓舟人，则周灭之矣**。秃姓，彭祖之别。舟人，国名。○路史国名纪："秃姓，高阳氏后，楚地，昔常寿过克息城而居之者。"元诰按：吕氏春秋云："舟人、送龙、突人之乡多无君。"其地无考。**妘姓邬、郐、路、偪阳**〔二三〕，陆终第四子曰求言〔二四〕，为妘姓，封于郐，今新郑也。邬、路、偪阳，其后别封也。○元诰按：妘姓，高阳氏后。邬，一作"鄢"，见上。路，惠栋云："即路子也。"内传作"潞"。路史国名纪云："汉属渔阳，今地无考。"偪阳，妘姓子，晋灭之，今山东沂水县有故偪阳城。偪，扶目反。**曹姓邹、莒，**陆终第五子曰安，为曹姓，封于邹〔二五〕。○元诰按：邹、莒见上。然上文韦注"莒，己姓"，与此传文不同，说者谓韩非子"文王侵孟，克莒，举酆"即此，未知是否。**皆为采卫，**皆，妘、曹也。采，采服，去王城二千五百里。卫，卫服，去王城三千里。**或在王室，或在夷狄，莫之数也，**或，或六姓之后也。在王室，苏子、温子也。在夷狄，莒、偪阳也。**而又无令闻，必不兴矣。斟姓无后。**斟姓，曹姓之别。或云夏少康灭之，非也。传有斟灌、斟鄩，浇所灭，非少康，又皆夏同姓，非此也。**融之兴者，其在芈姓乎！芈姓夔越，不足命也，**夔越，芈姓之别国，楚熊绎六世孙曰熊挚〔二六〕，有恶疾，楚人废之，立其弟熊延。挚自弃于夔，其子孙有功，王命为夔子。○宋庠曰："芈，弥尔反，羊声也。"元诰按：融之兴者，谓祝融后之兴者。夔，上文作"隗"，内传引国语又作"归"，皆声近通用。夔越之越，即越章也，与吴越之越妫姓者异。**闽芈蛮矣，**○各本作"蛮芈蛮矣"，韦注曰："蛮芈，谓叔熊在濮从蛮俗。"周礼职方氏〔二七〕郑注云："闽，蛮之别也。"引国语曰："闽芈蛮矣。"汪远孙曰："蛮芈作'闽芈'是也。说文：'闽，东南越。'是闽亦芈姓蛮之遗类，故地理志以吴为荆蛮，盖七闽之所居在扬州域也。疑韦所据国语本已误。"元诰按：汪说是，今据以订正。**惟荆实有昭德，若周衰，其必兴矣。**昭，明也。**姜、嬴、荆芈，实与诸姬代相干也。**姜，齐姓。嬴，秦姓。芈，楚姓。代，更也。干，犯也。言其代强，更相犯间。○汪远孙曰："干者，间之假借字。尔雅释诂：'间，代也。'代相干，言世相代强也。古干与间通声而通用。聘礼记：'皮马相间。'古文间作'干'。毛诗：'考盘在涧。'韩诗涧作'干'。"元诰按：楚，芈姓，国号荆，故曰荆芈。姬，姬姓也。**姜，伯夷之后也；**伯夷，尧秩宗，炎帝之后，四岳之族。**嬴，伯翳之后也。**伯翳，舜虞官，少暤之后伯益也。**伯夷能礼于神以佐尧者也，**秩宗之官，于周为宗伯，汉为大常，掌国祭祀。书曰："典朕三礼。"谓天神、人鬼、地祇之礼。**伯翳能议百物以佐舜者也，**百物，草木鸟兽。议，使各得其宜。○汪远孙曰："议，汉书地理志〔二八〕引国语作'仪'。说文：'仪，度也。'议与仪古字通。汉书叙传幽通赋：'嬴取威于百仪兮。'应劭曰：'伯益为虞，有仪鸟兽百物之功。'疑应据国语，亦作'仪'字。"**其后皆不失祀而未有兴者，**兴，谓为侯伯也。**周衰其将至矣。"**至于伯也。**公曰："谢西之九州，何如？"**谢，宣王之舅申伯之国，今在南阳。谢西有九州，二千五百家曰州。何如，问可居否〔二九〕。○陈奂曰："潜夫论志氏姓篇：'申城在南阳宛北序山下，故诗云："亹亹申伯，王荐之事。于邑于序，南国是式。"'三家诗作'序'，毛诗作'谢'〔三○〕，谢、序古字声通，盖谓宣王封申伯于序，即今汉南阳郡宛县北序山之下也。谢西者，北序山之西也。潜夫论云：'宛西三十里有吕城。'则谢西九州当在吕城西南。方舆纪要云：'河南南阳县附郭，周申国宛城。'"**对曰："其民沓贪而忍，不可因也。**沓，黩也。忍，忍行不义。因，就也。**唯谢、郏之间，**间，谓郏南谢北，虢、郐在焉。郏后属郑，郑衰，楚取之〔三一〕。鲁昭元年传曰，"葬王于郏，谓之夹敖"是也。○元诰按：郏，今河南郏县，本周畿内邑也。**其冢君侈骄，**冢，大也。**其民怠沓其君，而未及周德，**怠，慢也。忠信为周。言民慢黩其君，而未及于忠信。**若更君而训之，是易取也，**更，更以君道导之，则易取。○各本"训"上有"周"字。汪远孙曰："韦注不为'周'字作解，'周'字疑涉上文‘周德’而衍。"元诰按：汪说是，今据删。**且可长用也。**"长用，久处也。**公曰："周其弊乎？"**弊，败也。**对曰："殆于必弊者也。**殆，近也。**泰誓曰：'民之所欲，天必从之。'**泰誓，周书。言民恶幽王犹恶纣，欲令之亡，天必从之。**今王弃高明昭显，而好谗慝暗昧，**王，幽王。高明昭显，谓明德之臣。暗昧，幽冥不见光明之德也。**恶角犀丰盈，而近顽童穷固，**角犀，谓颜角有伏犀。丰盈，谓颊辅丰满。皆贤明之相。顽童，童昏〔三二〕。固，陋。谓皆暗昧穷陋，不识德义者。○后汉书李固传："固状貌有奇表，鼎角匿犀。"章怀注曰："匿犀，伏犀也，谓骨当额上入发际隐起也。"僖二十四年左传："心不则德义之经为顽。"贾子道术篇："反慧为童。"周书常训解〔三三〕孔注："穷，谓不肖之人。"论语学而篇孔传："固，蔽也。"元诰按：童蒙之童，当作"僮"。**去和而取同。**和，谓可否以相济。同，同欲也。君子和而不同。**夫和实生物，同则不继。**阴阳和而万物生。同，同气。**以他平他谓之和，**谓阴阳相生，异味相和。**故能丰长而物归之，**土气和而物生之，国家和而民附之。**若以同裨同，尽乃弃矣。**裨，益也。同者，谓若以水益水，水尽乃弃之，无所成也。**故先王以土与金木水火杂，以成百物。**杂，合也。成百物，谓若铸冶煎烹之属。**是以和五味以调口，刚四支以卫体，**刚，强也。**和六律以聪耳，**听和则聪。**正七体以役心，**役，营也。七体，七窍也。谓目为心视，耳为心听，口为心谈，鼻为心芳。**平八索以成人，**平，正也。八索，谓八体，以应八卦也。谓乾为首，坤为腹，震为足，巽为股，离为目，兑为口，坎为耳，艮为手。○孔安国尚书序云："八卦之说，谓之八索，求其义也。"**建九纪以立纯德，**建，立也。纯，纯一不驳也。九纪，九藏也：正藏五，又有胃、旁胱、肠、胆也。纪，所以经纪性命，立纯德也。周礼曰："九藏之动。"贾、唐云："九纪，九功也。"合十数以训百体。此所谓近取诸身，远取诸物。贾、唐云："十数，自王以下，位有十等：王臣公，公臣大夫，大夫臣士，士臣皁，皁臣舆，舆臣隶，隶臣僚，僚臣仆，仆臣台。百体，百官各有体属也。合此十数之位，以训导百官之体。"出千品，具万方，百官，官有彻品，十于王位，谓之千品。五物之官，陪属万位〔三四〕，谓之万方。方，道也。计亿事，材兆物，收经入，行姟极。计，算也。材，裁也。贾、唐说皆以万万为亿。郑后司农云〔三五〕："十万曰亿，十亿曰兆，（"十亿"，"十"字从宋庠本及古今黈订。）从古数也。"经，常也。姟，备也。数极于姟也，万万兆曰姟。（宋庠本无"兆"字。）自十等至千品万方，转相生，故有亿事、兆物。王收其常入，举九姟之数。〇李冶曰："韦意实用贾、唐说耳。史伯论数，云十、百、千、万、亿、兆、经、姟，姟亦作"畡"、"垓"、"陔"，皆同。经亦数也，今算术大数曰亿、兆、经、垓。邵尧夫皇极数于亿兆之后即继之为京，求之音义，经正为京耳。而韦注云：'经，常也。'经固训'常'，而非史伯之意也。详国语本旨，自十百而上，皆进一位以命数，韦不及此而遗经，误解已为背戾，乃复云'万万兆曰姟'，则是于古今之数，两俱不得其说也。宜云万万兆曰经，万万经曰姟，则得其正矣。"段玉裁曰："十万曰亿者，古数；万万曰亿者，汉时今数。故郑诗笺、王制注皆用古数，而内则注、吕刑、孝经注皆云'万亿曰兆'，此亦是古数。古数亿以下以十相乘，亿以上则以万相乘，故韦云'万万兆曰姟'。谓万亿曰兆，万兆曰京，万京曰姟，亦古数也，若汉时今数，则如甄鸾所谓'中数，万万亿曰兆；上数，亿亿曰兆'，大于古数远矣。别本删改非是。李冶所驳亦非。"汪远孙曰："算经：黄帝为法，数有十等，谓亿、兆、京、姟、秭、壤、沟、涧、正、载。及其用也有三，谓上、中、下〔三六〕。下数，十万曰亿；中数，百万曰亿；上数，万万曰亿。汉人以下数为古数：十万曰亿，十亿曰兆，十兆曰京，十京曰姟，十京则万万也，此以十起数也。十万曰亿，万亿曰兆，万万兆曰姟，此以万起数也。段说盖从明道本，不从宋公序本也。"俞樾曰："太平御览七百五十引风俗通曰：'十十谓之百，十百谓之千，十千谓之万，十万谓之亿，十亿谓之兆，十兆谓之经，十经谓之姟。'正与国语文合。"元诰按：疑宋庠本是，李说为长。**故王者居九畡之田，收经入以食兆民，**九畡，九州之极数。楚语曰："天子之田九畡，以食兆民，王取经入焉，以食万官。"○俞樾曰："此文有阙误，当云'故王者居九畡之田以食兆民，收经入以食万官'，故韦氏引楚语以解之。若如今本，则与楚语不合，韦不当无说矣。且民之数曰兆，而田之数曰畡，正一夫百亩之制；田之数曰畡，而王所取之数曰经，正什而取一之制。可知此文之误矣。"**周训而能用之，和乐如一。**忠信为周。训，教也。言以忠信教导之，其民和乐如一室。**夫如是，和之至也。**至，极也。**于是乎先王聘后于异姓，**同则不继。**求财于有方，**使各以其方贿来，方之所无，则不贡。**择臣取谏工，而讲以多物，务和同也。**工，官也。讲，犹校也。多，众也。物，事也。**声一无听，**五声杂，然后可听。**色一无文，**五色杂，然后成文。○"色"字，依考正〔三七〕。**味一无果，**五味合，然后可食。果，美。○俞樾曰："果之训'美'，未闻其义，果当训为'成'。论语子路篇：'行必果。'皇侃疏引缪协曰：'果，成也。'又文选谢宣远于安城答灵运诗〔三八〕，注引许慎淮南子注曰：'果，成也。'五味合然后可食，若止此一味，则不成味矣，故曰'味一无果'。"**物一**

国语集解

不講。講，论校也。○俞樾曰："物一不講，甚为无义。講，当读为構，講与構并从冓声，古音同通用。僖十五年左传注：'则讲虚而不经'，释文曰：'讲，本又作"构"。'是其证也。诗四月篇：'我日构祸。'郑笺曰：'构，犹合集也。'又青蝇篇：'构我二人。'笺曰：'构，合也。'是构有合集之义。物一不构，谓物一则不合集也。"王将弃是类也，而与剸同，类，谓和也。○吴曾祺曰："剸与专同，谓专断也。"天夺之明，欲无弊，得乎？夫虢石父，谗谄巧从之人也，而立以为卿士，与剸同也。石父，虢君之名。巧从，巧于媚从。弃聘后而立内妾，好穷固也。聘后，申后。内妾，褒姒。侏儒戚施，实御在侧，近顽童也。侏儒、戚施，皆优笑之人。御，侍也〔三九〕。周法不昭，而妇言是行，用谗慝也。不建立卿士，而妖试幸措，行暗昧也。试，用也。措，置也。不建立有德以为卿士，而妖孽之臣用之于位，佞幸之人置之于侧。是物不可以久。且宣王之时有童谣。宣王，幽王之父。曰：'檿弧箕服，实亡周国。'山桑曰檿。弧，弓也。箕，木名。服，矢房。○汪远孙曰："汉书五行志下之上箕作'萁'，刘向以为'萁服，盖以萁草为箭服'。案：服，古'箙'字。"元诰按：说文："檿，山桑。"有点文者。于是宣王闻之，有夫妇鬻是器者，鬻，卖也。王使执而戮之。戮之于路。○元诰按：戮，责也，非杀之谓。府之小妾生女而非王子也，惧而弃之，府，王内之府藏。此人也收以奔褒。此人，卖弧服者。收，取也。天之命此久矣，○宋庠本"此"上有"褒人有狱而以为入"一节，并解"褒人，褒君姁也。狱，罪也。入，进之于王"十四字。黄丕烈曰："果有此及解，则下文不当更作解矣。"其又何可为乎？为，治也。○宋庠本无"何"字。训语有之训语，周书。曰：'夏之衰也，褒人之神化为二龙，以同于王庭，褒人，褒君。共处曰同。○惠栋曰："史记'同'作'止'。"而言曰："余，褒之二君也。"二先君。夏后卜杀之与去之与止之，莫吉。止，留也。卜请其漦而藏之，吉。漦，龙所吐沫，龙之精气也。○汉书五行志，刘向以为"漦，血也"。乃布币焉，而策告之。布，陈也。币，玉帛也。陈其玉帛，以简策之书告龙而请其漦[四〇]。龙亡而漦在，椟而藏之，椟，柜也。传郊之。'传祭之于郊。及历殷、周，莫之发也。及厉王之末，发而观之，末，末年，流彘之岁。漦流于庭，不可除也。言流于庭前，谓取而发之。王使妇人不帏而噪之，裳正幅曰帏。噪，谨呼。化为玄鼋，以入于王府。鼋，或为"蚖"。蚖，蜥蜴，象龙。○元诰按：玄鼋，列女孽嬖传引作"玄蚖"，说文作"荣蚖"，尔雅、方言又作"荣螈"，并同。蚖与蜥蜴、守宫、蝘蜓本为一物，因所在而异其名。汉书东方朔传云："臣以为龙又无角，谓之为蛇又有足，跂跂脉脉善缘壁，是非守宫即蜥蜴。"即状鼋之形也。府之童妾未既龀而遭之，既，尽也。遭，遇也。毁齿曰龀。未尽龀，毁未毕也[四一]。女七岁而毁齿。○旧音曰："龀，初刃反，又音嘳。"既笄而孕，孕，任身也。女十五而笄。当宣王时而生。厉王流彘，共和十四年死。十五年宣王立，立四十六年，幽王在位，十一年而灭。○诗白华篇孔疏曰："帝王世纪以为幽王三年嬖褒姒，褒姒年十四。若然，则宣王立四十六年崩，是先幽王之立十一年而生，其生在宣王三十六年也。厉王流彘之岁为共和[四二]，十四年而后宣王立。自宣王三十六年，上距流彘之岁为五十年。流彘时童妾七岁，则生女时母年五十六，凡在母腹五十年。其母共和九年而笄，年十五而孕，自孕后尚四十二年而生，作为妖异，故不与人道同。"元诰按：宋庠本无"时"字。不夫而育，育，生也。故惧而弃之。为弧服者方戮在路，夫妇哀其夜号也，而取之以逸，逃于褒。逃，亡也。褒人褒姁有狱，而以为入于王，褒姁，褒君。〇旧音曰："姁，况宇反。"王遂置之，置，赦褒姁。而嬖是女也，使至于为后，而生伯服。以邪嬖取爱曰嬖。使至，有渐之言也。天之生此久矣，其为毒也大矣，将俟淫德而加之焉〔四三〕。加，遗也，遗以褒姒也〔四四〕。毒之酉腊者，其杀也滋速。精熟为酉。腊，极也。滋，益也。〇汪远孙曰："礼记月令'大酉'，郑注：'酒孰曰酉。'方言：'酉，孰也，久孰曰酉。'周官酒正：'二曰昔酒。'郑注：'昔酒，今之酉久、白酒。'昔、腊音义同。酉腊，言毒之酉久也。"申、缯、西戎方强，申，姜姓，幽王前后大子宜咎之舅也。缯，姒姓，申之与国也。西戎亦党于申。周衰，故戎、狄强。〇沈镕曰："申国于谢，今河南南阳县有申城。缯，一作'鄫'，今山东峄县有鄫城。"王室方骚，骚，扰也。将以纵欲，不亦难乎？王欲杀太子以成伯服，必求之申，太子时奔申〔四五〕。申人弗畀，必伐之。畀，予也。若伐申，而缯与西戎会以伐周，周不守矣！言幽王无道，无与共守者。缯与西戎方将德申，申修德于二国，二国亦欲助正，徼其后福。申、吕方强，吕，申同姓。〇沈镕曰："今河南南阳县西三十里有吕城。"其隩爱太子，亦必可知也，隩，隐也。〇汪远孙曰："老子：'道者，万物之奥。'王弼注：'奥，犹暧也，可得庇荫之辞。'隩、奥、爱、薆、僾、暧并古通用。"王师若在，在，在申也。其救之亦必然矣〔四六〕。王心怒矣，虢公从矣，言石父亦从王而怒。凡周存亡，不三稔矣！稔，年也。〇陈瑑曰："说文：'稔，谷熟也。'谷一熟为一年。"君若欲避其难，其速归所矣，〇宋庠本无"其"字。时至而求用，恐无及也！"时，难也。用，备也。公曰："若周衰，诸姬其谁兴？"〇元诰按：姬姓之国四十人，故曰"诸姬"。对曰："臣闻之，武实昭文之功，武，武王。文，文王。文之祚尽，武其嗣乎！文王子孙，鲁、卫是也。祚尽，谓衰也。嗣，继也。武王子孙当继之而兴。武王之子，应、韩不在，三君云："不在，时已亡也。"昭谓：若已亡，无宜说也。近宣王时，命韩侯为侯伯，其后为晋所灭，以为邑，以赐桓叔之子万〔四七〕，是为韩万，则其亡在平王时也。应则在焉，上史伯云"南有应、邓"是也。不在，言不在应、韩，当在晋。〇陈奂曰："周有二韩，一为武穆之韩，左僖二十四年传富辰曰：'邘、晋、应、韩，武之穆也'是也；一为姬姓之韩，左襄二十九年传，叔侯曰'霍、杨、韩、魏，皆姬姓也'是也。姬姓之国四十人，则韩当受封于武王之世，其后为晋所灭，以赐大夫韩万。后汉郡国志：'河东郡河北县有韩亭。'杜预注云：'韩，晋地。'又云：'韩国在河东郡界。'皆谓姬姓韩国也。武穆之韩封于成王之世，其国在禹贡冀州之北，故得总领追、貊北国，韩奕之诗其明证也。毛诗传曰：'韩侯之先祖，武王之子。'郑语亦曰武王之子韩。然则韩奕之韩与'应、韩'之韩固出于武穆矣。郑笺诗误合二韩为一韩，韦注以武王子韩即晋灭赐万之韩国，韦实踵郑之误。姬姓韩灭于晋，见于叔侯一语，（竹书纪年："平王十四年，晋人灭韩。"）而武穆韩不知灭于何王之世。考今顺天府府治古燕国，府西南百二十里固安县有方城旧城〔四八〕，为古韩国地，后亦入于燕，疑韩为燕所并。燕至春秋末其国始大，宣王时为韩筑城〔四九〕，则厉王时韩未必亡也。韦驳三君注'不在'为'已亡'，其说近是。"元诰按〔五〇〕：武穆之韩，在今京兆固安县境。姬姓之韩，今陕西韩城县南十八里有古韩城。**其在晋乎！距险而邻于小**，距，距守之地险也。小，小国，谓虞、虢、霍、杨、韩、魏、芮之属。**若加之以德，可以大启。**"国已险固，若增之以德，可以大开土宇。后鲁闵元年，晋灭魏、霍；僖五年，灭虞、虢也。**公曰："姜、嬴其孰兴？"对曰："夫国大而有德者近兴，秦仲、齐侯，姜、嬴之儁也，且大，其将兴乎！"**秦仲，嬴姓，附庸秦公伯之子，为宣王大夫。诗序云："秦仲始大。"齐侯，齐庄公，姜姓之有德者也。此二人为姜、嬴之儁，且国大，故近兴。○元诰按：秦仲，秦庄公之父，襄公之祖。**公说，乃东寄帑与贿，虢、郐受之，十邑皆有寄地。**十邑，谓虢、郐、鄢、蔽、补、舟、依、柔、历、华也。（元诰按：本书舟作"丹"，柔作"畴"，华作"莘"。）后桓公之子武公竟取十邑之地而居之，今河南新郑是也。贾侍中云："寄地，犹寄止也。"**幽王八年而桓公为司徒**[五一]，即位八年。**九年而王室始骚，**骚，谓适庶交争，乱虐滋甚。**十一年而毙。**幽王伐申，申、缯召西戎以伐周，杀幽王于骊山戏下，桓公死之。**及平王末，而秦、晋、齐、楚代兴，**代，更也。平王即位五十一年。**秦景、襄于是乎取周土。**景，当为"庄"。庄公，秦仲之子，襄公之父。取周土，谓庄公有功于周，周赐之土。及平王东迁，襄公佐之，故得西周酆、镐之地，始命为诸侯。三君皆云："秦景公宣王季年伐西戎，破之，遂有其地。"昭谓：幽王为西戎所杀，故史伯云"申、缯、西戎方强"。至平王时，秦襄公征伐之，故诗叙云襄公"备其兵甲，以讨西戎。西戎方强，而征伐不休"是也。又景公乃襄公十世之孙，而云宣王时破之，遂取其地，误矣。○陈奂曰："史记秦本纪言：'平王封襄公为诸侯，赐之岐以西之地。'据此，知襄公赐封仅有岐西，尚无岐东，至酆、镐之地，必非秦履。地理志：'襄公将兵救周，有功，赐受岐、酆之地。'此班括史记襄公至德公以后而言也。"晋文侯于是乎定天子，文侯，仇也。定，谓迎平王，定之于洛邑。齐庄、僖于是乎小伯〔五二〕，庄，齐大公后十二世庄公购。僖公，庄公之子禄父。小伯，小主诸侯盟会。楚蚡冒于是乎始启濮。蚡冒，楚季䌷之孙，若敖之子熊率。濮，南蛮之国，叔熊避难处也。○元诰按：启，韦前注云："大开土宇也。"濮，即百濮也，文十六年左传："麇人率百濮聚于选。"杜注："百濮，夷也。"即此，在今湖南石首县南。

【校记】

〔一〕 周宣王母弟桓公友之后也 "宣"误作"厉"，据本书韦解及史记郑世家改。

〔二〕 应，武王子所封 "王"字脱，据各本补。

〔三〕 霍其姓 "其"误作"真"，依文义改。

〔四〕 莒，己姓 "己"误作"已"，据各本改。

〔五〕 姬姓是也 "也"字脱，据各本补。

〔六〕 蛮荆，楚也 "荆"误作"夷"，乃误解汪氏考异所致。"楚"下衍"夷"字，据各本删。

〔七〕 顽，谓蛮夷戎狄 "谓蛮"二字脱，据本书下文补。

〔八〕 一即说文所云"出左冯翊归德北夷界中"者 "翊"误作"掖"，据说文十一上水部改。

〔九〕 贿，财也 "贿"、"财"二字互倒，据各本改。

〔一〇〕是骄而贪 "是"误作"恃"，据各本改。

〔一一〕言克虢、郐，则此八邑皆可得也 "虢、郐"误作"二邑"，又脱"此"、"皆"二字,据公序本改补。

〔一二〕 在今河南偃师县 "南"字脱,依文义补。

〔一三〕 侬,黄帝后 "后"字脱,依文义补。

〔一四〕 汉书地理志河南郡密 "郡"、"密"二字互倒,据国语发正及汉书地理志改。

〔一五〕 蒪氏将起之 "起"误作"启",据各本改。

〔一六〕 在今湖北石首县南 "北"误作"南",依文义改。

〔一七〕 虞幕为虞舜之上祖 "上"字脱,据国语发正补。

〔一八〕 稷、契在子孙 "契"误从明道本作"弃",据公序本改。

〔一九〕 祝融亦能昭显天地之光明 "融"误作"显",据各本改。

〔二〇〕 五国皆昆吾之后别封者,莒其后 按集解改韦解"昆吾"为"己姓",又移"莒其后"三字于后(参见校记〔二五〕),未说明依据,似出臆改。今改回。

〔二一〕 隐十一年 "十一年"误作"三年",据左传改。

〔二二〕 于孔甲前而灭矣 "前"字脱,据各本补。

〔二三〕 妘姓邬、郐、路、偪阳 "郐"字脱,据各本补。

〔二四〕 陆终第四子曰求言 "求"误作"来",据各本改。

〔二五〕 陆终第五子曰安,为曹姓,封于邹 "邹"下有"莒其后"三字,为自前文韦解移来者,按国语考异引考正云:"补修元本'邹'下有'莒'字。"又引陈奂云:"韦不为'莒'解,或是缺误。"是移三字于此,原无明据,故删。

〔二六〕 楚熊绎六世孙曰熊挚 "楚"字脱,据各本补。

〔二七〕 周礼职方氏 "氏"误作"志",据国语发正改。

〔二八〕 汉书地理志 "志"字脱,国语发正补。

〔二九〕 问可居否 "居"误作"保",据各本改。

〔三〇〕 三家诗作"序"，毛诗作"<u>谢</u>" "作序毛诗"四字脱，据<u>国语发正</u>补。

〔三一〕 <u>郑</u>衰，<u>楚</u>取之 "郑"字脱，据各本补。

〔三二〕 顽童，童昏 "昏"误作"顽"，据各本改。

〔三三〕 周书常训解 "书"误作"训"，据<u>逸周书</u>改。

〔三四〕 陪属万位 "位"误作"物"，据各本改。

〔三五〕 <u>郑</u>后司农云 "司"字重衍，据各本删。

〔三六〕 及其用也有三，谓上、中、下 "下"字之下衍"数"字，据<u>国语考异</u>删。

〔三七〕 "色"字，依<u>考正</u> 按正文"色一无文"，各本原作"物一无文"，<u>国语考异</u>云："<u>考正</u>云，'物'当作'色'"，是<u>集解</u>改字之依据。但<u>韦解</u>"五色杂然后成文"，其中亦有"色"字，<u>集解</u>此处不言"色"字为"物"字所改，笼统著此五字，殊为含糊。

〔三八〕 <u>文选</u> <u>谢宣远于安城答灵运诗</u> "远于安"三字脱，据<u>群经平议</u>补。

〔三九〕 御，侍也 "侍"误作"恃"，据各本改。

〔四〇〕 乃布币焉，而策告之。（布，陈也。币，玉帛也。陈其玉帛，以简策之书告龙而请其漦。） 正文八字及注文二十二字皆脱，据各本补。

〔四一〕 未尽龀，毁未毕也 "龀"字脱，"毁"下衍"齿"字，据各本补删。

〔四二〕 <u>厉王</u>流彘之岁为共和 "岁为"二字<u>国语发正</u>误作"后"，据<u>诗</u> <u>白华疏</u>改。

〔四三〕 将俟淫德而加之焉 "俟"误作"候"，据<u>公序本</u>改。

〔四四〕 加，遗也，遗以褒姒也　下"遗"字脱，据公序本补。

〔四五〕 太子时奔申　"时"各本原作"将"，此据国语考异校正而未作说明。

〔四六〕 其救之亦必然矣　"救"误作"赦"，据各本改。

〔四七〕 以赐桓叔之子万　"桓"误作"韩"，据各本改。

〔四八〕 府西南百二十里固安县有方城旧城　"百"误作"北"，据国语发正改。

〔四九〕 宣王时为韩筑城　"韩"字脱，据国语发正补。

〔五〇〕 元诰按　"按"字脱，依文例补。

〔五一〕 幽王八年而桓公为司徒　原书以此句提行。按以下所记之事为桓公与史伯对话之验证，不应与上文分开。

〔五二〕 齐庄、僖于是乎小伯　"庄"下衍"公"字，据各本删。

国语集解

楚语上第十七○旧音曰："**史记楚世家**云：颛顼之后也，陆终生六子，少曰季连，芈姓。至鬻熊，为文王师。成王封熊绎于楚，居丹阳，宋忠云：'在丹阳郡枝江县。'至楚文王，自丹阳徙于郢，在南郡江陵县也。"元诰按：楚自熊绎受封，八世至熊渠，立其长子康为句亶王，中子红为鄂王，少子执疵为越章王，此僭王之始也。又八世至熊仪，是为若敖。又二世至熊眴，是为蚡冒。又一世熊通，是为楚武王，武王十九年入春秋。今湖北荆南道以北至河南方城县、信阳县境皆楚故地。

511

1　**庄王使士亹傅太子箴**，庄王，楚成王之孙，穆王之子旅也。士亹，楚大夫。箴，恭王名也。○宋庠曰："亹，当作'娓'，说文无亹。箴，当作'审'，今诸本皆作'箴'，箴、审音近，楚、夏语或然。"元诰按：明道本箴又作"葴"，未知孰是。又书甘誓疏引楚语士亹作"观射父"，或别有所本。辞曰："臣不才，无能益焉。"王曰："赖子之善善之也。"赖，恃也。对曰："夫善在太子，太子欲善，善人将至，若不欲善，善则不用。故尧有丹朱，朱，尧子，封于丹。〇元诰按：丹，详前。朱封于丹，故曰"丹朱"。舜有商均，均，舜子，封于商。〇元诰按：今陕西商县之武关西北二十里有商城，是其地，与契封之商别。契封之商在今直隶栾城县地，有商山。均本名义钧，因封商，故曰商均。启有五观，启，禹子。五观，启子〔一〕，大康昆弟也。观，洛汭之地。书序曰："大康失国，昆弟五人，须于洛汭〔二〕。"传曰："夏有观、扈。"〇汪远孙曰："汲冢古文'帝启十一年，放王季子武观于西河。十五年，武观以西河叛'，沈约注云：'武观即五观也。'武、五声近通借，是一人，非五人。五又与午通，午又读为近，近子即国语所谓'奸子'也。遍考书、传，洛汭之地无名观者。汉书地理志：'东郡畔观。'应劭注：'夏有观、扈，世祖更名卫国〔三〕。'续汉书郡国志：'卫公国本观故国，姚姓，今为曹州府观城县地。'洛水至河南府巩县已入河，去观城尚远，不得以观为洛汭之地。观乃姚姓之国，更不得以为启子所封，且无兄弟五人合封一国之理。古今人表始云：'大康，启子，昆弟五人，号五观。'韦遂沿其误，而又以观为地，引传'夏有观、扈'为证。杜注内传云：'观国，今顿丘卫县。'当即姚姓之国，至夏时而叛，与五观迥然无涉，岂得目为奸子！五子之歌如奸子所作，孔子删书亦奚取而存之乎？水经巨洋水注：'国语，启有五观，谓之奸子。'五观盖其名也，所处之邑，其名曰观。'郦善长亦误以观为邑名〔四〕。"吴曾祺曰："五观，在今山东观城县。"宋庠曰："观，古乱反。"汤有大甲，大甲，汤孙，大丁之子。不遵汤法，伊尹不能正，放之于桐。路史国名纪云："桐，空桐也。宋之虞城南五里有桐亭，故空桐地，今尚曰空桐，非桐乡。"注引世本云："空桐，商后国。"
元诰按：虞城，今为县，属河南。**文王有管、蔡。**管、蔡，文王之子，
周公之兄。○元诰按：管、蔡非本名，以封于管，封于蔡而名之也。管国
在今河南中牟县；蔡国在今河南上蔡县，县西南十里有古蔡城。**是五**
王者，皆元德也，○明道本"皆"下有"有"字。**而有奸子。夫岂**
不欲其善，不能故也。若民烦，可教训。烦，乱也。○王念孙曰：
"民，读为泯，泯、烦皆乱也。昏乱之人，故不可教训。玉篇：'泯，灭也。'
又：'泯，泯乱也。'民与泯同音。吕刑曰：'民兴胥渐，泯泯棼棼。''民棼'
与'民烦'声近而义同。哀公问曰〔五〕：'寡人蠢愚，冥烦。''冥烦'与'民
烦'声义亦相近，故贾子大政篇曰：'民之为言，冥也。'孝经援神契亦
曰：'民者，冥也。'"**蛮夷戎狄，其不宾也久矣，**宾，服也。**中国**
所不能用也。"王卒使傅之。问于申叔时，叔时，楚贤大夫申
公。○元诰按：此士亹问也。**叔时曰："教之春秋，而为之耸善**
而抑恶焉，以戒劝其心；以天时纪人事，谓之春秋。耸，奖也。抑，
贬也。○吴曾祺曰："观此，则知凡诸侯之史，皆谓之春秋，不独鲁也。'
元诰按：春秋以四时纪事，言春秋，则包冬夏也。方言："自关而西，秦、
晋之间，相劝曰耸。"**教之世，而为之昭明德而废幽昏焉，**世，先
王之世系也。昭，显也。幽，暗也。昏，乱也。为之陈有明德者世显，而
暗乱者世废也。○陈瑑曰："父子相继为世，世所自出为系，盖定之则，
知本原之所自。此以昏明为言，盖教之以知其祚之短长也。教之世，即
周官小史所奠之世系，教之训典，即外史所掌之书，皆世臣之职也。"**以**
休惧其动；休，嘉也。动，行也。使之嘉显而惧废也。○元诰按：周
礼瞽蒙郑注引此文作"怵惧"，释文云："怵，勑律反。北本作'休'。"

贾疏引国语亦作"怵惧"。王念孙谓："休,喜也,言喜惧其动也。周语:
'为晋休戚。'韦注云:'休,喜也。'是作'休',不作'怵'。"**教之诗,
而为之导广显德,以耀明其志**;导,开也。显德,谓若成汤、文、
武、周、邵、僖公之属,诗所美者。**教之礼,使之上下之则**;则,法
也。**教之乐,以疏其秽而镇其浮**;疏,涤也。乐者,所以移风易
俗,荡涤人之邪秽也。镇,重也〔六〕。浮,轻也。**教之令,使访物官;**
令,先王之官法、时令也。访,议也。物,事也。使议知百官之事业。**教
之语,使明其德,而知先王之务,用明德于民也**;语,治国之
善语。**教之故志,使知废兴者而戒惧焉**;故志,谓所记前世成败
之书。**教之训典,使知族类,行比义焉**。训典,五帝之书。族类,
谓若惇叙九族。比义,义之与比也。○王引之曰:"义,当读为仪。说文:
'仪,度也。'比仪者,比之,度之也。周语曰:'仪之于民,而度之于群
生。'仪与义古字通用。'行比义焉'者,行犹用也,言使知其族类而用其
比度,若学记言'比物丑类'也。字又通作'议',昭六年左传:'昔先王
议事以制。'亦谓度事也。韦以行比义为'义之与比',失之。"**若是而
不从**,不见从也。**动而不悛**,悛,改也。**则文咏物以行之**,文,
文辞也。咏,风也。谓以文辞风托事物以动行也。**求贤良以翼之。**翼,
辅也。**悛而不摄,则身勤之**,摄,固也。勤,勤身以勖勉也。**多训
典刑以纳之**,刑,法也。**务慎惇笃以固之。摄而不彻**,彻,通
也。**则明施舍以导之忠**,施己所欲,原心舍过,谓之忠恕。○王引
之曰:"施舍,谓赐予。忠,谓惠爱也,吴语'忠惠以善之'是也。韦注
失之。"**明久长以导之信**,有信,然后可长久。**明度量以导之义**,
义,宜也。言度量所宜。**明等级以导之礼**,等级,贵贱之品。**明恭**

俭以导之孝，恭俭，所以事亲。○汪远孙曰："孝，亦善德之通称，非指事亲言之。"明敬戒以导之事，敬戒于事，则无败功。明慈爱以导之仁，明昭利以导之文，昭，明也。明利，言利人及物。○俞樾曰："昭训为'明'，则明昭利为明明利矣，韦说殆非也。昭，当读为招。左传楚康王昭，史记楚世家作'招'。又管蔡世家陈司徒招，索隐曰：'或作"昭"。'是昭、招古通用也。明招利以导之文，与下句'明除害以导之武'正相对成义。广雅释诂曰：'除，去也。'释言曰：'招，来也。'招利，谓招而来之；除害，谓除而去之。若以本字读之，失其旨矣。"明除害以导之武，除害，去暴乱也。明精意以导之罚，明尽精意，断之以情。明正德以导之赏，正德，谓不私所爱也。明齐肃以耀之临。齐，壹也。肃，敬也。耀，明也。临，临事也。若是而不济，不可为也。济，成也。为，为师傅也。且夫诵诗以辅相之，威仪以先后之，体貌以左右之，明行以宣翼之，宣，遍也。制节义以动行之，恭敬以临监之，勤勉以劝之，孝顺以纳之，忠信以发之，德音以扬之，教备而不从者，非人也，其可兴乎？兴，犹成也。夫子践位则退，夫子，太子也。退，谦退也。○吴曾祺曰："夫子，当谓子虋，非太子。"自退则敬，自退，则见敬。否则赧。"赧，惧也。○汪远孙曰："赧与戁古字通。尔雅释诂：'戁，惧也。'"陈瑑曰："方言：'赧，愧也。秦、晋之间，凡愧而见上谓之赧。'"旧音曰："赧，女限反。"

2　恭王有疾，恭王，太子审也。疾在鲁襄十三年。召大夫曰："不谷不德，失先君之业，业，伯业也。覆楚国之师，不谷之罪也。覆，败也，谓鄢陵之战为晋所败。若得保其首领以殁，保首领，免刑诛也。唯是春秋所以从先君者，请为灵若厉。"乱而不损曰"灵"，杀戮不辜曰"厉"。言春秋禘、祫，当以立谥，序昭穆，从先君于庙堂也。○元诰按：恭王命以灵或厉谥己也。大夫许诺。王卒，及葬，子囊议谥。子囊，恭王弟令尹公子贞也。大夫曰："王有命矣。"○宋庠本"王"上有"君"字。子囊曰："不可。夫事君者，先其善，不从其过。先其善，先举君之善事以为称，不从其过行。赫赫楚国，而君临之，赫赫，显盛也。抚征南海，训及诸夏，其宠大矣。抚，安也。征，正也。南海，群蛮也。训，教也。宠，荣也。教及诸夏，谓主盟会，班号令也。有是宠也，而知其过，可不谓恭乎？谥法，既过能改曰"恭"。若先君善，先其善事。则请为恭。"大夫从之。

3 屈到嗜芰。屈到，楚卿，屈荡子子夕。芰，菱也。○宋庠曰："芰，巨义反。字林云：'楚人名菱曰芰。'"有疾，召其宗老而属之家臣曰老。宗老，谓宗人也。○艺文类聚草部下引贾逵曰："属，托也。"曰："祭我必以芰。"及祥，祥，祭也。○礼闲传："父母之丧，期而小祥，又期而大祥。"正义曰："二十五月。"宗老将荐芰，屈建命去之，建，屈到之子子木也[七]。宗老曰："夫子属之。"夫子，屈到也。子木曰："不然。夫子承楚国之政，承，奉也。其法刑在民心，而藏在王府，上之可以比先王，下之可以训后世，虽微楚国，诸侯莫不誉。微，无也。虽使无楚国之称[八]，诸侯犹皆誉之以为善。○元诰按：虽与唯通用，语词也，见经传释词。微，独也。虽微楚国[九]，犹言非独楚国也。其祭典有之曰：'国君有牛享，诸侯以大牢。大夫有羊馈，羊馈，少牢也。士有豚犬之奠，士以特牲。庶人有鱼炙之荐，庶人祀以鱼。笾豆脯醢则上下共之。'共之，以多少为差也。○元诰按：笾、豆，祭器。笾以竹，豆以木。脯，干肉。醢，肉酱。不羞珍异，不陈庶侈，羞，进也。庶，众也。侈，犹多也。夫子不以其私欲干国之典。"遂不用。干，犯也。○惠士奇曰〔一〇〕："菱、芡、栗脯，分实八笾，天子之祭礼也。特牲两笾，枣烝、栗择；有司彻，则糟黄、白黑、枣糗而已，不闻有菱芡。惟王者大飨，得备四海九州之美味，故珍异庶侈皆羞而陈焉。大夫而荐芡，是僭用天子之礼也，故曰'干国之典'。"

4 椒举娶于申公子牟，椒举，楚大夫，伍参之子，伍奢之父伍举也。子牟，楚申公王子牟也。○宋庠本"椒"作"湫"，古今人表同。子牟有罪而亡，亡，奔也。康王以为椒举遣之，康王，恭王之子康王昭也。椒举奔郑，将遂奔晋。郑小而近，故欲奔晋。蔡声子将如晋，蔡声子，蔡公孙归生子家也。唐云："楚灭蔡，蔡声子为楚大夫。"昭谓：蔡时尚存，声子通使于晋、楚耳。在鲁襄二十六年。遇之于郑，○宋庠本下有"郊"字，襄二十六年左传同。飨之以璧侑，飨，食也。璧侑，以璧侑食也。曰："子尚良食，尚，犹强也。良，善也。○汪远孙曰："尚，庶几也。良，犹强也。"二先子其皆相子，相，助也。二先子，谓椒举之父伍参，声子之父子朝。传曰："楚伍参与蔡大师子朝友，其子伍举与声子相善也。"尚能事晋君以为诸侯主。"主，盟主也。辞曰："非所愿也。若得归骨于楚，死且不朽。"自谓不朽。声子曰："子尚良食，吾归子。"使子得归也。椒举降三拜，拜善言也。

517

纳其乘马，声子受之。四马曰乘，受而不辞，定其心也。还，见令尹子木，子木，屈建也。传曰，"声子通使于晋，还如楚"也。子木与之语，曰："子虽兄弟于晋，然蔡吾甥也，蔡、晋同姓。谓吾舅者，吾谓之甥也。二国孰贤？"对曰："晋卿不若楚，顺说之辞。言时赵武为晋正卿，不及子木之忠，然而有德。其大夫则贤，贤于楚大夫。其大夫皆卿材也。若杞梓皮革焉，楚实遗之，杞梓，良材也。皮革，犀兕也。虽楚有材，不能用也。"子木曰："彼有公族甥舅，若之何其遗之材也？"○元诰按：子木言晋自有公族甥舅之材，何云楚遗之耶。也与耶古通用。对曰："昔令尹子元之难，子元〔一〕，楚武王子，文王弟王子善也，欲蛊文夫人，遂处王官，斲班杀之。在鲁庄二十八年及三十年。或谮王孙启于成王，启，子元子也。成王，文王子也。或谮启与父同罪。王弗是，是，理也。○襄二十六年左传："君与大夫不善是也。"杜注："不是其曲直。"汪远孙曰："说文：'諟，理也。'諟，正字。是，假借字。"王孙启奔晋，晋人用之。及城濮之役，晋将遁矣，晋、楚战于城濮，在鲁僖二十八年。遁，逃退也。王孙启与于军事，○元诰按：与，参与也。下同。谓先轸先轸，晋中军帅。曰：'是师也，唯子玉欲之，子玉，楚令尹得臣。与王心违，王不欲战，子玉固请，王怒，少与之师。故唯东宫与西广寔来。东宫、西广，楚军营名。诸侯之从者，叛者半矣，叛，舍子玉。若敖氏离矣，若敖氏，子玉同族。离，谓不欲战也。楚师必败，何故去之！'先轸从之，大败楚师，则王孙启之为也。昔庄王方弱，方弱，未二十。申公子仪父为师，仪父，申公斲班之子大司马斲克也。王子燮为傅，燮，楚公子。使师崇、子孔帅师以伐舒。师崇，楚大师潘崇也。子孔，楚令尹成嘉也。舒，群舒也。○元诰按：路史国名纪："群舒，偃姓，子爵，少昊后国。有舒庸、舒鸠、舒蓼，皆楚灭之，地并在今安徽舒城、庐江二县境。别于群舒者，有舒龙、舒鲍，亦同在其地。"燮及仪父施二帅而分其室。施罪于二帅。二帅，子孔、潘崇也。室，家资也。○明道本帅作"师"，误。师还至，则以王如庐，师，潘崇、子孔之师。二子惧，故以王如庐。庐，楚邑也。传曰："初，鬭克囚于秦，秦有殽之败，而使归求成，成而不得志，公子燮求令尹不得，故作乱。城郢，而使贼杀子孔，弗克而还。"○元诰按：内传："能左右之曰以。"庐，又名中庐，在今湖北宜城县。明道本下有"戢黎"二字，衍。庐戢黎杀二子而复王。戢黎，庐大夫也。二子，燮及仪父。或潜析公臣于王，析公臣，楚大夫。或谮之，言与知二子之乱。王弗是，析公奔晋，晋人用之。寔谮败楚，使不规东夏，则析公之为也。规，犹有也。东夏，蔡、沈也。传曰："绕角之役，晋将遁矣，析公曰：'楚师轻佻，易震荡也。若多鼓钧声，以夜军之，楚师必遁。'晋人从之，楚师宵溃。晋遂侵蔡，袭沈，获其君。郑于是不敢南面，楚失诸华。"绕角之役，在鲁成六年。昔雍子之父兄潜雍子于恭王，雍子，楚大夫。父兄，同宗之父兄。王弗是，雍子奔晋，晋人用之。及鄢之役，晋将遁矣，鄢，鄢陵。役在鲁成十六年。

雍子与于军事，谓栾书曰：'楚师可料也，栾书，晋正卿。料，数也。在中军王族而已。唐云："族，亲族，同姓也。"昭谓：族，部属也。传曰："栾、范以其族夹公行〔一二〕。"时二子将中军，中军非二子之亲也。若易中下，楚必歆之，中下，中军之下也。歆，犹贪也。易，易栾、范之行，示之弱，以诱楚也。传曰："栾、范易行以诱之。"郑司农

519

以为：易行，中军与下军易卒伍也。中军之卒良，故易之。○襄二十六年左传孔疏曰："贾逵、郑众皆读易为'变易'之易。贾以行为道也。栾为将，范为佐，二人分中军别将之，欲使栾与范易道，令范先诱楚，栾以良卒从而击之。"吴曾祺曰："中下对文，谓中军、下军也。韦训为'中军之下'，非。"**若合而臽吾中**，合，合战也。臽，入也。中，中军也。○各本臽作"函"，注同。旧音曰："函，音咸；或为舀，音滔。"王念孙曰："函，训为'容'，不训为'入'。舀，即'或舂或揄'之揄，亦不训为'入'。作'函'作'舀'皆'臽'字之误也。臽本作'𦥑'形〔一三〕，与函相似，故讹而为函。说文：'臽，小阱也，从人在臼上。'春地坎可臽人，今经、传通作'陷'。玉篇：'陷，坠入地也。'广韵：'陷，入地隙也。'是臽与入同义。故传曰'臽吾中'，韦训为'入'也。宣十二年左传曰：'彘子以偏师陷。''陷'字亦与此同义。"元诰按：王说是〔一四〕，今据以订正。群经音辨"'函'字有三音，一音陷，小阱"，混臽、函为一。**吾上下必败其左右**，晋上下军必败楚之左右军也。**则四萃以攻其王族，必大败之。'**○各本"四萃"作"三萃"，韦注曰："萃，集也。时晋有四军，言三集者，中军先入，而上下及新军乃三集以攻也。"王引之曰："三，当为'三'。说文：'三，籀文四。'郑注觐礼曰：'古书作三、四，或皆积画。'字相似，由此误也。晋之四军合而攻楚之中军，故曰'四萃'。学者多见三，少见三，故'四'字误书作三。"元诰按：襄二十六年左传正作"四萃"。孔疏引国语及注，乃云韦昭见彼为"三"字，故说之使通耳。作"四"是也，今据以正之。**栾书从之，大败楚师，王亲面伤，则雍子之为也。**王，楚恭王也。面伤，谓吕锜射其目。**昔陈公子夏为御叔娶于郑穆公，**公子夏，陈宣公之子，御叔之父也。为御叔娶郑穆公少妃姚子之女夏姬也。**生子南。**<u>子南</u>**之母乱陈而亡之，**子南，夏征舒之字。御叔早死，陈灵公与孔宁、仪行父淫夏姬。征舒弑灵公，楚庄王以诸侯讨之，而灭陈。**使子南戮于诸侯。**言为诸侯所戮。在鲁宣十一年。**庄王既以夏氏之室赐申公巫臣，则又畀之子反，卒与襄老。**畀，与也。巫臣，楚申公屈巫子灵也。子反，司马公子侧也。襄老，楚连尹也。初，庄王欲纳夏姬，巫臣谏曰："不可。君召诸侯，以讨罪也。今纳夏姬，贪其色也，贪色为淫，淫为大罚。"王乃止，将以赐巫臣，则又与子反。子反欲娶，巫臣又难之，卒与襄老。○各本卒与作"卒于"，今从考正。**襄老死于邲，**○宋庠本死作"获"。**二子争之，未有成，**晋、楚战于邲，在鲁宣十二年。晋智庄子射襄老，获之，以其尸归。二子，子反、巫臣也。争，争夏姬。成，犹定也。**恭王使巫臣聘于齐，以夏姬行，**巫臣导夏姬使归，托以求襄老之尸，恭王遣焉。巫臣聘诸郑，郑伯许之。及使适齐，至郑，遂以夏姬行焉。**遂奔晋。晋人用之，寔通吴、晋。使其子狐庸为行人于吴，**子反杀巫臣之族，巫臣在晋，请使于吴，吴子寿梦说之，乃通吴于晋，使其子为吴行人。**而教之射御，导之伐楚，至于今为患，则申公巫臣之为也。今椒举娶于子牟，**○宋庠本"子牟"上有"王"字。**子牟得罪而亡**〔一五〕**，执政弗是，**执政，卿也。**谓椒举曰：'女实遣之。'**○元诰按：女与汝同。**彼惧而奔郑，缅然引领而望，**缅，犹邈也。领，颈也。○文选寡妇赋李注引贾逵曰："缅，思貌也。"陈瑑曰："缅、邈双声，远也。缅亦作'绵'。"**曰：'庶几赦吾罪。'又不图也，乃遂奔晋，晋人又用之矣。彼若谋楚，其亦必有丰败也哉！"**丰，犹大也。**子木愀然**愀，愁貌。**曰："夫子何如，召**

之其来乎?"〇元诰按:夫子,谓蔡声子也。对曰:"亡人得生,又何来为。"〇各本"来"上有"不"字。宋庠曰:"本或作'又何来为',无'不'字,文似相反,疑非是。"黄丕烈曰:"按下文'不然不来矣'〔一六〕,或本是也。"元诰按:黄说是,今从或本。子木曰:"不来,则若之何?'对曰:'夫子不居矣,不居,言当奉命于他国〔一七〕。春秋相事,以还轸于诸侯,轸,车后横木。言四时相聘问之事,回车于诸侯。若资东阳之盗使杀之,其可乎?资,赂也。东阳,楚北邑。〇吴曾祺曰:"此数语,设词以激子木,非实然也。"不然,不来矣。"子木曰:"不可。我为楚卿,而赂盗以贼一夫于晋,非义也。子为我召之,吾倍其室。"倍其室,益其家也。乃使椒鸣召其父而复之。

5

灵王为章华之台,灵王,楚恭王之庶子灵王熊虔也。章华,地名。吴语曰:"乃筑台于章华之上。"〇元诰按:水经沔水注:"离湖在华容县东七十五里,湖侧有章华台,台高十丈,基广十五丈。"考华容县在今湖南岳阳县西北。湖北监利县有华容城,非此。则章华台在今湖南华容县境矣。与伍举升焉,曰:"台美夫!"伍举,椒举也。椒,邑也。〇元诰按:椒,旧音作"湫",椒与湫古字通。庄十九年左传杜注:"南郡鄀县东南有湫城。"其地无考。对曰:"吾闻国君服宠以为美,服宠,谓以贤受宠服,以是为美也。〇吴曾祺曰:"宠,禄也。服宠,犹受禄也,谓以德受天之禄。"安民以为乐,以能安民为乐。听德以为聪,听用有德也。致远以为明,能致远人也。不闻其以土木之崇高彤镂为美,彤,谓丹楹。镂,谓刻桷。而以金石匏竹之昌大嚣庶为乐。金，钟也。石，磬也。匏，笙也。竹，箫管也。昌，盛也。嚣，哗也。庶，众也。〇王引之曰："嚣，亦众也。小雅十月之交篇：'谗口嚣嚣。'笺曰：'嚣嚣，众多貌。'嚣庶，谓声音之众多也。"**不闻其以观大、视侈、淫色以为明，而以察清浊为聪也。**察，审也。清浊，宫羽也。〇宋庠本无"也"字。**先君庄王为匏居之台，**匏居，台名。**高不过望国氛，**氛，祲气也。**大不过容宴豆，**言宴有折俎笾豆之陈。**木不妨守备，**不妨城郭守备之材。**用不烦官府，**材用不出府藏。**民不废时务，官不易朝常。问谁宴焉，则宋公、郑伯；**言二国朝事楚。**问谁相礼，则华元、驷騑；**相，相导也。华元，宋卿，华御事之子右师元也[一八]。騑，郑穆公之子子驷也。**问谁赞事，则陈侯、蔡侯、许男、顿子，**赞，佐也。〇元诰按：陈，妫满之封，本商侯，武王伐而封之，楚灭之，在今河南淮阳县。蔡，即尧子之封国，楚灭之，地详前。许，大叔之封国，郑灭之，在今河南许昌县。顿，周之余族国，楚灭之，在颍水之南，号曰颍顿，迫于陈，后南徙，亦曰南顿，在今陕西宝鸡县境。**其大夫侍之。**各侍其君。**先君以是除乱克敌，而无恶于诸侯。今君为此台也，国民罢焉[一九]，**〇宋庠曰："罢，经典通作'疲'。"**财用尽焉，年谷败焉，**败，废民之时务[二〇]。**百官烦焉，**为之征发。**举国留之，**留，治之也。〇俞樾曰："留，当读为揂。诗斯干篇：'椓之橐橐。'郑笺曰：'椓，谓揂土也。'正义曰：'揂者，以手平物之名。'灵王为章华之台，国人皆为之揂土，故曰举国揂之。作'留'者，省偏旁耳。"**数年乃成。愿得诸侯与始升焉，诸侯皆距，无有至者。而后使大宰启疆请于鲁侯，**启疆，楚卿蒍子[二一]。鲁侯，昭公也。事在昭七年。**惧之以蜀之役，**蜀，鲁地。

鲁宣公使求好于楚，楚庄王卒，宣公薨，不克作好。成公即位，受盟于晋，楚子怒，使公子婴齐帅师侵鲁，至蜀，鲁人惧之，使孟孙蔑赂楚以请盟，在鲁成二年〔二二〕。〇元诰按：蜀，今山东泰安县有蜀亭。**而仅得以来。**仅，犹劣也。〇元诰按：仅，犹裁也。**使富都那竖赞焉，**富，富于容貌。都，闲也。那，美也。竖，未冠者也。言取美好不尚德。〇陈瑑曰："都，亦美也，郑风：'洵美且都。'那竖，犹都竖也。"汪远孙曰〔二三〕："富、都、那三字义相近。"吴弘基曰："都何以训美？都者，鄙之对也。"**而使长鬣之士相焉，**长鬣，美须髯也。〇汪远孙曰："说文：'儠，长壮儠儠也。'广雅释诂：'儠，长也。'内传昭七年：'使长鬣之士相。'说文引作'儠'，谓使长壮之士为相，以光夸鲁侯也。注非。"**臣不知其美也。夫美也者，上下、内外、大小、远近皆无害焉，故曰美。若周于目观则美，**于目则美，德则不也。〇元诰按："周"字，依文选西京赋李注引国语补。**缩于财用则匮，**缩，言取也。〇陈瑑曰："说文：'缩，乱也。'此谓乱取诸财用也。"**是聚民利以自封而瘠民也，胡美之为？**封，厚也。胡，何也，何以为美？〇王引之曰："为，犹有也，言何美之有。"元诰按：明道本为误作"焉"。**夫君国者，将民之与处，民实瘠矣，君安得肥？**安得独肥，言将有患。**且夫私欲弘侈，则德义鲜少，德义不行，则迩者骚离，而远者距违。**骚，愁也。离，叛也。迩，境内。远，邻国。〇王应麟曰："伍举所谓'骚离'，屈平所谓'离骚'，皆楚言也。"**天子之贵也，唯其以公侯为官正，**正，长也。〇明道本下衍"也"字。**而以伯子男为师旅。**师旅，帅师旅也。〇王引之曰："正、长、师、旅，皆群有司之名。官正，即正长。言公侯之统伯子男，犹官正之统师旅也。韦不知师旅为群有司名，而误以为帅师旅者。夫帅师旅者，岂得遂谓之师旅乎？"其有美名也，唯其施令德于远近，而小大安之也。若敛民利以成其私欲，使民蒿焉忘其安乐，而有远心，蒿，耗也。远心，叛离也。〇陈瑑曰："蒿、耗同音。耗，义为虚，为败，为减。"元诰按：蒿，忧损之意。其为恶也甚矣，安用目观〔二四〕？故先王之为台榭也，积土为台，无室曰榭。〇陈瑑曰："城台为阇，以其在城门、宫门，故云积土。若苑囿之台，则非积土。尔雅云：'四方而高曰台'是也。台加木为榭，是台上架木为屋也。尔雅云：'无室曰榭。'礼记疏引李巡云：'但有大殿无室，名曰榭。'"榭不过讲军实，讲，习也。军实，戎事也。〇隐五年左传："以数军实。"杜注曰："军实，谓车徒、器械及所获。"诗抑篇孔疏曰："军实者，即车马、弓矢、戎兵是也。"文选吴都赋李注引郑氏曰："军所以讨获曰实。"元诰按：杜注、孔疏、郑说是也。讲，读为构，有合集之义。构军实，谓藏集军之器用也。台不过望氛祥，凶气为氛，吉气为祥。〇吴曾祺曰："氛、祥二字，吉、凶亦可互说。"故榭度于大卒之居，大卒，王士卒也〔二五〕。度，谓足以临见之。〇逸周书克殷解："大卒之佐。"孔晁注："大卒，屯兵以卫也。"台度于临观之高。足以临下观上，使屋榭不蔽目明而已。其所不夺穑地，稼穑之地。其为不匮财用，为，作也。其事不烦官业，业，事也〔二六〕。其日不废时务。以农隙也。瘠硗之地，于是乎为之；不害谷土也。硗，塙也。城守之木，于是乎用之；城守之余，然后用之。〇元诰按：各本"末"作"木"，今依黄丕烈说改〔二七〕。官僚之暇，于是乎临之；暇，闲也。四时之隙，于是乎成之。隙，空闲时也。故周诗曰：'经始灵台，经，谓经度之，立其基趾也〔二八〕。天子曰灵台。

经之营之。庶民攻之，不日成之。攻，治也。不日，不程课以期日。经始勿亟，庶民子来。亟，疾也。子来，如子为父母也。王在灵囿，麀鹿攸伏。'囿，域也。麀，牝鹿。攸，所也。视牝鹿所伏，息爱牸任之类。夫为台榭，将以教民利也，台，所以望氛祥而备灾害；榭，所以讲军实而御寇乱：皆所以利民者。不知其以匮之也〔二九〕。知，闻也。若君谓此台美而为之正，以为得事之正。楚其殆矣！"殆，危也。

6　灵王城陈、蔡、不羹，三国，楚别都也。鲁昭八年，楚灭陈，使穿封戌为陈公。十一年，灭蔡，使公子弃疾为蔡公。今颍川定陵西北有不羹亭，襄城西北有不羹城。〇吴曾祺曰："不羹有二，故内传言四国。此言三国者，合言之也。今河南襄城县东南有西不羹，舞阳县北有东不羹。"元诰按：陈、蔡详见前。左传提要注云："城者，完旧也。"使仆夫子皙问于范无宇，子皙，楚大夫仆皙父也。范无宇，楚大夫芊尹申无宇也。〇汪远孙曰："范，楚邑。无宇或食采于范，故称范无宇。"元诰按：仆夫子皙，"夫"字疑涉注误衍。内传作"仆析父"，盖姓仆，名子皙，字析父也。曰："诸夏不服吾而独事晋，何也？〇各本作"吾不服诸夏而独事晋"，韦注曰："不服，心不服也。"王引之曰："韦

意盖谓诸夏事晋，灵王心不服矣。今案：而者，连及之词。'吾不服诸夏而独事晋'当作'诸夏不服吾而独事晋'，传写者误倒其文耳。昭十二年左传楚子曰，'昔诸侯远我而畏晋'，正所谓'诸夏不服吾而独事晋'也。若如今文，则义不可通矣。韦据误本作注，故失其指。"元诰按：王说是，今据以乙正。唯晋近我远也。今吾城三国，赋皆千乘，亦当

晋矣。礼，地方十里为成，出长毂一乘，马四匹，牛十二头，步卒七十二人，甲士三人。三国各千乘〔三〇〕，其地三千成也。又加之以楚，诸侯其来乎？"对曰："其在志也，国为大城，未有利者。志，记也。言在书籍所记，国作大城，未有利者。昔郑有京、栎，京，庄公弟叔段之邑。栎，郑子元之邑。鲁桓十五年，郑厉公因栎人杀檀伯，遂居栎。檀伯，子元也。○元诰按：京，在今河南荥阳县东南二十里。栎，一名栎阳，今河南新蔡县东北有栎亭。卫有蒲、戚，蒲，宁植之邑。戚，孙林父之邑。○元诰按：卫，周武王弟康叔之封国，今河南卫辉、怀庆、直隶大名等县皆其故地。蒲，今直隶长垣县北二十里有蒲城。戚，在直隶开县北七里。宋有萧、蒙，萧、蒙，宋公子鲍之邑。○元诰按：宋，周武王封微子启为宋公，是曰宋国，古商丘，即阏伯之虚，在今河南商丘县治。萧，广韵引风俗通云："宋乐叔以讨南宫万，立御说之功，受封于萧，列为附庸之国。"其地俟考。今江苏萧县乃孟亏封也，非此。蒙，吴曾祺曰："在今河南商丘县北。"然考路史国名纪，蒙有二：一为高阳氏后，在今山东蒙阴县；一景亳，汤都，在今安徽蒙城县。未知孰是。鲁有弁、费，弁、费，季氏之邑。○元诰按：弁，内传作"卞"，季武子以自封者，卞城在今山东泗水县。费，音秘，字亦作"鄪"，今山东费县西北二十里有故费城，与河南费翳封费别。齐有渠丘，齐大夫雍廪之邑。○元诰按：渠丘，今山东临淄县西北西安故城是。晋有曲沃，曲沃，栾盈之邑。○元诰按：曲沃，今山西闻喜县东左邑故城是。秦有征、衙。征、衙，桓公之子、景公之弟公子鍼之邑。○元诰按：征，即北征，汉为征县，在今陕西澄城县南二十二里。衙，即彭衙，在今陕西白水县东北六十里〔三一〕。叔段以京患庄公〔三二〕，郑几不封〔三三〕，叔段图篡庄公，不克，出奔，在鲁隐元年。封，国也。栎人实使郑子不得其位，鲁庄十四年，厉公自栎侵郑，获大夫傅瑕，与之盟而赦之，使杀郑子而纳厉公。郑子，庄公子子仪也。卫蒲、戚实出献公，宁植、孙林父逐卫献公，献公奔齐。在鲁襄十四年。宋萧、蒙实弑昭公，昭公兄鲍弑昭公而立〔三四〕。在鲁文十六年。鲁弁、费实弱襄公，襄公十一年，季武子卑公室，作三军，而自征之。二十九年，又取卞以自予。齐渠丘实杀无知，鲁庄八年，无知弑襄公而立。九年，雍廪杀之。晋曲沃实纳齐师，栾盈奔齐，齐庄公纳之，盈以曲沃之甲昼入，为贼于绛。在鲁襄二十三年。秦征、衙实难桓、景，公子鍼有宠于桓，如二君于景。难，谓侵偪也。鲁昭元年，鍼奔晋，其车千乘。皆志于诸侯，此其不利者也。皆见记录于诸侯。且夫制城邑若体性焉，○吕氏春秋壅塞篇：“牛之性不若羊，羊之性不若豚。”高注：“性，犹体也。”有首领股肱，至于手拇毛脉，拇，大指也。毛，须发也。○陈瑑曰：“易‘咸其拇’，庄子‘骈拇枝指’，则以拇为足大指。”大能掉小，故变而不勤。掉，作也。变，动也。勤，劳也。○文选长杨赋李注引贾逵曰：“掉，摇也。”地有高下，天有晦明，民有君臣，国有都鄙，古之制也。先王惧其不帅，帅，循也。故制之以义，旌之以服，○明道本旌误作“施”。行之以礼，谓名位不同，礼亦异数。辨之以名，名，号也。书之以文，书其名位及所掌主。道之以言。既其失也，易物之由，易物，易其尊卑服物之宜。○吴曾祺曰：“既，极也。”夫边境者，国之尾也，譬之如牛马，处暑之既至，处暑，在七月节。处，止也。○汉书天文志注，孟康曰：“处暑于夏为七月，于商为八月，于周为九月。”虻蜚之既多，而不能掉其尾，臣亦惧之。大曰蛩，小曰蟥。不能掉尾，益重也，以言三国亦将然也。○元诰按：
蛮即蟊之省。说文："蟊，啮人飞虫也。"蟥，广雅云："蚌也。"尔雅释
虫注云："齐人呼蚁为蚌。"宋庠云："蛮，莫耕反。蟥，由季反。"不然，
是三城也，岂不使诸侯之心惕惕焉。"惕惕，惧也。子晳复
命，王曰："是知天咫，安知民则？咫，言少也。言少知天道耳，
何知治民之法。○俞樾曰："咫与则并语词，经传释词曰：'咫与只同'
是也。则亦与只同。是知天咫，安知民则，犹言是知天只，安知民只。
楚辞大招篇每句末皆用'只'字，盖楚语然也。咫与则古通用。贾子连
语篇：'墙薄咫亟坏，缯薄咫亟裂，器薄咫亟毁，酒薄咫亟酸。'新序杂
事篇咫并作'则'，是其证也。咫可读为只，故则亦可读为只矣。其下曰：
'民，天之生也，知天，必知民矣。'但言'知民'，不言'知民则'，可见
'则'字为语词矣。下文'昭王问于观射父'章，'神狎民则'，则亦与只同。
神狎民只，谓神与民狎也。注曰'则，法也'，亦失之。"是言诞也。"
诞，虚也。右尹子革侍，子革，楚大夫，故郑国大夫子然之子然丹也。
曰："民，天之生也，知天，必知民矣。是其言可以惧哉！"
三年，陈、蔡及不羹人纳弃疾而弒灵王〔三五〕。城后三年也，在
鲁昭十三年〔三六〕。弃疾，恭王之子，灵王之弟平王也。灵王无道，弃疾
入国为乱，三军叛之于乾溪，王自杀。言弒者，王之死由三国也。

7 左史倚相迁见申公子亹，○各本迁作"廷"，韦注曰："倚相，
楚左史也。子亹，楚申公史老也。廷见，见于廷也。"王引之曰："子亹
不出，则在家，不在朝也，不得言'廷见'。廷当为迁，迁与往同，谓往至
子亹之家而请见〔三七〕，故下文曰'子亹不出'也。说文曰：'迁，往也。'

又曰：'往，之也，古文作"迁"。'襄二十八年左传'君使子展迁劳于东门之外'，汉书五行志迁作'往'。襄二十八年传又曰：'伯有迁劳于黄崖。'三十一年传曰〔三八〕：'印段迁劳于棐林。'皆是也。迁与'廷'字相似，故迁讹作'廷'。(广雅'迁，归也'，今本'迁'字亦讹作'廷'。)"

元诰按：王说得之，今据以订正。**子亹不出，左史谤之**，○一切经音义六引贾逵曰："对人道其恶曰谤也。"**举伯以告**，举伯，楚大夫也。

子亹怒而出曰："女无亦谓我老耄而舍我，而又谤我！"八十曰耄。舍，弃也。**左史**○明道本下有"倚相"二字，衍。**曰："唯子老耄，故欲见以交儆子。**交，夹也。**若子方壮，能经营百事，倚相将奔走承序**，承受事业次序。○王引之曰："'奔走承序'四字平列，或曰'时序'。周语曰：'时序其德，纂修其绪。'时序与纂修相对成文。时序，亦谓承顺也，若训时为'是'，而云'是序其德，纂修其绪'，则属辞不类矣。"**于是不给，而何暇得见?** 给，供也。**昔卫武公年数九十有五矣**，武公，卫僖公之子，共伯之弟武公和也。**犹箴儆于国**，箴，刺也。儆，戒也。**曰：'自卿以下至于师长士**，师长，大夫。士，众士。○王引之曰："经传言师长者有二义：有训为'公卿'者，盘庚：'邦伯、师长、百执事之人。'传曰：'师长，公卿'是也。有当训为'士'者，楚语'自卿以下至于师长士'是也〔三九〕。盖上言卿，下言士〔四〇〕，而中包大夫，故曰'以下'，曰'至于'，犹言'自天子以至于庶人'，中包公卿、大夫、士耳。如以师长为大夫，则师长即在卿之下，何得言'自卿以下至于师长士'乎〔四一〕? 墨子尚同篇引'先王之书相年之道'曰：'夫建国设都，乃作后王、君公、轻大夫、师长。'于'大夫'之下言'师长'，则师长为士矣。襄二十五年左传曰，'百官之正长师旅’是也。祭法：‘官师一庙。’郑注曰：‘官师，中士、下士。’官师即此‘师长士’也。”苟在朝者，无谓我老耄而舍我，舍，谓不谏诫。必恭恪于朝，朝夕以交戒我，闻一二之言，必诵志而纳之，以训导我。’言，谤誉之言也。志，记也。在舆有旅贲之规，规，规谏也。旅贲，勇力之士，掌执戈盾夹车而趋，车止则持轮。位宁有官师之典，中庭之左右谓之位，门屏之间谓之宁。师，长也。典，常也。○王引之曰：“此谓君之位宁也。位者，君视朝之位也。宁者，曲礼‘天子当宁而立’是也。韦注非。”倚几有诵训之谏，诵训，工师所诵之谏，书之于几也。○北堂书钞服饰部二引贾逵曰：“言官师所作诵训之谏，书之几，令诵习之。”居寝有亵御之箴，亵，近也。临事有瞽史之导，事，戎、祀也。瞽，乐大师，掌诏吉凶。史，大史也，掌诏礼事。宴居有师工之诵。师，乐师也。工，瞽蒙也。诵，谓箴谏时世也。史不失书，蒙不失诵，以训御之，御，进也。○俞樾曰：“御，当读为语。语从吾声，与御声相近。说文金部：‘鋙，或作铻。’是其例也。释名释言语曰：‘御，语也。尊者将有所欲，先语之也。’是御与语声近义通，训御即训语。史不失书，蒙不失诵，以训语之，犹上文曰‘必诵志而纳之，以训导我’也。春秋桓十四年经文：‘郑伯使其弟语来盟。’穀梁作‘禦’。语之通作‘禦’，犹语之通作‘御’矣。”于是乎作懿诗以自儆也。三君云：“懿，戒书也。”昭谓：懿，诗大雅抑之篇也。“懿”，读曰“抑”，毛诗序曰：“抑，卫武公刺厉王，亦以自儆也〔四二〕。”○明道本“懿”下衍“戒”字。及其殁也，谓之睿圣武公。睿，明也。书曰：“睿作圣。”谥法：“威强睿德曰武。”○吴弘基曰：“目击道成谓之睿，故其字从目。声入心通谓之圣，故其字从耳。”子实不睿圣，于倚相何害！害，伤也。周书曰：'文王至于日中昃，不皇暇食。日映日昃。易曰："日中则昃。"○说文："昃，日西也。厢，日在西方侧也。"元诰按：昃，今作"戻"。惠于小民，唯政之恭。'文王犹不敢骄，○补音骄作"惰"。今子老楚国而欲自安也，老，老恃楚国。以御数者，王将何为？御，止也。数者，谓箴戒诽谤也。为人臣尚如此[四三]，王将复何为也？○明道本"数"下有"戒"字，衍。若常如此，楚其难哉！"难以为治。子亹惧，曰："老之过也。"老，子亹名。○明道本脱"惧"字。乃骤见左史。

8　灵王虐，白公子张骤谏，子张，楚大夫白公也。○元诰按：子张，楚邑之大夫也。内传杜注："汝阴褒信县西南有白亭。"今地在河南息县东，后又有白公胜。王患之，谓史老曰："吾欲已子张之谏[四四]，若何？史老，子亹。已，止也。对曰："用之实难，已之易矣。若谏，君则曰：'余左执鬼中，右执殇宫，中，身也。礼曰，其中退然。夭死曰殇。殇宫，殇之居也。执，谓把持其录籍，制服其身，知其居处，若今世云"能使殇矣"。○王念孙曰："韦以殇宫为殇之居，非也。殇之居则不可言执，故又为之说曰'谓把持其录籍，制服其身，知其居处'，殆失之迂矣。宫，读为躬。中、躬，皆身也。执殇躬[四五]，犹言执鬼中。作'宫'者，假借字耳。"沈镕曰："此言能役使鬼神，物之情状无不知，盖自以为圣而拒言者。"凡百箴谏，吾尽闻之矣，宁闻他言？'"不欲闻谏也。白公又谏，王如史老之言。对曰："昔殷武丁能耸其德，至于神明，武丁，高宗也。耸，敬也。至，通也。通于神明，谓梦见傅说。○元诰按：武丁，高宗也。以入于河，迁于河内〔四六〕。**自河徂亳**，从河内往都亳也。○吴曾祺曰："汲郡古文云：'小乙六年，命世子武丁居于河，学于甘盘〔四七〕。'自河徂亳，盖谓小乙崩，武丁归而即大位也。"元诰按：亳，在今河南偃师县西十四里。**于是乎三年默以思道**。默，谅暗也。思道，思君人之道也。书曰："高宗谅暗，三年不言，言乃雍。"**卿士患之**，患其不言。**曰：'王言以出令也，若不言，是无所禀令也。'**禀，受也。令，命也。**武丁于是作书**，以书解卿士也〔四八〕。贾、唐云："书，说命也。"昭曰：非也，其时未得傅说。○吴曾祺曰："尚书此数语正在说命篇，韦驳唐说非是。"**曰〔四九〕：'以余正四方**，尔雅释诂："正，长也。"广雅释诂："正，君也。"**余恐德之不类，兹故不言。'**类，善也。兹，此也。**如是而又使以梦象旁求四方之贤**，思贤而梦见之，识其容状，故作其象，而使求之。○各本"梦象"二字互倒。王念孙曰："当为'梦象'，谓以所梦见之人作象，而使求之也。韦注甚明。潜夫论五德志篇载其事云：'乃使以梦像求之四方侧陋，得傅说，升以为大公。'即用国语之文。"元诰按：王说是，今据以乙正。**得傅说以来，升以为公**，公，上公也。书序曰："高宗梦得说，使百工菅求诸野，得之傅岩，作说命。"**而使朝夕规谏，曰：'若金，用女作砺**；使磨砺己也。**若津水，用女作舟**；喻遭津水。**若天旱，用女作霖雨**。天旱，自比苗稼也。雨三日以上为霖。**启乃心，沃朕心**。启，开也。以贤者之心比霖雨也。**若药不瞑眩，厥疾不瘳**。以药喻忠言也。瞑眩顿瞀〔五〇〕，攻己之急也。瘳，愈也。○孟子滕文公篇赵岐注曰："药攻人疾，先使瞑眩愦乱，乃得瘳愈。"宋庠曰："瞑眩，困极也。"**若跣不视地，厥足用伤。'**以失道比徒跣而不视地，必伤也。○说文："跣，足亲地也。"段注：

“古者坐必脱屦，燕坐必褫袜。皆谓之跣。”**若武丁之神明也**，通于神明。**其圣之睿广也，其智之不疚也，犹自谓未乂**，乂，治也。○各本疚作“疾”，董增龄曰：“当作‘疚’。疚，病也，谓无庸暗之病〔五一〕。”元诰按：董说是，今订正。**故三年默以思道**〔五二〕。**既得道，犹不敢专制，使以象旁求圣人。既得以为辅，又恐其荒失遗忘，故使朝夕规诲箴谏，曰‘必交修余，无余弃也’**。○元诰按：修，勉也。**今君或者未及武丁，而恶规谏者，不亦难乎**！难以保国。**齐桓、晋文，皆非嗣也**，非嫡嗣也。**还轸诸侯，不敢淫逸**，还轸，谓出奔也。○元诰按：还轸，犹言往反也。**心类德音，以德有国**。类，善也。○王引之曰：“类之言率也。率，循也，言其心常循乎德音也。下文观射父曰：‘使心率旧典者为之宗。’语意与此同。率与类古同声同义〔五三〕，而字亦通用。汉书尹翁归传：‘类常如翁归言。’颜师古注：‘类，犹率也。’外戚传：‘事率众多。’颜注：‘率，犹类也。’考工记梓人注：‘是取象率焉。’率音类，本又作‘类’，又音律。祭义：‘古之献茧者，其率用此与。’率音类，又音律，又所律反。凡释文内‘率’字之音多如此。”吴曾祺曰：“类，比也。不训‘善’。礼学记：‘知类通达〔五四〕。’注：‘知事义之比也。’心类德音，谓心与德音相比。”元诰按：王说为长。有国，为国也。有犹为也，见经传释词。

534　　**近臣谏，远臣谤，舆人诵，以自诰也**。舆，众也。诵，诵善败也。诰，告也。○元诰按：尔雅释言〔五五〕：“诰，谨也。”郭注：“所以约勒谨戒众。”此文诰训“谨”为是。自诰者，自戒勉也。**是以其入也，四封不备一同**，备，满也。地方百里曰同。方欲美之，故尤小焉。○周礼小司徒郑注引司马法曰：“井十为通，通十为成，十成为终，十终为同，同方百里。"吴曾祺曰："谓初入国之时，国中听其教令者甚狭小。"而至于有畿田，方千里曰畿。○汉书刑法志："同十为封，封十为畿。"元诰按：明道本"于"下衍"是"字。以属诸侯，属，会也。至于今为令君。桓、文皆然，君不度忧于二令君，而欲自逸也，无乃不可乎？周诗有之曰：'弗躬弗亲，庶民弗信。'言为政不躬亲之，则众民不信。臣惧民之不信君也，故不敢不言。不然，何急其以言取罪也〔五六〕？"○元诰按：也与耶通。王病之，曰："子复语。病不能然，故复使语〔五七〕。不谷虽不能用，吾慭寘之于耳。"慭，犹愿也。寘，置也。对曰："赖君用之也，故言。赖，恃也。不然，巴浦之犀、牦、兕、象，其可尽乎，其又以规为瑱也？"牦，牦牛也。规，谏也。瑱，所以塞耳。言四兽之牙角可以为瑱难尽，而又以规谏为之乎？今象出徼外，其三兽则荆、交有焉。巴浦，地名。或曰："巴，巴郡。浦，合浦。"○元诰按：巴浦，地无考。或说分巴浦为二，非是。巴郡，秦置，属益州，今四川巴中县与巴县皆其境。合浦，汉武帝置，属交州，当今广东合浦县。楚灵王时无此二郡也。犀，说文云："一角在鼻，一角在顶，似豕。"牦，说文云："西南夷长髦牛也。"以其长髦，史记谓之"髦牛"，汉书又作"旄牛"，鬈、髦、旄古字通用。牦，利之反。补音作"莫交反，亦作'旄'"。是误牦、旄为一字矣。兕，说文云："似野牛而青。"象，说文云："长鼻牙，南越大兽，三年一乳。"言有四兽之牙角为瑱以塞耳，何必以谏言塞耳乎。应上"吾慭寘之于耳"一语。也与耶古字通。遂趋而退，归，杜门不出。七月，乃有乾溪之乱，灵王死之。乾溪，楚东地也。○元诰按：乾，古寒反。乾溪，在今安徽亳县东南七十里。

9　司马子期欲以其妾为内子，子期，楚平王之子，子西之弟公子结也，为大司马。卿之嫡妻曰内子。○明道本无"其"字。访之左史倚相，曰："吾有妾而愿，欲笄之，其可乎？"愿，悫也。笄，内子首饰衡笄也。对曰："昔先大夫子囊违王之命谥〔一〕；违"厉"以为"恭"。子夕嗜芰，子木有羊馈而无芰荐。子木违父命，以羊馈易芰荐。君子曰：'违而道。'违命合道。縠阳竖爱子反之劳也，而献饮焉，以毙于鄢；谷阳竖，子反之内竖也。毙，踣也。鲁成十六年，晋、楚战于鄢，楚恭王伤目。明日，将复战，王召子反，谷阳竖献饮于子反，子反醉，不能见。王曰："天败楚也。"乃宵遁。子反自杀。○元诰按：史记晋、楚世家、吕览权勋、淮南人间训作"阳谷"，高诱淮南注："竖，小使也，阳谷其名。"与此传、注不同。芋尹申亥从灵王之欲，以陨于乾溪。芋尹申亥，申无宇之子。乾溪之役，申亥曰："吾父再干王命，王不诛，惠莫大焉。"乃求王，遇诸棘闱以归。王缢，申亥以二女殉葬之。君子曰：'从而逆。'从，从其欲。君子之行，欲其道也，欲得其道。故进退周旋，唯道是从。○宋庠本是作"之"。夫子木能违若敖之欲，若敖，子夕。以之道而去芰荐，吾子经楚国，经，经纬也。○明道本"经"下衍"营"字。而欲荐芰以干之，干，犯也。君以妾为妻，犹以芰当祭。其可乎？"子期乃止。

【校记】

〔一〕　五观，启子　"子"误作"有"，据各本改。

〔二〕　须于洛汭　此四字脱，据各本补。

〔三〕世祖更名卫国　"卫"误作"魏"，据国语发正改。

〔四〕郧善长亦误以观为邑名　此十字脱，据国语发正补。

〔五〕哀公问曰　"哀"上衍"周书"二字，据经义述闻删。

〔六〕镇，重也　此三字脱，据各本补。

〔七〕建，屈到之子子木也　"建"、"屈"二字互倒，据各本改。

〔八〕虽使无楚国之称　"国"字脱，据各本补。

〔九〕虽微楚国　"虽"误作"唯"，据本书正文改。

〔一〇〕惠士奇曰　"惠士奇"误作"惠栋"，据国语发正改。

〔一一〕子元　二字误作"令尹"，据各本改。

〔一二〕栾、范以其族夹公行　"栾、范"二字脱，据各本补。

〔一三〕鲂　此字误作"鲂"，据经义述闻改。

〔一四〕王说是　"说"字重衍，依文义删。

〔一五〕子牟得罪而亡　"子牟"二字脱，据各本补。

〔一六〕不然不来矣　"不来"二字脱，据黄丕烈札记补。

〔一七〕言当奉命于他国　"言"误作"者"，据各本改。

〔一八〕华御事之子右师元也　"御"误作"卿"，据公序本改。明道本误作"乡"。

〔一九〕国民罢焉　"民"误作"名"，据各本改。

〔二〇〕废民之时务　"时"误作"财"，据各本改。

〔二一〕启疆，楚卿蓬子　"子"字脱，据各本补。

〔二二〕在鲁成二年　"鲁"字据公序本补，明道本无。

〔二三〕汪远孙曰　"曰"字脱，依文例补。

〔二四〕安用目观　"观"误作"睹"，据各本改。

〔二五〕大卒，王士卒也　"士"字脱，据各本补。

〔二六〕业，事也　此三字脱，据各本补。

〔二七〕城守之木，于是乎用之；（城守之余，然后用之。○元诰按：各本"末"作"木"，今依黄丕烈说改。） 黄氏札记云："依解云'城守之余'，'木'当是'末'字之误也。"汪氏考异云："周礼掌固郑司农注引国语作'木'，疑韦解有讹脱。"案黄氏原为推测之言，未有明据，而集解即据之改正文之"木"为"末"，又在韦解"城守之余"下加一"木"字，而未作说明，皆为轻改古籍者，今皆为改回。

〔二八〕立其基趾也 "基"字脱，据各本补。

〔二九〕不知其以匮之也 "之"误作"乏"，据各本改。

〔三〇〕三国各千乘 "各"误作"名"，据各本改。

〔三一〕在今陕西白水县东北六十里 "西"字脱，依文义补。

〔三二〕叔段以京患庄公 "患"误作"犯"，据各本改。

〔三三〕郑几不封 "封"误从明道本作"克"，据公序本改。

〔三四〕昭公兄鲍弑昭公而立 "而"误作"自"，据各本改。

〔三五〕陈、蔡及不羹人纳弃疾而弑灵王 "陈"误作"城"，据各本改。

〔三六〕在鲁昭十三年 "昭"字脱，据左传补。

〔三七〕谓往至子瞻之家而请见 "谓"字脱，据经义述闻补。

〔三八〕三十一年传曰 "三"误作"二"，据经义述闻改。

〔三九〕楚语"自卿以下至于师长士"是也 "士"字脱，据经义述闻补。

〔四〇〕盖上言卿，下言士 "士"误作"相"，据经义述闻改。

〔四一〕何得言"自卿以下至于师长士"乎 "士"字脱，据经义述闻补。

〔四二〕卫武公刺厉王，亦以自儆也 "卫"字脱，据各本补。

〔四三〕 为人臣尚如此 　"尚"下衍"复"字,据各本删。

〔四四〕 吾欲已子张之谏 　"子张"二字误倒,据各本改。

〔四五〕 执殇躬 　"躬"误作"宫",据经义述闻改。

〔四六〕 迁于河内 　"内"误作"洛",据各本改。

〔四七〕 命世子武丁居于河,学于甘盘 　"世子武丁居于河"七字
误作"于亳",据国语韦解补正改。

〔四八〕 以书解卿士也 　"以"上衍"作"字,"以"下脱"书"字,据
公序本删补。明道本作:"作书,解卿士也。"以"解卿士"
释"作书"之义。

〔四九〕 曰 　此字脱,据各本补。

〔五〇〕 瞑眩顿瞀 　"瞀"误作"替",据各本改。

〔五一〕 各本疚作"疾",董增龄曰:"当作'疚'。疚,病也,谓无
庸暗之病。" 　按公序本作"疚",惟明道本作"疾"。国语
考异云:"疚即灾之异体,与疾相似,因误疾也。"国语正义
从公序本作"疚",无所引董氏之语,未知何据。

〔五二〕 故三年默以思道 　"默"下衍"然"字,据各本删。

〔五三〕 率与类古同声同义 　二"同"字皆误作"通",据经义述
闻改。

〔五四〕 知类通达 　"类"误作"虑",据国语韦解补正改。

〔五五〕 尔雅释言 　"言"误作"文",据尔雅改。

〔五六〕 何急其以言取罪也 　"其以"二字从明道本误倒,据公序
本改。

〔五七〕 故复使语 　"复使"二字误倒,据各本改。

国语集解

楚语下第十八

1　昭王问于观射父昭王，楚平王之子昭王熊轸。观射父，楚大夫。曰："周书所谓重、黎实使天地不通者何也？周书，谓周穆王之相甫侯所作吕刑也〔一〕。重、黎，颛顼掌天地之臣。吕刑曰："乃命重、黎，绝地天通。"谓少暤之末，民神杂糅，不可方物，颛顼受之，乃命南正重司天以属神，火正黎司地以属民，谓绝地与天相通之道也。若无然，民将能登天乎？"若重、黎不绝天地，民岂能上天乎？对曰："非此之谓也。古者民神不杂。杂，会也。谓司民、司神之官各异。民之精爽不携贰者，而又能齐肃衷正，爽，明也。携，杂也。贰，二也。齐，一也。肃，敬也。衷，中也。其智能上下比义，义，宜也。〇元诰按：义，读为仪，度也。比义，谓比之、度之也。详见上王说。韦注未得传意。其圣能光远宣朗，圣，通也。朗，明也。〇王引之曰：

541

“光为广大之广〔二〕。周语中篇：‘叔父若能光裕大德〔三〕。’韦注曰：‘光，广也。’光远者，广远也。广与远同义。宣朗者，明朗也。明与朗同义。陆云祖考颂：‘光远之度，宣朗之明。’义本国语，于光远言‘度’，于宣朗言‘明’，亦是以光为广，以宣为明也。”**其明能光照之，**〇王引之曰：“此‘光’为光明之光。”**其聪能听彻之，**彻，达也。**如是则明神降之，**降，下也。〇宋庠本作“神明”〔四〕。**在男曰觋，在女曰巫。**巫、觋，见鬼者。周礼，男亦曰巫。〇宋庠曰：“觋，胡历反，又胡格反。”**是使制神之处位次主，**处，居也。位，祭位也。次主，以其尊卑先后。〇吴曾祺曰：“主，神之所依。周礼春官司巫‘供匰主’是也。”**而为之牲器时服，**牲，牲之毛色、小大也。器，所当用也。时服，谓四时服色所宜。**而后使先圣之后之有光烈，**烈，明也。**而能知山川之号、**号，名号也。**高祖之主、**高祖，庙之先也。〇董增龄曰：“昭十五年传，王谓籍谈曰：‘而高祖孙伯黡。’昭十七年传：‘我高祖少皞挚。’则高是高远之称，非专指曾祖之父。”**宗庙之事、昭穆之世、**父昭，子穆，先后之次也〔五〕。春秋跻僖公谓之逆祀。**齐敬之勤、**齐，庄也。〇旧音曰：“齐，阻皆反。”**礼节之宜、威仪之则、容貌之崇、**崇，饰也。**忠信之质、禋洁之服，**洁祀曰禋。**而敬恭明神者，以为之祝。**祝，大祝，掌祈福祥。**使名姓之后，能知四时之生、**名姓，谓旧族，若伯夷、炎帝之后为尧秩宗。生，嘉谷韭卵之类。〇周礼春官序官疏引孔、服注曰：“生，谓粢盛。”**牺牲之物、**〇周礼春官序官疏引孔、服曰：“牺，谓纯毛色。牲，谓牛、羊、豕。”元诰按：“物”，韦下注云：“色也。”**玉帛之类、**〇元诰按：类，犹言类别也。**采服之宜、**〇元诰按：各本宜作“仪”，今依周礼春官序官疏引国语订正。又引服氏曰："祭祀之所服色。"**彝器之量**、彝，六彝。器，俎豆。量，大小也。○周礼春官序官疏引服曰："量，数也。祭祀之器，各当其数。"**次主之度**、疏数之度。○周礼春官序官疏引服曰："次庙主之尊卑、先后、远近之度。"**屏摄之位**、周氏云："屏，并也。摄，主人之位。"昭谓：屏，屏风也。摄，形如今要扇。皆所以分别尊卑，为祭祀之位。近汉亦然。○吴曾祺曰："注摄训'扇'，即翣也。小尔雅：'大扇谓之翣〔六〕。'"元诰按：周礼春官序官疏引服氏云："屏，犹并也，谓摄主不备并之，其位不得在正主之位。曾子问曰：'若宗子有罪，居于他国，庶子为大夫，其祭也，祝曰："孝子某，使介子某执其常事。"'又云：'摄主不厌祭，不旅不假，不绥祭，不配。'是其摄主并之事。"似未得传意，以韦注为允。**坛场之所**、除地曰场。○周礼春官序官疏引孔曰："去庙为祧，去祧为坛，去坛为墠。场，祭道神，曾子问'道而出'是也〔七〕。"**上下之神祇、氏姓之所出**，所自出也。○元诰按："祇"字、"所"字，依周礼春官序官疏引国语补。又引孔氏曰："上，谓凡在天之神，天及日、月、星。下，谓凡在地之神，谓地、山、林、川、谷、丘、陵也。"**而心率旧典者为之宗**。宗，宗伯，掌祭祀之礼。○周礼春官序官疏引孔氏曰："既非先圣之后，又非名姓之后〔八〕，但氏姓所出之后子孙，而心常能循旧典者，则为大宗。大宗者，于周为宗伯。"**于是乎有天地神民类物之官**〔九〕，**是谓五官**，类物，谓别善恶，利器用之官。○昭二十九年左传："五行之官，是谓五官〔一〇〕。实列受氏姓，封为上公，祀为贵神。木正曰句芒，火正曰祝融，金正曰蓐收，水正曰玄冥，土正曰后土。"**各司其序，不相乱也。民是以能有忠信，神是以能有明德**，明德，谓降福祥，不为灾孽。**民神异业**，业，事也。**敬而**

不渎，故神降之嘉生，嘉生，善物。民以物享，○惠栋曰：“汉书作‘物序’，孟康云：‘各有分序也。’”祸灾不至，求用不匮。及少皞之衰也，九黎乱德，少皞，黄帝之子金天氏也。九黎，黎氏九人，蚩尤之徒也〔一〕。○汪远孙曰：“汉书律历志：‘少昊帝。考德曰：“少昊曰清〔一二〕。清者，黄帝之子清阳也，是其子孙名挚立。土生金，故为金德，天下号曰金天氏。”’据此，清阳已称少昊，及挚有天下，始有金天氏之称。挚是清阳之后，非黄帝亲子也。韦注似未明晰。”元诰按：少皞名挚，一名质。其父曰清，清为黄帝第五子。是少皞为黄帝之孙，非黄帝之子也。盖少昊亦号清阳，帝王年代纪以少皞为帝清阳，故世误以为一人。辩见路史发挥。民神杂糅，不可方物。同位，故杂糅。方，犹别也。物，犹名也。○元诰按：糅，犹扰也。夫人作享，家为巫史，夫人，人人也。享，祀也。巫，主接神。史，次位序。言人人自为之。○路史疏仡纪：“小昊氏衰，玄都黎氏实乱天德，贤鬼而废人，唯龟策之从。谋臣不用，喆士在外，家为巫史。”无有要质，质，诚也。民匮于祀，而不知其福。言民困匮于祭祀，而不获其福。烝享无度，民神同位。民渎齐盟，无有严威。齐，同也。严，敬也。威，畏也。○成十六年左传杜注云：“渎齐盟，不详事神。”元诰按：汉书盟作“明”。神狎民则，不蠲其为。狎，习也。则，法也。蠲，洁也。其为，所为也。○俞樾曰：“则与只同，语词也。神狎民只，谓神与民狎也。注曰‘则，法也’，失之。”嘉生不降，无物以享。祸灾荐臻，莫尽其气。荐，重也。臻，至也。气，受命之气也。○吴曾祺曰：“言民多夭札，不获尽其所受之气而死也。”颛顼受之，少昊氏殁，颛顼氏作。受，承服也。○路史疏仡纪：“颛顼，黄帝之曾孙，祖曰昌意，黄帝之震嫡也。”乃命南正重司天以属神，南，阳位。正，长也。司，主也。属，会也。所以会群神，使各有分序，不相干乱也。周礼则宗伯掌祭祀。○路史疏仡纪：“重，少昊氏之叔也。”**命火正黎司地以属民，**唐尚书云：“‘火’，当为‘北’。”北，阴位也。周礼则司徒掌土地人民也。○汪远孙曰：“中论历数篇引此文作‘北正’，直改字矣。史记历书集解引应劭曰：‘黎，阴官也。火数二；二，地数也，故火正司地以属万民。’应不改字。”**使复旧常，无相侵渎，**侵，犯也。**是谓绝地天通。**绝地民与天神相通之道。**其后三苗复九黎之德，**其后，高辛氏之季年。三苗，九黎之后。高辛氏衰，三苗为乱，行其凶德，如九黎之为也。尧兴而诛之[一三]。○元诰按：汉书西羌传言：“三苗，姜姓之别。”德，善恶通称，书吕刑郑注作：“复九黎之恶。”**尧复育重、黎之后不忘旧者，使复典之，**育，长也。尧继高辛氏，平三苗之乱，绍育重、黎之后，使复典天地之官[一四]，羲氏、和氏是也。**以至于夏、商，故重、黎氏世叙天地，而别其分主者也。**叙，次也。分，位也。**其在周，程伯休父其后也，当宣王时，失其官守而为司马氏。**程，国。伯，爵。休父，名也。失官守，谓失天地之官，而以诸侯为大司马。诗曰“王谓尹氏，命程伯休父”是也。○汉书司马迁传应劭注：“休父，字也。”**宠神其祖，以取威于民，曰：‘重寔上天，黎寔下地。’**宠，尊也。言休父之后世尊神其祖，以威耀其民，言重能举上天，黎能抑下地，令相远，故不复通也。**遭世之乱，而莫之能御也。**乱，谓幽、平以下。御，止也。**不然，夫天地成而不变，**天地体成，不复变改。**何比之有？”**言不相比近也。

2　**子期祀平王，**子期，楚平王之子结。平王，恭王之子，昭王之父。

祭以牛俎于王，致牛俎于昭王。王问于观射父曰："祀牲何及？"王惑俎肉，而问牲用所及。对曰："祀加于举。加，增也。举，人君朔望之盛馔。天子举以大牢，祀以会。大牢，牛羊豕也。会，会三大牢〔一五〕。举，四方之贡也。诸侯举以特牛，祀以大牢。特，一也。○元诰按：特牛，牛父也。卿举以少牢，祀以特牛。少牢，羊豕。大夫举以特牲，祀以少牢。特牲，豕也。士食鱼炙，祀以特牲。庶人食菜，祀以鱼。上下有序，则民不慢。"王曰："其小大若何？"对曰："郊禘不过茧栗，角如茧栗。郊禘，祭天也。○汉书郊祀志颜注："牛角之形或如茧，或如栗，言其小。"烝尝不过把握。"把握，长不出把。王曰："何其小也？"对曰："夫神以精明临民者也，故求备物，不求丰大。备物，体具而精洁者。是以先王之祀也，以一纯、二精、一纯，心纯一而洁。二精，玉帛也。三牲、四时、五色、六律、○太平御览礼仪部四引孔晁曰："三牲，牛羊豕也。四时，春秋冬夏也。五色，五采服也。六律，黄钟、太簇、姑洗、蕤宾、夷则、无射也。"七事、八种、七事，天、地、民、四时之务。八种，八音也。九祭、十日、十二辰以致之，九祭，九州助祭。十日，甲至癸。十二辰，子至亥。择其吉日令辰以致神。百姓、千品、万官、亿丑、兆民、经入、畡数以奉之，百姓，百官受氏姓也。千品，姓有彻品，十为千品。五物之官，陪属万为万官。官有十丑，为亿丑。天子之田九畡，以养兆民，王取经入，以食万官。○元诰按：丑，类也。见后韦注。经，亦数名，即京也。详见郑语解。明德以昭之，昭，昭孝敬也。和声以听之，中和之声，使神听之。以告遍至，则无不受休。至，神至也。休，庆也。○太平御览礼仪部四引孔晁曰："遍至，光被四表，格于上下也。"**毛以示物，**物，色也。**血以告杀，**明不因故也。**接诚拔取以献具，为齐敬也。**接诚于神也。拔毛取血，献其备物也。齐，洁也。诗云："执其鸾刀，以启其毛，取其血膋。"○俞樾曰："'接诚'上有阙文。'接诚'与'献具'相对，疑当作'□□以接诚'。注曰'接诚于神也'，与'献其备物也'相对，句上亦有阙文。其阙几字，不可知矣。"旧音曰："齐，阻皆反。"**敬不可久，民力不堪，故齐肃以承之。"**肃，疾也。承，奉也。○王引之曰："此'齐'字当训为'疾'，与肃同意，故以齐肃连文。尔雅曰：'肃、齐，疾也。'敬不可久，故欲其疾速也。玉藻曰：'君子之容舒迟，见所尊者齐遬。'舒也，迟也，皆缓也。齐也，遬也，皆疾也，与此'齐肃'同义。"宋庠曰："齐，如字。"**王曰："刍豢几何？"**草养曰刍，谷养曰豢。○礼记月令郑注："养牛羊曰刍，犬豕曰豢。"元诰按：刍，说文作"䄔"。**对曰："远不过三月，近不过浃日。"**远，谓三牲。近，谓鸡鹜之属。浃日，十日也。**王曰："祀不可以已乎？"**已，止也。**对曰："祀所以昭孝息民，**昭孝养，使民蓄息也。**抚国家，定百姓也，不可以已。夫民气纵则底，**气，志气也。纵，放也。底，著也。**底则滞，滞久而不震，**滞，废也。震，惧也。言无祭祀则民无所畏忌，无所畏忌则志放纵，放纵则遂废滞〔一六〕，难复恐惧也。○王引之曰："震，振也，兴也。韦注失之。"元诰按：明道本震作"振"。**生乃不殖。**生，生物也〔一七〕。殖，长也。生物不长，神不降以福也。**其用不从，**不从上令也。**其生不殖，不可以封。**封，封国也。**是以古者先王日祭月享，时类岁祀。**告以事类曰类。日祭于祖、考，月荐于曾、高，时类及二祧，岁祀于坛墠。○汪中曰："礼不欲数，无日祭之礼。曾子问：'天子诸侯将出，必以币帛、皮圭告于祖祢〔一八〕，遂奉以出，载于齐车以行。每舍奠焉，而后就舍。'此日祭之礼欤。"**诸侯舍日**，有月享也。**卿大夫舍月**，有时祭也。**士、庶人舍时**。岁乃祭也。○元诰按：舍日，舍月，舍时，谓不以日祭，不以月祭，不以时祭也。**天子遍祀群神品物**，品物，谓若八蜡所祭猫虎昆虫之类。**诸侯祀天地三辰及其土之山川**，三辰，日、月、星。祀天地，谓二王后。非二王后，祭分野星、山川而已。**卿、大夫祀其礼**，礼，谓五祀及祖所自出。**士、庶人不过其祖**。祖，王父也。**日月会于龙狵**，狵，龙尾也。谓周十二月、夏十月，日月合辰于尾上。月令："孟冬，日在尾。"○钱大昕曰："日月之会谓之辰。合辰，谓合朔所入恒星度分也。乃月行过周追及于日〔一九〕。计一月之朔，实日行二十九度又千五百三十九分度之八百十七，月行三百九十四度千五百三十九分度之千二百有二，除周天及斗分，（三百八十五。）尚赢二十九度八百十七分，而又与日合。"故三统术"推合辰所在星，置积日，（统首以来至所本合朔之日。）以统法乘之，以章法乘小余而并之。盈周天，除去之；不盈者，令盈统法得一度〔二〇〕。数起牵牛，算外，则合辰所入星度也。""东京赋狵与疾协韵，未得其义。后读广韵四觉，犯训'龙尾'，又与豚同，乃晤狵为犯之讹。广雅云'豚臀也'，故龙尾亦有龙犯之称。犯从豕声，古音如笃，（玉篇：'犯，丁角切。'）故转为斸音。东方朔传，'鹤俛啄'，与窦、毂为韵，是其证也。"**土气含收**，含收，收缩。万物含藏。**天明昌作**，昌，盛也。作，起也。谓天气上出也。是月，纯坤用事。**百嘉备舍**，嘉，善也。时物毕成，舍入室也。**群神频行**。频，并也。言并行，欲求食也。**国于是乎烝尝，家于是乎尝祀**。烝，冬祭也。尝，尝百物也。月令曰："孟冬，大饮烝。"传曰："闭蛰而烝。"**百姓夫妇，择其令**

国语集解

辰，辰，十二辰。奉其牺牲，敬其粢盛，洁其粪除，慎其采服，禋其酒醴，帅其子姓，禋，洁也。子，众子。姓，同姓也。○仪礼特牲馈食礼："子姓兄弟。"郑注："所祭者之子孙。言子姓者，子之所生也。"从其时享，虔其宗祝，宗，主祭祀。祝，主祝祈。道其顺辞，以昭祀其先祖，肃肃济济，如或临之。于是乎合其州乡朋友婚姻，比尔兄弟亲戚。合，会也。比，亲也。于是乎弭其百苛，殄其谗慝，弭，止也。苛，虐也。殄，覆也。止、覆，谓解怨除恨之词。○吴曾祺曰："殄，绝也，言绝去其谗慝，不训'覆'。"元诰按：宋庠本殄作妗，俞樾谓："妗，读为扴，刮也。"兹不从。合其嘉好，结其亲昵，合、结，谓于此更申固之。亿其上下，亿，安也。以申固其姓。上所以教民虔也，下所以昭事上也。天子禘郊之事，必自射其牲，牲，牛也。○周官司弓矢郑注："射牲，示亲杀也。"王后必自舂其粢。器实曰粢。诸侯宗庙之事，必自射牛，刲羊，击豕，刲，刺也〔二一〕。击，杀也。夫人必自舂其盛。在器曰盛。上言"粢"，此言"盛"，互其文也。况其下之人，其谁敢不战战兢兢以事百神！天子亲舂禘郊之盛，帅后舂之。王后亲缲其服，服，祭服。祭义云："夫人缫，三盆，则王后其一盆与。"周语曰："王耕一发，班三之。"○元诰按：谓自缫丝以成服也。缲音搔。自公以下至于庶人，其谁敢不齐肃恭敬致力于神！民所以摄固者也，若之何其舍之也！"摄，持也。舍，废也。王曰："所谓一纯、二精、七事者何也？"对曰："圣王正端冕，以其不违心，帅其群臣精物以临监享祀，无有苛慝于神者，谓之一纯。端，玄端之服。冕，大冠也。监，视也。不违心，谓心思端正，服则端冕也。玉、帛为二精。明洁为精。天、地、民及四时之务为七事。"王曰："三事者,何也?"对曰："天事武,乾称刚健,故武。地事文,地质柔顺〔二二〕,故文。易曰:"坤为文。"○白虎通义三正篇:"天为质,地受而化之,养而成之,故为文。"民事忠信。"以忠信为行。王曰:"所谓百姓、千品、万官、亿丑、兆民、经入、畡数者,何也?"对曰："民之彻官百,彻,达也。自以名达于上者,有百官也。王公之子弟之质能言能听彻其官者,质,有贤质。能言,能言其官职也。而物赐之姓,以监其官,是为百姓。物,事也,以功事赐之姓。官有世功〔二三〕,则有官族,若司马、大史之属是也。姓有彻品,十于王谓之千品。谓一官之职,其僚属彻于王者有十品〔二四〕,百官,故有千品。五物之官陪属万,为万官。五物,谓天、地、神、民、类物之官也〔二五〕。臣之臣为陪属,谓有僚属转陪贰相佐助,复有十等,千品,故万官也。官有十丑,为亿丑。丑,类也。以十丑承万为十万,十万曰亿,古数也。今人乃以万万为亿。○汪远孙曰:"书洛诰孔传:'十万为亿。'诗伐檀传:'万万曰亿。'笺云:'十万曰亿。'正义云:'万万曰亿,今数然也。传以时事言之,故今九章算术皆以万万为亿。笺以诗、书古人之言,故合古数言之。知古亿十万者,以田方百里,于今数为九百万亩,而王制云:"方百里,为田九十亿亩。"是亿为十万也。故彼注云:"亿,今十万。"是以今晓古也。'徐岳数术纪遗曰:'黄帝为法,数有十等,及其用也,乃有三焉。十等者,亿、兆、京、垓、秭、壤、沟、涧、正、载。三等者,上、中、下也。其下数者,十十变之,若言十万曰亿,十亿曰兆,十兆曰京也。中数者,万万变之,若言万万曰亿,万亿曰兆,万兆曰京也。上数者,数穷则变,若言万万曰亿,亿亿曰兆,兆兆曰京

国语集解

550

也。"元诰按：李冶则主今数，段玉裁则主古数，详见郑语解。天子之
田九畡，以食兆民，九畡，九州之内有畡数也。食兆民，民称耕而食
其中也。天子曰兆民。王取经入焉，以食万官。"经，常也。常入，
征税也。○元诰按：经，即京，数名，韦注非。详见郑语解。

3　鬬且迁见令尹子常，鬬且，楚大夫。子常，子囊之孙囊瓦也。
○元诰按：各本迁作"廷"，今依王引之说改。详见上。迁即"往"字。
子常与之语，问蓄货聚马。归以语其弟曰："楚其亡乎！
不然，令尹其不免乎！吾见令尹，令尹问蓄聚积实，如饿
豺狼焉，实，财也。殆必亡者也。夫古者聚货不妨民衣食之
利，聚马不妨民之财用，货，珠玉之属，自然物也。货马多，则养求
者众，妨财力也。国马足以行军，国马，民马也。十六井为丘，有戎
马一匹，牛三头，足以行军。公马足以称赋，公马，公之戎马。称，举也。
赋，兵赋也〔二六〕。不是过也。公货足以宾献，宾，飨赠也。献，贡也。
家货足以共享，家，大夫也。不是过也。夫货马邮则阙于民，
邮，过也。阙，缺也。民多阙则有离叛之心，将何以封矣！封，
封国也。昔鬬子文三舍令尹〔二七〕，子文，鬬伯比之子于菟也。舍，
去也。○后汉书何敞传引国语舍作"登"。无一日之积，恤民之
故也。积，储也。成王闻子文之朝不及夕也，成王，楚文王之子
頵也。于是乎每朝设脯一束、糗一筐，以羞子文。糗，寒粥也。
筐，器名也。羞，进也。○吴曾祺曰："糗训'干饭'，无粥义。"元诰按：
说文："筐，饭器。"若与筥并言，则方属筐，圆属筥，其为用一也。至于
今秩之。秩，常也。○各本"今"下有"令尹"二字，汪远孙曰："涉

551

上文而衍，周礼酒正先郑注、贾疏引国语作‘至于今秩之’可证。”元诰
按：无“令尹”二字是也，今据删。**成王每出子文之禄，必逃，王**
止而后复。禄，俸也。复，反也。**人谓子文曰：‘人生求富，而**
子逃之，何也？’对曰：‘夫从政者以庇民也，庇，覆也。**民**
多旷者，而我取富焉，旷，空也。**是勤民以自封也，**勤，劳也。
封，厚也。○王引之曰：“勤，病也。民多旷而我取富，非劳民，乃病民也。
病民以自封，犹言厉民而以自养也。尔雅：‘癉，病也。’释文曰：‘癉，
音勤，字亦作“懃”。’癉、懃、勤，字异而义同。”**死无日矣。我逃**
死，非逃富也。’故庄王之世灭若敖氏，唯子文之后在，至
于今处郧，为楚良臣。庄王，成王孙也。若敖氏，子文之族也。鲁
宣四年，子文之弟子鬭椒为乱，庄王灭若敖氏之族，子文之孙箴尹克黄使
齐而还，自拘于司败。王思子文之治楚也，曰：“子文无后，何以劝善。”
使复其所。其子孙当昭王时为郧公。○沈镕曰：“今湖北钟祥县古郧国，
楚灭之为邑。”**是不先恤民而后己之富乎**〔二八〕？**今子常，先**
大夫之后也，先大夫，子囊也。**而相楚君无令名于四方。民**
之羸馁，日已甚矣。羸，瘠也。言日日又甚。**四境盈垒，**盈，满也。
垒，壁也。言垒壁满于四境之内。○礼记曲礼篇：“四郊多垒，此卿大夫
之辱也。”郑注：“辱其谋人之国不能安也。垒，军壁也。数见侵伐，则
多垒。”**道殣相望，**道冢曰殣。诗云：“行有死人，尚或殣之。”○广韵：
“殣，埋也。”元诰按：殣，今诗作“墐”。**盗贼司目，民无所放。**放，
依也。○吴曾祺曰：“司与伺通，谓盗贼侧目相窥伺也。”**是之不恤，**
而蓄聚不厌，其速怨于民多矣。速，召也。**积货滋多，蓄怨**
滋厚，不亡何待！夫民心之愠也，愠，怒也。○俞樾曰：“愠，当

国语集解

读为蕴，民心之蕴，承上文'蓄怨滋厚'而言。昭二十五年左传曰：'众怒不可蓄也，蓄而弗治将蕴。'杜注曰：'蕴，积也。'与此文语意相近。下云'若防大川焉，溃，所犯必多'，惟其蕴积于心，故以防川为喻也。愠、蕴同声，古字通用。礼记檀弓篇释文引庾皇曰：'愠，积也。'愠之训积，即读为蕴矣。"**若防大川焉，溃而所犯必大矣**。犯，败也。**子常其能贤于成、灵乎**[二九]？**成不礼于穆，愿食熊蹯，不获而死**。成，成王，穆王商臣之父，欲黜商臣而立其弟职。商臣围成王，王请食熊蹯而死，不听，遂自杀。蹯，掌也。**灵不顾于民**[三〇]，**一国弃之，如遗迹焉**。灵王不君，罢弊楚国，三军叛之，如行人之遗弃其迹[三一]。**子常为政，而无礼不顾，甚于成、灵，其独何力以待之！**"待，犹御也。**期年，乃有柏举之战，子常奔郑，昭王奔随**。柏举，楚地。随，汉东国也。初，蔡昭侯朝于楚，子常欲其佩。唐成公亦朝焉，子常欲其骕骦马。二君不与，而留之三年。后与之，乃得归。归与吴伐楚，大败之。在鲁定四年。奔随，自郢奔随也。〇吴曾祺曰："柏举，在今河南西平县。"元诰按：随，见郑语。

4 **吴人入楚，昭王出奔，济于成臼**。吴人，阖闾也。出奔随也。济，渡也。成臼，津名。〇吴曾祺曰：成臼，在湖北汉川县[三二]，有白水，亦名白子河，西南与汉水合。"**见蓝尹亹载其孥**，蓝尹亹，楚大夫。妻子曰孥。**王曰："载予。"对曰："自先王莫坠其国**，坠，失也。**当君而亡之，君之过也。"遂去王。王归，又求见，王欲执之。子西曰："请听其辞，夫其有故**[三三]。"子西，平王之子，昭王之庶兄，令尹公子申也[三四]。故，犹意也。**王使谓之曰：**

“成臼之役，而弃不穀，今而敢来，何也？”对曰：“昔瓦唯长旧怨，以败于柏举，故君及此。瓦，子常名。长，犹积也。今又效之，无乃不可乎？臣避于成臼，以儆君也，庶俊而更乎！俊，改也。〇元诰按：避于成臼，谓在成臼避而不载也。今之敢见，观君之德也，曰：庶忌惧而鉴前恶乎！鉴，镜也。君若不鉴而长之，君实有国而不爱，臣何有于死，何惜于死。死在司败矣！楚谓司寇为司败。唯君图之。”子西曰：“使复其位，以无忘前败。”言见冪则念前败。〇明道本“复”下衍“在”字。王乃见之。

5 吴人入楚，昭王奔郧，郧，楚邑。郧公之弟怀将弑王，郧公，令尹子文玄孙之孙蔓成然之子鬬辛也。郧公辛止之。怀曰：“平王杀吾父，平王，昭王考也。父，蔓成然也。成然立平王，贪求无厌，平王杀之。在国则君，在外则雠也。见雠弗杀，非人也。”郧公曰：“夫事君者，不为外内行，不为内外易行。不为丰约举，丰，盛也。约，衰也。举，动也。苟君之，尊卑一也。且夫自敌以下则有仇，敌，敌体也。非是不仇。下虐上为弑，上虐下为讨，而况君乎。君而讨臣，何仇之为？〇王引之曰：“为，犹有也。”若皆仇君，则何上下之有乎？吾先人以善事君，成名于诸侯，自鬬伯比以来，未之失也。今尔以是殃之，不可。”殃，病害也。〇元诰按：殃，败也。怀弗听，曰：“吾思父，不能顾矣。”〇宋庠本“父”上有“吾”字。郧公以王奔随。避怀也。王归而赏及郧怀，子西谏曰[三五]：“君有二臣，或可赏也，或可戮也。君王均之，群臣惧矣。"均，同也。言赏罚无别，故惧。
王曰："夫子期之二子耶？吾知之。子期，成然字。或礼于君，
或礼于父，均之，不亦可乎？"

6　子西叹于朝，蓝尹亹曰："吾闻君子唯独居思念前世
之崇替，崇，终也。替，废也。诗云："曾不崇朝。"〇俞樾曰："韦解'崇'
字未得其旨。文选东京赋'进明德而崇业'，薛综注曰：'崇，犹兴也。'
然则崇替犹言兴废耳。"元诰按：明道本下有"者"字，衍。与哀殡丧，
涂木曰殡。于是有叹，其余则否。君子临政思义，饮食思礼，
同宴思乐，在乐思善，〇明道本善作"旧"，非。无有叹焉。今
吾子临政而叹，何也？"子西曰："阖庐能败吾师。柏举之战。
阖庐即世，吾闻其嗣又甚焉，嗣，嗣子夫差也。甚，谓政德过于父。
吾是以叹。"对曰："子患政德之不修，无患吴矣。夫阖
庐口不贪嘉味，〇明道本脱"夫"字。耳不乐逸声[三六]，逸，淫也。
目不淫于色，身不怀于安，朝夕勤志，恤民之赢，赢，病也。
闻一善言若惊，得一士若赏，若受赏也。〇元诰按：各本脱"言"
字，今据后汉书文苑传注、文选荐祢衡表注、杨荆州诔注引国语补。王
念孙谓："善言入于耳，故曰'闻'。删去'言'字，则文义不明。"有过

必悛，悛，改也。有不善必惧，是故得民以济其志。济，成也。
志，战克。（吴曾祺曰："宜云'志在战克'，方成文理。"）今吾闻夫差
好罢民力以成私好，纵过而翳谏，翳，鄣也。一夕之宿，台
榭陂池必成，六畜玩好必从。夫先自败也已，〇明道本"夫"
下有"差"字，非。焉能败人？子修德以待吴，吴将毙矣。"

7　王孙围聘于晋，王孙围，楚大夫。○明道本围作“围”，误。定公
缮之，赵简子鸣玉以相，定公，晋顷公之子午也。简子，赵鞅也。
鸣玉，鸣其佩玉，以相礼也。问于王孙围曰：“楚之白珩犹在
乎？”珩，佩上之横者。○说文：“珩，佩上玉也。”对曰：“然。”简
子曰：“其为宝也几何矣。”几何世也。曰：“未尝为宝。楚
之所宝者曰观射父，言以贤为宝。能作训辞，以行事于诸侯，
言以训辞交结诸侯。使无以寡君为口实。口实，毁弄也〔三七〕。又
有左史倚相，能道训典以叙百物，叙，次也。物，事也。以朝
夕献善败于寡君，使寡君无忘先王之业，又能上下说于鬼
神，顺道其欲恶，说，媚也。使神无有怨痛于楚国。痛，疾也。
又有薮曰云连徒洲，金木竹箭之所生也。楚有云梦薮也，泽名也。
连，属也。水中可居者曰洲，徒其名也。○段尚书曰：“云连徒洲，即云
土也，亦作‘云杜’。云土，长言之为云连徒洲。云、梦为两地，左传定四
年：‘楚子涉睢济江，入于云中。’宣四年：‘邧夫人使弃诸梦中。’昭三
年：‘以田江南之梦。’云、梦两地，故围单称云。若一地，岂可单称云乎？
韦此注及杜注左传皆似混云、梦为一。云在江北，梦在江南。”王念孙
曰：“汉志：‘华容，云梦泽在南，荆州薮。’司马相如子虚赋云：‘楚有
七泽：一曰云梦。云梦者，方九百里。’是云梦实一薮也，经、传或分言
者，省文从便耳。左氏昭三年传：‘王以田江南之梦。’杜预注：‘楚之
云梦，跨江南北。’是则梦亦云也。定四年传：‘楚子涉睢济江，入于云
中。’杜注：‘入云梦泽中。’是则云亦梦也。楚辞招魂篇：‘与王趋梦兮，
课后先。’王逸注：‘梦，泽中也，楚人名泽为梦中。’然则梦中犹云中

国语集解

556

矣。淮南墬形篇：'南方曰大梦。'高诱注：'梦，云梦也。'地理志江夏郡有云杜，即禹贡之云土。然则云土亦为梦土矣。'云土梦作乂'，史记夏纪及汉志并变作'云梦土'，皆得禹贡之意，各顺文从便耳。汉华容县，今为荆州府监利、石首二县地。"元诰按：云连徒洲即云土，段说是。云土即云梦土，云梦为一薮，王说是。又按：薮、泽名同而实异。周礼冢宰云："薮牧养，蕃鸟兽。"昭二十年左传云："薮之薪蒸，虞候守之。"然则薮者，凑也。薪蒸，鸟兽之所凑。风俗通云："薮，厚也。有草木鱼鳖，所以厚养人也。"**龟、珠、角、齿、皮、革、羽、毛，所以备赋以戒不虞者也，**龟，所以备吉凶。珠，所以御火灾。角，所以为弓弩。齿，象齿，所以为珥。皮，虎豹皮也，所以为茵鞾。革，犀兕也，所以为甲胄。羽，鸟羽，所以为旌。毛，牦牛尾，所以注竿首。赋，兵赋。虞，度也。**所以供币帛，以宾享于诸侯者也。**享，献也。**若诸侯之好币具，而导之以训辞，**导，行也。**有不虞之备，而皇神相之，**能媚于神，故皇神相之。皇，大也。相，助也。**寡君其可以免罪于诸侯，而国民保焉。**保，安也。**此楚国之宝也。若夫白珩，先王之玩也，何宝焉？**玩，玩弄之物。○明道本"宝"下有"之"字。**圉闻国之宝六而已。圣能制议百物，**○明道本"圣"上有"明王"二字，"圣"下有"人"字。**以辅相国家，则宝之；玉足以庇荫嘉谷，使无水旱之灾，则宝之；**玉，祭祀之玉。**龟足以宪臧否，则宝之；**宪，法也，取善恶之法。○王念孙曰："宪者，表也。表臧否以示人，故曰'龟足以宪臧否'。大雅嵩高篇：'文、武是宪。'周官小司寇：'宪刑禁。'笺、注并曰：'宪，表也。'"**珠足以御火灾，则宝之；**珠，水精，故以御。○说文："珠，蚌之阴精。"大戴礼劝学篇："珠者，阴之阳也，故胜火。"孔氏补注：'珠裹于月为阴，其光为阳。"金足以御兵乱，则宝之；金，所以为兵也。山林薮泽足以备财用〔三八〕，则宝之。若夫哗嚣之美，哗嚣〔三九〕，犹谨哗，谓若鸣玉以相。楚虽蛮夷，不能宝也。"微刺简子。

8 惠王以梁与鲁阳文子，惠王，昭王子，越女之子章。梁，楚北境也。文子，平王之孙〔四〇〕，司马子期子鲁阳公也。○吴曾祺曰："鲁阳，在今河南鲁山县西北。"文子辞曰："梁险而在北境，惧子孙之有贰者也。贰，二心也。○明道本脱"北"字。夫事君无憾，憾则惧偪，憾，恨也。无恨，谓得志也。偪，偪上也。偪则惧贰。偪则惧诛，故贰也。夫盈而不偪，盈，志满也。憾而不贰者，臣能自寿也。寿，保也。不知其他。他，子孙也。纵臣而得全其首领以没，○明道本全作"以"，非〔四一〕。惧子孙之以梁之险，而乏臣之祀也。"恃险而贰，将见诛绝。○明道本无"而"字。王曰："子仁人，○明道本"子"下衍"之"字。不忘子孙，施及楚国，敢不从子。"与之鲁阳。

9 子西使人召王孙胜，王孙胜，故平王太子建之子白公胜也。初，费无极为太子少师，无宠，太子娶于秦而美，劝王纳之，遂谮太子曰："建将叛。"太子奔郑。又与晋谋郑〔四二〕，郑人杀之，胜奔吴。在鲁哀十六年。沈诸梁闻之，沈诸梁，楚左司马沈尹戌之子叶公子高。见子西曰："闻子召王孙胜，信乎？"曰："然。"子高曰："将焉用之？"曰："吾闻之，胜直而刚，欲寘之境。"寘，置也。传曰："召之，使处境为<u>白公</u>〔四三〕。"<u>子高</u>曰:"不可。其为人也,展而不信,展,诚也。诚,谓复言非忠信之道。○<u>逸周书</u>宝典解:"展允于信。"又大匡篇:"昭信非展。"<u>孔晁</u>注曰:"展,似信而非。"爱而不仁,外爱人,内无仁心也。诈而不智,以诈行谋,而非智道也。智人不诈。毅而不勇,毅,果也。直而不衷,衷,中也。君子恶讦以为直者。周而不淑。周,密也。淑,善也。复言而不谋身,展也;复言,言可复,不欺人也。不谋身,不计身害也。爱而不谋长,不仁也;外爱人,不计终身也。以谋盖人,诈也;盖,掩也。强忍,毅也;强,强力。忍,忍犯义也。○<u>元诰</u>按:各本"强忍"下有"犯义"二字,此涉注文误衍。今依<u>段玉裁</u>说删。直而不顾,不衷也;不顾隐讳。周言弃德,不淑也。取周其言,而不以德。是六德者,皆有其华而不实者也,将焉用之? 彼其父为戮于<u>楚</u>,其心又狷而不洁。狷者,直己之志,不从人也。不洁非洁行。若其狷也,不忘旧怨,而不以洁悛德,悛,改也。思报怨而已。则其爱也足以得人,其展也足以复之,复,复其前言。其诈也足以谋之,其直也足以帅之,帅,帅众也。其周也足以盖之,言其周密足以覆盖其恶。其不洁也足以行之,而加之以不仁,奉之以不义,蔑不克矣。夫造胜之怨者,皆不在矣。怨,谓<u>谮</u>太子者〔四四〕,<u>费无极</u>之徒。若来而无宠,速其怒也。速,疾也。若其宠之,毅贪无厌,既能得人,而耀之以大利,耀,示也。○各本人作"入"。<u>王引之</u>曰:"入,当为'人'。能得人,即上文所谓'其爱也足以得人'。'耀之以大利',谓示其人以大利也。下文'动而得人',即承此句言之。若作'入'字,则义不可通。上文曰'来',曰'宠',正谓入国之后,见宠于<u>子西</u>,不当又言'得入'也。且得入由于子西之召，何'能'之可言乎？元、明诸本不得其义，而改能为'而'，误益甚矣。"元诰按：王说是，今据改。不仁以长之〔四五〕，长其利欲〔四六〕。思旧怨以修其心，修其报仇之心。○俞樾曰："修者，勉也。淮南子修务篇高注训修为'勉'，是也。思旧怨以修其心，言思旧怨以勉励其心也。鲁语：'吾冀而朝夕修我。'楚语：'必交修余。'并与此'修'字同义。"苟国有衅，必不居矣。衅，隙也。非子职之，其谁乎？职，主也，言子西将主此祸。彼将思旧怨而欲大宠，大宠，令尹、司马也。动而得人，爱，故得人。怨而有术，父死而怨，故有术也。若果用之，害可待也。余爱子与司马，故不敢不言。"司马，子西之弟子期。子西曰："德其忘怨乎？言诲之以德，必忘怨也。○明道本脱"乎"字。余善之，夫乃其宁。"宁，安也。子高曰："不然。吾闻之，唯仁者可好也，可恶也，可高也，可下也。好之不偪，恶之不怨，高之不骄，下之不惧。不仁者则不然，人好之则偪，恶之则怨，高之则骄，下之则惧。骄有欲焉，欲专宠也。惧有恶焉，恶其上也。欲恶怨偪，所以生诈谋也。子将若何？若召而下之，将戚而惧；为之上者，将怒而怨。诈谋之心，无所靖矣。靖，安也。○吴曾祺曰："使之居下，将戚而惧〔四七〕；使之居上，将怒而怨。处之无一而可也。"有一不义，犹败国家，今壹五六，○吴曾祺曰："五六，即指上'展而不信'六句。"而必欲用之，不亦难乎？吾闻国家将败，必用奸人，而嗜其疾味，其子之谓乎！嗜，贪也。疾味，味为己生疾害也，喻好不善也。夫谁无疾眚？眚，犹灾也。能者早除之。旧怨灭宗，国之疾眚也，为之关钥蕃篱而远备闲之，犹恐

国语集解

560

其至也，蕃篱，壁落闲阑也。○明道本闲讹作“闭”。是之为日惕。
惕，惧也。若召而近之，死无日矣！人有言曰：‘狼子野心，
怨贼之人。’○明道本下有“也”字。其又何善乎？○宋庠本何
作“可”。若子不我信，盍求若敖氏与子干、子皙之族而近
之？若敖氏，庄王所灭鬭椒也。子干、子皙，恭王庶子公子比、公子黑肱
也。平王所杀而代之，何独不召而近也？安用胜也，其能几何？言
危不久。昔齐驺马繻以胡公入于具水，驺马繻，齐大夫也。胡公，
齐大公玄孙之子胡公靖也〔四八〕。具水，水名。胡公虐马繻，马繻弑胡公，
内之具水。○陈奂曰：“驺马即趣马。齐驺马繻，犹下言鲁圉人荦耳，
驺马、圉人皆官名。月令：‘季秋，天子命仆及七驺咸驾。’郑注云：‘七
驺，谓趣马，主为诸官驾说者也。’趣与驺同。周官：‘趣马，下士皂一人，
徒四人〔四九〕。’郑注云：‘趣马，趣养马者也。’韦注失之。”汪远孙曰：
“水经‘巨洋水出朱虚县泰山’，郦注，巨洋水即国语所谓具水矣。袁宏
谓之巨昧，王韶之以为巨蔑，亦或曰胸弥，皆一水也，而广其目焉。”元诰
按：各本具作“贝”，注同。今依各家说订正。具水出今山东临朐县沂山。
邴歜、阎职戕懿公于囿竹，戕，残也。歜、职皆齐臣。懿公，齐桓
公之子商人也。为公子时，与邴歜之父争田，弗胜。及即位，乃掘而刖之，
而使歜仆纳阎职之妻，而使职骖乘。鲁文十八年，懿公游于申池，二子弑
公，而纳诸竹中。晋长鱼矫杀三郤于榭，长鱼矫，晋大夫。三郤，锜、
至、犨也。犨与矫争田，执而梏之，与其父母妻子同一辕。既，矫嬖于厉
公，谮而杀三郤于榭。鲁圉人荦杀子般于次〔五〇〕，圉人，养马者。
子般，鲁庄公太子。次，舍也。荦，讲于梁氏，女公子观之〔五一〕，荦自墙
外与之戏，子般鞭之。庄公薨，子般即位，次于党氏。公子庆父通于夫人，

夫人欲立之，庆父使圉贼子般于党氏。在鲁庄三十二年。夫是谁之故也，非唯旧怨乎？故，事也。是皆子所闻也。人求多闻善败，以监戒也。今子闻而弃之，犹蒙耳也。蒙，覆也。吾语子何益，吾知逃而已。"逃，逃胜之难也。子西笑曰："子之尚胜也。"言子论议好尚胜也。不从，遂使为白公。子高以疾闲居于蔡。蔡，故蔡国，楚灭之，叶公兼而治焉。○元诰按：以疾，犹言称疾也。蔡地详前。及白公之乱，子西、子期死。白公请伐郑以报父仇，子西既许之，未起师，晋伐郑，楚又救之，与之盟。白公怒，遂作乱，杀二子于朝。在鲁哀十六年。叶公闻之，○宋庠曰："叶，始涉反。"曰："吾怨其弃吾言，而德其治楚国，楚国之能平均以复先王之业者，夫子也。夫子，子西。○宋庠曰："夫，防无反。"以小怨寘大德，吾不义也，将入杀之。"杀白公也。帅方城之外以入，○元诰按：帅，循也。杀白公而定王室，定王室，谓兼令尹、司马以平楚国。既定，乃使子西之子宁为令尹，子期之子宽为司马，而老于叶。葬二子之族。子西、子期之族多见害，故皆为葬之。

【校记】

〔一〕吕刑也 "吕"字脱，"刑"下衍"书"字，据各本改。

〔二〕光为广大之广 下"广"字误为"大"，据经义述闻改。

〔三〕叔父若能光裕大德 "若能光"三字脱，据经义述闻补。

〔四〕宋庠本作"神明" 按宋庠本亦作"明神"，此文误记。国语考异云："御览、周礼注皆作'神明'。"集解盖误以此为宋庠本。

国语集解

〔五〕 先后之次也　"次"误作"世"，据各本改。

〔六〕 注摄训"扇"，即翣也。小尔雅："大扇谓之翣。"　二"翣"
字皆误作"霎"，据国语韦解补正改。

〔七〕 曾子问"道而出"是也　"子"下衍"曰"字，据周礼春官序
官疏删。

〔八〕 又非名姓之后　"姓"误作"德"，据周礼春官序官疏改。

〔九〕 于是乎有天地神民类物之官　"民"误作"明"，据各本改。

〔一〇〕 是谓五官　"谓"误作"为"，据国语发正及左传改。

〔一一〕 蚩尤之徒也　各本无此五字，国语发正据尚书吕刑疏引
韦解补正，本文从之而未作说明。

〔一二〕 汉书律历志：少昊帝。考德曰：少昊曰清　上"少昊"二字
脱，"考德"二字误倒，据国语发正及汉书律历志补改。

〔一三〕 尧兴而诛之　此五字脱，据各本补。

〔一四〕 使复典天地之官　"典"字脱，据各本补。

〔一五〕 会，会三大牢　脱一"会"字，据各本补。

〔一六〕 放纵则遂废滞　"废"误作"发"，据各本改。

〔一七〕 生，生物也　"物"上各本原有"人"字，从国语考异删去
而未作说明。

〔一八〕 告于祖祢　"祢"误作"庙"，据国语韦解补正改。

〔一九〕 乃月行过周追及于日　"周"误作"胃"，据三统术衍改。

〔二〇〕 令盈统法得一度　"令"误作"今"，据三统术衍改。

〔二一〕 刉，刺也　"刺"误作"割"，据各本改。

〔二二〕 地质柔顺　"地"误作"坤"，据各本改。

〔二三〕 官有世功　"功"误作"官"，据各本改。

〔二四〕 其僚属彻于王者有十品　"属"字脱，据各本补。

〔二五〕 五物,谓天、地、神、民、类物之官也　"民"误作"明",下"物"字误作"事",据各本改。

〔二六〕 赋,兵赋也　"兵赋"二字误倒,据各本改。

〔二七〕 昔鬪子文三舍令尹　"鬪"字脱,据各本补。

〔二八〕 是不先恤民而后己之富乎　"先恤"二字互倒,据各本改。

〔二九〕 子常其能贤于成、灵乎　"成"误作"威",据各本改。

〔三〇〕 灵不顾于民　"于"误作"其",据各本改。

〔三一〕 三军叛之,如行人之遗弃其迹　"弃"字脱,据各本补。

〔三二〕 成曰,在湖北汉川县　"成"字脱,据国语韦解补正补。

〔三三〕 夫其有故　"其"误作"岂",据各本改。

〔三四〕 昭王之庶兄,令尹公子申也　"王"误作"侯","公"字脱,据各本改补。

〔三五〕 子西谏曰　"谏"字脱,据各本补。

〔三六〕 耳不乐逸声　"乐"误作"听",据各本改。

〔三七〕 口实,毁弄也　此五字脱,据公序本补。明道本无"也"字。

〔三八〕 山林薮泽足以备财用　"林"误作"楚",据各本改。

〔三九〕 哗嚣　"嚣"字脱,据各本补。

〔四〇〕 文子,平王之孙　"王"误作"公",据各本改。

〔四一〕 纵臣而得全其首领以没,(〇明道本全作"以",非。)按正文"全"字各本原作"以",此据国语考异引文选注作"全"改正而未作说明,又仅指出明道本作"以",亦失于偏。

〔四二〕 太子奔郑。又与晋谋郑　"晋"误作"鲁",据各本改。

〔四三〕 使处境为白公　"境"上各本原有"吴"字,从经义述闻说删去而未作说明。

〔四四〕 怨,谓谮太子者 "者"字脱,据明道本补。

〔四五〕 不仁以长之 "仁"误作"忍",据各本改。

〔四六〕 长其利欲 "利"字脱,"欲"下衍"用"字,据公序本补删。

〔四七〕 将戚而惧 "戚"误作"威",据国语韦解补正改。

〔四八〕 胡公,齐大公玄孙之子胡公靖也 "之子"二字脱,据各本补。

〔四九〕 徒四人 "四"误作"一",据周礼夏官序官改。

〔五〇〕 鲁圉人荦杀子般于次 "杀"字脱,据各本补。

〔五一〕 女公子观之 "公"字脱,据各本补。

国语集解

吉水徐元诰学

吴语第十九〇旧音曰:"吴大伯之后也。周大王少子季历贤,立为嗣。大伯,大王之长子也,乃让季历而奔荆蛮,文身断发,示不可用,是为勾吴。"宋忠曰:"勾吴,大伯所居之地。"元诰按:吴,姬姓,自大伯祚吴,五世至周章,而武王克殷,因封之吴。又十四世至寿梦,而始益大,称王。鲁成公七年,始见春秋。至夫差,凡二十六代,且千岁,为越所灭。今江苏淮阳道以南至浙江嘉兴、吴兴二县境皆吴国故地。阖庐所居,则今吴县是。

1　**吴王夫差起师伐越,越王勾践起师逆之。**夫差,大伯之⁵⁶⁷后,阖庐之子,姬姓也。勾践,祝融之后,允常之子,芈姓也。郑语曰:"芈姓夔、越。"世本亦云:"越,芈姓也。"鲁定十四年,吴伐越,越败之于檇李,阖庐伤而死。后三年,夫差伐越,报檇李也。越逆之江,至于五湖,吴人大败之于夫椒,遂入越。越子以甲楯五千保于会稽。在鲁哀元年。○汪远孙曰：“史记越世家：‘越王勾践，其先禹之苗裔，而夏后帝少康之庶子也。’正义引吴越春秋云：‘禹周行天下，还归大越，登茅山以朝四方群臣，封有功，爵有德，崩而葬焉。至少康，恐禹迹宗庙祭祀之绝，乃封其庶子于越，号曰无余。’韦从世本以越为芈姓者，徒据郑语之文，不知郑语夔、越皆谓楚之别封。楚世家：‘熊渠立，少子执疵为越章王。’夔、越之越即越章也。勾践当是姒姓无疑。”元诰按：吴本伯爵，称王者，僭号也。逆者，迎也，谓迎击之也。顺逆之逆当作“屰”。**大夫种乃献谋，**种，越大夫。献，进也。○吕氏春秋当染篇高注：“大夫种，姓文氏，字禽，楚之郢人。”**曰：“夫吴之与越，唯天所授，王其无庸战。**庸，用也。**夫申胥、华登简服吴国之士于甲兵〔一〕，而未尝有所挫也。**申胥，楚大夫伍奢之子子胥也，名员。鲁昭二十年，奢诛于楚，员奔吴，吴子与之申地，故曰申胥。华登，宋司马华费遂之子。华氏作乱于宋而败，登奔吴，为大夫。简，习也。挫，毁折也。○汪远孙曰〔二〕：“服，亦习也。见礼记孔子闲居郑注。”元诰按：明道本服误作“报”。**夫一人善射，百夫决拾，**决，钩弦。拾，捍。言申胥、华登善用兵，众必化之，犹一人善射，则百夫竞著决拾而效之。○诗车攻篇毛传曰：“决，钩弦也。拾，遂也〔三〕。”正义曰：“决著于右手大指，所以钩弦开体。遂著于左臂，所以遂弦。”元诰按：决以象骨为之，如今之班指。遂以皮为之，如今之袖套，其非射时，则谓之拾。拾，敛也，所以蔽肤敛衣也。“决”字亦作“抉”、“夬”。**胜未可成也。**成，犹必也。**夫谋必素见成事焉，而后履之，**素，犹豫也。履，行也。**不可以授命。**授命，犹斗命。○吴曾祺曰：“谓不可以三军之命为殉也。”**王不如设戎，约辞行成以喜其民，**戎，兵也。约，卑也。成，平也。

国语集解

言不如设兵自守，卑约其辞以求平于吴，吴民必喜。以广侈吴王之心。侈，大也。吾以卜之于天，天若弃吴，必许吾成而不吾足也，言越不足畏。○元诰按：足，疑读为促。说文："促，迫也。"将必宽然有伯诸侯之心焉。宽，缓也。既罢弊其民，而天夺之食，安受其烬，夺之食，稻蟹之属。烬，余也。乃无有命矣。"吴无复有天命矣。越王许诺，乃命诸稽郢行成于吴，诸稽郢，越大夫。○史记越世家诸作"柘"。曰："寡君勾践，使下臣郢不敢显然布币行礼，布，陈也。币，玉帛也。显，犹公露也。敢私告于下执事曰〔四〕：昔者越国见祸，得罪于天王，见祸于天。得罪，谓伤阖庐。言天王，尊之以名。○俞樾曰："天王，犹大王也。广雅释诂：'天，大也。'尚书多士篇曰：'肆余敢求尔于天邑商。'孟子滕文公下篇云：'唯臣附于大邑周。'天邑与大邑，文异而义同。此传越人称吴为天王，至战国时无不称大王者，天王与大王，亦文异而义同。然则春秋书天王，其义亦如此而已。"天王亲趋玉趾，以心孤勾践，趾，足也〔五〕。孤，弃也。○俞樾曰："韦解非也。孤之言顾也。释名释亲属曰，'孤，顾也'，是孤有顾义。诗那篇：'顾予烝尝。'郑笺曰：'顾，念也。'以心孤勾践，而又宥赦之，言天王亲趋玉趾，本将治越之罪，因顾念勾践，而又宥赦之也。"汪远孙曰："孤，犹弱也。"元诰按：二说均可通。而又宥赦之。宥，宽也。君王之于越也，繄起死人而肉白骨也。繄，是也。使白骨生肉，德至厚也。孤不敢忘天灾，其敢忘君王之大赐乎！今勾践申祸无良，申，重也。良，善也。草鄙之人，敢忘天王之大德，而思边垂之小怨，远邑称鄙。言吴侵越之边垂，心怀怨恨。以重得罪于下执事？重得罪，谓报见侵也。勾践用帅二三之老，家臣称老，言此谦也。亲委重罪，顿颡于边。季，犹归也。边，边境。〇元诰按：顿颡，犹稽颡也。仪礼郑注："稽颡，头触地，无容也。"今君王不察，盛怒属兵，将残伐越国。察，理也。属，会也。残伐，谓隳会稽。越国固贡献之邑也，君王不以鞭棰使之，而辱军士使寇令焉。若御寇之号令。〇俞樾曰："尔雅释诂：'使，从也。'广雅释诂：'从，使也。'是从与使义通。使寇令焉，即从寇令焉，谓从御寇之令也。史记龟策传：'大将不强，卒不使令。'使令即从令，正可证明此文之义。"勾践请盟：一介嫡女，执箕帚以晐姓于王宫。一介，一人。晐，备也。姓，庶姓。曲礼曰："纳女于天子，曰备百姓。"〇惠栋曰："曲礼注云：'姓之言生也。天子，皇后以下百二十人，广子姓也。'时越以王礼尊吴，故云晐姓。"一介嫡男，奉盘匜以随诸御。盘，盛盥器。晋语曰："奉匜沃盥[六]。"御，近臣宦竖之属。春秋贡献，不解于王府。天王岂辱裁之[七]？岂能辱意裁制之。〇宋庠曰："解，佳卖反。"亦征诸侯之礼也。征，税也。此亦天子征税诸侯之礼。〇吴曾祺曰："征，伐也，不训'税'。"夫谚曰：'狐埋之而狐搰之，是以无成功。'埋，藏也。搰，发也。〇旧音曰："搰，户骨反。"今天王既封殖越国，以明闻于天下，封殖，以草木自喻。壅本曰封。殖，立也。明，显也。闻于天下，言天下备闻也[八]。而又刈之，是天王之无成劳也。芟草曰刈。劳，功也。〇元诰按：各本"刈"下有"亡"字，今依太平御览人事部九十七引国语删。虽四方之诸侯，则何实以事吴？实，实事也。〇元诰按：虽，语词，见经传释词。敢使下臣尽辞，惟天王秉利度义焉[九]。"秉，执也。义，宜也。

2　吴王夫差乃告诸大夫曰："孤将有大志于齐，欲伐齐也。吾将许越成，而无拂吾虑。拂，绝也。○俞樾曰："说文：'咈，违也。'字通作'拂'。而无拂吾虑者，而即'尔'字，盖吴王欲许越成，而惧大夫之不从，故先戒之曰，尔无拂吾之计虑也。韦解失之。"若越既改，吾又何求？若其不改，反行，吾振旅焉。"伐齐反，振旅而讨之。申胥谏曰："不可许也。夫越非实忠心好吴也〔一○〕，又非慑畏吾兵甲之强也。大夫种勇而善谋，将还玩吴国于股掌之上，以得其志。还，转也。玩，弄也。胫本曰股。夫固知君王之盖威以好胜也。盖，犹尚也。故婉约其辞，以从逸王志，婉，顺也。约，卑也。从，随也。○汪远孙曰："从，读为'纵败礼'之纵。论语为政篇：'七十而从心所欲。'皇侃读从为纵。"王念孙说同。使淫乐于诸夏之国，以自伤也。使吾甲兵钝弊，民人离落，而日以憔悴，离，叛也。落，陨也。憔悴，瘦病也。然后安受吾烬。夫越王好信以爱民，四方归之，年谷时熟，日长炎炎。炎炎，进貌。○陈瑑曰："以炎炎为进，'火曰炎上'之义。"及吾犹可以战也，为虺弗摧，为蛇将若何？"虺小蛇大也〔一一〕。传曰："封豕长蛇。"○陈瑑曰："诗疏引孙炎云：'江淮以南谓虺为蝮，广三寸，头如拇指，有牙，最毒。'"元诰按：说文虺作"虫"。吴王曰："大夫奚隆于越，奚，何也。隆，盛也。○元诰按：隆有高义，尔雅释山邢疏云："山形，中央蕴聚而高者名隆。"此文"大夫奚隆于越"，谓子大夫何高视乎越也。卑之之词，故下言"不足为大虞"。越曾足以为大虞乎？虞，度也。○王念孙曰："虞，忧也。韦注失之。"若无越，则吾何以春秋曜吾军士？"乃许之成。将盟，越王又使诸稽郢辞曰："以盟为有益乎？前盟口血未干，<small>未干，喻近。</small>足以结信矣。以盟为无益乎？君王舍甲兵之威以临使之，而胡重于鬼神而自轻也？"吴王乃许之，荒成不盟。<small>荒，空也。</small>

3 吴王夫差既许越成，乃大戒师徒，将以伐齐。申胥进谏曰："昔天以越赐吴，而王弗受。夫天命有反，<small>反，谓盛者更衰，祸者有福。</small>今越王勾践恐惧而改其谋，舍其愆令，<small>舍，废也。愆，过也。</small>轻其征赋，施民所善，去民所恶，身自约也，裕其众庶，<small>裕，饶也。</small>其民殷众，<small>殷，盛也。</small>以多甲兵。越之在吴也，犹人之有腹心之疾也。夫越王之不忘败吴，于其心也伏然，服士以伺吾闲。<small>伏，犹惕也。闲，隟也。○各本伏作"戚"，注同。王念孙曰："诸书无训戚为'惕'者，说文：'伏，惕也。'春秋国语曰："于其心也伏然"。'然则今本作'戚'者，乃'伏'字之误。而韦所见本正作'伏'，不作'戚'，故与说文同训为'惕'也。广雅曰：'伏，慎，愼也。'玉篇曰：'愼，心动也。'广韵曰[一二]：'伏，意慎伏也。'义与惕并相近。"汪远孙说同。元诰按：作"伏"是，今据改。服士，谓使士卒服习也。</small>今王非越是图，而齐、鲁以为忧。夫齐、鲁譬诸疾，疥癣也，<small>疥癣在外，为害微也。</small>岂能涉江、淮以与我争此地哉？将必越实有吴土。<small>壤地接而越修德也。</small>王盍亦鉴于人，无鉴于水。<small>鉴，镜也。以人为镜，见成败；以水为镜，见形而已。书曰："人无于水鉴，当于民鉴。"○明道本"盍"上有"其"字[一三]。</small>昔楚灵王不君，<small>不得为君之道。</small>其臣箴谏不入，<small>入，受也。○各本"谏"</small>

下衍"以"字，今依考正删。**乃筑台于章华之上**，章华，地名。**阙为石郭，陂汉，以象帝舜**。阙，穿也。陂，壅也。舜葬九疑，其山体水旋其丘，故壅汉水使旋石郭，以象之也。○元诰按：章华，详见楚语。**罢弊楚国，以间陈、蔡**。间，候也，候其隙而取之。鲁昭八年，楚灭陈；十一年灭蔡。○元诰按：陈、蔡，详见郑语。**不修方城之内**，方城，楚北山。○元诰按：方城，详见齐语。**踰诸夏而图东国**，诸夏，陈、蔡。东国，徐夷、吴、越。**三岁于沮、汾以服吴、越**。沮、汾，水名。楚东鄙沮、汾之间乾溪也。鲁昭六年，楚令尹子荡帅师伐吴，师于豫章，次于乾溪。○元诰按：沮水出今湖北房县西南二百里之景山，南流荆门县与漳水合，又东南过枝江县。今襄阳沮水左右皆曰沮中。"沮"字亦作"雎"。汾出今山西静乐县东北一百六十里之管涔山，南经霍县、临汾等县，至新绛折而西流，至河津县西南注入黄河。**其民不忍饥劳之殃，三军叛王于乾溪**。殃，害也。民罢国乱，中外叛溃。事在鲁昭十三年。○元诰按：乾溪，详见楚语。**王亲独行，屏营仿偟于山林之中，三日乃见其涓人畴**。涓人，今之中涓也。畴，名也。○广雅释训："屏营，伀伀也。"释诂："伀伀，惧也。"史记高祖功臣表引汉仪注："天子有中涓，如黄门，皆中官者。"汪远孙曰："古中涓为守卫之官。"**王呼之曰：'余不食三日矣。'畴趋而进，王枕其股以寝于地。王寐，畴枕王以璞而去之**。璞，块也。**王觉而无见也，乃匍匐将入于棘闱，棘闱不纳**，棘，楚邑。闱，门也。○元诰按：棘，据内传杜注，则当在今河南永城县南。而汪远孙谓，棘与棘闱为二，"棘闱"二字地名，今阙。韦以"闱"为门，非也。存考。**乃入芋尹申亥氏焉**。申亥，楚大夫，芋尹无宇之子。传曰："王沿夏将入鄢，芋尹无宇之子申亥曰：'吾父再奸王命，王弗诛，惠孰大焉〔一四〕。'乃求王，遇诸棘闱。"王缢，申亥负王以归，而土埋之其室。传曰："王缢，申亥以其二女殉而葬之〔一五〕。"此志也，岂遽忘于诸侯之耳乎？志，记也。言此事皆见记于诸侯之耳而未忘也。○吴曾祺曰："志为记事之书，如春秋之类，不必训'记忆'。"今王既变鲧、禹之功，王，夫差。变，易也。鲁语曰："禹能以德修鲧之功。"而高高下下，以罢民于姑苏。高高，起台榭。下下，深污池。姑苏，台名，在吴西，近湖。○元诰按：姑苏，山名，在今江苏吴县西南三十里，亦称胥台山，吴王筑台其上，因以为名。据墨子云，夫差筑姑苏之台，七年不成，是其疲民可知。天夺吾食，都鄙荐饥。天夺吾食，稻蟹也。都，国也。鄙，边邑也。荐，重也。今王将很天而伐齐。很，违也。夫吴民离矣，有离叛也。体有所倾，譬如群兽然，一个负矢，将百群皆奔，倾，伤也。言众兽群聚其中，一个被矢，则百群皆走。以言吴民临陈就战，或小有倾伤，亦复然也。○汪远孙曰："方言：'介，特也。物无耦曰特，兽无耦曰介。'个、介古字通。"王其无方收也。方，道也。收，还也。越人必来袭我，王虽悔之，其犹有及乎？"王弗听。十二年，遂伐齐，夫差十二年，鲁哀十一年。齐人与战于艾陵，艾陵，齐地。○沈镕曰："今山东莱芜县东北有艾陵亭。"齐师败绩，吴人有功。传曰："获齐国书，革车八百乘，甲盾三千。"

4　吴王夫差既胜齐人于艾陵，乃使行人奚斯释言于齐，奚斯，吴大夫。释，解也。以言辞自解，归非于齐。○元诰按：行人奚斯，即檀弓之行人仪也，见古今人表。言，谓间隙也，详见晋语解，韦注非。

曰："寡人帅不腆吴国之役，○明道本"帅"下有"师"字，衍。遵汶之上。役，兵也。汶，齐水名。○元诰按：汶水有二：其出今山东莱芜县东北七十里之原山者，径汶上县，分流南北，今运河全资汶水，汉志所谓"西南入泲"之故道，已湮，此禹贡"浮于汶"，尔雅"汶为澜"之汶也；其出今山东临朐县沂山，至安邱县合潍水者，水经注所谓"东汶水"也。而述征记泰山郡水皆名汶，齐乘亦有三汶，则以汶名者，不止二矣。此文汶不知孰指。不敢左右，唯好之故。不敢左右暴掠齐民，唯有恩好之故也。○王念孙曰："广雅：'敢，犯也。'言不犯君之左右，唯有恩好之故也。韦注失之。"俞樾曰："韦解未得'左右'二字之义。此'左右'二字，即承上文'遵'字而言，谓遵循汶水而行，不敢左右迤邪以犯猎齐地也。"元诰按：俞说于上下文较合。今大夫国子兴其众庶，以犯猎吴国之师徒，国子，齐卿国书也。犯，陵也。猎，虐也[一六]。○文选羽猎赋注引贾逵曰："猎，取也。"天若不知有罪，则何以使下国胜？"下国，吴自谓。言天若不知有罪，何以使吴胜齐也。

5　吴王反自伐齐，乃讠束申胥讠束，告让也。○元诰按：各本讠束作"讯"，今依太平御览资产部三引国语订正。曰："昔吾先王体德圣明，达于上帝，先王，阖庐。上帝，天也。譬如农夫作耦，以刈杀四方之蓬蒿，二耜为耦。言子胥佐先王，犹耕者之有耦，以成其事。以立名于荆，此则大夫之力也。立名于荆，谓败楚于柏举，昭王奔随时。今大夫老，而又不自安恬逸，恬，犹静也。逸，乐也。而处以念恶，处，居也。居则念为恶于吴国。出则罪吾众，罪吾众，谓"吴民离矣，体有所倾"之属。挠乱百度，挠，扰也[一七]。度，法也。以妖孽吴国。妄为妖言"越当袭吴"。今天降衷于吴，衷，善也。齐师受服。孤岂敢自多，先王之钟鼓，寔式灵之〔一八〕。式，用也。灵，神也。敢告于大夫。"申胥释剑而对曰："昔吾先王世有辅弼之臣，言阖庐以前。以能遂疑计恶，遂，决也。计，虑也。以不陷于大难。今王播弃黎老，鲐背之耇称黎老。播，放也。而孩童焉比谋，孩，幼也。比，合也。○王引之曰："焉，犹是也，言孩童是比谋也。"元诰按：明道本"而"下有"近"字，衍。曰：'余令而不违。'不违，言莫违也。夫不违，乃违也。乃违道也。夫不违，亡之阶也。夫天之所弃，必骤近其小喜，小喜，胜敌之喜〔一九〕，"纣之百克"是也。而远其大忧。大忧在后，故远也。王若不得志于齐，而以觉寤王心，吴国犹世。世，继世。吾先君之得之也，必有以取之；得，谓克楚。传曰："阖庐食不二味，勤恤其民。"取之，谓此也。其亡之也，亦有以弃之。亡之，谓不正其师，以班处官，复为楚所败。用能援持盈以没，盈，满也。没，终也。而骤救倾以时。以时，不失时也〔二○〕。一切经音义九引贾逵曰："骤，疾也。"今王无以取之，言无政德。而天禄亟至，亟，数也。是吴命之短也。员不忍称疾辟易，以见王之亲为越擒也。○元诰按："越"下有"之"字，依许本删。员请先死。"遂自杀。辟易，狂疾。○汪远孙曰："易，读为痬。广雅释诂：'痬，痴也。'"将死，曰："以悬吾目于东门，○史记伍子胥传正义曰："东门，鳝门，谓鲟门也。"汪远孙曰："鳝，鲟，即今之胥门〔二一〕。吴阖庐建姑苏台在胥门，盖胥门即古之东门也。张守节以今之葑门为吴东门，恐非是〔二二〕。"以见越之入，吴国之亡也。"王愠曰："孤不使大夫得有见也。"乃

使取申胥之尸，盛以鸱鴺，而投之于江。鸱鴺，革囊。○黄丕
烈曰：“鸱鴺，取其多容，谓如鸱之腹，如鴺之胡也。陆机云：‘鴺胡，颔
下胡如数升囊，能群抒小泽水，满其胡而弃之，水尽乃食鱼。’”元诰按：
鴺，说文或作“鹈”，本又作“夷”，鴺为正字也。

6　吴王夫差既杀申胥，不稔于岁，稔，熟也。谓后年不至于熟
而北征也。夫差以哀十一年杀子胥，十二年会鲁于橐皋。乃起师北
征。阙为深沟，通于商、鲁之间，阙，穿也。商，宋也。北属之
沂，沂，水名，出泰山，盖南至下邳入泗。○元诰按：沂水出今山东沂水
县西北一百七十里之雕崖山，（即沂山西峰，沂山即东泰山。）接蒙阴县
北境，故清一统志云“出蒙阴县北”也，南流经兰山县，至江苏邳县入运
河。西属之济，济，宋水。○元诰按：济水为四渎之一，字本作“泲”，
与直隶赞皇县之济水别源，出河南济源县西王屋山，东南流为潴龙河，
入黄河。其故道本过黄河而南，东流经开封县，分南北二支，今唯河北发
源处尚存。以会晋公午于黄池。黄池，地名。晋公午，晋定公也。
黄池会在鲁哀十三年。○元诰按：黄池，在今河南封丘县西南七里。于
是越王勾践乃命范蠡、舌庸，二子，越大夫〔二三〕。○明道本舌
作“后”，非。率师沿海泝淮以绝吴路，沿，顺也。逆流而上曰泝。
循海而逆入于淮，以绝吴王之归路。○朱骏声曰：“淮水出今河南桐柏
县桐柏山，经安徽清河县合于河，经安东县云梯关入于海。”败王子
友于姑熊夷。姑熊夷，吴郊也。王子友，夫差太子也。夫差未及反，
越伐吴，吴拒之，获太子友。越王勾践乃率中军泝江，吴江。或
有“淮”字者，误。○元诰按：吴江，即今松江，古名笠泽，在今江苏吴江

县东门外，即长桥下分太湖之流而东出者。以袭吴，入其郛，郛，郭也。焚其姑苏，徙其大舟。大舟，王舟。徙，取也。○吴越春秋作“焚姑胥台”。吴、晋争长未成，长，先也。成，定也。边遽乃至，以越乱告。遽，传也。○汪远孙曰：“乃，读为仍。说文，仍从乃声，二字古同声通用。内传哀十三年疏引外传作‘仍至’。”元诰按：汉书王莽传：“吉瑞累仍。”注：“仍，频也。”吴王惧，乃合大夫而谋曰：“越为不道，背其齐盟。齐，同也。今吾道路悠远，悠，长也〔二四〕。○一切经音义九引贾逵曰：“悠，长也。”元诰按：明道本悠作“修”。无会而归，与会而先晋，孰利？”先晋，令晋先歃。王孙雒曰：“夫危事不齿，王孙雒，吴大夫。齿，年也，不以年次对也。雒敢先对。二者莫利。无会而归，越闻章矣，民惧而走，远无正就。正，适也。齐、宋、徐、夷曰‘吴既败矣’，宋，今睢阳。徐，今大徐。夷，淮夷。将夹沟而㕂我，旁击曰㕂。○陈瑑曰：“说文：‘㕂，广也，春秋国语曰：“夹沟而㕂我〔二五〕。”’许氏据此以释㕂之为‘广’，则㕂我者，谓牵曳之，使势分广也。”旧音曰：“㕂，昌尔反。”我无生命矣。会而先晋，晋既执诸侯之柄以临我，将成其志以见天子。以侯伯之礼见天子。吾须之不能，不能待见天子。去之不忍，若越闻愈章，愈，益也。吾民恐叛。必会而先之。”先，吴先歃。王乃步就王孙雒曰：“先之，图之将若何？”王孙雒曰：“王其无疑，吾道路悠远，必无有二命，焉可以济事。”欲决一计，求先晋。济，成也。○王引之曰：“焉，犹乃也。言必无有二命，乃可以济事也。”王孙雒进，顾揖诸大夫曰：“危事不可以为安，死事不可以为生，则无为贵智矣。言人不能以危易安，以死易生，

578

则何贵于智矣。民之恶死而欲贵富以长没也，与我同。长，老也。没，终也。○明道本民之作"民以"。虽然，彼近其国，有迁；我绝虑，无迁。迁，转退也。绝虑，道远。○吴曾祺曰："谓去国既远，无恋土之心，安心死战，故曰无迁。"彼岂能与我行此危事也哉？言晋不能以死与我争。事君勇谋，于此用之。勇而有谋，正谓今时。今夕必挑战，以广民心。挑晋求战，以广大民心，示不惧也。请王厉士，以奋其朋势，朋，群也。勉厉士卒，以奋激其群党之势，使有斗心。○王念孙曰："朋，读为冯。冯势，盛怒之势也。方言：'冯，怒也，楚曰冯。'郭注曰：'冯，恚甚貌。'昭五年左传：'今君奋焉，震电冯怒。'杜注曰：'冯，盛也。'楚辞天问：'康回冯怒。'是冯为盛怒也。作'朋'者，假借字耳。史记田完世家之韩冯，韩策作'韩朋'。艺文类聚宝部下引六韬曰：'九江得大贝百冯。'淮南道应篇作'大贝百朋'。是冯与朋古字通，犹'溯河'之溯通作'冯'也。韦训朋为'群'，失之。"汪远孙说同。劝之以高位重畜，重畜，宝财。备刑戮以辱其不励者，备，具也。令各轻其死。彼将不战而先我，推先我也。○元诰按：谓推吴先歃也。我既执诸侯之柄，为盟主，故执柄。以岁之不获也，无有诛焉，获，收也。诛，责也。不责诸侯之贡赋。而先罢之，罢遣诸侯，令先归。诸侯必说。说，喜也。既而皆入其地，入其国境。王安挺志，挺，宽也。○王引之曰："安，犹乃也。"一日惕，一日留，惕，疾也。留，徐也。以安步王志。步，行也。必设以此民也，封于江、淮之间，乃能至于吴。"设，许其劝勉者。以此民封之于江淮间以诱之〔二六〕，必速至也。吴王许诺。

7 吴王昏乃戒，令秣马食士。秣，粟也。○元诰按：秣马，谓饲马粟也。食，音寺，通作饲。士，卒也。**夜中，乃令服兵擐甲**，夜中，夜半也。服，执也。擐，贯也。甲，铠也。○元诰按：兵，兵器也。**系马舌，出火灶**，系，缚也。缚马舌，恐有声也。出火于灶外，以自烛。**陈王卒，百人以为彻行，百行**。彻，通也。以百人为一行，百行为万人，谓之方陈。○各本王卒作"士卒"。王念孙曰〔二七〕："既言卒，无庸更言士〔二八〕。士卒，当为王卒之误。王卒者，中军之卒。中军从王，故其卒谓之王卒。自'陈王卒'至'王亲秉钺，载白旗以中陈而立'，皆指中军言之。下文言左、右军亦如之，而此不言中军者〔二九〕，言王卒，则中军不待言也。"元诰按：王说是，今据改。行，音户郎反，下并同。**行头皆官师，拥铎拱稽**，三君皆云："官师，大夫也。"昭谓：下言"十行一嬖大夫"〔三○〕，此一行宜为士。周礼："百人为卒，卒长皆上士。"拥，犹抱也。拱，执也。抱铎者，亦恐有声也。唐尚书云："稽，棨戟。"郑司农以为"稽，计兵名籍也。"周礼："听师田以简稽。"○宋庠本官师作"官帅"。王念孙曰〔三一〕："作'官帅'非是。祭法'官师一庙'，郑注云：'官师，中士、下士也。'故韦云'此一行宜为士'。行头皆官师者，谓在平时则为官师，在此时则为一行之长也。遍考经传，士称官师，而不称官帅。至史记始有'官率将'之语，不得援以为据。"元诰按：补音反以"师"为非，失之。**建肥胡，奉文犀之渠**。肥胡，幡也。文犀之渠，谓楯也。文犀，犀之有文理者。○陈瑑曰："幡，古之徽号也，所以表题官号，以为符信，见崔豹古今注。吴建肥胡，以题行头官师之徽号也。"汪远孙曰："胡，幅之下垂者也。肥，古与飞通，（易'肥遯'亦作'飞'，见文选思玄赋及注。）盖言其飞扬之意。渠，大也。韦解渠

国语集解

580

为楯。文犀之楯，谓大楯。”元诰按：淮南泛论训篇高注云：“渠，甲名也。”引此文作“奉文渠之甲”。**十行一嬖大夫**，十行，千人。嬖，下大夫也〔三二〕。子产谓子南曰：“子皙，上大夫。汝，嬖大夫。”〇王念孙曰〔三三〕：“在平时为大夫，在此时则为十行之长也。下‘十旌一将军’，亦是平时为卿，而此时为将军，故周官云‘军将皆命卿’也。”**建旌提鼓**，析羽为旌。提，擎也。**挟经秉枹**。在掖曰挟。经，兵书也。秉，执也。〇俞樾曰：“世无临阵而读兵书者，经，当读为茎，谓剑茎也。考工记桃氏曰：‘以其腊广为之茎围。’注曰：‘郑司农云：“茎，谓剑夹，人所握镡以上也。”玄谓：茎，在夹中者。茎长五寸。’此云挟茎，正谓此矣。作‘经’者，假字耳。韦训‘兵书’，失之。”元诰按：枹，鼓槌也。字亦作“桴”，扶鸠切。**十旌一将军**，十旌，万人。将军，命卿。〇襄十三年左传孔疏引吴语：“百人为行，十行一旌，十旌一将军。”引司马法云：“十人之帅执铃，百人之帅执铎，千人之帅执鼓，万人之将执大鼓。”**载常建鼓，挟经秉枹**。日月为常。鼓，晋鼓也。周礼：“将军执晋鼓。”建，谓为之楹而树之。〇陈瑑曰：“周礼晋鼓之制，长六尺有六寸，与上‘提鼓’不同。”元诰按：常为九旗之一，亦曰“大常”，周礼司常所谓“王建大常”是也。韦注“日月为常”，亦是周礼司常文。明道本常作“裳”，下同。**万人以为方陈**，百行，故万人，正四方也。**皆白常、白旗、素甲、白羽之矰，望之如荼**。交龙为旗。素甲，白甲。矰，矢名，以白羽为卫。荼，茅秀也。〇集韵：“荼，草名。”诗出其东门篇孔传：“荼，英荼。”正义云：“六月‘白旆英英’，是白貌，茅之秀者，其穗色白。”**王亲秉钺**，〇元诰按：钺，本作“戉”，书顾命篇“一人冕，执戉”，郑注：“戉，大斧。”**载白旗以中陈而立**。熊虎为旗。此王所帅中军。**左**

581

军亦如之，亦如中军"载常建鼓，挟经秉枹"之属。皆赤常、赤旗、丹甲、朱羽之矰，望之如火。鸟隼为旟。尚赤，左为阳也。丹，彤也。朱羽，染为朱也。右军亦如之，皆玄常、玄旗、黑甲、乌羽之矰，望之如墨。黑，漆甲也。尚黑，右阴也。为带甲三万，带甲，衿铠。以势攻，○吴曾祺曰："谓示以将攻之势。"鸡鸣乃定。既陈，去晋军一里。昧明，王乃秉枹，亲就鸣钟鼓、丁宁、镎于，振铎，丁宁，令丁，谓钲也〔三四〕。唐尚书云，"镎于，镯"，非也。镎于与镯各异物，军行鸣之，与鼓相应。○元诰按：丁宁、镎于，详见晋语解。勇怯尽应，三军皆哗扣以振旅，哗扣，讙呼。○陈瑑曰："扣，本训金饰器口。此云'哗扣'者，扣、叩同声，盖叩金声，以应哗呼也。"王念孙曰〔三五〕："扣，当读为呴，字或作'呴'，俗作'吼'。说文：'呴，厚怒声。'一切经音义十九引国语作：'三军哗呴。'又引贾逵注云：'呴，讙也〔三六〕。'与韦注'讙呼'同义。作'扣'者，借字耳。音呼垢反。"元诰按：王说为长。其声动天地。晋师大骇不出，周军饬垒，周，绕也。饬，治也。乃令董褐请事，董褐，晋大夫司马寅〔三七〕。请，问也。曰："两君偃兵接好〔三八〕，日中为期，偃，匿也。接，合也。今大国越录，录，第也。○吴越春秋作"越次"。而造于弊邑之军垒，敢请乱故。"敢问先期乱次之故。○吴越春秋乱作"辞"，误。吴王亲对之曰："天子有命，周室卑约，贡献莫入，上帝鬼神而不可以告，言无以告祭于天神人鬼。无姬姓之振也。振，救也。徒遽来告孤，日夜相继。徒，步也。遽，传车也。匍匐就君，今君非王室不平安是忧，○明道本脱"君"字。亿负晋众庶，不式诸戎、狄、楚、秦，亿，安也。负，恃也。安恃其众，而不用征伐戎、狄、楚、秦卑周者。**将不长弟以力征一二兄弟之国。**弟，言幼也。

言晋不帅长幼之节，而征伐同姓兄弟之国，谓鲁、卫之属。或云"谓晋灭虞、虢、韩、魏"，然灭虞、虢、韩、魏皆在春秋之始，非所以责定公。○王念孙曰："长弟者，仁爱之义，倒言之则曰'弟长'。乡饮酒义曰：'焉知其能弟长而无遗矣。'弟长而无遗，言德厚之遍及于众也。韦注失之。"元诰按：下文又云"孤敢不顺从君命长弟"，寻传意，似训长弟为长幼先后之义为是。**孤欲守吾先君之班爵，**爵次当为盟主。**进则不敢，**不敢过先君。**退则不可。**亦不可不及也。○吴曾祺曰："此二句注语不合。盖言兵之进退，非蒙上'班爵'而言。"**今会日薄矣，**薄，迫也。**恐事之不集，以为诸侯笑。**集，成也。**孤之事君在今日，不得事君亦在今日。**言欲战以决之也。不胜，则服事君〔三九〕，胜之，则为盟主。○汪中曰："言好则盟，恶则战耳，恐喝之词。注非。"**为使者之无远也，孤用亲听命于藩篱之外。"**藩篱，壁落。**董褐将还，王称左畸曰："摄少司马兹，与王士五人，坐于王前。"**贾、唐二君云："称，呼也。左畸，军左部也。摄，执也。少司马兹与王士五人，皆罪人死士也。"**乃皆进，自刭于客前以酬客。**贾、唐二君云："刭，到也。酬，报也。将报客，使死士自刭，以示其威行，军士用命也。"昭谓：鲁定十四年，吴伐越，越王使罪人自刭以误吴。故夫差效之。○明道本"自刭"，自作"曰"，误。**董褐既致命，**致命于晋君。**乃告赵鞅**赵鞅，晋正卿赵简子也。**曰："臣观吴王之色，类有大忧，**类，似也。传曰："肉食者无墨，今吴王有墨。"墨，黑气也。**小则嬖妾、嫡子死，不则国有大难，**大难，反叛。○元诰按：不，即否。**大则越入吴。将毒，不可与战。**毒，犹暴也。言若猛兽被毒悖暴也〔四○〕。

吴语第十九

主其许之先，无以待危，主，赵鞅。然而不可徒许也。"徒，空也。言不可空许，宜有辞义。赵鞅许诺。晋乃令董褐复命曰："寡君未敢观兵身见，观，示也。使褐复命曰：曩君之言，曩，向也。周室既卑，诸侯失礼于天子，谓不朝贡。○明道本"诸侯"下有"大夫"二字，衍。请贞于阳卜，收文、武之诸侯。贞，正也。龟曰卜，以火发兆，故曰阳。言吴欲正阳卜，收复文王、武王之诸侯以奉天子。○陈瑑曰："贞，卜问也，从卜，贝以为贽，故曰'贞于阳卜'。"董增龄曰："龟卜未有不以火发兆者，不得于此文独言阳卜。春官天府疏引旧注云：'问卜，内曰阴，外曰阳。'合诸侯朝天子是外事，故曰阳卜。"孤以下密迩于天子，无所逃罪，孤以下，晋辞也。密，比也。迩，近也。诤让日至，诤，告也。○元诰按：各本诤作"讯"，今依段玉裁说改。曰：昔吴伯父不失春秋，必率诸侯以顾在余一人。此晋述天子告让之言也。同姓元侯曰伯父。吴伯父，吴先君。不失，四时必率诸侯修朝聘之礼。○尔雅释诂："在，存也。"今伯父有蛮荆之虞，礼世不续，今，谓夫差。虞，度也。言夫差有蛮荆之备，废朝聘之礼，不得继世续前人之职。用命孤礼佐周公，以见我一二兄弟之国，以休君忧。休，息也。周公，周之大宰，诸侯之师。言君有蛮荆之虞，故命晋侯以礼佐助周公，与兄弟之国相见，命朝聘天子。息君忧，周之忧也[四一]。今君掩王东海，以淫名闻于天下，掩，盖也。淫，犹僭也。名，号也。○元诰按：各本天下作"天子"，今据内传疏、文选注引订正。君有短垣，而自踰之，垣者，喻礼防虽短，不可踰也。言王室虽卑，不可僭也。况蛮荆则何有于周室？言吴姬姓，而自僭号，况于蛮荆，有何义于周室而不为乎？○吴曾祺曰："内传'虽戎狄

其何有余一人',言犹如无有也。注近于牵强。"夫命圭有命,固曰
吴伯,不曰吴王,命圭,受赐圭之策命。周礼:"伯执躬圭。"吴本称
伯,故曰吴伯。诸侯是以敢辞。辞不事吴。夫诸侯无二君,而
周无二王,君若无卑天子以干其不祥,干,犯也。而曰吴公,
孤敢不顺从君命长弟?"长,先也。弟,后也。○元诰按:各本下
有"许诺"二字,涉下文"吴王许诺"而衍,今据哀十三年左传正义引国
语删。吴王许诺,乃退就幕而会。幕,帐也。○说文:"帷在上曰
幕。"史记李广传索隐:"凡将军谓之幕府者,盖兵门合施帷帐,故称幕
府。"吴公先歃,○元诰按:此夫差闻董褐言,改称公。晋侯亚之。
吴王既会,越闻愈章,恐齐、宋之为己害也,乃命王孙雒
先与勇获帅徒师,以为过宾于宋,以焚其北郭焉而过之。
勇获,吴大夫。徒师,步卒也。郭,郭也。托为过宾而焚其郭,去其守备,
使不敢出。○汪远孙曰:"为,古'伪'字。韦云'托为过宾',是亦读为
'伪'也。"

8　吴王夫差既退于黄池,乃使王孙苟告劳于周,王孙苟,吴
大夫。劳,功也。曰:"昔者楚人为不道,不承共王事,以远
我一二兄弟之国。远,疏也。○元诰按:共,音供。吾先君阖庐
不贳不忍,贳,赦也。○宋庠曰:"贳,式制反。"被甲带剑,挺铍
搢铎,挺,拔也。搢,振也。○段玉裁曰:"实剑而以刀削裹之,是曰铍。"
元诰按:说文:"铎,大铃也。"古者文事奋木铎,武事奋金铎。以与楚
昭王毒逐于中原柏举。柏举之战在鲁定四年。毒,暴也。中原,原
中也。天舍其衷,衷,善也,言天舍善于吴。楚师败绩,王去其国,

昭王奔随。遂至于郢。郢，楚都。○元诰按：郢，在今湖北江陵县北，楚武王自丹阳、今秭归县徙此。王总其百执事，贾侍中云："王，往也。百执事，百官。"昭谓：王，阖庐也。贾君以为告天子，不宜称王，故云"往也"。下言"夫概王"，不避天子，故知上"王"为阖庐。以奉其社稷之祭。言修楚祭祀。其父子昆弟不相能，夫概王作乱，是以复归于吴。昆，兄也。夫概王，阖庐之弟。传曰："夫概王先归，自立。"故不能定楚而归。今齐侯壬不鉴于楚。壬，齐景公孙，悼公之子简公也。不鉴楚，不以楚败为鉴戒。又不承共王命，以远我一二兄弟之国。说云："谓齐纳栾盈以伐晋。"昭谓：兄弟，鲁也。哀十一年春，齐伐鲁，故其年吴会鲁以伐齐。夫差不贳不忍，被甲带剑，挺铍搢铎，遵汶伐博，博，齐别都。○元诰按：博，今山东泰安县治。簦笠相望于艾陵。唐尚书云："簦，夫须也。"昭谓：簦笠，备雨器。相望，谓不避暑雨。艾陵之战在上，传曰："五月克博，至于赢"是也。○急就篇注曰："大而有把手执以行，谓之簦；（元诰按：即今雨盖。）小而无把，首戴以行，谓之笠。"天舍其衷，齐师还。言败而还。夫差岂敢自多，文、武实舍其衷。文、武二后。归不稔于岁，言伐齐之明年，不至于谷熟而复出师。余沿江泝淮，阙沟深水，出于商、鲁之间，以彻于兄弟之国。兄弟，诸姬。夫差克有成事，敢使苟告于下执事。"克，能也。成事，成功也。周王答曰："苟，伯父命女来，明绍享余一人，若余嘉之。周王，周景王子敬王匄。绍，继也。享，献也。继先王之礼，献我一人，我心诚嘉之。昔周室逢天之降祸，遭民之不祥，说云："谓民流厉王于彘。"昭谓：祸，谓子朝篡立，敬王出奔。民，成周之民，助子朝者也。余心岂忘忧恤，不唯下土之不康靖。不但忧四方，乃忧王室也。今伯父曰'勠力同德'，勠，并也。伯父若能然，余一人兼受而介福。而，汝也。介，大也。伯父多历年以没元身，元，善也。○俞樾曰："以没元身，甚为无义。元，疑'亓'字之误。亓，古文'其'字。盖言伯父多历年以没其身也。集韵曰：'其，古文作"亓"。'亓与元相似，因而致误。"伯父秉德已侈大哉！侈，犹广也。

9　吴王夫差还自黄池，息民不戒。戒，儆也。越大夫种乃唱谋发始为唱。曰："吾谓吴王将遂涉吾地，今罢师而不戒以忘我，我不可以怠也。日臣尝卜于天，日，昔日。卜于天，天若弃吴，必许吾成，既罢弊其民，天夺之食，安受其烬之言者〔四二〕。今吴民既罢，罢，劳也。而大荒荐饥，市无赤米，赤米，米之奸者，今尚无有〔四三〕。○程大昌曰："赤米，今俗谓红霞米，田之高仰者种之，以其早熟且耐旱也。"而囷鹿空虚，员曰囷，方曰鹿。○汪远孙曰："说文：'廪谓之囷，方谓之京。'是方仓曰京，不曰鹿也。"元诰按：鹿为簏之假借字，说文："簏，竹高箧也。"簏系于笆、籭篆下，则盛谷之器。广韵一屋引贾逵曰："庾，庾也。"字又作"廘"，俗字也。露积曰庾，不以鹿为方仓。其民必移就蒲蠃于东海之滨。蒲，深蒲也。蠃，蚌蛤之属。滨，涯也。○汪远孙曰："蒲蠃又作'薄蠃'、'蒲卢'、'仆累'、'蚹蠃'、'蟆螺'，皆声转通用。蚌蛤之属，多生海滨之地。韦注以为二物，失之。深蒲所在皆有，不必移就海滨也。"王引之说同〔四四〕。天占既兆，兆，见也。人事又见，谓怨诽。我蔑卜筮矣。○吴曾祺曰："谓越之胜无待卜筮也。"王若今起师以会，夺之利，无使夫悛。悛，改也。○吴曾祺曰："夫，指吴王。宋公序本作'失'，非。"元诰按：汉书贾谊传"夫将为我危颜"，注："夫，犹彼人耳。"是其义。**夫吴之边鄙远者罢而未至，**罢，归也。**吴王将耻不战，必不须至之会也，**不待远兵。**而以中国之师与我战。**中国，国都。**若事幸而从，我遂践其地，**○各本"从"下重"我"字为句，韦注曰："言从我而战。"俞樾曰："上文曰'吴王将耻不战，必不须至之会也，而以中国之师与我战'，然则吴从我战，乃意中之事，何以云'若事幸而从我'乎？吴从我战，我又安能遂践其地乎？韦注非也。今按：上'我'字乃衍文，国语原本云'若事幸而从'为句，'我遂践其地'为句。广雅释诂曰：'从，就也。'事幸而从者，事幸而就也。晋语曰'今日之事幸而集'。韦注曰：'集，成也。''幸而从'与'幸而集'义同，此言吴王不待远兵之至，而以中国之兵与我战，我若幸而战胜，则我可遂践其地也。因涉下句而衍'我'字。韦以'从我而战'释之，失其旨矣。"元诰按：俞说得之，今据以删正。又明道本幸作"卒"，误。**其至者亦将不能之会也已，**言吴边鄙虽来，将不能会战。**吾用御儿临之。**御儿，越北鄙，在今嘉兴。言吴边兵若至，吾以御儿之民临敌之〔四五〕。○元诰按：御儿，即春秋之檇李地也。御，汉书两越传作"语"，今浙江崇德县东南一里有语溪，即御儿乡地也。**吴王若恼而又战，**恼，怒也。**幸遂可出。**使出奔也。○明道本幸作"奔"，误。**若不战而结成，**成，平也。**王安厚取名而去之。"**○王引之曰："安，犹乃也。于，是也。"**越王曰："善哉。"乃大戒师，将伐吴。楚申包胥使于越，**申包胥，楚大夫王孙包胥也。○汪远孙曰："申包胥，战国策作'梦冒勃苏'。勃苏即包胥。梦、蚡古字通，盖蚡冒之裔，楚之同姓，故以王孙为氏。

申，其所食邑也。"元诰按：伍子胥后奔吴，吴与之申，亦号申胥。勿混。

越王勾践问焉，曰："吴国为不道，求残我社稷宗庙，以为平原，弗使血食。吾欲与之徼天之衷，徼，要也。唯是军马、兵甲、卒伍既具，无以行之。行，犹用也。请问战奚以而可？"以，用也。包胥辞曰："不知。"谦也。王固问焉，乃对曰："夫吴，良国也。良，善也。○俞樾曰："良国者，大国也。凡有善义者，即有大义。诗桑柔篇郑笺曰：'善，犹大也。'故尔雅释诂介训'大'，亦训'善'。广雅释诂佳训'善'，亦训'大'。然则良之本义为善，其引申义为大矣。礼记文王世子篇：'一有元良。'郑注曰：'元，大也。良，善也。'不知元为大，亦为善；良为善，亦为大，其义互通。"王引之曰："良有强义，良国，强国也。墨子公孟篇'身体强良'〔四六〕，齐高强字子良。"元诰按：说并可通。能博取于诸侯。取贡赋也。敢问君王之所以与之战者〔四七〕。"问政惠所行。王曰："在孤之侧者，觞酒、豆肉、箪食，未尝敢不分也。觞，爵名。豆，肉器。箪，饭器。饮食不致味，致，极也，不极五味之调。听乐不尽声，不尽五声之变。求以报吴。愿以此战。"包胥曰："善则善矣，未可以战也。"王曰："越国之中，疾者吾问之，死者吾葬之，老其老，敬长老。慈其幼，长其孤，问其病，求以报吴。愿以此战。"包胥曰："善则善矣，未可以战也。"此小惠，未遍，故未可用。王曰："越国之中，吾宽民以子之，忠惠以善之。吾修令宽刑，施民所欲，去民所恶，称其善，掩其恶，求以报吴。愿以此战。"包胥曰："善则善矣，未可以战也。"王曰："越国之中，富者吾安之，不专取也。贫者吾予之，救其不足，裁其有余，裁，谓有余则税之。使贫富皆利之，求以报吴。愿以此战。”包胥曰：“善则善矣，未可以战也。”王曰：“越国南则楚，西则晋，北则齐，西、南、北，皆以中国言之。春秋皮币、玉帛、子女以宾服焉，未尝敢绝，求以报吴。愿以此战。”包胥曰：“善哉，蔑以加焉，然犹未可以战也。夫战，智为始，仁次之，勇次之。不智，则不知民之极，极，中也。无以铨度天下之众寡；铨，称也。不仁，则不能与三军共饥劳之殃；不勇，则不能断疑以发大计。”越王曰：“诺。”越王勾践乃召五大夫五大夫，舌庸、苦成、大夫种、范蠡、皋如之属。曰：“吴为不道，求残吾社稷宗庙，以为平原，不使血食。吾欲与之徼天之衷，唯是车马、兵甲、卒伍既具，无以行之。吾问于王孙包胥，既命孤矣。命，告也。敢访诸大夫，问战奚以而可〔四八〕？勾践愿诸大夫言之，皆以情告，无阿孤，孤将以举大事。”阿，曲从。大夫舌庸乃进对〇明道本舌作“后”，误。曰：“审赏则可以战乎？”王曰：“圣。”审赏，赏不失劳。圣，通也。大夫苦成进对〇春秋繁露对胶西王篇苦成作“车成”。曰：“审罚则可以战乎？”王曰：“猛。”能罚，则严猛也。大夫种进对曰：“审物则可以战乎？”王曰：“辩。”说云：“别物善恶。”昭谓：物，旌旗、物色、徽帜之属。辩，别也。大夫蠡进对曰：“审备则可以战乎？”王曰：“巧。”备，守御之备。巧，审密，不可攻入也〔四九〕。大夫皋如进对曰：“审声则可以战乎？”王曰：“可矣。”声，谓钲鼓进退之声〔五〇〕。声不审，则众惑也。王乃命有司大令于国曰：“苟任戎者，〇明道本任作

"在"，误。**皆造于国门之外。**"国门，城门。**王乃命于国曰："国人欲告者来告，**三君云："告不任兵事也。"昭谓：告者，谓有善计策，及职事所当陈白者也。不任兵事，则下所谓"眩瞀之疾"、"筋力不足以胜甲兵"者是也。○元诰按：三君说是也。上既命任戎者造于国门之外，此又命不任戎者来告以故，故下文云，告不审，则有戮也。若训告为陈白计策、职事，虽不审，何遽为戮乎？**告孤不审，将为戮不利，**不审，谓欺诈非实也。**及五日必审之，**使熟思计之也。**过五日，道将不行。"**道，术也。过五日则晚矣，军当出也，故术将不行。**王乃入命夫人。王背屏而立，夫人向屏。**屏，寝门内屏。王北向，夫人南向。**王曰："自今日以后，内政无出，外政无入。**内政，妇职。外政，国事。**内有辱，是子也。外有辱，是我也。吾见子于此止矣。"王遂出，夫人送王，不出屏，**礼，妇人送迎不出门。**乃阖左阖，填之以土，**闭阳开阴，示幽也。○孟子梁惠王疏引贾逵曰："填，塞也，满也。"**去笄侧席而坐，不扫。**笄，簪也。去笄，去饰也。侧，犹特也。礼，忧者侧席而坐。**王背檐而立，大夫向檐。**说云："檐，屋外边坛也。"唐尚书云："屋梠也〔五一〕。"昭谓：檐，谓之樀。樀，门户掩阳也。○尔雅释宫"檐，谓之樀"，邢疏云："檐交于檼上，一名樀，一名屋梠，一名宇，皆屋之四垂也。"**王命大夫曰："食土不均，地之不修，**○明道本"地"上有"土"字，衍。**内有辱于国，是子也。**均，平也。修，垦也。**军士不死，外有辱，是我也。自今日以后，内政无出，外政无入，**内，国政。外，军政。**吾见子于此止矣。"王遂出，大夫送王不出檐，**示当守备。**乃阖左阖，填之以土，侧席而坐，不扫。**示忧戚无饰也。**王乃之坛列，**坛在野，所以讲列士众誓告之处〔五二〕。鼓而行之，至于军，军，所军之地也。斩有罪者以徇，○史记司马穰苴传："以徇三军。"索隐曰："徇，行示也。"曰："莫如此以环瑱通相问也。"环，金玉之环。瑱，塞耳也。问，遗也。通，行赂以乱军。明日徙舍，斩有罪者以徇，曰："莫如此不从其伍之令。"明日徙舍，斩有罪者以徇，曰："莫如此不用王命。"明日徙舍，至于御儿，斩有罪者以徇，曰："莫如此淫逸不可禁也。"王乃命有司大徇于军曰："有父母耆老而无昆弟者，以告。"六十曰耆，七十曰老。王亲命之曰："我有大事，子有父母耆老，而子为我死，子之父母将转于沟壑，转，入也。○孟子公孙丑篇："老弱转于沟壑。"孙奭疏："转，转尸于沟壑也〔五三〕。"淮南主术训篇高注："转，弃也。"子为我礼已重矣。重矣，去父母而来也。子归，殁而父母之世。殁，终也。○元诰按：而，与汝通。后若有事，吾与子图之。"明日徇于军曰："有兄弟四五人皆在此者，以告。"王亲命之曰："我有大事，子有昆弟四五人皆在此，事若不捷，则是尽也。捷，胜也。择子之所欲归者一人。"明日徇于军曰："有眩瞀之疾者，以告。"○元诰按：一切经音义十二引国语瞀作"瞙"，又引贾逵曰："眩瞙，颠瞙也。"王亲命之曰："我有大事，子有眩瞀之疾，其归若已。若，汝也。已，止也。○吴曾祺曰："已，愈也。"元诰按：其归若已，犹言汝其休止而归也。后若有事，吾与子图之。"明日徇于军曰："筋力不足以胜甲兵，志行不足以听命者归，莫告。"○元诰按：言无来告归者。明日，迁军接和，上下皆和。○王引之曰："韦注非也。和，军门也。周官大司马

'以旌为左右和之门'，<u>郑</u>注：'军门曰和，今谓之垒门，立两旌以为之。'
<u>韩子外储说左篇</u>曰：'<u>李悝</u>与<u>秦</u>人战，谓左和曰："速上！右和以上矣。"
又驰而至右和曰："左和以上矣。"'是和有左右，每和立两旌，又各有左
右，或先或后，以次立之，故曰'接和'。接之言偮也〔五四〕，次也。接和
者，次和也。<u>西京赋</u>曰'次和树表'，是其义也。迁军接和，则壁垒已成，
部曲已定，乃斩有罪者以徇耳。一曰接和，地名。'明日迁军接和'，犹
上文言'明日徙舍至于<u>御儿</u>'也。"斩有罪者以徇，曰："莫如此
志行不果。"果，勇决也。于是人有致死之心。王乃命有司
大徇于军曰："谓二三子归而不归，处而不处，处，止也。进
而不进，退而不退，左而不左，右而不右，○明道本"左而不"
下，"右而不"下各衍一"在"字。身斩，妻子鬻。"鬻，卖也。于是
<u>吴王</u>起师，军于<u>江</u>北，<u>江</u>，<u>松江</u>，去<u>吴</u>五十里。○元诰按：<u>松江</u>，在
今<u>江苏吴江县</u>界，一名<u>笠泽</u>。<u>越王</u>军于<u>江</u>南。<u>越王</u>乃中分其师，
以为左右军，传曰："<u>越子</u>伐<u>吴</u>，<u>吴子</u>御之<u>笠泽</u>，夹水而陈。"在<u>鲁哀</u>
十七年。以其私卒君子六千人为中军。私卒君子，王所亲近，有
志行者。犹<u>吴</u>所谓贤良，<u>齐</u>所谓士。○<u>史记越世家集解</u>引<u>虞翻</u>曰："君子，
言君养之如子。"明日将舟战于江，及昏，乃令左军衔枚泝江
五里以须，须，须后命。亦令右军衔枚踰江五里以须。踰，度也。
夜中，乃令左军、右军涉江鸣鼓中水以须。夜中，夜半也。中
水，水中央也。<u>吴</u>师闻之大骇，曰："<u>越</u>人分为二师，将以夹
攻我师。"乃不待旦，亦中分其师，将以御<u>越</u>。不知<u>越</u>复有中
军，故中分其师以御之。<u>越王</u>乃令其中军衔枚潜涉。潜，默也。涉，
度也。不鼓不噪以袭攻之，<u>吴</u>师大北。军败奔走曰北。北，古之

“背”字。越之左军、右军乃遂涉而从之，又大败之于没，没，地名。又郊败之，郊，郭外。三战三北，三战，笠泽也、没也、郊也。乃至于吴。越师遂入吴国〔五五〕，围王宫。王宫，姑苏。○明道本宫作“台”，注同。吴王惧，使人行成，曰：“昔不谷先委制于越君，不言越委制于吴，谦而反之。君告孤请成，男女服从。孤无奈越之先君何，言越先君与吴有好。畏天之不祥，不敢绝祀，许君成，以至于今。今孤不道，得罪于君王，君王以亲辱于弊邑。○宋庠本“辱于”下有“孤之”二字〔五六〕。孤敢请成，男女服为臣御。”越王曰：“昔天以越赐吴，而吴不受。今天以吴赐越，孤敢不听天之命，而听君之令乎？”乃不许成。因使人告于吴王曰：“天以吴赐越，孤不敢不受。以民生之不长，长，久也。王其无死！民生于地上，寓也，寓，寄也〔五七〕。其与几何？言几何时。寡人其达王于甬、句东，达，致也。甬、句东，今句章东浃口外州也〔五八〕。○元诰按：甬、句东，越语注云：“甬，甬江。句，句章。”内传止作“甬东”。元和郡县志：“翁州入海二百里，即春秋所谓甬东地，其州周环五百里。”盖即今浙江定海县东北海中舟山也。夫妇三百，唯王所安，以没王年。”夫妇各三百人以奉之，在所安可与居者。○元诰按：夫妇，谓男女侍役也。

594

夫差辞曰：“天既降祸于吴国，不在前后，当孤之身，实失宗庙社稷。凡吴土地人民，越既有之矣，孤何以视于天下！”○元诰按：无面目与国人相见。夫差将死，使人说于子胥说，告也。○宋庠曰：“说，如字，陈说也。”曰：“使死者无知，则已矣。若其有知，吾何面目以见员也！”遂自杀。越灭吴，在鲁哀二十二年冬十一月。**上征上国**，上国，中国也。**宋、郑、鲁、卫、陈、蔡执玉之君皆入朝**。玉，圭璧也。〇董增龄曰："陈初亡在昭八年，陈后亡在哀十七年。说者谓，昭九年传郑裨灶曰'封五十二年而遂亡'，则陈后亡之后，不复封矣。越灭吴在哀二十二年，斯时安得有陈君？或又谓，陈之初亡，楚使穿封戍为陈公〔五九〕，则后亡后，亦必有为陈公者，即陈君也。案陈公为楚之邑令，不应外交于越，亦不应执玉，且战国时列国之臣有称君者，春秋时则无之。两说义无明证，姑录以俟审定。"**夫唯能下其群臣，以集其谋故也**。集，成也。言下其群臣，以明吴不用子胥之祸。

【校记】

〔一〕 夫申胥、华登简服吴国之士于甲兵　"甲兵"二字误倒，据各本改。

〔二〕 汪远孙曰　"曰"字脱，依文例补。

〔三〕 拾，遂也　"拾"、"遂"二字互倒，据诗车攻毛传改。

〔四〕 敢私告于下执事曰　"告"误作"布"，据各本改。

〔五〕 趾，足也　"趾"误作"践"，据各本改。

〔六〕 奉匜沃盥　"奉"上衍"以"字，据各本删。

〔七〕 天王岂辱裁之　"辱裁"二字互倒，据各本改。

〔八〕 闻于天下，言天下备闻也　此十字脱，据公序本补。

〔九〕 惟天王秉利度义焉　"天"误作"大"，据各本改。

〔一〇〕 夫越非实忠心好吴也　"忠"原作"中"，各本皆作"忠"，惟许宗鲁本作"中"（国语考异卷四），今从众本改作"忠"。

〔一一〕 虺小蛇大也　"也"字脱，据公序本补。

〔一二〕广韵曰 "韵"误作"雅",据经义述闻改。

〔一三〕明道本"盍"上有"其"字 "上"误作"下",据明道本改。

〔一四〕惠孰大焉 "孰"误作"莫",据各本改。

〔一五〕申亥以其二女殉而葬之 "殉而"二字脱,据各本补。

〔一六〕猎,虐也 "虐"字各本原作"震",此据王念孙说校改而未作说明。

〔一七〕挠,扰也 "扰"误作"乱",据各本改。

〔一八〕寔式灵之 "灵"误作"临",据各本改。

〔一九〕小喜,胜敌之喜 "敌"误作"败",据各本改。

〔二○〕以时,不失时也 下"时"字脱,据各本补。

〔二一〕史记伍子胥传正义曰:"东门,鳝门,谓解门也。"汪远孙曰:"鳝,解,即今之胥门。" 二"鳝"字皆误作"谱",据国语发正改。

〔二二〕张守节以今之葑门为吴东门,恐非是 "葑"误作"封",据国语发正改。

〔二三〕二子,越大夫 "二子"误从明道本作"舌庸",据公序本改。

〔二四〕悠,长也 此三字脱,据各本补。

〔二五〕夹沟而㢾我 "夹"原作"侠",据本书正文改。

〔二六〕以此民封之于江淮间以诱之 "诱"各本原作"恐",据黄丕烈、段玉裁说校改而未作说明。

〔二七〕王念孙曰 "王念孙"误作"王引之",据经义述闻改。

〔二八〕既言卒,无庸更言士 "更言"二字脱,据经义述闻补。

〔二九〕而此不言中军者 "此"字脱,据经义述闻补。

〔三○〕下言"十行一襞大夫" "下言"二字脱,据各本补。

〔三一〕 王念孙曰 "王念孙"误作"王引之",据经义述闻改。

〔三二〕 嬖,下大夫也 "嬖"下衍"大夫"二字,据各本删。

〔三三〕 王念孙曰 "王念孙"误作"王引之",据经义述闻改。

〔三四〕 丁宁,令丁,谓钲也 "令丁"二字各本无,据黄丕烈、段玉裁说补而未作说明。

〔三五〕 王念孙曰 "王念孙"误作"王引之",据经义述闻改。

〔三六〕 响,謣也 "謣"误作"哗",据经义述闻改。

〔三七〕 晋大夫司马寅 "寅"各本原作"演",据国语考异校改而未作说明。

〔三八〕 两君偃兵接好 "君"误作"军",据各本改。

〔三九〕 不胜,则服事君 "事"字脱,据各本补。

〔四〇〕 言若猛兽被毒悖暴也 "悖暴也"误从明道本作"暴逆",据公序本改。

〔四一〕 周之忧也 "周"误作"国",据各本改。

〔四二〕 安受其烬之言者 "者"字脱,据公序本补。

〔四三〕 今尚无有 "有"字脱,据各本补。

〔四四〕 王引之说同 "王引之"误作"王念孙",据经义述闻改。

〔四五〕 吾以御儿之民临敌之 "之民"二字脱,据各本补。

〔四六〕 墨子公孟篇"身体强良" "孟"误作"孙",据广雅疏证改。

〔四七〕 敢问君王之所以与之战者 "以"字脱,据各本补。

〔四八〕 敢访诸大夫,问战奚以而可 "访"误作"问",又"问"字脱,据各本改补。原文乃从文选陆机从军行注之引文,今照各本原文校正。

〔四九〕 巧,审密,不可攻入也 "巧"字脱,据各本补。

〔五〇〕声，谓钲鼓进退之声　"钲"原从公序本作"钟"，据明道本改。按古代战争，鼓声司进，钲声司退，故以明道本为长。

〔五一〕说云："檐，屋外边坛也。"唐尚书云："屋枅也。"　上"屋"字脱，据公序本补。又"枅"字各本原作"名"，据国语发正校正而未作说明。

〔五二〕所以讲列士众誓告之处　"誓"误作"警"，据各本改。

〔五三〕孟子公孙丑篇："老弱转于沟壑。"孙奭疏："转，转尸于沟壑也。"　"丑"字脱，"孙奭疏"误作"赵注"，据孟子注疏补改。

〔五四〕接之言偞也　"接"误作"捷"，据经义述闻改。

〔五五〕越师遂入吴国　"入"误作"至"，据各本改。

〔五六〕宋庠本"辱于"下有"孤之"二字　"于"字脱，据公序本。

〔五七〕寓，寄也　此三字脱，据各本补。

〔五八〕今句章东浃口外州也　"浃口"各本原作"海口"，据黄丕烈、段玉裁说校正而未作说明。

〔五九〕楚使穿封戌为陈公　"戌"误作"戍"，据国语正义改。

国语集解

国语集解

吉水徐元诰学

越语上第二十〇旧音曰："史记世家：越，夏禹之后，少康庶子也。封于会稽，以奉禹之祀。断发，披草莱而邑焉。周礼职方氏掌之国，在海中。郭璞云：'越即西瓯，今建安郡是也。亦曰蛇种。'"元诰按：越自封后二十余世至于允常，鲁昭公五年偕楚伐吴，始见于春秋。允常与阖庐战，至定公十四年卒。子勾践立，始为越王而霸。勾践死，六传至王无强，为楚所灭。今浙江杭县以南，又东至于海，皆越国故地也。

1 **越王勾践栖于会稽之上，**山处曰栖。会稽，山名，在今山阴南七里。吴败越于夫椒，遂入越，越子保于会稽。在鲁哀元年。〇元诰按：会稽山，古之防山也，亦谓为茅山，又曰栋山，在今浙江绍兴县东南十二里。**乃号令于三军**号，呼也。〇吴曾祺曰："号、令，皆告众之词。注读为平声，非是。"**曰："凡我父兄昆弟及国子姓，**号令三军而言父兄昆弟者,方在危厄,亲而呼之。国子姓,言在众子同姓之列者。有能助寡人谋而退<u>吴</u>者,吾与之共知<u>越</u>国之政。"知政,谓为卿。大夫<u>种</u>进对曰:"臣闻之,贾人贾人,买贱卖贵者。夏则资皮,资,取也。冬则资𫄨,𫄨,葛也。精曰𫄨,粗曰绤。旱则资舟,水则资车,○元诰按:旱,即下文"陆人居陆"之陆;水,则"水人居水"之水。以待乏也。夫虽无四方之忧,然谋臣与爪牙之士,不可不养而择也。○明道本择讹作"𣏌"。譬如蓑笠,时雨既至,必求之。今君王既栖于<u>会稽</u>之上,然后乃求谋臣,无乃后乎?"后,晚也。<u>勾践</u>曰:"苟得闻子大夫之言,何后之有?"执其手而与之谋。遂使之行成于<u>吴</u>,传曰:"使<u>种</u>因<u>吴</u>大宰<u>嚭</u>以求成也。"曰:"寡君<u>勾践</u>乏无所使,○明道本乏讹作"之"。使其下臣<u>种</u>,不敢彻声闻于天王,彻,达也。私于下执事曰:'寡君之师徒,不足以辱君矣,不足以屈辱君亲来讨也。愿以金玉、子女赂君之辱,请<u>勾践</u>女女于王,进女为女。○旧音曰:"女,上如字,下尼去反。下并同。"大夫女女于大夫,士女女于士。<u>越</u>国之宝器毕从,寡君帅<u>越</u>国之众,以从君之师徒,唯君左右之。'左右,在君所用之。若以<u>越</u>国之罪为不可赦也〔一〕,将焚宗庙,为将不血食也。係妻孥〔二〕,係,系也。死生同命,不为<u>吴</u>所擒虏。沉金玉于江。不欲<u>吴</u>得之。有带甲五千人,将以致死,乃必有偶,偶,对也。是以带甲万人事君也。言赦<u>越</u>罪,是得带甲万人事君。○<u>汪远孙</u>曰:"五千人,人人致死,勇气自倍〔三〕,一人可得二人之用,故曰'带甲万人'。战而言'事君'者,逊辞耳。<u>韦</u>注非也。"无乃即伤君王之所爱乎?与其杀是人也,宁其得此国也，其孰利乎？"宁，安也。言战而杀是万人，与安而得越国，二者谁为利乎？○汪中曰："与其、宁其者，两事相衡，择利而从之词。"注训宁为"安"，非也。**夫差将欲听与之成，子胥谏曰："不可。夫吴之与越也，仇雠敌战之国也。三江环之，民无所移，**环，绕也。三江，岷江、松江、浙江也。（元诰按：三江，宋庠本注作"松江、钱塘、浦阳江"。补音又出"浙江"，是又以宋庠本钱塘作"浙江"矣。明道本注作"吴江、钱唐江、浦阳江"。水经注引郭璞曰："三江者，岷江、松江、浙江也。"胡渭谓："以此当国语之三江，则长于韦矣。"今据以订正。岷江为长江上源，正环吴境，不得独遗之。松江首受太湖，经吴江、昆山、嘉定、青浦等县，至上海县合黄浦入海，亦名吴松江。浙江又名钱塘江，发源安徽黟县。浦阳江发源浙江浦江县，然合流之后，同至余姚县入海。是言浙江已包浦阳，不得分而为二。）此言二国之民，三江绕之，迁徙非吴则越也。**有吴则无越，有越则无吴，**言势不两立。**将不可改于是矣。**言灭吴之计不可改易。**员闻之：陆人居陆，水人居水。夫上党之国，**党，所也。上所之国，谓中国。○释名："上党，党，所也，在山上〔四〕，其所最高，故曰上党。"○元诰按：上党之国，谓齐、鲁、晋、郑诸国也。**我攻而胜之，吾不能居其地，不能乘其车。**言习俗之异。说云："吴是时未知以车战，申公巫臣使其子狐庸教之。"昭谓：狐庸教吴，鲁成公时也。至此哀元年，历五公矣。非未知也，吴地势自习水耳。**夫越国，吾攻而胜之，吾能居其地，吾能乘其舟。此其利也，**○宋庠本"利"上无"其"字。**不可失也已，君必灭之。失此利也，虽悔之亦无及已！"**○明道本亦作"必"。**越人饰美女八人，纳之大宰嚭，**上言"请大夫女女于大

601

夫",故因此而纳美女于大宰嚭,以求免也。嚭,吴正卿,故楚大夫伯州犁之孙〔五〕。鲁昭元年,州犁为楚灵王所杀,嚭奔吴。唐尚书云,平王杀之,非也。曰:"子苟赦越国之罪,又有美于此者将进之。"大宰嚭谏曰:"嚭闻古之伐国者,服之而已。今已服矣〔六〕,又何求焉!"夫差与之成而去之。成,平也。勾践说于国人,说,解也。曰:"寡人不知其力之不足也,而又与大国执仇,执,犹结也。以暴露百姓之骨于中原,此则寡人之罪也。寡人请更。"更,改也。于是葬死者,问伤者,养生者,吊有忧,贺有喜,送往者,迎来者,去民之所恶,补民之不足。然后卑事夫差,宦士三百人于吴,将三百人以入事吴,若宦竖然。其身亲为夫差前马。前马,前驱在马前也。○汪远孙曰:"汉书百官公卿表如淳注引国语作'先马',云:'先,或作"洗"也。'太平御览人事部一百二十三作'洗马'。韩非子喻老篇'身执戈为吴王洗马',字亦作'洗'。"勾践之地,南至于句无,今诸暨有句无亭是也。○沈镕曰:"今浙江诸暨县五十里有句乘山,括地志以为即句无也。"北至于御儿,今嘉兴御儿乡是也。○元诰按:御儿,今地详见吴语。东至于鄞,今鄞县是也。○沈镕曰:"今浙江奉化县东五十里有赤堇山,即越之鄞邑,亦曰鄞城山。"西至于姑蔑,姑蔑,今太末是也〔七〕。○沈镕曰:"今浙江龙游县北有姑蔑城,故姑蔑地也。"元诰按:逸周书王会解作"姑妹",孔注:"姑妹国后属越。"广运百里。言取境内近者百里之中耳。东西为广,南北为运。○汪远孙曰:"西山经'广员百里',员与运同。"乃致其父母昆弟而誓之曰:"寡人闻古之贤君,四方之民归之,若水之归下也。今寡人不能,将帅二三子夫妇以蕃。"蕃,息也。○吴曾祺曰:"谓不能使四方之民来归〔八〕,故以生聚为要。"令壮者无取老妇,○元诰按:取与娶同。令老者无取壮妻。女子十七不嫁,其父母有罪;丈夫二十不娶,其父母有罪。礼,三十而娶,二十而嫁。今不待礼者,务育民也。将免者以告,免,乳也〔九〕。○元诰按:免,说文作"挽",云:"生子免身也。"字又作"娩",文选思玄赋注引纂要:"齐人谓生子曰娩。"公令医守之。医,乳医也。生丈夫,二壶酒,一犬;生女子,二壶酒,一豚。犬,阳畜,知择人。豚,主内,阴类也。生三人,公与之母;母,乳母也。人生三者亦希耳。生二人,公与之饩。饩,食也。当室者死,三年释其政;当室,嫡子也。礼,妇为嫡子丧三年。○吴曾祺曰:"释其政,谓不烦以事也。"支子死,三月释其政。支子,庶子。必哭泣葬埋之如其子。令孤子、寡妇、疾疹、贫病者,纳宦其子。宦,仕也,仕其子而教之,以廪食之也。其达士,洁其居,洁其馆舍。美其服,赐衣服也。饱其食,廪饩多也。而摩厉之于义〔一〇〕。○一切经音义引尔雅:"石谓之摩。"郭璞曰:"玉石被摩,犹人自修饰也。"四方之士来者,必庙礼之。礼之于庙,告先君也。勾践载稌与脂于舟以行〔一一〕,稌,糜。脂,膏。国之孺子之游者,○元诰按:孺,古"孺"字。无不餔也,无不歠也,○元诰按:汉书高帝纪颜注:"以食食人,亦谓之餔。"歠者,饮也,旧音:"昌劣反。"必问其名。为后将用之。非其身之所种则不食,非其夫人之所织则不衣。十年不收于国,民俱有三年之食。古者三年耕,必有一年之食。国之父兄请曰:"昔者夫差耻吾君于诸侯之国,今越国亦节矣,有节度也。请报之!"勾践辞曰：“昔者之战也，非二三子之罪也，寡人之罪也。如寡人者，安与知耻？请姑无庸战。”姑，且也。庸，用也。父兄又请曰：“越四封之内，亲吾君也〔一二〕，犹父母也。子而思报父母之仇，臣而思报君之仇，其有敢不尽力者乎？请复战。”勾践既许之，乃致其众而誓之曰：“寡人闻古之贤君，不患其众之不足也，而患其志行之少耻也。少耻，谓进不念功，临难苟免。今夫差衣水犀之甲者亿有三千〔一三〕，言多也。犀形似豕而大，今徼外所送有山犀，有水犀。水犀之皮有珠甲，山犀则无。亿有三千，所谓贤良也，若今备卫士矣。不患其志行之少耻也，而患其众之不足也。今寡人将助天灭之。言夫差天所不与〔一四〕，故曰助天。○明道本灭作“威”，非。吾不欲匹夫之勇也，匹夫，轻儳要功徼利者。欲其旅进旅退。旅，俱也。进则思赏，退则思刑，如此则有常赏。进不用命，离伍独进也。退则无耻，不畏戮辱。如此则有常刑。”果行，国人皆劝，父勉其子，兄勉其弟，妇勉其夫，言得一国之欢心。曰：“孰是君也，而可无死乎？”孰，谁也〔一五〕。谁有恩惠如是君者〔一六〕，可不为之死乎？○明道本“君”上有“吾”字。是故败吴于囿，囿，笠泽也。在鲁哀十七年。又败之于没，没，地名。又郊败之。在哀二十年十一月，越围吴。○王引之曰：“败吴于囿，又败之于没，又郊败之，皆一时之事，不得分为十七年、二十年也。左传越之伐吴，凡再举而灭之，不可强同。韦乃牵合之，分为前后两年，而反与吴语之文相刺谬，疏矣。”夫差行成，曰：“寡人之师徒，不足以辱君矣。请以金玉、子女赂君之辱。”勾践对曰：“昔天以越予吴，而吴不受命；今天

国语集解

以吴予越，越可以无听天之命，而听君之令乎〔一七〕？吾请达王甬、句东。甬，甬江。句，句章。达王出之东境也。○元诰按：甬、句东地详见吴语。吾与君为二君乎。"待之若二君。夫差对曰："寡人礼先壹饭矣，言己年长于越王，觉差壹饭之间〔一八〕，欲以少长求免也。○汪中曰："礼先壹饭，言昔尝有恩于越，谓会稽之事也。注非。"君若不忘周室〔一九〕，而为弊邑宸宇，宸，屋溜；宇，边也。言越君若以周室之故，以屋宇之余庇覆吴。○元诰按：说文："宸，屋宇也。宇，屋边也。"是宸、宇皆谓屋边。宸，字又作"桭"〔二○〕。玉篇引贾逵曰："宸，室之奥者。"疑亦是国语注，与韦不同。亦寡人之愿也。君若曰：'吾将残汝社稷，灭汝宗庙。'寡人请死，余何面目以视于天下乎！越君其次也。"次，舍也。遂灭吴。

【校记】

〔一〕 若以越国之罪为不可赦也　"国之罪"三字脱，据各本补。

〔二〕 係妻孥　"孥"误作"子"，据各本改。

〔三〕 勇气自倍　"自"误作"百"，据国语发正改。

〔四〕 在山上　此三字脱，据国语发正补。

〔五〕 嚭，吴正卿，故楚大夫伯州犁之孙　"孙"各本原作"子"，据国语发正校改而未作说明。

〔六〕 今已服矣　"已"误作"既"，据各本改。

〔七〕 姑蔑，今太末是也　"太末"各本作"太湖"，据国语发正校改而未作说明。

〔八〕 谓不能使四方之民来归　"民"误作"士"，据国语韦解补正改。

〔九〕 免,乳也　此从公序本,明道本重"免"字。

〔一〇〕 摩厉之于义　"厉"字脱,据各本补。

〔一一〕 勾践载秤与脂于舟以行　"秤"各本原作"稻",据王引之说校改而未作说明。

〔一二〕 亲吾君也　"亲"误作"视",据各本改。

〔一三〕 今夫差衣水犀之甲者亿有三千　"差"误作"羌",据各本改。

〔一四〕 言夫差天所不与　"与"误作"兴",据各本改。

〔一五〕 孰,谁也　此三字脱,据各本补。

〔一六〕 谁有恩惠如是君者　"是"字脱,据各本补。

〔一七〕 听君之令乎　"君"下衍"王"字,据各本删。

〔一八〕 觉差壹饭之间　"壹"字脱,据公序本补。

〔一九〕 君若不忘周室　"君"误作"王",据各本改。

〔二〇〕 宸,字又作"桭"　"桭"误作"枨",据国语发正改。

国语集解

吉水徐元诰学

越语下第二十一

1　越王勾践即位三年而欲伐吴，勾践三年，鲁哀元年也。○元诰按：吴语作吴先伐越。据下文范蠡云云，是越欲先伐吴也。**范蠡进谏曰：“夫国家之事，有持盈**，持，守也。盈，满也。**有定倾**，定，安也。倾，危也。**有节事。”**节，制也。**王曰：“为三者奈何？”范蠡对曰：**○元诰按：此以下十对，明道本并脱“范蠡”二字。**“持盈者与天**，与天，法天也。天道盈而不溢，盛而不骄。**定倾者与人**，与人，取人之心也。人道好谦，倾危之中，当卑辞尊礼，玩好女乐，尊之以名。**节事者与地。**与地，法地也。时不至，不可强生；事不究，不可强成之属。**王不问，蠡不敢言。天道盈而不溢**，阳盛则损，月满则亏[一]。**盛而不骄**，盛，元气广大时。不骄，不自纵弛。**劳而不矜其功。**劳，动而不已也。矜，大也。不自大其功，施而不德也。**夫**

607

圣人随时以行，是谓守时，随时，时行则行，时止则止。天时不作，弗为人客；作，起也。攻者为客。起，谓天时、利害、灾变之应。人事不起，弗为之始。人事，谓怨叛、逆乱之萌也。先动为始。今君王未盈而溢，未盈，国未富实而君意溢。未盛而骄，道化未盛而自骄泰。不劳而矜其功，未有勤劳而自大其功。天时不作，而先为人客，吴未有天灾而欲伐之。人事不起，而创为之始，此逆于天而不和于人。天应未至，人事不起，故逆于天而失人和也。王若行之，将妨于国家，靡王躬身。"妨，害也。靡，损也。○诗周颂篇毛传曰："靡，累也。"吴曾祺曰："靡王躬身，言害不止在王一身也。"王弗听。范蠡进谏曰："夫勇者，逆德也；德尚礼让，勇则攻夺。兵者，凶器也；言害人也。争者，事之末也。言贤者修其政德[二]，而远方附事之。德不行，然后用武，故曰："争者，事之末也。"逆谋阴德，好用凶器，阴谋，兵谋也。勇为逆德。始于人者，人之所卒也。始以伐人，人终害之。淫佚之事，上帝之禁也，淫佚，放荡。先行此者不利。"王曰："无是贰言也，吾已断之矣！"贰，二也。二言，阴谋、淫佚也。○俞樾曰："韦读'无是贰言也'五字为句，犹言无此二语也，殊非古人语意。此当以'无'字为句。'王曰"无"'，乃不然之辞。襄九年左传：'姜曰"亡"。'杜注：'亡，犹无也。'与此正同。'是贰言也'，谓是乃疑贰之言。王欲伐吴，而范蠡力言不可，故以为疑贰之言。其下曰'吾已断之矣'，正明己之不疑也。"元诰按：俞谓贰言为疑贰之言，长于韦矣。无与毋同，无是贰言，谓毋为是疑贰之言也。似不必于"无"字断句。果兴师而伐吴，战于五湖，五湖，今太湖。○史记夏本纪正义曰："五湖者，菱湖、游湖、莫湖、贡湖、

国语集解

胥湖，皆太湖东岸，五湾为五湖，盖古时应别，今并相连。菱湖在莫里山东，周回三十余里，西口阔二里，其口南则莫里山〔三〕，北则徐侯山，西与莫湖连。莫湖在莫里山西及北，北与胥湖连；胥湖在胥山西，南与莫湖连：各周回五六十里，西连太湖。游湖在北二十里，在长山东，湖西口阔二里，其口东南岸树里山，西北岸长山，湖周回五六十里。贡湖在长山西，其口阔四五里，口东南长山，山南即山阳村，西北连常州无锡县老岸，湖周回一百九十里以上，湖身向东北，长七十余里。两湖西亦连太湖。"元诰按：五湖皆与太湖连，故韦以太湖统五湖也。太湖跨江苏、浙江二省，号称三万六千顷。**不胜，栖于会稽。王召范蠡而问焉，曰："吾不用子之言，以至于此，为之奈何？"范蠡对曰："君王其忘之乎：持盈者与天，定倾者与人，节事者与地。"王曰："与人奈何？"**已在倾危，故先问与人。**范蠡对曰："卑辞尊礼，**言当卑约其辞，尊重其礼以求平。○俞樾曰："此'尊'字与下文'尊之以名'之尊，两字异义。下'尊'字读如本字，此'尊'字当读如曲礼'恭敬撙节'之撙。后汉书光武十王传赞：'沛献尊节。'章怀注曰：'尊，音祖本反。礼记曰："恭敬尊节。"'此读尊如撙之明证也。说文无'撙'字，刀部，'劋，减也'，疑即其本字。古多以尊为之，又或以缚与傅为之，皆谓自撙节贬损。卑辞尊礼，谓卑约其辞，撙节其礼也。卑与尊同义，而非对文。韦失其解矣。"**玩好女乐，**玩好，珍宝也。女乐，谓士女女于士，大夫女女于大夫。**尊之以名。**谓之天王。**如此不已，**不已，谓吴不释也。**又身与之市。"**市，利也。谓委管钥，属国家，以身随之。**王曰："诺。"乃令大夫种行成于吴，曰："请士女女于士，大夫女女于大夫，随之以国家之重器。"**重器，宝器也。**吴人**

不许。大夫种来而复往，曰："请委管钥，属国家，以身随之，君王制之。"委，归也。属，付。管钥，取键器也。月令曰："修键闭，慎管钥。"吴人许诺。王曰："蠡为我守于国。"范蠡对曰："四封之内，百姓之事，蠡不如种也。四封之外，敌国之制，立断之事，种亦不如蠡也。"王曰："诺。"令大夫种守于国，与范蠡入宦于吴。宦，为臣隶。三年而吴人遣之。勾践以鲁哀元年栖会稽，吴与之平而去之。勾践改修国政，然后卑事夫差，在吴三年，而吴人遣之，此则鲁哀五年也。归及至于国，○宋库本及作"反"。王问于范蠡曰："节事奈何？"欲更修政，故问节事。范蠡对曰："节事者与地。惟地能包万物以为一，其事不失，为一，不偏也〔五〕。不失，不失时也。生万物，容畜禽兽，然后受其名而兼其利。受其名，受其功名也。利，谓万物终归于地。美恶皆成〔六〕，以养其生。物之美恶，各有所宜，皆成之以养人也。○宋库本无"其"字。时不至，不可强生；物生各有时。事不究，不可强成。究，穷也。穷则变，生可因而成之。自若以处，若，如也。自如，无妄动也。以度天下，待其来者而正之，不先唱，待其来而就正之。因时之所宜而定之。同男女之功，功，农稼、丝枲之功。除民之害，以避天殃，田野开辟，府仓实，货财曰府，米粟曰仓。民众殷。殷，盛也。无旷其众，以为乱梯。旷，空也。梯，阶也。无令空日废业，使人困乏，以生怨乱，为祸阶也。时将有反，事将有间，时，天时。事，人事。反，还也。间，隙也。时还则祚在越，而吴事有衅隙也。必有以知天地之恒制，乃可以有天下之成利。恒，常也。制，度也。事无间，时无反，吴事无衅隙，天时未在越。则抚

国语集解

610

民保教以须之。"保，守也。王曰："不谷之国家，蠡之国家也，蠡其图之。"范蠡对曰："四封之内，百姓之事，时节三乐，三乐，三时之务，使人劝事乐业。不乱民功，不逆天时，从事有业，故功不乱。因时顺气，故不逆。五谷睦熟，民乃蕃滋〔七〕。睦，和也。蕃，息也。滋，益也。〇宋庠本睦作"稑"，非。君臣上下，交得其志，蠡不如种也。交，俱也。四封之外，敌国之制，立断之事，因阴阳之恒，顺天地之常，阴阳，谓刚柔晦明，三光盈缩，用兵利钝之常数。〇陈璞曰："因其恒，顺其常者，如内传'陈不避晦'之类。"柔而不屈，外虽柔顺，内不可屈。强而不刚，内虽强盛，行不以刚。德虐之行，因以为常；唐尚书云："言无德行，虐习以为常。"昭谓：德，有所怀柔及爵赏也。虐，谓有所斩伐及黜夺也。以为常，以为常法也。〇汪远孙曰："德，谓生人。虐，谓杀人。"死生因天地之刑〔八〕，死，杀也。刑，法也。杀生必因天地四时之法，推亡固存亦是也。〇王念孙曰："刑，读为形，见也。天地之刑，谓死生之兆先见于天地者也。生与杀必因乎此，故曰'死生因天地之刑'。下文曰：'天地形之，圣人因而成之。'又曰：'天地未形，而先为之征，其事是以不成。'管子形势篇曰：'死死生生，因天地之形。天地形之，圣人成之。'皆其证也。形、刑古多通用。"天因人，因人善恶而福祸之。圣人因天；天垂象，圣人则之。人自生之，天地形之，形，见也。见其吉凶之象。圣人因而成之，因吉凶以诛赏也。是故战胜而不报，敌家不能报也。取地而不反，不复反敌家也。兵胜于外，福生于内，用力甚少，而名声章明〔九〕，种亦不如蠡也。"王曰："诺。"令大夫种为之。为，治国也。

2 四年，王召范蠡而问焉，说云："鲁哀三年。"昭谓：四年，反国四年，鲁哀九年。○王引之曰："四年，承上'在吴三年'言之，谓在吴三年之明年也。注'三年'，当为'五年'。盖吴许越成，在鲁哀元年，勾践宦吴三年而反，则在哀四年，其明年则哀五年矣，故旧说云'鲁哀五年'也。下文'上天降祸于越，委制于吴，吴人之那不谷，亦又甚焉'，盖距宦吴未久，道其受辱之辞，其为反国之明年明甚。其下文言'又一年'者三，则为反国之二年、三年、四年，在鲁哀之六年、七年、八年矣。合在吴之三年，凡历七年，故史记越王勾践世家云'勾践归自会稽七年，拊循其民〔一○〕，欲用以报吴'也。再合居军之三年，凡历十年，故下文范蠡曰'十年谋之'也。韦以'四年'为反国四年，鲁哀九年，三言'又一年'为反国之五年、六年、七年，鲁哀之十年、十一年、十二年，皆失之。"曰："先人就世，不谷即位。先人，允常。就世，终世也。吾年既少，未有恒常，出则禽荒，入则酒荒，吾百姓之不图，唯舟与车。好游田，故唯舟与车。上天降祸于越，委制于吴，委，归也。吴人之那不谷，亦又甚焉。那，于也。甚焉，言见困苦。吾欲与子谋之，其可乎？"范蠡对曰："未可也。蠡闻之：'上帝不考，时反是守。'考，成也。言天未成越，当守天时，天时反，乃可以动。○王念孙曰："韦注文义不明。考，当读为巧。反，犹变也。言上帝不尚机巧，惟当守时变也。汉书司马迁传：'圣人不巧，（太史公自序巧误为"朽"。）时变是守。'颜师古注曰，'无机巧之心'是也。古字考与巧通，故金縢'予仁若考'，史记鲁周公世家作'旦巧'。"汪远孙曰："此二语，司马贞谓出鬼谷子。盖古本有是语，故蠡亦述所闻也。"强索者不祥。索，求也。得时不成，反受其殃。言得天时而人弗能成，则反受其殃。夫差克越，可取而不取〔一一〕，后反见灭是也。失德灭名，流走死亡。有夺，有予，有不予，有夺，予而复夺也〔一二〕。有予，天所授也。不予，天所去也。王无早图。夫吴，君王之吴也，王若早图之，其事又将未可知也。"未可知，或时不得也。○元诰按：前因早图，致败栖会稽，故言"又"。王曰："诺。"

3 又一年，反国五年，鲁哀十年。○元诰按：反国之二年，鲁哀七年也。详见上王说。王召范蠡而问焉，曰："吾与子谋吴，子曰'未可也'。今吴王淫于乐而忘其百姓，乐，声色也。乱民功，逆天时，信谗喜优，优，谓徘优。憎辅远弼。相导为辅，矫过为弼。圣人不出，圣，通也。通智之人皆隐遁也。○尚书大传"思之不容，是谓不圣"，郑注："心明曰圣。"吴弘基曰："声入心通之谓圣，故字从耳。"忠臣解骨，贾、唐二君云："解骨，子胥伏属镂也。"昭谓：是时子胥未死。解骨，谓忠良之臣见其如此，皆骨体解倦，不复念忠。○吴曾祺曰："解骨，即解体也。"皆曲相御，莫适相非，上下相偷。其可乎？"御，犹将也。言皆曲意取容，转相将望，无复相非以不忠正者也〔一三〕。偷，苟且也。○汪远孙曰："御，迓也。迓，犹迎也。言曲意迎合也。韦解疑有误。"陈瑑曰："论语：'无适也，无莫也。'何晏曰：'无适，无莫，无所贪慕也。'此云'莫适相非'者，言有所贪慕，而非义之所在也。"元诰按：旧音"适，音的"，与陈说合。韦解并非。范蠡对曰："人事至矣，天应未也，王姑待之。"王曰："诺。"

613

4 又一年，反国六年，鲁哀十一年。○元诰按：反国之三年，鲁哀八年也。详见上王说。**王召范蠡而问焉，曰："吾与子谋吴，子曰'未可也'。今申胥骤谏其王，王怒而杀之。其可乎？"** 子胥数谏，王不听，知吴必亡，使于齐，属其子于鲍氏。王闻之，赐之属镂以死。在鲁哀十一年〔一四〕。○王引之曰："左传夫差杀子胥在哀十一年，而越语则勾践反国之三年，鲁哀八年也，（八年说见上。）便云'申胥骤谏，王怒而杀之'。盖记者传闻各异，不可强同。韦以宦吴三年而反为哀五年，加以反后六年为哀十一年，以求合于十一年杀申胥之事。不知越人行成在哀元年，宦吴三年而归在哀四年，而非五年，纵加反国之六年，亦财十年，其时尚未杀申胥也。况四年为反国之明年，再二年为反国之三年，而非六年乎？越语之文本不与左传相当，无事规规求合也。" **范蠡对曰："逆节萌生，** 害杀忠正〔一五〕，故为逆节。萌，兆也。**天地未形，而先为之征，** 形，见也，天地之占未见。征，征伐也。**其事是以不成，杂受其刑。** 杂，犹俱也〔一六〕。刑，害也。○俞樾曰："杂者，匝也。吕氏春秋圜道篇：'圜周复杂。'高注曰：'杂，犹匝也。'淮南子诠言篇：'以数杂之寿，忧天下之乱。'高注曰：'杂，匝也。'说苑修文篇：'如矩之三杂，规之三杂，周而又始，穷则反本也。'亦以杂为匝。说文：'匝，周也。'周匝，则有反复之义。大玄有'周首以象'复卦，范望注曰：'周，复也。'然则匝亦复也。匝受其刑者，复受其刑也，犹上文言'反受其殃'也。"**王姑待之。"王曰："诺。"**

5 又一年，反国七年，鲁哀十二年。○元诰按：反国之四年，鲁哀九年也。详见上王说。**王召范蠡而问焉，曰："吾与子谋吴，子**

曰'未可也'。今其稻蟹不遗种，其可乎？"稻蟹，谓蟹食稻
也〔一七〕。范蠡对曰："天应至矣，人事未尽也。谓饥困愁怨之
事未尽极也。王姑待之。"王怒曰："道固然乎？固，故也。○陈
瑑曰："礼投壶'敢固以请'，注：'固之言如故也。如故者，重辞也。'"
妄其欺不谷邪？○王引之曰："妄与亡同，当读'宁爵无刁'之无。
郑注儒行曰：'妄之言无也。'转语词。"吾与子言人事，子应我以
天时。今天应至矣，子应我以人事，何也？"范蠡对曰："王
姑勿怪。夫人事必将与天地相参，然后乃可以成功。参，三也。
天、地、人事三合，乃可以成大功。今其祸新民恐，稻蟹新也。○吴
曾祺曰：'谓新遇饥困之祸。注晦。'"其君臣上下，皆知其资财之
不足以支长久也，支，犹堪也。彼将同其力，致其死，犹尚殆。
殆，危也，言伐吴于事尚危〔一八〕。王其且驰骋弋猎，无至禽荒；
使越王为此者，示不以吴为念。宫中之乐，无至酒荒；肆与大夫
觞饮，无忘国常。肆，放也。常，旧法。彼其上将薄其德，民
将尽其力，言吴王见越驰骋射猎，不以为意，必不修德而纵私好，以尽
民力。又使之望而不得食，怨望于上，而天又夺之食〔一九〕。乃可
以致天地之殛。殛，诛也。王姑待之。"且待时也。自此后四年，
乃遂伐吴。○王引之曰："伐吴在反国四年九月〔二○〕。"韦注非。

6　至于玄月，尔雅曰："九月为玄。"谓鲁哀十六年九月也。至十七
年三月，越伐吴。○王引之曰："韦于下章'居军三年，吴师自溃'注曰：
'鲁哀二十年冬十一月，越围吴。二十二年冬十一月丁卯，灭吴。'此盖
以左传说之也。不知越语之文与左传不同。左传哀十七年三月，越伐吴，

越语则以反国之四年九月伐吴。(四年说见上。)左传以伐吴之后三年围吴,又三年而灭之,越语则自反国之四年伐吴,乃遂居军三年,待其自溃而灭之。左传自伐吴至灭吴凡六年,(自十七年至二十二年〔二一〕。)越语自伐吴至灭吴凡三年。左传自越及吴平至灭吴凡二十二年,哀元年传所谓'二十年之外,吴其为沼'也〔二二〕,越语自越及吴平至灭吴凡十年,(宦吴三年而反国,又历四年,至九月而伐吴,居军三年,吴溃而灭吴,凡十年也。)下文范蠡所谓'十年谋之'也。越语之年月非左传之年月也,不然,则事同左传,文亦当然,岂有'至于玄月'在哀十六年,而不箸其为何年者乎?又岂有兴师伐吴在十七年三月,而不箸其何年何月者乎?又岂有居军三年在伐吴之后三年,而不箸其年之相距者乎?'至于玄月'上承'又一年'之文,则为反国四年之九月矣。'遂兴师伐吴'上承'至于玄月'之文,则为九月伐吴矣。'居军三年'上承'伐吴'之文,则伐吴之后,遂居军以困之矣。本书节次本自显然,何得乱以左传之年月乎?"

王召范蠡而问焉,曰:"谚有之谚,俗之善语。曰:'**觥饭不及壶飧**。'觥,大也。大饭,谓盛馔。盛馔未具,不能以虚待之,不及壶飧之救饥疾。言己欲灭吴,取快意得之而已,不能待有余力。○陈瑑曰:"说文:'侊,小貌。春秋国语曰"侊饭不及壹食"。'(今刻本又省壹作'一'。)侊、觥同声通假。'觥,大'者,大玄经'觥羊之毅',注:'觥羊,大羊也。'许训'小',此训'大',亦相反为训。壶飧者,左僖二十五年传云:'赵衰以壶飧从。'盖当时有此语也。说文讹为'壹食',形相涉也。"董增龄曰:"说文:'侊,小貌。'引国语曰:'侊饭不及一食。'一食,犹言大饭,言小饭不如大饭之速得饱也。喻时不能待。"元诰按:陈说与韦注合,可从。而明道本饭讹作"饮",注同。太平御览器物部六引此文亦作"饮",又引注曰:"言志在觥饮,虑不至壶飧。喻己用德小,不能远图。"当是三君注,与韦解相反也。今岁晚矣,子将奈何?"范蠡对曰:"微君王之言,微,无也。臣固将谒之。谒,请也,请伐吴也。○明道本固作"故"。臣闻从时者,犹救火、追亡人也。蹶而趋之,唯恐弗及。"蹶,走也。王曰:"诺。"遂兴师伐吴,至于五湖。吴人闻之,出而挑战,一日五反。王弗忍,欲许之。不忍其忿。○元诰按:许,谓与之战也。范蠡进谏曰:"夫谋之廊庙,失之中原,其可乎?王姑勿许也。臣闻之,得时无怠,时不再来,天予不取,反为之灾。赢缩转化,后将悔之。赢缩,进退也。转化,变易也。天节固然,固然,有转化也。唯谋不迁。"谋必素定,不可迁移。王曰:"诺。"弗许。范蠡曰:"臣闻古之善用兵者,谓若黄帝、汤、武。赢缩以为常,四时以为纪,以为常,随其赢缩也。纪,犹法也。四时有转运,用兵有利钝也。周语曰"王欲合是五位三所而用之"是也。无过天极,究数而止。极,至也。究,穷也。无过天道之所至,穷其数而止。天道皇皇,日月以为常,皇皇,著明也。常,象也。○陈瑑曰:"皇皇,犹煌煌也。旗谓之常。释名'日月为常',谓画日月于其端,天子所建,言常明也。明者以为法,微者则是行。明,谓日月盛满时。微,谓亏损薄蚀也。法其明者,以进取。行其微时,以隐遁。阳至而阴,阴至而阳,至,极也。日困而还,月盈而匡。困,穷也。匡,亏也。○吴曾祺曰:"还,谓周而复始也。"宋庠曰:"字书无训匡为'亏'者,此当有所本。俗本作'戾',非。"古之善用兵者,因天地之常,与之俱行。随其转运亏盈晦明之常。后则用阴,先则用阳，后，后动。先，先动。用阴，谓沉重固密。用阳，谓轻疾猛厉〔二三〕。**近则用柔，远则用刚。**敌近则用柔顺，示之以弱；远则抗威厉辞以亢御〔二四〕。**后无阴蔽，先无阳察，**后动者泰舒静，为阴蔽也。先动者泰显露，为阳察也。**用人无艺，往从其所。**艺，射的也。无艺，无常所也。行军用人之道，因敌为制，不豫设也，故曰从其所也。〇王引之曰："韦说非也。用人无艺，当属上二句为义。往从其所，则属下句为义。用人无艺者，人犹众也，言用众之道无常也。后无阴蔽，先无阳察，用人无艺，三无字相应为文〔二五〕。往从其所者，其所，敌人之所也，言往从敌人之所，而彼尚能以刚强御我，则其阳节未尽，未可即灭，故曰'不死其野'。蔽、察、艺为韵〔二六〕，（察，古读若际。淮南原道篇：'施四海，际天地。'文子道原篇作：'施于四海，察于天地。'）所、御、野、与为韵。以是明之。"**刚强以御，阳节不尽，不死其野。**言敌以刚强来御己，其阳节未尽，尚未可克，故曰"不死其野"。〇明道本强作"柔"，注同。非。**彼来我从，固守勿与。**勿与战也。〇王引之曰："古人多谓敌为与。老子'善胜敌者不与'，谓两军相敌也。解者误以为与共之与，而增字以足之。"**若将与之，必因天地之灾，**彼有灾变，则可。**又观其民之饥饱劳逸以参之，**言虽有灾，民尚逸，饱则未也。**尽其阳节，盈吾阴节而夺之。**彼阳势已尽，而吾阴节盛满，则能夺之。〇明道本下有"利"字，衍。**宜为人客，刚强而力疾，阳节不尽，轻而不可取。**先动为客。于时宜为人客。刚强力疾，阳数未尽，虽轻易人犹不可得取也。**宜为人主，安徐而重固，阴节不尽，柔而不可迫。**时宜为主人，安徐重固，阴数未尽，虽柔不可困迫也。**凡陈之道，设右以为牝，益左以为牡，**陈其牝牡，使相受之。在阴为牝，在阳为牡。〇淮南兵略训："所谓地利者，后生而前死，左牡而右牝。"
高注云："高者为生，下者为死，邱陵为牡，溪谷为牝。"文选陈孔璋为
曹洪与魏文帝书注引杂兵书曰："八陈：一曰方陈，二曰圆陈，三曰牡陈，
四曰牝陈，五曰冲陈，六曰轮陈，七曰浮阻陈，八曰雁行陈。"早晏无
失，必顺天道，晏，晚也。周旋无穷。究，穷也。无穷，若日月然也。
今其来也，刚强而力疾，言吴阳势未尽，未可击也。王姑待之。"
王曰："诺。"弗与战。

7　居军三年，吴师自溃。鲁哀二十年冬十一月，越围吴。二十二
年冬十一月丁卯，灭吴。〇元诰按：韦盖以左传说之也，非是。详见上王
说。吴王帅其贤良与其重禄以上姑苏，姑苏，宫之台也，在吴阊
门外，近湖。或云："贤，贤妃。良，良货。"唐尚书云："重禄，宝璧。"
昭谓：贤良〔二七〕，亲近之士，犹越言君子，齐言士。吴语曰："越王以
其私卒〔二八〕君子六千人为中军。"贾侍中云："重禄，大臣也。"〇元诰
按：姑苏，详见吴语。使王孙雒行成于越，雒，吴大夫；王孙，姓也。
〇元诰按：王孙雒，宋庠本国语、史记越世家雒并作"雄"。吴曾祺谓：
"雒，当是与王同族，故称王孙，非姓也。"曰："昔者上天降祸于
吴，得罪于会稽。使越栖于会稽时也。今君王其图不谷，不谷
请复会稽之和。"王弗忍，欲许之。范蠡进谏曰："臣闻之，
圣人之功，时为之庸。庸，用也。因天时以为功用也。得时弗成，
天有还形。还，反也。形，体也。〇俞樾曰："形，当读为刑。言天必
反而刑之。上文曰：'得时不成，反受其殃。'此文曰：'得时弗成，天有
还刑。'其义正同。还，犹反也。刑，犹殃也。作'形'者，假字耳。古形、

刑通用。"天节不远，五年复反，_{节，期也。五年再闰，天数一终，}

故复反也。○钱大昕曰："圣人不过言其大略耳，若以章闰十九年七闰

之率率之，须五年又五月而得再闰。"小凶则近，大凶则远。_{小凶，}

谓危败。大凶，谓死灭。近，五年。远，十年或二十年。先人有言曰：'伐

柯者其则不远。'_{先人，诗人也。}"执柯伐柯，其则不远"，以言吴昔

不灭越，故有此败，此戒亦不远也。今君王不断，其忘会稽之事

乎？"王曰："诺。"不许。使者往而复来，辞愈卑，礼愈尊，_{愈，益也。}

王又欲许之。范蠡谏曰："孰使我早朝而晏罢

者，非吴乎？与我争三江、五湖之利者，非吴耶？○元诰按：

_{三江、五湖，详见上。}夫十年谋之，一朝而弃之，其可乎？_十

_{年不收于国，勤身以谋吴也。}王姑勿许，其事将易冀已。"_{冀，望}

_{也。易望已，谓不勤难也〔二九〕。}王曰："吾欲勿许，而难对其使

者，子其对之。"范蠡乃左提鼓，右援枹，以应使者，_{提，挈}

_{也。}曰："昔者上天降祸于越，委制于吴，而吴不受。今将

反此义以报此祸，吾王敢无听天之命，而听君王之命乎？"

王孙雒曰："子范子，先人有言曰：'无助天为虐，助天为

虐者不祥。'今吾稻蟹不遗种，_{○明道本吾作"吴"。}子将助天

为虐，不忌其不祥乎？"_{忌，恶也〔三〇〕。}范蠡曰："王孙子，

昔吾先君固周室之不成子也，_{子，爵也。言越本蛮夷小国，于周}

_{室爵列不能成子也。周礼，诸子之国，封疆方二百里。○董增龄曰："成}

_{国不过半天子之军，惟公、侯为成国。蠡言不成子，谓不成国之子爵，非}

_{谓不能成子爵也。"}故滨于东海之陂，_{滨，近也。陂，涯也。}鼋鼍

鱼鳖之与处，而蛙黾之与同渚。_{蛙黾，虾蟆也。水边亦曰渚。}

620

余虽靦然而人面哉，吾犹禽兽也，又安知是诐诐者乎？"

靦，面目之貌。诐诐，巧辩之言〔三一〕。方欲距吴之请，故自卑薄以不知礼义〔三二〕。○诗何人斯篇："有靦面目。"毛传："靦，姡也〔三三〕。"说文："谝，便巧言也〔三四〕。"引周书曰："截截善谝言。"戈部引周书曰："戋戋巧言。"公羊传文十二年："惟诐诐善靖言。"王逸九辩注云："静言，诐诐而无信也。"元诰按：诐诐作"戋戋"，亦即"截截"也。**王孙雒曰："子范子将助天为虐，助天为虐不祥。雒请反辞于王〔三五〕。"**请以辞告越王。**范蠡曰："君王已委制于执事之人矣。**执事，蠡自谓也。**子往矣，无使执事之人得罪于子。"**无使我为子得罪。**使者辞反。**反，报吴也。**范蠡不报于王，击鼓兴师以随使者，至于姑苏之宫，不伤越民，遂灭吴。**"事将易冀"是也。

8　反至五湖，**范蠡辞于王曰："君王勉之，臣不复入于越国矣。"**勉王以德，欲隐遁也。○明道本无"于"字。**王曰："不谷疑子之所谓者何也？"对曰："臣闻之，为人臣者，君忧臣劳，君辱臣死。昔者君王辱于会稽，臣所以不死者，为此事也。今事已济矣，蠡请从会稽之罚。"王曰："所不掩子之恶，扬子之美者，使其身无终没于越国〔三六〕。**○吴曾祺曰："此诅誓之词，谓当客死异地也。"元诰按：所，犹若也。吾所不，言吾若不也。见经传释词。**子听吾言，与子分国。**○明道本"与"上衍"吾"字。**不听吾言，身死，妻子为戮。"范蠡对曰："臣闻命矣〔三七〕。君行制，臣行意。"**制，法也。意，志也。**遂乘轻**

舟以浮于五湖，莫知其所终极。王命工以良金写范蠡之状而朝礼之，以善金铸其形状，而自朝礼之。〇淮南本经训高注："写，放教也。"元诰按：明道本"工"上衍"金"字。浃日而令大夫朝之。从甲至甲日浃。浃，匝也。〇元诰按：浃日，周礼作"挟日"。环会稽三百里者以为范蠡地，环，周也。曰："后世子孙，有敢侵蠡之地者，使无终没于越国，皇天后土、四乡地主正之！"乡，方也。天神地祇、四方神主当征讨之，正其封疆也。〇俞樾曰："封疆非鬼神所能正，韦注非是。正，犹听也。周官夏官序官曰：'家司马，各使其臣以正于公司马。'郑注曰：'正，犹听也。'皇天后土、四乡地主正之，犹言鬼神与闻此誓也。"

【校记】

〔一〕阳盛则损，月满则亏　"损"误作"衰"，"月"误作"日"，据公序本改。

〔二〕言贤者修其政德　"政"误作"贤"，据各本改。

〔三〕其口南则莫里山　"山"误作"北"，据国语正义改。

〔四〕不已，谓吴不释也　"不已"二字脱，据各本补。

〔五〕为一，不偏也　"一"误作"大"，据各本改。

〔六〕美恶皆成　"美"误作"养"，据各本改。

〔七〕民乃蕃滋　此四字脱，据各本补。

〔八〕死生因天地之刑　"地"字脱，据各本补。

〔九〕用力甚少，而名声章明　"名"误作"明"，据各本改。

〔一〇〕拊循其民　史记越世家"其"下有"士"字，王氏述闻引文略去，此从经义述闻。

〔一一〕 夫差克越,可取而不取　"而"字误从明道本在"可取"之上,据公序本改。

〔一二〕 有夺,予而复夺也　"复"误作"后",据各本改。

〔一三〕 无复相非以不忠正者也　"正"字脱,据各本补。

〔一四〕 在鲁哀十一年　"哀"字脱,据各本补。

〔一五〕 害杀忠正　"正"误作"臣",据各本改。

〔一六〕 杂,犹俱也　"俱"误作"居",据各本改。

〔一七〕 稻蟹,谓蟹食稻也　公序本无"谓"字,明道本无上"稻"字与"谓"字,此据国语考异所引礼记月令疏引韦注改定。

〔一八〕 言伐吴于事尚危　"吴"下衍"伐"字,据各本删。

〔一九〕 天又夺之食　"又"字脱,据各本补。

〔二〇〕 伐吴在反国四年九月　"年"误作"月",据经义述闻改。

〔二一〕 自十七年至二十二年　"七"字脱,据经义述闻补。

〔二二〕 哀元年传所谓"二十年之外,吴其为沼"也　"传"字脱,据经义述闻补。

〔二三〕 用阳,谓轻疾猛厉　"猛"误作"狂",据各本改。

〔二四〕 远则抗威厉辞以亢御　"亢"误作"抗",据各本改。

〔二五〕 三无字相应为文　"无"字脱,据经义述闻补。

〔二六〕 蔽、察、艺为韵　"蔽"、"察"二字误倒,据经义述闻改。

〔二七〕 良货。唐尚书云:"重禄,宝璧。"昭谓:贤良　此十四字脱,据各本补。

〔二八〕 越王以其私卒　"其"字脱,据各本补。

〔二九〕 谓不勤难也　"不"字脱,据各本补。

〔三〇〕 忌,恶也　"恶"误作"避",据各本改。

〔三一〕 詍詍,巧辩之言　脱一"詍"字,据各本补。

〔三二〕 故自卑薄以不知礼义　"以"字脱,据各本补。

〔三三〕 毛传:"腼,姡也。"　"姡"误作"始",据诗 小雅 彼何人斯毛传改。

〔三四〕 说文:"谝,便巧言也。"　"便"字脱,据说文三上言部补。

〔三五〕 雒请反辞于王　"辞"误作"请",据各本改。

〔三六〕 所不掩子之恶,扬子之美者,使其身无终没于越国　文前衍"吾"字,据各本删。

〔三七〕 臣闻命矣　此四字脱,据各本补。

附　录

国语解叙

韦昭

昔孔子发愤于旧史，垂法于素王。左丘明因圣言以
摅意，托王义以流藻，其渊源深大〔一〕，沉懿雅丽，可谓命
世之才，博物善作者也。其明识高远，雅思未尽〔二〕，故复
采录前世穆王以来，下讫鲁悼智伯之诛，邦国成败，嘉言
善语，阴阳律吕，天时人事逆顺之数，以为国语。其文不
主于经，故号曰"外传"。所以包罗天地，探测祸福，发起
幽微，章表善恶者，昭然甚明，实与经艺并陈，非特诸子
之伦也。遭秦之乱，幽而复光。贾生、史迁颇综述焉。及
刘光禄于汉成世始更考校，是正疑谬。至于章帝，郑大司
农为之训注，解疑释滞，昭析可观，至于细碎，有所阙略。
侍中贾君敷而衍之，其所发明，大义略举，为已憭矣〔三〕，

625

然于文间时有遗忘。建安、黄武之间，故侍御史会稽虞君，尚书仆射丹阳唐君，皆英才硕儒，洽闻之士也，采摭所见，因贾为主而损益之。观其辞义，信多善者，然所理释，犹有异同。昭以末学，浅暗寡闻，阶数君之成训，思事义之是非，愚心颇有所觉。今诸家并行，是非相贸，虽聪明疏达识机之士知所去就，然浅闻初学犹或未能祛过。切不自料，复为之解。因贾君之精实，采虞、唐之信善，亦以所觉增润补缀，参之以五经，检之以内传，以世本考其流，以尔雅齐其训，去非要，存事实，凡所发正三百七事。又诸家纷错，载述为烦，是以时有所见，庶几颇近事情，裁有补益。犹恐人之多言，未详其故，欲世览者必察之也〔四〕。

【校记】

〔一〕 其渊源深大　"深"字脱，据各本补。

〔二〕 其明识高远，雅思未尽　"远"、"雅"二字脱，据各本补。

〔三〕 为已憭矣　明道本"憭"下空一字。

〔四〕 欲世览者必察之也　"也"原作"焉"，据各本改。

626

国语补音叙录

宋庠

按班固艺文志种别六经，其春秋家有国语二十一篇，注："左丘明著。"至汉司马子长撰史记，遂据国语、世本、战国策以成其书。当汉世，左传秘而未行，又不立于学官，故此书亦弗显，唯上贤达识之士好而尊之，俗儒弗识也。逮东汉，左传渐布，名儒始悟向来公、穀肤近之说，而多归左氏。及杜元凯研精训诂，木铎天下，古今真谬之学一旦冰释，虽国语亦从而大行，盖其书并出丘明。自魏、晋以后，书录所题，皆曰春秋外传国语，是则左传为内，国语为外，二书相副，以成大业。凡事详于内者略于外，备于外者简于内，先儒孔晁亦以为然。自郑众、贾逵、王肃、虞翻、唐固、韦昭之徒并治其章句，申之注释，为六经流亚，非复诸子之伦。自余名儒硕生，好是学者不可胜纪。历世离乱，经籍亡逸，今此书唯韦氏所解传于世，诸家章句遂无存者。然观韦氏所叙，以郑众、贾逵、虞翻、唐固为主而增损之，故其注备而有体，可谓一家之名学。唯唐文人柳子厚作非国语二篇，捃摭左氏意外微细以为诋訾，然未足掩其洪美。左篇今完然与经籍并行无损也，庸何伤于道。因略记前世名儒传学姓氏列之后。

汉大司农郑众，字仲师。作国语章句，亡其篇数。

汉侍中贾逵，字景伯。作左氏春秋及国语解诂五十一篇：左传三十篇，国语二十一篇。隋志云，二十卷。唐已亡。

魏中领军王肃，字子雍。作春秋外传国语章句一卷。隋志云，梁有，二十二卷。唐志亦云二十二卷。

吴侍御史虞翻，字仲翔。注春秋外传国语二十一卷。

吴尚书仆射唐固，字子正。注春秋外传国语二十一卷。

吴中书仆射、侍中、高陵亭侯韦昭，字弘嗣。注春秋外传国语二十一卷。隋志云，二十二卷。唐志，二十一卷，与今见行篇次同。

晋五经博士孔晁，注春秋外传国语二十卷。唐志，二十一卷。

右按：古今卷第多不同，或云二十一篇，或云二十二，或云二十卷。然据班志最先出，贾逵次之，皆云二十一篇，此实旧书之定数。其后或互有损益，盖诸儒章句烦简不同，析简并篇，自名其学，盖不足疑也。要之艺志为审矣。又按：先儒未有为国语音者，盖外、内传文多相涉，字音亦通故邪。然近世传旧音一篇，不著撰人名氏，寻其说，乃唐人也。何以证之？据解"犬戎树惇"，引鄱州羌为说。夫改"善"为"鄱"，"国"为"州"，自唐始耳。然其音简陋，不足名书，但其间时出异闻，义均鸡肋。庠因暇辄记其所阙，不觉盈篇。今因旧本而广之，凡成三卷。其字音反切，除存本说外，悉以陆德明经传释文为主。亦将稽旧学，除臆说也。唯陆音不载者则以说文、字书、集韵等附益之，号曰国语补音。其间阙疑，请俟鸿博，非敢传之达识，姑以示儿曹云。元诰按：世称国语以宋公序本为最精，即藉补音本而传。补音本复以微波榭刊者为佳，近沔阳卢氏慎始基斋景印，入于湖北先正遗书中，若单行本殊不易得也。叙录于国语本末及学者家数并多阐发，后学不可不知也，因著录之。

国语集解

重刻明道本国语序

钱大昕

国语之存于今者，以宋明道二年椠本为最古。钱遵王[一]读书敏求记举周语"昔我先王世后稷[二]"及"皆免胄而下拜"二事证今本之误，是固然矣。予于敏求所记之外复得四事：周语"瞽献曲"，注："曲，乐曲也。"今本"曲"皆讹作"典"。"高位实疾颠"，今本"颠"作"偾"。郑语"依、畴、歷、华"，今本"华"作"莘"。元诰按：明道"畴"作"騢"。吴语"王孙雒"，今本"雒"作"雄"。元诰按：内传"雒"亦作"雄"。此皆灼然信其当从者。今世盛行宋公补音，而于此数事并同今本。则公序所刊，未免失之粗疏。至如"荆妫"之讹"劓妫"，补音初无"劓"字，是公序本未误，然不得此本校书，未敢决"劓"之必为"荆"。予尝论古本可宝，古本而善乃真宝，于此本见之矣。吴门黄孝廉荛圃得是书而宝之，又欲公其宝于斯世，乃令善工重雕以行。别为札记，志其异同，凡字画行款，壹从其旧，即审知豕亥烂脱，但于札记正之，而不易本文，盖用郑康成注乐记、中庸之例。宋世馆阁校刊经史，卷末多载增损若干字，改正若干字，其所增改未必皆当，而古字古音遂失其传，予尝病之。读荛圃斯刻，叹其先得我心，可以矫近世轻改古书之弊，其为功又不独在一书而已也。嘉庆五年二月十二日。元诰按：轻改古书，固然不可，若明知有误，确有可据，亦必以增改为戒，如邢子才所谓"误书思之更是一适"，是非存古乃存误也,何贵有校刊之学。此序方称校得四事,复力戒增改者,戒轻改耳。特辨而存之。

【校记】

〔一〕 钱遵王 "王"字脱,据原本补。

〔二〕 昔我先王世后稷 "世"误作"以",据原本改。

原国语集解目录 本书不著卷第,其目录次序胥依补音本,唯于晋语诸篇每加数字别之,便于检阅,非其旧也。元诰识。

晋语八第十四

晋语九第十五

郑语第十六

楚语上第十七

楚语下第十八

吴语第十九

越语上第二十

越语下第二十一

宋庠曰："诸本题卷次叙各异。或有先题'国语卷第几',作一行，次又别题曰'某语'，次下又别题曰'某公'，疑皆后人以意妄自标目。然不能得其定本，未知孰是。庠家旧藏此书，亦参差不一。天圣初，有宗人同年生缄假庠此书，最有条例。因取官私所藏凡十五、六家本校缄之书，其间虽或鲁鱼，而缄本大体为详。又题号诸篇，较若画一，并不著卷字，但曰'某语第几'。其间唯一国有二篇或三篇者，则加'上'、'中'、'下'以为别。然不知此目兴自何时及何人论次，决非丘明所自造。盖历世儒者各有章句，并擅为部第，莫可知已。唯此本题卷不与诸家类，今辄据以为正云。"

国语的作者和编者

王树民

国语是记载西周中期到春秋末年的一部重要史书。史记十二诸侯年表序云："谱十二诸侯，自共和讫孔子，表现春秋、国语学者所讥盛衰大旨，著于篇。"又太史公自序云："左丘失明，厥有国语。"汉书艺文志云："国语二十一篇，左丘明著。"二千年来，国语一直被认为是左丘明所作，因此，这部书的作者和编者是出于一人或多人之手，也就无人提出讨论。其实这些方面是存在着问题的。

"语"原是古代一种记言的史书。礼记玉藻云："动则左史书之，言则右史书之。"反映了古代史书原有记言和记事二种形式。其中记言之书，因内容性质不同而有多种名目。楚语上记申叔时论教导太子云："教之令，使访物官。教之语，使明其德而知先王之务用明德于民也。教之故志，使知废兴者而戒惧焉。教之训典，使知族类行比义焉。"所谓"令"、"语"、"故志"、"训典"，都是有关记言的书。"令"和"训典"是贵族统治者发布的法制文件，属于正式的文献。如周语上记周的先王不窋，自窜于戎狄之间，还要"修其训典"。晋语八记随武子在晋，"端刑法，辑训典，国无奸民"。又如周语中所引的"夏令"、"时儆"、"先王之教"、"周之秩官"等，都是这一类的事例。"志"和"语"是贵族统治者认为重要的事件与当时人的言论，由近侍之臣随时为之记载，存之以备参考，既能记事，亦能记言，大致"语"以记言为主，"志"则言与事并重。所记之"语"，着重于富有教育意义，故能"明其德"。在政权稳定、文化发达的各国，大概都有这一类的书。后来随时代发展,由统治者扩散到民间,许多私人著作也多以"语"为名,如关于孔子的言行有论语和家语,在汲冢中发现的古书有琐语,管子书中有短语,直到汉初陆贾著的书还号为新语,贾谊著的书也有连语、修政语、礼容语等篇目。在春秋时期,各国的语还是由各国的统治者直接控制,到战国时期,逐渐流入民间,因而有了不同的传本。把当时流传的各国的语集合起来,编成一书,便为国语,即列国之语的意思。晋语六记鄢陵之战共有四条,内容无大出入,惟有详略之异,是其本出同源,因传录者取舍不同而有异。可知国语为集合故有之数据而成书,决非出于一人之手笔。

国语非一时一人所作,从各篇内容的不一致,也可以得到充分的证明。如周语、楚语、晋语、郑语等文多古朴,鲁语多记琐事而亦不同于后世之文。至齐语则全同于管子小匡篇,殆出于战国时期稷下先生之流。吴语、越语皆记夫差与勾践之事,而越语下则为黄老家之言,此三语写成之时代不能早于战国时期。由此可知周语等五部分原为各国的故有之书,流传中或遭删节,所存者基本上犹为原文;而齐语等三部分则出于后人补作,当日或亦有"语"之称,编书者遂并取之。因此更可知国语之编定,不能早于战国时期。

国语的编定者,史记和汉书的说法不同,史记说是"左丘失明,厥有国语",汉书则称"左丘明著"。与国语内容相近的左氏春秋，史记说是"鲁君子左丘明"所作；汉书作左氏传，说是"鲁太史左丘明"作。后人多从班固之说，以二书作者为一人，甚至左丘明被说成为一个失明的人，因而有"盲左"之称。其实编定不同于写作，编定是编辑故有之文，虽失明者亦不难就其诵习与记忆者而编定之，写作便不能这样容易了。可知编定国语与写作左氏春秋的本来是两个人，司马迁说得很明白，一个是左丘，一个是左丘明；不过他们的事迹为后人所知者极少，其名又相近，因而被混同为一个人了。左丘明见于论语，为孔子所称，司马迁也称他为"鲁君子"，其为鲁人，应无问题。左丘之事，惟见于司马迁所称述："昔西伯拘羑里，演周易；孔子厄陈蔡，作春秋；屈原放逐，著离骚；左丘失明，厥有国语；孙子膑脚，而论兵法；不韦迁蜀，世传吕览；韩非囚秦，说难、孤愤。"以这些人不幸遭遇耻辱而在事业上皆有以自现，比喻他自己为完成著史大业而不避耻辱。值得注意的一点是，所列举的这几个人大致以时间先后为次序，左丘列于屈原与孙子之间，说明其时代应约略相近，正在战国中期。按国语二十一篇，而晋语独占九篇，在晋国三卿中，又多记赵氏之事，说明左丘应为赵国人，或与赵国接近之人。其书记齐、鲁之事皆较略，而秦国竟无一篇，表明编书者于此数国之关系甚疏。郑、楚与晋国之接触最多，周王在春秋时几成晋的保护国，故三国之书得保存较古者。吴、越与晋之接触已在春秋后期，故流传者惟有夫差与勾践之事。

国语与左氏春秋既同记一个时期之事，内容自多相同或相关者，稍加比较，即可知国语多保存原文，故各部分之间颇不一致，而左氏春秋则为已经作者润饰修整者，全书如浑然一体。因此二书的某些材料来源可能为出于一途，然不可谓二书即出于一手。自从左氏春秋被说成为春秋左氏传，经古文派宗之，国语也被称为春秋外传。经今文派力攻左传，特别强调"左丘失明，厥有国语"之语，更确指左丘明为国语的作者。很明显这是捕风捉影之谈，硬把左丘与左丘明当作一个人了。

晋代的傅玄曾明确地说："国语非丘明所作。"隋唐时期的刘炫、陆淳也持此说。宋代的叶梦得更指出："古有左氏、左丘氏。太史公称：'左丘失明，厥有国语。'今春秋传作左氏，而国语为左丘氏，则不得为一家，文体亦自不同，其非一家书明甚。"（并见经义考卷二〇九及卷一六九）古人在这方面原已提出了正确的看法，世人因深信班固等汉人的说法，并迷惑于"内传"与"外传"之说，因而失去辨别正误的标准了。

《国语》人名索引

王忻　王恺　编

凡例

一、本索引收集了《国语》中的全部人名。人名称谓的异同分合，一以《国语集解》为准。

二、以人名称谓列目，后按出现顺序依次注明篇名和在本书的页码。如：

晋昭公

鲁下　201

表明晋昭公见鲁语下第201页。

三、一人异称者，在条目后加括弧一一列出。如：

齐桓公（桓　小白　桓公　齐桓　齐侯）

表示齐桓公在书中又称"桓"、"小白"、"桓公"、"齐桓"、"齐侯"。

四、同名异人者，分别立目。

五、本索引按音序排列。

国语集解

6

国语集解

8

国语集解

14

国语集解

16

国
语
集
解

国语集解

20

国语集解

30

国语集解

36